Toni Pierenkemper

Unternehmensgeschichte

Grundzüge der modernen Wirtschaftsgeschichte

Herausgegeben von
Toni Pierenkemper

Band 1

Franz Steiner Verlag Stuttgart
2000

Toni Pierenkemper

Unternehmensgeschichte

Eine Einführung
in ihre Methoden und Ergebnisse

Franz Steiner Verlag Stuttgart
2000

CIP-Titelaufnahme der Deutschen Bibliothek
Pierenkemper, Toni:
Unternehmensgeschichte : eine Einführung in ihre Methoden und Ergebnisse / Toni Pirenkemper. – Stuttgart : Steiner, 2000
(Grundzüge der modernen Wirtschaftsgeschichte ; Bd. 1)
ISBN 3-515-07674-3

ISO 9706

 Gedruckt auf säurefreiem, alterungsbeständigem Papier. Druck: Rheinhessische Druckwerkstätte, Alzey.
Printed in Germany

in memoriam

Anna Pierenkemper

* 2. August 1899
† 25 Juli 1952

Inhalt

Vorwort

Bei meiner Mitarbeit zum Lehrbuch „Moderne Wirtschaftsgeschichte“, das von Dietmar Petzina, Gerold Ambrosius und Werner Plumpe 1998 herausgegeben wurde, musste ich feststellen, dass es außerordentlich schwierig war, die vorgegebenen Sachverhalte auf dem notwendiger Weise knappen Raum angemessen zu bearbeiten. Die Vorstellung allerdings, die Wirtschaftsgeschichte nicht chronologisch, sondern in Querschnitten thematisch zu erschließen, schien mir jedoch so faszinierend, dass mir die Idee zu der mit diesem Band beginnenden Einführungsreihe kam.

Ein Gespräch mit Vincent Sieveking, dem Geschäftsführer des Steiner-Verlags bestätigte mich sehr bald in dieser Einschätzung. Daher begann ich im Mai 1995, eine Reihe von Kollegen anzusprechen, ob sie sich an diesem Projekt beteiligen würden und machte entsprechende thematische Vorschläge für etwa zwanzig Bände. Zugleich regte ich an, die jeweiligen Bände in einheitlicher Weise zu gliedern. In einem ersten einführenden Teil sollten die theoretischen und methodischen Grundlagen des jeweiligen Gegenstandes vorgestellt werden, wobei die gewählten Begriffe eingeführt und abgegrenzt, theoretische Vorgaben geklärt und die benutzten Konzepte und Methoden erläutert werden sollten.

Danach sollten in einem zweiten Teil, dem Hauptteil jedes Bandes, die historischen Sachverhalte des Untersuchungsgegenstandes dargestellt und die vorhandene Literatur zum Thema angemessen gewürdigt werden. Insbesondere dabei treten wohl zwangsläufig die besonderen Akzentuierungen der einzelnen Autoren hervor. Schließlich sollten in einem abschließenden dritten Teil eines jeden Bandes auch disziplinübergreifende Bezüge des gewählten Gegenstandsbereichs offenbar werden. Insbesondere die Relevanz des ausgebreiteten Problemfeldes für die Menschen und ihre Gesellschaft in Geschichte und Gegenwart sollte angedeutet werden. Außerdem sollte ein Blick über den Tellerrand der eigenen Disziplin geworfen werden, um zu eruieren, wie in anderen Wissenschaftsbereichen mit dem dargestellten Sachverhalt umgegangen wird.

Dass bei knapp zwanzig vorläufig geplanten Bänden und fast ebenso vielen Autoren das vorgeschlagene Konzept nicht immer in vollem Umfang eingelöst werden kann, ist zu erwarten. Dennoch hoffe ich, dass die Einheitlichkeit der Reihe ebenso gewahrt werden wird und dass die Ursprungsidee, nämlich eine themen- und problemorientierte Einführung in die zentralen Sachverhalte der modernen Wirtschaftsgeschichte zu geben, sich als tragfähig erweist.

Zum gleichen Zeitpunkt wie der hier vorliegende erste Band der Reihe sollen zwei weitere Bände der „Grundzüge der modernen Wirtschaftsgeschichte“ erscheinen. Es handelt sich um den zweiten Band von Hubert Kiesewetter „Regionen und Industrie in Europa“ und den dritten Band von Gerold Ambrosius „Staat und Wirtschaftsordnung“. Ich hoffe für die Reihe auf einen guten Start.

Der vorliegende erste Band der Reihe kommt als erste bisher veröffentlichte Einführung in die Unternehmensgeschichte noch eher einem traditionellen Lehrbuch gleich. Damit haftet dem Band auch jener Nachteil an, den jedes Lehrbuch aufweist: es ist bereits zum Zeitpunkt des Erscheinens in einer gewissen Weise „veraltet“. Denn es präsentiert das „gesicherte Wissen“ einer Disziplin, gesammelt, geordnet und ein wenig didaktisch aufbereitet. Neuere Entwicklungen, Forschungskontroversen u.ä., die zwar möglicherweise bereits in ihren Umrissen erkennbar, aber in ihrem gesamten Umfang noch gar nicht zu erfassen sind und die noch kaum Eingang in die Literatur gefunden haben (in deren Hauptströmungen ein Lehrbuch ja ebenfalls einführen will), kann es höchstens andeuten. Außerdem beschränkt es sich in den dargestellten Ergebnissen im Wesentlichen auf die Unternehmensgeschichte des 19. Jahrhunderts. Hätte man die vielgestaltige unternehmenshistorische Literatur des 20. Jahrhunderts auch berücksichtigt, hätte dies die Kapazität des Autors überfordert. Zudem treten im 20. Jahrhundert – im Unterschied zur relativ störungsfreien ökonomischen Entwicklung des vorausgehenden Jahrhunderts – zahlreiche Krisen und Katastrophen als intervenierende Größen für den ökonomischen Entwicklungsprozeß auf den Plan, die die einzelwirtschaftliche Analyse weiter beeinträchtigen. Hier bietet sich also noch ein weites Feld für die zukünftige Forschung.

Trotzdem erscheint eine derartige Einführung in die Unternehmensgeschichte dringend geboten, denn in jüngster Zeit sind innerhalb der Unternehmensgeschichtsschreibung vielfältige Aktivitäten zu beobachten, die einer einführenden Darstellung bedürfen. Außerdem ist eine Unternehmensgeschichtsschreibung, die wissenschaftlichen Ansprüchen gerecht wird, auch für die akademische Lehre vielversprechend.

Wenn also nicht in jedem Fall der „dernier cri“ aus den vielfältigen Bereichen der Unternehmensgeschichte geboten wird, so wird doch hoffentlich eine spezifische Perspektive, die bei der Unternehmensgeschichtsschreibung gegenüber den Unternehmen und seinen Unternehmern eingenommen werden sollte, offenbar.

Danken möchte ich an dieser Stelle meinen Mitarbeiterinnen und Mitarbeitern, die mir bei meinen Darlegungen hilfreich zur Seite gestanden haben: Monika Wakefield, Tanja Roos und Melanie Monßen erstellten die EDV-Fassung des Manuskripts, Eva Korinke, Tanja Roos und Ute Vöcking wirkten an der Bibliographie mit und schließlich lasen Ralf Banken, Stefanie van de Kerkhof, Vladimir Marek und Klemens Skibicki einzelne Teile des Manuskripts. Insbesondere Frau van de Kerkhof bin ich zu großem Dank verpflichtet, hat sie doch nicht nur mit großer Akribie die vielfältigen und mühsamen Korrekturen vorgenommen, sondern darüber hinaus mit zahlreichen Hinweisen zur Verbesserung des ursprünglichen Manuskripts beigetragen. Die Endkorrektur übernahmen freundlicherweise Alfred Rekkendrees und Stefanie van de Kerkhof.

Köln, im Juni 2000 Toni Pierenkemper

I. Grundlegungen

1. Grundlagen der modernen Unternehmensgeschichte

1.1 Einleitung

Im Jahr 1958 charakterisierte der amerikanische Wirtschaftshistoriker Herman E. Krooss den Zustand der Unternehmensgeschichtsschreibung mit den Worten „no bible, no handbook, no textbook“[1], und bis heute hat sich daran wenig geändert. Es existiert bisher weder ein Hand- bzw. Lehrbuch noch eine umfangreichere Arbeit, die in Methoden und Ergebnisse der Unternehmensgeschichte einführt. Erst in jüngster Zeit hat eine intensivere Methodenreflexion begonnen, die in den Aufsätzen von Werner Plumpe und Paul Erker zutreffend zusammengefasst wird.[2]

Dieser Mangel an theoretischer Fundierung der Unternehmensgeschichte ist auch nicht verwunderlich, da das Fach bis in die unmittelbare Vergangenheit als eigenständige Disziplin „Unternehmensgeschichte“ nicht existiert hat.

Zwar lassen sich vielfältige Wurzeln auffinden[3], doch eine etablierte Disziplin stellt die Unternehmensgeschichte, trotz einer kaum zu überschauenden Vielzahl von Arbeiten zu unternehmenshistorischen Themen und Fragestellungen, bisher nicht da, und wenn doch, dann nur am Rande der Wirtschaftswissenschaften und der Geschichtswissenschaft. Zahlreiche Autoren – vom Pamphletisten über den Satiriker bis hin zu den Jubelschriften verfassenden Journalisten – tummelten sich in diesem Feld und gelegentlich ließen sich auch seriöse Wissenschaftler dazu herab, mit einem ähnlichen Werk Publikum und Fachwelt zu überraschen. Sogar das selbst

1 Herman E. Krooss, Economic History and the New Business History, in: Journal of Economic History XVIII (1958/4), S. 467–485.

2 Werner Plumpe, Unternehmen, in: Gerold Ambrosius/Dietmar Petzina/Werner Plumpe (Hg.), Wirtschaftsgeschichte. Eine Einführung für Historiker und Ökonomen, München 1996, S. 47–66; Paul Erker, Aufbruch zu neuen Paradigmen. Unternehmensgeschichte zwischen sozialgeschichtlicher und betriebswirtschaftlicher Erweiterung, in: Archiv für Sozialgeschichte 37 (1997), S. 321–365. Vgl. auch Toni Pierenkemper, Was kann eine moderne Unternehmensgeschichte leisten? Und was sollte sie tunlichst vermeiden, in: Zeitschrift für Unternehmensgeschichte 44 (1999), S. 15–31. Neuerdings auch ders., Business History in Deutschland. Zur Ortsbestimmung einer Disziplin, in: Alice Teichova u.a. (Hg.), Business History. Wissenschaftliche Entwicklungstrends und Studien aus Zentraleuropa, Wien 1999, S. 33–51.

3 Vgl. Fritz Redlich, Geschichte des Geschäftslebens: Probleme und Aufgaben, in: Firmengeschichte, Unternehmerbiographie, historische Betriebsanalysen, Wien 1971.

eher randständige Fach Wirtschaftsgeschichte hat sich dem Objekt gegenüber nur zögerlich geöffnet und im Bereich der Geschichtswissenschaft, die sich gegenwärtig zunehmend als Kulturwissenschaft versteht, haben die neueren Entwicklungen bedauerlicherweise eher einer „Ent-Ökonomisierung der Geschichte“[4] Vorschub geleistet und damit die Chancen einer stärkeren wissenschaftlichen Fundierung der Unternehmensgeschichtsschreibung nicht gerade verbessert.[5] Diese Entwicklung ist auch deshalb bedauernswert, da die Unternehmensgeschichte in jüngster Zeit begonnen hatte, sich gegenüber der Fachdiskussion innerhalb der Geschichtswissenschaft und insbesondere der Wirtschaftsgeschichte zu öffnen.

Den vielfältigen Anregungen und den daraus entwickelten Ansätzen in der Unternehmensgeschichtsschreibung, deren Entwicklung im folgenden Kapitel ausführlich dargestellt wird, soll hier eine systematischere Methode der modernen Unternehmensgeschichte gegenübergestellt werden.[6] Diese soll, ebenso wie die moderne Wirtschaftsgeschichte, stärker als bisher ihr methodisches Instrumentarium aus den systematischen Sozialwissenschaften und insbesondere den Wirtschaftswissenschaften beziehen[7], was eine genauere Beschäftigung mit den wirtschaftswissenschaftlichen und soziologischen Definitionen des Unternehmens- und des Unternehmerbegriffes nötig macht.

Insgesamt erweist sich nämlich die Beantwortung der Frage, was denn nun der Gegenstand der Unternehmensgeschichte sei, als schwieriger als man vermuten würde. Im allgemeinen Sprachgebrauch ist der Begriff des Unternehmens bzw. das Verbum „etwas unternehmen“ recht weit gefasst.[8]

4 Jürgen Kocka, Bodenverluste und Chancen der Wirtschaftsgeschichte, in: Vierteljahrschrift für Sozial- und Wirtschaftsgeschichte 82,4 (1995), S. 501–504, hier S. 503.

5 Über verpasste Chancen und zukünftige Möglichkeiten der Kooperation zwischen Geschichts- und Wirtschaftswissenschaften vgl. Hansjörg Siegenthaler, Geschichte und Ökonomie nach der kulturhistorischen Wende, in: Geschichte und Gesellschaft 25 (1999), S. 276–301.

6 Vgl. Pierenkemper, Was kann eine moderne Unternehmensgeschichte leisten? und Andreas Platthaus, Wo ist mein Platz? Die Unternehmensgeschichte soll neu begründet werden, in: Frankfurter Allgemeine Zeitung vom 14.07.1999.

7 Zu den methodischen Unterschieden zwischen der Geschichtswissenschaft und den Wirtschafts- und Sozialwissenschaften Toni Pierenkemper, Gebunden an zwei Kulturen. Zum Standort der modernen Wirtschaftsgeschichte im Spektrum der Wissenschaften, in: Jahrbuch für Wirtschaftsgeschichte 1995/2, S. 163–176 und ders., Wirtschaftsgeschichte, in: Hans-Jürgen Goertz (Hg.), Grundriß Geschichte, Reinbek 1998, S. 362–378.

8 Rosemarie Kolbeck, Art. Unternehmen I: Unternehmen und Betrieb, in: Handwörterbuch der Wirtschaftswissenschaften, Bd. 8, Stuttgart 1980, S. 65–71. Einige knappe Hinweise auch bei Hans Jaeger, Art. Unternehmer, in: Otto Brunner u.a. (Hg.), Geschichtliche Grundbegriffe. Historisches Lexikon zur politisch-sozialen Sprache in Deutschland, Bd. 6, Stuttgart 1990, S. 707–732, hier: S. 708. Ein Art. „Unternehmen“ fehlt bezeichnenderweise in diesem Werk.

Die Begriffe werden für vielfältige Aktivitäten verwandt und gelten für eine Expedition in unbekannte Territorien ebenso wie für einen Kneipenbesuch. Im wissenschaftlichen Sprachgebrauch hingegen werden mit diesem Terminus nur spezifisch wirtschaftliche Funktionen bezeichnet und dieser Begriff wird an spezielle Institutionen geknüpft. Unterschiedliche Vorstellungen vom Gegenstand der Unternehmensgeschichtsschreibung findet man dabei in den wissenschaftlichen Disziplinen der Volkswirtschaftslehre, der Betriebswirtschaftslehre, der Soziologie und der Wirtschaftsgeschichte.

In der Volkswirtschaftslehre herrscht nämlich eine Sichtweise vor, „Unternehmen" in gesamtwirtschaftlicher Betrachtung als produzierende Wirtschaftseinheiten zu behandeln, im Unterschied zu den „Haushalten" als den konsumierenden Einheiten der Volkswirtschaft.

In der Betriebswirtschaftslehre dagegen, ebenso wie in zahlreichen anderen betroffenen Wissenschaften, z.B. in den Rechtswissenschaften, hat sich bislang noch kein einheitlicher Unternehmensbegriff herausbilden können, so dass man zunächst eindeutig und klar definieren müsste.

Während die Begriffe des Unternehmens und der Unternehmung in der Fachliteratur nahezu übereinstimmend als Synonyme eingesetzt werden, herrscht Dissens vor allem über die Bedeutungsunterschiede zwischen den Begriffen „Unternehmen" und „Betrieb". Die anzutreffenden unterschiedlichen Definitionen kann man grob in zwei Kategorien einteilen:

Schon einer der „Gründerväter" der deutschen Betriebswirtschaftslehre, Erich Gutenberg (1897–1984), wie auch weitere Fachvertreter, z.B. Günter Wöhe und Rosemarie Kolbeck, sehen den „Betrieb" als Oberbegriff für alle produzierenden Einzelwirtschaften.[9] In diesem wird, unabhängig von der jeweiligen Wirtschaftsordnung – seien es also Marktwirtschaften wie die USA oder Zentralverwaltungswirtschaften wie die ehemalige DDR –, die Kombination der betriebswirtschaftlichen Produktionsfaktoren (Arbeit, Betriebsmittel, Werkstoffe) vorgenommen, um damit Güter und Dienste herzustellen. Der Betriebsbegriff in seiner weitesten Fassung gilt damit auch für alle Einzelwirtschaften, somit auch die Haushalte[10], während der Unternehmensbegriff nur für Betriebe angewendet wird, die unter marktwirtschaftlichen Bedingungen produzieren. Dies wird anhand von Schaubild 1 veranschaulicht.

In Marktwirtschaften werden Entscheidungen über Produktion und Allokation dezentral von autonomen Unternehmen getroffen und durch Marktpreise indirekt gesteuert. Derartige Unternehmen bilden zentrale Organisationen innerhalb der Marktwirtschaften, die historisch vielfältige Formen

9 Erich Gutenberg, Grundlagen der Betriebswirtschaftslehre, 1. Band: Die Produktion, Berlin 1963 (9. Aufl.), S. 340ff.; Günter Wöhe, Einführung in die allgemeine Betriebswirtschaftslehre, 19. Aufl. München 1996, S. 2ff. und Kolbeck, Art. Unternehmen I, S. 65–71.

10 Erich Kosiol, Die Unternehmung als wirtschaftliches Aktionszentrum, Reinbek 1966.

Die Bestimmungsfaktoren des Betriebes

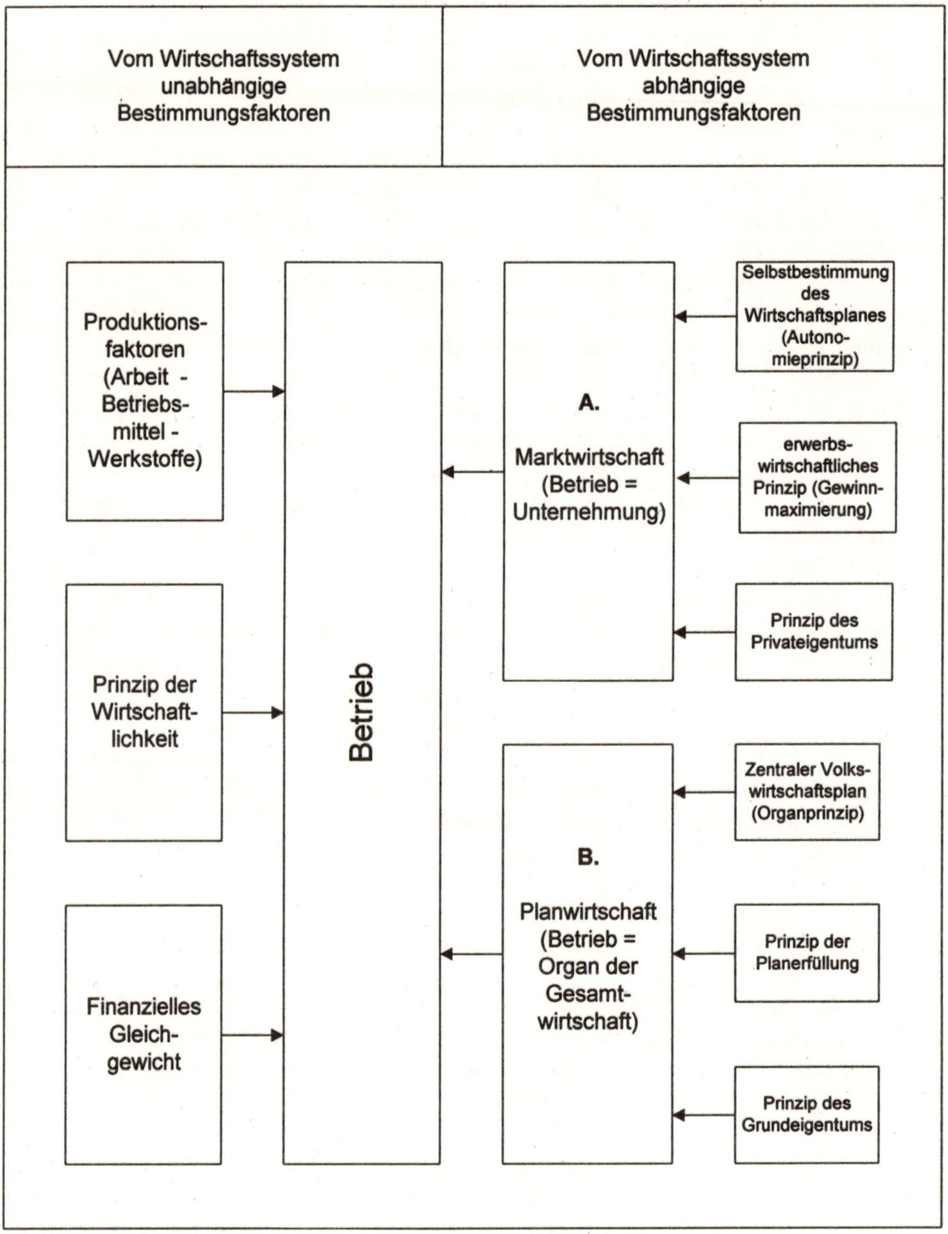

Quelle: Günter Wöhe, Einführung in die Allgemeine Betriebswirtschaftslehre (18. Auflage), Vahlen Verlag, München 1993, S. 10. Ähnlich auch Henner Schierenbeck, Grundzüge der Betriebswirtschaftslehre (13. Auflage), München 1998, S. 25.

annehmen, häufig allerdings von dem geschilderten Idealbild mehr oder weniger deutlich abweichen. Diese Tendenz verstärkt sich deshalb, da die zugrunde liegende Wirtschaftsordnung meist nicht als „reine" Marktwirtschaft auftritt, sondern häufig als „mixed economy" mit marktwirtschaftlichen und zentralplanerischen Elementen versehen ist.[11] Unternehmen werden also auch in Marktwirtschaften von außen beeinflusst. Ihre von der wirtschaftswissenschaftlichen Forschung als gegeben angenommene Autonomie ist daher nur relativ, weil Unternehmen von der Wirtschaftspolitik und der Marktstruktur abhängig sind.[12] Dadurch werden auch die innere Organisation und Funktionsweise sowie die Richtungsentscheidungen der „autonomen" Unternehmen entscheidend determiniert.

Die zweite Kategorie von Definitionsansätzen in der Betriebswirtschaftslehre sieht das „Unternehmen" in einer weitaus umfassenderen Sicht als Oberbegriff zu „Betrieb". Damit werden alle komplexen Funktionen zu erfassen versucht, die in einem Unternehmen wahrgenommen werden, so z.B. die Kombination produktiver Faktoren zur Herstellung materieller bzw. zur Bereitstellung immaterieller Güter sowie deren Verwertung am Markt unter Mobilisierung der nötigen finanziellen Mittel und der Sicherung organisatorischer und rechtlicher Kontinuität des Unternehmens.[13] Der „Betrieb" stellt dann die technisch-wirtschaftliche Untereinheit zu Unternehmen dar.

In der soziologischen Literatur finden sich hingegen Ansätze, Betrieb ebenfalls in einer quasi ganzheitlichen Sicht als produzierende Wirtschaftseinheit, d.h. allein als den produzierenden Teil des Unternehmens zu verstehen. Diese verkürzende Sicht der Dinge ist wiederum von Versuchen zu unterscheiden, „Betrieb" – unter auffälliger Vermeidung des Begriffes „Unternehmen" übrigens – als eine umfassende soziologische Kategorie zu verwenden.[14] Betrieb stellt in dieser Hinsicht ein System von Zweckmitteln dar, das in einer institutionellen Organisation zusammengefasst ist. Der Betrieb wird dabei neben den technischen Apparaturen auch durch die Betriebsorganisation konstituiert und konkretisiert sich in historischen For-

11 Herbert Hax, Unternehmung und Wirtschaftsordnung, in: Ottmar Issing (Hg.), Zukunftsprobleme der Sozialen Marktwirtschaft (Schriften des Vereins für Socialpolitik, NF Bd. 116), Berlin 1981, S. 421–440.

12 Dieser an sich triviale Zusammenhang ist in den 1970er und 1980er Jahren in der Wirtschaftssoziologie wiederentdeckt und dort etwas euphemistisch als „Betriebsansatz" eingeführt worden. Vgl. dazu Norbert Altmann und Günther Bechtle, Betriebliche Herrschaftsstruktur und industrielle Gesellschaft. Ein Ansatz zur Analyse, München 1971 und Bechtle, Betrieb als Strategie, Frankfurt a.M. 1980.

13 Ausführlich zu den verschiedenen Funktionen und den daraus resultierenden Aufgaben eines Unternehmers siehe Guido Turin, Der Begriff des Unternehmers, Zürich 1947.

14 Götz Briefs, Art. Betriebssoziologie, in: Alfred Vierkant (Hg.), Handwörterbuch der Soziologie, Stuttgart 1959 (OA 1931), S. 31–52, hier: S. 32–34.

men (Manufaktur, Fabrik) als soziales Kooperationsgebilde, in dem Unternehmer wie Arbeiter ihren Platz finden. Unklar bleibt dabei, in welcher Weise dieses Zweckgebilde mit einer spezifischen Wirtschaftsverfassung verbunden ist und ob dieses nicht in einem kapitalistischen Zeitalter mit dem gängigen Begriff „Unternehmen“ sinnvoll erfasst werden kann. In diesem Sinne bildet dann das „Unternehmen“ den Oberbegriff für unsere Betrachtungen und der „Betrieb“ den Unterbegriff für die produktionswirtschaftlich-technische Seite des Unternehmens.

Historische Analysen müssen dagegen noch genauere Begriffe wählen, wenn sie die Betriebsformen der gewerblichen Produktion in ihrer historischen Abfolge zu charakterisieren und zu systematisieren versuchen. Heimgewerbe, Handwerk, Verlagswesen, Manufaktur und Fabrik prägten die gewerbliche Produktion in der Frühen Neuzeit[15], was sich bis ins 19. Jahrhundert wenig änderte. Lediglich der zentralisierte Großbetrieb, der seinen Vorläufer in der frühneuzeitlichen Fabrik fand[16], verbreitete sich zunehmend und prägte immer stärker das Bild des Gewerbes. Diese Entwicklung war der zeitgenössischen Forschung allerdings noch nicht in aller Deutlichkeit klar, da sie ihr Hauptaugenmerk weiterhin der Hausindustrie und dem Handwerk widmete.[17]

Wie auch immer „Unternehmen“ in den verschiedenen Wissenschaftsbereichen definiert sein mögen, in der Realität kommen sie als derartige „reine“ Typen sowieso nur selten vor, auch nicht in den hier hauptsächlich untersuchten kapitalistischen Marktwirtschaften.

Für die Unternehmensgeschichte stellt deshalb ein ganzheitlicher Zugang zum Untersuchungsobjekt die angemessene Sichtweise dar.[18] Unternehmen werden hier somit als zielgerichtete Systeme dargestellt, die den Unternehmern strategische Optionen offen lassen, die sie entweder nutzen oder verspielen können.

Auch der Begriff des Unternehmers soll hier in einer möglichst weiten Form verstanden werden, nicht nur als der „schöpferische“, innovative (Eigentümer- und Gründer-)Unternehmer, wie ihn Joseph A. Schumpeter und Fritz Redlich in ihrer Unternehmertheorie und -typologie einschränkend kennzeichneten, sondern auch als Manager-Unternehmer im Sinne von Max Weber. Denn Weber entwickelte in seinen soziologischen Unter-

15 Wilfried Reininghaus, Gewerbe in der frühen Neuzeit (EDG, Bd. 3), München 1990, S. 3–5.

16 Hermann Freudenberger, Die Struktur der frühindustriellen Fabrik im Umriss (mit besonderer Berücksichtigung Böhmens), in: Wolfram Fischer (Hg.), Wirtschafts- und sozialgeschichtliche Probleme der frühen Industrialisierung, Berlin 1968, S. 413–433.

17 So etwa Gustav Schmoller, Zur Geschichte der deutschen Kleingewerbe im 19. Jahrhundert, Halle 1870 und Otto Thissen, Beiträge zur Geschichte des Handwerks in Preußen, Tübingen 1901.

18 Vgl. Turin, Der Begriff des Unternehmers.

suchungen über Herrschaft und Organisation seine bekannte Bürokratisierungsthese, die auch die Veränderung in den Leitungsstrukturen der Großunternehmen seit dem Beginn der Hochindustrialisierung treffend kennzeichnet.[19]

In den hier untersuchten kapitalistischen Marktwirtschaften werden zwar die wesentlichen Entscheidungen über den Einsatz der Ressourcen von autonomen Unternehmen getroffen, doch zeigt sich, dass diese Unternehmen in verschiedenen Formen im Hinblick auf ihre Unternehmensverfassung auftreten können.[20] Grundsätzliche Übereinstimmung gibt es darin, dass Unternehmen örtlich nicht gebunden sind und eine wirtschaftlich-finanzielle Einheit (Bilanz) sowie eine rechtliche Einheit (Rechtsform) darstellen.

Bisher ist vor allem die Geschichte der organisatorisch und räumlich diversifizierten Großunternehmen zum Gegenstand unternehmenshistorischer Forschung geworden, während mittelständische und kleinere Unternehmen wegen der problematischen Quellenlage und eines mangelnden Bewusstseins erst kürzlich für die wirtschafts- und unternehmenshistorische Forschung „wiederentdeckt" worden sind.[21] Dies liegt zum einen am Mangel an Archivmaterial in kleineren und stärker krisengefährdeten Firmen sowie an dem meist hohen Aggregationsgrad der publizierten Statistiken, zum anderen aber auch an der international umstrittenen Beurteilung der Grenzen dieser Unternehmensgrößen und –formen zum Großunternehmen.[22]

Herbert Hax unterscheidet bei der Leitungs- und Finanzform des Unternehmens drei Haupttypen, nämlich die kapitalgeleitete, die managergeleitete und die (relativ seltene) arbeitergeleitete Unternehmung.[23] Entscheidungskompetenz, Risikoübernahme und Gewinnverteilung sind bei diesen drei Typen ganz unterschiedlich geregelt, doch die marktwirtschaftliche Ordnung setzt den daraus resultierenden Handlungsmöglichkeiten enge Grenzen. Den „Urtypus" des Unternehmens repräsentiert dabei zweifellos das kapitalgeleitete Unternehmen, das von einem Eigentümerunternehmer

19 Max Weber, Wirtschaft und Gesellschaft, 2 Bde., Köln 1964, Bd. 2, S. 720ff. Vgl. auch Plumpe, Unternehmen, S. 48f.

20 Herbert Hax, Unternehmung und Wirtschaftsordnung, S. 421ff.

21 Vgl. den dazu vorliegenden Sammelband: Margrit Müller (Hg.), Structure and Strategy of Small and Medium Size Enterprises since the Industrial Revolution, Stuttgart 1994.

22 Emmanuel Chadeau, Ginette Kurgan, Margrit Müller, Introduction, in: Ebenda, S. 8f.

23 Herbert Hax, Unternehmung und Wirtschaftsordnung, S. 421–440. Zu alternativen Möglichkeiten der Systematisierung des Handelns marktwirtschaftlicher Unternehmen vgl. Reinhardt Hanf, Mangelnde methodische Konzepte der Betriebs- und Firmengeschichte?, in: Zeitschrift für Unternehmensgeschichte 22 (1977), S. 145–182, hier S. 148–154 und Werner Plumpe, Unternehmen, S. 58–62.

geführt wird, der daher auch das Kapitalrisiko trägt und „Gewinn" als Residualeinkommen bezieht. Anders sieht es dagegen beim managergeleiteten Unternehmen aus, wo Leistungsbefugnis und Kapitalrisiko getrennt sind und Unternehmereinkommen ebenfalls vom Gewinn unterschieden werden muss. Schließlich kann man die Leitungsbefugnis der Unternehmung auch den Beschäftigten selbst zusprechen und dem Kapitalgeber lediglich eine feste Verzinsung einräumen, so dass das Einkommensrisiko auf die Arbeitnehmer übergeht. Für alle genannten Formen lassen sich historische Beispiele anführen, die allerdings für den letzten Fall im wesentlichen auf das sogenannte frühere „jugoslawische Modell" begrenzt bleiben.[24]

Für die westlichen Industriegesellschaften der Gegenwart scheint eine Unterscheidung der Unternehmen nach ihrer Rechtsform von besonderer Bedeutung zu sein. Eine derartige Klassifikation steht daher auch zu Recht im Zentrum betriebswirtschaftlicher Erörterungen.

Man unterscheidet im wesentlichen zwischen

- dem Einzelkaufmann bzw. der Einzelunternehmung,
- den verschiedenen Formen von Personengesellschaften: offene Handelsgesellschaft (OHG), Kommanditgesellschaft (KG), stille Gesellschaft,
- zahlreichen Formen von Kapitalgesellschaften, von denen die verbreitetsten Aktiengesellschaften (AG), Gesellschaften mit beschränkter Haftung (GmbH) und bergrechtliche Gewerkschaften sind
- sowie den verschiedenen Formen der Genossenschaften.[25]

Die Unterschiede in den Rechtsformen der Unternehmen sind in vielfältiger Weise von Bedeutung, weil darin die rechtliche Haftung und das wirtschaftliche Risiko der am Unternehmen Beteiligten ganz unterschiedlich geregelt sind. Entsprechende Unterschiede ergeben sich u.a. für die Leitungsbefugnisse und die Gewinnverteilung der Eigentümer, woraus sich Konsequenzen für die Finanzierungsmöglichkeiten des Unternehmens und seine steuerliche Belastung ergeben. Die Wahl der Rechtsform stellt daher für jedes Unternehmen ein frühes und entscheidendes unternehmenspolitisches Problem dar, wie es in folgendem Schaubild verdeutlicht wird.[26]

24 Zum Übergang vom unternehmer- zum managergeleiteten Unternehmen in verschiedenen europäischen Staaten vgl. hingegen Herman Daems/Herman van der Wee (Hg.), The Rise of Managerial Capitalism, Löwen/Den Haag 1974 und Alfred D. Chandler, The Visible Hand. The Managerial Revolution in Business, Cambridge (Mass.)/London 1977. Zum jugoslawischen Modell der Arbeiterselbstverwaltung vgl. Peter Dobias, Das jugoslawische Wirtschaftssystem. Entwicklung und Wirkungsweise, Tübingen 1969.

25 Wöhe, Einführung in die Allgemeine Betriebswirtschaftslehre, S. 118–137.

26 Ein ähnliches Schema bei Henner Schierenbeck, Gründzüge der Betriebswirtschaftslehre, München 1998, S. 30f.

Schaubild 2: Unterschiede in der Rechtsform von Unternehmen nach wichtigen Gesichtspunkten

Unterschiede *(Normalfälle)*	**OHG**	**KG**	**GmbH**	**AG**
Eigenkapital-ausstattung	keine festen Einlagen	keine festen Einlagen	Mindestkapital (Stammkapital): gesetzl. Minimum 50 000,-; ein Gründer ausreichend	Mindestkapital (Grundkapital): gesetzl. Minimum 100 000,-; ein Gründer ausreichend
Gewinn-verteilung	4 % der Einlagen, Rest nach Köpfen	Komplementäre wie bei der OHG, Kommanditisten nach Einlage	nach Gesellschaftsvertrag, Beschluß oder Geschäftsanteilen	nach Kapital: detaillierte Regeln zur Mindestausschüttung, auch Ausschüttungssperre möglich
Haftung	voll	Komplementäre voll, Kommanditisten beschränkt	beschränkt	beschränkt
Gesellschafter-wechsel	Tod und Austritt führen zur Beendigung	Komplementäre wie bei der OHG; Kommanditisten: Tod=Ende, Austritt=Weiterbestehen	Weiterbestand unabhängig von Gesellschaftern	Weiterbestand unabhängig von Gesellschaftern
Unternehmens-leitung	alle beteiligt	alle Komplementäre	Bestellung von Geschäftsführern	Kontrolle des Vorstandes durch den Aufsichtsrat
steuerliche Belastung	Einkommenssteuer	Einkommenssteuer	Körperschaftssteuer: bei Ausschüttung 30%, bei Einbehaltung 45%; gezahlte Körperschaftssteuer wird bei Ausschüttung voll auf die Einkommenssteuer der Gesellschafter angerechnet	wie GmbH
Finanzierung	Eigenkapital: durch Vermögen begrenzt, Aufnahme neuer Gesellschafter möglich; Fremdkapital: begrenzt durch Kreditfähigkeit	wie OHG	Eigenkapital: kein Zugang zu organisierten Eigenkapitalmärkten (Börse etc.); Fremdkapital: geringe Kreditwürdigkeit als Personengesellschaft aufgrund der beschränkten Haftung, jedoch Publikationsvorschriften	Eigenkapital: Zugang zum Kapitalmarkt; Fremdkapital: wegen strikter Publikationspflicht höhere Kreditwürdigkeit

Das Ziel marktwirtschaftlich operierender kapitalistischer Unternehmen wird gemeinhin durch den Gewinn umschrieben, dessen Ermittlung das betriebliche Rechnungswesen vornimmt. Zum einen dient es der Rechenschaftslegung über die Geschäftsführung, d.h. der erbrachten Leistung in der Vergangenheit, zum anderen aber als Entscheidungshilfe für die Zukunft. Zu diesem Zweck gibt es für die verschiedenen Unternehmensformen gesetzlich geregelte Publikationspflichten gegenüber der Öffentlichkeit. Üblicherweise gliedert man das betriebliche Rechnungswesen in die Bereiche Buchführung, Jahresabschluss und Kostenrechnung.[27]

In der laufenden Buchführung werden alle Transaktionen des Unternehmens mit der Außenwelt in quantitativer Weise festgehalten und dokumentiert. Sie gibt damit einen dauernden Überblick über den Leistungstausch des Unternehmens mit der Umwelt. Zudem ermöglicht sie in periodischen Abständen die Ermittlung des Ergebnisses dieses Leistungstausches, den Erfolg des Unternehmens. In der sogenannten Gewinn- und Verlustrechnung gehen dabei sowohl die Ergebnisse der Vermögensbewegungen einer Rechnungsperiode (zumeist ein Jahr) wie auch der Saldo der verschiedenen in Geld bewerteten Leistungsströme des Unternehmens ein. Die Bilanz eines Unternehmens schließlich stellt die Gegenüberstellung der in Geld bewerteten Vermögens- und Schuldenbestandteile am Bilanzstichtag dar. Als Saldo ergibt sich das Reinvermögen, und im Vergleich zweier Bilanzen lässt sich ebenfalls der Erfolg des Unternehmens als Veränderung des Reinvermögens (Gewinn) ablesen. Bilanz sowie Gewinn- und Verlustrechnung sind so aufeinander bezogen, dass in beiden Rechenwerken der gleiche Jahresgewinn erscheinen muss. Die technischen Verfahren des betrieblichen Rechnungswesens sind dabei äußerst komplex, und ein separater Zweig der Betriebswirtschaftslehre widmet sich ausschließlich dem System der doppelten Buchführung und des Jahresabschlusses.

Im Jahresabschluss wird der „Erfolg" der Gewinn- und Verlustrechnung ermittelt, indem man in der Erfolgsrechnung Aufwand und Ertrag unter Berücksichtigung der Bestandveränderungen gegenüberstellt. Darüber hinaus ergibt sich aus der Bilanz zum gleichen Stichtag der identische „Bilanzgewinn". Für die Erstellung einer Bilanz gibt es umfangreiche Grundsätze und Vorschriften, die deren materielle und formelle Ordnungsmäßigkeit sowie wichtige Gliederungs- und Bewertungsvorschriften beinhalten. Die Gliederung ergibt sich dabei aus einigen wenigen gesetzlichen Mindestanforderungen, z.B. nach einer Trennung von Anlage- und Umlaufvermögen sowie von Eigen- und Fremdkapital und vor allem aus den Erfahrungen der Praxis.[28] Die Bewertung der verschiedenen Bilanzpositio-

27 Dazu ausführlich Günter Wöhe, Bilanzierung und Bilanzpolitik, 8. Aufl. München 1992 und knapp Helmut Diederich, Allgemeine Betriebswirtschaftslehre II, Stuttgart 1970, S. 175–253.

28 Ulrich Leffson, Die Grundsätze ordnungsmäßiger Buchführung, Düsseldorf 1987.

nen erweist sich insgesamt als äußerst diffizil. Zunächst ist zu klären, welche Positionen überhaupt in eine Bilanz eingestellt werden sollen und welche nicht – z.B. dürfen immaterielle Güter wie „Know-how“, Geschäftswerte oder Erfindungen nicht bilanziert werden. Dann stellt sich vor allem die Frage, mit welchem Wertansatz Aktiva und Passiva in die Bilanz aufgenommen werden sollen. Die Prinzipien des Gläubigerschutzes und der Vorsicht sollen die Wertansätze der Bilanz bestimmen. Dies führt dazu, dass Aktiva höchstens zu ihren Anschaffungs- und Herstellungskosten bewertet werden können, Passiva hingegen nach „vernünftiger kaufmännischer Beurteilung“, und dass drohende Verluste bereits in der Bilanz berücksichtigt werden sollen, künftige Gewinne jedoch nicht (Imparitätsprinzip).

Die Kostenrechnung (Betriebsbuchhaltung) eines Unternehmens dient ausschließlich der internen Information und Kontrolle. Kosten werden dabei als in Geld bewerteter Güterverzehr angesehen. Die Vollkostenrechnung zielt auf die Erfassung des gesamten Güterverzehrs eines Zeitraums, während die Teilkostenrechnung nur die tatsächlich eindeutig zurechenbaren Kosten ermittelt und die Gemeinkosten, die den Betriebsabteilungen (Kostenstellen) und den Produkten (Kostenträgern) nicht eindeutig zuzurechnen sind, außen vorlässt. Neben der Kontrolle nach innen hat die Rechnungslegung der Unternehmen auch die Funktion, Informationen nach außen bereitzustellen. Hierbei stellt der Jahresabschluss eine wichtige Publikation dar, dessen Inhalt und Form häufig, wie im Falle der Aktiengesellschaften, bestimmten gesetzlichen Vorschriften entsprechen muss.

Ausgehend von dieser begrifflichen Klärung soll nun im ersten Teil des Buches die Entwicklung der Unternehmensgeschichte thematisiert werden. Zunächst wird dabei auf die Beschäftigung der allgemeinen Geschichtswissenschaft mit diesem Objekt eingegangen, aber auch die häufig umstrittene Tradition der Verfassung von Festschriften und Unternehmerbiographien, die sich bis ins 18. Jahrhundert zurückverfolgen lässt, wird ausführlicher dargestellt. Zweitens wird die im 20. Jahrhundert in den USA herausgebildete Business History, gespeist auch durch Anregungen der deutschen Emigranten, und die Rückwirkung auf die deutsche Unternehmergeschichte abgehandelt. Es folgt drittens die deutsche Unternehmens- und Unternehmergeschichte, die diesen historischen Wurzeln folgend, ihr thematisches Spektrum stark erweitert und sich neuerdings auch Ansätzen aus den Nachbarwissenschaften geöffnet hat. Viertens wird hier die in bewusstem Gegensatz dazu konzipierte Betriebsgeschichte der DDR vorgestellt, worauf fünftens eine Diskussion der theoretischen Orientierungen der modernen Unternehmensgeschichte dieses Kapitel abschließt.

Im zweiten Teil des Buches erfolgt die Darstellung der historischen Entwicklung von Unternehmen alternierend: allgemeine Überlegungen und Fallbeispiele mit Einzelinformationen wechseln sich ab. Das englische

Beispiel, das als Vorläufer und Vorbild viel zum Verständnis der deutschen Verhältnisse beitragen kann, wird vergleichend betrachtet. Dies weist methodisch gesehen zugleich den Weg zu einer vergleichenden Unternehmensgeschichtsschreibung.

Betrachtet werden im zweiten Kapitel zunächst die strategischen Entscheidungen im Unternehmen, d.h. die Gründung und Organisation, das Wachstum, die Finanzierung, die Technologien, die Absatzstrategien verschiedener Branchen und Regionen sowie die Frage der Arbeitskräftebeschaffung. Im dritten Kapitel werden die Personen und Gruppen im Unternehmen, d.h. die Unternehmer und Manager auf der einen sowie die Angestellten und Arbeiter auf der anderen Seite genauer charakterisiert. Im vierten Kapitel werden dann die Entwicklung der Konzentration und Kartellierung in Deutschland, die aus den unternehmerischen Interessen und Marktregulierungen resultierten, thematisiert.

Die für diese Abhandlung erforderlichen empirischen Belege entstammen nahezu ausschließlich dem 19. Jahrhundert, da mit dem aus den Archiven erschlossenen Material eine umfangreiche Datenbasis zur Verfügung steht, mit Hilfe derer die Aktualität historischer Erfahrungen demonstriert werden kann.

Andererseits hat die Begrenzung auf das 19. Jahrhundert auch systematische Gründe. Die Zeit bis 1913 erscheint vor dem Hintergrund der Krisen und Katastrophen der ersten Hälfte des 20. Jahrhunderts als eine Periode relativ störungsfreien wirtschaftlichen Wachstums und einer recht ungebremsten Entwicklung. Unter relativ stabilen Handlungsbedingungen für unternehmerisches Wirken konnte ein liberal-kapitalistisches Wirtschaftssystem seine Entwicklungsdynamik voll entfalten.

Eine Einbeziehung der unternehmenshistorischen Forschungsergebnisse für das 20. Jahrhundert und insbesondere der NS-Zeit hätte den Charakter des Lehrbuchs stärker in Richtung eines aktuellen Forschungsüberblicks verschoben und damit den Rahmen dieser Einführung gesprengt. Denn gerade die gegenwärtige Diskussion um Unternehmen und Unternehmer im Nationalsozialismus zeigt, wie viel komplexer strategische Optionen der Unternehmensentwicklung werden, wenn man über den hier entfalteten unternehmensinternen Datenkranz auch Fragen der politischen und sozialen Umwelt entscheidend mit in das unternehmerische Kalkül einbezieht.

Im dritten Teil dieses Bandes wird schließlich die Theorie der Unternehmung aus der Sicht der Sozial- und Wissenschaften kurz charakterisiert und die Nützlichkeit dieser Ansätze demonstriert. Dabei wird auf neoklassische wirtschaftswissenschaftliche Theorien ebenso eingegangen wie auf die Neuere Institutionenökonomie, die Verhaltenssoziologie und die Systemtheorie. Letztlich wird auch die politische Dimension unternehmerischen Handelns knapp erwähnt, vor allem im Hinblick auf die Gesellschaftsordnung und die Organisation der unternehmerischen Interessen.

1.2 Historiographische Vorarbeiten einer zeitgemäßen Unternehmensgeschichtsschreibung

Wie bereits angesprochen, lassen sich im Bereich des ökonomischen Schrifttums, in historischen Arbeiten und in vielen Firmengeschichten, Jubiläumsschriften und Unternehmerbiographien zahlreiche Anknüpfungspunkte für eine zeitgemäße Unternehmensgeschichtsschreibung finden. Ein Blick auf die Entstehung und die Entwicklungsgeschichte des Faches zeigt, aus welch' vielfältigen Wurzeln und mit welch' unterschiedlichen Absichten diese Disziplin begründet wurde. Die Ursprünge der gegenwärtigen deutschen Unternehmensgeschichtsschreibung weisen dabei in disparate Richtungen. Aus diesen unterschiedlichen Ansätzen ergibt sich, dass die Art und Weise, in der ein Unternehmen zum Gegenstand wissenschaftlicher Betrachtung wird, nicht evident ist. Die vorherrschende wissenschaftliche Doktrin oder Methode hat darauf ebenso einen Einfluss wie bestimmte Eigenarten der jeweiligen Unternehmungen in ihrem gesellschaftlichen Kontext. Dies gilt natürlich auch für die historische Betrachtung von Unternehmen, bei der die nationalen Traditionen in der Wissenschaft und im Geschäftsleben eine wichtige Rolle spielen. Hier haben u.a. auch frühe Untersuchungen der Historischen Schule der Nationalökonomie einiges Material zutage gefördert.[29]

In Deutschland sind moderne Unternehmen als eigenständige Gebilde außerhalb der agrarischen Familienwirtschaft und der städtischen Hauswirtschaft kaum vor dem 15. Jahrhundert entstanden.[30] Dies geschah im Zusammenhang mit der Hausbildung des kapitalistischen Wirtschaftssystems. Als konstituierende Elemente können dabei neben der Verselbständigung des Geschäfts die Durchsetzung des Erwerbsprinzips und die Rationalisierung aller Wirtschaftsvorgänge angesehen werden.[31] Dieses geschah auch schon relativ früh in verschiedenen Gesellschaftsformen, als Personen- und als Kapitalgesellschaften. Die überseeischen Handelskompanien können dabei wohl am ehesten als Vorläufer der Aktiengesellschaften gelten (1602 Holländisch Ostindische Kompanie), andere Gesellschaftsformen wie bergwerkliche Gewerkschaften, Reedereien u.ä. entwickelten sich ebenfalls. Für Deutschland finden sich zwar auch im 16. Jahrhundert bereits einige aktiengesellschaftsähnliche Gebilde[32], doch selbst im 17. und

29 Gustav Schmoller, Die geschichtliche Entwicklung der Unternehmung III–V. Handel, Handwerk und Hausindustrie, in: Schmollers Jahrbuch Nr. 14/4 (1890), S. 1035–1076.

30 Fritz Redlich, Art. Unternehmens- und Unternehmergeschichte, in: Handwörterbuch der Sozialwissenschaften Bd. 10, Stuttgart 1959, S. 532–549.

31 Werner Sombart, Der moderne Kapitalismus Bd. II: Das europäische Wirtschaftsleben im Zeitalter des Frühkapitalismus, 1. Halbbd., München 1987 (OA 1916), S. 102f.

32 Jakob Strieder, Studien zur Geschichte kapitalistischer Organisationsformen, München 1925; Walter Möllenberg, Die Eroberung des Weltmarktes durch das Mansfeldische Kupfer, Gotha 1911.

18. Jahrhundert blieben Kapitalgesellschaften für das deutsche Wirtschaftsleben noch weitgehend belanglos.[33]

Neben den rechtlichen Haftungseinschränkungen der Eigentümer waren für die Herausbildung einer eigenständigen Struktur früh-moderner Unternehmen eine Reihe weiterer Faktoren ausschlaggebend.[34] Dazu zählte zweifelsfrei die Herausbildung eines kaufmännischen Rechnungswesens in Form der doppelten Buchführung ebenso wie die organisatorischen Anforderungen von Großbetrieben, wie sie z.B. in der Montanindustrie seit dem Mittelalter üblich wurden[35] und auch im Bereich der Landwirtschaft, als Gutsbetriebe um sich griffen. Die „joint-stock-companies" des 17. Jahrhunderts stellten dann den ersten Prototyp des modernen Großunternehmens dar, wofür die englische „East India Company" ab 1612 ein herausragendes Beispiel ist.

Fanden diese Großunternehmen zunächst nur im Bereich von Handel, Bergbau und Metallerzeugung einige Verbreitung, so folgten im 18. Jahrhundert Unternehmen der Kreditgewährung (Banken) und des Verkehrs (z.B. Chausseegesellschaften), ehe dann der Siegeszug des modernen Unternehmens auch in Bereiche der Gütererzeugung als Produktionsunternehmen seine Fortsetzung fand. Dabei lassen sich in den einzelnen Staaten durchaus nationale Unternehmenstypen als vorherrschend auffinden.

Dieser Siegeszug des modernen Unternehmens im Bereich der Güterherstellung wäre ohne die gleichzeitig erfolgende Durchsetzung des Fabrikwesens nicht denkbar gewesen. Die Geschichte der modernen Fabrik lässt sich unter durchaus verschiedenen Aspekten schreiben, je nachdem ob man der Entwicklung der Technologie, den Bedingungen der Kapitalverwertung oder der inneren Organisation des Fabrikbetriebes Vorrang einräumen will.[36] Insbesondere die ältere Forschung hat häufig darauf hingewiesen, dass vor allem die Struktur der Betriebsorganisation, als zentralisierter, arbeitsteiliger gewerblicher Großbetrieb für eine „Fabrik" konstitutiv war. Eine Fabrik ist demnach „diejenige Art des gewerblichen Betriebs, bei welcher ein Unternehmen regelmäßig eine größere Zahl von Arbeitern außerhalb ihrer Wohnungen in eigener Betriebsstätte beschäftigt", so Karl Bücher[37] in einer frühen Arbeit. Darin sind ihm zahlreiche spätere Autoren

33 Werner Sombart, Der moderne Kapitalismus Bd. II, S. 155.

34 Fritz Redlich, Art. Unternehmens- und Unternehmergeschichte, S. 354.

35 Vgl. dazu neuerdings Mirja Steinkamp, Die Eisenhütte Gittelde: 1700–1787. Eine betriebswirtschaftliche Untersuchung, Stuttgart 1997.

36 Freudenberger, Die Struktur der frühindustriellen Fabrik, S. 414; Rudolf Forberger, Zur Auseinandersetzung über das Problem des Übergangs von der Manufaktur zur Fabrik, in: Beiträge zur deutschen Wirtschafts- und Sozialgeschichte des 18. und 19. Jahrhunderts, Berlin 1962, S. 171–188,hier: S. 171.

37 Karl Bücher, Art. Gewerbe, in: Wörterbuch der Volkswirtschaft, 2 Bde., Jena 1898, S. 859.

gefolgt.[38] Damit wurde insbesondere die Kontinuität in der Entwicklung aus den Vorformen („Protofabrik“) im Bereich der Manufakturen hervorgehoben, in denen verschiedene Elemente der modernen Fabrik bereits realisiert waren. In dieser Sicht besteht zwischen Manufaktur und Fabrik eben kein grundlegender Unterschied: erstere bildete den Nährboden für letztere[39]. Rückt man die Technologie (Maschinenarbeit) stärker in den Vordergrund, so kann man den Übergang von der Manufaktur zur Fabrik durchaus als einen „qualitativen Sprung“ interpretieren.[40] In jedem Fall bildet das moderne Fabrikunternehmen gegenüber den vorausgehenden Betriebsformen Hausindustrie (Verlag) und Handwerk einen wesentlichen Fortschritt im Hinblick auf Effizienz der Güterproduktion und hat damit entscheidend zum Auftreten all jener Probleme in modernen Unternehmen beigetragen, die Gegenstand dieses Bandes sind.

Angesichts der besonderen Entwicklungen im Fabrikwesen und innerhalb der frühen Unternehmensorganisationen in den verschiedenen Ländern, die z.B. zwischen Deutschland und den USA eindrucksvoll hervortreten[41], kann es daher nicht überraschen, dass sich auch hinsichtlich der Unternehmensgeschichtsschreibung in den USA und in Deutschland ganz unterschiedliche Forschungskonzepte entwickelt haben, die sich als „Business History“ und als Unternehmensgeschichte nur unvollständig ineinander überführen lassen. Die Unterschiede, v.a. im wissenschaftlichen Zugriff aus verschiedenen gesellschaftlichen und wissenschaftlichen Perspektiven sollen nun gezeigt werden. Dabei gilt es, die erwähnten unterschiedlichen Ansätze knapp darzustellen und daraufhin zu befragen, ob und in welchem Umfang sie zur Begründung einer zeitgemäßen Unternehmensgeschichtsschreibung beitragen können. Die Arbeiten aus dem Bereich der allgemeinen Geschichte können dabei nur teilweise berücksichtigt werden, weil weder Raum für eine ausführliche Behandlung zur Verfügung steht noch ihre Heterogenität eine systematische Berücksichtigung zulässt.

38 Georg Jahn, Die Entstehung der Fabrik (II), in: Schmollers Jahrbuch 69 (1949), S. 65–100, hier: S. 93.

39 Vgl. dazu Hermann Freudenberger, Die Struktur der frühindustriellen Fabrik, S. 418f.

40 So etwa Rudolf Forberger, Zur Auseinandersetzung, S. 176.

41 Zum deutschen Weg von Industrie und Technik und zum amerikanischen System vgl. z.B. Joachim Radkau, Technik in Deutschland. Vom 18. Jahrhundert bis zur Gegenwart, Frankfurt a.M. 1989, S. 29–40.

1.2.1 Deutsche Traditionen: Firmengeschichte und Unternehmerbiographie

Die allgemeine Wirtschaftsgeschichtsschreibung in Deutschland bevorzugte lange Zeit und selbst noch in der Gegenwart eine makroökonomische Perspektive, d.h. sie wandte sich vor allem gesamtwirtschaftlichen Zusammenhängen zu, z.T. sektoral oder regional differenziert. Die mikroökonomische Betrachtungsweise blieb weitgehend ausgeklammert bzw. diente allenfalls illustrativen Zwecken. Eine Behandlung der Geschichte des Geschäftslebens im engeren Sinne hat im Rahmen der allgemeinen Wirtschaftsgeschichte in Deutschland bis heute selten stattgefunden: beides gehört jedoch meines Erachtens zusammen. Die Beschäftigung mit dem Unternehmen sowie seinen Eigentümern und Leitern als Objekte historischer Betrachtung fand in einem ganz anderen Zusammenhang statt. Es haben sich dabei zwei spezifisch deutsche Forschungsrichtungen etablieren können: die Firmengeschichte und die Unternehmerbiographie.

Nach Meinung von Fritz Redlich[42] waren es nur wenige Männer, die sich das Verdienst teilen können, diesen Forschungsbereich seit dem Ende des 19. Jahrhunderts auf ein wissenschaftliches Niveau gehoben zu haben. Ähnlich wie in den USA entspringt die praktische Darstellung von Firmengeschichten zuerst den Bedürfnissen der Unternehmen. Ein erstes derartiges Werk wurde bereits 1825 veröffentlicht.[43] Diese Arbeit zum hundertsten Jahrestag der Gründung des sächsischen Eisenwerkes Lauchhammer wurde von Johann Friedrich Trauscholdt geschrieben, der im Auftrag des Eigentümers, des Grafen Detlev von Einsiedel (1773–1861), dieses Unternehmen eine Zeitlang als „Oberfactor", d.h. als Direktor führte. Obwohl die Arbeit ohne Vorbilder verfasst wurde, zeigt sie eine bemerkenswerte Qualität. Sie behandelt zahlreiche auch heute relevante Fragen historischer Unternehmensforschung, wie z.B. die Gründung des Unternehmens, die Ursachen und Formen der Expansion, technische Neuerungen, Eigentumsverhältnisse sowie quantitative Angaben über Erzeugung, Preise und Kosten.

Andere Autoren haben jedoch die Präponderanz dieses Werkes bestritten und weisen auf noch früher zu datierende Arbeiten hin.[44] Zu welchem

42 Fritz Redlich, Anfänge und Entwicklung, S. 10–20. Siehe Anm. 45.

43 Geschichte und Feyer des ersten Jahrhunderts der Eisenwerke Lauchhammer, Dresden (Privatdruck), o.J. (1825).

44 Lutz Hatzfeld, Zum Anfang der deutschen Firmengeschichtsschreibung, in: Tradition. Zeitschrift für Firmengeschichte und Unternehmerbiographie 7 (1962), S. 209ff. weist auf eine bereits 1811 erschienene Werksgeschichte von Heinrich Anschütz über die „Gewehr-Fabrik in Suhl" hin. Darüber hinaus zitiert Gabriele Teichmann, Unternehmensgeschichten. Versuch einer Bestandsaufnahme und Typologie, in: Archiv und Wirtschaft 28 (1995), S. 159–171, zwei Arbeiten noch älteren Datums, nämlich Friedrich Roth-Scholzen, Kurze Nachricht von der Tauberischen Buchhandlung in Nürnberg und Altdorff von A. 1639 bis A. 1722 usw., sowie Johann

Zeitpunkt man diese Form der Darstellung von Firmengeschichten beginnen lassen will, hängt also nicht nur vom Forscherfleiß ab – denn möglicherweise lassen sich im deutschsprachigen Raum ähnliche Arbeiten noch älteren Datums finden –, sondern auch davon, welche Art historischer Beschreibung privater Geschäftstätigkeit man überhaupt bereit ist, als besondere Firmengeschichte zu würdigen. Man kann die Firmengeschichtsschreibung daher schon im frühen 18. Jahrhundert beginnen lassen oder erst einhundert Jahre später, wofür Redlich plädiert.

Bis zur Mitte des 19. Jahrhunderts blieben derartige Arbeiten jedoch sehr rar. Als wichtige frühe Beiträge lassen sich anführen: die Geschichten der Königlichen Bank in Berlin, der Papierfabrik zum Bruderhaus in Dettingen an der Ems, der Königlichen Eisenhütten-Werke in Malapane, der Königlichen Porcellanmanufactur zu Berlin und der Industrie im Ruhrthale.[45] Bei diesen frühen Firmenstudien fällt auf, dass es sich bei den Unternehmen zumeist um Staatsbetriebe handelt und dass die sogenannten Führungssektoren der deutschen Industrialisierung, wie z.B. die Eisenbahnen, Steinkohlenzechen, die Eisenindustrie oder auch Textilbetriebe, mit Ausnahme der staatlichen Eisenhüttenindustrie, *nicht* vertreten sind. Es waren offenbar auch Rechtfertigungszwänge von Staatsbetrieben, die den Anlass zum Verfassen der Unternehmensschriften gaben, wie z.B. von Christian von Rother, dem damaligen preußischen Finanzminister und Präsidenten der Königlichen Bank, im Vorwort der Arbeit von Niebuhr angedeutet wird.[46]

Erst in den 1880er Jahren wurden auch in Deutschland die Firmengeschichten zahlreicher. Vor allem waren es Banken und Verlagshäuser, die auf diese Weise öffentliche Aufmerksamkeit zu erlangen suchten. Es finden sich in dem Jahrzehnt 1880–1890 acht Bankengeschichten, vornehm-

Alberti Bieringen, Historische Beschreibung des sehr alten und löblichen Manßfeldischen Berg-Werks aus dem Jahre 1734, Leipzig 1734.

45 Vgl. Fritz Redlich, Anfänge und Entwicklung der Firmengeschichte und Unternehmerbiographie. Das deutsche Geschäftsleben in der Geschichtsschreibung, Würzburg 1974, S. 11. Die bei Redlich genannten Werke sind: Marcus Niebuhr, Geschichte der Königlichen Bank in Berlin von der Gründung derselben bis zum Ende des Jahres 1845, Berlin 1848; Gustav Werner, Die Papierfabrik zum Bruderhaus [in Dettingen an der Ems] und ihre Eröffnung, Reutlingen 1851; Ludwig Wachler, Geschichte des ersten Jahrhunderts der Königlichen Eisenhütten-Werke in Malapane vom Jahre 1755–1855, Glogau 1856; G. Kolb, Geschichte der Königlichen Porcellanmanufactur zu Berlin, Berlin 1863; o.V., Dinnendahl, ein Beitrag zur Geschichte der Industrie im Ruhrthale (Artikelserie), in: Essener Zeitung Nr. 1–5, 1863.

46 Am Beispiel der Geschichte der Königlichen Bank wird dieses ganz deutlich. Bei der Arbeit handelte es sich nicht um eine unabhängige, wissenschaftliche Studie über die Entwicklung der Bank, sondern um ein internes Gutachten im Rahmen der Auseinandersetzung um die zukünftige Notenbankpolitik des Preußischen Staates und zur Rechtfertigung der Position Rothers. Dieses wurde publiziert und erlangte im Laufe der Zeit ungerechtfertigterweise den Rang einer „objektiven“ Studie.

lich von Hypothekenbanken und drei von Verlagen, die ihre Geschichte ebenfalls der Öffentlichkeit präsentierten. Auch erste Industrieunternehmen wagten in diesem Zeitraum den Schritt an die Öffentlichkeit, z.B. als erste Steinkohlenzeche die Gelsenkirchener Bergwerks AG im Jahr 1898.

Die Zahl der frühen Arbeiten von Pionieren der deutschen Firmengeschichtsschreibung blieb allerdings noch gering. Diese Vorbilder fanden zunächst wenig Nachfolger, die versuchten, freie und unabhängige, ausschließlich vom wissenschaftlichen Interesse geleitete Firmengeschichten vorzulegen. Erst zur Mitte des 20. Jahrhunderts setzte sich diese Tradition verstärkt fort, wobei auffällt, dass zunächst vor allem Unternehmen vergangener Jahrhunderte mit einer recht langen Firmengeschichte bearbeitet wurden und man aktuelleren Fragestellungen offenbar noch auswich.[47] Die Qualität der zahlreichen, bis heute vorliegenden Firmenfestschriften wird häufig als sehr problematisch eingeschätzt und ist insgesamt nicht sehr hoch anzusetzen.[48] Eine Reihe von Einwänden und Vorbehalten gegenüber ihrem wissenschaftlichen Wert sind zu formulieren.

Dies haben bereits einsichtige Zeitgenossen getan, denen zahlreiche Arbeiten in ihrem wissenschaftlichen Wert als außerordentlich fragwürdig erschienen, weil sie z.B. einseitig den Interessenstandpunkt des Unternehmens vertraten. Viele Publikationen enthielten zudem häufig nicht einmal Originalunterlagen, sondern nur gefilterte Informationen und z.T. durch Laien geglättete quantitative Daten.[49] Insgesamt lassen sich alle diese Vorbehalte in vier Punkten zusammenfassen:[50]

47 Einen ersten Überblick über die vorhandenen Untersuchungen geben folgende Bibliographien: Hundert Jahre Deutscher Wirtschaft in Fest- und Denkschriften, eine Bibliographie (Kölner Biographische Arbeiten), hg. von Hermann Corsten und Ernst Walb, Köln 1937; Katalog der Fest- und Denkschriften wirtschaftlicher Betriebe (Dr. Hjalmar Schacht-Katalog), Bücherei des Reichsbankdirektoriums, Berlin 1936; Hermann Aubin, Verzeichnis der Fest- und Denkschriften von Unternehmungen und Organisationen im Hamburger Weltwirtschaftsarchiv, Hamburg 1961. Darüber hinaus wurde in der „Zeitschrift für Unternehmensgeschichte" seit ihrer Begründung im Jahre 1977 eine fortlaufende Bibliographie zur Unternehmensgeschichte und Unternehmerbibliographie publiziert. Auch dies ist eine Weiterführung des Vorläuferorgans „Tradition", in der eine ebensolche Bibliographie seit 1967, beginnend mit dem Berichtsjahr 1966, erschien; Vgl. Horst A. Wessel, Bibliographie zur Unternehmensgeschichte und Unternehmerbiographie, in: Zeitschrift für Unternehmensgeschichte 22 (1977), S. 71–80.

48 Vgl. dazu Wilhelm Treue, Die Bedeutung der Firmengeschichte für die Wirtschafts- und die Allgemeine Geschichte, in: Vierteljahrschrift für Sozial- und Wirtschaftsgeschichte 41 (1954), S. 42–65, hier S. 44; und Horst Hesse, Der geschichtliche Informations- und Quellenwert deutscher Firmenfestschriften, in: Zeitschrift für Unternehmensgeschichte 25 (1980), S. 108–129.

49 Vgl. dazu bereits Oskar Stillich, Nationalökonomische Forschungen auf dem Gebiet der Großindustriellen Unternehmung, Bd. 1: Eisen- und Stahlindustrie, Vorwort, Berlin 1904, S. 7–12 und Bruno Kuske, Wirtschaftsgeschichte an Handelshochschulen, in: Zeitschrift für die gesamte Staatswissenschaft 69 (1913), S. 267–285, hier: S.

Erstens ist der Entstehungsgrund für eine Festschrift erheblich. Meist handelt es sich dabei um eine Rückschau anläßlich eines Jubiläums o.ä., bei der Erfolgsmomente und positive Beiträge weitaus stärker betont werden als negative Momente und Misserfolge, d.h. die Auswahl des Materials ist einseitig.

Zweitens ist der grundsätzliche Zweck einer Firmenfestschrift ein werbender. Daher betonen sie insbesondere die Leistung des Unternehmens und seiner Leitung für Belegschaft, Gesellschaft und Staat insgesamt.

Drittens werden die Autoren häufig gezielt ausgewählt. Ihre Auswahl orientiert sich auch an der Fähigkeit, die gewünschten Sachverhalte zu betonen; oft handelt es sich sogar um Angestellte des betreffenden Unternehmens.

Viertens ist festzustellen, dass Festschriften nur selten Primärquellen nutzen – zumindest was Entwicklungen außerhalb der eigenen Firma anbetrifft. Häufig werden leichtfertig Sachverhalte und Meinungen ungeprüft übernommen, was gelegentlich zu krassen Fehleinschätzungen führt.

Neben diesen prinzipiellen Vorbehalten gegenüber dieser Schriftengattung sind die deutschen Firmengeschichten durch einige weitere typische Unzulänglichkeiten geprägt, worauf Fritz Redlich[51] in seiner Arbeit nachdrücklich hingewiesen hat:

- sie sind viel zu häufig am vorgeblichen Interesse des breiten Publikums und weniger an professionellen Standards der Wissenschaft orientiert,
- sie legen viel zu starkes Gewicht auf Fabriken, Fabrikate etc., d.h. auf die materielle Basis der jeweiligen Unternehmen, anstatt auf deren Wirken als Organisation,
- soziale Errungenschaften und Leistungen werden mit legitimatorischer Absicht in den Vordergrund gerückt,
- es besteht ebenfalls eine Tendenz, technische Leistungen über zu betonen, während die praktische Geschäftspolitik nur wenig beleuchtet wird und

278. Aus neuerer Sicht zu dieser Problematik Herbert Wendt, Jubiläumsschriften im Genossenschaftswesen – Aufgaben und Bedeutung, in: Zeitschrift für das gesamte Genossenschaftswesen 46 (1996), S. 36–49. Dass dies nicht nur Eigenarten der deutschen Forschung sind, veranschaulichen Herbert Hassinger, Forschungen über Firmen und Unternehmen in Österreich, in: Tradition. Zeitschrift für Firmengeschichte und Unternehmerbiographie 2 (1957), S. 172–192 und Gustav Holzmann, Strukturtypen von österreichischen Unternehmensgeschichten, in: Tradition 17 (1972), S. 183–192.

50 Toni Pierenkemper, Die westfälischen Schwerindustriellen 1852–1913. Soziale Struktur und unternehmerischer Erfolg, Göttingen 1979, S. 172. Zur Einschätzung der Qualität von Festschriften vgl. auch Holzmann, Strukturtypen, der 75 Firmenfestschriften klassifizierte und Hassinger, Forschungen, S. 172ff.

51 Fritz Redlich, Anfänge und Entwicklung, S. 26f.

- Zahlen sind nur sehr spärlich enthalten und gehen selten über das hinaus, was durch Geschäftsberichte und Bilanzen ohnehin zu erfahren ist.

Für diese Unzulänglichkeiten der Firmenfestschriften war nicht zuletzt auch der lange Zeit vorfindbare Mangel an qualifizierten und speziell ausgebildeten Bearbeitern schuld.[52] Und dennoch: ungeachtet der genannten methodischen Grundprobleme und der eigentümlichen Unzulänglichkeiten der deutschen Studien in diesem Bereich sowie eingedenk einer ungleichmäßigen Repräsentation der Wirtschaft in dieser Literaturgattung, wo sich größere und erfolgreiche Unternehmen weitaus häufiger als kleinere und erfolglose Firmen finden, stellen diese Firmengeschichten und -festschriften einen wichtigen Fundus an Quellen für die unternehmenshistorische Arbeit dar.[53] Mag auch die Qualität der einzelnen Schriften z.T. nicht sehr hoch einzuschätzen sein, zusammengenommen sind sie von hohem Wert: zahlreiche Teilinformationen fügen sich zu einem wichtigen und richtigen Bild. Hier mag man bei großen Zahlen auf das Gesetz des statistischen Fehlerausgleichs vertrauen, dies um so eher, wenn man z.B. in Branchenstudien eine größere Zahl solcher Arbeiten einem systematischen Vergleich unterzieht.

Die Entstehung und Entwicklung einer wissenschaftlich orientierten Firmengeschichtsschreibung in Deutschland ist eng verknüpft mit einer Reihe von Forscherpersönlichkeiten, deren wissenschaftliche Herkunft und Programm zugleich auch die Heterogenität der Aufsätze deutlich macht, die sich in einer zeitgemäßen Unternehmensgeschichtsschreibung bündeln lassen.[54] Allen gemeinsam ist ein Bemühen um wissenschaftliche Standards und die Vermeidung von „Hofgeschichtsschreibung".

Richard Ehrenberg (1857–1922)[55] ist hier als erster zu nennen. Er begann seine berufliche Laufbahn als Sekretär des Kommerz-Kollegiums in Altona und wurde durch diese Tätigkeit mit dem Geschäftsleben und seinen Dokumenten vertraut. Bald widmete er sich der Forschung und wurde schließlich 1899 Professor für Nationalökonomie in Rostock. Dort hatte er u.a. den Nachlass von Thünen (1783–1850) zu betreuen. In der Auseinandersetzung mit dessen Werk versuchte er, die Nationalökonomie, die bis dahin in Deutschland unter dem Einfluss der Historischen Schule stand und stark deskriptiv orientiert war, auf eine neue und exaktere metho-

52 Ludwig Beutin, Was erwartet die Wissenschaft von der Firmengeschichte, in: Tradition 1 (1956), S. 62–69, hier: S. 62.

53 Wilhelm Treue, Die Bedeutung der Firmengeschichte, S. 62 und Horst Hesse, Der geschichtliche Informations- und Quellenwert, S. 116.

54 Zu den im folgenden genannten Personen sowie zu weiteren frühen Vertretern des Faches vgl. ebenfalls Fritz Redlich, Anfänge und Entwicklung, S. 14ff.

55 Kurz zu Person und Werk Ehrenbergs: Hanna Gülich-Bielenberg, Richard Ehrenberg, in: Handwörterbuch der Sozialwissenschaften Bd. 3, Stuttgart 1961, S. 32f.

dische Basis zu stellen. U.a. gründete er 1905 das „Thünen-Archiv für exakte Wirtschaftsforschung“, in dem u.a. auch eine Reihe von firmenhistorischen Arbeiten erschienen, so z.B. die „Krupp-Studien“ (mit Hugo Racine) sowie Arbeiten über Siemens & Halske und anderen Unternehmen. Sein firmenhistorisches Hauptwerk bildet aber zweifellos die Studie „Die Unternehmungen der Brüder Siemens“ (Jena 1906), die in der Einschätzung Redlichs einen Markstein auf dem Weg zu einer wissenschaftlichen Firmengeschichtsschreibung darstellt.

Ehrenbergs Forschungen begrenzten sich dabei nicht auf die wissenschaftliche Firmengeschichtsschreibung. Vielmehr betrachtete er diese als Baustein für eine induktive, privatwirtschaftliche Fundierung der nationalökonomischen Theorie. In diesem Rahmen sollte auch die für den Wirtschaftserfolg entscheidende Leistung der individuellen Unternehmer eine gebührende Berücksichtigung finden.[56] Diese Bemühungen waren zu seiner Zeit nicht unumstritten und haben ihm aus der Wissenschaft den Vorwurf eingebracht, er sei von den Unternehmern gekauft worden, da er seine Untersuchungen z.T. mit Mitteln der Industrie finanzierte.

Conrad Matschoß (1871–1942) ist als zweiter Pionier der deutschen Firmengeschichtsschreibung zu nennen, wenn er auch den Historikern vielleicht eher als ein führender Vertreter der frühen Technikgeschichte bekannt geworden ist. Er war Ingenieur und blieb dem Verein Deutscher Ingenieure (VDI), dessen Direktor er 1916 wurde, sein Leben lang eng verbunden. Sein Werk „Geschichte der Dampfmaschine. Ihre kulturelle Bedeutung, technische Entwicklung und ihre großen Männer, Berlin 1901“ begründete seinen Ruhm. Von 1909 an, seit ihrer Gründung, betreute er die „Beiträge zur Geschichte der Technik und Industrie, Jahrbuch des Vereins Deutscher Ingenieure“. Darin finden sich von Beginn an zahlreiche Beiträge auch zur Firmen- und Unternehmergeschichte, so bereits im ersten Band von 1909 einen Bericht über Adolf Knaudt, den Gründer des Puddel- und Blechwalzwerkes Schulz, Knaudt & Co sowie autobiographische Notizen von Ernst Körting unter dem Titel „Mein Lebenslauf als Ingenieur und Geschäftsmann“.[57] Parallel zu dieser Herausgebertätigkeit im VDI arbeitete er an verschiedenen Firmengeschichten und publizierte in rascher Folge eine ganze Reihe von Untersuchungen.[58] Zweifellos beschäftigten sich

56 Ausführlich dazu Dieter Lindenlaub, Firmengeschichte und Sozialpolitik. Zur Wissenschaftsgeschichte der Nationalökonomie in Deutschland vor dem Ersten Weltkrieg, in: Karl-Heinz Mangold (Hg.), Wissenschaft, Wirtschaft und Technik. Studien zur Geschichte, München 1969, S. 272–285.

57 Diese firmenhistorische Orientierung des Jahrbuchs setzt sich im zweiten Band fort. Dort publizierte Matschoß selbst eine Arbeit: Die Geschichte der Firma Gebrüder Sulzer in Winterthur und Ludwigshafen a. Rh., und J. Reichert: Geschichte der Gutehoffnungshütte in Oberhausen (Rheinland).

58 Zwischen 1912 und 1935 erschienen Untersuchungen über folgende Unternehmen: Gasmotorenfabrik Deutz (1909), Gebrüder Sulzer (1910), Maschinenfabrik R. Wolf

seine Arbeiten mit wichtigen Unternehmen der deutschen Wirtschaft, die alle der *Crème* der deutschen Industrie zuzurechnen waren bzw. immer noch sind. Daneben schrieb Matschoß noch eine Reihe bemerkenswerter Biographien bedeutender Unternehmerpersönlichkeiten und Techniker.[59] Matschoß wurde schließlich Professor für Geschichte der Technik an der Technischen Hochschule zu Berlin-Charlottenburg. Sein 1925 in Berlin erschienenes biographisches Handbuch „Männer der Technik", das im Auftrag des Vereins Deutscher Ingenieure herausgegeben wurde, blieb umstritten. Es diente aber vor allem dem Zweck, den Technikern, die in den üblichen biographischen Quellenwerken gegenüber Unternehmern meist stiefmütterlich behandelt wurden, mehr Aufmerksamkeit zu verschaffen.

Richard Ehrenberg und Conrad Matschoß förderten die Disziplin Firmengeschichtsschreibung mit dem Prestige von Hochschullehrern und verfügten darüber hinaus über ein Periodikum zur regelmäßigen Publikation kleinerer und größerer Arbeiten. Neben diesen beiden Persönlichkeiten finden sich weitere Autoren, die zu den Gründervätern der wissenschaftlichen deutschen Firmengeschichtsschreibung gezählt werden können, wie z.B. Franz Maria Feldhaus und Wilhelm Berdrow, deren Wirken aber weit weniger bekannt geworden ist und vielleicht auch weniger bedeutend war.[60] Diese Pioniere waren noch an der Arbeit, als bereits Angehörige einer zweiten Generation von Forschern begannen, ihre Vorstellungen über die Weiterentwicklung der Disziplin zu formulieren.

Bruno Kuske (1876–1951) begann seine akademische Laufbahn 1912 als Privatdozent an der Handelshochschule zu Köln, der er dann später als Professor für Wirtschaftsgeschichte bis zu seiner Emeritierung 1950 verbunden blieb. Dort bot er bereits eine Vorlesung zur Firmen- und Unternehmensgeschichte an. Seine Bemühungen um die Wirtschaftsgeschichte ins-

(1912), Krupp (1912), MAN (1913), Demag (1919), Donnersmarckhütte (1922), Ludwig Loewe & Co AG (1929), Berliner Elektrizitätswerke (1934), Wanderer Werke (1935).

59 So von Franz Dinnendahl (1903), Werner von Siemens (1916), Friedrich Harkort (1920), August Thyssen (1921) und Robert Bosch (1931).

60 Franz Maria Feldhaus (1874–1957) war wie Matschoß Ingenieur, konzentrierte sich aber noch stärker als dieser auf die Geschichte der Technik. Seine Mitarbeit an verschiedenen Firmengeschichten: Mannesmann Röhrenwerke (1912), Bopp & Reuther, Mannheim-Waldhof, Severin Heusch, Aachen (1924), Staedler, Nürnberg (1937) hob vor allem die technischen Leitungen der betreffenden Firmen hervor, allgemeine firmengeschichtliche Gesichtspunkte rückten so zwangsläufig in den Hintergrund. Wilhelm Berdrow (1867–1954) war ebenfalls technisch vorgebildet und verfügte über praktische Industrieerfahrung durch die Arbeit in verschiedenen Fabriken, ehe er 1890 freier Schriftsteller wurde. 1909 ging er dann als Leiter des neu gegründeten Krupp Archivs nach Essen und widmete sich danach ausschließlich der Erforschung der Geschichte dieses Unternehmens. U.a. verfasste er zwei große Biographien der beiden prägenden Persönlichkeiten des Unternehmens, Friedrich und Alfred Krupp. Er publizierte darüber hinaus Sammlungen von Briefen und Geschäftspapieren der Firma und ihrer Leiter.

gesamt erläuterte er im Beitrag „Wirtschaftsgeschichte an Handelshochschulen".[61] In seinem Lehr- und Forschungsprogramm ging es ihm darum, den Studierenden der Handelswissenschaften Kenntnisse über die Technik wie auch über die Unternehmung als historische Erscheinung zu vermitteln, wobei verschiedene Einzelunternehmen durchaus exemplarisch für das praktische Geschäftsleben behandelt wurden. Zugleich erschien es ihm nötig zu sein, die Leiter dieser Firmen, die Unternehmer, als Personen mit in die Betrachtung einzubeziehen, weshalb er sich früh entschloss, Veranstaltungen zur Unternehmergeschichte anzubieten.

Auch Walter Däbritz (1881–1963) war ebenfalls zeitweilig mit der Kölner Universität verbunden, später dann Leiter des Rheinisch-Westfälischen Instituts für Wirtschaftsforschung in Essen. In dieser Zeit verfasste er u.a. zahlreiche wissenschaftliche Firmengeschichten.[62] Däbritz war der erste Deutsche, der aufgrund einer firmenhistorischen Arbeit habilitiert wurde. 1927 wurde er Privatdozent in Köln und war dann von 1938 bis 1945 als Honorarprofessor tätig.

Oskar Stillich (geb. 1872) kann als letzter und als eine Art Außenseiter der Firmengeschichtsschreibung erwähnt werden. Er war nicht nur in dieser Disziplin innovativ, sondern auch im Bereich der empirischen Sozialforschung, in deren Rahmen er z.B. in Berlin eine Befragung von weiblichen Dienstboten zu ihrer sozialen Lage eigenständig organisierte.[63] Dies brachte ihm viel Kritik ein und schadete seinem beruflichen Fortkommen als Privatdozent: ein Lehrstuhl blieb ihm verwehrt. Seine firmenhistorischen Untersuchungen veröffentlichte Stillich in zwei vergleichenden Studien 1904 (Berlin) und 1906 (Leipzig) unter dem Titel „Nationalökonomische Forschungen auf dem Gebiet der großindustriellen Unternehmung".[64] Bemerkenswert erscheint, dass in diesen beiden Bänden zwei methodische Innovationen erfolgreich praktiziert wurden: die Begrenzung der Untersuchung auf ähnlich strukturierte Firmen einer relativ homogenen Branche und der systematische Vergleich. Dies gelang in beeindruckender Weise,

61 Vgl. Kuske, Wirtschaftsgeschichte an Handelshochschulen.

62 So über folgende Firmen: Essener Credit Anstalt (1922), Disconto Gesellschaft (1931), Metallgesellschaft (1931), Bochumer Verein (1934), Hanomag (1935), Th. Goldschmidt AG (1937), E. Matthes & Weber AG (1938), R. & E. Schmöle Metallwerke, Menden (1953).

63 Oskar Stillich, Die Lage der weiblichen Dienstboten in Berlin, Berlin 1902.

64 Bd. I beschäftigte sich mit der Eisen- und Stahlindustrie und verglich die Unternehmensentwicklung der Firmen Hoerder Bergwerks- und Hüttenverein, Ilseder Hütte und Peiner Walzwerk, Dortmunder Union, „Phönix" Aktiengesellschaft für Bergbau- und Hüttenbetrieb, Vereinigte Königs- und Laurahütte; Bd. II behandelte den Steinkohlenbergbau und verglich die Bergwerksgesellschaft Hibernia, die Gelsenkirchener Bergwerks AG Consolidation, den Kölner Bergwerks-Verein, die Bergwerks AG Consolidation, die Bergwerksgesellschaft Dahlbusch und Königsborn, AG für Bergbau, Salinen und Solbadebetrieb.

obwohl dem Forscher der Zugang zu den Firmenarchiven versperrt blieb. Er musste seine Studien daher auf gedrucktes Material, z.B. die Jahresberichte der Unternehmen, oder auf persönliche Recherchen stützen. Auf der Basis seiner Quellen versuchte Stillich, das Hauptcharakteristikum der jeweiligen Unternehmen herauszuarbeiten, z.B. die technischen Probleme, die Finanzstruktur, der Führungsstil u.ä.[65]

In einer ganz anderen Tradition als die Firmengeschichten stehen in Deutschland die Unternehmerbiographien; beide Formen entwickelten sich völlig getrennt voneinander. Die älteste bekannte deutsche Unternehmerbiographie dieses Genres erschien bereits 1793 in drei Teilen in den „Schlesischen Provinzialblättern" und beschäftigte sich mit Peter Hasenclever.[66] Verfasst wurden die drei Artikel, die dann 1794 unter dem Titel „Peter Hasenclever" in Landshut/Schlesien in Buchform als Privatdruck herauskamen, von Christian Gottlieb Glauber (1755–1804), einem schlesischen Schulmann aus Landshut/Schlesien, wo Hasenclever 1792 gestorben war. Hasenclever selbst stammte aus Westfalen, hatte dort als Kaufmann und Eisenindustrieller ein Vermögen erworben und ließ sich schließlich in Schlesien als Leinenfabrikant nieder.[67]

Trotz dieses frühen Beginns der Unternehmerbiographien in Deutschland finden sich bis zum Ende des 19. Jahrhunderts nur ganz wenige Arbeiten dieser Art, z.B. 1871 ein Werk über Ernst Litfaß, den Drucker und Werbeinnovator, und 1877/78 drei Arbeiten über Wilhelm Arnoldi, den Schöpfer der deutschen Privatversicherung. Erst im 20. Jahrhundert wurde es üblich, private Unternehmer in dieser Form zu ehren. Zumeist boten

65 Als kennzeichnende Züge der genannten Unternehmen der Eisenindustrie konnte er z.B. für den Hörder Verein Massenproduktion, verbunden mit einem hochkapitalistischen Geist, bei der Ilseder Hütte eine außerordentliche Ertragskraft über lange Zeiträume, bei der Dortmunder Union fortgesetzte Unergiebigkeit, beim „Phönix" eine folgerichtige Politik der Dezentralisation und bei der Königs- und Laurahütte nur ein gebremst kapitalistisches Gewinnstreben identifizieren. Ähnliche Charakteristika finden sich im zweiten Band für die dort untersuchten Steinkohlenzechen.

66 Hierzu und zum folgenden vgl. wiederum Fritz Redlich, Anfänge und Entwicklung, S. 36–52.

67 Nur sehr zögerlich folgten einige weitere biographische Arbeiten über zeitgenössische Unternehmer. Vgl. dazu Fritz Redlich, Anfänge und Entwicklung, S. 37f., nämlich 1805 in Leipzig: „Johann Heinrich Edler von Schüle... ein biographisches Denkmal" von Franz Eugen Freiherr von Seida und Landsberg (über den großen Augsburger Textilindustriellen des 18. Jahrhunderts), 1826 im Brockhaus Conversations Lexikon ein Artikel mit dem Titel „Biographische Nachrichten über das Haus Rothschild", verfasst von Friedrich von Gentz (1764–18332), 1844: „Salomon Heine, Blätter der Würdigung und Erinnerung für seine Freunde und Verehrer", verfasst von Joseph Mendelssohn, 1842: „Johann Friedrich Trautscholdt, Oberfactor der gräfl. Einsiedelschen Eisenwerke zu Lauchhammer, Burghammer, Grädlitz und Berggießhübel (geboren 1773, gestorben 1842) in seinem häuslichen Leben und amtlichen Wirken (Privatdruck Meißen); Trauscholdt war Verfasser der ersten deutschen Firmengeschichte (1825).

Jubiläen Anlass zur Anfertigung einer derartigen Biographie, wobei die werbende Wirkung, nicht das wissenschaftliche Interesse an der Person, im Vordergrund der Bemühungen stand. Daneben finden sich aber auch erste Arbeiten, die aus Interesse an den behandelten Personen oder aktuellen Ereignissen entstanden sind, so z.B. eine Biographie über den vermutlichen Hauptinitiator der großen Börsenspekulation der 1870er Jahre, Bethel Henry Strousberg.[68]

Auch als nach 1900 eine Reihe bedeutender Unternehmerbiographien entstanden, waren es nicht nur die geschäftlichen Leistungen der betreffenden Persönlichkeiten, die Anlass zu einer derartigen Arbeit gaben. Es war eher der gesellschaftliche und politische Einfluss als der Geschäftserfolg, der das Interesse der Öffentlichkeit auf bedeutende Unternehmer richtete.[69] Nur wenige Arbeiten des frühen 20. Jahrhunderts wiesen aber bereits den Weg zu „echten" Unternehmerbiographien, d.h. zu Biographien, die das unternehmerische Schaffen in das Zentrum der Untersuchung rücken und nicht das soziale Prestige oder die politische Bedeutung von Unternehmern.[70] Nachfolger dieser Art der Unternehmerschriften wurden immer zahlreicher, und auch bedeutende Persönlichkeiten scheuten sich nicht, größere biographische Arbeiten in Angriff zu nehmen.[71] Inzwischen liegen sicherlich einige hundert umfangreiche Unternehmerbiographien vor, und dieser Bestand wird ergänzt durch zahlreiche Autobiographien. Besonders interessant ist das Werk Bethel Henry Strousbergs, „Dr. Strousberg und sein Wirken, von ihm selbst geschildert" (Berlin 1876), das als Verteidigungsschrift im Gefängnis verfasst wurde.[72]

68 Ernst Korff, Dr. Bethel Henry Strousberg. Biographische Karakteristik, Berlin 1870.

69 Beispielhaft die Arbeiten über David Hansemann, Berlin 1901 (geschrieben von Alexander Bergengruen), Gustav von Mevissen, Berlin 1906 (verfasst von Joseph Hansen), Ludolf Camphausen, Stuttgart 1902 (erstellt von Anna Caspary).

70 So etwa Tony Kellen: Friedrich Grillo. Lebensbild eines Großindustriellen aus der Gründerzeit, Essen 1913 und Paul Arnst, August Thyssen und sein Werk, Leipzig 1925.

71 Als Beispiele sind hier anzuführen: Karl Helfferich (Wissenschaftler, Bankier und Staatsmann) mit einer Arbeit über den Bankier Georg von Siemens, den Begründer der Deutschen Bank, Ein Lebensbild aus Deutschlands großer Zeit, 3 Bde., Berlin 1921–1923; Theodor Heuss (erster deutscher Bundespräsident), Robert Bosch, Leben und Leistung, Stuttgart 1946.

72 Wichtige Einblicke in die frühe Zeit gewähren auch die Lebenserinnerungen des Magdeburger Kaufmanns und Zuckerindustriellen Johann Gottlob Nathusius (1760–1835), die Grundlage für eine spätere Unternehmerbiographie von Elisabeth von Nathusius, Johann Gottlob Nathusius. Ein Pionier der deutschen Industrie, Stuttgart und Berlin 1915, bildeten, sowie die Autobiographie von Peter Eberhard Müllensiefen (1766–1847). Ein deutsches Bürgerleben vor 100 Jahren, Berlin 1931. Vgl. dazu allgemein Fritz Redlich, Autobiographic's as Sources for Social History, in: Vierteljahrschrift für Sozial- und Wirtschaftsgeschichte 62 (1975), S. 380–390.

Sammelbiographien haben sich für die Unternehmerforschung als nicht besonders ergiebig erwiesen. Spezifische Sammlungen über Unternehmerpersönlichkeiten sind relativ selten.[73] In den gängigen deutschen Sammelbiographien findet sich nur ein sehr kleiner Anteil von Unternehmern, und dabei handelt es sich zudem meist um Kaufleute, Bankiers u.ä. und nur ganz selten um Industrielle.[74] Nicht so stark unterrepräsentiert sind die Wirtschaftsführer dagegen im „Reichshandbuch der deutschen Gesellschaft".[75] Dem allgemeinen Mangel einer ausreichenden Berücksichtigung von Unternehmern in den biographische Reihen versuchen spezielle Wirtschaftsbiographien abzuhelfen[76], ebenso eine Anzahl von stärker populärwissenschaftlich ausgerichteten Werken.[77]

Grund für die mangelnde Beachtung von Wirtschaftsführern in den deutschen Sammelbiographien scheint die geringe soziale Wertschätzung zu sein, die dieser Gruppe in der Gesellschaft lange entgegengebracht wurde und die die Auswahlprinzipien der entsprechenden Werke lange prägten.[78] Unternehmer und Manager wurden selten als würdig angesehen, in solche Werke aufgenommen zu werden. Folgt man den Auswahlprinzipien dieser Sammlungen, so stellt sich die deutsche Gesellschaft des 19. Jahrhunderts eher als eine Ansammlung von Kunstmalern und Kapellmeistern als von Unternehmern oder gar Industriellen dar.[79] Das Auswahlprinzip der

73 Auch wenn z.B. mit den „Lebensbeschreibungen merkwürdiger und berühmter Kaufleute", Nürnberg 1796, bereits früh eine solche Arbeit mit 14 Beiträgen aufzufinden ist.

74 Die wichtigsten Sammelbiographien dieser Art sind: Allgemeine Deutsche Biographie (ADB), hg. durch die Historische Kommission bei der Königlichen (Bayr.) Akademie der Wissenschaft, 56 Bde.; Biographisches Jahrbuch und Deutscher Nekrolog, hg. von A. Bettelheim, 18 Bde., Berlin 1897–1917 (mit zwei Vorläuferbänden 1895 und 1896 unter dem Namen „Biographische Blätter, Jahrbuch für lebensgeschichtliche Kunst und Forschung", hg. von A. Bettelheim); Deutsches Biographisches Jahrbuch, hg. vom Verband der Deutschen Akademien Berlin und Leipzig 1925 u. 1928; zwei Überleitungsbände für 1916 und 1917, Berlin und Leipzig 1918 u. 1920, dazu die Bde. III-XI, Berlin und Leipzig 1927–1932; Neue Deutsche Biographie (NDB), hg. von der Historischen Kommission bei der Bayerischen Akademie der Wissenschaften beginnend Berlin 1953ff. Auf die große Bedeutung gerade der NDB für die Unternehmerforschung weist insbesondere hin: Wolfgang Zorn, Wert und Bedeutung der Neuen Deutschen Biographie für die unternehmerische Sippen- und Familiengeschichte, in: Tradition. Zeitschrift für Firmengeschichte und Unternehmerbiographie 2 (1957), S. 157ff.

75 Reichshandbuch der deutschen Gesellschaft. Das Handbuch der Persönlichkeiten in Wort und Bild, 2 Bde., Berlin 1931.

76 Vgl. z.B. die Rheinisch-Westfälischen Wirtschaftsbiographien – beginnend mit Bd. I, Münster 1932ff.

77 So z.B. Georg Wenzel, Deutsche Wirtschaftsführer. Lebensgänge deutscher Wirtschaftspersönlichkeiten, Hamburg 1929.

78 Vgl. Allgemeine Deutsche Biographie Bd. 1, Vorrede, S. V-VI, München und Leipzig 1875.

79 Pierenkemper, Die westfälischen Schwerindustriellen, S. 172–175.

„Allgemeinen Deutschen Biographie“ beispielsweise machte es nämlich kaum möglich, Unternehmer aufzunehmen, sondern erfasste nahezu ausschließlich die traditionelle Elite aus Wissenschaft, Kunst, Adel, Militär und Politik. Zu dieser kleinen Gruppe gehörten Unternehmer erst dann, wenn sie sich durch andere Eigenschaften und Merkmale als dem der bloßen unternehmerischen Praxis ausgezeichnet hatten, z.B. durch Nobilitierung, Titel- oder Ordensverleihung, in ganz seltenen Fällen sogar einmal durch großen Reichtum. Die Vernachlässigung der Unternehmer in diesen Sammelbiographien lässt sich daher geradezu als ein charakteristisches Vorurteil der deutschen Gesellschaft gegenüber unternehmerischer Tätigkeit interpretieren, welches das gesamte 19. und noch viele Dekaden des 20. Jahrhunderts prägte. Ergänzendes Material für die historische Unternehmerforschung lässt sich z.T. in Nekrologen finden. Insbesondere die Fachzeitschriften haben sich hier als äußerst ergiebig erwiesen.[80]

Wie bereits an anderer Stelle erwähnt, enthalten Fachzeitschriften sehr selten firmenhistorische oder unternehmensbiographische Beiträge. Das galt und gilt für die stärker technisch ausgerichteten Zeitschriften. Dennoch erscheinen in allgemeinhistorischen wie in wirtschafts-, technik- und sozialhistorischen Fachzeitschriften gelegentlich unternehmenshistorische Artikel.[81]

Seit 1956 gibt es in Deutschland eine Spezialzeitschrift auf dem Gebiet der Unternehmensgeschichte,[82] die „Tradition. Zeitschrift für Firmengeschichte und Unternehmerbiographie“, die seit 1959 auch monographische Studien in diesem Forschungsfeld publiziert. Diese Gründung wurde wesentlich von Wilhelm Treue getragen, der die Zeitschrift bis 1976 betreute, ehe sie dann durch eine Umgründung in der „Zeitschrift für Unternehmensgeschichte“ (GUG) aufging und in Hans Pohl einen weiteren Förderer fand. Zugleich wurde unter ihrer Leitung die „Gesellschaft für Unternehmensgeschichte“ aus der Taufe gehoben, in der Unternehmer und Wissenschaftler sich dem gemeinsamen Ziel der Förderung dieses Wissenschaftsbereichs verschrieben haben.[83] Neben der Publikation der Zeitschrift und ihrer Bei-

80 So z.B. für die Untersuchung von Unternehmen der deutschen Schwerindustrie: „Glückauf. Berg- und Hüttenmännische Zeitung“, Essen 1865ff. für Unternehmer des Bergbaus sowie „Stahl und Eisen. Zeitschrift für das deutsche Eisenhüttenwesen“, Düsseldorf 1881ff. für Eisenindustrielle.

81 Zu nennen sind hier vor allem die Historische Zeitschrift (HZ), Geschichte und Gesellschaft (GG), Technikgeschichte, Vierteljahrschrift für Sozial- und Wirtschaftsgeschichte (VSWG), Jahrbuch für Wirtschaftsgeschichte (JWG).

82 Wilhelm Treue, Eine Zeitschrift für Firmengeschichte und Unternehmerbiographie, in: Tradition. Zeitschrift für Firmengeschichte und Unternehmerbiographie 1 (1956), S. 1–12.

83 Zur Gründungsgeschichte vgl. Beate Brüninghaus, Gesellschaft für Unternehmensgeschichte – Geschichte ihrer Gründung, in: Zeitschrift für Unternehmensgeschichte 31 (1986), S. 1–4 sowie Norbert Y. Klarmann, Die Institutionalisierung der unternehmensgeschichtlichen Forschung durch die Gesellschaft für Unternehmens-

hefte hat diese Gesellschaft auch die Aufgabe übernommen, nach außen für das Fach zu werben. Dazu dienen regelmäßige wissenschaftliche Kolloquien und öffentliche Vortragsveranstaltungen zu aktuellen Fragen der Unternehmensgeschichte, deren Ergebnisse in der Regel publiziert werden.[84]

In den anderen fortgeschrittenen Industriestaaten, in denen private Unternehmen eine wichtige volkswirtschaftliche und gesellschaftliche Rolle spielen und demzufolge die Unternehmensgeschichte ein Thema der Wissenschaft sein müsste, gibt es ebenfalls eine Reihe von Fachzeitschriften, die sich diesem Gegenstand widmen.[85] So kam es in Großbritannien 1958 zur Gründung einer unternehmenshistorischen Fachzeitschrift mit dem Titel „Business History", die bis heute erscheint. Weniger erfolgreich war die im gleichen Jahr erfolgte Gründung der französischen „Histoire des Enterprises", da diese schon 1963 ihr Erscheinen wieder einstellen musste und bis dahin kaum über den Abdruck von Quellenmaterial hinausgekommen war. Die deutsche Gründung der „Tradition. Zeitschrift für Firmengeschichte und Unternehmerbiographie" ist also recht erfolgreich, besonders seit sie nach Schwierigkeiten Mitte der 70er Jahre in neuem Gewand als „Zeitschrift für Unternehmensgeschichte" erscheint.[86]

1.2.2 Amerikanische Impulse: Business History

Eine separate „Business History" wird in den USA bereits seit dem frühen 20. Jahrhundert betrieben und wurde trotz der ungünstigen Rahmenbedingungen in der Wirtschaftskrise der 20er und 30er Jahre dort in kleinerem Rahmen fortentwickelt. Vorläufer dieser Forschungsrichtung gab es schon im 19. Jahrhundert, wo sich seit 1840 eine Reihe früher amerikanischer Firmengeschichten finden lässt, wie z.B. die „History of the Lehigh Coal and Navigation Company, Philadelphia".[87] Bei der Durchsicht dieser frühen Arbeiten wird offensichtlich, dass Kanalgesellschaften die ersten Unternehmen waren, die in Amerika Gegenstand historischer Abhandlungen wurden. Ihre Entstehung verdankten diese Arbeiten jedoch nicht in erster

geschichte, in: Bankhistorisches Archiv. Zeitschrift für Bankengeschichte, 1977/1, S. 71–74.

84 Zu einer ersten Bilanz ihrer Arbeit vgl. Hans Pohl, Ein Jahrzehnt Gesellschaft für Unternehmensgeschichte, in: Zeitschrift für Unternehmensgeschichte 1986/1, S. 5–30.

85 Vgl. dazu Hans Jaeger, Business History: Die wichtigsten Zeitschriften, in: Geschichte und Gesellschaft, 1980/3, S. 456–463.

86 Ebenda, S. 459 und Manfred Pohl, Unternehmen und Geschichte, S. 45f.

87 Fritz Redlich, Anfänge und Entwicklung, S. 33–35, erwähnt daneben eine frühere Arbeit von John L. Sullivan (Boston 1818) über die Geschichte des Middlesex Canals, die er noch nicht als vollgültige Firmengeschichte einzustufen bereit war. Erst der 1846 in Boston erschienenen Arbeit von Caleb Eddy über den gleichen Kanal gesteht er dieses Prädikat zu. Es folgten dann weitere derartige Arbeiten.

Linie dem wissenschaftlichen Interesse an Unternehmen. Vielmehr waren es geschäftliche Erwägungen der Unternehmensleitung, diese Werke zu veröffentlichen, da man damit potentielle Anleger ansprechen wollte. In werbender Weise sollten Informationen, vor allem aber der Erfolg der jeweiligen Unternehmen publik gemacht werden.

Bald richtete sich die Aufmerksamkeit auch auf die Eisenbahngesellschaften der USA, die ebenfalls von einem breiten Publikum finanziert werden sollten. Im „American Railroad Journal“ finden sich bereits in den 1850er Jahren zahlreiche historische Berichte über verschiedene Eisenbahngesellschaften. Elazar Lord publizierte dann 1855 in New York die erste unabhängige Eisenbahngeschichte über die „New York and Erie Railroad“. Bis zur Jahrhundertwende folgten diesem Beispiel eine ganze Reihe weiterer Eisenbahngesellschaften.[88]

Auch mehrere Banken gewannen Ende der 1870er Jahre Interesse an ihrer Firmengeschichte und begannen, derartige Werke in Auftrag zu geben oder selbst zu erstellen. Eine erste Arbeit wurde 1878 von Davis Rich Witney über die Suffolk Bank erstellt. Es folgten 1882 Lewis Lawrence jr. über die Bank of North America, 1884 Henry W. Domett über die Bank of New York und 1887 eine anonym verfasste Geschichte der Bank of America. Weitere Bankgeschichten wurden in den nächsten zwei Jahrzehnten publiziert, doch hatten mittlerweile auch Industriefirmen und Versicherungsgesellschaften begonnen, Firmengeschichte zu fördern und entsprechende Arbeiten herauszugeben. Bereits in den Jahren 1885 und 1886 erschienen zwei Berichte über die „Brush Electric Light Company“ sowie zwei Monographien über die „Harlan and Hollingsworth Company“ in Wilmington/Delaware. Es folgte 1886 in New York C. E. Evans Studie „A Century of Brewing“ über eine Brauerei.

1883 erschien in Philadelphia die erste Untersuchung über eine Versicherungsgesellschaft unter dem langen Titel „Insurance Company of North America of Philadelphia: the oldest Fire and Marine Insurance Company in America ...“, verfasst von Thomas H. Montgomery. Bis 1916 waren demnach etwa 125 Schriften über amerikanische Firmen erschienen, die sich laut Redlich in etwa wie folgt auf die verschiedenen Branchen verteilten:

Finanz/Banken	40 v.H.
Eisenbahn/Verkehr	20 v.H.
Industrie/Gewerbe	15 v.H.
Versicherungen	15 v.H.
Sonstige	10 v.H.

Bis 1959 wuchs dieser Fundus bis auf 1.100 Firmengeschichten an, die z.T. allerdings von geringem wissenschaftlichen Wert sind und deshalb

88 Fritz Redlich, Anfänge und Entwicklung, nennt 1863: Western Railroad, 1867: Panama Railroad, 1870: Pennsylvania Railroad, 1883: Northern Pacific Railroad.

z.B. von der Baker Library der Harvard University, die sich der Erfassung dieser Quellenkategorie besonders widmet, nicht gesammelt werden.[89]

Diese frühe, vorwissenschaftliche Tradition einer amerikanischen Firmengeschichtsschreibung wurde im 20. Jahrhundert vor allem von dem Wirtschaftshistoriker Norman S. B. Gras und seinen Schülern aufgenommen und als Ausgangspunkt für die Begründung einer akademischen Disziplin gewählt. Allerdings hatte zunächst Wallace Donham, der Dekan der Harvard Business School, in den 1920er Jahren die Initiative ergriffen und damit eine Tradition fortgesetzt, die bereits am Ende des 19. Jahrhunderts begründet worden war. Bereits 1892 war hier ein erster wirtschaftshistorischer Lehrstuhl geschaffen worden, vertreten von William J. Ashley. Zuvor war in Harvard, seit 1871 bereits durch Charles F. Dunbar, die Geschichte des ökonomischen Denkens gelehrt und es waren durch diesen ,ebenfalls innerhalb der Geschichtsfakultät, ökonomische Sachverhalte in der Lehre behandelt worden.[90] 1927 wurde Norman S. B. Gras dann zum Professor für Business History an der Harvard Business School bestellt und damit war ein wesentlicher Schritt zur Etablierung des Faches als akademische Disziplin getan.[91] Außerdem war 1925 durch Geschäftsleute eine Business History Society, wiederum angeregt durch Wallace B. Donham, gegründet worden, und 1928 folgte mit dem „Journal of Economic and Business History" die Gründung einer Fachzeitschrift, für die Edwin Gay als Herausgeber gewonnen werden konnte. Gras entwickelte sich dann aber sehr schnell zur dominierenden Figur der Disziplin. Nicht zuletzt wegen Differenzen mit Gras trat Edwin Gay 1929 als Herausgeber der Zeitschrift der Business History Society zurück und Henrietta M. Larson, eine Schülerin von Gras, gewann neben diesem an Bedeutung. Die 1940er Jahre waren das „Golden Age of Business History" in den USA[92], weil zahlreiche wissenschaftliche Institutionen in diesem neuen Forschungsfeld gegründet wurden und eine größere Anzahl Unternehmensgeschichten im Auftrag verschiedener Firmen verfasst wurden.

89 Als bibliographische Hilfsmittel zum Auffinden der verschiedenen Arbeiten der amerikanischen Firmengeschichtsschreibung stehen vor allem drei Auflistungen zur Verfügung: Dun & Bradstreet Inc. (Ed.), A List of Business Histories and Biographies in the Business Library, September 1, 1949; Henrietta M. Larson, Guide to Business History, Cambridge/Mass. 1948; Lorna M. Daniels, Studies in Enterprise. A Selected Biography of American and Canadian Companies and Biographies of Businessmen, Boston 1957 (fortgesetzt in den Nummern der „Business History Review").

90 Arthur H. Cole, Economic History in the United States: Formative Years of a Discipline, in: Journal of Economic History XXVII (1968/4), S. 556–589, hier: S. 559 und 576.

91 Fritz Redlich, Approaches to Business History, in: Business History Review 36 (1962), S. 61–86, hier: S. 61ff. und Harold F. Williamson, Business History and Economic History, in: Journal of Economic History XXVI (1966/4), S. 407–417, v.a. S. 407–409.

92 So Arthur H. Cole, Economic History, S. 578.

Norman S. B. Gras entwickelte dabei eine relativ enge Definition von Business History, die er lediglich als Geschichte des Geschäftslebens verstand, als *„the study of various factors in a business unit so managed as to yield a profit."*[93] Henrietta M. Larson[94] formulierte das Ziel der Disziplin ähnlich: *„Business History is the study of the administration and operation of business in the past"*.[95]

Schon früh wurden diese Überlegungen auch der deutschen Leserschaft unterbreitet, ohne allerdings nachhaltigen Anklang zu finden. In einer deutschsprachigen Publikation von 1928 stellte Gras die „Geschichte des Unternehmertums" als ein neues Forschungsfeld vor.[96] Gras kann damit zweifellos als der Begründer der amerikanischen Business History angesehen werden.[97]

Norman S. B. Gras wurde 1884 in Toronto/Canada geboren und erlangte seinen Magistergrad 1906 an der Harvard University, wo er 1912 mit der Arbeit „The Evolution of the English Corn Market 1100–1700" promovierte. Er wurde dort Lecturer für Wirtschaftsgeschichte, war von 1918 bis 1927 als Professor für Wirtschaftsgeschichte an der Universität von Minnesota tätig, kehrte 1927 nach Harvard zurück und bekleidete dort bis zu seiner Emeritierung 1950 das Amt eines Professors für Business History.[98] Hier entwickelte er zusammen mit Henrietta M. Larson erstmals ein geschlossenes Konzept der Business History.[99] Sein relativ eng gefasster Begriff von Unternehmensgeschichtsschreibung rückte vor allem die Geschäftspolitik des Unternehmens, d.h. die „Business Administration", in das Zentrum der Untersuchung.[100]

Die „Administration" im genannten Sinne, und damit das zentrale Objekt der Business History, wurde seiner Auffassung nach im wesentlichen durch drei Aufgaben bestimmt: erstens die Formulierung der Geschäftspolitik, d.h. Benennung der Unternehmensziele, Implementierung

93 Norman Scott Brian Gras, Why Study Business History, in: Canadian Journal of Economic and Political Science IV (1938), S. 320ff.

94 Ralph Hidy und Muriel Hidy, Henrietta M. Larson. An Appreciation, in: Business History Review XXXVI (1962/1), S. 3–10.

95 Larson, Guide to Business History, S. 6.

96 Norman S. B. Gras, Unternehmertum und Unternehmergeschichte, in: Zeitschrift für die gesamte Staatswissenschaft 84 (1928), S. 544–563.

97 So auch Fritz Redlich, American Business History, in: Vierteljahrschrift für Sozial- und Wirtschaftsgeschichte 38 (1949), S. 247–259.

98 Vgl. Who's who in America, Chicago, vol. 27(1952–53), S. 956 und M. M. Postan, N. S. B. Gras, A memoir, in: Economic History Review 9 (1957), S. 485.

99 Vgl. zu dem von diesen beiden entwickelten „administrativen" Ansatz der Unternehmensgeschichte auch Reinhardt Hanf, Mangelnde methodische Konzepte, S. 151f.

100 Norman Scott Brian Gras, Business and Capitalism. An Introduction to Business History, Cambridge/Mass., 1939 und ders./Henrietta M. Larson, Casebook in American Business History, Cambridge/Mass. 1939.

von Mitteln, Auswahl von Alternativen, zweitens die Kontrolle des Geschäftsgebarens, ob und inwieweit die gewählten Maßnahmen durchgeführt werden und drittens die Erledigung der alltäglichen Routinearbeiten. Dabei wird klar, dass die Untersuchung des Geschäftslebens *„proceeds from the standpoint of administration*", also ausschließlich den Unternehmensinteressen dient. Dieses Forschungsprogramm wirft allerdings eine Reihe von Fragen auf, die nun skizziert werden sollen.

Erstens stellt sich die Frage, ob hier die Problemstellung wissenschaftlich zulässig ist. Diese Frage ist uneingeschränkt zu bejahen, denn natürlich stellt auch die Untersuchung des Geschäftslebens eine legitime wissenschaftliche Fragestellung dar. Kein gesellschaftliches Phänomen darf a priori von einer wissenschaftlichen Behandlung ausgeschlossen werden, v.a. nicht das Handeln privatkapitalistischer Unternehmer, das ja in unserer Gesellschaftsordnung einen besonderen Stellenwert besitzt.

Zweitens muss nach der Nützlichkeit und dem möglichen Ertrag des oben knapp skizzierten Forschungsprogramms gefragt werden. Auch diese Frage ist, wenn auch weniger enthusiastisch als die erste, insgesamt positiv zu beantworten. Die zahlreichen Firmengeschichten, die z.T. weiter oben genannt wurden, haben unser historisches Wissen über das amerikanische Geschäftsleben zweifellos bereichert. Diese Arbeiten haben auch innerhalb der Geschäftswelt selbst das historische Bewusstsein gefördert und dazu beigetragen, die Überlieferung von Geschäftsdokumenten zu sichern und sogar besondere Unternehmensarchive zu gründen; sie haben also insgesamt einen positiven wissenschaftlichen Ertrag erbracht.

Allerdings muss man dennoch eine *dritte* kritische Frage formulieren, nämlich, ob nicht über dieses enge Verständnis von Business History hinaus ein produktiveres Forschungsprogramm für die Untersuchung des Geschäftslebens zu formulieren ist und ob es nicht sinnvoller ist, ein Unternehmen nicht nur mikroökonomisch, als singuläre Einheit, sondern umfassender, als Teil der gesamten Volkswirtschaft, zu betrachten.[101] Gegen die monographische, quasi-isolierte Betrachtungsweise der frühen Business History ist daher schon frühzeitig scharfe Kritik formuliert worden.[102]

101 Vgl. dazu auch Asa Briggs, Essays in Bibliography and Criticism, XXXV. Busi-ness History, in: Economic History Review 9 (1957), S. 486–498, v.a. S. 497.

102 Hier sind v.a. zu nennen: „The Corporation and the Historians. Tasks in Economic History" (Supplement to Journal of Economic History), 1944, mit Beiträgen von Stanley Pargellis, Ralph Budd und Colsten Warne, wie auch „The Economics in Business History. Tasks in Economic History" (Supplement to Journal of Economic History), 1945, mit Beiträgen von Thomas Cochran und vor allem Arthur C. Cole, „Business History and Economic History" und schließlich „An Approach to the Study of Entrepreneurship. Tasks in Economic History" (Supplement to Journal of Economic History), 1946, S. 1–15. Spätere kritische Beiträge von John G.B. Hutchins, Business History, Entrepreneurial History and Business Administration, in: Journal of Economic History XVIII (1958), S. 453–468; Ders., Recent Contributions to Business History, in: Journal of Economic History XIX (1959), S.103–121 und Krooss, Economic History, S. 467–480.

Von den Kritikern der Gras-Schule wurde nämlich eingewandt, dass bei derartig enger Anlehnung an die Geschäftspolitik der Unternehmen immer die Gefahr besteht, von den Interessen der Unternehmer vereinnahmt zu werden und den unabhängigen wissenschaftlichen Standpunkt zu verlieren. Dazu trägt auch die Eigenart der Quellen bei, weil in der Regel nur erfolgreiche Unternehmen ihre Geschichte aufarbeiten lassen, erfolglose dagegen zumeist keine Spuren hinterlassen.

Solche Einzeluntersuchungen leiden naturgemäß auch unter der Scheu der Wissenschaftler, auf einer derart begrenzten Basis generalisierende Aussagen zu formulieren. Dies mag auch mit der damals (1968) noch sehr begrenzten Anzahl vergleichbarer Studien erklärt werden und stellt sich heute möglicherweise anders dar. Doch da sich die Vertreter sehr unterschiedlicher Disziplinen bis heute der Untersuchung einzelner Unternehmen widmen, liegen noch immer sehr heterogene Arbeiten vor, die sich nur schwer vergleichen lassen. Schließlich leiden die zahlreichen Einzelstudien darunter, dass die Ökonomie ihnen kein adäquates Theorieangebot zu liefern in der Lage ist. Die Modelle der Mikroökonomie sind für unternehmenshistorische Studien weitgehend unbrauchbar.[103]

Dennoch ist es verständlich, dass die Business History bei ihrer Entstehung zunächst mit der Abfassung zahlreicher Einzelstudien beginnen musste, denn jedes der Forschung neu erschlossene Gebiet beginnt mit Einzelbeobachtungen. Doch darf man es dabei nicht bewenden lassen, sondern gehäufte Beobachtungen verlangen nach Ordnung, Systematisierung und theoretischer Durchdringung. Fritz Redlich überspitzt diese Sichtweise, wenn er festhält, dass „prinzipiell gesprochen (...) die Unternehmung an sich sinnlos“ ist;[104] sie gewinnt nur im gesellschaftlichen Kontext ihren Sinn, und diesen muss auch eine Business History mit erfassen. Die Untersuchung des Geschäftslebens muss daher so schnell wie möglich aus einer isolierten Darstellung von Einzelfällen herauskommen und zu einer „anschaulichen Theorie“ voranschreiten.

Gegen diesen Vorwurf hat die Gras-Schule eingewandt, dass dies alles zwar richtig sei, doch zunächst müsse genug monographisches Material zusammengebracht werden, ehe man den nächsten Schritt tun könne. Dies sei aber bei weitem noch nicht ausreichend geschehen, so dass es auch weiterhin das erste Anliegen der Business History sein müsse, den Bestand an positivem Wissen über einzelne Unternehmen zu vermehren – mehr zunächst nicht, später vielleicht! Diese Argumente erinnern in fataler Weise an den sogenannten ersten Methodenstreit in den deutschen Sozialwissenschaften, als es darum ging, von der deutschen „Historischen Schule der Nationalökonomie“ eine theoretische Durchdringung ihres bereits ange-

103 Vgl. zu diesen Einwänden Harold F. Williamson, Business History, S. 413–417.
104 Fritz Redlich, American Business History, S. 250.

häuften Wissensstandes einzufordern. Gustav Schmoller wandte am Ende des 19. Jahrhunderts gegen diese Forderungen ebenfalls ein, dass es noch unmöglich sei, Theorie zu betreiben, weil ausreichendes Tatsachenmaterial noch nicht zur Verfügung stünde.[105] Der Dissens über den Zeitpunkt theoretischer Reflexion verbirgt insoweit eine Meinungsverschiedenheit über die Methode. Aus pragmatischen Gründen kann man gar nicht früh genug mit Generalisierung und dem Vergleich empirischer Ergebnisse beginnen. Auch aus systematischen Gründen enthalten vorgeblich „positivistische“ oder „neutrale“ Untersuchungen immer bereits auch schon theoretische Vorentscheidungen in sich. Dies sollte spätestens im zweiten Methodenstreit der deutschen Sozialwissenschaften, dem Werturteilsstreit, deutlich geworden sein.[106]

Die praktischen Forschungsarbeiten der Gras-Schule sind diesen Postulaten dann auch gefolgt und haben sich verstärkt der vergleichenden Firmengeschichtsschreibung zugewandt. Der Vergleich von Organisationsformen, Geschäftspolitiken, Methoden und ihrem Wandel innerhalb bestimmter Zeitspannen ist längst ebenfalls zu einem Thema der Business History im engeren Sinne geworden. Ein Problem dieses Ansatzes ist dabei jedoch noch nicht überwunden worden: die enge Orientierung an, wenn nicht gar Identifikation mit den Interessen der Geschäftsführung, der Business Administration. Dies hat sicher auch damit zu tun, dass entsprechende Lehrstühle in den amerikanischen Universitäten an die dortigen Business Schools angebunden sind, die sich als „professional schools“ ganz gezielt der Ausbildung des unternehmerischen Nachwuchses widmen.[107]

Der Standpunkt eines kühlen Beobachters, der sich für den Wissenschaftler eigentlich empfiehlt, wird häufig nicht beibehalten und Kritiker am Verhalten der Unternehmer gelegentlich als *muckraker* diffamiert. Kritischer Abstand zur Sicht der Unternehmer ist aber unbedingt zu halten, denn für den Wissenschaftler kann es nur eine Verpflichtung zur Wahrheit, nicht aber gegenüber einem bestimmten Unternehmen geben. Nachteil

105 Gustav Schmoller, Wechselnde Theorien und feststehende Wahrheiten (Rektoratsrede 1897); er wendet sich v.a. gegen Carl Menger, Untersuchungen über die Methode der Sozialwissenschaften und politischen Ökonomie insbesondere, Leipzig 1883 und die von ihm und anderen geforderte Verwendung hochformalisierter, z.T. mathematischer Modelle.

106 Dazu vgl. Max Weber, Die Objektivität sozialwissenschaftlicher und sozialpolitischer Erkenntnisse, in: Archiv für Sozialwissenschaft und Sozialpolitik 19 (1904), S. 22–87 und ders., Der Sinn der „Wertfreiheit“ der soziologischen und ökonomischen Wissenschaften, in: Logos 7 (1917/18), S. 40–88. Beide nochmals abgedruckt in ders., Gesammelte Aufsätze zur Wissenschaftslehre, Tübingen 1922.

107 Wolfram Fischer, Die Wirtschaftsgeschichte in den Vereinigten Staaten von Nordamerika, in: Ders. (Hg.), Wirtschaft und Gesellschaft im Zeitalter der Industrialisierung. Aufsätze – Studien – Vorträge, Göttingen 1972, S. 40–59, hier: S. 47, zuerst in: Zeitschrift für die gesamte Staatswissenschaft 119 (1963), S. 377–404.

einer kritischen Sicht ist es jedoch, dass sie dem Forscher den Zugang zum Material, zu den Archiven der privaten Wirtschaft erschweren kann – doch muss dieses Risiko eingegangen werden.

Insgesamt ist also gegenüber einer sehr eng definierten Business History einzuwenden, dass damit die positiven Informationen über einzelne Unternehmen deutlich überschätzt werden. Eine derartig problematische Vorgehensweise verschließt entscheidende Einsichten. Erkenntnisinteressen und Forschungsmethoden müssen daher wesentlich weiter definiert werden.

Zu einer solchen Erweiterung der Forschungsperspektive hat vor allem Arthur H. Cole entscheidend beigetragen. Er organisierte 1948 das Research Center in Entrepreneurial History an der Harvard University, das bis 1958, finanziert von der Rockefeller Foundation, bestanden hat.[108] Cole wurde 1889 in Massachusetts geboren und promovierte 1916 in Harvard mit der Arbeit „History of the Wool Manufacture in the United States, to the Establishment of the Factory System" und deutete damit schon seine besonderen unternehmenshistorischen Interessen an. Nach kurzer Assistenzzeit in Harvard rückte er in die Armee ein, nach Kriegsende war er zunächst als Experte in der Zollkommission tätig, kehrte dann aber nach Harvard in den Stab der Baker Library zurück, ehe er 1933 dort zum Professor für Business Economics berufen wurde.[109] Unter seiner Leitung entwickelte sich dann im Umfeld des Centers in Entrepreneurial History der Harvard University ein neuer, erweiterter Ansatz der amerikanischen Business History, der sich als „entrepreneurial approach" bezeichnen lässt.[110]

Dieser Ansatz orientiert sich vor allem an der Gestalt des Unternehmers und seinen grundlegenden Funktionen in Unternehmen und Gesellschaft. Joseph Schumpeters Werk „Theorie der wirtschaftlichen Entwicklung"[111], in der dem Typus des „dynamischen Unternehmers" eine entscheidende Rolle zugewiesen wird, hat wesentlich zur Formulierung des „entrepreneurial approach" beigetragen. Arthur Cole hat selbst einen frühen Versuch unternommen, das neue Forschungskonzept näher zu umschreiben. Er weist darauf hin, dass es eine ganze Reihe divergierender Konzepte gibt, die alle den Versuch unternehmen, das Geschäftsleben in seiner Vielgestaltigkeit zu erfassen. Und in der Tat stellt sich dieses in vielfältigen Formen dar, die vom orientalischen Bazar bis zum modernen Großunternehmen reichen.

108 Hans Jaeger, Gegenwart und Zukunft der historischen Unternehmensforschung, in: Tradition. Zeitschrift für Firmengeschichte und Unternehmerbiographie 17 (1972), S. 107–124, hier: S. 111f.

109 Who's who in America, Chicago, vol. 27 (1952–53), S. 481.

110 Vgl. dazu auch Reinhardt Hanf, Mangelnde methodische Konzepte, S. 152–154, der diesen Ansatz als „unternehmerischen Ansatz" charakterisiert.

111 Joseph A. Schumpeter, Theorie der wirtschaftlichen Entwicklung, Berlin 1964 (OA 1912).

Um sich eines konsistenten Konzeptes über das Geschäftsleben insgesamt zu versichern, empfiehlt es sich, verschiedene Ebenen unternehmerischen Handelns zu unterscheiden, nämlich erstens Normen und Werte des Geschäftslebens, die sich in Jahrhunderten als Wissen und Erfahrung bei den Unternehmern angesammelt haben, zweitens Organisationen, die sich innerhalb der Geschäftswelt ebenfalls in einem längeren Zeitraum etabliert haben, wie Banken, Börsen, Handelsunternehmen, Reedereien, Industrieunternehmen u.a.m. und drittens Aktivitäten wirtschaftlicher Art, die sich in materiellen Produkten oder immateriellen Diensten niederschlagen.[112] Dieser Bereich erscheint Cole jedoch eher als Domäne der Wirtschaftshistoriker, weniger der „Business Historians".

Da nun die Business History nicht alle drei Ebenen des Geschäftslebens in gleichem Umfang zum Gegenstand ihrer Arbeit machen kann, muss sie einerseits die realen Dinge des Geschäftslebens näher in den Blick nehmen und Ideen und Ideologie ausklammern, und sich andererseits vor allem auf die innovatorischen Leistungen der Unternehmer konzentrieren.

Im Zentrum der Business History stehen demnach Personen bzw. Personengruppen, die sich innerhalb individueller Unternehmen mit den zentralen Aufgaben der Unternehmer, nämlich der Einführung von Neuerungen, dem Management des laufenden Geschäftsbetriebes und der Anpassung an ein sich wandelndes Umfeld beschäftigen.[113] Für die Untersuchung derart strategischer Handlungsweisen bieten sich eine Reihe von Geschäftsfeldern an, die sich mit den weiter oben bereits dargestellten Gesichtspunkten für eine zeitgemäße Unternehmensgeschichtsschreibung weitgehend decken und im Hauptteil dieses Bandes weiter aufgefächert werden sollen.[114]

Damit entspricht diese Empfehlung ziemlich genau dem Konzept der Entrepreneurial History, wie sie vom Harvard Center zwischen 1948 und 1958 entwickelt und vertreten wurde. Im einzelnen lassen sich für die unternehmenshistorische Forschung demnach eine ganze Reihe von Arbeitsbereichen anführen, die alle der Business History im weiteren Sinne zugerechnet werden können. Dazu zählen vor allem:

- Firmengeschichten über einzelne Unternehmen, Gruppen oder auch Branchen,

112 Arthur H. Cole, What is Business History?, in: Business History 2 (1962), S. 98–106, hier: S. 104f.

113 Vgl. dazu ausführlich ders., An Approach to the Study of Entrepreneurship. A Tribute to Edwin F. Gay, in: Journal of Economic History VI (1946), Suppl., S. 1–15, v.a. S. 5.

114 Cole unterscheidet sechs solche Geschäftsfelder bzw. Aufgaben des Unternehmers: Bestimmung der Geschäftsziele, Aufrechterhaltung der Organisation, Sicherung finanzieller Ressourcen, Anpassung der technischen Ausstattung, Entwicklung des Marktes der Produkte und Aufrechterhaltung guter Beziehungen des Unternehmens nach außen.

- Unternehmerbiographien, individuelle wie kollektive Untersuchungen über die Entwicklung einzelner Geschäftsinstrumente, wie z.B. Banknoten, Hypotheken, Aktiengesellschaften,
- Arbeiten, die sich der Entwicklung des geschäftlichen Denkens (der Ideen) widmen, z.B. Rationalisierung, Buchführungstechniken,
- Entwicklungen des tatsächlichen Geschäftssystems, z.B. in bestimmten Regionen und Branchen und
- Veränderungen in der Einschätzung geschäftlichen Handelns in verschiedenen sozialen Gruppen, z.B. Gewinnstreben, Prestigedenken.[115]

Diese Aufzählung möglicher Untersuchungsbereiche innerhalb einer erweiterten Business History ist gewiss nicht erschöpfend, sie lässt aber die Weite und Vielfalt dieser Disziplin bereits erkennen. In den letzten Jahrzehnten hat sich diese Forschungsrichtung auch in den USA weiterentwikkelt und trotz gelegentlicher Kritik an der Theorielosigkeit der unternehmenshistorischen Arbeiten[116] überwiegen weiterhin solide Firmen-, Unternehmer-, und Branchenstudien konservativen Stils. Andererseits finden sich auch Arbeiten, die man als „induktiv-theoretisch"[117] bezeichnen könnte und die auf dem Prinzip des „Punktvergleichs"[118] von Unternehmensstrukturen beruhen und längere Entwicklungstrends in den Organisationsstrukturen und Strategien verschiedener Firmen zu erfassen suchen.[119]

Mit zwei bedeutsamen Fachzeitschriften, den „Explorations in Entrepreneurial History", die bereits seit Ende der vierziger Jahre erscheinen (zunächst von studentischen Mitgliedern des Research Centers for Entrepreneurial Research in Harvard herausgegeben), und der „Business History Review" (BHR, seit 1952 von der Harvard Business School herausgegeben) verfügt das Fach in den USA auch über spezifische Publikationsorgane, in denen bis heute die neuesten Trends auch außeramerikanischer Forschungen im Bereich der Business History verfolgt werden können. Methodisch versucht die „Business History Review" einen Mittelweg zwischen Empirie und Theorie einzuhalten, während die „Explorations in

115 Arthur H. Cole, What is Business History?, S. 104.
116 Hermann Krooss, Economic History, S. 467ff.
117 Hans Jaeger, Gegenwart und Zukunft, S. 112.
118 Fritz Redlich, American Business History, S. 251f.
119 Alfred D. Chandler, Strategy and Structure. Chapters in the History of American Industrial Enterprise, Cambridge/Mass. 1962; Ders., The Visible Hand und ders., Scale and Scope. The Dynamics of Industrial Capitalism, Cambridge/Mass. 1990. Kritisch zu diesem Ansatz Richard Tilly, Großunternehmen: Schlüssel zur Wirtschafts- und Sozialgeschichte der Industrieländer?, in: Geschichte und Gesellschaft 19 (1993), S. 530–548 und Christian Kleinschmidt/Thomas Welskopp, Zu viel „Scale", zu wenig „Scope". Eine Auseinandersetzung mit Alfred D. Chandlers Analyse der deutschen Eisen- und Stahlindustrie in der Zwischenkriegszeit, in: Jahrbuch für Wirtschaftsgeschichte 1993/2, S. 251–297.

Entrepreneurial History" inzwischen in „Explorations in Economic History" (EEH) umbenannt wurde und entsprechend stärker Fragen der allgemeinen Wirtschaftsgeschichte aufgreift und dies sehr stark im Rückgriff auf Theorie und Quantifizierung.

Unter den Forschern im Bereich der Business History lassen sich laut Cole drei verschiedene Gruppen mit unterschiedlichen Schwerpunkten aufzeigen: eine erste Gruppe, die vor allem mittels der Methode der „Case-Studies" unmittelbar umsetzbare Lehren aus der Vergangenheit für die gegenwärtige Geschäftspolitik gewinnen will. Daneben eine zweite Gruppe, die in einer quasi-sozialhistorischen Perspektive langfristige Wandlungen im sozialen und politischen Denken und Handeln der Geschäftswelt untersucht und schließlich eine dritte Gruppe, die vor allem an den Triebkräften des wirtschaftlichen Wachstums interessiert ist und somit eine genuin wirtschaftshistorische Perspektive verfolgt.[120] An alle drei Richtungen lässt sich meines Erachtens fruchtbar anknüpfen.

1.2.3 Zur Rezeption der amerikanischen Business History in Deutschland

Nach dem Zweiten Weltkrieg, als Folge sich intensivierender wissenschaftlicher Kontakte zwischen den USA und Deutschland, gab es erste Ansätze, die geschilderten Erfahrungen und Ergebnisse der amerikanischen Business History auch in die deutsche Forschung einzubringen. Ein erster Versuch von Norman S. B. Gras von 1928 war noch weitgehend folgenlos geblieben[121]. 1963 hingegen konnte Wolfram Fischer dem amerikanischen Fachpublikum über die deutschen Traditionen und Neuansätze in diesem Forschungsfeld berichten.[122]

Er wies dabei auf wichtige Ereignisse und Errungenschaften im Bereich der deutschen Unternehmensforschung hin, die bis dahin bereits erzielt worden waren, so z.B. die Gründung des Rheinisch Westfälischen Wirtschaftsarchivs in Köln durch die dortige Handelskammer im Jahre 1906, die Einrichtung eines eigenständigen Firmenarchivs durch die Firma Krupp bereits im Jahr 1905 (das erste Archiv eines deutschen Großunternehmens), die Gründung verschiedener Unternehmensmuseen, so etwa bei Daimler Benz in Stuttgart und Siemens in München, die Einrichtung des Westfälischen Wirtschaftsarchivs in Dortmund, dem Kölner Vorbild folgend, das neue Projekt der „Neuen Deutschen Biographie", in der Wirtschaftsführer gezielt stärker berücksichtigt werden sollten und die Samm-

120 Arthur H. Cole, What is Business History?, S. 104f.

121 Norman S. B. Gras, Unternehmertum und Unternehmergeschichte, S. 544–563.

122 Wolfram Fischer, Some Recent Developments of Business History in Germany, Austria and Switzerland, in: Business History Review, 1963/4, S. 416–436.

lungen von Festschriften in wissenschaftlichen Institutionen, wie z.B. dem Kieler Weltwirtschaftsarchiv. Vor allem hob er aber die 1956 erfolgte Gründung der „Tradition" als einen Meilenstein auf dem Weg zu einer an amerikanischen Vorbildern orientierten deutschen Unternehmensgeschichte hervor. Doch wurde in der Zeitschrift, wie auch bei den sonstigen beschriebenen Aktivitäten, ein Dilemma dieses deutschen Forschungszweiges offenkundig. Man beschäftigte sich, ähnlich wie in den frühen Studien der US-amerikanischen Gras-Schule, nahezu ausschließlich mit einzelnen Unternehmen, d.h. isolierten Fällen, und vernachlässigte daher zumeist, übergreifende Fragestellungen zu entwickeln und zu verfolgen. Dieser Mangel mag auch darin begründet gewesen sein, dass in Deutschland, anders als in den USA, Universitätsangehörige nur in geringem Maße an diesen Aktivitäten beteiligt waren. Das Fach blieb in Deutschland akademisch nicht angebunden. In den Hochschulen und wissenschaftlichen Fakultäten fehlte diese Forschungstradition im Unterschied zu den amerikanischen Business Schools nahezu gänzlich.

Trotz der geschilderten Unzulänglichkeiten waren jedoch auch in Deutschland Fortschritte der Disziplin unübersehbar. Darüber gab Hans Pohl Auskunft, indem er zwar erneut darauf hinwies, dass es bis zu dem Zeitpunkt an einer eigenständigen Institution zur Pflege der Unternehmensgeschichte in der Bundesrepublik mangelte, doch zweifellos wichtige Fortentwicklungen aus der langen Tradition deutscher Firmengeschichtsschreibung und Unternehmerbiographie zu beobachten waren.[123] Pohl wies auf folgendes hin:

- an den Universitäten zu Köln und München gab es nunmehr immerhin je einen Lehrbeauftragten für Unternehmensgeschichte (Klara van Eyll und Hans Jaeger),
- 1957 war die Vereinigung der deutschen Werks- und Wirtschaftsarchivare gegründet worden und in Österreich schließlich wurde 1971 ein „Verein der wissenschaftlichen Forschung auf dem Gebiete der Unternehmerbiographie und Firmengeschichte" durch Alois Brusatti gegründet.

Damit wurde zwar der Vorrang der amerikanischen Business History durch die neuere deutsche Unternehmensgeschichte nicht in Frage gestellt – eine Situation, wie sie sich nach Fritz Redlich in den 1930er Jahren noch umgekehrt dargestellt hatte –, doch konnten diese Impulse in Deutschland zukunftsweisend aufgegriffen werden. Unterstützt wurden diese akademischen Aktivitäten auch durch die Wirtschaft selbst, da nun seit langem geführte private Familien- und Unternehmensarchive der Fachöffentlichkeit z.T. zugänglich gemacht wurden und auch die Kammern sich der Pflege spezieller regionaler Wirtschaftsarchive zuwandten.

123 Hans Pohl, Unternehmensgeschichte in der Bundesrepublik Deutschland – Stand der Forschung und Forschungsaufgaben für die Zukunft, in: Zeitschrift für Unternehmensgeschichte 22 (1977), S. 26–41.

Die unmittelbaren Erträge dieser Forschungen bezogen sich zunächst auf das Mittelalter und die frühe Neuzeit. Zahlreiche Arbeiten über die oberdeutsche Hochfinanz, insbesondere die Fugger, aber auch über die Hamburger Kaufleute, entstanden.[124] Ebenso widmeten sich eine Reihe von Studien dem frühneuzeitlichen Manufakturwesen.[125] Entsprechende Arbeiten für die Industrialisierungsphase finden sich bis dahin selten. Für diese spätere Zeit herrschten noch die in vorwissenschaftlicher Tradition verfassten Firmen-, Fest- und Jubiläumsschriften vor, die mit ihrer „kritiklosen Verherrlichung“[126] der Unternehmensentwicklung für die Fortentwicklung des Faches einer akademischen Unternehmensgeschichtsschreibung eher kontraproduktiv wirkten. Ähnliches galt für Unternehmerbiographien, die eine „Verzerrung des Unternehmerbildes“ förderten – sei es im Sinne einer „Hofgeschichtsschreibung“, sei es als fundamentale Kapitalismuskritik.

Doch finden sich auch schon in den 60er Jahren einige Untersuchungen, die durchaus anregend und methodisch innovativ zur Formulierung eines Programms für eine moderne Unternehmensgeschichtsschreibung der Industrialisierungsphase beitragen können. Zu nennen ist z.B. die vergleichende Betrachtung von vierzehn Unternehmen bei Hans Mauersberg.[127] Durch zahlreiche weitere Publikationen wurde unser Kenntnisstand über das Geschäftsleben zwar kontinuierlich ausgeweitet, und parallel dazu wächst möglicherweise wegen dieses verbesserten Forschungsstandes das Bewusstsein in Wirtschaft und Wissenschaft um die Bedeutung einer unternehmenshistorischen Perspektive. Eine im wesentlichen methodisch orientierte Arbeit zu diesem Thema ist in den fünfziger und sechziger Jahren jedoch nicht entstanden – und bleibt bis heute ein Desiderat der Forschung.[128]

124 Wolfram Freiherr Stromer von Reichenbach, Oberdeutsche Hochfinanz 1350–1450, Wiesbaden 1970; Götz Freiherr von Pölnitz, Die Fugger, Frankfurt a. M. 1970; Ders., Jakob Fugger, 2 Bde., Tübingen 1949/51; Ders., Anton Fugger, 4 Bde. 1958–71; Reinhard Hildebrandt, Die „Georg Fuggerschen Erben“ 1655–1660, Berlin 1966; Hermann Kellenbenz, Unternehmerkräfte im Hamburger Portugal- und Spanienhandel 1590–1625, Hamburg 1954; Ders., Sephardim an der unteren Elbe, Wiesbaden 1958; Percy Ernst Schramm, Neun Generationen. Dreihundert Jahre deutscher Kulturgeschichte im Lichte der Schicksale einer Hamburger Bürgerfamilie (1648–1948), 2 Bde., Göttingen 1963/64 und Ernst Hicke, Zur Geschichte des deutschen Handels mit Ostafrika, Hamburg 1939.

125 Ortulf Reuter, Die Manufaktur im Fränkischen Raum, Stuttgart 1961; Rudolf Forberger, Die Manufaktur in Sachsen vom Ende des 16. bis zum Anfang des 19. Jahrhunderts, Berlin 1958; Gerhard Slawinger, Die Manufaktur in Kurbayern, Stuttgart 1966; Horst Krüger, Zur Geschichte der Manufakturen und Manufakturarbeiter in Preußen, Berlin 1958 und Joachim Kermann, Die Manufakturen im Rheinland 1750–1833, Bonn 1972.

126 Hans Pohl, Unternehmensgeschichte, S. 31.

127 Hans Mauersberg, Deutsche Industrien im Zeitgeschehen eines Jahrhunderts. Eine historische Modelluntersuchung zum Entwicklungsprozeß deutscher Unternehmen von ihren Anfängen bis zum Stand 1960, Stuttgart 1966.

128 Man betrachte auch z.B. die knappen und mageren Hinweise bei Wilhelm Treue,

Eine Ausnahme bilden einige gute Arbeiten, die weniger Wirtschaftsunternehmen in den Mittelpunkt der Untersuchung rücken, sondern sich auf ihre Leiter, die Unternehmer, konzentrieren und insoweit der Tradition der deutschen Unternehmerbiographien zuzurechnen sind.[129] Hier sind gegenüber der individuellen Behandlung von Unternehmerpersönlichkeiten interessante methodische Fortschritte zu verzeichnen. Die Arbeiten untersuchen nicht Individuen, sondern Kollektive von Unternehmern – z.B. auf den rheinisch-westfälischen Raum begrenzt –, verwenden dabei neue Methoden, wie die statistische Auswertung verschiedener Merkmale der erfassten Personen und widmen sich spezifischen Fragestellungen: Friedrich Zunkel etwa der Stellung der Unternehmer in der Sozialstruktur, Horst Beau den Bildungs- und Qualifikationsanforderungen einer erfolgreichen Unternehmerkarriere. Leider schreiten diese Arbeiten noch nicht zum Kern des eigentlichen Unternehmerhandelns vor, dem Treffen strategischer Entscheidungen für die Fortentwicklung der jeweiligen Unternehmen. Dies bleibt bis heute ein Manko zahlreicher Unternehmerstudien.[130]

Zehn Jahre nach dem in den 1960er Jahren verfassten Forschungsbericht von Wolfram Fischer hatte sich die Lage innerhalb der Unternehmensgeschichtsforschung in der Bundesrepublik Deutschland noch nicht wesentlich geändert. Darüber gibt Hans Jaeger[131] Auskunft, der unter dem etwas irreführenden Begriff „historische Unternehmensforschung“ nichts anderes als die amerikanische Business History verstand. Er beklagt vor allem, dass das ursprünglich bei den Gründervätern der Disziplin in Deutschland – und er nennt hier die Namen Richard Ehrenberg, Conrad Matschoß und Bruno Kuske – noch vorhandene theoretische Interesse an der Unternehmensforschung in der Folgezeit stark nachgelassen habe. In der Gegenwart (1972) stoßen daher die Autoren in ihren Firmenstudien auf große Schwierigkeiten, über eine bloße Darbietung des Faktenmaterials hinauszugelangen. Als lobenswerte Ausnahme nennt er lediglich die Siemens-Studie von Jürgen Kocka.[132]

Firmengeschichte, in: Historische Zeitschrift 172 (1951), S. 535–546; Ders., Eine Zeitschrift für Firmengeschichte und Unternehmerbiographie, S. 1–12, sowie bei Ludwig Beutin, Was erwartet die Wissenschaft von der Firmengeschichte, S. 62–69.

129 Hier sind zu nennen: Friedrich Zunkel, Der Rheinisch-Westfälische Unternehmer 1834–1879. Ein Beitrag zur Geschichte des deutschen Bürgertums im 19. Jahrhundert, Köln 1962; Horst Beau, Das Leistungswissen des frühindustriellen Unternehmertums im Rheinland und Westfalen, Köln 1959.

130 Auch Gerald D. Feldman, Hugo Stinnes. Biographie eines Industriellen 1870–1924, München 1998, widmet sich dem eigentlichen unternehmerischen Handeln seines Protagonisten eher am Rande, andere Merkmale treten weit stärker hervor. Ähnlich Lothar Gall, A Man for all Seasons? Hermann Josef Abs im Dritten Reich, in: Zeitschrift für Unternehmensgeschichte 43 (1998), S. 123–175.

131 Jaeger, Gegenwart und Zukunft, S. 107ff.

132 Jürgen Kocka, Unternehmensverwaltung und Angestelltenschaft am Beispiel der Firma Siemens 1847–1914, Stuttgart 1969.

Dieser Mangel haftet zahlreichen, auch vergleichenden, Firmenstudien bis in die Gegenwart an, und manche Autoren reklamieren bis in die Achtziger Jahre hinein den Verzicht auf jegliche Theorie sogar noch als einen Vorzug ihrer Studien. So schreibt z.B. Wilfried Feldenkirchen: *„Der von einigen Autoren bevorzugte Weg einer Arbeitshypothese, die dann am Material verifiziert oder falsifiziert werden soll, wurde nicht beschritten, da bei einem solchen Vorgehen die Gefahr besteht, das Quellenstudium einseitig auf die These auszurichten, und zum anderen mögliche weitere, durch die Verfolgung der Hypothese ausgeschlossene Fragestellungen zu unterdrücken."*[133]

Diese historistische Position ist nur schwer nachzuvollziehen und kann kaum als zukunftsweisendes Programm für die Unternehmensgeschichtsschreibung gelten, zumal es vom Autor in seiner Studie dort nicht durchgehalten werden kann, wo er über eine bloße Beschreibung von Sachverhalten hinausgeht. Und auch der angebliche Vorzug von ausschließlicher Archivarbeit wird fraglich, wenn z.B. Aktienkurse aus den Archiven rekonstruiert werden oder Bilanzdaten uns am Ende des Bandes als „Zahlenfriedhöfe" entgegentreten.[134] Die Suche nach einer angemessenen Theorie bleibt also auch dem Unternehmenshistoriker nicht erspart.

1.2.4 Eine sozialistische Alternative? DDR-Betriebsgeschichte

Die Entstehung der amerikanischen Business History und die Fortentwicklung der deutschen Unternehmensgeschichte ist parallel auch von sozialistischen Autoren kritisch beobachtet und kommentiert worden. Bereits im ersten Band des „Jahrbuchs für Wirtschaftsgeschichte" (JWG) im Jahr 1960 ist die kurz zuvor (1956) erfolgte Gründung der westdeutschen „Tradition. Zeitschrift für Firmengeschichte und Unternehmerbiographie" scharf angegriffen worden.[135] Der Autor knüpft dabei an ein Zitat von Friedrich Engels an, in dem „Tradition" allgemein als „große hemmende Kraft", als „Trägheitskraft" in der Geschichte definiert wird und überträgt diesen Begriff auf die neue Zeitschrift gleichen Namens, als deren Hauptanliegen ihm scheint *„der herrschenden Klasse bei ihren Versuchen, den gesellschaftlichen Fortschritt zu hemmen, ihn aufzuhalten und die bestehenden gesellschaftlichen Verhältnisse zu konservieren"*[136] zur Seite zu treten. Es

133 Wilfried Feldenkirchen, Die Eisen- und Stahlindustrie des Ruhrgebiets 1879–1914, Wiesbaden 1982.

134 Vgl. auch die Rezension von Richard Tilly zu Wilfried Feldenkirchen, Die Eisen- und Stahlindustrie des Ruhrgebietes, 1879–1914, Wiesbaden 1982, in: Geschichte und Gesellschaft 11 (1985), S. 112–119.

135 Dieter Baudis, Geschichte und Hintergrund der „Tradition", in: Jahrbuch für Wirtschaftsgeschichte 1960/1, S. 189–202.

136 Ebenda, S. 189.

lassen sich seiner Meinung nach aber auch einige positive Aspekte dieser Neugründung anführen, denn die Zeitschrift habe ein ansprechendes Äußeres und das enthaltene Material sei für den Historiker in mancher Hinsicht von einem gewissen Wert. Doch insgesamt diene sie rein apologetischen Zwecken und sei als „Organ des westdeutschen Monopolkapitals" anzusehen.

Die in der Konzeption dieser Zeitschrift nach Ansicht von Dieter Baudis offenbar werdenden Versuche des Kapitals, das Proletariat über seine Klassenlage zu täuschen, werden damit in eine schon länger bestehende Tradition gestellt. An dieser Stelle wird kurz auf ältere Arbeiten der amerikanischen Business History hingewiesen, deren geschäftlich-werbende Absichten unbestritten seien. Die Übertragung dieser amerikanischen Forschungsrichtung auf Westdeutschland wird im kritischen Beitrag des JWG vor allem Wilhelm Treue zugeschrieben, der die neue Zeitschrift tatsächlich im wesentlichen begründet hat und der in einem einleitenden Artikel der ersten Nummer für die Tragfähigkeit ihres Ansatzes argumentiert.[137] Dort wird deutlich, dass Treue in der Untersuchung des Geschäftslebens vor allem eine Möglichkeit sieht, das allgemeine Geschichtsbewusstsein zu fördern und ein Gefühl der Verbundenheit der Menschen mit ihrem Betrieb und seiner Leitung zu wecken. Diese Absichten erscheinen dem kritischen DDR-Rezensenten eindeutig als Ausfluss „bürgerlicher Ideologien", die den unbestreitbaren Antagonismus zwischen den beiden Hauptklassen der bürgerlichen Gesellschaft nur verwischen wollten. Zugleich wendet sich der Autor gegen eine Diffamierung der Wirtschaftsgeschichtsschreibung der DDR, der Treue den Anspruch der Wissenschaftlichkeit schlichtweg abgesprochen hatte. Sogar deren bewusste Parteilichkeit wird von Baudis gegenüber der „unreflektierten Interessenorientierung" der westdeutschen Geschichtsforschung geradezu als ein Vorzug hervorgehoben. Die offene Parteinahme für den Fortschritt sei es nämlich, welche die Überlegenheit jedweder sozialistischer gegenüber der bürgerlichen Geschichtsschreibung begründe, und das gelte auch für die Betriebsgeschichtsschreibung.[138] Bei der neuen westdeutschen Zeitschrift falle dagegen in ihrem Programm die Betonung der Bedeutung des Einzelunternehmers auf, und dies entspräche genau der idealistischen Geschichtsauffassung, welche die Geschichte auf die Taten großer Männer reduziere. Baudis betont weiter, dass die besondere Gewichtung der Unternehmerbiographie als zweiter Schwerpunkt der neuen Zeitschrift erneut die Einseitigkeit der Perspektive offenbare, die der Sicht der „Unternehmer" Vorrang einräume und damit zugleich der Aus-

137 Wilhelm Treue, Eine Zeitschrift für Firmengeschichte, S. 1–12.

138 Eberhard Wächter, Einige Bemerkungen zur besonderen Stellung der Betriebsgeschichtsschreibung innerhalb der Heimatgeschichtsschreibung und ihre Traditionen in Deutschland, in: Jahrbuch für Wirtschaftsgeschichte 1960/2, S. 201–220, hier S. 202–203.

klammerung des Faktors Arbeitskraft und ihres Trägers aus der Geschichte der Betriebe Vorschub leiste.[139] Von dieser Position ausgehend ist es für den Autor dann nicht mehr weit bis zur Feststellung, dass „kapitalistische Soldschreiber ... die Konzernherren, die Ausbeuter, als Helden der Industrie“ darstellen und „den Massen die historische Wahrheit vorzuenthalten“ trachten würden.[140]

Genau diesem bislang vernachlässigten Aspekt der historischen Forschung, nämlich der Rolle und Bedeutung der Ausgebeuteten, der Arbeiterklasse, widmete sich dagegen die Betriebsgeschichte der DDR, als einer Geschichte der Fabriken und Werke dieser Republik. Sie knüpfte dabei an eine ältere Tradition an, die bereits in den 1930er Jahren in der Sowjetunion begründet wurde. Maxim Gorki, der große russische Literat, hatte 1931 einen flammenden Aufruf in der Prawda veröffentlicht, in dem eben dieses gefordert wurde und wo u.a. argumentierte wurde:„*Jetzt ist die Zeit gekommen, da ihr, Genossen, die neue Geschichte schaffend, sie auch mit Hilfe eben jener Hand und jenes Verstandes schreiben müßt, die euch zum Herrn des riesigen und reichen Landes gemacht hat. (...) ‚Die Geschichte der Fabriken und Werke‘ – das wird die Geschichte eurer Arbeit in Vergangenheit und Gegenwart sein.*“[141]

Weiter wurde in diesem Aufruf darauf hingewiesen, dass insbesondere die entscheidende Bedeutung der Arbeiterschaft (und der Bauern) in derartigen Forschungen deutlich werden müsse. Eine Betriebsgeschichtsschreibung aus der Sicht der Arbeiter wurde damit vehement eingefordert. Dieser Aufruf stand im Zusammenhang mit einem größeren Projekt des ZK der KPdSU „Geschichte der Fabriken und Werke“ aus dem Jahre 1931, in dem unter Gorkis Leitung versucht werden sollte, eine Serie von Monographien über bedeutende Industriebetriebe der UdSSR zu publizieren, die von den Arbeitern selbst, allerdings unter wissenschaftlicher Assistenz, angefertigt werden sollten.[142] Dazu wurden vom ZK der KPdSU genauere Vorgaben inhaltlicher und methodischer Art gemacht, doch kam diese Initiative bereits 1938 infolge des stalinistischen Personenkultes und der Säuberungen zum Erliegen, ehe sie dann nach Chruschtschows Stalinismuskritik 1956 in der Sowjetunion wieder neu belebt wurde.

139 Dieter Baudis, Geschichte und Hintergrund, S. 196.

140 So in besonderer ideologischer Verbohrtheit Eberhard Wächter, Einige Bemerkungen, S. 206f.

141 Maxim Gorki, Die Geschichte der Fabriken und Werke, in: Prawda, 7. Sept. 1931; zitiert nach: Hans Radant, Der Stand der Geschichte der Fabriken und Werke in der Deutschen Demokratischen Republik, in: Jahrbuch für Wirtschaftsgeschichte 1960/2, S. 153–199.

142 Eberhard Wächter, Zur Erforschung der Fabriken und Werke durch Angehörige sozialistischer Produktionsbetriebe, in: Jahrbuch für Wirtschaftsgeschichte 1963/3, S. 136–153.

In dieser Zeit begann sich auch in der DDR eine Geschichtsschreibung der Fabriken und Werke zu etablieren, für die sich seit den fünfziger Jahren der Begriff „Betriebsgeschichte“ verbreitet hatte.[143] Das Problem in dieser frühen Phase der Entwicklung der Disziplin in der DDR war jedoch, dass ein Großteil der verfassten Untersuchungen öffentlich nicht zugänglich war, sondern im Bereich der sogenannten „grauen“ Literatur verschwand. Eine erste Bilanz der DDR-Forschung um 1960 kommt zum Ergebnis, dass seit 1945 etwa 150 selbständige Schriften zur Geschichte der Betriebe entstanden waren. Etwa 10 v.H. der Untersuchungen hatten außerhalb der Betriebe stehende Wissenschaftler über kapitalistische Konzerne verfasst (insbesonders zwischen 1946 und 1950) und etwa 70 v.H. stammten von Arbeitern und Angestellten volkseigener Betriebe.[144]

Auch das Institut für Wirtschaftsgeschichte an der Humboldt-Universität, das 1950 gegründet wurde, beschäftigte sich bereits 1954 unter Leitung von Jürgen Kuczynski systematisch mit den Problemen der Betriebsgeschichte, die einige Dissertationen hervorbrachte (z.B. über das Mansfeld-Kombinat „Wilhelm Pieck“). Diese Initiativen fanden ihre Fortsetzung in der Abteilung für Wirtschaftsgeschichte beim Institut für Geschichte (später Institut für Wirtschaftsgeschichte) der Akademie der Wissenschaften der DDR mit einer Abteilung für Betriebsgeschichte (gegründet 1956) ebenfalls unter Leitung von Kuczynski. Die Arbeiten zur Betriebsgeschichte der Akademie, die sich insbesondere auf die Nachfolgebetriebe des IG-Farben-Konzerns konzentrierten, mussten allerdings mit den einzelnen lokalen Arbeitsgruppen der jeweiligen Betriebe abgestimmt werden.

In dieser ersten Phase der Entwicklung der Betriebsgeschichte der DDR, der Zeit der „großen Initiative“, wie Arndt Kluge diesen Zeitraum charakterisiert,[145] zeigen sich einige Eigenarten und Schwächen, die aus der besonderen Situation der DDR und der bewußten Parteilichkeit der Forschungen resultieren. Das Spannungsverhältnis zwischen dem Anspruch auf Wissenschaftlichkeit und der Probleme durch die Beteiligung der betroffenen Arbeiter im Betrieb blieb bestehen und konnte nicht aufgehoben werden. Hinzu kam die Überwachung durch die zuständigen SED-Gliederungen, in denen häufig Arbeiterveteranen das Sagen hatten. Die Forschungen konzentrierten sich zunächst auf Betriebe der Montanindustrie, weil

143 B. I. Schabalin, Wissenschaftliche Probleme der Erforschung des sowjetischen Betriebes (Geschichte der Fabriken und Werke), in: Jahrbuch für Wirtschaftsgeschichte 1963/4, S. 152–172.

144 Hans Radant, Der Stand der Geschichte, S. 154 und ders., Bibliographie selbständiger Schriften zur Geschichte der Fabriken und Werke, die nach 1945 im Gebiet der Deutschen Demokratischen Republik erschienen sind, in: Jahrbuch für Wirtschaftsgeschichte 1960/1, S. 353–363.

145 Arndt Kluge, Betriebsgeschichte in der DDR – ein Rückblick, in: Zeitschrift für Unternehmensgeschichte 1993/1, S. 49–62, zum folgenden v.a. S. 52f.

hier die Traditionen der Arbeiterbewegung am stärksten waren und ein Schwerpunkt der Partei- und Wirtschaftspolitik der DDR vorlag.

Der methodische Anspruch der DDR-Betriebsgeschichte unterschied sich von Anfang an eindeutig von dem der westdeutschen Firmen- bzw. Unternehmensgeschichte. Worin aber bestand dieser eigentümliche Anspruch?[146]

Hans Radant, der Nestor der DDR-Betriebsgeschichte, beschreibt das Paradigma folgendermaßen: Zunächst wurde gefordert, Arbeiten über die Betriebe kollektiv zu verfassen. Nicht ein einzelner Autor sollte hervortreten, sondern die Werksleitung, die Betriebsparteileitung der SED, die Betriebsgewerkschaft und die Belegschaft sollten gemeinsam in einem Kollektiv zusammenarbeiten. Obwohl die Zahl der Mitglieder eines derartigen Kollektivs aus arbeitsökonomischen Gründen nicht zu groß sein sollte, stand es auch Personen von außerhalb des Betriebs prinzipiell offen. Die Arbeit fortschrittlicher Heimatforscher, Schriftsteller, Journalisten, Lehrer und Wissenschaftler sollte daher ebenfalls mit herangezogen werden.

Des weiteren sollten sich Betriebsgeschichten in ihrer Qualität deutlich über Betriebschroniken erheben, da letztere bloß tagebuchartige Aufzeichnungen von Zeitereignissen im Betrieb sammelten. Erstere umfassten hingegen eine systematisch gegliederte, verallgemeinernde, theoretisch verarbeitete Darstellung der historischen Entwicklung des Betriebes.

Quellen sollten dabei die Grundlage für die Abfassung jedweder Betriebsgeschichte bilden, wobei die Materialien überwiegend aus den Betriebsarchiven gewonnen und deren Überlieferung ausführlich zitiert werden musste. Insbesondere war dabei an Dokumente aus der Geschichte der Arbeiterbewegung gedacht, z.B. Auszüge aus Betriebszeitungen der KPD während der Weimarer Zeit, illegale Flugblätter aus dem gleichen Zeitraum und Dokumente mit aussagekräftigen Belegen über die Ausbeutung vor 1945. Es galt aber, weitere Quellen außerhalb der Betriebsarchive zu erschließen: aus privater Hand, staatlichen Archiven u.ä. Erlebnisberichte von Arbeitern vermittelten z.B. anschaulich ihre Situation und konnten, so Radant, „unserer Jugend und den kommenden Generationen als Kampfmittel, als Waffe in die Hand" gegeben werden. Als Quellen dienten weiterhin: Erfahrungsberichte von Kollektiven über die Erarbeitung von Betriebsgeschichten, welche die Schwierigkeiten und deren Überwindung bei dieser Arbeit schildern, die allgemeine Literatur, insbesondere die Klassiker des Marxismus-Leninismus[147] sowie Zeitungen und Zeitschriften der jeweiligen Epochen.

146 Hans Radant, Der Stand der Geschichte, S. 159–173.

147 Eberhard Wächter, Einige Bemerkungen, S. 216–217, führt Arbeiten von Marx und Engels an, insbesondere auch Briefe, die sich mit den lokalen Verhältnissen in Deutschland sowie einzelnen Unternehmen beschäftigen. Inwieweit das „Oeuvre" des „Genossen Walter Ulbricht", ebenda S. 218, als betriebsgeschichtliche Quelle

Zwei politischen Zielen vor allem sollte die Betriebsgeschichte dienen, und zwar „die Werktätigen unseres Betriebes zu Menschen zu erziehen, die auf das von ihnen Geschaffene stolz sind“ (Identitätsbildung) „und mit diesem Stolz und Selbstbewußtsein an die Lösung der Aufgaben des Sozialismus“ gehen (Effizienzsteigerung).

Außerdem sollte die Periodisierung der Geschichte der Betriebe mit der Periodisierung der allgemeinen Geschichte verknüpft werden. Hier galt es jedoch, die relevanten Epochengrenzen im Sinne des Marxismus-Leninismus zu beachten und nicht bürgerlichen Fehlinterpretationen anheim zu fallen.

Es zeigt sich anhand dieser knappen Aufzählung der methodischen Eigenarten der Betriebsgeschichtsschreibung, dass die Unterschiede zur bürgerlichen Unternehmensgeschichte in der praktischen Quellenarbeit gar nicht so groß sind, aber in Bezug auf die unterlegte theoretische Basis und hinsichtlich der politischen Absichten deutliche Differenzen sichtbar werden. Die Fragestellungen sind dominiert durch das Interesse an der „Lage der Arbeiter“, und der Interpretationsrahmen insgesamt ist durch die marxistisch-leninistische Theorie vorgegeben. Deutlich wird eine Einseitigkeit, die der frühen bürgerlichen, ideologisch-gebundenen Firmengeschichtsschreibung unter umgekehrten Vorzeichen durchaus vergleichbar scheint.

Die klassenkämpferische Absicht der Betriebsgeschichte wird ganz offensichtlich in der kritischen Bestandsaufnahme der bis 1960 in der DDR vorliegenden Arbeiten durch Hans Radant, der die Ergebnisse würdigt, sowohl derjenigen über die „Zeit des Kapitalismus“ als auch derjenigen der „Darstellung der Entwicklung der volkseigenen Betriebe“ in der DDR.[148] In den Darstellungen aus der Zeit des Kapitalismus scheint es ihm vor allem nötig, der Geschichte der Arbeiterbewegung einen würdigen Platz im Rahmen der Betriebsgeschichte einzuräumen. Dies sei in den Arbeiten der DDR-Historiographie nicht immer geschehen. Gelegentlich werde auch bei der Schilderung der kaufmännischen und technischen Erfolge eines Betriebes vollkommen übergangen, dass diese mit der Ausbeutung einer großen Zahl von Menschen erkauft wurde. Gegen eine derartig unmarxistische Darstellung der Betriebsgeschichte wendete sich Radant mit aller Entschiedenheit, da sie dem klassenfeindlichen Standpunkt einer ideologischen Koexistenz Vorschub leiste. Besonders zynisch erschien ihm eine derartige Argumentation, wenn sie sich auf das Rüstungsgeschäft bezieht.

herangezogen werden kann, muss zweifelhaft bleiben, auch wenn Hans Radant dieses als solche zitiert. Vgl. Hans Radant, Werke Walter Ulbrichts – Quelle für die Betriebsgeschichtsschreibung. Betriebe, Firmen und Konzerne, die in Walter Ulbricht, Zur Geschichte der deutschen Arbeiterbewegung, genannt wurden, in: Jahrbuch für Wirtschaftsgeschichte 1968/2, S. 277–293.

148 Alle Zitate auf dieser Seite Hans Radant, Der Stand der Geschichte, S. 173ff.

Bei der Darstellung der Entwicklung volkseigener Betriebe nach 1945 zeigten sich nach Radant ebenfalls noch ähnliche Unzulänglichkeiten, die künftig zu beheben wären. Es gelte insbesondere, die Kämpfe, welche die besten Vertreter der Arbeiterklasse auf politischem und ideologischem Gebiet in den Betrieben zu führen hatten, ausführlich zu würdigen. Darüber hinaus sei auch die Erziehungsarbeit der Partei in den Betrieben mit einzubeziehen und die Ausschaltung der ehemaligen Besitzer entsprechend darzustellen. Vor allem aber müsse der Kampf der Arbeiter beim Aufbau der sozialistischen Industrie und das Ringen um die Erhöhung der Arbeitsproduktivität noch stärker in den Betriebsgeschichten hervorgehoben werden. Die Leistung von Aktivisten und besonderen Brigaden im Rahmen des sozialistischen Wettbewerbs könnten seiner Ansicht nach noch sehr viel stärker gewürdigt werden.

Nach dieser ausführlichen Grundlegung der Prinzipien einer sozialistischen Betriebsgeschichte hat sich Radant später regelmäßig zum Stand und zur Weiterentwicklung des Faches geäußert.[149] Zwar werden in seinen folgenden Einschätzungen gegenüber dem ursprünglichen Konzept nur Nuancen offenbar, wie z.B. die Forderung nach einer verstärkten Berücksichtigung von Fragen der allgemeinen Wirtschaftsentwicklung und Technik in den betriebsgeschichtlichen Studien neben denen der Arbeiterbewegung. Er forderte eine Herausarbeitung der betriebswirtschaftlichen Seite der Betriebsgeschichte, die eine Berücksichtigung von Aufwand und Nutzen der Produktion ebenfalls ermöglichen soll sowie die stärkere Berücksichtigung früherer, vorsozialistischer Perioden in den Betriebsgeschichten. Insgesamt wurde jedoch am Anspruch festgehalten, „*den heroischen und opferreichen Kampf der Arbeiter und anderer Werktätiger in den Betrieben, das Wirken der revolutionären Partei der Arbeiterklasse zu untersuchen und vor allem die geschichtsverändernde Rolle, die Schöpferkraft der Arbeiterklasse sowie die großen Leistungen der Betriebskollektive zur allseitigen Stärkung der DDR überzeugend nachzuweisen.*“[150] Angesichts des drei Jahre später erfolgten unrühmlichen Endes der DDR kann eine derartige Äußerung wohl etwas nachdenklich machen.

Dennoch zeigen sich innerhalb der Betriebsgeschichte der DDR Entwicklungen und Fortschritte, die kurz erwähnt werden sollen. Vor allem durch die Einführung des „Neuen Ökonomischen Systems der Planung und Leitung“ (NÖSPL) 1963 erhielt auch dieser Forschungszweig neue Impulse, die Arndt Kluge als „Lehren aus der Krise“ apostrophiert.[151] Der mit

149 Hans Radant, Betriebsgeschichte schreiben – aber wie?, in: Jahrbuch für Wirtschaftsgeschichte 1973/2, S. 7–49; Ders., Probleme der Betriebsgeschichte der DDR, in: Jahrbuch für Wirtschaftsgeschichte 1986/3, S. 205–216; Ders., Art. Betriebsgeschichte, in: Handbuch der Wirtschaftsgeschichte Bd. 1, Berlin (Ost) 1981, S. 153–55.

150 Ders., Probleme der Betriebsgeschichte, S. 207.

151 Arndt Kluge, Betriebsgeschichte der DDR, S. 50.

dem NÖSPL einhergehende Versuch, die Produktivität der Betriebe zu steigern, richtete naturgemäß auch in der historischen Forschung das Augenmerk stärker auf betriebswirtschaftliche Zusammenhänge. Innerhalb der DDR-Betriebsgeschichte trat eine Kontroverse auf, ob sie sich weiterhin nahezu ausschließlich an der Geschichte der Arbeiterbewegung orientieren solle oder ob auch Betriebswirtschaft und Technik stärker zu berücksichtigen seien. Da bereits 1965 die Ansätze der NÖSPL wieder revidiert und Reformansätze teilweise zurückgenommen wurden, blieb dieser Impuls für eine Erweiterung der Betriebsgeschichte in Ansätzen stecken. Ideologisch bestimmte Denkfiguren prägten weiterhin die Disziplin.

Allerdings erschloss die Kollektivierung der Landwirtschaft der DDR der dortigen Betriebsgeschichte ein gänzlich neues, im Westen unbekanntes Feld, nämlich die Untersuchung Landwirtschaftlicher Produktionsgemeinschaften (LPG), die ähnlich wie Industriebetriebe wirtschafteten.[152]

Allerdings stießen derartige Arbeiten bald an Grenzen, weil für die vorkollektivistische Zeit Mängel in der Quellenlage offenbar wurden und die ehemaligen Bauern, nunmehr als Landarbeiter, schwer im Sinne einer Arbeitergeschichte historisch zu verorten waren. Die Agrarbetriebsgeschichten der DDR ähneln daher eher Orts-, Dorf- oder allgemeinen Agrargeschichten.

In den Achtziger Jahren erwiesen sich auch im Bereich der DDR-Betriebsgeschichte die ideologischen Fesseln als weniger stark wirksam und eine Orientierung an westlichen Forschungstrends und -standards wurde unübersehbar.[153] Alltagsgeschichte, Frauengeschichte, Unternehmergeschichte und betriebswirtschaftliche Fragestellungen hielten auch hier ihren Einzug. Im gesamten sozialistischen Lager wurden diese Tendenzen offenbar und man versuchte, sie zu koordinieren und in der Betriebsgeschichte nutzbringend zu verwenden.[154]

Gegenwärtig stellt sich daher die Frage, wie die deutsche Unternehmensgeschichte mit dem „Erbe“ der Betriebsgeschichtsschreibung der DDR verfahren soll. Arndt Kluge sieht keine möglichen Anknüpfungspunkte, da die Betriebsgeschichte der DDR bzw. die ihr zugrundeliegende Wissenschaftskonzeption mit der westdeutschen Unternehmensgeschichte nicht zur Deckung gebracht werden könne und die DDR-Disziplin darüber hinaus kein eigenständiges Profil habe entwickeln können.[155] Im einzelnen

152 Klaus Schreiner, Zur Erforschung und Popularisierung der Geschichte der sozialistischen Landwirtschaftsbetriebe, in: Jahrbuch für Wirtschaftsgeschichte 1964/4, S. 297–303.

153 Wilfried Feldenkirchen, Das Jahrbuch für Wirtschaftsgeschichte, in: Vierteljahrschrift für Sozial- und Wirtschaftsgeschichte 78 (1991), S. 532–548.

154 Empfehlungen der vierten internationalen Konferenz zur Geschichte der Fabriken und Werke (10. bis 12. Dezember 1979 in Moskau), in: Jahrbuch für Wirtschaftsgeschichte 1980/3, S. 179f.

155 Arndt Kluge, Betriebsgeschichte in der DDR, S. 59–61.

kritisiert er, dass die Betriebsgeschichte der DDR nur selten über die einzelbetriebliche Ebene hinaus kam und insbesondere nicht durch systematische Betriebsvergleiche zu Aussagen mit weiterreichender Gültigkeit gelangte, dass der Anschluss an die internationale Entwicklung im Bereich der Methoden nicht gelang, die New-Economic-History ignoriert und auch mathematisch-statistische Verfahren kaum angewendet wurden. Außerdem vermerkt er negativ, dass die Zusammenarbeit zwischen den Fachrichtungen, die Interdisziplinarität, nicht gesucht und praktiziert wurde. Den Beleg für die Kleinkrämerei sieht er in der Zuordnung der Wirtschaftsgeschichte in der Akademie der Wissenschaften der DDR zu den Geschichts- und nicht zu den Wirtschaftswissenschaften. Ein weiteres Manko stellt der unfreie, politisch-ideologisch gefilterte Quellenzugang dar, weshalb nur linientreue zuverlässige Forscher Einsicht in Archivmaterial nehmen konnten.

Alle genannten Kritikpunkte lassen sich sicherlich auch gegenüber der frühen Firmengeschichtsschreibung und Unternehmerbiographie in Westdeutschland formulieren, die gelegentlich auch als parteiisch und unwissenschaftlich charakterisiert wurde und dennoch der Tradition der heutigen Unternehmensgeschichte zugerechnet wird. Auch hier fehlen systematische Betriebsvergleiche und die einzelwirtschaftliche Perspektive wird selten in interdisziplinär angelegten Studien überwunden. Dass auch in Westdeutschland die New-Economic-History kaum rezipiert wurde, wird ebenfalls häufig beklagt. Dagegen ist es ein wenig besser um die Anwendung mathematisch-statistischer Verfahren, die jedoch von quellenorientierten Forschern heftig kritisiert werden, bestellt. Dass der Zugang zu privaten Unternehmensarchiven in Westdeutschland gänzlich „frei" ist, kann wohl nur jemand behaupten, der mit den Problemen der Archivbenutzung in Unternehmen noch nicht konfrontiert wurde.[156] Manches hat sich in Westdeutschland zwar gebessert, aber genau jene Kritikpunkte, die Arndt Kluge der DDR-Betriebsgeschichte entgegenhält, haben hier dazu Anlass gegeben, aus der methodischen und ideologischen Einseitigkeit der traditionellen Firmengeschichte und Unternehmerbiographie einen neuen Weg zu einer modernen Unternehmensgeschichte zu suchen. Man sollte daher in der Bewertung der DDR-Betriebsgeschichte insgesamt zurückhaltender sein. Viele Vorbehalte sind natürlich berechtigt, wie z.B. die geringe Professionalität zahlreicher Studien, ihre ideologische Voreingenommenheit und ihre volkspädagogische Absicht; dennoch lässt sich damit arbeiten. Was die beiden Kontrahenten, die westdeutsche Firmengeschichte und die DDR-Betriebsgeschichte, sich bereits in den 1960er Jahren gegenseitig bestätigten, dass nämlich das „Material für den Historiker in mancher Hinsicht von

156 Dazu auch aus der Sicht der privaten Unternehmensarchive Manfred Pohl, Zwischen Weihrauch und Wissenschaft? Zum Standort der modernen Unternehmensgeschichte. Eine Replik auf Toni Pierenkemper, in: Zeitschrift für Unternehmensgeschichte 44 (1999), S. 150–163.

gewissem Wert sein" kann,[157] gilt auch noch heute. Darüber hinaus ist eine bewusst arbeiterbezogene Perspektive in der Unternehmensgeschichtsschreibung sicherlich legitim und kann dazu beitragen, die auch heute noch in zahlreichen unternehmenshistorischen Arbeiten implizit weiterhin bevorzugte Managementperspektive zu relativieren.[158] Auch die bloße Anzahl mehrerer tausend Betriebsgeschichten, so problematisch ihre Qualität im Einzelfall auch sein mag, stellt einen Grundstock an Informationen bereit, der bei zukünftigen Forschungen zur Unternehmensgeschichte genutzt werden kann.[159] Dies gilt nicht nur für einige wenige herausgehobene, professionell erstellte Betriebsgeschichten, sondern auch für die große Zahl z.T. fragwürdiger Versuche, die zwar nicht im Einzelfall, aber in ihrer Masse als Quelle zur Gewinnung wichtiger Informationen über Betriebe und Unternehmen dienen können, ähnlich wie die Jubiläumsschriften. Wie bei der Benutzung der z.T. ebenfalls in der Qualität fragwürdigen frühen Firmengeschichten mag sich hier bewahrheiten, dass bei sorgfältiger Arbeit und in Kenntnis der ideologischen Fallstricke, ein umfangreicher „Schatz" nützlicher Informationen zu heben ist.

Der Zusammenbruch der DDR und die Neuorientierung der ostdeutschen Wissenschaften haben auch für die Betriebsgeschichte neue Möglichkeiten eröffnet. Die Befreiung der Betriebsgeschichte aus den Fesseln der SED eröffnet nämlich Chancen, ohne ideologischen Ballast wichtige Forschungsergebnisse zu bewahren und weiße Flecken auszufüllen.[160] Das setzt zunächst einmal eine kritische Auseinandersetzung mit der DDR-Betriebsgeschichte voraus. Dabei folgen die ehemaligen Vertreter dieser Forschungsrichtung ganz leichthin als Konvertiten der westlichen Kritik. Für eine Fortsetzung betriebsgeschichtlicher Studien sprechen nunmehr nicht die bis dahin gültigen Ansprüche der „fortschrittlichen" marxistischen Theorie, sondern, ganz wie beim bisherigen Klassenfeind, Traditionspflege nach innen, Repräsentation nach außen und Hilfe für Füh-rungsaufgaben.[161] Für eine solche Wende sprechen natürlich auch die beruflichen Interessen der betroffenen Forscher.

Ob eine derartige Umorientierung und Weiterentwicklung der Betriebsgeschichte tatsächlich zukunftsträchtige Perspektiven eröffnet, hängt nicht

157 Dieter Baudis, Geschichte und Hintergrund, S. 190.

158 Vgl. z.B. Thomas Welskopp, Arbeit und Macht im Hüttenwerk. Arbeits- und industrielle Beziehungen in der deutschen und amerikanischen Eisen- und Stahlindustrie von den 1860er bis zu den 1930er Jahren, Bonn 1994.

159 Dies gilt übrigens nicht nur für die Unternehmensgeschichte, sondern möglicherweise auch für das bessere Verständnis der aktuellen Probleme ostdeutscher Unternehmen. Vgl. z.B. Karl Breuke und Alexander Eichelpasch, Lage und Perspektiven der Unternehmen in Ostdeutschland. Ergebnisse einer Umfrage, Berlin 1997.

160 So Waltraud Falk, Wie weiter in der Betriebsgeschichte? Vortrag vom April 1990 (Manuskript), S. 6.

161 Ebenda, S. 11.

nur von den Wünschen und Absichten der betroffenen Forscher ab, sondern in erster Linie von den wissenschaftlichen Ergebnissen ihrer praktischen Arbeit. Hier sind durchaus bereits einige ermutigende Beispiele zu zitieren, und erst die Zukunft wird zeigen, ob sich neben der Management-zentrierten Perspektive der modernen Unternehmensgeschichte westlicher Prägung auch eine Betriebsgeschichte bewähren kann, die die Beschäftigten in den Mittelpunkt stellt. Gerade die Vernachlässigung der Lebens- und Arbeitswelt der Mitarbeiter in den meisten Unternehmensgeschichten wird bei einer Durchsicht der neueren Studien nämlich häufig kritisch angemerkt.[162]

1.2.5 Theoretische Orientierungen der modernen Unternehmensgeschichte

Hans Jaeger bemühte sich bereits in einem Beitrag von 1972 um eine methodisch-theoretische Fundierung des unternehmenshistorischen Forschungsprogramms. Er sieht dafür vor allem vier unterschiedliche interdisziplinäre Anknüpfungspunkte vor.[163] Erstens lassen sich in Bezug auf sozialgeschichtliche Ansätze „Typen" von Unternehmern identifizieren, so z.B. hinsichtlich ihrer religiösen Orientierung oder landsmannschaftlichen Gebundenheit, ihres Selbstverständnisses, ihrer politischen Rolle und ihrer Organisationsmacht sowie schließlich ihrer Herkunfts-, Aufstiegs- und Assimilationsmuster. Zweitens bietet dieses Forschungsfeld vielfältige Möglichkeiten, Unternehmer als soziale Kategorie zu verstehen und zu erforschen. Ebenso wichtig, und nach meiner Einschätzung sogar noch wichtiger, ist es jedoch, Unternehmer als ökonomische Kategorie zu verstehen und zu analysieren. Auch dazu sieht Jaeger wichtige Ansatzpunkte in Nachbardisziplinen, um z.B. historische Unternehmensformen und Unternehmerrollen im Licht betriebswirtschaftlicher Fragestellungen zu erforschen. Hier herrscht eine mikroökonomische Perspektive vor, die einzelwirtschaftliche Entscheidungen, Wandlungen des Dispositionsspielraums sowie Ziele und Motive von Unternehmern in den Blick nimmt. Drittens kann die makroökonomische Perspektive auch in Untersuchungen über Strukturen und Marktprozesse verfolgt werden. Hier gilt es, Produktion, Innovation, Absatzverhalten, „Industrial Relations" und vieles mehr im Hinblick auf gesamtwirtschaftliche Wirkungen zu untersuchen. Schließlich müssen auch technikgeschichtliche Untersuchungen einbezogen werden: die Geschichte von Erfindung, Innovation und Verbreitung technischer Neuerungen wirft ebenfalls Licht auf unternehmerisches Handeln und Unternehmenserfolg. Technik und Innovation sollte dabei nicht nur in einem engeren Sinn im Verbund mit „Maschinerie" verstanden werden, sondern z.B. auch Organisation und Management durchaus einbeziehen.

162 Gabriele Teichmann, Unternehmensgeschichten, S. 159–171.
163 Hans Jaeger, Gegenwart und Zukunft, S. 114–115.

Ausgehend von diesen interdisziplinären Anknüpfungspunkten der Unternehmensgeschichte lassen sich erste Umrisse eines zukünftigen Forschungsprogramms der Disziplin skizzieren: Unternehmensgeschichte sollte sich nicht zu eng an eine bestimmte Unternehmerpersönlichkeit oder an ein bestimmtes Unternehmen anlehnen, sollte auf einer theoretischen Interpretation und Auswertung des gewonnenen Materials insistieren und sollte möglichst den systematischen Vergleich zwischen Personen und Unternehmen suchen.

Dieser Diskussionsstand wird in einer weiteren Arbeit von Hans Jaeger, mit der er sich zwei Jahre später vorwiegend an ein amerikanisches Publikum wandte, nicht wesentlich erweitert.[164] Auch hier scheint die deutsche Situation im wesentlichen durch den Widerspruch zwischen einer enormen Anhäufung von Material einerseits und dem Mangel an wissenschaftlicher Analyse andererseits geprägt zu sein. Entscheidend für diese Situation scheint Jaeger die fehlende institutionelle Anbindung des Faches im Hochschulbereich, weshalb er schlussfolgert, dass „Business History in Germany“ sich insgesamt in einem wenig zufriedenstellenden Zustand befindet und dass die wenigen seriösen Forscher, die sich diesem Feld widmen, weitgehend isoliert voneinander arbeiten.

Nicht zuletzt um die Isolierung der Unternehmenshistoriker aufzuheben, wurde 1976 die Gesellschaft für Unternehmensgeschichte gegründet.[165] Bis zur Gründung dieser neuen Gesellschaft fand sich keine wissenschaftliche Institution innerhalb der Hochschulen, die sich der Pflege des wichtigen Feldes der Unternehmensgeschichte annahm – und dies trotz einer langen deutschen Tradition der Firmengeschichtsschreibung und Unternehmerbiographie.

Im internationalen Vergleich stand daher die deutsche Unternehmensgeschichtsschreibung eher schlecht da, der Vorsprung der nordamerikanischen „Business History“ bestand weiterhin. Selbst die DDR hatte mit ihren Aktivitäten im Bereich der „Betriebsgeschichte“ einen gewissen Vorsprung erreicht. Hans Pohl betonte auch, dass die Unternehmensgeschichte einen zentralen Aspekt jeglicher Sozial- und Wirtschaftsgeschichte umfasse, weshalb es unverständlich sei, dass sie bis in die 1980er Jahre aus diesem Bereich der Geschichtswissenschaft der BRD ausgeblendet geblieben sei.[166] Denn die Unternehmensgeschichte könne auch weitere wichtige Zulieferfunktionen erfüllen, sowohl hinsichtlich des benötigten Materials als auch hinsichtlich seiner Interpretation.

164 Hans Jaeger, Business History in Germany. A Survey of Recent Developments, in: Business History Review 1974/1, S. 28–48.

165 Vgl. dazu Hans Pohl, Unternehmensgeschichte; Beate Brüninghaus, Gesellschaft für Unternehmensgeschichte, S. 1–4.

166 Dies hat sich ja neuerdings geändert. Vgl. Manfred Pohl, Zwischen Weihrauch und Wissenschaft?

Gerade diesen letzten Aspekt, das Lernen aus der Geschichte für die wirtschaftswissenschaftliche Theorie und Praxis, hat Dieter Lindenlaub in verschiedenen Arbeiten untersucht.[167] Für ihn müssen gewisse Vorbedingungen erfüllt sein, damit man aus der Geschichte, und vor allem aus der Unternehmensgeschichte, lernen kann. Dies ist nur mittels explizit formulierter Theorien möglich, die nur dann anwendbar sind, wenn nicht singuläre Ereignisse untersucht werden, sondern ähnliche Ereignisse, die sich wiederholen. Die Frage z.B.: „Warum hat Friedrich Krupp seine Gußstahlfabrik gegründet?“ entzieht sich einer derartigen Bearbeitung. Sinnvoll erscheint jedoch die allgemeinere Frage zu sein: „Worin bestehen die Probleme industrieller Unternehmensgründungen?“, die die Erfahrungen der Firma Krupp gebührend berücksichtigen.

Theorien bestehen in einer wertfreien Verknüpfung von Ursache- und Wirkungszusammenhängen; ihre Aussagen, als „Wenn-dann-Bedingungen“ formuliert, beanspruchen universelle Gültigkeit. Derartige Theorien zu formulieren, stößt in den empirischen Wissenschaften immer wieder auf Schwierigkeiten, weshalb man sich hier häufig mit „Theorien mittlerer Reichweite“ (Robert K. Merton) oder mit der Ausformulierung eines sogenannten Forschungsprogramms begnügt.[168] Dies erscheint auch innerhalb der Geschichtswissenschaften als ein praktikables Verfahren. Auch Unternehmen handeln in der Praxis nicht immer gemäß den Modellannahmen der Theorie und verfügen selten über vollständige Informationen, so dass ihr tatsächliches Verhalten nur eine begrenzte Rationalität spiegelt.

Wegen der genannten Bedingungen ist es für Unternehmen nur in eingeschränktem Maße möglich, aus Theorien zu lernen. Dies scheint ein Dilemma der modernen Betriebswirtschaftslehre zu sein, deren Modelle nur in begrenztem Maße erfahrungswissenschaftlich ausgerichtet sind. Außerdem sind hier empirische Untersuchungen über die Erfolgsbedingungen unternehmerischen Handelns eher selten. Gleiches gilt jedoch auch für die Unternehmensgeschichte, wo ebenfalls nur gelegentlich allgemeine Hypothesen über die Erfolgsbedingungen unternehmerischen Handelns formuliert werden. Der Kern des Wirtschaftens bleibt daher in Theorie und Empirie merkwürdig unscharf.

Reinhardt Hanf versuchte ebenfalls in den 1970er Jahren, ein allgemeines Raster als methodisches Hilfsmittel zu erstellen, um die disparaten Ansätze und Forschungsergebnisse der bis dahin vorfindbaren Unternehmensgeschichtsschreibung zusammenzuführen. Ihm schien einerseits die

167 Dieter Lindenlaub, Unternehmensgeschichte, in: Zeitschrift für Betriebswirtschaft 1983/1, S. 91–123; Ders., What can the Businessman Learn from History, especially from Business History?, in: German Yearbook on Business History 1984, Berlin 1985, S. 25–53.

168 Vgl. Oliver E. Williamson, The Evolving Science of Organization, in: Journal of Institutional and Theoretical Economics 149 (1993), S. 36–63.

Durchleuchtung der einzelnen betrieblichen Funktionen (Organisation, Absatz, Produktion, Finanzierung) und andererseits der Vergleich dieser Funktionen in unterschiedlichen Branchen und Regionen etc. besonders zukunftsträchtig.[169] Damit verbindet sich ein Plädoyer für historische Betriebsanalysen[170] – eine Sichtweise, die auch zahlreiche theoretische Anknüpfungspunkte zu anderen Wissenschaften bietet. In diesem Sinne widmet sich die Unternehmensgeschichte der *„Analyse und Interpretation von Handlungs- und Entscheidungsprozessen in komplex organisierten Unternehmen bei variierenden technischen und ökonomischen Umweltbedingungen“*, wie Werner Plumpe die Disziplin an anderer Stelle knapp definiert.[171] Jedoch bleibt bei Plumpe wie auch bei Hanf mit seinem pragmatischen Vorschlag zur Aufstellung historischer Betriebsanalysen die Frage offen, an welche der zahlreichen, z.T. konkurrierenden bzw. gar konfligierenden Theorien bei dieser Vorgehensweise angeknüpft werden kann. Beide Autoren prüfen eine große Anzahl theoretischer Ansätze aus dem in den Wirtschaftswissenschaften schier unerschöpflich erscheinenden Angebot an Interpretationsvorgaben: Plumpe untersuchte die gängigen mikro- und makrotheoretischen Ansätze der Unternehmensgeschichtsschreibung daraufhin, inwieweit eine theoretische Ausrichtung an ihnen im Hinblick auf eine methodische Orientierung der modernen Unternehmergeschichte möglich ist – leider aber kommt Plumpe hier zu einem wenig zufriedenstellenden Ergebnis. Es lässt sich aber mit ihm übereinstimmend schlussfolgern, dass ein mikrotheoretischer Zugriff, der beim einzelnen Unternehmen ansetzt, zweifellos dem makrotheoretischen, der einen bestimmten Problemausschnitt für Unternehmen exemplarisch behandelt, vorzuziehen ist. Zu einem ähnlichen Ergebnis gelangt auch Hanf, der innerhalb eines „basic approach“ ebenfalls im ersten Schritt der Analyse für eine Konzentration auf den „Betrieb“ bzw. das Unternehmen plädiert, gleichgültig ob dabei das Handeln der Organisation (administrative approach) oder das seiner Leiter (entrepreneurial approach) im Mittelpunkt steht. Beide Autoren fordern in Bezug auf weitere Forschungsvorhaben, sich zunächst durch ausführliche Quellenarbeit die Basis für eine Unternehmensanalyse zu schaffen, auch wenn die Auswahl der relevanten Quellenbestände bereits theoriegeleitet-selektiv erfolgt.[172] Es besteht also zweifelsfrei ein Vorrang der Fragestel-

169 Reinhardt Hanf, Mangelnde methodische Konzepte, S. 146. Eine Liste mit möglichen betrieblichen Untersuchungsbereichen auf S. 156f.

170 Vgl. dazu Herbert Matis (Hg.), Historische Betriebsanalyse und Unternehmer. Festschrift für Alois Mosser, Wien 1997 und Alois Mosser, Die Industrieaktiengesellschaften in Österreich 1880–1913. Versuch einer historischen Bilanz- und Betriebsanalyse, Wien 1980.

171 Plumpe, Unternehmen, in: Ambrosius u.a. (Hg.), Moderne Wirtschaftsgeschichte, S. 55.

172 Darin sehe ich im Unterschied zu Pohl, Unternehmensgeschichte, S. 35 einen großen Vorteil und keine „Verführung“.

lung vor den Quellen. Daran anknüpfend sollte dann eine Unternehmensanalyse auf der Basis des mobilisierten Materials in Kategorien der modernen Ökonomie erfolgen, die in vielfältigen Bezügen darüber hinausweisen kann. Dabei sind neben technischen Entwicklungen auch solche im Bereich der Politik und des Rechts zu berücksichtigen.

Dass diese Sicht des Unternehmens immer noch eine äußerst vordergründige ist wird offenbar, wenn man neben den genannten „harten" Fakten der ökonomischen Restriktionen auch „weiche" Fakten wie Werte und Wissen als erfolgsrelevant für das unternehmerische Handeln mit in die Betrachtung einbezieht.

Gerade in allerjüngster Zeit finden sich jedoch im Bereich der unternehmenshistorischen Forschung zahlreiche vielversprechende neuere Arbeiten, die sich in einem umfassenderen Sinne unserem Gegenstandsbereich nähern. Werner Plumpe hat z.B. mehrfach auf die Möglichkeiten hingewiesen, Unternehmen im evolutorischen Kontext zu analysieren, d.h. das Überleben und die Anpassung von Unternehmen als Reaktionen auf veränderte Umweltkonstellationen zu verstehen.[173] Dabei spielt naturgemäß die historische Gebundenheit, die Pfadabhängigkeit, unternehmerischer Strategien eine bedeutende Rolle. Weitere wichtige Anknüpfungsmöglichkeiten aus dem Bereich der Geschichtswissenschaft und der Wirtschaftswissenschaften stellen die neueren Entwicklungen im Bereich der Gesellschaftsgeschichte[174] und im Bereich der historischen Kulturwissenschaft dar[175], die mit der Möglichkeit verbunden sind, die Unternehmenskultur und die Unternehmensethik zum Gegenstand unternehmenshistorischer Forschungen zu machen.[176] Auch im Rahmen der neuen Institutionenökonomik[177] und interdisziplinärer mikropolitischer Ansätze[178] ergeben sich möglicherweise zukunftsträchtige Anknüpfungspunkte.

173 Plumpe, Unternehmen, in: Ambrosius u.a. (Hg.), Moderne Wirtschaftsgeschichte und neuerdings ders., Das Unternehmen als soziale Organisation – Thesen zu einer neueren historischen Unternehmensforschung, in: Akkumulation 11 (1999), S. 1–7.

174 Hans-Ulrich Wehler, Deutsche Gesellschaftsgeschichte, 3 Bde., München 1987–1995; Hartmut Berghoff, Zwischen Kleinstadt und Weltmarkt. Hohner und die Harmonika 1857–1961. Unternehmensgeschichte als Gesellschaftsgeschichte, Paderborn 1997.

175 So Anne Nieberding/Clemens Wischermann, Unternehmensgeschichte im institutionellen Paradigma, in: Zeitschrift für Unternehmensgeschichte 43 (1998), S. 35–48 und Clemens Wischermann, Vom Gedächtnis und den Institutionen. Ein Plädoyer für die Einheit von Kultur und Wirtschaft, in: Eckart Schremmer (Hg.), Wirtschafts- und Sozialgeschichte. Gegenstand und Methode, Stuttgart 1998, S. 21–33.

176 Vgl. dazu Walter A. Oechsler in: Alfred Kieser/Walter A. Oechsler (Hg.), Unternehmungspolitik, Stuttgart 1999, S. 339–348.

177 Siehe u.a. Hartmut Berghoff, Transaktionskosten: Schlüssel zum Verständnis langfristiger Unternehmensentwicklung? Zum Verhältnis von Neuer Institutionenökonomie und moderner Unternehmensgeschichte, in: Jahrbuch für Wirtschaftsgeschichte 1999/2, S. 159–176; Stephen Nicholas, The New Business History: Theory,

In jedem Fall muss aber der Betrieb bzw. das Unternehmen im Mittelpunkt einer unternehmenshistorischen Untersuchung stehen und als Ausgangspunkt und Ziel unternehmerischen Handelns gelten.[179] In diesem Sinne bietet der von Plumpe als Kontingents- oder situativer Ansatz bezeichnete Zugriff eine solide Basis für ein noch im einzelnen zu entwickelndes Forschungsprogramm der Unternehmensgeschichtsschreibung, oder besser: der historischen Unternehmensforschung.[180] Dabei wird das Unternehmen als eine formale Organisation zur praktischen Zielverwirklichung unter situationsabhängigen Nebenbedingungen verstanden. Dieser formale Zugriff könnte durch eine personalistische Perspektive bezüglich der gültigen Unternehmens- bzw. Managementphilosophie ergänzt werden, die ebenfalls Einfluss auf die Zieldefinition des Unternehmens nimmt.

Für eine historische Unternehmensanalyse bedeutet dies im einzelnen, zunächst die Konstitutionsprobleme moderner Industrieunternehmen zu klären: ihre Vorläufer in vormoderner Zeit, Probleme der Gründung, der Rechtsform und der Organisation ebenso wie die Bedingungen der Mobilisierung ökonomischer Ressourcen (Kapital, Arbeitskräfte, Know-how); möglicherweise spielen in dieser frühen Phase der Existenz auch sektorale und regionale Besonderheiten für das Unternehmen eine entscheidende Rolle. Im Verlauf einer Analyse treten dann Fragen nach der Aufrechterhaltung des Geschäfts und der Sicherung des langfristigen Unternehmenserfolges in den Vordergrund; hier geht es dann um die Bestimmung der Unternehmensziele und um die Strategien, die für ihre Realisierung entwickelt werden. Dabei sind auch Bereiche wie Produktionstechnologie, Finanzierung, Absatz- und Marktentwicklungen sowie der Kontrolle und Erfolgsvermittlung zu berücksichtigen.[181]

Über diesen technisch-organisatorischen Bereich hinaus stellt das Unternehmen aber auch ein soziales Gebilde dar, in dem die Beziehungen der Unternehmensangehörigen untereinander eine genaue Untersuchung verdienen. Die Unternehmensführung und das Management, ebenso wie Arbeiter und Angestellte, sind in einem dichten Geflecht („industrial relati-

Quantification and Institutional Change, in: Graeme D. Snooks (Hg.), Historical Analysis in Economics, London 1993, S. 143–157 und Donald Coleman, The Uses and Abuses of Business History, in: Business History 29 (1987), S. 141–156.

178 Karl Lauschke und Thomas Welskopp, Einführung. Mikropolitik im Unternehmen. Chancen und Voraussetzungen beziehungsanalytischer Ansätze in der Industrie- und Arbeitergeschichte, in: Dies. (Hg.), Mikropolitik im Unternehmen. Arbeitsbeziehungen und Machtstrukturen in industriellen Großbetrieben des 20. Jahrhunderts, Essen 1994, S. 7–15, v.a. S. 9f.

179 Reinhardt Hanf, Mangelnde methodische Konzepte, S. 158.

180 Werner Plumpe, Unternehmen, S. 60. Zum hier unterlegten Theoriebegriff und zu den analytischen Instrumenten der Ökonomik vgl. Mathias Erlei u.a., Neue Institutionenökonomik, Stuttgart 1999, S. 21–23.

181 Vgl. z.B. zu einem solchen Vorgehen Daems/van der Wee, The Rise of Managerial Capitalism, besonders die Einleitung von Chandler und Daems auf S. 1–34.

ons") miteinander verwoben, dessen Funktionsfähigkeit entscheidend für den Erfolg des Unternehmens ist. Auch die Wahrnehmung und die Gestaltung der Interessen des Unternehmens nach außen gegenüber Konkurrenten, insbesondere anderen Konzernen bzw. Kartellen sind in diesem Zusammenhang von Bedeutung und müssen in einer umfassenden Unternehmensgeschichtsschreibung Berücksichtigung finden. Der genannte Katalog ist sicherlich nicht vollständig. Man wird Zweifel anmelden können, ob ein erschöpfendes und vollständiges Raster als Forschungsprogramm für die Untersuchung einer derartig komplexen Organisation, wie sie ein modernes Unternehmen darstellt, überhaupt jemals zu erstellen sein wird. Die Aufzählung vermag aber einen ersten Eindruck davon vermitteln, welche Aspekte bei einer historischen Unternehmensanalyse im Vordergrund stehen sollten und welche nicht – z.B. die in den Festschriften immer wieder an prominenter Stelle angeführten betrieblichen Sozialleistungen.

Ein begrenzter Versuch, den empirischen Mangel bisheriger Forschungsansätze zu überwinden, wurde bereits 1979 für eine Reihe von Erfolgsdeterminanten der westfälischen Schwerindustrie in der zweiten Hälfte des 19. Jahrhunderts unternommen.[182] Dabei ging es darum, in einem empirischen Test Indikatoren der sozialen Rekrutierung des Führungspersonals mit denen der Innovationsfähigkeit dieser Branche in Beziehung zu setzen. In einem ersten Schritt mussten für beide Variablenkomplexe valide Indikatoren entwickelt werden. Die Führungskräfte wurden gemäß der Region, der Branche und des Zeitraums eindeutig definiert und im Hinblick auf soziale Herkunft und Ausbildung klassifiziert. Danach wurden die entscheidenden Innovationen – unterschieden nach drei Teilperioden – für den Erfolg identifiziert. Die entscheidende Frage war nun, ob Unternehmen, die überdurchschnittlich erfolgreich waren, eine besondere soziale Struktur ihres Führungspersonals aufwiesen. Als Kriterien für den Unternehmenserfolg galten dabei Überleben, überdurchschnittliche Rentabilität und wachsender Marktanteil jedes einzelnen Unternehmens. In einem Chi-Quadrat-Test ließen sich nun die verschiedenen Merkmale der Unternehmer und ihrer Unternehmen miteinander in Beziehung setzen und die Fragen nach der Erfolgsrelevanz der sozialen Zusammensetzung der Führungskräfte im Unternehmen behandeln.

Die in dieser Studie verfolgten Fragestellungen nach den Erfolgsbedingungen unternehmerischen Handelns decken natürlich nur einen kleinen Teil des gesamten Spektrums ab, nämlich den nach Innovationsfähigkeit und sozialer Struktur. Zudem gelten eine Reihe von Einschränkungen hinsichtlich der hier vorgenommenen Operationalisierung der Fragestellung, der Modellbildung, des Verfahrens zum Hypothesentest und der Interpretation der Ergebnisse. Dennoch glaube ich, dass damit ein möglicher Weg gewiesen ist, sich der zentralen Frage der Erfolgsbedingungen unternehme-

182 Pierenkemper, Die westfälischen Schwerindustriellen, Kap. IV.

rischen Handelns zu nähern. Dass es auch andere Wege gibt, ist damit natürlich nicht in Zweifel gezogen und auch nicht, dass neben den Innovationsentscheidungen andere ebenso gewichtige Erfolgsdeterminanten unternehmerischen Handelns existieren. Marktverfassung, Rekrutierung von Arbeitskräften oder Finanzierungsfragen sind zweifellos ebenfalls wichtig. Aber auch hier lassen sich Wege finden, die eine theoretisch orientierte empirisch-historische Analyse ermöglichen und Hinweise auf die Erfolgsdeterminanten unternehmerischen Handelns in bestimmten historischen Konstellationen geben. So bietet z.B. der Aufbau einer Stammbelegschaft die Möglichkeit, sich von den Problemen des externen Arbeitsmarktes zu entkoppeln[183] oder der Rückgriff auf familiäre Ressourcen die Möglichkeit, die Probleme der Gründungsfinanzierung zu meistern.[184] Zahlreiche weitere unternehmerische Probleme könnten also in ähnlicher Weise untersucht werden.

Es bleibt aber festzuhalten, dass m. E. *nur* und ausschließlich auf der Basis empirisch-historischer Untersuchungen Erkenntnisse über die Bedingungen unternehmerischer Entscheidungen und die Determinanten ökonomischen Erfolges zu gewinnen sind. Wieweit sich derartige Erkenntnisse in allgemeine Hypothesen und Modelle fassen lassen, steht auf einem anderen Blatt.

Es gibt auch bereits eine Reihe eindrucksvoller Beispiele, in denen sich ein theoretisch orientierter empirisch-historischer Ansatz bewährt hat. Die Arbeiten von Alfred D. Chandler haben zum Beispiel im Bereich der Organisationstheorie gezeigt, inwieweit der Erfolg von Großunternehmen von der Wahl der richtigen Organisationsstruktur abhängt.[185] Ronald Coase hat mit seiner Arbeit von 1937 dagegen darauf hingewiesen, dass es für ein Unternehmen sinnvoll sein kann, marktmäßige Austauschbeziehungen in die betriebliche Kontrolle zu übernehmen, zu internalisieren.[186] Daran anknüpfend konnte Chandler zeigen, wie erfolgreich eine Strategie der Konzentration und Integration von Großunternehmen sein kann.

Ein weiteres Beispiel betrifft die betriebliche Konjunkturlehre und vermag empirisch-historisch zu veranschaulichen, wie gefährlich in der langen Sicht kurzfristige betriebliche Erfolge sein können. Kurzfristige Erfolge veranlassen Unternehmen nämlich leicht, die langfristige Erfolgs-

183 Toni Pierenkemper, Interne Arbeitsmärkte in frühen Industrieunternehmen: Das Beispiel Krupp, in: Soziale Welt. Zeitschrift für sozialwissenschaftliche Forschung und Praxis 32 (1981), S. 3–18.

184 Toni Pierenkemper, Zur Finanzierung von industriellen Unternehmensgründungen im 19. Jahrhundert – mit einigen Bemerkungen über die Bedeutung der Familie, in: Dietmar Petzina (Hg.), Zur Geschichte der Unternehmensfinanzierung, Berlin 1990, S. 69–92.

185 Chandler, Strategy and Structure.

186 Ronald H. Coase, The Nature of the Firm, in: Economica 4,16 (1937), S. 386–405.

sicherung aus den Augen zu verlieren. Die Neckermann Versand KG bietet hierfür ein augenfälliges Beispiel.[187] Historische Erfahrung kann daher zur Krisenvermeidung und Krisenbewältigung beitragen, was die historische Insolvenzanalyse demonstriert.

Man kann daher von einem bemerkenswerten möglichen Ertrag unternehmenshistorischer Fragestellungen nicht nur für die Geschichtswissenschaften, sondern auch für die Wirtschaftsgeschichte, für das praktische Unternehmerhandeln, ja vielleicht sogar für die Wirtschaftswissenschaften ausgehen. Wie lässt sich dieser mögliche Nutzen aber nun praktisch sicherstellen? Dazu gehört ein entsprechendes Forschungsprogramm der Unternehmensgeschichte oder ein „Paradigma".[188] Richard Tilly hat unlängst einen Versuch unternommen, wesentliche Fixpunkte eines derartigen Paradigmas zu formulieren. Ihm scheinen vier entscheidende methodische Orientierungen dabei unabdingbar:

1. Der Vorrang der Fragestellung vor den Fakten. Es geht darum, zunächst sinnvolle und erkenntnisleitende Forschungsprobleme zu formulieren und dann nach adäquaten Quellen zur Unternehmensgeschichte zu suchen.
2. Eine möglichst breite Definition des Untersuchungsfeldes. Damit ist gewährleistet, dass keine relevanten Fragestellungen oder Quellengruppen von vornherein ausgeblendet werden. Unternehmensgeschichte bildet insofern einen integralen Bestandteil der allgemeinen Wirtschafts- und Sozialgeschichte.
3. Der Versuch, wo immer möglich, zu quantifizieren. Unternehmerisches Handeln ist genuin auf quantifizierbare Größen wie Kosten, Umsatz, Gewinn u.ä. bezogen, weshalb in der Unternehmensgeschichte immer auch der Versuch gemacht werden sollte, diese Größen als Quantitäten zu erfassen. Häufig besteht auch ein beachtlicher Teil der Überlieferung von Unternehmen aus Zahlen: Produktionsstatistiken, Kostenkalkulationen, Bilanzen und ähnlichem mehr.
4. Es sollte schließlich immer auf einen systematischen Vergleich der individuellen Ergebnisse hingearbeitet werden, sei es der Vergleich eines Unternehmens mit anderen Unternehmen, einer Branche mit anderen Branchen, nationale Eigenarten mit anderen nationalen Varianten usw. Dabei gilt es, hinreichend vergleichbare Objekte zu finden, die in einem entscheidenden Aspekt Ähnlichkeiten offenbaren, ansonsten aber Variationen hervortreten zu lassen.[189]

187 Toni Pierenkemper, Josef Neckermann (1912–1992) – Anmerkungen zur Autobiographie, in: Jahrbuch für Wirtschaftsgeschichte 1996/2, S. 235–245.

188 Vgl. Thomas S. Kuhn, Die Struktur wissenschaftlicher Revolutionen, Frankfurt a. M. 1967.

189 Richard H. Tilly, Einleitung. Probleme und Möglichkeiten einer quantitativ vergleichenden Unternehmensgeschichte, in: Ders. (Hg.), Beiträge zur quantitativ vergleichenden Unternehmensgeschichte, Stuttgart 1985, S. 9–25.

Diese wichtigen methodischen Fixpunkte eines unternehmenshistorischen Forschungsansatzes lassen sich in pragmatischer Weise für die konkrete Arbeit des Wirtschafts- und Unternehmenshistorikers auf den Punkt bringen.[190] Unternehmensgeschichte bezieht sich auf den Bereich der Geschichtsforschung, der sich mit den Entscheidungen von Menschen beschäftigt, welche die Geschicke von Unternehmen bestimmen. Unternehmens- bzw. Firmengeschichte und Unternehmerforschung gehören also eng zusammen. Konkret geht es dabei um die Untersuchung des Managements, der Geschäftspraxis, der Institutionen und des Geschäftsdenkens.

Über den engen Bereich des internen Geschäftsgebarens hinaus hat die Unternehmensgeschichte aber auch die Außenwirkungen unternehmerischen Handelns zu reflektieren und zu untersuchen. Das weite Feld der Außenwirkungen lässt sich, wie z.B. von Dieter Lindenlaub vorgenommen, mit einem sehr weit ausladenden Begriff der Firmengeschichte fassen und in wichtigen Forschungsfeldern einer derartig theoriegeleiteten Firmengeschichte exemplifizieren.[191] Dazu zählen u.a. folgende Themenbereiche: die Kontrolle und Führung im Unternehmen in Bezug auf das Eigentum, Konzentration und Kartellierung, Konjunkturschwankungen, das Wirtschaftswachstum, politische Macht und Einfluss der Wirtschaft, die Arbeitsbeziehungen, Erfolgsbedingungen für Unternehmer und die Wirtschaftsordnung. Kurzum: kein Bereich von Wirtschaft und Gesellschaft kann a priori von einer unternehmenshistorischen Arbeit ausgeschlossen werden.

Doch gilt es immer, auch mögliche Kritik gegenüber einem solchen Vorgehen vorwegzunehmen, d.h. dem Vorwurf mangelnder Objektivität durch eine sorgfältige Quellenkritik und eine Offenlegung von Forschungsinteresse und Fragestellung entgegenzutreten sowie dem Mangel an theoretischer Orientierung durch ausführliche Methodenreflexion und eine explizite Formulierung von Hypothesen entgegen zu wirken. Nur auf diese Weise lässt sich m.E. der Ruch der Hagiographie, der manchen älteren Arbeiten anhaftet und durch manche neue aufrecht erhalten wird, abstreifen und die Unternehmensgeschichte als anerkannte wissenschaftliche Disziplin fortentwickeln. Ihr Verhältnis zur allgemeinen Wirtschaftsgeschichte ist dabei durchaus nicht eindeutig: Ist sie ein Teilgebiet der Wirtschaftsgeschichte oder selbständige Disziplin? Wie auch immer man diese Fragestellung beantworten mag – und Unternehmenshistoriker neigen naturgemäß dazu, einen eigenen, spezifischen Untersuchungsansatz ihrer Disziplin zu betonen –, entscheidend ist, dass beide Disziplinen sich gegenseitig befruchten können. Denn die allgemeine Wirtschaftsgeschichte muss die

190 Hans Pohl, Betrachtungen zum wissenschaftlichen Standort von Wirtschafts- und Unternehmensgeschichte, in: Vierteljahrschrift für Sozial- und Wirtschaftsgeschichte 78 (1991), S. 326–343.

191 Dieter Lindenlaub, Art. Firmengeschichte, in: Handwörterbuch der Wirtschaftswissenschaften Bd. 3, Stuttgart 1981, S. 293–302.

Rahmenbedingungen und Strukturen des Geschäftslebens erhellen und kann von dort wichtige Fragestellungen an die Unternehmensgeschichte herantragen. Diese hingegen liefert der allgemeinen Wirtschaftsgeschichte Material für übergreifende Analysen und eröffnet ihr die mikroökonomische Perspektive des Geschäftslebens.

In diesem Sinne hat die deutsche Unternehmensgeschichte in den letzten Jahren zweifellos beachtliche Fortschritte gemacht. Sie hat sich an internationalen Vorbildern, insbesondere an der amerikanischen Business History orientiert und eine bemerkenswerte Zahl neuerer Studien hervorgebracht, die auch in einem neueren Überblick über die Disziplin von Hans Jaeger vorgestellt werden.[192]

Was jedoch die Beurteilung des wissenschaftlichen Standards der weiterhin in großer Zahl angefertigten Unternehmensgeschichten angeht, so muss man dabei drei Gruppen unterscheiden.[193] Einer ersten Gruppe ist ein wissenschaftlicher Anspruch gänzlich abzusprechen und bei einer zweiten Gruppe ist allenfalls eine wissenschaftliche Orientierung zu erkennen. Lediglich eine kleinere Anzahl neuerer Unternehmensgeschichten ist uneingeschränkt der wissenschaftlichen Literatur zuzurechnen, so etwa die 1990 veröffentlichte Geschichte von Mannesmann oder die Geschichte der Deutschen Bank von 1995 sowie mehrere Studien aus neuerer Zeit.[194] Insgesamt gilt bis heute, dass es den meisten Unternehmensgeschichten immer noch an einer wissenschaftlichen Fundierung mangelt.[195] Allerdings ist nicht zu verschweigen, dass die Kritik an der hergebrachten Unternehmenshagiographie nicht nur Argumente für eine Neufundierung und Weiterentwicklung der hergebrachten Unternehmensgeschichtsschreibung geliefert hat, sondern noch weitergehende Kritik leisten kann. Eine neue, „kritische" Unternehmensgeschichtsschreibung versucht daher, andere Positionen hervorzuheben und andere Akzente zu setzen.[196]

192 Hans Jaeger, Unternehmensgeschichte in Deutschland seit 1945. Schwerpunkte – Tendenzen – Ergebnisse, in: Geschichte und Gesellschaft 18 (1992), S. 107–132.

193 Teichmann, Unternehmensgeschichten, S. 159ff.

194 Horst A. Wessel, Kontinuität im Wandel. 100 Jahre Mannesmann 1890–1990, Gütersloh 1990; Lothar Gall u.a., Die Deutsche Bank 1870–1995, Frankfurt a. M. 1995; daneben ist sicher noch anzuführen: Michael Stürmer u.a., Wägen und Wagen. Sal. Oppenheim jr. & Cie. Geschichte einer Bank und einer Familie, München 1994; Mechthild Wolf, Im Zeichen von Sonne und Mond. Von der Frankfurter Münzscheiderei zum Weltunternehmen DEGUSSA AG, Frankfurt a.M. 1993; Paul Erker, Wachsen im Wettbewerb. Eine Zeitgeschichte der Continental Aktiengesellschaft (1971–1996), Düsseldorf 1996; Volker Hecht, Die Württembergische Metallwarenfabrik Geislingen/Steige 1853–1945. Geschäftspolitik und Unternehmensentwicklung, St. Katharinen 1995; Berghoff, Zwischen Kleinstadt und Weltmarkt.

195 Gabriele Teichmann, Unternehmensgeschichten, S. 163.

196 Dieter Pfliegensdörfer, Neue Wege in der historischen Unternehmerforschung. Ein Projektbericht, in: 1999. Zeitschrift für Sozialgeschichte des 20. und 21. Jahrhunderts 3 (1988), S. 56–78.

Ihre Fundamentalkritik setzt jedoch an der Qualität zahlreicher von der Wirtschaft durchgeführter oder von ihr in Auftrag gegebener Studien an, die z.T. als „Haus- und Hofgeschichtsschreibung der Wirtschaft" angesehen werden müssen und denen es weiterhin an theoretischer Reflexion mangelt. Diesem managementorientierten Blickwinkel soll eine, noch keineswegs fest umrissene, „alternative" bzw. „kritische" Betriebsgeschichtsschreibung „von unten", aus der Sicht der Beschäftigten, entgegengesetzt werden, die nicht identisch mit dem DDR-Ansatz gleichen Namens ist. Es dominiert vielmehr ein buntscheckiges alternatives Projektspektrum, das eng mit dem neueren Bereich der sogenannten „Alltagsgeschichte" verbunden ist.[197] Erste Studien von Betroffenen liegen vor, z.T. entstanden in bewusster Gegenposition zu offiziellen Festschriften bei Unternehmensjubiläen, so z.B. zur Daimler Benz AG und zu Bosch.[198]

Eine derartige Neuorientierung gegenüber der traditionellen, kapitalorientierten Firmenhistoriographie schien den Autoren längst überfällig. Die Entwicklung einer alternativen Sicht gegenüber den Unternehmen findet Anknüpfungspunkte an wichtige gesellschaftliche Veränderungen, nämlich den betrieblichen Rationalisierungsmaßnahmen, verbunden mit einem Abbau von Arbeitsplätzen, der Bedrohung von wohlerworbenen Rechten der Arbeitnehmer („Abbau des Sozialstaates"), fremdenfeindliche und neonationalistische politische Tendenzen sowie der Rüstungsproduktion und den Rüstungsexporten von deutschen Unternehmen. Alle diese Entwicklungen haben sicherlich zum Entstehen dieser „kritischen" Forschungsrichtung beigetragen. Zugleich wurde darin aber auch eine neuere Tendenz in der Geschichtswissenschaft offenbar, die Laienforschung stärker zu berücksichtigen. Eine derartige betriebliche „Spurensuche" kann ihre Nähe zur organisierten Arbeiterschaft, den Gewerkschaften, kaum leugnen. Solche Studien dürfen es jedoch, auch nach Meinung der beteiligten Fachhistoriker, nicht bei einer arbeiterzentrierten Nabelschau bewenden lassen, sondern müssen auch die Kapitalseite zum Gegenstand der Aufarbeitung machen. Gefordert ist eine Erforschung der Totalität der betrieblichen Wirklichkeit, einschließlich der komplizierten Wechselbeziehung zwischen Kapital und Arbeit. Damit bezieht man sich auf professionelle Standards, die auch dem weiter oben formulierten Paradigma moderner Unternehmensge-

197 Franz Josef Jelich, Betriebsgeschichte von unten. Ansatz zur Demokratisierung betrieblicher Kulturarbeit, in: Die Mitbestimmung 33 (1987), S. 570–573.

198 Vgl. 100 Jahre Daimler Benz. Kein Grund zum Feiern!, hg. von einer Arbeitsgruppe bestehend aus Mitgliedern der Anti-Apartheid-Bewegung der Plakat-Gruppe Daimler Benz Untertürkheim u.a., Stuttgart 1986; 100 Jahre Bosch. Halt dei Gosch du schaffst bei Bosch, hg. von einer Arbeitsgruppe bestehend aus Mitgliedern des Arbeitskreises 35–Stunden Woche u.a., Stuttgart 1986. Kritisch zu Daimler Benz auch Hamburger Stiftung für Sozialgeschichte des 20. Jahrhunderts (Hg.), Das Daimler-Benz-Buch. Ein Rüstungskonzern im „Tausendjährigen Reich", Nördlingen 1987.

schichtsforschung unterliegen und insoweit unstrittig sind. Die Ergebnisse, nicht die Motive für derartige Untersuchungen, müssen daher allein als Maßstab für die Leistungsfähigkeit einer alternativen Unternehmensgeschichte „von unten" gelten. Auch sie haben sich im wissenschaftlichen Diskurs zu bewähren.

Aber nicht nur von „außen", „unten" oder aus der Perspektive der Arbeiter und ihrer Vertretungen wird Kritik am Zustand der deutschen Unternehmensgeschichtsschreibung der Gegenwart laut. Auch von „innen", aus der Profession selbst, erheben sich solche Stimmen.[199] Nicht zufällig wurde 1989 der „Arbeitskreis für kritische Unternehmens- und Industriegeschichte" (AKKU) von jüngeren Forschern in unausgesprochener Konkurrenz zur „Gesellschaft für Unternehmensgeschichte" gegründet.[200] Der neue Arbeitskreis publiziert regelmäßig Arbeitspapiere, organisiert Konferenzen und gibt mit den Bochumer Schriften zur Unternehmens- und Industriegeschichte eine eigene Schriftenreihe heraus. Thematisch widmet er sich auch Themen, die weniger eng im ökonomischen Kernbereich unternehmerischen Handelns angesiedelt sind[201] und bemüht sich um die Entwicklung einer eigenständigen theoretischen Perspektive.[202] Die Autoren des Arbeitskreises schreiben die unzureichende Etablierung und den geringen Entwicklungsstand des Faches nur zum geringen Teil seiner angeblichen Nähe zur Apologie des Unternehmertums zu; für sie ist entscheidender, dass die Unzulänglichkeit eher aus der Komplexität des Gegenstandes selbst hervorgeht, dem man nur multidisziplinär entsprechen kann. Zukunftsträchtig erscheint in dieser Perspektive die Untersuchung einer umfassenden „Unternehmenskultur", in der intentionale neben strukturellen Elementen der Analyse ihren Raum finden. Für die Unternehmensgeschichtsschreibung folgt daraus, dass in derart konditionierten komplexen Handlungssystemen formale Organisationskriterien, wie z.B. von Chandler betont, an Bedeutung verlieren und vielmehr die Frage nach der Steuerbarkeit der Unternehmensentwicklung neu gestellt wird, weshalb Unternehmerpersönlichkeiten weit weniger wichtig erscheinen. Darüber hinaus wird auch die Möglichkeit der autonomen Selbstorganisation von Unternehmen

199 Werner Plumpe, Statt einer Einleitung: Stichpunkte zur Unternehmensgeschichtsschreibung, in: Ders. und Christian Kleinschmidt (Hg.), Unternehmen zwischen Markt und Macht. Aspekte deutscher Unternehmens- und Industriegeschichte im 20. Jahrhundert, Essen 1992, S. 9–13.

200 Vgl. dazu Harm G. Schröter, Business History in German Speaking States at the End of the Century – Achievements and Gaps, Preliminary Paper, International Colloquien and Business History, Mailand 1998.

201 Dietmar Petzina und Werner Plumpe, Unternehmensethik – Unternehmenskultur: Herausforderungen für die Unternehmensgeschichtsschreibung?, in: Jahrbuch für Wirtschaftsgeschichte 1993/2, S. 9–19.

202 Vgl. z.B. Lauschke/Welskopp (Hg.), Mikropolitik im Unternehmen und Plumpe, Das Unternehmen als soziale Organisation.

in Frage gestellt und die Umwelt des Unternehmens stärker in den Blick genommen. Konsequenterweise rückt dann die Erforschung unternehmensinterner Handlungsstrukturen, Kommunikations- und Interaktionsbeziehungen sowie deren Beziehungen zur Unternehmensumwelt in das Zentrum der Unternehmensgeschichte. Letztendlich stellt sich die Frage, wie sich ein derartig komplexes System langfristig behaupten kann. Auch über die Berechtigung eines solcherart „systemischen“ Ansatzes kann nicht a priori entschieden werden: Die praktischen Ergebnisse der Forschung allein entscheiden über seine Bewährung.

Doch auch im Bereich des Archivwesens und der unternehmerischen Wirtschaft artikulieren sich Vorbehalte gegenüber der „Gesellschaft für Unternehmensgeschichte“, der gelegentlich eine zu enge Bindung an bestimmte Teile der deutschen Wirtschaft unterstellt wird. Die Vereinigung deutscher Wirtschaftsarchivare begründete daher im September 1999 einen eigenen Arbeitskreis für Unternehmensgeschichte und auch andernorts ist von ähnlichen Aktivitäten zu hören.

Der Zugang zu firmeneigenem Material und dessen Verfügbarkeit und Verwendung, d.h. die Existenz eines Unternehmensarchivs, ist insgesamt entscheidend im Hinblick auf die Qualität der unternehmenshistorischen Arbeiten. Eine angemessene Unternehmensgeschichtsschreibung ist daher nur in enger Kooperation mit den Unternehmensarchiven und den dort tätigen Archivaren möglich.[203] Einige bedeutende Unternehmen haben – wie erwähnt – schon vor nahezu einem Jahrhundert begonnen, eigene Archive zur Pflege des historischen Archivgutes einzurichten.[204] Diese Beispiele sind nicht ohne Nachfolge geblieben[205], weshalb mittlerweile

203 Vgl. dazu Dieter Lindenlaub, Was können Wirtschaftswissenschaft und Wirtschaftsarchive füreinander tun?, in: Archiv und Wirtschaft 16 (1984), S. 92–98. Eine neuere Stellungnahme zu diesem Problemkomplex bei Hans Mommsen, Wer führt die Archive? Gedächtnisverlust im Ruhrgebiet, in: Die Zeit vom 8. Juli 1994. Zu den Forschungsmöglichkeiten auf der Ebene von Unternehmensarchiven als Beispiel: Manfred Rasch, Die Eisen und Stahlindustrie des Ruhrgebiets zwischen Stalingrad und Währungsreform: Quellenlage in Unternehmensarchiven und Forschungsstand, in: Archiv und Wirtschaft 29 (1996), S. 69–86. Vgl. dazu auch Manfred Pohl, Unternehmen und Geschichte, Mainz 1992, S. 61–73 mit Hinweisen auf zahlreiche aktuelle Probleme der Organisation eines Unternehmensarchivs.

204 Besonders hervorzuheben ist hier die Firma Krupp, die bereits im Jahre 1905 begann, ein eigenständiges historisches Archiv einzurichten, bald gefolgt von der Firma Siemens. Vgl. dazu Ernst Schröder, Das Krupp-Archiv – Geschichte und Gegenwart, in: Der Archivar 13 (1960), S. 305–318 und Siegfried von Weiher, Das Werner-von-Siemens-Institut, in: Mitteilungen des Vereins für die Geschichte Berlins 1977, S. 341–348.

205 So wurde z.B. 1937 damit begonnen, das bedeutende Archiv der Gutehoffnungshütte einzurichten. Vgl. dazu Bodo Herzog, 40 Jahre (1937–1977) Historisches Archiv der Gutehoffnungshütte Aktienverein (GHH-FN), unveröffentlichtes Manuskript der Festschrift im Archiv. Am 1. Oktober 1938 wurde bei den Vereinigten Stahlwerken Hedwig Behrens (1900–1986) als akademisch vorgebildete Archivarin eingestellt,

eine Reihe großer Unternehmen nicht nur im Bereich der Industrie, sondern auch im Bereich der Banken und anderer Dienstleistungsunternehmen über bemerkenswerte eigene Archive verfügen.[206] Die privaten Aktivitäten, die in den 1930er Jahren einsetzten, sind nicht unabhängig von staatlichen Initiativen zu sehen. Der Staat war an der Sicherung von Unternehmensschriftgut interessiert und regte daher die Wirtschaft zu eigenen Lösungen an.[207] 1937 kam es in Düsseldorf im Umfeld der Interessenverbände der Eisenindustrie des Rhein-Ruhr-Raumes und der dortigen Staatsarchive zur Gründung einer Archivkommission, die im Mai 1938 „Richtlinien für das Werksarchiv" vorlegte. Verschiedene weitere Unternehmensarchive wurden nun eingerichtet, und es bleibt bis heute eine andauernde Aufgabe von Unternehmenshistorikern, die Gründung und Pflege von Unternehmensarchiven zu propagieren.

Neben den privaten Unternehmensarchiven steht Wissenschaftlern in Deutschland inzwischen ein nahezu flächendeckendes Netz regionaler Wirtschaftsarchive zur Verfügung, die sich ebenfalls für die Pflege des Archivgutes der Wirtschaft verantwortlich zeigen und zumeist von den ansässigen Kammern getragen werden. Vorbild dieser Gründungen war das Rheinisch-Westfälische Wirtschaftsarchiv in Köln.[208] 1941 kam es zur Gründung des

die dort ebenfalls ein zentrales Werksarchiv aufbaute. Vgl. dazu Ralf Stremmel, Zur Schriftgutüberlieferung von Vereinigte Stahlwerke AG und Bergbau- und Industriewerke GmbH, in: Ders. und Manfred Rasch (Bearb.), Findbuch zu den Beständen Vereinigte Stahlwerke AG und Bergbau- und Industriewerke GmbH, 2 Bde., Duisburg 1996, Bd. 1, S. 47–57, hier S. 48. Diese Aktivitäten setzen sich auch nach dem Zweiten Weltkrieg weiter fort. 1960 folgte z.B. die Thyssen AG, dazu Manfred Rasch, Das Archiv der Thyssen AG und seine Bestände, in: Archiv und Wirtschaft 29 (1996), S. 2–13.

206 Einen Überblick über die Gesamtheit der Wirtschaftsarchive der Bundesrepublik Deutschland vermittelt: Deutsche Wirtschaftsarchive, hrsg. im Auftrag der Gesellschaft für Unternehmensgeschichte e. V., von Klara van Eyll/Beate Brüninghaus/Sibylle Grube-Bannasch/Renate Köhne-Lindenlaub/Carl A. Reichling/Hans-Jürgen Reuß/Angela Toussaint/Horst A. Wessel, 3 Bde., Bd. 1: Nachweis historischer Quellen in Unternehmen, Kammern und Verbänden der Bundesrepublik Deutschland, 2. Auflage, Stuttgart 1987, Bd. 2: Kreditwirtschaft. Im Auftrag des Instituts für bankhistorische Forschung und der Gesellschaft für Unternehmensgeschichte. Bearb. von Monika Pohle und Dagmar Golly-Junk, 2. Auflage, Stuttgart 1988, Bd. 3: Bestände von Unternehmen, Unternehmern, Kammern und Verbänden der Wirtschaft in öffentlichen Archiven der Bundesrepublik Deutschland. Bearb. von Ulrike Duda, Stuttgart 1991.

207 Vgl. dazu Klara van Eyll, Voraussetzungen und Entwicklungslinien von Wirtschaftsarchiven bis zum Zweiten Weltkrieg, Köln 1969, Bernhard Vollmer, Wirtschafts- und Betriebsarchive, in: Der Archivar 6 (1953), S. 181–194 und Ernst Zipfel, Über Archivpflege der Wirtschaft, in: Carl Brinkmann (Hg.), Zur Wirtschaftsgeschichte der deutschen Unternehmung, Berlin 1942, S. 27–39.

208 Ausführlich zur Gründung und zu den Aufgaben regionaler Wirtschaftsarchive in den verschiedenen Beiträgen im Band: Wirtschaftsarchive und Kammern – Aspekte wirtschaftlicher Selbstverwaltung gestern und heute, Köln 1982, bes. die Beiträge von Ottfried Dascher, S. 192–201 und Klara van Eyll, S. 203–217.

Westfälischen Wirtschaftsarchivs in Dortmund, das nun mittlerweile ebenfalls bereits auf ein halbes Jahrhundert erfolgreicher Arbeit zurückblicken kann.[209] 1980 erfolgte die Gründung eines Wirtschaftsarchivs in Stuttgart[210], 1986 eines in München[211], 1993 des Hessischen Wirtschaftsarchivs[212] und schließlich 1993 eines in Sachsen[213]. Weiteren Initiativen, so z.B. in Schleswig Holstein, ist bislang noch kein Erfolg beschieden[214], doch bleibt hier Hoffnung für die Zukunft, zumal die beteiligten Archivare eine enge Zusammenarbeit untereinander anstreben und diese Initiativen sicherlich fördern.[215]

Den Aktivitäten der Wirtschaftsarchivare ist manches zu danken:[216] Nicht nur haben sie die erste Gründungswelle von privaten Unternehmensarchiven vor und die zweite nach dem Ersten Weltkrieg begleitend mitgestaltet[217], sondern auch im Verlauf der dritten Aufschwungphase – parallel zur Arbeit der regionalen Wirtschaftsarchive – 1953 in Dortmund die Arbeitsgemeinschaft der rheinisch-westfälischen Werks- und Wirtschaftsarchive gegründet, aus der 1957 die Vereinigung deutscher Werks- und

209 Vgl. dazu Ottfried Dascher, 50 Jahre Westfälisches Wirtschaftsarchiv in Dortmund – Bilanz und Perspektiven, in: Heimatpflege. Rundschreiben des Westfälischen Heimatbundes 1992/2, S. 1–7. Die Gründungen 1906 in Saarbrücken und Leipzig erwiesen sich als wenig lebensfähig.

210 Gert Kollmer von Oheimb-Loup, Das Wirtschaftsarchiv Baden-Württemberg, in: ABI-Technik 5 (1985), S. 70f. und Jutta Hanitsch, Zwischen Wissenschaft und Quellensicherung. Das Wirtschaftsarchiv Baden-Württemberg zieht Bilanz, in: Der Archivar 37 (1984), S. 488–492.

211 Eva Moser, IHK-Wirtschaftsarchiv für München und Oberbayern. Ein Werkstattbericht, in: Archiv und Wirtschaft 20 (1987), S. 115–116.

212 Presseveröffentlichung Hessisches Wirtschaftsarchiv e. V. vom 19. Oktober 1992 und Das Hessische Wirtschaftsarchiv, in: Vom Hoftheater zum Haus der Geschichte 1819–1994. Zur Einweihung des für das Hessische Staatsarchiv Darmstadt neu aufgebauten „Moeller-Baus“ am 3. Februar 1994, Darmstadt 1994, S. 61f.

213 Vgl. Sächsisches Wirtschaftsarchiv gegründet, in: Leipziger Wirtschaft 5/1993, S. 14 und Das Dienstleistungsangebot des Sächsischen Wirtschaftsarchivs e. V., in: Leipziger Wirtschaft 11/1993, S. 54f.

214 Ulrike Albrecht, Überlegungen zu einem regionalen Wirtschaftsarchiv, unveröff. Manuskript eines Vortrags der Tagung „Keine Angst vor Archivgesetzen – Archivrecht in der Praxis“ in Sankelmark am 25./26. März 1994.

215 Ulrike Albrecht, Jahrestreffen des Arbeitskreises „Regionale Wirtschaftsarchive“ in München, in: Archiv und Wirtschaft 1993/1, S. 116–118.

216 Harald Winkel, Wirtschaftsarchivare und die Vereinigung deutscher Wirtschaftsarchivare in ihrer Bedeutung für die Wirtschafts- und Unternehmensgeschichte, in: Archiv und Wirtschaft 18 (1985), S. 43–45 und Klara van Eyll, 25 Jahre Vereinigung deutscher Wirtschaftsarchivare. Bilanz – Standort – Perspektiven, in: Wirtschaft und Gesellschaft 9 (1983), S. 85–96.

217 Vgl. dazu Evelyn Kroker/Renate Schwärzel, Archive der Wirtschaft. Zur aktuellen Situation des Wirtschaftsarchivwesens in der Bundesrepublik Deutschland, in: Scrinium. Zeitschrift des Verbandes österreichischer Archivare, Heft 47, Wien 1993, S. 347–357.

Wirtschaftsarchive hervorging (später umbenannt in Vereinigung deutscher Wirtschaftsarchivare). Seit 1967 gibt die Vereinigung mit „Archiv und Wirtschaft" eine eigenen Zeitschrift heraus und hält an wechselnden Orten Jahrestagungen ihrer gegenwärtig etwa zweihundert Mitglieder ab.

Für die Unternehmensgeschichte relevantes Schriftgut findet sich auch in staatlichen Archiven[218], bei Verbänden und Kammern der Wirtschaft; aber auch die Bestände der Museen und ihrer Archive sollten nicht unterschätzt werden. Hier ist besonders auf Unternehmens- oder Branchenmuseen zu verweisen[219] – das Bergbau Museum in Bochum z.B. mit seinem 1969 eingerichteten Bergbau-Archiv ist ein herausragendes Beispiel für den Typus eines solchen Branchenarchivs.[220]

Auch die Bergbau-Bücherei, bislang in Essen beheimatet, ist als außerordentlich reichhaltig zu erwähnen, ebenso die von Klaus Tenfelde neuerdings initiierte Stiftung Bibliothek des Ruhrgebiets, die sich sicherlich ebenfalls förderlich für die Unternehmensforschung erweisen wird. Ähnliches gilt für das Rheinische Industriemuseum in Oberhausen mit seinen diversen Außenstellen und reichen Beständen. Diese verschiedenen Aktivitäten werden die Unternehmensgeschichtsschreibung in Zukunft zweifellos vielfältig befruchten.

Die neuesten Entwicklungen innerhalb der Unternehmensgeschichtsschreibung weisen dabei laut Paul Erker in fünf Richtungen:[221]

- von der Theoriearmut zur Methoden- und Theorievielfalt,
- von der Dominanz der Großunternehmen zur Untersuchung kleiner und mittelständischer Unternehmen,
- vom Unternehmen als „black-box" zur Analyse betrieblicher Prozesse,
- von einer makroökonomischen Herangehensweise zu einer Untersuchung mikroökonomischer Prozesse und ihrer gesamtwirtschaftlichen Verknüpfung,
- von unternehmensmonographischen Untersuchungen zum internationalen Vergleich.

Diese Merkmale und Neuakzentuierungen können in den neueren Arbeiten zur Unternehmensgeschichte nicht alle gleichzeitig berücksichtigt, sondern nur in jeweils spezifischer Weise thematisiert werden: in der Frage

218 Helmut Richterning, Firmen- und wirtschaftsgeschichtliche Quellen in Staatsarchiven, Dortmund 1957.

219 Marion Hüchtermann, Museen der Wirtschaft, Köln 1991.

220 Vgl. Evelyn Kroker, Das Bergbau-Archiv und seine Bestände, Bochum 1977. Neben den Museen der privaten Wirtschaft, wie z.B. derjenigen von Daimler-Benz in Stuttgart, von BMW und Siemens in München, bieten auch staatliche Museen, wie z.B. das Deutsche Museum in München, wichtige Informationen.

221 Erker, Aufbruch zu neuen Paradigmen. Vgl. auch Thomas Welskopp, Der Betrieb als soziales Handlungsfeld. Neuere Forschungsansätze in der Industrie- und Arbeitergeschichte, in: Geschichte und Gesellschaft 22 (1996), S. 118–142.

nach nationalen Stilen in der Unternehmenspolitik[222], den staatlichen Rahmenbedingungen unternehmerischen Handelns[223] und vielem anderen mehr. Die deutsche Unternehmensgeschichtsschreibung bietet also gegenwärtig insgesamt ein erfreulich lebhaftes Bild. In Arbeitsformen und Inhalten werden neue Wege erkundet, und man kann hoffen, dass damit der Ausschluss an die internationale Entwicklung endlich geschafft werden kann.

222 Volker Berghahn, Unternehmer und Politik in der Bundesrepublik Deutschland, Frankfurt a. M. 1985.

223 Paul Erker und Toni Pierenkemper (Hg.), Deutsche Unternehmer zwischen Kriegswirtschaft und Wiederaufbau. Studien zur Erfahrungsbildung von Industrie-Eliten, München 1999.

Zeittafel zur Entwicklung der Unternehmensgeschichte in Deutschland

1793	Die erste deutsche Unternehmerbiographie über Hasenclever
1811	Heinrich Anschütz: „Die Gewehr-Fabrik in Suhl"
1825	Die „erste" deutsche Firmengeschichte (Lauchhammer)
1848	Die „zweite" deutsche Firmengeschichte (Königliche Bank, Berlin)
1871	Die erste Unternehmerbiographie zur Feier eines Jahrestages (Litfaß, Berlin)
1880–1890	Banken und Verleger lassen ihre Firmengeschichten schreiben
1890–1900	Herausgabe von Firmengeschichten wird Massenerscheinung
1905	Ehrenberg veröffentlicht das erste Heft des Thünen-Archivs
1905	Gründung des ersten Betriebsarchivs (Krupp)
1906	Gründung des ersten regionalen Wirtschaftsarchivs (Rheinisch-Westfälisches Wirtschaftsarchiv, Köln)
1907	Ehrenberg schreibt die erste wissenschaftliche firmenhistorische Veröffentlichung erscheinen (Unternehmungen der Brüder Siemens)
1909	Matschoß gibt den ersten Band seiner „Beiträge zur Geschichte der Technik und Industrie" heraus
1927	Der erste spezialisierte Firmengeschichtsschreiber erhält akademischen Rang (Däbritz in Köln)
1937	Corsten veröffentlicht die erste Bibliographie von Firmen- und Unternehmergeschichten
1956	Gründung des Instituts für Wirtschaftsgeschichte an der Akademie der Wissenschaften der DDR mit einer Abteilung für Betriebsgeschichte
1956	Gründung der Zeitschrift „Tradition. Zeitschrift für Firmengeschichte und Unternehmerbiographie" (Wilhelm Treue)
1957	Gründung der Vereinigung der Werks- und Wirtschaftsarchivare, heute: Vereinigung deutscher Wirtschaftsarchivare
1962	Gründung des Bankhistorischen Instituts, Herausgabe des „Bankhistorischen Archivs" (Erich Achterberg)
1973	Gründung der Fachkommission Betriebsgeschichte der Historiker-Gesellschaft der DDR (Hans Radant)
1976	Gründung der Gesellschaft für Unternehmensgeschichte, Herausgabe der „Zeitschrift für Unternehmensgeschichte", vormals: „Tradition" (Hans Pohl)
1977	Fachkommission Betriebsgeschichte wird dem Institut für Marxismus-Leninismus beim ZK der SED unterstellt
1981	Herausgabe des ersten „German Yearbook on Business History"
1989	Gründung des „Arbeitskreises für kritische Unternehmens- und Industriegeschichte"
1994	Gründung einer „Gesellschaft für Europäische Unternehmensgeschichte" (Manfred Pohl)
1999	Gründung des „Arbeitskreises Unternehmensgeschichte" der Vereinigung deutscher Wirtschaftsarchivare

II. Die Entwicklung von Unternehmen im 19. Jahrhundert

2. Strategische Entscheidungen im Unternehmen

Eine der wesentlichen Grundfragen, wenn nicht die zentrale Frage der Beschäftigung mit privaten Wirtschaftsunternehmen überhaupt, ist die nach ihren Zielen und Absichten. Worin also besteht das Ziel der Unternehmung? Der Hinweis der Standardökonomie auf Nutzenmaximierung, d.h. im Falle privater Unternehmungen auf das Ziel kurzfristiger Gewinnmaximierung, bleibt selbst innerhalb der betriebswirtschaftlichen Theorie umstritten und fragwürdig; dieses Ziel kann allenfalls heuristische und didaktische Funktionen erfüllen. Für eine empirisch gehaltvolle Analyse oder gar eine hinreichende Unternehmensgeschichtsschreibung bleibt eine derartige Zielformulierung völlig unzureichend. Deshalb hat auch die Betriebswirtschaftslehre nach ihrer wissenschaftlichen Fundierung immer wieder versucht, auch alternative Formulierungen und Modellbildungen zum Zielsystem der Unternehmen und zum Handeln privater Unternehmer zu entwikkeln.[224]

Die präskriptive Entscheidungstheorie, die Entscheidungsregeln bei vorgegebenen Zielen und spezifischen Bedingungen zu entwickeln versucht, ist als Entscheidungspragmatik für das praktische Handeln im Unternehmen wenig geeignet.[225] Denn in der Regel gibt es im Unternehmen weder vollkommene Markttransparenz und wohlgeordnete Präferenzen, noch kennt man das Gewinnmaximum, um nur die wichtigsten Voraussetzungen derartiger Modelle zu nennen. Um tatsächlich zu ergründen, „wie Entscheidungen im Unternehmen ablaufen“, also um zu „Entscheidungen aus Fleisch und Blut“[226] vorzudringen, ist man auf eine präskriptive Entscheidungstheorie verwiesen, die sich auf die empirische Analyse historisch vorfindbarer Unternehmensentscheidungen stützt – und dabei ist man genau bei der Unternehmensgeschichte.

224 Schierenbeck, Grundzüge der Betriebswirtschaftslehre, S. 57–80. Zur Kritik an der Gewinnmaximierung als Unternehmensziel vgl. Herbert A. Simon, Theories of Decision-Making in Economics and Behavioural Science, in: Survey of Economic Theory, Vol. III, London 1968, S. 1–28.

225 Vgl. dazu Kieser/Oechsler (Hg.), Unternehmungspolitik, S. 31–89 (Kap. 2: Tho-mas Langer und Martin Weber, Entscheidungsanalyse) sowie Franz Eisenführ und Martin Weber, Rationales Entscheiden, Berlin 1994.

226 Zitate aus Kieser/Oechsler (Hg.), Unternehmenspolitik, S. 91–121; Kap. 3: Al-fred Kieser, Ziele und Zielbildung, S. 92.

In Deutschland hat insbesondere Edmund Heinen mit seinem entscheidungsorientierten Ansatz schon früh zu einer realistischeren Analyse des Unternehmerhandelns beigetragen, während in den USA zunächst vor allem die Entwicklung praktischer Managementtechniken im Vordergrund stand. Im Hinblick auf eine entscheidungsorientierte Betriebswirtschaftslehre wurden vor allem zwei moderne Entwicklungen genutzt: die Entstehung und Entfaltung einer rationalen Handlungs- und Entscheidungstheorie (Rational Choice-Theory) einerseits und zum anderen zahlreiche wissenschaftliche Fortschritte in den modernen Verhaltenswissenschaften.[227] Aus den Erträgen dieser beiden Forschungsrichtungen erschien es möglich, eine betriebswirtschaftliche Entscheidungstheorie zu begründen, die in ihrem Kern dem Unternehmer ermöglichen sollte, eine rationale Auswahl unter mehreren Möglichkeiten zu treffen. In verschiedenen Stufen bzw. Entscheidungsphasen sollten die betrieblichen Entscheidungen getroffen und auch wieder korrigiert werden können, wobei als Entscheidungskriterium für die Wahl einer Handlungsalternative nicht nur die Gewinnmaximierung vorgesehen war, sondern auch verschiedene andere Zielvariablen zugelassen waren.

Der Vorteil einer derartigen entscheidungsorientierten Betriebswirtschaftslehre wurde darin gesehen, dass durch eine integrale Betrachtung der betrieblichen Probleme, indem man die Nebenbedingungen der Entscheidungen spezifizierte und den Entscheidungsprozess formalisierte, realistischere Szenarien entwickelt werden konnten als in den formalisierten Modellen der Mikroökonomie. Lücken und Überschneidungen im Entscheidungskalkül, die nun sichtbar wurden, können die komplexe betriebliche Realität meines Erachtens besser erfassen.[228] Natürlich waren damit nicht alle Probleme für unternehmerische Entscheidungen erfasst oder gar gelöst. Insbesondere hinsichtlich der Delegation von Teilentscheidungen, der Entscheidungskriterien und der Mobilisierung von relevanten Informationen blieben viele Fragen offen. Dennoch ist mit diesem Versuch für unternehmenshistorische Analysen ein weitaus tragfähigeres Konzept angeboten, als aus den formal-mathematischen Modellen der mikroökonomischen Theorie herleitbar erscheint.

In der US-amerikanischen Tradition hat sich ebenfalls eine eher an den praktischen Entscheidungsproblemen orientierte Schule im Rahmen der Managementtheorie durchsetzen können. Insbesondere die verhaltenswissenschaftliche Arbeit von Cyert und March hat in dieser Beziehung stilbildend gewirkt.[229] Cyert und March gingen davon aus, dass moderne Unter-

227 Edmund Heinen, Betriebswirtschaftslehre heute. Die Bedeutung der Entscheidungstheorie für Forschung und Praxis, München 1966, S. 4.

228 Schon klassisch dazu: Herbert A. Simon, A Behavioural Model of Rational Choice, in: Quarterly Journal of Economics 69 (1955), S. 99–118.

229 Richard M. Cyert und James G. March, A Behavioural Theory of the Firm, Englewood

nehmen eine Mehrzahl veränderbarer Ziele anstreben und sich zu diesem Zwecke verschiedener Strategien bedienen können. Strategien dienen dabei der Sicherung des Unternehmenserfolges, d.h. sie „ ... sollen die sich bietenden Chancen und Potentiale des Unternehmens nutzen und Bedrohungen der erreichten Position abwehren“.[230] Dass diese Managementperspektive die Komplexität des betrieblichen Geschehens nicht vollständig erfasst, wird immer wieder deutlich. Solche bewusst gewählten Strategien des Managements stoßen im Unternehmen häufig an Grenzen[231], was an den Gegenstrategien weiterer Beteiligter sichtbar wird.[232] Daher kann nur ein umfassenderes Konzept hier weiterführen.[233]

Für die Unternehmensgeschichtsschreibung scheinen insbesondere auch ältere deutsche Ansätze zur Formulierung einer Unternehmenspolitik hilfreich, die eine Systematisierung komplexer Felder unternehmenspolitischer Entscheidungen bieten. Der Wirtschaftswissenschaftler Curt Sandig sah die Aufgabe der Unternehmensführung darin, Entscheidungen zu treffen, die einmal die konstitutiven Bedingungen des Unternehmens festlegen, wie z.B. Bestimmung des Unternehmensgegenstandes, des Standortes, der Unternehmensform u. ä. und die man in unserer heutigen Terminologie durchaus als „strategisch“ bezeichnen könnte.[234] Daneben sind aber auch situationsbezogene Entscheidungen zu treffen, die konkrete Ereignisse betreffen, die immer auch im Hinblick auf die Unternehmensziele Erhaltung und Mehrung der Wirtschaftskraft – nicht nur reine Gewinnmaximierung – zu bewerten sind.[235]

Natürlich bietet dieser Ansatz keine „Erklärung“ des Handelns im Unternehmen, keine „Theorie der Unternehmung“ also. Doch scheint mir gerade die Hervorhebung des Treffens von strategischen, von konstitutiven

Cliffs 1963. (Deutsch: Eine verhaltenswissenschaftliche Theorie der Unternehmung, Stuttgart 1995).

230 Vgl. Georg Schreyögg, Unternehmensstrategie. Grundlagen einer Strategie strategischer Unternehmensführung, Berlin 1984, S. 5.

231 So z.B. Strategien betrieblicher Rationalisierungen. Vgl. dazu Christian Kleinschmidt, Rationalisierung als Unternehmensstrategie. Die Eisen- und Stahlindustrie des Ruhrgebiets zwischen Jahrhundertwende und Weltwirtschaftskrise, Essen 1993.

232 So ebenfalls am Beispiel der Eisenindustrie Welskopp, Arbeit und Macht im Hüttenwerk.

233 Hier bietet möglicherweise das Konzept der Unternehmenskultur neue Einsichten und Erkenntnismöglichkeiten. Vgl. dazu das Heft Unternehmenskultur, Unternehmensethik, Unternehmensgeschichte, in: Jahrbuch für Wirtschaftsgeschichte 1993/2. Ein umfassenderer Ansatz findet sich neuerdings bei Alfred Kieser und Walter A. Oechsler (Hg.), Unternehmungspolitik, Stuttgart 1999.

234 Curt Sandig, Die Führung des Betriebes: Betriebswirtschaftspolitik, 2. Aufl.: Betriebswirtschaftspolitik, Stuttgart 1966.

235 Vgl. dazu auch Alfred Kieser und Walter A. Oechsler (Hg.), Unternehmungspolitik, S. 1–20; Kap. 1: dies., Grundlagen der Unternehmungspolitik, insbesondere S. 45f.

Entwicklungspfade der strategischen Konzepte in den letzten vier Jahrzehnten

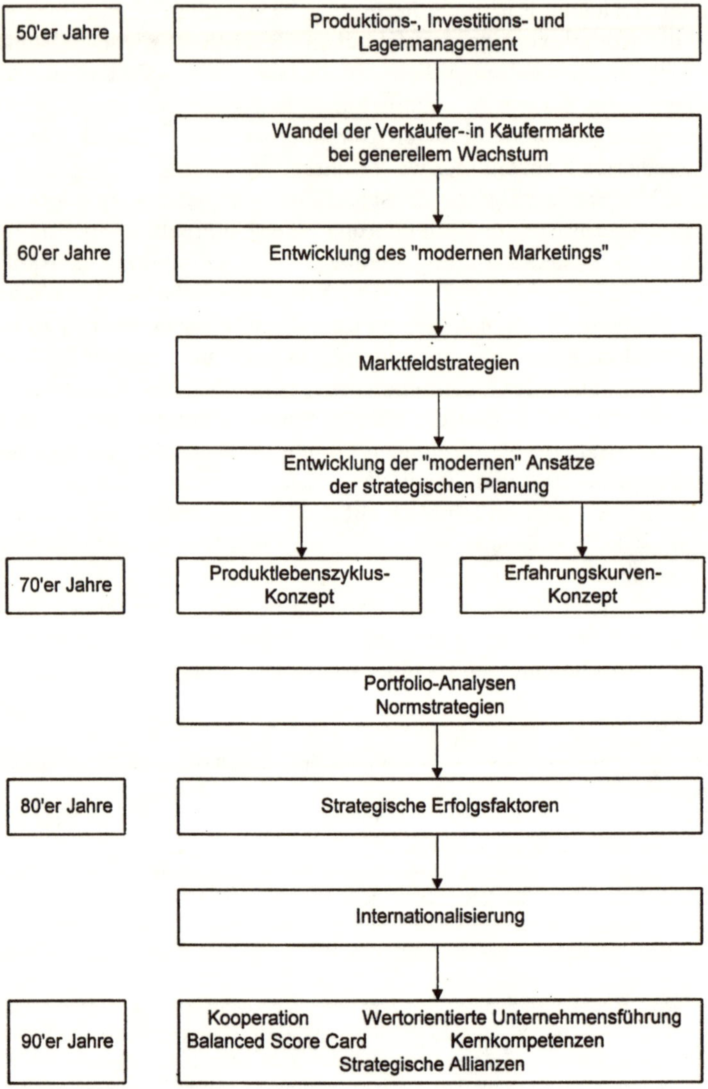

Quelle: Alfred Kieser und Walter A. Oechsler (Hg.), Unternehmungspolitik, Schäffer-Poeschel Verlag, Stuttgart 1999, S. 223.

Entscheidungen besonders geeignet, als Orientierung unternehmenshistorischer Untersuchungen zu fungieren. Dem entspricht auch die in der neueren betriebswirtschaftlichen Literatur hervorgehobene Bedeutung des „strategischen Managements", unter dem dort alle Maßnahmen zur Sicherung des langfristigen Erfolges eines Unternehmens verstanden werden.[236] Dieser Ansatz stellt nur einen zeitweiligen Schlusspunkt in der Entwicklung der Managementforschung dar.[237] Einen Überblick zur Entwicklung strategischer Konzepte der letzten Jahrzehnte bietet folgende Darstellung (S. 88).

Für das Treffen solcher strategischen Entscheidungen lassen sich wissenschaftlich fundierte Regeln nur schwer aufstellen, man übt sich im Unternehmen häufig in der „Kunst des Möglichen" [238] auch beim Treffen von Entscheidungen grundsätzlicher, also strategischer Art. Eine gültige Theorie kann daher kaum entwickelt werden, weshalb man sich weitgehend auf Erfahrungsregeln stützt, die in Teilen des Betriebes gewonnen wurden, also auf die historischen Erfahrungen. Gleiches gilt für Systeme von Regelkreisen, die einer Formalisierung der Entscheidungsfindung im Unternehmen dienen sollen und deren Ziel die Ausformulierung einer konsensorientierten Unternehmenspolitik, eine Verständigung über gemeinsame Ziele darstellt.[239] Einen bildlichen Ausdruck hat diese Vorgehensweise im sogen. „St. Galler Management Konzept" gefunden.

Im Rahmen dieser Einführung in die Unternehmensgeschichte reicht es jedoch aus, den Kern des unternehmerischen Geschehens – und damit den Ausgangspunkt einer historischen Betrachtung der Unternehmung – mit dem Treffen und der Durchsetzung strategischer Entscheidungen im Unternehmen bezeichnet zu haben.[240] Beispielhaft wurde dieser Ansatz von Ulrich Wengenroth in seiner Studie über die deutsche und britische Stahlindustrie angewandt.[241] In den beiden genannten Ländern werden dabei in

236 So bei Franz Xaver Bea und Jürgen Haas, Strategisches Management, Stuttgart 1995, S. 46.

237 Einen Überblick dazu bietet Wolfgang H. Staehle, Management. Eine verhaltenswissenschaftliche Perspektive, München 1991, S. 21ff.

238 So Konrad Mellerowicz, Unternehmenspolitik, Bd. 1 (3. Aufl.), Freiburg 1976, außerdem dazu Alfred Kieser und Walter A. Oechsler (Hg.), Unternehmungspolitik, S. 11–13.

239 Peter Ulrich und Edgar Fluri, Management. Eine konzentrierte Einführung, Stuttgart 1995 und Hans Ulrich, Unternehmungspolitik, Bern 1990.

240 Vgl. auch Pierenkemper, Die westfälischen Schwerindustriellen, S. 2f. Ähnlich neuerdings Gert Kollmer von Oheimb-Loup, Zollverein und Innovationen. Die Reaktion württembergischer Textilindustrieller auf den Deutschen Zollverein 1834–1874, St. Katharinen 1996, v.a. S. 5–14.

241 Ulrich Wengenroth, Unternehmensstrategien und technischer Fortschritt. Die deutsche und die britische Stahlindustrie 1865–1895, Göttingen 1986. Vgl. auch ders., Unternehmensstrategien in Deutschland, England und Frankreich vor dem Ersten Weltkrieg, in: Ottfried Dascher/Christian Kleinschmidt (Hg.), Die Eisen- und Stahlindustrie im Dortmunder Raum, Dortmund 1992, S. 305–320.

St. Galler Management-Konzept

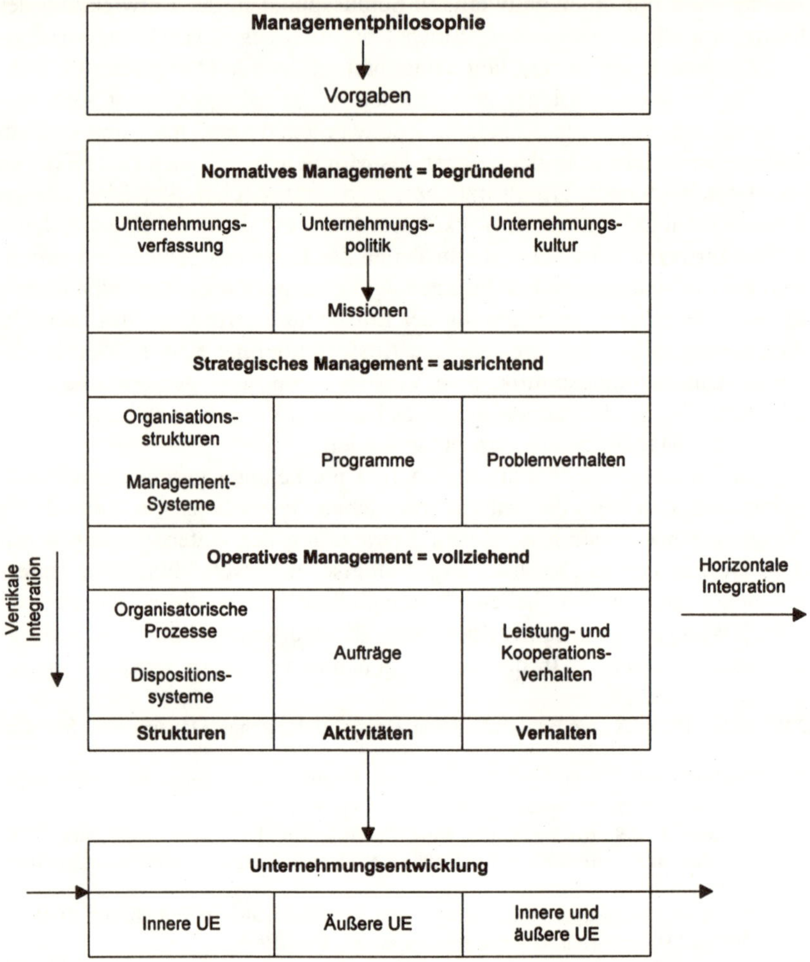

Quelle: Alfred Kieser und Walter A. Oechsler (Hg), Unternehmungspolitik, Schäffer-Poeschel Verlag, Stuttgart 1999, S. 330.

einzelnen Unternehmen strategische Entscheidungen im Hinblick auf die Produktionstechnologie detailliert untersucht und als Erklärungsgrößen für den unterschiedlichen unternehmerischen Erfolg der Branchen angeführt. Es geht Wengenroth darum, „den technischen Fortschritt und seine Umsetzung, meist als *black box* behandelt und nur über Preis- und Mengenindikatoren von außen bestimmt, ... hier als das strategische Handeln der Unternehmer" in den Mittelpunkt seiner Untersuchung zu rücken.[242]

Die Debatte um den „entrepreneurial decline" im spätviktorianischen England[243] wird damit um eine entscheidende Variable erweitert. Festzuhalten bleibt, dass diese Analyse lediglich auf einen Problemkomplex in einer eng begrenzten Branche im Vergleich zweier Länder über einen überschaubaren Zeitraum bezogen ist. Dennoch scheint hier die Fruchtbarkeit dieser Vorgehensweise für die Unternehmensgeschichte eindrucksvoll demonstriert zu sein.

Für die württembergische Textilindustrie lässt sich auf der Basis der Analyse von siebzehn Unternehmen als Reaktion des Beitritts Württembergs zum Deutschen Zollverein ein verstärktes betriebswirtschaftlich-rationales Denken in den einzelnen Firmen konstatieren, wie Gert Kollmer von Oheimb-Loup gezeigt hat. Eine zunehmende Technisierung des Betriebsablaufs und ein verschärfter Wettbewerb auf den Absatzmärkten trat hinzu. Die veränderten Bedingungen erzwangen laut Kollmer von Oheimb-Loup strategische Anpassungen, die im Zeitverlauf in unterschiedlichen Formen erfolgten: Zunächst zeigte sich in einem Wachstumsschub eine bloße Mengenanpassung bei den Unternehmen, dieser folgte eine Konzentration der Absatzbemühungen in bestimmten Segmenten, die schließlich mit einer Marktbereinigung endete.[244]

Im folgenden gilt es nun, für weitere wichtige Unternehmensprobleme in exemplarischer Weise aufzuzeigen, auf welche Weise sie gelöst wurden und wie sich erfolgreiche Strategien am Markt bewährt haben. Als wesentliches Problem zeigt sich dabei zunächst die Gründung eines Industrieunternehmens. Darauf wird die folgende Darlegung als erstes hauptsächlich eingehen und sich vornehmlich mit Unternehmen in der Industrialisierungsphase des 19. Jahrhunderts beschäftigen. Somit werden deren Vorläufer sowie Bereiche unternehmerischer Aktivitäten außerhalb der Industrie weitgehend außer acht gelassen.

Nach der erfolgreichen Gründung eines Unternehmens zeigen sich außerdem die Ausgestaltung der Unternehmensverfassung, die Finanzie-

242 Ulrich Wengenroth, Unternehmensstrategien und technischer Fortschritt, S. 14.

243 Dazu im Überblick ebenda, S. 270–290 sowie Donald N. McCloskey und Lars G. Sandberg, From Damnation to Redemption: Judgements on the Late Victorian Entrepreneur, in: Explorations in Economic History 9 (1971/72), S. 89–108 und Peter L. Payne, Entrepreneurship in the Nineteenth Century, London 1974.

244 Gert Kollmer von Oheimb-Loup, Zollverein und Innovationen.

rung des Wachstums, die Wahl der optimalen Produktionstechnologie und die Rekrutierung von Arbeitskräften als wesentliche Herausforderungen. Auch diesen Fragen soll anhand der historischen Entwicklung v.a. der Eisenbahnunternehmen, aber auch der neu gegründeten Unternehmen anderer Branchen im 19. Jahrhundert nachgegangen werden. Dabei wird deutlich werden, dass die genannten Probleme innerhalb von Branchen und ebenfalls zwischen Standorten beachtlich variieren können, so dass auch sektorale und regionale Determinanten der strategischen Grundprobleme Berücksichtigung finden.

2.1 Gründung und Unternehmensorganisation

Eisenbahnen standen in zahlreichen Ländern am Anfang der industriellen Entwicklung. Das wurde auch von den Zeitgenossen wahrgenommen, denn schon Friedrich List, der Propagandist des industriellen Fortschritts in Deutschland, schrieb 1841, dass die Eisenbahnen nicht nur zum wichtigsten Verkehrsträger des kommenden Industriesystems – Manufaktursystems, wie er es unzutreffend nannte – werden würden, sondern zum machtvollsten Beförderer der Nationalökonomie insgesamt, als „größte Erfindung aller Zeiten“[245]. Verschiedene Untersuchungen haben die Führungsrolle des Eisenbahnbaus im Industrialisierungsprozess eindrucksvoll bestätigt, worauf bei den sektoralen Betrachtungen weiter unten nochmals zurückzukommen sein wird.[246]

Das „Eisenbahnzeitalter“ hat in Europa in den 1830er Jahren begonnen; die zunächst insbesondere in England ausgebauten Kanäle verloren an Bedeutung, und das überkommene Straßennetz verkümmerte.[247] An seine Stelle trat ein expandierendes Schienennetz, dessen Länge in Deutschland 1840 nur 469 Kilometer umfasste, bis 1870 aber auf 18.876 Kilometer anwuchs und 1910 schließlich 61.209 Kilometer betrug.[248] Aber nicht nur als Verkehrsträger und Impulsgeber für das industrielle Wachstum, sondern auch als Pioniere im Bereich der Unternehmensverfassung waren die Eisenbahnunternehmen wirksam.[249] Nicht zu unrecht bezeichnet sie daher Alfred D. Chandler als Pioniere der modernen Unternehmensverwaltung.[250]

245 Friedrich List, Das nationale System der Politischen Ökonomie, Stuttgart 1841.

246 Vgl. weiter unten Kapitel 2.6. So auch Christopher J. Schmitz, The Growth of Big Business in the United States and Western Europe 1850–1939, Cambridge 1985, S. 11–16.

247 Herbert Matis, Das Industriesystem. Wirtschaftswachstum und sozialer Wandel im 19. Jahrhundert, Wien 1988, S. 52.

248 Ebenda, S. 58.

249 Neuerdings auch Lothar Gall/Manfred Pohl (Hg.), Die Eisenbahn in Deutschland, München 1999 mit der Entwicklung bis zum Ende des 20. Jahrhunderts.

250 Alfred D. Chandler, The Railroads. Pioneers in Modern Corporate Management, in: Business History Review 39 (1965), S. 16–40.

In den USA schufen die Eisenbahnen nicht nur ein neues Transportsystem und trugen entscheidend zum Wirtschaftswachstum bei, sondern sie begründeten darüber hinaus auch neue Formen der Geschäftstätigkeit und neue Institutionen des Geschäftsbetriebs im Bereich von Finanzierung, Arbeitsbeziehungen, Wettbewerb und staatlichen Regulierungen.[251] Aus der schieren Größe dieser Unternehmen resultierten Probleme bei der Geschäftsführung, weshalb hier die ersten professionellen Manager tätig wurden. Denn niemals zuvor waren mit einem so immensen Betrag laufender Kosten so zahlreiche Beschäftigte über eine derartig räumliche Ausdehnung zu koordinieren gewesen. Dazu waren schnelle und kontinuierliche Entscheidungen nötig, die zu einer arbeitsteiligen formalen Organisation zwangen.[252] „Größe“ war jedoch nur eines der Probleme, mit denen die Manager der Eisenbahnen seit dem ersten Eisenbahnboom der USA in den 1840er Jahren konfrontiert wurden. Die Suche nach neuen Formen der Finanzierung, der Preisgestaltung der Arbeitsbeziehungen u. ä. traten bald hinzu. Dennoch blieb als wichtigste Innovation des Eisenbahnmanagements in den USA der erstmalige planvolle Aufbau einer formalen Unternehmensorganisation[253], deren Elemente sich folgendermaßen darstellten:

- es gab funktional gegliederte Abteilungen, z.B. Beschaffung, Instandhaltung und Verkauf,
- es herrschte eine eindeutige Über- und Unterordnung hinsichtlich der Verantwortlichkeiten und Informationspflichten,
- es gab einen formalisierten, kontinuierlichen Informationsfluss zwischen den Abteilungen und hierarchischen Instanzen,
- Autorität und Verantwortung waren eindeutig definiert und z.T. delegiert,
- zwischen diesem Liniensystem und den Stabsaufgaben bestand eine strikte Trennung.

Diese neue Unternehmensverfassung erforderte auch einen gänzlich neuen Typus von Manager, dessen persönliche und sozialen Ziele sowie seine grundsätzlichen Orientierungen und Verhaltensweisen sich deutlich von den Unternehmerpionieren der Industriellen Revolution unterschieden. Thomas C. Cochran hat anhand der Korrespondenz der Präsidentenbüros der zehn bedeutendsten amerikanischen Eisenbahnunternehmen zwischen 1845 und 1890 versucht, die Werthaltungen von insgesamt 61 Führungspersonen zu ergründen.[254] Er kommt dabei zu dem Ergebnis, dass diese

251 Alfred D. Chandler, The Railroads. The Nations First Big Business, New York 1965, S. 9.

252 Vgl. ebenda. Chandler führt auf den Seiten 101 bis 125 auch eine Reihe von Organisationsentwürfen für Eisenbahnunternehmen an, die von zeitgenössischen Eisenbahnmanagern verfasst worden sind.

253 Alfred Chandler, The Railroads. Pioneers, S. 40.

254 Thomas C. Cochran, Railroad Leaders 1845–1890. The Business Mind in Action, Cambridge/Mass. 1953.

„neuen" Manager ihre Unternehmen nicht nur als ein Instrument zur Gewinnerzielung betrachteten, sondern auch als ein Vehikel sozialen Aufstiegs und des Erwerbs von Prestige. Sie verstanden sich auch nicht mehr als Unternehmer im klassischen Sinne, sondern mehr als „professional executive" und verhielten sich anders, als wenn sie am Kapital der Unternehmen beteiligt gewesen wären.[255]

In Deutschland waren die Eisenbahnen für die wirtschaftliche Entwicklung mindestens ebenso wichtig wie in den USA.[256] Ihre Entstehung verdanken sie trotz aller Forderungen Lists und seiner Gesinnungsgenossen nach einem „nationalen" System der Ökonomie und des Transportwesens nicht gesamtwirtschaftlichen Erwägungen, sondern privatem Gewinnstreben.[257] Allerdings wurde der Eisenbahnbau in Preußen, dem größten deutschen Staat, nicht wie in den USA ausschließlich den Privaten überlassen, denn auch der Staat wurde als Unternehmer gelegentlich selbst aktiv. Die staatliche Eisenbahnpolitik wandelte sich jedoch, so dass sich in Preußen bereits vor 1875 vier Perioden unterschiedlicher Orientierung unterscheiden lassen. Zunächst, zwischen 1834 und 1842, wurde der Eisenbahnbau ganz der Privatinitiative überlassen. Zur Gründung war lediglich eine staatliche Konzession vonnöten, deren Bedingungen erstmals 1836 geregelt wurden und die dann in das Eisenbahngesetz von 1838 Eingang fanden. Die zehn bis 1842 konzessionierten Bahnen waren deshalb rein privatwirtschaftlich orientierte Unternehmen, bedurften aber bereits schon in dieser Zeit staatlicher Unterstützung. Als sich diese Unternehmen in ihren hohen Gewinnerwartungen getäuscht sahen, ging die Gründertätigkeit schnell zurück. Doch der preußische Staat hatte weiterhin ein großes Interesse an einer verkehrsmäßigen Erschließung des gesamten Staatsgebiets und entschloss sich zwischen 1842 und 1848 zu einer aktiveren Eisenbahnpolitik, u.a. durch die Einräumung von Zinsgarantien an Privatbahnen. Nach der Krise 1848 und dem Kursverfall der Eisenbahnpapiere reichte diese behutsam fördernde Politik nun nicht mehr aus. Der Staat errichtete eine zentrale Eisenbahnverwaltung, baute einen Teil der fehlenden Bahnen selbst und etablierte so ein Mischsystem staatlicher und privater Bahnen. Nach 1866, durch territoriale Angliederungen bedingt, weitete sich das preußische Staatsbahnsystem weiter aus. Vor allem über den Umfang der Staatsaufsicht kam es in diesem Zeitraum dann auch zu Konflikten mit den Privatbahnen.

255 Ebenda, S. 8f.

256 Allgemein dazu auch Volker Then, Eisenbahnen und Eisenbahnunternehmer in der industriellen Revolution. Ein preußisch-deutscher Vergleich, Göttingen 1997 und auch Dieter Ziegler, Eisenbahnbau und Kapitalmarktentwicklung in England im 19. Jahrhundert. Ein Sonderfall?, in: Manfred Köhler/Keith Ulrich (Hg.), Banken, Konjunktur und Politik. Zur Geschichte deutscher Banken im 19. und 20. Jahrhundert, Koblenz 1995, S. 24–41.

257 Darauf hat schon früh Schreiber hingewiesen: Die Preußischen Eisenbahnen und ihr Verhältnis zum Staat 1834–1874, Berlin 1875, S. 1.

In diesem sich wandelnden Umfeld mussten sich in Preußen die privaten Eisenbahnunternehmen etablieren und behaupten.[258] Ähnlich wie in den USA wurden in Preußen und in den anderen deutschen Ländern bei diesen Unternehmen die „Organisationstendenzen der Zukunft" bereits zu Beginn des 19. Jahrhunderts deutlich.[259] Es rückten nämlich Organisationsfragen in den Vordergrund, weil die Größe der Unternehmen eine einheitliche Betriebsführung erschwerte. Es handelte sich dabei aber nicht nur um technische, sondern auch um ökonomische Probleme. Hier stellte sich insbesondere die Anforderung, bislang in ihrem Umfang nicht gekannte Kapitalerfordernisse für einen privaten Zweck zu organisieren.[260] Dies war in Preußen unter den herrschenden Bedingungen zumeist nur mittels Zinsgarantien des preußischen Staates möglich, denn der Kapitalmarkt war noch nicht in der Lage, dieser Aufgabe gerecht zu werden.[261] Zwar waren die ersten Emissionen von Eisenbahnpapieren der kleineren Gesellschaften während des „Eisenbahnfiebers" der 1830er Jahre auch wegen ihres geringen Umfanges noch problemlos unterzubringen, doch die größeren Gesellschaften stießen in den 1840er Jahren auf Schwierigkeiten, die sich in der krisenhaften zweiten Hälfte des Jahrzehnts noch verstärkten.[262] Ein häufig zitiertes Beispiel für die Schwierigkeiten der frühen Eisenbahnunternehmen in Preußen ist das der „Rheinischen Eisenbahn-Gesellschaft", deren Gründungsgeschichte relativ gut erforscht ist.[263] Hier zeigen sich in exem-

258 Zur Vorreiterrolle der Eisenbahnunternehmen in Deutschland vgl. auch Richard Tilly, Das Wachstum der Großunternehmen in Deutschland seit der Mitte des 19. Jahrhunderts, in: Ders. (Hg.), Kapital, Staat und sozialer Protest in der deutschen Industrialisierung, Göttingen 1980, S. 95–113, hier: S. 97.

259 Kurt Wiedenfeld, Deutsche Eisenbahngestalter: Aus Staatsverwaltung und Wirtschaftsleben im 19. Jahrhundert (1815–1914), Berlin 1940, S. 2.

260 Bis 1880 wurden weltweit etwa 85 Milliarden Mark investiert, wovon auf die USA ca. 25 Milliarden, auf Großbritannien 15 Milliarden und auf Deutschland und Frankreich jeweils knapp 9 Milliarden Mark entfielen. Vgl. dazu Karl Erich Born, Geld und Banken im 19. und 20. Jahrhundert, Stuttgart 1977, S. 85.

261 Vgl. mit einer etwas differenzierteren Bewertung Ralf Banken, Die Finanzierung der Rhein-Weser und Köln-Mindener Eisenbahngesellschaft 1836–1844, in: Peter Ellerbrock u. Marina Schuster (Hg.), 150 Jahre Köln-Mindener Eisenbahn, Essen 1997, S. 154–160.

262 Vgl. dazu Rainer Gömmel, Entstehung und Entwicklung der Effektenbörsen im 19. Jahrhundert bis 1914, in: Deutsche Börsengeschichte, Frankfurt a. M. 1992, S. 133–207, v.a. S. 138–141. Zu den Wirkungen auf den Kapitalmarkt auch im Vergleich zu England vgl. Ziegler, Eisenbahnbau.

263 Dietrich Eichholtz, Junker und Bourgeoisie vor 1848 in der preußischen Eisenbahngeschichte, Berlin 1962, S. 19 ff.; Kurt Wiedenfeld, Deutsche Eisenbahngestalter, S. 32ff. und Toni Pierenkemper, Die Zusammensetzung des Führungspersonals und die Lösung unternehmerischer Probleme in frühen Eisenbahngesellschaften, in: Tradition. Zeitschrift für Firmengeschichte und Unternehmerbiographie 21 (1976), S. 37–49. Ausführlich Karl Kumpmann, Die Entstehung der Rheinischen Eisenbahn-Gesellschaft 1830–1848, Essen 1910.

plarischer Weise eine ganze Reihe von neuen Unternehmensproblemen, die in der Aufbauphase des Eisenbahnsystems auftraten.[264] In der frühen Phase ging es dabei noch vor der Gründung des eigentlichen Unternehmens vor allem um die Festlegung der Streckenführung und die Mobilisierung des Gründungskapitals, daneben auch um die Rekrutierung von Arbeitskräften zum Bau der Eisenbahnen.[265] Erst langfristig konnte sich die Gründung der „Rheinischen Eisenbahn-Gesellschaft" als erfolgreich erweisen, da es trotz heftiger Anfeindungen vor allem Abraham Oppenheim gelang, seine Strategie der langfristigen Gesundung des Unternehmens durchzusetzen und sich gegen Ludolf von Camphausen und David Hansemann zu behaupten. Nach dem Rücktritt Hansemanns aus der Geschäftsführung (1844) trat Gustav Mevissen an die Stelle Oppenheims und machte diese neue Position zur Basis seiner großen Unternehmerkarriere.[266] Die Sicherung der finanziellen Basis in den frühen Jahren dieses Unternehmens gelang jedoch nur, weil die Kölner Banken bereit waren, auch in schwierigen Zeiten ihr Engagement im Unternehmen aufrechtzuerhalten. Dies wird auch in den Beteiligungsverhältnissen deutlich, da die Banken bereits ein Drittel des Grundkapitals und das Bankhaus Oppenheim allein 1.002 von 12.000 Stükken hielten.[267]

Die Gründungsprobleme von Industrieunternehmen sind in vielen Studien zu einzelnen Unternehmens ebenfalls ausführlich untersucht worden. Dort wird gezeigt, dass der Übergang vom Handwerksbetrieb zur Fabrik umfangreiche Reorganisationsarbeiten nötig machte. Technische Probleme der Arbeitsorganisation waren zu lösen und eine regelmäßige Energie- und Rohstoffversorgung sicherzustellen. Eng verbunden damit war die Einrichtung einer Funktions- und Autoritätsstruktur zur Führung der zahlreicher werdenden Arbeitskräfte.[268] Dies galt vor allem für Industrieunternehmen, die bereits auf eine vorindustrielle Basis zurückgreifen konnten, sei es ein

264 In der Vergleichbarkeit der Problemstellungen im Eisenbahnwesen der USA und Preußen/Deutschlands vgl. auch Jürgen Kocka, Eisenbahnverwaltungen in der industriellen Revolution. Deutsch-amerikanische Vergleiche, in: Hermann Kellenbenz und Hans Pohl (Hg.), Historia. Socialis et Economica. Festschrift für Wolfgang Zorn zum 65. Geburtstag, Stuttgart 1987, S. 259–277.

265 Wilhelm Wortmann, Eisenbahnbauarbeiter im Vormärz. Sozialgeschichtliche Untersuchung der Bauarbeiter der Köln-Mindener-Eisenbahn in Minden-Ravensberg 1844–1847, Wien 1972 und Dietrich Eichholtz, Bewegungen unter den preußischen Eisenbahnarbeitern im Vormärz, in: Beiträge zur deutschen Wirtschafts- und Sozialgeschichte des 18. und 19. Jahrhunderts, Berlin (Ost) 1962, S. 251–287.

266 Neuerdings knapp zu Mevissen Klara van Eyll, Gustav von Mevissen 1815–1899, in: Gunter Quarg (Hg.), Gustav von Mevissen (1815–1899) und seine Bibliothek, Köln 1999, S. 9–45.

267 Karl Kumpmann, Die Entstehung, S. 164.

268 Vgl. dazu Hannes Siegrist, Vom Familienbetrieb zum Managerunternehmen. Angestellte und industrielle Organisation am Beispiel der Georg Fischer AG in Schaffhausen 1797–1930, Göttingen 1981, S. 27–34.

Handwerksbetrieb, ein Handelsunternehmen[269] oder eine Manufaktur[270]. Für Newcomer, die ihr Werk auf der „grünen Wiese“ begründen mussten, waren die Gründungsprobleme eher noch gravierender. Hier traten neben die allgemeinen Schwierigkeiten häufig noch ungelöste technische oder Fertigungsprobleme. Alle diese Gründungsprobleme lassen sich bei der Kruppschen Gußstahlfabrik beobachten, die damit ein gutes Beispiel für das frühe 19. Jahrhundert ist.[271]

Das Beispiel Mannesmann veranschaulicht dagegen die Probleme einer Unternehmensgründung am Ende des 19. Jahrhunderts.[272] Die Brüder Reinhard und Max Mannesmann, zwei überaus produktive Ingenieure, entwikkelten experimentell ein Verfahren zum Walzen nahtloser Rohre, dessen kaufmännische Umsetzung sie selbst betreiben wollten. Aus einer Remscheider Feilenfabrik stammend, gründeten sie dazu im Verein mit finanzkräftigen Partnern eine Reihe von Röhrenwerken, die sie 1890 in der „Actien-Gesellschaft Deutsch-Österreichische Mannesmann-Werke“ vereinigten. In den vier Jahren nach der Gründung des ersten Werkes in Bous an der Saar gelang es ihnen allerdings trotz zahlreicher Verbesserungen am Verfahren nicht, ein marktfähiges Produkt herzustellen. Die Gründung erwies sich aber nicht nur deshalb als voreilig, denn auch die Organisation des neuen, auf drei, später vier Standorte verteilten Unternehmens, wies große Mängel auf. „Es fehlte eine ordnungsgemäße Selbstkostenrechnung, es gab kein verbindliches System für Buchhaltung, keine zentrale Statistik, keine Lager- und Materialverwaltung. Betrieb und Verwaltung lebten von Improvisation“, wie der Unternehmenshistoriker Horst A. Wessel urteilte.[273] Es verwundert daher nicht, dass das Unternehmen unmittelbar nach seiner Gründung in eine Existenzkrise geriet, die durch Reorganisation der Unternehmensführung, Kapitalreduktion und technische Vervollkommnungen sehr bald überwunden werden konnte. Ähnliche Probleme sind bei zahlreichen weiteren Unternehmensgründungen aus dem 19. Jahrhundert zu vermerken.[274]

269 Dies galt auch noch am Ende des 19. Jahrhunderts wie Tobias Havermann, Vom Werkzeughandel zum Maschinenbau. Der Aufstieg des Familienunternehmens W. Ferd. Klingenberg Söhne 1900–1950, Stuttgart 1994, zeigt.

270 Als Beispiel dazu Johannes Kaufer, Von der Glasmanufaktur zum Industrieunternehmen. Die Deutsche Spiegelglas AG (1830–1955), Stuttgart 1997.

271 Als neueste der zahlreichen Arbeiten zu Krupp vgl. Frank Stenglein, Krupp. Höhen und Tiefen eines Industrieunternehmens, München 1998, S. 10–23.

272 Ausführlich dazu Horst A. Wessel, Kontinuität im Wandel. 100 Jahre Mannesmann 1890–1990, Gütersloh 1990, S. 13–80.

273 Ebenda, S. 61. Dies am Ende des 19. Jahrhunderts bei einem Unternehmen, das mit 35 Millionen Mark Grundkapital zu den zehn größten Kapitalgesellschaften des Deutschen Reiches zählte, ebenda, S. 55f.

274 Einige weitere Beispiele bei Edith Hellwerth und Wolfgang Mühlfriedel, Zeiss 1846–1905. Vom Atelier für Mechanik zum führenden Unternehmen des optischen Gerätebaus, Köln 1996, insbesondere S. 115ff.; Uwe Wallbaum, Die Rübenzucker-

Ein wesentlicher weiterer Faktor zur Modernisierung der Wirtschaft wird ebenfalls dem Eisenbahnbau geschuldet, nämlich die Verbreitung der Rechtsform der Aktiengesellschaft, denn „in der Aktiengesellschaft war die Form der privaten Eisenbahnunternehmen gefunden, die die Hindernisse in der Kapitalbeschaffung zu überwinden half".[275] Das weiter oben erwähnte Beispiel der Rheinischen Eisenbahn-Gesellschaft hat dies eindrucksvoll veranschaulicht. Zwar enthielt das Eisenbahngesetz von 1838 schon Regelungen über Aktiengesellschaften, doch erst das Gesetz über die Aktiengesellschaften vom 9. November 1843 schuf eine allgemeine Regelung, die sich durch Konzessionspflicht und die limitierte Haftung der Gesellschafter auszeichnete.[276] Die Zahl der konzessionierten Aktiengesellschaften blieb noch gering, bis 1850 waren in Preußen nur 84 Aktiengesellschaften konzessioniert worden, in der Rheinprovinz zwischen 1826 und 1850 immerhin 38 davon.[277]

In Deutschland waren Aktiengesellschaften bereits seit dem 17. Jahrhundert bekannt, doch bediente sich vor allem die Obrigkeit zum Zwecke der Handelsförderung dieses Mittels, nicht aber die Privaten im Rahmen ihrer Geschäfte.[278] Die preußischen Könige setzten im 18. Jahrhundert diese Politik fort und gründeten Handelskompanien, die mit speziellen Privilegien ausgestattet waren.[279] Im 19. Jahrhundert traten dann an die Stelle des Staates zunehmend auch private „Stifter" von Aktiengesellschaften, bei denen das private Erwerbsinteresse hinter gemeinwirtschaftlichen Zielsetzungen zunächst noch zurücktrat. Erst die Eisenbahngesellschaften und später die Industrieaktiengesellschaften veränderten dieses Bild. Die meisten dieser frühen Aktiengesellschaften wurden allerdings noch nicht

industrie in Hannover, Zur Entstehung und Entwicklung eines landwirtschaftlich gebundenen Industriezweigs von den Anfängen bis zum Beginn des Ersten Weltkriegs, Stuttgart 1998, S. 62–111 und Wolfgang E. Wicht, Glanzstoff. Zur Geschichte der Chemiefaser, eines Unternehmens und seiner Arbeiterschaft, Neustadt/Aisch 1992, S. 26–32.

275 Dietrich Eichholtz, Junker und Bourgeoisie, S. 14.

276 Clemens Wischermann, Preußischer Staat und westfälische Unternehmer zwischen Spätmerkantilismus und Liberalismus, Köln 1992, zugl. Habil. Münster 1990, S. 276f.

277 Horst Thieme, Statistische Materialien zur Konzessionierung von Aktiengesellschaften bis 1867, in: Jahrbuch für Wirtschaftsgeschichte 1960/2, S. 285–300, hier: S. 287 und auch Paul C. Martin, Die Entstehung des preußischen Aktiengesetzes von 1843, in: Vierteljahrschrift für Sozial- und Wirtschaftsgeschichte 56 (1969), S. 499–542.

278 Die Brandenburgischen Kurfürsten waren die ersten, die 1651 mit der Brandenburgisch-Ostindischen Kompanie diesen Weg beschritten. Weitere Gründungen waren die Brandenburgisch-Afrikanische (1862) und die Brandenburgisch-Amerikanische Compagnie (1688). Vgl. dazu Kurt Bösselmann, Die Entwicklung des deutschen Aktienwesens im 19. Jahrhundert, Berlin 1939, S. 58f.

279 So z.B. die Tabak-Handlungs-Compagnie (1765), die Emdener-Hermgstang-Gesellschaft (1772) und schließlich die Preußische Seehandlung (1772).

an der Börse gehandelt und dienten daher eher der Vermögensumschichtung der Eigentümer als der Finanzierung der Gesellschaften.[280]

Die Rechtsform der Aktiengesellschaft bewahrte bis zur Mitte des 19. Jahrhunderts allerdings noch ihren Ausnahmecharakter. Eine Änderung ergab sich erst nach 1850 und wurde dann mit der Novelle zum Aktiengesetz von 1870, als das Konzessions- durch das Normativ-System ersetzt wurde, kodifiziert.[281] Betrachtet man allein die quantitative Verbreitung der neuen Rechtsform, so ergibt sich für Preußen folgendes Bild:

Tabelle 1: Konzessionierte Aktiengesellschaften in Preußen 1770–1870

Zeitraum	*insgesamt*		*Ohne Chaussee- und Eisenbahnaktiengesellschaften*	
	Anzahl	Aktienkapital in Mill. Talern	Anzahl	Aktienkapital in Mill. Talern
bis 1800	5	0,5	4	0,4
1801–1825	16	11,5	13	7,6
1826–1850	102	112,7	67	45,1
1851–1857	295	801,6	119	114,5
1858–1867	295	801,6	82	43,8
1868-1870	295	801,6	k.A.	k.A.

Quelle: Ernst Engel, Die erwerbstätigen juristischen Personen in Preußen, insbesondere die Aktiengesellschaften, in: Zeitschrift des Königlich preußischen Statistischen Büros, Jg. 1875, S. 467 und Horst Thieme, Statistische Materialien zur Konzessionierung von Aktiengesellschaften in Preußen bis 1867, in: Jahrbuch für Wirtschaftsgeschichte 1960/2, S. 286.

Es zeigt sich, dass bis 1800 nur sehr selten von der Möglichkeit der Konzessionierung einer Aktiengesellschaft Gebrauch gemacht wurde. Die Kapitalbedürfnisse der Wirtschaft waren nicht so groß, als dass sie nicht in traditionellen Formen hätten befriedigt werden können. Die mit den Aktiengesellschaften verbundene Begrenzung der individuellen Haftung für die Rechtsgeschäfte hatte für die standesbewussten Kaufleute immer den Beigeschmack des Unseriösen.[282] So verwundert es nicht, dass vor 1800 in

280 Vgl. dazu Ernst Schick, Handbuch des deutschen Staatspapier- und Actienhandels, Leipzig 1849, S. 52.

281 Ausführlich dazu Norbert Horn, Aktienrechtliche Unternehmensorganisation in der Hochindustrialisierung (1860–1920). Deutschland, England, Frankreich und die USA im Vergleich, in: Ders./Jürgen Kocka (Hg.), Recht und Entwicklung der Großunternehmen im 19. und frühen 20. Jahrhundert, Göttingen 1979, S. 123–189.

282 Vgl. dazu auch Knut Borchardt, Zur Frage des Kapitalmangels in der ersten Hälfte des 19. Jahrhunderts in Deutschland, in: Rudolf Braun u.a. (Hg.), Industrielle Revolution. Wirtschaftliche Aspekte, Köln 1982, S. 216–236, hier: S. 221. In England war die Gründung von privaten Aktiengesellschaften aufgrund der vorausgehenden Erfahrungen in Gründungs- und Spekulationskrisen im 18. Jahrhundert seit 1825 sogar

Preußen nur fünf Aktiengesellschaften gegründet wurden und nur eine halbe Million Taler in diese Anlageform floss. Bis 1825 änderte sich daran kaum etwas; das durchschnittliche Aktienkapital blieb auf unter 1 Million Taler begrenzt. Erst zwischen 1825 und 1850 begann sich das Bild zu ändern. Nun traten vor allem Eisenbahngesellschaften bei der Wahl dieser Rechtsform hervor, wie aus Tabelle 1 zu entnehmen ist. Das durchschnittliche Aktienkapital dieser 35 Eisenbahnunternehmen muss deutlich über 1 Million Taler und damit klar über dem Durchschnitt der übrigen Unternehmen, der eine halbe Million Taler nicht überschritt, gelegen haben.

Der Durchbruch der Aktiengesellschaften als Rechtsform in Deutschland erfolgte jedoch erst nach 1850 mit der forcierten Industrialisierung.[283] Jetzt kam es im Bereich der Industrie, vornehmlich im Steinkohlenbergbau und in der Eisen- und Stahlindustrie, zu zahlreichen Unternehmensgründungen in Form von Aktiengesellschaften. Allein in den Jahren 1851 bis 1857, also innerhalb der sogenannten „ersten" industriellen Gründerperiode[284], kamen in Preußen insgesamt 119 Aktiengesellschaften neu hinzu. Weit mehr als die Hälfte (74) entfielen davon auf die expansivsten Provinzen, Rheinland und Westfalen. Mit 57 Unternehmen bildeten die Bergwerks-, Hütten- und Eisenwarenfabrik-Aktiengesellschaften dabei den Schwerpunkt der Gründungen.[285]

Eine Untersuchung der Kapitalverhältnisse der Aktiengesellschaften in Preußen und Sachsen, den beiden bis zur Mitte des 19. Jahrhunderts am stärksten industrialisierten deutschen Staaten, belegt, dass zwischen 1850 und 1859 außerhalb des Verkehrssektors in Preußen insgesamt 107 Aktiengesellschaften neu gegründet wurden und 12 bestehende Gesellschaften ihr Kapital erhöht haben. Entsprechend dazu wird die Zahl für Neugründungen in Sachsen mit 87 angegeben.[286] Mit 66 Aktiengesellschaften in Preußen im

verboten und lediglich mit einem königlichen Freibrief möglich. Erst 1855 wurde dieses Verbot wieder aufgehoben. Frankreich unterwarf wie Preußen die Gründung von privaten Aktiengesellschaften der Konzessionspflicht. Vgl. dazu Born, Geld und Banken, S. 85.

283 Zur Periodisierung der deutschen Industrialisierung vgl. auch Toni Pierenkemper, Gewerbe und Industrie im 19. und 20. Jahrhundert, München 1994, S. 49–61.

284 Zu dieser Periodisierung vgl. Walther Däbritz, Entstehung und Aufbau des rheinisch-westfälischen Industriebezirks, in: Conrad Matschoß (Hg.), Beiträge zur Geschichte der Technik und Industrie, Jahrbuch des Vereins deutscher Ingenieure Bd. 1, Berlin 1925, S. 13–107, v.a. S. 27 und 49 sowie Pierenkemper, Die westfälischen Schwerindustriellen, S. 92.

285 Horst Thieme, Statistische Materialien zur Konzessionierung, S. 287, mit einer Liste aller 285 bis 1867 konzessionierten Aktiengesellschaften im Anhang, S. 292–300. Ähnliche Entwicklungen lassen sich auch in anderen Ländern beobachten, z.B. in den USA, wo die meisten der heute noch operierenden Großunternehmen Ende des 19. und Anfang des 20. Jahrhunderts gegründet wurden. Vgl. dazu Harris Corporation, Founding Dates of 1994 Fortune 500 US Companies, in: Business History Review 70 (1996), S. 69–90, v.a. S. 71.

286 Horst Blumberg, Die Finanzierung der Gründungen und Erweiterungen von Indu-

Berg- und Hüttenwesen dominierte auch nach diesen Angaben die Montanindustrie, gefolgt von der chemischen Industrie mit 15 und der Textilindustrie mit 10 Neugründungen. In Sachsen sah es ähnlich aus. Dort betrug die Zahl der Neugründungen in der Montanindustrie sogar 51. Das statuarische Aktienkapital der 107 preußischen Neugründungen belief sich für den Zeitraum 1850 bis 1859 auf immerhin mehr als 86 Millionen Taler. Hinzu kamen in Preußen mehr als 20 und in Sachsen ebenfalls mehr als 21 Millionen Taler an Kapitalerhöhungen – alles in allem eine bemerkenswerte Summe, vor allem da sich nachweisen lässt, dass ca. 80% des statutenmäßigen Kapitals auch tatsächlich eingezahlt worden ist.[287]

Neben den Industrieaktiengesellschaften gewannen nach 1848 auch Banken in Form von Aktiengesellschaften – zunächst noch gering an Zahl – schnell an Bedeutung.[288] Den Anfang machte das Kölner Bankhaus Abr. Schaaffhausen, eine Notgründung während der Wirtschafts- und Finanzkrise des Jahres 1848. Doch bald folgten weitere Bankhäuser, die dann in wenigen Jahrzehnten eine wichtige Stellung im deutschen Wirtschaftssystem erringen konnten und den Weg zum späteren Universalbankensystem bahnten. Dies waren die Disconto-Gesellschaft in Berlin, die Darmstädter Bank für Handel- und Industrie, die Berliner Handels-Gesellschaft sowie einige kleinere Gründungen von zunächst nur regionaler Bedeutung.

Schließlich kam es im Gründerboom der 1870er Jahre zur endgültigen Durchsetzung des Aktiengesellschaftswesens in allen Wirtschaftsbereichen. In den Jahren 1871 bis 1873 wurden in Deutschland knapp eintausend (928) Aktiengesellschaften gegründet, mehr als die Hälfte davon (479) allein im Spitzenjahr 1872. Damit hatte sich die Zahl der Aktiengesellschaften im Deutschen Reich nach 1870 in kurzer Zeit vervielfacht. Bis zum Jahre 1892 summierte sich die Gründungswelle auf insgesamt 3.311 Unternehmen, von denen jedoch nicht alle Bestand hatten und bald wieder eingingen.[289]

Der Gründerboom und die ihm folgende Wirtschaftskrise spiegelte den Höhepunkt der Industrialisierungsepoche in Deutschland und markierte zugleich einen Strukturbruch in den Wachstumsbedingungen der industriellen Unternehmen.[290] Kennzeichen der folgenden Epoche war nämlich

striebetrieben in Form der Aktiengesellschaften während der fünfziger Jahre des neunzehnten Jahrhunderts in Deutschland, am Beispiel der preußischen Verhältnisse erläutert, in: Hans Mottek u.a. (Hg.), Studien zur Geschichte der industriellen Revolution in Deutschland, Berlin (Ost) 1960, S. 165–208, insbesondere S. 185.

287 Thieme, Statistische Materialien zur Konzessionierung, S. 292–300.

288 Manfred Pohl, Die Konzentration im deutschen Bankwesen (1848–1980), Frankfurt a. M. 1982 und Karl Obermann, Die Rolle der ersten deutschen Aktienbanken in den Jahren 1848 bis 1856, in: Jahrbuch für Wirtschaftsgeschichte 1960/2, S. 47–75.

289 Ewald Moll, Statistik der Aktiengesellschaften, in: Handwörterbuch der Staatswissenschaften Bd. 1, Jena 1923, S. 141–160, hier: S. 155.

290 Vgl. dazu ebenda und im Überblick Wehler, Deutsche Gesellschaftsgeschichte, Bd. 3: Von der „Deutschen Doppelrevolution" bis zum Beginn des Ersten Weltkriegs

eine säkulare Deflation mit depressiven Auswirkungen, die dem Zeitraum bis Mitte der 1890er Jahre entgegen aller Wachstumserfolge die unzutreffende Bezeichnung „Große Depression“ eingetragen hat.[291]

Tabelle 2: Aktiengesellschaften in Deutschland 1887/88–1913

Jahr	Anzahl	nominelles Aktienkapital (in Mio. Mark)	Anzahl der AGs mit mehr als 10 Mio. Grundkapital
1887/88	2.143	4.876	74
1909	5.222	14.373	229
1913	5.934	k.A.	k.A.

Quelle: K. J. Hopt, Ideelle und wirtschaftliche Grundlagen der Aktien-, Banken- und Börsenrechtsentwicklung im 19. Jahrhundert, in: Helmut Coing und W. Wilhelm (Hg.), Wissenschaft und Kodifikation des Privatrechts im 19. Jahrhundert, Frankfurt a. M. 1980, S. 186.

Der Eschweiler Bergwerksverein war wohl die erste Industrieaktiengesellschaft, die diese neue Unternehmensform in Deutschland nutzte, allerdings weniger aus betriebswirtschaftlichen Erwägungen denn aus familiären. Vor 1850 blieb diese Rechtsform aber die Ausnahme. Andere Unternehmen, die mit ihren Expansionsmöglichkeiten an Grenzen der Finanzierung stießen, nutzten jedoch schon bald diesen Weg. Der Bochumer Verein bildet ein herausragendes Beispiel für diesen Typus.[292] Die Kapitalbasis der 1842 gegründeten Vorläuferfirma Mayer & Kühne war nämlich zu knapp bemessen, und der immense Produktionserfolg machte bereits 1854 eine Umgründung in eine Aktiengesellschaft nötig.

Ähnliche Beispiele aus anderen Branchen und Regionen lassen sich ergänzend anführen, so etwa die 1856 gegründete Chemische Fabrik Griesheim[293] und die 1872 folgende Deutsche Gold- und Silber-Scheide-Anstalt vorm. Roessler AG[294], die beide im Rhein-Main-Raum ansässig, der aufstrebenden chemischen Industrie zugehörig und eng miteinander verbun-

1849–1914, München 1995, S. 97–105. Ausführlich zu den veränderten Strukturbedingungen Hans Rosenberg, Große Depression und Bismarckzeit. Wirtschaftsablauf, Gesellschaft und Politik in Mitteleuropa, Berlin 1967.

291 Vgl. dazu Samuel Berrick Saul, The Myth of the Great Depression 1873–1896, London 1969.

292 Ausführlich dazu die ältere Arbeit von Walther Däbritz, Bochumer Verein für Bergbau und Gußstahlfabriken. Neun Jahrzehnte seiner Geschichte im Rahmen der Wirtschaft des Ruhrbezirks, Düsseldorf 1934, S. 38–42 und S. 45–59.

293 Dieter Wagner, Innovation und Standort. Geschichte und Unternehmensstrategien der Chemischen Fabrik Griesheim, 1856–1925, Diss. Frankfurt a. M. 1999, S. 12–21.

294 Mechthild Wolf, Im Zeichen von Sonne und Mond. Von der Frankfurter Münzscheiderei zum Weltunternehmen DEGUSSA AG, Frankfurt a. M. 1993, S. 39–44.

den waren. Auf die Gründungsgeschichte der Firma Mannesmann und ihre Konsolidierung als Aktiengesellschaft ist schon hingewiesen worden. Weitere Beispiele ließen sich auch für das Ende des 19. Jahrhunderts leicht anfügen.[295]

Nach der erfolgreichen Gründung eines Unternehmens gilt es, die Geschäftstätigkeit sinnvoll zu organisieren, weshalb wir uns der problematischen Organisation von Unternehmen nun zuwenden wollen. Dieses Problem stellt sich allerdings nicht nur in Wirtschaftsunternehmen, weshalb auch in anderen Wissenschaftsbereichen Überlegungen über eine angemessene Organisation menschlicher Aktivitäten angestellt worden sind.[296] Für unsere Zwecke empfiehlt es sich aber, betriebswirtschaftliche Überlegungen hinsichtlich der Probleme der Organisation von Wirtschaftsunternehmen in den Vordergrund zu rücken.[297] Im Unternehmen geht es nämlich darum, die verfügbaren menschlichen und technischen Ressourcen so miteinander zu verknüpfen, dass unter den gegebenen Bedingungen nach festen Regeln dem Betriebszweck am besten gedient werden kann.[298] Es geht also um die Bestimmung fester Regeln für das betriebliche Handeln, die Festlegung eines Organisationsrahmens, in dem das Betriebsgeschehen zweckorientiert ablaufen kann.[299] „Organisation" lässt sich daher als ein System von betrieblichen Verhaltensregeln definieren, das einerseits die Aufgaben der einzelnen Betriebsangehörigen bzw. Betriebsteile wegen der arbeitsteiligen Produktion möglichst eindeutig beschreiben muss, andererseits aber Regeln der Koordination der Einzelaktivitäten im Hinblick auf den Gesamtzweck des Unternehmens enthalten muss. Kurzum: die Schaffung einer Aufbauorganisation sowie die Koordinierung der Aktivitäten im Unternehmen durch eine Leitung stellen eine weitere Kernfrage der Unternehmensforschung dar. Zur Lösung dieser Aufgabe steht aber innerhalb der betrieblichen Organisationstheorie keine praktische Lösung zur Verfügung, denn „es gibt keine Organisationstheorie, aus der präzise abgeleitet werden kann, wie die Organisationsstruktur eines Unternehmens in einer bestimm-

295 So etwa Hannes Siegrist, Vom Familienbetrieb zum Managerunternehmen, S. 48–50.

296 Vgl. dazu z.B. Renate Mayntz, Soziologie der Organisation, Stuttgart 1978; Amitai Etzioni, Soziologie der Organisation, München 1967 sowie Renate Mayntz und Rolf Ziegler, Soziologie der Organisation, in: René König (Hg.), Handbuch der empirischen Sozialforschung Bd. 2, Stuttgart 1969.

297 Erwin Grochla, Art. Organisation, in: Handwörterbuch der Wirtschaftswissenschaften Bd. 6, Stuttgart 1981, S. 1–15. Neuerdings: Helmut Lehmann, Betriebswirtschaftliche Organisationslehre, in: Erich Frese (Hg.), Handwörterbuch der Organisation, Stuttgart 1992, Sp. 1537–1554 und Erich Frese, Organisationstheorie. Historische Entwicklung – Ansätze – Perspektiven, Wiesbaden 1992.

298 Erwin Grochla, Einführung in die Organisationstheorie, Stuttgart 1978.

299 Vgl. Günter Schanz, Organisation, in: Frese (Hg.), Handwörterbuch der Organisation, Sp. 1459–1471.

ten Situation auszusehen hat"[300]. Es lassen sich also nur Tendenzaussagen zur rationellen Gestaltung der Unternehmensorganisation herleiten, bei denen Organisationsmodelle hilfreich zur Seite stehen können. Hier bietet sich ein weites Feld, um auf historische Erfahrungen mit verschiedenen Organisationsformen zurückzugreifen[301], was neuerdings auch in den Lehrbüchern zur Organisationstheorie aufgegriffen und ausführlich behandelt worden ist.[302]

Die historische Untersuchung von Organisationsformen ist aber bislang in Deutschland noch nicht sehr weit vorangekommen.[303] Die Führung und Gestaltung von Großorganisationen war zwar im 19. Jahrhundert prinzipiell nicht neu, denn sowohl im Militärwesen, in Staat und Kirche als auch in zahlreichen Bereichen der Wirtschaft selbst finden sich frühe Beispiele ähnlich arbeitsteilig organisierter Systeme.[304] Erst mit dem Aufkommen der modernen Großunternehmen im 19. Jahrhundert rückte die Problematik der Organisation auch ins Zentrum unternehmerischen Interesses.[305] Dies galt zunächst vor allem für die Textilindustrie, wo der Übergang zur mechanischen Spinnerei und Weberei, verbunden mit einer stärkeren Nutzung der Dampfkraft, Betriebe mit z.T. mehreren hundert Arbeitskräften entstehen ließen und – vor allem in den USA – auch für die Waffenproduktion in zumeist noch staatlichen Betrieben.[306] Wegen der noch vergleichsweise geringen technologischen Komplexität der Textilfabriken (Ein-Stufen-ein-Produkt-Modell) gingen von dort an der Wende zum 19. Jahrhundert noch begrenzte Impulse zur organisatorischen Lösung von Unternehmensproblemen aus.[307] In den modernen Waffenfabriken erforderten fortgeschrittene

300 Alfred Kieser und Walter A. Oechsler (Hg.), Unternehmungspolitik, S. 151–209; Kap. 5: Erich Kieser, Organisation, S. 200.

301 Vgl. dazu Susanne Hilger, Sozialpolitik und Organisation. Formen betrieblicher Sozialpolitik in der rheinisch-westfälischen Eisen- und Stahlindustrie seit der Mitte des 19. Jahrhunderts bis 1933, Stuttgart 1996, S. 47–57.

302 Frese, Organisationstheorie, S. 5–108 und Kieser, Historische Entstehung.

303 Hans Pohl, Zur Geschichte von Organisation und Leitung deutscher Großunternehmen seit dem 19. Jahrhundert, in: Zeitschrift für Unternehmensgeschichte 26 (1981), S. 143–178. Siehe auch Frese, Organisationstheorie, S. 5–108.

304 Aus der Fülle zahlreicher Beispiele Fritz Redlich, The German Military Enterpriser and his Work Force. A Study in European Economic and Social History, 2 Bde., Wiesbaden 1965; Egbert Kahle, Die Organisation der Saline Lüneburg vom Mittelalter bis ins 19. Jahrhundert, in: Zeitschrift für Unternehmensgeschichte 32 (1987), S. 1–22 und allgemein Sidney Pollard, The Genesis of Modern Management. A Study of the Industrial Revolution in Great Britain, London 1965, insbesondere S. 25–49.

305 Allgemein dazu Margrit Müller, Organisationsformen und wirtschaftliche Entwicklung, Bern 1991.

306 Zur Rüstungsindustrie und ihren Märkten vgl. Stefanie van de Kerkhof, Rüstungsindustrie und Kriegswirtschaft. Vom Nutzen und Nachteil wirtschaftshistorischer Methoden für die Militärgeschichte, in: Thomas Kühne/Benjamin Ziemann (Hg.), Was ist Militärgeschichte?, Paderborn 2000, S. 175–194.

307 Vgl. dazu Frese, Organisationstheorie, S. 7–10.

Arbeitsteilung, eine elaborierte Technologie und außergewöhnliche Ansprüche an die Präzision der Produkte komplexere organisatorische Lösungen.[308]

Im Produktionsbereich moderner Großunternehmen wurden ab 1815 neuartige organisatorische Lösungen realisiert.[309] Neben Maßnahmen zur stärkeren Formalisierung der hierarchischen Positionen, der Verbesserung der Kontrollen und der Einführung leistungsorientierter Lohnsysteme bemühte man sich, die Koordination der Produktionsprozesse auch durch ein neues Abrechnungssystem zu verbessern, d.h. Formen einer differenzierten Kostenrechnung zu entwickeln. Allgemeinere Abhandlungen über Fragen der Organisation und des Managements finden sich aus dieser Zeit kaum.[310] Dazu war das organisatorische Problembewusstsein der frühindustriellen Unternehmer wohl noch nicht weit genug fortgeschritten, und die praktischen Alltagsprobleme dominierten noch zu stark ihr Handeln.

Wie wichtig und entscheidend für den weiteren Erfolg die sachgerechte Lösung der Organisationsprobleme in frühindustriellen Unternehmen bereits war, hat Jürgen Kocka in seiner als klassisch zu bezeichnenden Studie über Siemens herausgearbeitet.[311] Seine Ergebnisse fügen sich nahtlos in die Ergebnisse neuerer Untersuchungen, die z.T. noch weiter in die Vergangenheit zurückgreifen[312], ansonsten aber die Bedeutung angemessener Leitungsstrukturen[313] und entsprechender Systeme betrieblicher Information und Kontrolle eindrucksvoll bestätigen.[314]

Erst die raumgreifende Industrialisierung unter kapitalistischen Vorzeichen[315], d.h. die Entfaltung des Fabriksystems zusammen mit den durch

308 Vgl. Merrit Roe Smith, Military Arsenals and Industry before World War I, in: Benjamin Franklin Cooling (Hg.), War, Business and Society, London 1977, S. 24–42 und jüngst Stefanie van de Kerkhof, Der "Military-Industrial-Complex" in den Vereinigten Staaten von Amerika, in: Jahrbuch für Wirtschaftsgeschichte 1999/1, S. 103–134. Zur vormodernen Waffenfertigung z.B. Forberger, Die Manufaktur, S. 189–199.

309 Kieser, Historische Entstehung, Sp. 1648–1670.

310 Eine bemerkenswerte Ausnahme stellt William Brown, Eigentümer einer Flachsspinnerei im schottischen Dundee, dar. Dieser erfolgreiche Unternehmer äußerte sich bereits um 1820 in einer Reihe von Aufsätzen und kleineren Broschüren zu verschiedenen Managementproblemen, u.a. zu Qualifikationsanforderungen an Manager, zum Umgang mit Untergebenen, zur Gliederung der Unternehmen u.ä.

311 Kocka, Unternehmensverwaltung und Angestelltenschaft, v.a. S. 233–253.

312 Für einen vorindustriellen Betrieb in landesherrlichem Besitz auf der Basis einer kameralistischen Buchführung siehe Steinkamp, Die Eisenhütte Gittelde und Werner Berg, Die Teilung der Leitung. Ursprünge industriellen Managements in den landwirtschaftlichen Gutsbetrieben Europas, Göttingen 1999, S. 15–25.

313 Hannes Siegrist, Vom Familienbetrieb zum Managerunternehmen, S. 46–61.

314 Ausführlich zum knapp geschilderten Beispiel Mannesmann: Yorck Dietrich, Die Mannesmannröhren-Werke 1888 bis 1920. Organisation und Unternehmensführung unter der Gründerfamilie, Bankiers und Managern, Stuttgart 1991.

315 So Jürgen Kocka, Unternehmer in der deutschen Industrialisierung, Göttingen 1975, S. 12.

Marktbeziehungen verbundenen privaten, profitorientierten Unternehmen, begründete die Notwendigkeit einer intensiveren Auseinandersetzung mit Organisationsproblemen. Bereits 1868 erschien eine Schrift, die sich mit den organisatorischen Problemen der neuen Industriebetriebe beschäftigte, allerdings noch unter Vermeidung des Begriffs „Organisation".[316] Der Autor widmete sich darin ausführlich der Leitungs- und Delegationsproblematik im industriellen Großbetrieb und plädierte für eine aus heutiger Sicht als kooperativen Führungsstil zu bezeichnende Lösung. Umfangreicher noch beschäftigte sich Max Haushofer, Nationalökonom an der Technischen Hochschule München, wenige Jahre später mit diesem Thema.[317] Hier finden sich auch erstmals Versuche zur Definition des Begriffs „Organisation", die bis heute noch eine gewisse Gültigkeit beanspruchen können.[318] Themen waren hier bereits die Abgrenzung der Aufgabenbereiche, die Übereinstimmung von Aufgabe und Kompetenz, die Sicherstellung der zentralen Leitung sowie die Probleme von Stellenbeschreibungen.[319]

In diesen Arbeiten am Ende des 19. Jahrhunderts – sicherlich auch unterstützt durch eine weitere Verbreitung technisch-systematischen Denkens in den Unternehmen wie auch durch die Zwänge einer sich abkühlenden Konjunktur – wurde eine sorgfältige Kalkulation und Kontrolle der Kosten als nahezu unabdinglich angesehen. In die gleiche Richtung wirkte auch das schiere Wachstum der Unternehmen, das mit bis dahin nicht gekannten Größen von Fixkosten zu rechnen hatte. Das Rechnungswesen rückte daher ins Zentrum der Aufmerksamkeit. Es bleibt festzuhalten, dass diese Entwicklung in Deutschland etwa eineinhalb Jahrzehnte vor einer ähnlichen in den USA einsetzte. Während man sich in Deutschland aber stärker auf die Kapitalrechnung, Finanzkontrolle und die Gesamtorganisation des Unternehmens bezog, so standen dort wegen der höheren Lohnko-

316 Arwed Emminghaus, Allgemeine Gewerkslehre, Berlin 1868. Emminghaus, Jurist und Nationalökonom, war u.a. Professor für Wirtschaftslehre an der TH Karlsruhe und Leiter der Gothaer Lebensversicherungsbank. Umfassend zur frühen Literatur über Organisationsfragen Erich Frese, Organisationstheorie, S. 23–28. Ein wichtiger Vorläufer war auch Andrew Ure, The Philosophy of Manufactures. An Exposition of the Scientific, Moral, and Commercial Economy of the Factory System of Great Britain, London 1835.

317 Max Haushofer, Der Industriebetrieb. Ein Handbuch, Stuttgart 1874.

318 Ebenda, S. 119.

319 Zu nennen sind: Eduard Roesky, Die Verwaltung und Leitung von Fabriken, speziell von Maschinenfabriken unter Berücksichtigung des gegenwärtigen Standes der deutschen Industrie, Leipzig 1878; J. J. Bourcart, Die Grundzüge der Industrieverwaltung. Ein praktischer Leitfaden, Zürich 1874; Eugen Redl, Elemente der Organisation und Administration industrieller Unternehmungen, Leipzig 1900; Richard Woldt, Der industrielle Großbetrieb. Eine Einführung in die Organisation moderner Fabrikbetriebe, Stuttgart 1911 und Henry Fayol, Administration Industrielle et Générale, Paris 1916 (dt.: Allgemeine und industrielle Verwaltung, Berlin 1929).

sten vor allem die Probleme der Entlohnung sowie der Arbeits- und Werkstattorganisation im Vordergrund.[320]

Aber nicht nur in der Theorie, sondern auch in der Praxis gab es erste Lösungen des Organisationsproblems industrieller Großunternehmen. Eine Reihe von Fallstudien geben von Erfolg und Misserfolg dieser Mühen Auskunft.[321] Ein gutes Beispiel für die frühe Phase der Industrialisierung, in der kleine und mittlere Unternehmen mit einem ausgeprägten personenbezogenen Leitungsstil vorherrschten, bietet die bereits genannte Firma Siemens & Halske in Berlin.[322] Die Firma Siemens & Halske bediente sich in der frühen Zeit Freunden und Familienmitgliedern, um zuverlässige Führungskräfte zu gewinnen. Hinzu trat die Anwendung von zuverlässigen Staatsbediensteten und die Übertragung des bürokratischen Modells auf den Industriebetrieb.[323] Dies blieb auch noch nach 1850 eine häufig geübte Praxis, die sich auch bei anderen Unternehmen findet.[324] Für das letzte Drittel des 19. Jahrhunderts lässt sich an der Eisen- und Stahlindustrie des Ruhrgebiets ebenfalls illustrieren, dass der praktisch orientierte „Fabrikherr" der frühen Industrialisierung im Bereich der Unternehmensorganisation immer weiter zurücktrat und zunehmend durch eine formalisierte Aufbau- und Leitungsorganisation ersetzt wurde.[325] Die „Leitung" und „Führung" der Unternehmen musste sich dabei auf formalisierte Strukturen und Regeln stützen, die nicht unabhängig von den Wertvorstellungen der Unternehmer waren.

Auch die frühindustriellen Unternehmen konnten bereits auf erfolgreiche Praktiken zurückgreifen. Neben dem Leitungsmodell der öffentlichen Verwaltung boten nämlich die großen landwirtschaftlichen Gutsbetriebe ein Beispiel für die Herausbildung effizienter Leitungsstrukturen. Ähnlich effiziente Leitungsstrukturen haben sich zunächst in kleineren Unternehmen, in „personal enterprises" der Chandlerschen Terminologie, herausbilden können, in denen die Organisation sehr stark auf die meist als Eigentümer-Unternehmer fungierende Position des Unternehmensleiters zugeschnitten war.[326] Mit der Expansion der Unternehmen stiegen die Anforderungen

320 Jürgen Kocka, Industrielles Management. Konzeptionen und Modelle in Deutschland vor 1914, in: Vierteljahrschrift für Sozial- und Wirtschaftsgeschichte 56 (1969), S. 332–372, hier: S. 340f.

321 Eine Reihe dieser Fallstudien ausführlich bei Erich Frese, Organisationstheorie, S. 11–23.

322 Jürgen Kocka, Management und Angestellte im Unternehmen der Industriellen Revolution, in: Rudolf Braun u.a. (Hg.), Gesellschaft in der industriellen Revolution, Köln 1973, S. 162–201, v.a. S. 168–190.

323 Ebenda.

324 Vgl. z.B. Hannes Siegrist, Vom Familienbetrieb zum Managerunternehmen.

325 Vgl. dazu Feldenkirchen, Die Eisen und Stahlindustrie, S. 304.

326 Jürgen Kocka, Management in der Industrialisierung. Die Entstehung und Entwicklung des klassischen Musters, in: Zeitschrift für Unternehmensgeschichte 44 (1999), S. 135–149.

an Koordination und Kontrolle, ein Rechnungswesen bildete sich heraus, die Kontrolle der Arbeiter wurde formalisiert und es wurden planvoll Führungskräfte rekrutiert. Diese Anforderungen stiegen mit dem Wachstum der Anzahl und der Größe der Aktiengesellschaften im Kaiserreich weiter an. Daher mussten neue Wege bei der „wissenschaftlichen Betriebsführung" und bei einer Rationalisierung und Systematisierung der Leitungsorganisation gesucht und gefunden werden.

Diese Entwicklung lässt sich an einer Reihe weiterer Fallbeispiele eindrucksvoll bestätigen.[327] Dabei bestanden je nach den Eigentumsverhältnissen verschiedene Modelle der Ausgestaltung der Organisationsstruktur und des Leitungsapparates der Montanunternehmen an der Ruhr, die hier als Beispiele dienen sollen.

Als Beispiel für ein Unternehmen, in dem lange Zeit noch der Einfluss der Gründerfamilie zu spüren war, lässt sich neben Krupp, Hoesch und der Gutehoffnungshütte mit der Gründerfamilie Haniel hier Thyssen anführen. Der Unternehmensgründer August Thyssen verzichtete zunächst auf eine ausdifferenzierte Leitungsstruktur und führte das Unternehmen mit einem kleinen Kreis leitender Angestellter. Erst 1873 erfolgte eine Trennung zwischen kaufmännischer und technischer Leitung. Erweiterungen und Zukäufe von Unternehmensteilen machten zur Jahrhundertwende eine Reorganisation des Unternehmens nötig, so dass sich bis zum Ersten Weltkrieg eine differenzierte Aufbauorganisation des Konzerns herausbildete.[328]

Unternehmen, die als Aktiengesellschaften gegründet worden waren und in denen keine einzelne Industriellenfamilie überragenden Einfluss ausüben konnte, sahen sich dagegen – schon aus aktienrechtlichen Erfordernissen – von Anfang an gezwungen, eine mehrdimensionale Organisationsstruktur aufzubauen.[329] Der Bochumer Verein zum Beispiel verfügte schon in den 1850er Jahren über eine ausdifferenzierte Leitungsstruktur und Aufbauorganisation, ähnlich wie der Hörder Bergwerks- und Hüttenverein in den 1860er Jahren.[330]

327 Susanne Hilger, Sozialpolitik und Organisation, S. 79–107. Eine besonders gelungene Fallstudie liegt vor von Wolfram Bongartz, Unternehmensleitung und Kostenkontrolle in der rheinischen Montanindustrie vor 1914. Dargestellt am Beispiel der Firmen Krupp und Gutehoffnungshütte, in: Zeitschrift für Unternehmensgeschichte 29 (1984), Teil I: S. 33–55, Teil II: S. 73–113.

328 Susanne Hilger, Sozialpolitik und Organisation, S. 85–87.

329 Wilfried Feldenkirchen, Die Eisen- und Stahlindustrie. Zu den Problemen der Anpassung der Organisation an betriebliches Wachstum allgemein: Horst Schwarz, Organisationsprobleme expandierender Unternehmungen unter besonderer Berücksichtigung der Leitungsorganisation, in: Gegenwartsfragen der Unternehmensführung. Festschrift zum 65. Geburtstag von Wilhelm Hasenack, Berlin 1966, S. 251–273.

330 Susanne Hilger, Sozialpolitik und Organisation, S. 91–95.

Diese Erfordernisse und Erfahrungen in den modernen Großunternehmen wurden wiederum zum Anlass genommen, „Theorien" über die Organisation von Unternehmen zu entwickeln, um daraus Ratschläge für die Praxis herzuleiten. Als wichtigster Vertreter dieser neuen Richtung ist hier Frederick Winslow Taylor (1856–1915) zu nennen, der versuchte, ein System zu entwickeln, das später als „Scientific Management" bezeichnet wurde und dem der Gedanke zugrunde lag, Unternehmen als organisatorisch-soziale Gebilde ebenso zu gestalten wie technisch-rationale Organisationen.[331] Taylor war nämlich Ingenieur und daher technisch-rationalem Denken stark verbunden. Die Grundannahme seiner Überlegungen war, dass die Interessen aller im Unternehmen tätigen Menschen harmonisch miteinander zu verbinden seien. Seiner Meinung nach *„liegt einer auf wissenschaftlicher Grundlage aufgebauten Verwaltung als Fundament die unumstößliche Überzeugung zugrunde, daß die wahren Interessen beider Parteien ganz in derselben Richtung liegen, daß Prosperität des Arbeitgebers auf lange Jahre hinaus nur bei gleichzeitiger Prosperität des Arbeitnehmers bestehen kann und umgekehrt; es muß möglich sein, gleichzeitig dem Arbeiter seinen höchsten Wunsch – nach höherem Lohne – und dem Arbeitgeber sein Verlangen – nach geringeren Herstellungskosten seiner Waren – zu erfüllen."*

Akzeptiert man diese Grundauffassung, so folgt daraus, dass auftretende Konflikte nur in einer nicht-rationalen Betriebsorganisation begründet sind. Es gilt also, die Betriebsorganisation gemäß den „wissenschaftlichen" Prinzipien so umzugestalten, dass Konflikte und Reibungsverluste reduziert oder ganz zum Verschwinden gebracht werden. Dabei fällt dem Management die entscheidende Rolle zu: *„So lassen sich alle diese neuen Pflichten der Verwaltungsorgane in vier Hauptgruppen teilen: Erstens: Die Leiter entwickeln ein System, eine Wissenschaft für jedes einzelne Arbeitselement, das an die Stelle der alten Faustregel-Methode tritt. Zweitens: Aufgrund eines wissenschaftlichen Studiums wählen sie die passendsten Leute aus, schulen sie, lehren sie und bilden sie weiter, anstatt, wie früher, den Arbeitern selbst die Wahl ihrer Tätigkeit und ihrer Weiterbildung zu überlassen. Drittens: Sie arbeiten in herzlichem Einvernehmen mit den Arbeitern. So können sie sicher sein, daß alle Arbeit nach den Grundsätzen der Wissenschaft, die sie aufgebaut haben, geschieht. Viertens: Arbeit und Verantwortung verteilen sich fast gleichmäßig auf Leitung und Arbeiter. Die Leitung nimmt alle Arbeit, für die sie sich besser eignet als der Arbeiter, auf ihre Schultern, während bisher fast die ganze Arbeit und der*

331 Als Einführung Peter Alteslander, Konflikt und Kooperation im Industriebetrieb, Köln 1959, v.a. S. 30–44. Frederick Winslow Taylor, Principles of Scientific Management, New York 1911 (dt.: Grundsätze wissenschaftlicher Betriebsführung, München 1913), dort auch das folgende Zitat.

größte Teil der Verantwortung auf die Arbeiter gewälzt wurde.“[332] Diese Art „wissenschaftlicher Betriebsführung“ reduziert sich damit auf die Annahme, dass Unternehmen mit Maschinen vergleichbar sind, deren reibungsloses Funktionieren vom Management gewährleistet werden muss. Konflikte und Störungen zeigen dann nur noch auf, wo die Betriebsmaschinerie weiter zu verbessern bleibt.

Erklärbar erscheint diese merkwürdige Auffassung allenfalls aus der Technologiegläubigkeit und Fortschrittshoffnung ihrer Entstehungszeit, der Jahrhundertwende. Denn schon früh haben empirische Untersuchungen der Beziehungen zwischen Arbeitsbedingungen und Arbeitsergebnissen, die gemäß den Prinzipien der wissenschaftlichen Betriebsführung eindeutig bestimmt waren, zu Ergebnissen geführt, die diese Prinzipien in Frage stellten. Aus der Kritik des „Scientific Managements“ entwickelte sich in den USA nämlich eine neue „Lehre“, die sogenannte „Human-Relations-School“, die den Schwerpunkt der Untersuchung auf die menschlichen Beziehungen im Betrieb legte, die bei der funktionalen Betrachtungsweise der „wissenschaftlichen Betriebsführung“ unberücksichtigt geblieben waren.[333]

Offenbar sind Industrieunternehmen also keine ausschließlich zweckrationalen Organisationen, die sich gemäß den Prinzipien des „Scientific Managements“ führen lassen. Soziale Beziehungen spielen eine mindestens ebenso wichtige Rolle für eine effiziente Verfolgung der Unternehmenszwecke. Dies lässt sich auch in der Geschichte deutscher Großunternehmen eindrucksvoll belegen, da am Ende des 19. Jahrhunderts sowohl die amerikanischen Einflüsse auf betriebliche Organisationsstrukturen nachweisbar sind als auch Konflikte, die aus der Reorganisation der Unternehmensstruktur nach den amerikanischen Vorlagen resultierten.[334]

Für die Untersuchung der Struktur von Unternehmen hat sich vor allem der in den 1960er Jahren entwickelte Ansatz von Alfred D. Chandler als besonders ertragreich erwiesen. Chandler konnte nämlich bei der Untersuchung von großen Industrieunternehmen die Herausbildung einer modernen multidimensionalen Organisationsstruktur beobachten, die eng mit

332 Taylor, Die Grundsätze wissenschaftlicher Betriebsführung, S. 38.

333 Die deutschen Ausgaben ihrer Hauptvertreter lauten: Elton Mayo, Probleme industrieller Arbeitsbedingungen, Frankfurt a. M. 1949 und Fritz Jules Roethlisberger, Betriebsführung und Arbeitsmoral, Köln/Opladen 1954.

334 Heidrun Homburg, Anfänge des Taylorsystems in Deutschland vor dem Ersten Weltkrieg. Eine Problemskizze unter besonderer Berücksichtigung der Arbeitskämpfe bei Bosch, in: Geschichte und Gesellschaft 4 (1978), S. 170–194; Marlis Prinzing, Der Streik bei Bosch im Jahre 1913. Ein Beitrag zur Geschichte der Rationalisierung und Arbeiterbewegung, Stuttgart 1989. Zur Problematisierung eines späteren amerikanischen Rationalisierungsmodells vgl. Alfred Reckendrees, Die Vereinigten Stahlwerke AG 1926–1933 und „das glänzende Beispiel Amerika“, in: Zeitschrift für Unternehmensgeschichte 41 (1996), S. 159–186.

strategischen Entscheidungen bezüglich der Expansion der Unternehmen verbunden war.[335] Anhand der Entwicklungsgeschichte von vier amerikanischen Großunternehmen konnte er belegen, dass sich die Organisationsstruktur nahezu zwangsläufig aus den strategischen Entscheidungen über die langfristigen Ziele eines Großunternehmens entwickelt: „structure follows strategy", wie er es bezeichnete. Als strategische Optionen boten sich den Großunternehmen nach Chandler dabei vor allem: die Ausdehnung des Geschäftsvolumens, die räumliche geographische Dispersion, die vertikale Integration und die Diversifikation der Produktion.

Aus dieser historischen Betrachtung vermochte Chandler nun ein Verlaufsmuster herzuleiten. Es beschreibt die Expansion amerikanischer Großunternehmen in vier Phasen: Zunächst beginnt ein kleineres Unternehmen durch Erwerb anderer oder Zusammenschluss mit anderen Unternehmen mit einer verstärkten Expansion, wobei Ressourcen gebündelt werden. Dann wird der Einsatz der neu zugewonnenen Ressourcen durch interne Neuorganisation rationalisiert, ehe in einem dritten Schritt neue Produktionswege und Märkte erschlossen werden, um die effizienter gewordenen Ressourcen voll nutzen zu können. Schließlich wird in einem vierten Schritt eine gänzlich neue Unternehmensstruktur, nämlich die des modernen Großunternehmens, entwickelt, womit es gelingt, weitere Ressourcen zu mobilisieren und sich veränderten Bedingungen auf den Märkten anzupassen.

Chandler sowie zahlreiche weitere Autoren haben diesen Strategie-Struktur-Ansatz weiterentwickelt und ihn auf die Verhältnisse in anderen Ländern anzuwenden versucht.[336] Für Deutschland gibt es einige Untersuchungen, die sich dieses Ansatzes bedienen und die Entwicklung der deutschen Großunternehmen in international vergleichender Perspektive darstellen.[337] Der Vorteil einer solchen Kollektivbiographie industrieller Großunternehmen liegt darin, dass der in der Unternehmensgeschichtsschreibung vorherrschende Ansatz der Anfertigung von Firmenmonographien überwunden werden kann und allgemeine Muster der Entwicklung herausgearbeitet werden können. Sein Nachteil besteht darin, dass er allein auf Großunternehmen und nur wenige Elemente ihrer Entwicklung begrenzt

335 Chandler, Strategy and Structure.

336 Als wesentliche Fortentwicklungen dieses Ansatzes gelten: Chandler, The Visible Hand; Ders., Scale and Scope. Kritisch dazu: Scale and Scope. A Review Colloquium, in: Business History Review 64 (1990), S. 691–735 sowie Kleinschmidt/Welskopp, Zu viel „Scale" zu wenig „Scope".

337 Jürgen Kocka und Hannes Siegrist, Die hundert größten deutschen Industrieunternehmen im späten 19. und frühen 20. Jahrhundert, in: Horn/Kocka (Hg.), Recht und Entwicklung, S. 55–122 sowie Hannes Siegrist, Deutsche Großunternehmen vom späten 19. Jahrhundert bis zur Weimarer Republik. Integration, Diversifikation und Organisation bei den hundert größten Industrieunternehmen (1887–1927) in international vergleichbarer Perspektive, in: Geschichte und Gesellschaft 6 (1980), S. 60–102.

bleiben muss und daher der Komplexität der historischen Entwicklung nur unzureichend gerecht werden kann.

Als Ergebnis ist festzuhalten, dass sich auch die deutschen Großunternehmen mit ihrer Organisationsstruktur dem internationalen Trend einer stärkeren funktionalen Integration nach innen nicht entzogen haben, da auch sie weitere Produktionsstufen einbezogen und sich durch die Erschließung neuer Absatzfelder diversifiziert haben. Von den 32 Unternehmen der Metallindustrie beispielsweise, die 1887 zu den einhundert größten Industrieunternehmen in Deutschland gehörten, waren zu diesem relativ frühen Zeitpunkt bereits 20 diversifiziert und 29 integriert, und diese Anteile stiegen im Laufe der folgenden Jahrzehnte noch weiter an. Der Trend ist also eindeutig: immer mehr Unternehmen folgten der amerikanischen Entwicklung in kurzem Abstand.

Mit der veränderten Unternehmensstruktur wandelte sich aber auch die Leitungsstruktur von Unternehmen, weshalb ein Verlaufsschema verschiedener Typen – an frühe Arbeiten von Chandler anknüpfend – erstellt worden ist. Demnach geht die Ausdifferenzierung der Leitungsstruktur der Industrieunternehmen von persönlich geleiteten Einzelunternehmen über Zwischenformen unternehmerisch geführter Familiengesellschaften hin zu einem Manager-geführten Großunternehmen.[338] Das Wachstum der industriellen Unternehmen führte damit nahezu zwangsläufig vom Familien- zum Managerunternehmen, wobei insbesondere drei spezifische Stufen diesen Übergang charakterisieren. Im „personal enterprise" der Gründerphase führt und entscheidet der individuelle Unternehmer nahezu allein, während im „entrepreneurial enterprise" dem Unternehmer, der weiterhin strategische Entscheidungen trifft, Manager an die Seite treten, die sich dem Tagesgeschäft und den Routineentscheidungen widmen. Im „managerial enterprise" schließlich gibt es einen persönlichen Unternehmer i. e. S. gar nicht mehr, an seine Stelle ist eine von Managern besetzte Leitungsstruktur getreten, und die Eigentumsrechte sind auf anonyme Anteilseigner aufgeteilt.

Diese Abfolge verschiedener Leitungstypen mag für die USA zutreffend beobachtet sein, für den deutschen Fall wird sie hingegen in Frage gestellt, wenn man sich nicht ausschließlich auf die größten Unternehmen bezieht.[339] Für das Großunternehmen Krupp hat Uwe Keßler jedenfalls

338 Alfred Chandler/Herman Daems, Introduction – The Rise of Managerial Capitalism and its Impact on Investment Strategy in the Western World and Japan, in: Daems/van der Wee (Hg.), The Rise of Managerial Capitalism, S. 1–34 und Alfred D. Chandler, The United States. Seedbed of Managerial Capitalism, in: Alfred D. Chandler und Hermann Daems (Hg.), Managerial Hierarchies. Comparative Perspectives on the Rise of the Modern Industrial Enterprise, Cambridge/Mass. 1980, S. 9–40.

339 Vgl. Hartmut Kaelble, The Rise of the Managerial Enterprise in Germany c. 1870 to c. 1930, in: Kesaji Kobayaski und Hidemasa Morikawa (Hg.), Development of

unlängst die Tragfähigkeit dieses Ansatzes nachdrücklich unterstrichen und dabei auch auf die wenigen Vorläuferstudien zu anderen deutschen Großunternehmen hingewiesen.[340] Generelle Aussagen über das Management deutscher Großunternehmen im 19. und frühen 20. Jahrhundert lassen sich demnach noch keinesfalls formulieren, da erst bruchstückhafte Ergebnisse für wenige Unternehmen vorliegen.[341]

Übereinstimmend wird aber die besondere Bedeutung des bürokratischen Modells für die Entwicklung eines spezifisch deutschen Managementstils betont.[342] Im Vergleich zu Großbritannien und den USA, wo eine derartig einflussreiche staatliche Verwaltung nicht existierte, hätten hier nämlich Strukturen und Routinen des staatlichen Verwaltungshandelns leicht Eingang in die Industrieverwaltung gefunden. Eine genauere Betrachtung zeigt jedoch, dass die Organisationsstrukturen deutscher Großunternehmen so heterogen und komplex waren, dass sich eine solch' eindeutige Schlussfolgerung verbietet.[343] Es scheint nämlich vielmehr so zu sein, dass Familienunternehmen in Deutschland weitaus länger als in den USA eine Rolle spielten, was sich bis heute nachverfolgen lässt.[344] Dies wird vor

Managerial Enterprise, Tokyo 1986, S. 71–97 und Jürgen Kocka, Großunternehmen und der Aufstieg des Managerkapitalismus im späten 19. und frühen 20. Jahrhundert: Deutschland im internationalen Vergleich, in: Historische Zeitschrift 232 (1981), S. 39–60.

340 Uwe Keßler, Zur Geschichte des Managements bei Krupp. Von den Unternehmensanfängen bis zur Auflösung der Fried. Krupp AG (1811–1943), Stuttgart 1995, v.a. S. 14f.

341 Keßler nennt hier lediglich Kocka, Unternehmensverwaltung und Angestelltenschaft; Wolfram Fischer, Dezentralisation oder Zentralisation – kollegiale oder autoritäre Führung? Die Auseinandersetzung um die Leitungsstruktur bei der Entstehung des IG-Farben Konzerns, in: Horn/Kocka (Hg.), Recht und Entwicklung, S. 476–508; Günther Schulz, Die Arbeiter und Angestellten bei Felten & Guilleaume. Sozialgeschichtliche Untersuchung eines Kölner Industrieunternehmens im 19. und beginnenden 20. Jahrhundert, Wiesbaden 1979 und Hartmut Pogge von Strandmann, Unternehmenspolitik und Unternehmensführung. Der Dialog zwischen Aufsichtsrat und Vorstand bei Mannesmann 1900 bis 1919, Düsseldorf 1978.

342 Vgl. insbesondere Jürgen Kocka, Industriebürokratie und „neuer Mittelstand" im Kaiserreich, in: Ders. (Hg.), Die Angestellten in der deutschen Geschichte 1850–1980, Göttingen 1981, S. 64–89 und ders., Capitalism and Bureaucracy in German Industrialization before 1914, in: Economic History Review 34 (1981), S. 453–468, bes. S. 456–461 sowie ders., The Rise of Industrial Enterprise in Germany, in: Chandler/Daems (Hg.), Managerial Hierarchies, S. 77–116, besonders S. 107–110.

343 Dazu Bernd Dornseifer, Zur Bürokratisierung deutscher Unternehmen im späten 19. und frühen 20. Jahrhundert, in: Jahrbuch für Wirtschaftsgeschichte 1993/1, S. 69–91.

344 Vgl. dazu Jürgen Brockstedt, Family Enterprise and the Rise of Large-Scale Enterprise in Germany (1871–1914) – Ownership and Management, in: Akio Okochi und Shigeaki Yasuoka (Hg.), Family Business in the Era of Industrial Growth. Its Ownership and Management, Tokyo 1984, S. 237–267 und Tilly, Das Wachstum der Großunternehmen (1980), v.a. S. 106, mit Hinweisen auf den Einfluss von Manager-

allem sichtbar, wenn man die kleinen und mittleren Unternehmen mit in die Betrachtung einbezieht, wie das in letzter Zeit zunehmend gelingt.[345] Obwohl Familienunternehmen insbesondere in der Durchbruchphase der Industrialisierung von entscheidender Bedeutung waren, um riskante Industrieunternehmen zu gründen und zu finanzieren, bleibt ihre lange Lebensfähigkeit in Deutschland weiterhin erklärungsbedürftig. Gerade der Zugriff auf extra-ökonomische Ressourcen[346], in der Frühphase der Industrialisierung häufig mobilisiert durch die Familien der industriellen Gründer[347], bildete meines Erachtens die Basis für den langfristigen ökonomischen Erfolg. Denn nur deshalb war es möglich, aus dem handwerklichen Produktionsmilieu auszubrechen, neuartige Qualifikationen und Motivationen einzubringen, finanzielle Ressourcen zu mobilisieren und Loyalitäten in arbeitsteiligen Organisationen zu sichern.[348] Dies bildete dann letztlich die Grundlage für den anschließende Siegeszug zum industriellen Großunternehmen mit den oben geschilderten Eigenschaften.[349]

2.2 Wachstum und Finanzierung

Das Wachstum der deutschen Wirtschaft und insbesondere das Wachstum des industriellen Sektors in Deutschland seit der Mitte des 19. Jahrhunderts ist imponierend.[350] Welchen Anteil die industriellen Unternehmen an diesem Wachstum hatten und inwieweit ihnen der Erfolg der deutschen Indu-

familien in Aktiengesellschaften sowie Wieland Sachse, Familienunternehmen in Wirtschaft und Gesellschaft bis zur Mitte des 20. Jahrhunderts. Ein historischer Überblick, in: Zeitschrift für Unternehmensgeschichte 36 (1991), S. 9–25; Willi A. Boelcke (Hg.), Wege zum Erfolg. Südwestdeutsche Unternehmerfamilien, Leinfelden-Echterdingen 1996. Vgl. auch Hans Pohl, Organization and Management. German Family Big Enterprises, in: Keiichiro Nakadava und Tsunehiko Yui (Hg.), Organization and Management 1900–1930, Tokyo 1983, S. 77–95.

345 Dazu Margrit Müller (Hg.), Structure and Strategy.

346 Der Soziologe Pierre Bourdieu, Ökonomisches Kapital, kulturelles Kapital, soziales Kapital, in: Reinhard Kreckel (Hg.), Soziale Ungleichheit, Göttingen 1983, S. 183–198 plädiert für eine Erweiterung des wirtschaftswissenschaftlichen Kapitalbegriffs durch die Berücksichtigung des kulturellen und sozialen Kapitals, das sehr wohl auch ökonomisch nutzbar sei.

347 Renate Köcher, Unterschätzte Funktionen der Familie, in: Aus Politik und Zeitgeschichte 38 (1988), Nr. 13, S. 24–43; Pierenkemper, Zur Finanzierung industrieller Unternehmensgründungen; Jürgen Kocka, Familie, Unternehmer und Kapitalismus. An Beispielen aus der frühen deutschen Industrialisierung, in: Zeitschrift für Unternehmensgeschichte 24 (1979), S. 99–135.

348 Vgl. dazu Wieland Sachse, Familienunternehmen, S. 15f.

349 Vgl. auch Hannes Siegrist, Geschichte der Führung – Industrialisierung, in: Alfred Kieser (Hg.), Handwörterbuch der Führung, Stuttgart 1987, Sp. 1005–1014.

350 Walther G. Hoffmann, Das Wachstum der deutschen Wirtschaft seit der Mitte des 19. Jahrhunderts, Berlin 1965 und Reinhard Spree, Die Wachstumszyklen der deutschen Wirtschaft von 1840 bis 1880, Berlin 1977.

strialisierung zugeschrieben werden kann, ist umstritten und methodisch schwer zu bestimmen.

Richard Tilly verweist auf einige Thesen in der umfangreichen Literatur, in der die im Vergleich zu Großbritannien und anderen europäischen Ländern früh und zahlreich entstandenen industriellen Großunternehmen unterschiedlich interpretiert werden.[351] Alexander Gerschenkron sah im Aufkommen von Großunternehmen die schöpferische Antwort des deutschen Bankensystems auf die Knappheit an finanziellen Fonds in Deutschland[352], Thorstein Veblen eine Konsequenz des Festhaltens an vorindustriellen Wertsystemen[353], David Landes eher die Wirkung einer besonders technologie-orientierten Expansionsstrategie[354] und Jürgen Kocka schließlich den Ausfluss des in Deutschland besonders verbreiteten bürokratischen Organisationsmodells.[355] Allen gemeinsam ist aber, dass sie den Großunternehmen in Deutschland eine überragende Bedeutung zumessen.

Um dies genauer zu klären, reicht bislang weder das verfügbare Wissen über den historischen Entwicklungsprozess noch genügen die Methoden der Zurechnung von Leistung und Erfolg. Zweifellos ist jedoch im Industrialisierungsprozess eine Zunahme der durchschnittlichen Unternehmensgröße in Deutschland zu beobachten.[356] Zwischen 1887 und 1927 wuchs z.B. das Eigenkapital der einhundert größten deutschen Industrieunternehmen beachtlich an und ihre Verteilung auf die unterschiedlichen Größenklassen verschob sich eindeutig nach oben.[357] Damit ging eine Dominanz von Aktiengesellschaften einher, deren überproportionale Repräsentation bereits schon 1887 augenfällig war. Der Zusammenhang zwischen betrieblichem und gesamtwirtschaftlichem Wachstum ist jedoch keineswegs eindeutig: Unternehmen können in passiver Anpassung an gesamtwirtschaftliches Wachstum expandieren oder sie können zum dynamischen Kern, zum Motor des Wachstums werden.[358] Für eine unternehmenshistorische Analy-

351 Vgl. dazu Richard Tilly, Das Wachstum der Großunternehmen (1980), S. 95f.

352 Alexander Gerschenkron, Economic Backwardness in Historical Perspective, Cambridge/Mass. 1962.

353 Thorstein Veblen, Imperial Germany and the Industrial Revolution, Michigan 1966 (OA 1915).

354 Davis Landes, The Unbound Prometheus, Cambridge/Mass. 1969, S. 327–28 und S. 346–47, 357.

355 Kocka, Unternehmensverwaltung und Angestelltenschaft und ders., Industrielles Management.

356 Zum Begriff und zur Problematik der Bemessung der Unternehmensgröße vgl. Helmut Koch, Art. Betriebsgröße, in: Handwörterbuch der Sozialwissenschaften Bd. 2, Stuttgart 1959, S. 82–92 und Erich Gutenberg, Art. Betriebsgröße, in: Handwörterbuch der Betriebswirtschaftslehre Bd. 1, Stuttgart 1956, Sp. 800–806.

357 Hannes Siegrist, Deutsche Großunternehmen, S. 84–86.

358 Vgl. dazu Karl Hax, Industrielle Entwicklung, gesamtwirtschaftliches Wachstum und Unternehmenswachstum, in: Zeitschrift für betriebswirtschaftliche Forschung 16 (1964), S. 202–209.

se liegt die Perspektive nahe, Unternehmen als dynamische Elemente des Wachstums zu verstehen und ihre strategischen Entscheidungen als konstitutiv für den Expansionsprozess anzusehen.[359] Das Wachstum der deutschen Wirtschaft seit der Mitte des 19. Jahrhunderts war daher nicht zuletzt auch ein Wachstum seiner industriellen Großunternehmen.[360] Dass dieses Wachstum von Unternehmen keinesfalls einem allgemeinen Gesetz folgt, darauf hat Erich Gutenberg schon 1942 hingewiesen.[361] Das Wachstum von Unternehmen zeichnet sich vielmehr durch eine Reihe von Eigentümlichkeiten aus, von denen neben seiner langfristigen Orientierung, seiner Abhängigkeit vom Zustand des jeweiligen Unternehmens und seiner Relationalität hinsichtlich der Mitbewerber vor allem seine Bestimmung durch die unternehmerische Leistung hervorragt.[362] Der Wachstumserfolg von Unternehmen ist demnach weniger auf eine günstige Datenkonstellation als vielmehr auf die betriebliche Leistung der Unternehmensführung zurückzuführen: Unternehmenswachstum ist also das Ergebnis bewussten strategischen Handelns.

Untersuchungen über industrielles Unternehmenswachstum und seinen Einfluss auf das Wachstum der Gesamtwirtschaft sind jedoch selten. Wenn es richtig ist, dass die strategischen Entscheidungen innerhalb der deutschen Großunternehmen zugleich auch den Wachstumspfad der deutschen Wirtschaft bestimmt haben, so verwundert es, dass dieser Zusammenhang bislang überwiegend aus der Perspektive des Einzelunternehmens beleuchtet wurde und systematische Analysen weiterhin fehlen.[363]

Dem Wachstum von Großunternehmen sind in der modernen Wirtschaft jedoch Grenzen gesetzt, die nicht nur ökonomischer oder technischer Natur sind, sondern auch durch die sozialen und politischen Verhältnisse vorgegeben werden. Außerdem ist noch strittig, was überhaupt ein „Großunternehmen" ist. Moderne Untersuchungen beziehen sich als Maß für die

359 Ganz im Sinne von Schumpeter, Theorie der wirtschaftlichen Entwicklung, der ja das Unternehmerhandeln als einen Prozess „schöpferischer Zerstörung" betrachtete.

360 Richard Tilly, Das Wachstum industrieller Großunternehmen in Deutschland 1880–1911, in: Hermann Kellenbenz (Hg.), Wirtschaftliches Wachstum, Energie und Verkehr vom Mittelalter bis ins 19. Jahrhundert, Stuttgart 1978, S. 153–182.

361 Vgl. Erich Gutenberg, Zur Frage des Wachstums und der Entwicklung von Unternehmungen, in: Fritz Henzel (Hg.), Leistungswirtschaft. Festschrift für Fritz Schmidt zum 60. Geburtstag gewidmet von seinen Schülern, Berlin 1942, S. 148–158.

362 Gutenberg bezieht sich hinsichtlich dieses Aspektes auf Fritz Schmidt, Differentialrente oder Leistungsprämie, in: Zeitschrift für Betriebswirtschaft 17 (1940), S. 89–102.

363 Darauf hat schon Richard Tilly, Das Wachstum (1978), S. 153, hingewiesen. Einen noch wenig zufriedenstellenden Versuch der empirischen Untermauerung bei Mauersberg, Deutsche Industrien im Zeitgeschehen eines Jahrhunderts, anhand exemplarischer Fälle und Feldenkirchen, Die Eisen- und Stahlindustrie, für eine eng begrenzte Branche in einem eingeschränkten Raum.

Größe eines Unternehmens zumeist auf den Umsatz, die Beschäftigtenzahl und – bei Kapitalgesellschaften – auf die Bilanzsumme. Für die verschiedenen Branchen werden z.T. besondere Indikatoren benutzt (z.B. bei Versicherungsunternehmen die Beitragseinnahmen). Die Rangfolge der Unternehmen und damit ihre Größenbestimmung stimmt bei den einzelnen Maßgrößen nur selten überein und verändert sich noch, wenn man „performance"-Maßstäbe (Jahresüberschüsse, Umsatzrenditen) mit in die Betrachtung einbezieht.[364] Auch zwischen verschiedenen Ländern differieren die Definitionen über Unternehmensgrößen. In den USA hatte 1952 ein Großunternehmen mindestens 12.000 Beschäftigte, während dazu in Frankreich bereits 1.000 Beschäftigte ausreichten.[365]

Fragt man nach dem Grund für die Dominanz von Großunternehmen, so lässt sich eine grundsätzliche Überlegenheit gegenüber Klein- und Mittelbetrieben nicht feststellen und nicht theoretisch begründen. Vielmehr scheinen sich Unternehmen unterschiedlicher Größe eher zu ergänzen, auch wenn Großunternehmen in bestimmten Bereichen zweifellos Vorteile aufweisen.[366] Diese Vorteile zeigen sich vor allem bei der Beschaffung und beim Absatz sowie der Finanzierung. Die Bedeutung von Technik und damit die Kostendegression bei Großunternehmen wurde dagegen lange überschätzt. Auch die kleineren Unternehmen verfügen über spezifische Vorteile, so bei der Befriedigung spezieller Wünsche, in Reparatur- und Servicebereich und als Vor- und Zulieferer für Großunternehmen.

Aufgrund der unterschiedlichen Leistungen kleiner, mittlerer und großer Unternehmen ist es wichtig, in der Unternehmensgeschichte nicht nur die etablierten Großunternehmen, sondern auch die besonders expansiven kleinen und mittleren Unternehmen in den Blick zu nehmen. Die Auffassung, dass es gerade die Großen sind, die aufgrund ihrer ökonomischen Potenz den dynamischen Fortschritt besonders fördern, hat sich nämlich häufiger als Irrtum herausgestellt. Kleine und mittlere Unternehmen wachsen oft komplementär zu und simultan mit den Großunternehmen oder erweisen sich sogar als Wachstumsmotor.[367] Zahlreiche Einzelstudien zeigen, dass kleinere Unternehmen ganz spezifische Wachstums- und Innovationsstrategien verfolgen und dabei einer eigenen Entwicklungsdynamik

364 Vgl. dazu Sonderbeilage der FAZ „Die 100 größten Unternehmen" 40. Folge, 7. Juli 1998, Nr. 154.

365 Zur Verschwommenheit der Begriffe „Small" und „Big Business" in Amerika vgl. Christian Gasser, Die Organisation amerikanischer Konzerne, in: Zeitschrift für handelswissenschaftliche Forschung NF 5 (1953), S. 183–196. Er nennt für Großbritannien 5.000, für Belgien 3.700 und für die Niederlande 1.600 Beschäftigte als Grenze zum Großunternehmen.

366 Vgl. dazu Robert Nieschlag, Zum Problem der Betriebsgröße, in: Beiträge zur Wirtschaftsforschung. Festgabe für Walther Däbritz, Essen 1952, S. 311–326.

367 Vgl. dazu Müller (Hg.), Structure and Strategy.

und einem eigenständigen konjunkturellen Muster unterliegen.[368] Auch erweist sich bei derartigen Untersuchungen, dass die Quellenlage für die kleineren und mittleren Unternehmen durchaus nicht schlechter sein muss als bei den großen, obwohl diese natürlich eher über wohlgeordnete Archive verfügen.

Die Frage, ob Wachstum tatsächlich ein primäres Unternehmensziel oder nur Bedingung und Mittel zur Erreichung übergeordneter Ziele darstellt, ist durchaus umstritten.[369] Dennoch kann jedem Unternehmen in einer expandierenden Wirtschaft neben und nach der Existenzsicherung auch ein angemessenes Wachstum als wesentliche Determinante seiner Entwicklung unterstellt werden. Unternehmenswachstum ist jedoch ein komplexes Phänomen mit unterschiedlichen Dimensionen, die sich nur schwer in einem Indikator, z.B. dem Umsatzwachstum, ausdrücken lassen und das in vielfältigen Formen erfolgen kann.[370] Noch schwieriger erscheint es, die Ursachen des Unternehmenswachstums systematisch zu erfassen und zu ergründen.[371] Nicht nur betriebliche Strategien, sondern auch exogene Faktoren beeinflussen nämlich in entscheidendem Maße die Wachstumschancen eines Unternehmens. Zu diesen exogenen Faktoren zählen z.B. die Bevölkerungsentwicklung, die Entwicklung der Einkommen sowie der Strukturwandel der Wirtschaft und Veränderungen innerhalb der internationalen Arbeitsteilung.[372] Betriebsinterne Ursachen des Unternehmenswachstums sind vor allem in der Kostenersparnis bei steigender Betriebsgröße, in Finanzierungsvorteilen größerer Unternehmen und in der effizienten Nutzung ihrer Managementkapazitäten zu finden. Ähnlich vielfältig wie die Ursachen sind auch die Formen des Unterneh-

368 Dazu Tobias Kampmann, Vom Werkzeughandel zum Maschinenbau. Der Aufstieg des Familienunternehmens W. Ferd. Klingenberg Söhne 1900–1950, Stuttgart 1994 sowie Toni Pierenkemper/Richard Tilly, Die Geschichte der Drahtweberei. Dargestellt am Beispiel der Firma Haver & Boecker, Oelde aus Anlaß des einhundertjährigen Bestehens 1878–1987, Stuttgart 1987.

369 Vgl. dazu Richard L. Marris, The Economic Theory of „Managerial" Capitalism, London 1964, S. 47 und 102f. sowie William H. Starbuck, Organizational Growth and Development, in: James G. March (Hg.), Handbook of Organization, Chicago 1965, S. 451–533, hier: S. 454ff.

370 Erich Zahn, Das Wachstum industrieller Unternehmen, Wiesbaden 1971, S. 17, 22f.

371 Ebenda, S. 25ff. und Valentin Kenessey, Langfristige Wachstumsfaktoren und das unternehmerische Wachstum, in: Industrielle Organisation 32 (1963), S. 105–110; Richard Brändle, Unternehmenswachstum. Zur Dogmengeschichte und Methodologie der Theorie des Unternehmenswachstums, Diss. München 1966 sowie Horst Albach, Zur Theorie des wachsenden Unternehmens, in: Wilhelm Krelle (Hg.), Theorien des einzelwirtschaftlichen und gesamtwirtschaftlichen Wachstums, Berlin 1965, S. 9–97.

372 Erich Gutenberg, Zur Frage des Wachstums, S. 151 unterschied bereits 1942 zwischen den Erfolgswirkungen einer günstigen Datenkonstellation und deren betriebswirtschaftlicher Leistung.

menswachstums. Man kann dabei zum Beispiel nach der Art der Ausdehnung (intern, extern), der Expansionsrichtung (horizontal, vertikal, diagonal) oder der benutzten Technologie (multipel, dimensionsorientiert, mutativ) unterscheiden.[373]

Eine Übersicht über die Ansätze zu einer Theorie des Unternehmenswachstums unterscheidet in einem ersten Schritt zwischen mikroökonomisch fundierten Wachstumsmodellen und organisationstheoretischen Ansätzen.[374] Bei den mikroökonomischen Modellen lassen sich darüber hinaus nochmals partialanalytische von den umfassenderen totalanalytischen unterscheiden. Der meist verbreitete Ansatz zur Erklärung des Wachstums von Unternehmen ist bereits Anfang des Jahrhunderts von Karl Bücher formuliert worden und verweist auf die Vorteile der Massenproduktion.[375] Er wurde betriebswirtschaftlich gewendet von Eugen Schmalenbach als Degressionseffekt der fixen Kosten gedeutet. Demnach führen Produktionskostenerwägungen zu einem stetigen Wachstum der Kapazitäten und damit zu Unternehmenswachstum. Werden nicht nur Produktionskosten, sondern auch andere Kosten, wie die des Absatzes, der Organisation und der Finanzierung berücksichtigt, so stellt sich die Unternehmensgröße als ein Problem der kostenminimalen Betriebsgröße dar. Hier zeigen sich auch Elemente einer Kostenprogression, die das Unternehmenswachstum begrenzen können.[376]

Ein weites Feld theoretischer Erwägungen zur Unternehmensgröße und zum Unternehmenswachstum, die an finanzwirtschaftliche Überlegungen anknüpfen, findet sich im Bereich der Investitionstheorie.[377] Auch absatzwirtschaftlich orientierte Modelle lassen sich aufzeigen, ebenso wie solche, in denen die Technik bzw. die technologisch determinierte Wachstumspolitik eine Rolle spielen.[378] Allen diesen Ansätzen ist zu eigen, dass sie sich nur auf einen Betriebsbereich konzentrieren und dessen Einfluss auf das Wachstum des Unternehmens zu analysieren trachten – eben partialanaly-

373 Erich Zahn, Das Wachstum, S. 19–25.

374 Dazu umfassend Richard Brändle, Unternehmenswachstum. Betriebswirtschaftliche Wachstumsplanung und Konzentration, Wiesbaden 1970, v.a. S. 45–100.

375 Karl Bücher, Das Gesetz der Massenproduktion, in: Zeitschrift für die gesamte Staatswissenschaft 66 (1910), S. 429–444.

376 Z.B. wegen begrenzter Management-Kapazitäten, worauf Edith T. Penrose, The Theory of Growth of the Firm, Oxford 1963 besonders hinwies. Grenzen können jedoch wiederum erweitert werden, so Karl Hax, Unternehmenswachstum und Unternehmenskonzentration in der Industrie, in: Zeitschrift für handelswissenschaftliche Forschung NF 13 (1961), S. 1ff. Aber auch das mit der Größe des Unternehmens wachsende Finanzierungsrisiko kann progressive Finanzierungskosten bewirken, vgl. dazu Michael Kalecki, The Principle of Increasing Risk, in: Economica 4,16 (1937), S. 440ff.

377 Ausführlich dazu Richard Brändle, Unternehmenswachstum (1970), S. 49–58.

378 Ebenda, S. 49–74.

tisch vorgehen. Totalanalytisch mikroökonomisch orientierte Modelle, in denen sämtliche Aktionsparameter der Unternehmensführung in Hinblick auf das Unternehmenswachstum beobachtet werden, sind relativ selten. Neben dem Theorem der optimalen Unternehmensgröße, in dem der Zusammenhang zwischen Gewinnhöhe und Unternehmensgröße im Mittelpunkt steht, sind vor allem solche Modelle zu nennen, bei denen die Organisation und das Management als entscheidend für das Unternehmenswachstum angesehen werden.[379] Diese Versuche berühren sich mit Ansätzen, z.B. des bereits mehrfach genannten Alfred D. Chandler, die das Unternehmenswachstum in Form einer dynamischen Organisationstheorie zu analysieren suchen und sich dabei häufig einer historisch-genetischen Betrachtungsweise bedienen.[380]

Alle Ansätze zu einer Theorie des Unternehmenswachstums zeigen aber deutlich, dass eine allgemeine theoretische Durchdringung dieses außerordentlich komplexen Sachverhaltes bald an Grenzen stößt. Eine umfassende theoretische Erklärung des Unternehmenswachstums gibt es nicht und ist wohl kaum zu erwarten. Die historische Unternehmensforschung bleibt daher gehalten – angelehnt an theoretische Überlegungen – ihren eigenen Ansatz zu entwickeln.

In der Praxis sind und waren für die Verfolgung einer erfolgreichen Wachstumsstrategie von Unternehmen eine Reihe von Bedingungen ausschlaggebend. Dazu zählt schon bei der Gründung die Überwindung einer gewissen Wachstumsschwelle, denn erst nach Überschreiten einer kritischen Größe eröffnen sich für ein Unternehmen dauerhafte Erfolgschancen an den Märkten. Unterhalb dieser Schwelle bleibt das Unternehmen permanent in seiner Existenz bedroht. Mit der Dauer seiner Existenz, d.h. mit seinem Lebensalter, verbessern sich dann seine Wachstumschancen. Ausschlaggebend ist dabei auch die richtige Wahl der Rechtsform des Unternehmens, denn Kapitalgesellschaften sind in ihren ersten Jahren weit weniger vom Zusammenbruch bedroht als Personengesellschaften oder Einzelkaufleute. Schließlich bleibt eine Vielzahl nur schwer zu beeinflussender exogener Faktoren übrig, die ebenfalls über die Zukunft eines neu gegründeten Unternehmens mitentscheiden. Dazu zählen u.a. Marktentwicklung und technischer Fortschritt, Veränderungen beim Bedarf der Abnehmer und in der Konkurrenz zu anderen Unternehmen sowie staatliche Interventionen. Daneben treten Einflussfaktoren, die von der Entwicklung der internen Ressourcen des Unternehmens abhängen, wie z.B. nicht voll genutzte technische Kapazitäten, freie Finanzmittel, gestiegenes „Know-how" der Mitarbeiter.

379 Richard Brändle, Unternehmenswachstum, S. 77–87 verweist hier auf die Arbeiten von Edith T. Penrose, The Theory of the Growth of the Firm Twenty-five Years after, Stockholm 1985 und Marris, The Economic Theory of „Managerial" Capitalism.
380 Richard Brändle, Unternehmenswachstum, S. 88–94.

Die historische Analyse wachsender Unternehmen vermag sich dabei durchaus hilfreich an den Kategorien der mikroökonomischen Theorien zu orientieren und einiges zu ihrer empirischen Überprüfung beitragen, wie Alfred D. Chandler erfolgreich gezeigt hat.[381] Er erweiterte nämlich seine Fallstudien der Großunternehmen Dupont, General Motors, Standard Oil Company und Sears, Roebuck & Co. durch eine komparative Betrachtung weiterer siebzig Unternehmen für die Zeit zwischen 1880 und 1940. Diese Unternehmen agierten und verstanden sich als privatkapitalistische Großunternehmen mit einer ausdifferenzierten Führungsstruktur. Die zentrale These, die Chandler in seiner Untersuchung aufstellt, ist die, dass die Ausgestaltung der Unternehmensorganisation, die Struktur des Unternehmens, das Ergebnis einer langfristig angelegten Unternehmensstrategie widerspiegelt. Als Parameter für eine derartige Strategie stehen das Wachstum, die räumliche Ausdehnung, die vertikale Integration und die Diversifizierung der Unternehmensstruktur zur Verfügung.[382] Die treibende Kraft des Wandels in Strategie und Struktur eines Unternehmens stellt dabei das Bedürfnis dar, die vorhandenen Ressourcen des Unternehmens effektiv zu nutzen.

Chandler knüpft mit seiner Untersuchung insgesamt an einen Sachverhalt an, der das Bild der modernen Wirtschaft ganz entscheidend prägt, nämlich die überragende Bedeutung von Großunternehmen.[383] Nicht nur allein ihre Größe ist heute beeindruckend – kontrollieren doch die großen multinationalen Konzerne einen Umsatz, der größer ist als das Sozialprodukt mittlerer Industriestaaten – auch die Konsequenzen sozialer, politischer und wirtschaftspolitischer Art, die sich aus dieser Größe ergeben, sind bemerkenswert. Diese Großunternehmen haben sich im Verlauf der Industrialisierung in den betroffenen Ländern jedoch erst allmählich herausgebildet. Zwar hat es auch schon vor Beginn der Industrialisierung in den verschiedenen westlichen Ländern gelegentlich Großunternehmen gegeben, doch blieben diese in ihrer Bedeutung begrenzt. Es handelte sich dabei um große Landgüter, ausgedehnte Verlagssysteme, die kleingewerblich Produktion und Hausindustrie mit überregionalem Massenabsatz kombinierten sowie Großmanufakturen bzw. „Bergfabriken", wie z.B. die Edelmetallbergwerke des Mittelalters oder die staatlichen Kohlengruben in England.[384] Zunächst waren die frühen Industrieunternehmen relativ klein und eng mit dem individuellen Gründer verbunden. Selbst im fortgeschrittenen England gab es um 1800 nur eine geringe Zahl, kaum mehr als tausend kleinerer industrieller Fabrikunternehmen.[385] Die königlichen Werf-

381 Chandler, Strategy and Structure.

382 Ebenda, S. 14.

383 Vgl. dazu Tilly, Großunternehmen.

384 Vgl. dazu Pollard, The Genesis of Modern Management, S. 25–49.

385 John Rule, The Vital Century. England's Developing Economy 1714–1815, London 1992, S. 135.

ten bildeten dort weiterhin die größten Betriebe. Abraham Darby beschäftigte einschließlich seiner Bergbaubetriebe in und um Coalbrookdale zwar schon mehr als tausend Leute, aber die königliche Werft wies allein in Portsmouth über 2.000 Beschäftigte auf. Im Gegensatz zu diesen Großunternehmen waren die meisten Beschäftigten im Verlagswesen und im Handwerk tätig. Erste Fabriken mit industrieller Fertigung entstanden allenfalls im Umfeld von Manufakturen. Alles in allem setzte eine Entwicklung zu modernen, großbetrieblichen Produktionsformen in England wie in Deutschland erst zögerlich ein.[386]

Erst die Entstehung von Kapitalgesellschaften, speziell in der Form von Aktiengesellschaften, trug in Deutschland zum Siegeszug der Großunternehmen bei. Dieser Durchbruch erfolgte in Deutschland, wie bereits oben dargelegt, nach einigen Vorläufern bei Handelsgesellschaften und Chausseebaugesellschaften, endgültig erst in den 1840er Jahren mit den Eisenbahngesellschaften, denen dann ab 1850 die Montangesellschaften vor allem des Ruhrgebiets und kurze Zeit darauf die Bankeninstitute folgten. Ab 1870 gab es dann einen regelrechten Gründungsboom und ein Gründungsfieber im Bereich des Aktienwesens. Diese in der Literatur als „Gründerzeit" apostrophierte Periode wird sehr häufig als eine Zeit der Spekulation, des Betruges und des Schwindels angesehen.[387] Doch dabei wird häufig übersehen, dass neben den zweifellos ebenfalls auffindbaren spekulativen bzw. gar betrügerischen Gründungen auch in dieser Zeit zahlreiche zukunftsträchtige Unternehmen das Licht der Welt erblickten. Innerhalb weniger Jahre vervielfachte sich deren Zahl. Insbesondere der durchschlagende wirtschaftliche Erfolg Deutschlands am Ende des 19. Jahrhunderts ist eng verbunden mit dem Erfolg seiner Großunternehmen. Dies erkannten schon die Zeitgenossen, insbesondere wenn sie von jenseits des Kanals auf den Kontinent schauten.[388] Das enorme Wachstum des Sozialprodukts jener Zeit vollzog sich ja nicht als solches, sondern repräsentierte den Wachstumserfolg einzelner Unternehmen; viele Beispiele ließen sich dafür anführen. In diesem Wachstumserfolg der deutschen Großunternehmen spiegeln sich auch wichtige Strukturveränderungen der Wirtschaft wider, wie z.B. der Bedeutungsverlust von Familienunternehmen und deren Verdrängung

386 Zur deutschen Entwicklung vgl. auch Pierenkemper, Gewerbe und Industrie, S. 8–21.

387 Vgl. dazu das in seiner Detailfülle unübertroffene zeitgenössische Werk von Otto Glagau, Der Börsen- und Gründungsschwindel in Deutschland, Leipzig 1877. In der Tendenz ebenfalls Hubert Kiesewetter, Industrielle Revolution in Deutschland 1815–1914, Frankfurt a.M. 1989, S. 79 und ähnlich skeptisch Wehler, Deutsche Gesellschaftsgeschichte Bd. 3, S. 81.

388 Christoph Buchheim, Deutsche Gewerbeexporte nach England in der zweiten Hälfte des 19. Jahrhunderts, Ostfildern o.J. (ca. 1983) und Wilfried Feldenkirchen, Die wirtschaftliche Rivalität zwischen Deutschland und England im 19. Jahrhundert, in: Zeitschrift für Unternehmensgeschichte 25 (1980), S. 77–107.

durch Aktiengesellschaften, der stark an Bedeutung gewinnende industrielle Sektor der Volkswirtschaft auf Kosten der traditionellen Sektoren Landwirtschaft und persönliche Dienstleistungen und Gewerbe auf Kosten des Handwerks.[389]

Die Geschichte der meisten Unternehmen ist nun in erster Linie eine Geschichte ihres Wachstums und nahezu alle Unternehmensgeschichten weisen an prominenter Stelle auf die Steigerung der Beschäftigtenzahlen, des Umsatzes, des Kapitals u.ä. hin. Einen ersten Einblick in das Wachstum der deutschen Industrieunternehmen vermitteln zwei Listen derartiger Unternehmen, die Jürgen Kocka und Hannes Siegrist für die Jahre 1887 und 1907 vorgelegt haben.[390] Hinsichtlich der Größe stand 1887 die Krupp'sche Gußstahlfabrik in Essen mit ca. 20.000 Beschäftigten an erster Stelle, gefolgt von einigen weiteren Unternehmen der Eisen-, Stahl- und Metallindustrie mit ebenfalls um oder knapp unter 10.000 Beschäftigten. Das größte Steinkohlenunternehmen hatte mit der Gelsenkirchener Bergwerks AG etwa 5.000 Beschäftigte, Hibernia und der Eschweiler Bergwerksverein folgten dichtauf mit ca. 4.000 bzw. 2.500 Beschäftigten. Auch in zahlreichen anderen Branchen waren bedeutende Großunternehmen vertreten, so die Elektrounternehmen Siemens und AEG mit 3.000 bzw. 2.000 Beschäftigten, die BASF und Hoechster Farbenfabriken ebenfalls mit ca. 2.000 Beschäftigten, das Borsigwerk in Berlin als Maschinenfabrik gar mit 3.000 bis 4.000 Beschäftigten. Und auch in anderen Branchen (Glas- und Zementindustrie, Kautschukindustrie, Textilindustrie) finden sich bereits vor der Jahrhundertwende zahlreiche Großunternehmen.

Bis 1907 wuchsen die meisten dieser Unternehmen weiterhin stark. Das größte Steinkohlenunternehmen (Harpener Bergbau AG) verfügte sogar über 26.000 Beschäftigte, Borsig über 10.000, Siemens über 42.000 und AEG über 30.000, auch die großen Chemieunternehmen (Hoechst, BASF und Bayer) über nahezu 10.000 Arbeitskräfte.[391] Ein derartiges Unternehmenswachstum in lediglich zwanzig Jahren ist bemerkenswert und korrespondierte eng mit dem Aufstieg Deutschlands zu einer der führenden Industrienationen an der Wende zum 20. Jahrhundert. Detailliertere Analysen dieses Wachstumsprozesses vermögen dieses Bild zu ergänzen und zu differenzieren.

Der Zusammenhang zwischen dem gesamtwirtschaftlichen Wachstum in Deutschland und dem Wachstum einzelner Unternehmen lässt sich nämlich durchaus an Beispielen exemplifizieren. Die Druckmaschinenfabrik

389 Richard H. Tilly, Vom Zollverein zum Industriestaat. Die wirtschaftliche Entwicklung Deutschlands 1834 bis 1914, München 1990, S. 84f.

390 Kocka/Siegrist, Die hundert größten deutschen Industrieunternehmen, S. 98–112.

391 Über jedes dieser Großunternehmen gibt es eine reichhaltige unternehmenshistorische Literatur, die hier nicht im einzelnen zitiert werden kann.

Koenig und Bauer, eines der ältesten deutschen Industrieunternehmen ist ein solches Beispiel.[392] Bereits 1817 gegründet wuchs dieses Unternehmen, getragen von technologischen Innovationen und einer expandierenden Nachfrage, in Schüben parallel zur Entwicklung der Gesamtwirtschaft und erzielte am Ende des 19. Jahrhunderts den Durchbruch zum industriellen Großunternehmen. Während dieses Wachstumsprozesses war das Unternehmen mit zahlreichen der hier ausführlicher diskutierten strategischen Entscheidungen, so über die Wahl des Standortes, die Entwicklung einer zukunftsträchtigen technologischen Basis, die Finanzierung von Gründung und Expansion, die Rekrutierung von Arbeitskräften u.ä., konfrontiert. An dieser Stelle ist jedoch hervorzuheben, dass „die langfristige Entwicklung der Geschäftstätigkeit von Koenig & Bauer ...weitgehend den gesamtwirtschaftlichen Trends“ folgte.[393]

Die Verbreitung von Großunternehmen hat neben Deutschland auch in Großbritannien sehr früh und sehr weitgehend stattgefunden.[394] Ein vorindustrieller Vorläufer wie die Ostindienkompanie erzielte bereits 1740 ca. £ 2 Millionen jährlichen Überschuss und wurde von einem komplexen Management geführt. Auch große Bankhäuser wie etwa das Bankhaus Rothschild arbeiteten um 1820 schon mit einem Kapital von ca. 20 Millionen Pfund. Es lassen sich weitere frühe gewerbliche Großunternehmen finden, doch bleibt dieses bis 1850 bzw.1870 eher eine Ausnahme.[395] Großunternehmen waren zudem in den Branchen konzentriert, in denen die größten „economies of scale“ zu realisieren waren, wie in der Nahrungsmittelindustrie, in der chemischen Industrie, in der Metallindustrie und im Transportsektor. Dabei waren bis weit in das 20. Jahrhundert hinein nationale Eigenarten unübersehbar. Amerikanische und britische Großunternehmen waren im Vergleich zu kontinentaleuropäischen nämlich einander ähnlicher: sie waren größer, operierten internationaler und blieben anders organisiert als z.B. ihre deutschen Konkurrenten.

Die Gründung und das Wachstum von Unternehmen müssen finanziert werden, d.h. für den Kauf von Anlagen und Betriebsmitteln, die erst mittel- und langfristig Erträge zu erwirtschaften versprechen, müssen finanzielle Mittel vorgeschossen werden. Es empfiehlt sich, bei einer Untersuchung der Frage nach der Herkunft dieses Kapitals für Investitionen im industriel-

392 Rainer Klump und Beate Männel, „Lange Wellen“ der Unternehmenskonjunktur. Eine Untersuchung langfristiger Umsatz- und Innovationszyklen der Druckmaschinenfabrik Koenig & Bauer in Würzburg (1817–1992), in: Zeitschrift für Unternehmensgeschichte 40 (1995), S. 1–34.

393 Ebenda, S. 12.

394 Vgl. z.B. Peter Lester Payne, The Emergence of the Large-Scale Company in Great Britain 1870–1914, in: Economic History Review 20 (1967), S. 519–542 und ders., British Entrepreneurship in the Nineteenth Century, London 1988.

395 Christopher J. Schmitz, The Growth of Big Business in the United States and Western Europe 1850–1939, Cambridge 1995, S. 9–10.

len Bereich zwischen der Mobilisierung des Gründungskapitals und der Finanzierung der Unternehmensausweitung zu unterscheiden.[396]

Gerade die Gründung von Industrieunternehmen in der frühen Phase der Industrialisierung war mit zahlreichen Schwierigkeiten verbunden, wovon die Bereitstellung ausreichender Finanzmittel nicht die geringste war. Die englische Textilindustrie des 18. Jahrhunderts benötigte zunächst nur relativ bescheidene Beträge, weil wichtige Anlagen preisgünstig selbst erstellt, Betriebsgebäude gemietet und Rohmaterialien auf Kredit gekauft werden konnten.[397] Traditionelle Finanzquellen im lokalen, ländlichen Umfeld reichten daher aus, um den Kreditbedürfnissen dieser Gründungen zu entsprechen. Dies galt in erstaunlichem Maße noch lange Zeit für die englischen Bergbau- und Hüttenunternehmen sowie für andere Industrieunternehmen, weil deren Kapitalbedarf sich vor allem auf die Finanzierung des Umlauf- und weniger des Anlagevermögens richtete. Ersteres machte deutlich mehr als die Hälfte des Gesamtkapitalbedarfs aus und war einigermaßen leicht durch traditionelle Formen zu finanzieren. Da England an der Wende zum 19. Jahrhundert über einen beachtlichen Kapitalbestand verfügte[398], machte die Mobilisierung derartig geringer Mengen industriellen Anlagekapitals, zudem in vertrauten Formen und etablierten Institutionen, keine großen Schwierigkeiten. Die Industrielle Revolution veränderte in England zunächst lediglich die Struktur und weniger den Umfang des gesamtwirtschaftlichen Kapitalstocks. Aus dem Handwerk, dem Verlagssystem und dem Handelssektor flossen Mittel in die Industrie, die aufgrund beachtlicher Gewinne ebenfalls zur Akkumulation von Kapital beitragen konnten.[399] Die englischen Banken waren an diesem Prozess dagegen kaum direkt beteiligt.

Ganz anders die Situation in Deutschland, wo im frühen 19. Jahrhundert zwar auch nicht von einem generellen Kapitalmangel gesprochen werden kann,[400] wo aber die Industriepioniere große Probleme hatten, ihre

396 Zu dieser Unterscheidung François Crouzet, Die Kapitalbildung in Großbritannien während der Industriellen Revolution, in: Rudolf Braun u.a. (Hg.), Industrielle Revolution. Wirtschaftliche Aspekte, Köln 1976, S. 165–215.

397 Vgl. dazu Pat Hudson, The Genesis of Industrial Capital. A Study of the West Riding Wool Textile Industry c. 1750–1850, Cambridge 1986, v.a. S. 16–21 und Sidney Pollard, Fixed Capital in the Industrial Revolution in Britain, in: Journal of Economic History 24 (1964), S. 299–314.

398 Michael M. Postan, Recent Trends in the Accumulation of Capital, in: Economic History Review 6 (1935/36), S. 1–12 und umfassend Charles Feinstein und Sidney Pollard (Hg.), Studies in the Capital Formation in the United Kingdom 1750–1920, Oxford 1988.

399 Vgl. dazu François Crouzet, Die Kapitalbildung; Pat Hudson, The Genesis und auch Sidney Pollard, Fixed Capital.

400 Zur Zurückweisung der „Kapitalmangelthese" Knut Borchardt, Zur Frage des Kapitalmangels, S. 216–236 und Hans Mottek, Einleitende Bemerkungen – Zum Verlauf und zu einigen Hauptproblemen der industriellen Revolution in Deutschland, in: Ders. u.a. (Hg.), Studien zur Geschichte der Industriellen Revolution, S. 11–63, v.a. S. 27.

relativ bescheidenen Investitionsvorhaben zu finanzieren. In den unternehmenshistorischen Quellen der industriellen Frühzeit finden sich daher zahlreiche Klagen von Unternehmensgründern über die Schwierigkeiten bei der Beschaffung von Finanzmitteln. Ursache dieser Problematik war weniger der Mangel an Kapital, das für andere Anlagezwecke, wie Staatspapiere, Hypotheken u. ä. durchaus verfügbar war, sondern das Zögern des vermögenden Publikums, Mittel für Industriezwecke bereitzustellen. Dies hatte auch gute Gründe, da Industrieinvestitionen äußerst risikoreich waren und private Verschuldung noch mit dem Ruch des Unseriösen behaftet war.[401] Es war also mehr die Imperfektion des Kapitalmarktes als ein allgemeiner Kapitalmangel, der in Deutschland die Finanzierung der frühindustriellen Unternehmensgründungen erschwerte. Die tatsächlich getätigten Investitionen stammten, ähnlich wie in England, aus privaten Ersparnissen, kleingewerblicher Tätigkeit, Hypothekarkrediten, Handelsgewinnen und Darlehen von Freunden und Verwandten.[402] Banken spielten vor 1850 in Deutschland kaum eine Rolle bei der Industriefinanzierung, allenfalls mit Ausnahme weniger großer Bankhäuser.[403]

Eine genauere Analyse der Gründungsfinanzierung industrieller Unternehmen lässt sich nur durch Einzeluntersuchungen auf der Ebene individueller Unternehmen durchführen.[404] Dabei zeigt sich, dass in einer ganzen Reihe von Unternehmen die Gewinnsituation von Anfang an weitaus besser war, als dies aufgrund der Klagen der Unternehmer zu vermuten wäre. Auch wenn eine Gewinnermittlung im Einzelfall schwierig ist und häufig Entnahmen und/oder Ausschüttungen als Ersatzindikatoren verwendet werden, so zeigt sich bei den untersuchten Unternehmen ab Mitte der 1820er Jahre eine deutliche Verbesserung der Ertragssituation. Die Gewinne wurden hier aber nicht automatisch reinvestiert, sondern häufig genug anderwärts, z.T. spekulativ angelegt oder zur Tilgung von Schulden oder für Darlehen an Verwandte und Freunde benutzt. Eigenkapitalähnliche Mittel

401 Knut Borchardt, Zur Frage des Kapitalmangels, S. 220f. und auch Harald Winkel, Kapitalquellen und Kapitalverwendung am Vorabend des industriellen Aufschwungs in Deutschland, in: Schmollers Jahrbuch für Wirtschafts- und Sozialwissenschaften 90 (1970), S. 275–301, v.a. S. 294.

402 Ernst Klein, Zur Frage der Industriefinanzierung im frühen 19. Jahrhundert, in: Hermann Kellenbenz (Hg.), Öffentliche Finanzen und privates Kapital im späten Mittelalter und in der ersten Hälfte des 19. Jahrhunderts, Stuttgart 1971, S. 118–128, v.a. S. 123f. und Winkel, Kapitalquellen, S. 278–290.

403 Hans Pohl, Forms and Phases of Industrial Finance up to the Second World War, in: German Yearbook on Business History 1984, S. 75–94, hier: S. 75. Zu den Kölner Banken vgl. auch Wilfried Feldenkirchen, Kölner Banken und die Entwicklung des Ruhrgebiets, in: Zeitschrift für Unternehmensgeschichte 27 (1982), S. 81–106 sowie Eberhard Roos, Das Verhältnis der Banken zur rheinisch-westfälischen Schwerindustrie von Beginn des 19. Jahrhunderts bis 1875, Diss. Köln 1953.

404 So bei Peter Coym, Unternehmensfinanzierung im frühen 19. Jahrhundert – dargestellt am Beispiel der Rheinprovinz und Westfalens, Diss. Hamburg 1971.

wurden den Unternehmen häufig aus dem Familien- und Freundeskreis, gelegentlich in Form von Teilhaberschaften, zugeführt. Bei plötzlicher Geldknappheit sprangen diese dann mit Darlehen und Bürgschaften ein. Dem Eigenkapital kam bei den frühen Unternehmensgründungen insgesamt jedoch keine überragende Rolle zu, wichtiger war das Fremdkapital und hier vor allem private Kreditgewährung. Diese war häufig mit dinglichen Sicherheiten verbunden. Wichtig war vor allem der Lieferantenkredit, bei dem Zahlungsziele zwischen sechs und 24 Monaten nicht unüblich waren. Privatbankiers spielten dagegen nur eine untergeordnete Rolle bei der Gewährung von kurzfristigen Krediten, sie waren jedoch wichtig im Wechselgeschäft und für die Zahlungsabwicklung. Auch der Staat trat gelegentlich und in verschiedenen Formen (Geldzuwendungen, Überlassung von Maschinen, Kreditgewährung, Beteiligungen) als Förderer von Unternehmensgründungen auf, sein Beitrag blieb jedoch bescheiden und wird in der Literatur zumeist überschätzt.

Erst nach 1850 und dann mit der Finanzierung der Unternehmensausweitung und des Wachstums traten auch in Deutschland die Banken auf den Plan. Die expandierenden Aktienbanken trugen viel zur Finanzierung des „Gründerbooms" bei, der im wesentlichen ein Boom von Umgründungen älterer Unternehmen in die Form von Aktiengesellschaften war. Im westfälischen Ruhrgebiet wurden zwischen 1852 und 1873 insgesamt 95 Unternehmen der Montanindustrie neu gegründet bzw. umgegründet.[405] Diese Industrieunternehmen waren zusehends gezwungen, mehr Fremdkapital aufzunehmen, um ihr Wachstum zu finanzieren. Hierbei waren ihnen die großen Aktienbanken behilflich. Häufig wurde ihnen zunächst der kurzfristige Kreditrahmen erweitert, der dann zu gegebener Zeit langfristig fundiert wurde. Die stärkere Position der Unternehmen,[406] auch gestärkt durch Konzentration und Kartellierung – gerade im Bereich der Montanindustrie, lässt es jedoch nicht zu, von einer Dominanz des Bankensektors über den der Industrie zu sprechen, wie das z.B. mit dem Begriff des „Finanzkapitals" gelegentlich impliziert wird.[407]

Diese allgemeinen Erfahrungen lassen sich anhand der Finanzgeschichte zahlreicher Unternehmen eindrucksvoll untermauern. Die Druckmaschinenfabrik Koenig & Bauer bietet dafür ein sehr frühes Beispiel, denn trotz eines beachtlichen privaten Vermögens der Gründer waren diese 1820, d.h. nach knapp drei Jahren, am Ende ihrer finanziellen Möglichkeiten.[408] Nur die Unterstützung durch den bayerischen Staat konnte in diesem Fall die Weiterexistenz des Unternehmens sichern, ehe kurz darauf auch erste Ab-

405 Vgl. Pierenkemper, Die westfälischen Schwerindustriellen, S. 105.
406 Vgl. dazu auch Feldenkirchen, Die Eisen- und Stahlindustrie.
407 Zu dieser Gesamtproblematik Volker Wellhöner, Großbanken und Großindustrie im Kaiserreich, Göttingen 1989.
408 Klump/Männel, „Lange Wellen" der Unternehmenskonjunktur, S. 22.

satzerfolge eine sichere Basis schufen. Darüber hinaus spielte auch die Familie für den Erfolg der Unternehmensgründung eine bemerkenswerte Rolle.[409] Ganz ähnlich lagen die Verhältnisse nach Gründung der Kruppschen Gußstahlfabrik in Essen, die im gleichen Zeitraum erfolgte und einen beachtlichen Teil des Kruppschen Familienvermögens verschlang.[410] Auch die bereits erwähnten Württembergischen Textilunternehmen zeichneten sich durch eine bestimmte Form der Wachstumsfinanzierung aus. Die Anlagen wurden langfristig finanziert, häufig und vor allem vor 1850 durch Gewinne, erst später durch Kredit. Dieser erfolgte zunächst meist kurzfristig in Form einer Vorfinanzierung, die dann längerfristig z.T. auch mittels Fremdkapital konsolidiert wurde. Für die Wachstumsrhythmik war die Konjunktur voll ausschlaggebend.[411] Überhaupt scheint sich zu bestätigen, dass Wachstum und Investitionen der Industrieunternehmen in Deutschland ganz entscheidend von den Gewinnerwartungen abhingen[412] und dass eine externe Finanzierung nur etwa ein Fünftel des Gesamtwachstums erklärt.[413] Am Ende des 19. Jahrhunderts, bei der Gründung der Firma Bosch, lassen sich ähnliche Mechanismen der Finanzierung beobachten, und weitere Beispiele ließen sich leicht anfügen.[414]

Damals zeigte sich – ähnlich wie in der Gegenwart –, dass es gerade die prekäre Anfangsphase war, in der eine Unternehmensgründung an unzureichenden finanziellen Mitteln scheiterte.[415] Hier kann eine historische Insolvenzanalyse weiterhelfen, die Einblick in die „Ursachen“ von Unternehmenszusammenbrüchen der unzureichend mit Kapital ausgestatteten Neu-

409 Darauf hatte schon Kocka, Familie, Unternehmer und Kapitalismus, hingewiesen.

410 Jürgen Lindenlaub und Renate Köhne-Lindenlaub, Unternehmensfinanzierung bei Krupp 1811–1848. Ein Beitrag zur Kapital- und Vermögensentwicklung, in: Beiträge zur Geschichte von Staat und Stift Essen 102 (1988), S. 83–164.

411 Gert Kollmer von Oheimb-Loup, Die Finanzierung von Institutionen in der württembergischen Textilindustrie 1830–1914, in: Hansjoachim Henning u.a. (Hg.), Wirtschafts- und sozialgeschichtliche Forschungen und Probleme (Karl Erich Born zur Vollendung des 65. Lebensjahres), St. Katharinen 1987, S. 85–118.

412 Vgl. dazu Richard Tilly, Das Wachstum der Großunternehmen (1980), S. 101.

413 Richard Tilly, Externes Wachstum in industriellen Großunternehmen 1880–1913, in: Ders. (Hg.), Kapital, Staat und sozialer Protest, S. 126–139, v.a. S. 139; Ders., Mergers, External Growth and Finance in the Development of Large-Scale Enterprise in Germany 1880–1913, in: Journal of Economic History 42 (1982), S. 629–658. Vgl. allgemein auch Rudi Rettig, Das Investitions- und Finanzierungsverhalten deutscher Großunternehmen 1880–1911, Diss. Universität Münster 1978.

414 Pierenkemper, Zur Finanzierung von industriellen Unternehmensgründungen.

415 Horst Albach, Betriebswirtschaftliche Probleme der Unternehmensgründung, in: IFM-Materialien Nr. 14 (Institut für Mittelstandsforschung), Bonn 1984, S. 3 weist darauf hin, dass eine Unternehmensgründung eigentlich in zwei Stufen erfolgt, die eigentliche Gründung und dann eine zwei bis fünf Jahre währende Nachgründungsphase, in der das Risiko des Scheiterns besonders hoch ist.

gründungen gewährt.[416] Trotz aller methodischer Vorbehalte gegenüber der Zurechnung von Insolvenzen auf isolierte Ursachen und einer möglichen Verallgemeinerung kann m. E. aus den wenigen empirischen Studien zum Thema doch einiges Erhellendes für die Gründungsprobleme von Industrieunternehmen hergeleitet werden.

Eine Untersuchung der Zusammenbrüche von 197 Unternehmen aus dem bergischen Industriebezirk in den Jahren 1870 bis 1926, von denen 170 dem Bereich der Industrie zuzurechnen waren, nennt einige wichtige Charakteristika gescheiterter Unternehmen.[417] Kleinbetriebe sind stärker vertreten als Großbetriebe, obwohl die kleineren Unternehmen in der Regel in den Akten schlechter erfasst sind. Das Alter der meisten zusammengebrochenen Firmen liegt unter zehn Jahren, die ersten drei, insbesondere das dritte Jahr nach der Gründung erweisen sich als besonders existenzgefährdend. Dazu passt auch, dass es sich bei den Leitungspersonen der zusammengebrochenen Unternehmen zumeist um Unternehmer handelte, die neu im Geschäft waren: mehr als die Hälfte weniger als vier Jahre. Als wesentliche Ursache für den Zusammenbruch erweisen sich die zu knapp bemessenen Kapitalverhältnisse. Hier musste die Familie häufig einspringen. Alles in allem lassen sich die Unternehmenszusammenbrüche zumeist auf unternehmerische Fehlleistungen und weniger auf exogene Faktoren, wie Konjunktureinbrüche, veränderte Verbrauchsgewohnheiten und technische Entwicklungen zurückführen. Gründungsfehler, die Unterschätzung der Kapitalbedürfnisse und eine zu rasche Erweiterung des Unternehmens stehen bei diesen Fehlentscheidungen ganz obenan.

Eine neuere Untersuchung von Unternehmenszusammenbrüchen im Siegerland zwischen 1951 und 1980 kommt zu ähnlichen Ergebnissen.[418] Auf der Basis von 323 Fällen lässt sich nämlich wiederum eine Charakterisierung der Insolvenzfälle vornehmen. Unternehmungen im Alter bis zu fünf Jahren sind überdurchschnittlich betroffen; mit zunehmendem „Le-

416 Reinmar Fürst, Insolvenzen in betriebswirtschaftlicher Schau, Stuttgart 1962; Winfried Reske, Insolvenzursachen mittelständischer Betriebe. Eine empirische Analyse, Göttingen 1976 (Schriften zur Mittelstandsforschung Nr. 70); Horst Keiser, Betriebswirtschaftliche Analyse von Insolvenzen mittelständischer Einzelhandlungen, Köln 1965. Vgl. dazu auch Hansjoachim Henning, Vernachlässigter Fortschritt? Schwankende Akzeptanz technischer Innovationen durch Unternehmer, in: Francesca Schinzinger (Hg.), Unternehmer und technischer Fortschritt, München 1996, S. 301–319.

417 Gerhard Hahn, Ursachen von Unternehmensmißerfolgen, Köln 1958. Neuere Untersuchungen zu Unternehmensgründungen und Erfolgen bzw. Misserfolgen bei Dietmar Harnhoff (Hg.), Unternehmensgründungen – Empirische Analysen für die alten und neuen Bundesländer, Baden-Baden 1997 und Josef Brüderl u.a., Der Erfolg neugegründeter Betriebe. Eine empirische Studie zu den Chancen und Risiken von Unternehmensgründungen, Berlin 1996.

418 Axel Gösche, Insolvenzen und wirtschaftlicher Wandel. Eine wirtschaftsgeschichtliche Analyse der Konkurse und Vergleiche im Siegerland 1951–1980, Stuttgart 1985.

bensalter" sinkt das Insolvenzrisiko auch hier. Unter den Insolvenzursachen nimmt die Kapitalausstattung bzw. deren Mängel den ersten Rang ein. Gewichtet man die Ursachen, wie dies der Autor angesichts der Vielzahl von Gründen für Unternehmenszusammenbrüche tat, so fällt die Kapitalausstattung auf den vierten Rang ab, bleibt aber im Vorderfeld der Gründe. Nunmehr gelangt die Konjunkturentwicklung auf Rang eins. Abgesehen von allen methodischen Problemen der Identifikation, Zurechnung und Gewichtung von Insolvenzursachen zeigt sich aber auch bei allen jüngeren Untersuchungen, dass Unternehmen häufig in den ersten Jahren ihrer Existenz an einer unzureichenden Finanzausstattung scheitern.[419]

2.3 Technik und Produktionstechnologien

Neben der Bestimmung einer optimalen Unternehmensform und -finanzierung stellt auch die Wahl einer adäquaten Produktionstechnologie sowie ihre permanente Anpassung an die Bedingungen des Marktes und an die Fortschritte der Technik eine entscheidende Aufgabe dar, die von der Unternehmensleitung in strategischer Weise gelöst werden muss. Der technische Fortschritt und seine Auswirkungen auf die Wirtschaft werden in den Wirtschaftswissenschaften nahezu ausschließlich – und auch häufig in den Geschichtswissenschaften – auf der gesamtwirtschaftlichen Ebene, d.h. in einer makroökonomischen Perspektive diskutiert. In diesem Sinne versucht die neoklassische Wachstumstheorie, den technischen Fortschritt lediglich als Residuum der makroökonomischen Produktionsfunktion zu bestimmen, d.h. als den ungeklärten Rest des gesamtwirtschaftlichen Wachstums, der nicht auf eine Erhöhung des gesamtwirtschaftlichen Inputs zurückzuführen ist.

Diese eher generalisierende Sichtweise gegenüber Technik und technologischem Fortschritt findet sich auch innerhalb der Soziologie. Als Beispiel lässt sich ein Ansatz anführen, der einerseits die technologische Entwicklung innerhalb der Industrialisierung insgesamt zu erfassen sucht und andererseits diese dann mit Wirtschaft, Gesellschaft, Kultur und Politik insgesamt in Beziehung setzen will.[420] Ein derartiges Totalmodell ist zwangs-

419 Theo Hansjörg Rinklin, Die vergleichsfähige und konkursreife Unternehmung. Versuch einer Typologie notleidender Unternehmungen, Stuttgart 1960, S. 50, untersuchte 144 Fälle zwischen 1948 und 1954 im Raum Freiburg und kommt zu ähnlichen Ergebnissen; Vgl. Christian Brehmer, Diagnose: Konkursgefahr – Therapie? Eine empirische Untersuchung der Industrie- und Handelskammer zu Münster, Münster 1982, S. 18. Ähnlich Horst Keiser, Betriebswirtschaftliche Analyse, S. 49, 67f. und Reske, Insolvenzursachen mittelständischer Betriebe, S. 106 und 177.

420 Rodrigo Jokisch/Helmut Lindner, Technologischer Wandel in Gesamtdarstellungen. Probleme einer Strukturierung für die Frühindustrialisierung, in: Kölner Zeitschrift für Soziologie und Sozialpsychologie 31 (1979), S. 672–688.

läufig mit vielfältigen Problemen konfrontiert und es verwundert nicht, wenn Technik dann in blumiger Form als „Anpassungsmittel der Menschheit an die Natur“ definiert wird. Natürlich ist es zutreffend, dass die Industrielle Revolution bzw. die Industrialisierung nicht auf technologische Innovationen verkürzt werden darf, doch wie dieses komplexe Phänomen theoretisch durchdrungen werden soll, wird wenig überzeugend dargelegt. Das angezeigte „morphologische Gerüst“ wird von den Autoren selbst als „Vereinfachung“, gar als „Verfälschung“ klassifiziert und Schwierigkeiten ergeben sich schon bei der Definition eines derartig verstandenen technischen Fortschritts, weil es einen allgemeinen Fortschritt nicht gibt, sondern zahlreiche unterschiedliche technische Projekte in vielfältigen Formen auf unterschiedlichen Ebenen, die insgesamt zum technischen Fortschritt beitragen.

In der Wirtschaftsgeschichte ist eine derartige allgemeine Sicht des technischen Fortschritts daher ebenfalls nicht angemessen, denn auch hier kann das Wirken einer verbesserten technologischen Ausstattung der Wirtschaft in allgemeiner Form nur sehr schwer untersucht werden.[421] Insbesondere der unmittelbare Einfluss der wissenschaftlichen Forschung auf die Verhältnisse der Produktion ist äußerst umstritten.[422] Die Technikgeschichte als ein relativ neuer Zweig der Geschichtswissenschaften, die sich intensiv mit der technologischen Entwicklung beschäftigt, konzentriert sich häufig stark auf technische Details und vernachlässigt deren ökonomische Auswirkungen; zudem widmet sie sich neuerdings eher den ökologischen als den ökonomischen Folgen des technischen Fortschritts.[423] Es ist jedoch notwendig, die komplexen, auch ökonomischen Wirkungen des technischen Fortschritts im Detail zu untersuchen, denn es erweist sich als eine besondere Eigenart technischer Neuerungen, dass sie ihren Einfluss nicht flächendeckend auf alle Bereiche der Wirtschaft ausüben. Sie wirken ganz

421 Vgl. Albert Edward Musson, Einführung des Herausgebers, in: Ders. (Hg.), Wissenschaft, Technik und Wirtschaftswachstum im 19. Jahrhundert, Frankfurt a. M. 1977, S. 9–82.

422 Zwei gegensätzliche Positionen sind dabei aufzufinden. Vgl. Peter Mathias, Wer entfesselte Prometheus. Naturwissenschaften und technischer Wandel von 1600 bis 1800, in: Rudolf Braun u.a. (Hg.), Industrielle Revolution, S. 121–138. Die einen sehen ökonomischen Fortschritt eng mit der Entwicklung der Wissenschaft verbunden, die anderen sehen zwischen beiden kaum einen Zusammenhang.

423 Aus der Fülle einführender Arbeiten zur Technikgeschichte sei hier nur erwähnt Joachim Radkau, Technik in Deutschland. Vom 18. Jahrhundert bis zur Gegenwart, Frankfurt a. M. 1989 und ders., Technik und Umwelt, in: Ambrosius u.a. (Hg.), Moderne Wirtschaftsgeschichte, S. 119–136 sowie die Sammelbände von Ulrich Troitzsch/Gabriele Wohlauf (Hg.), Technikgeschichte. Historische Beiträge und neuere Ansätze, Frankfurt a. M. 1980; Wilhelm Treue (Hg.), Deutsche Technikgeschichte. Vorträge vom 31. Historikertag am 24. September 1976 in Mannheim, Göttingen 1977 und Reinhard Rürup/Karin Hausen (Hg.), Moderne Technikgeschichte, Köln 1975.

spezifisch nur auf bestimmte Teile, einzelne Sektoren, Branchen[424] oder gar einzelne Unternehmen ein, und auch dort meist nur bei bestimmten Produktionsprozessen und in bestimmten Produktionsschritten.

Vor allem in der Unternehmensgeschichte gilt es daher, die mikroökonomischen Probleme des technischen Fortschritts in den Blick zu nehmen, die Vielfalt der Einflüsse des technischen Fortschritts auf Teilbereiche des Unternehmens aufzuzeigen und seine Wirkung auf den Unternehmenserfolg abzuschätzen.[425] Dies erscheint auch deshalb eine lohnende Aufgabe für die Unternehmensgeschichte, weil sie sich auf ein Feld unternehmerischen Handelns bezieht, das nicht durch Vorgaben von außen, sondern sehr stark durch kreatives Gestalten von innen her zu betrachten ist. Aus der Perspektive des Unternehmens liegt technischer Fortschritt nämlich dann vor, wenn ein Ziel durch eine produktionsorganisatorische Maßnahme mit geringerem Aufwand erreicht, d.h. ein Produktivitätsfortschritt realisiert werden kann.[426] Allerdings ist nicht allein der physische Produktivitätsfortschritt relevant, sondern vor allem seine ökonomische Wirkung, d.h. die physischen Produktivitäten müssen mit Preisen bewertet werden. Wie dies zu geschehen hat, ist ein Problem der Kostenrechnung und kann hier nicht vertieft werden; Vorschläge finden sich reichlich.[427]

Auch von den Zeitgenossen des 19. Jahrhunderts wurden die vielfältigen Wirkungen des technischen Fortschritts auf die industrielle Produktion wahrgenommen und zahlreiche Vermutungen und Hypothesen über den Zusammenhang zwischen der Entwicklung der Technik und ihren Folgen für die industrielle Produktion formuliert. Karl Marx[428] z.B. ging von einer zunehmenden Substitution des variablen durch das konstante Kapital, d.h.

424 Ein Beispiel für sektoralen technischen Fortschritt bei Werner Kroker, Technischer Fortschritt und Innovationen im deutschen Bergbau vor der Industrialisierung, in: Schinzinger (Hg.), Unternehmer und technischer Fortschritt. Ein Beispiel für die frühe Textilindustrie ist Gert Kollmer von Oheimb-Loup, Technischer Fortschritt und Unternehmerverhalten am Beispiel der württembergischen Kammgarnspinnerei Merkel & Wolff 1830–1870, in: Schinzinger (Hg.), Unternehmer und technischer Fortschritt, S. 283–300 und für die chemische Industrie Ralf Schaumann, Technik und technischer Fortschritt im Industrialisierungsprozeß, dargestellt am Beispiel der Papier-, Zucker- und chemischen Industrie des nördlichen Rheinlandes (Rheinisches Archiv Bd. 101), Bonn 1977, S. 27ff.

425 Vgl. dazu schon früh Gert von Kortzfleisch, Zur mikroökonomischen Problematik des technischen Fortschritts, in: Ders. (Hg.), Die Betriebswirtschaftslehre der zweiten industriellen Evolution. Festgabe für Theodor Beste zum 75. Geburtstag, Berlin 1969, S. 323–349.

426 Neuerdings hierzu Ottfried Wagenbereth, Der „Technische Fortschritt“, Definition und Meßbarkeit, in: Schinzinger (Hg.), Unternehmer und technischer Fortschritt, S. 33–43.

427 Ebenda, S. 332ff.

428 Zu Karl Marx vgl. Jürgen H. Mender, Technologische Entwicklung und Arbeitsprozeß. Zur realen Substitution der Arbeit unter das Kapital, Frankfurt a. M. 1975, v.a. S. 30–36.

von einer zunehmenden Kapitalintensität der industriellen Produktion aus.[429] Die immer mächtigere Maschinerie, immer größere technische Aggregate, schlagen sich demnach zwangsläufig in einer wachsenden Konzentration des Kapitals und in einer zunehmend zentralisierten Unternehmensführung nieder. Aus diesen technologischen Voraussetzungen der Produktion erwuchs seiner Meinung nach u.a. der eigentümliche Zwang des kapitalistischen Systems zur Akkumulation. Diese Auffassung wurde z.T. auch von bürgerlichen Autoren geteilt. So ging Karl Bücher[430] bei seiner Formulierung des Gesetzes der Massenproduktion davon aus, dass deren Vorteile eine Entwicklung zu immer vollkommeneren, d.h. zu immer kapitalintensiveren Produktionsverfahren erzwänge. Max Weber[431] hingegen wies im Rahmen seiner Bürokratietheorie auf die überlegene Effizienz bürokratischer Organisationen gegenüber alternativen Formen der Organisation hin und begründete daraus eine quasi gesetzmäßige Entwicklung zur Herausbildung industrieller Großunternehmen.

Alle diese Autoren sehen also im Wirken des technischen Fortschritts für eine effizientere Industrieproduktion die Ursache dafür, dass industrielle Produktionsverfahren in Richtung auf Großtechnologien und Großunternehmen angepasst wurden. Auf welchem Weg aber fand der technologische Fortschritt Eingang in die moderne Industrieproduktion?

Zur Beantwortung dieser Frage bietet gerade die Innovationsforschung zahlreiche Anknüpfungspunkte für die Unternehmensgeschichte. Diese orientiert sich häufig an Vorstellungen Joseph Schumpeters, die dieser bereits 1911 formuliert hat und in denen er Innovationen als entscheidende Triebkräfte der wirtschaftlichen Entwicklung identifizierte. Dabei sah er allerdings neue Produktionsmethoden, d.h. technologische Innovationen i.e.S., nur als eine neben vier weiteren Möglichkeiten an, um die wirtschaftliche Entwicklung zu befördern.[432] In der Schumpeter folgenden Diskussion wurde die Perspektive sehr stark auf technologische Innovationen verengt, wobei man diese dann aber in sich ausdifferenzierte und in einer Sequenz

429 Die sogenannte „wachsende organische Zusammensetzung des Kapitals" führt nach der Marxschen Theorie zum „Gesetz des tendenziellen Fallens der Profitrate". Vgl. dazu Ernst Helmstädter, Der Kapitalkoeffizient. Eine kapitaltheoretische Untersuchung, Stuttgart 1969, S. 79–84.

430 Bücher, Das Gesetz der Massenproduktion, S. 429ff.

431 Zur Weberschen Bürokratietheorie vgl. einführend Horst Bosetzky u.a., Soziologie. Eine Einführung für Angehörige des öffentlichen Dienstes, Herford 1973, v.a. S. 141–146 sowie Max Weber, Wirtschaft und Gesellschaft, S. 160–166, 707ff., 1047–49 und ders., Gesammelte politische Schriften, OA Tübingen 1921, 4. Aufl. 1980, 5. Aufl. 1988, S. 309–310.

432 Schumpeter, Theorie der wirtschaftlichen Entwicklung. Als weitere Möglichkeiten für die Durchsetzung neuer Kombinationen, welche die wirtschaftliche Entwicklung generieren, nennt er neue Güter, neue Absatzmärkte, neue Bezugsquellen und eine neue Organisation, vgl. S. 100ff.

betrachtete. Diese begann mit Invention, d.h. der Erfindung neuer technischer Lösungen, wurde gefolgt von einer Innovation, d.h. der erstmalig erfolgreichen Einbringung in den Produktionsprozess und wurde schließlich vollendet durch die Diffusion, d.h. der massenhaften Verbreitung dieser neuen Technologie. Darüber hinaus wurden, angelehnt an Arbeiten des russischen Nationalökonomen Nikolai D. Kondratieff zwischen Schüben sogenannter Basisinnovationen im Abstand von ca. 50 Jahren unterschieden, die für einen langfristigen Wachstumszyklus der sich seit dem 19. Jahrhundert industrialisierenden Volkswirtschaften verantwortlich gemacht wurden.[433] Demnach hätten sich folgende Wachstumszyklen ergeben: die industrielle Revolution, 1787–1842, beruhend auf neuen Technologien in der Baumwollindustrie, der Eisenherstellung und bei der Nutzung der Dampfkraft, gefolgt vom bourgeoisen Kondratieff-Zyklus, 1843–1897, bedingt durch den Eisenbahnbau und auf der Basis neuer Eisen- und Kohlentechnologien, und schließlich der neomerkantilistische Kondratieff-Zyklus, 1898 – ca. 1930/35, basierend auf dem Wachstum der modernen Chemie, der Elektrizität und des Fahrzeugbaus. Man kann in den 50er Jahren noch einen vierten, neoklassisch zu benennenden Zyklus beginnen lassen, der durch Massenmotorisierung und die Verbreitung der Elektronik getragen wurde[434] und bis ans Ende des Jahrhunderts reicht, wo nun ein sechster Kondratieff-Zyklus zu beginnen scheint.[435]

Für die unternehmensbezogene Untersuchung der Wirkungen des technischen Fortschritts ist nach den vorhergehenden Erörterungen dreierlei zu beachten: *Erstens* muss klar unterschieden werden zwischen dem Bestand an Kenntnissen, dem Stand der Wissenschaft in einer Gesellschaft und der wirtschaftlichen Anwendung dieses Wissens in der betrieblichen Produktion. *Zweitens* muss innerhalb der betrieblichen Nutzung im Unternehmen zwischen der produktivitätssteigernden Wirkung technologischer Innovationen und ihrem ökonomischen Nutzen unterschieden werden, der sich im langfristigen Erfolg des Unternehmens niederschlägt. *Drittens* schließlich, das mag im Vorgriff gesagt werden, hat die historische Erfahrung gelehrt,

433 Vgl. dazu Gerhard Mensch, Das technologische Patt. Innovationen überwinden die Depression, Frankfurt a. M. 1975. Der ursprüngliche Ansatz bei Nikolaj D. Kondratieff, Die langen Wellen der Konjunktur, in: Archiv für Sozialwissenschaft und Sozialpolitik N.F. 56 (1926), S. 573–609 und ders., Die Preisdynamik der industriellen und landwirtschaftlichen Waren (Zum Problem der relativen Dynamik und Konjunktur), in: Archiv für Sozialwissenschaft und Sozialpolitik N.F. 60 (1928), S. 1–85.

434 Umfassend dazu Reinhard Spree, Lange Wellen und wirtschaftliche Entwicklung in der Neuzeit. Historische Befunde, Erklärungen und Untersuchungsmethoden (Historical Social Research. Historische Sozialforschung, Beiheft Nr. 4), Köln 1991 und Rainer Metz, Probleme der statistischen Analyse langer historischer Zeitreihen, in: Vierteljahrschrift für Sozial- und Wirtschaftsgeschichte 80 (1993), S. 457–486.

435 Zum empirischen Nachweis vgl. Alfred Kleinknecht, Are there Schumpetarian Waves of Innovation?, in: Cambridge Journal of Economics 14 (1990), S. 81–92.

dass zum einen technologische Innovationen auch quasi experimentell in relativ rückständige Unternehmen, Branchen, Regionen, ja ganze Volkswirtschaften einzuführen sind. Zum anderen können diese Innovationen nur selten in genialen Großprojekten, sondern eher an zahlreichen kleinen Veränderungen und Verbesserungen festgemacht werden, quasi in einer Sequenz der Anpassung an spezifische Verhältnisse, was häufig sogar mehr oder weniger erzwungen wird.[436]

Wenden wir uns nun zunächst den historischen Erfahrungen mit den neuen Technologien während der Industriellen Revolution in England zu und behalten dabei die drei erläuterten Komplexe im Auge. Danach wollen wir nach dem internationalen Transfer der neuen Technologien, insbesondere nach Deutschland, fragen. Die Industrielle Revolution in England nahm ihren Ausgangspunkt zweifellos in der Textilindustrie, genauer: beim Spinnen in den Unternehmen der Baumwollindustrie in Lancashire. Hier hatte eine steigende Nachfrage nach Baumwollstoffen zu einem drückenden Mangel an Baumwollgarnen geführt. Da das nebengewerblich betriebene Spinnen von Baumwollgarnen extrem arbeitsintensiv war, stieß eine weitere Steigerung der Produktion an Kapazitätsgrenzen.[437] Die bis dahin relativ unbedeutende Produktion von Baumwollgarn wurde also zum Nukleus der Industriellen Revolution. Hier trafen nämlich eine Reihe günstiger Voraussetzungen zusammen: eine steigende Nachfrage nach Baumwollprodukten, ein elastisches Angebot an Rohbaumwolle verbunden mit guten Rohstoffeigenschaften (Homogenität und Elastizität), die eine Mechanisierung der Baumwollspinnerei erleichterten.

Versuche zu einer Mechanisierung des Spinnvorgangs hatte es schon länger gegeben. Ein erstes Patent war schon 1738 erteilt worden, und die beiden Erfinder Lewis Paul und John Wyatt eröffneten bereits 1741 einen kleinen Spinnbetrieb in Birmingham, um ihre Erfindung wirtschaftlich auszubeuten.[438] Die erste Baumwollspinnmaschine stellte jedoch ökonomisch noch keinen großen Erfolg dar, denn obwohl sie technisch durchaus funktionierte, war sie noch störanfällig und von begrenzter Kapazität. Eine erfolgreiche Innovation wurde sie wohl deshalb nicht, weil der „Garnhunger" seinerzeit noch nicht so groß war, dass sich ihre Weiterentwicklung gelohnt hätte. Sie kam zu früh, bot also eine technische Lösung für ein Problem, das noch gar nicht bestand.

436 Nathan Rosenberg, Technological Progress and Economic Growth, in: Ders./Lennart Jörberg (Hg.), Technical Change, Employment and Investment, Lund 1982, S. 7–27. Neuerdings mit einem Überblick über die wichtigste Literatur Rainer Fremdling, Industrial Revolution and Scientific and Technological Progress, in: Jahrbuch für Wirtschaftsgeschichte 1997/2, S. 147–168.

437 David S. Landes, Der entfesselte Prometheus. Technologischer Wandel und industrielle Entwicklung in Westeuropa von 1750 bis zur Gegenwart, Köln 1973, S. 83ff.

438 Ausführlich zur Vorgeschichte Paul Mantoux, The Industrial Revolution in the Eighteenth Century. An Outline of the Beginning of the Modern Factory System in England, London 1961.

Eine Generation später hatte sich die Situation grundlegend geändert. Die Nachfrage nach Baumwollgarnen war derartig gestiegen, dass eine produktivitätssteigernde Innovation zur Behebung dieses Produktionsengpasses quasi erzwungen wurde. James Hargreaves war als Weber und Tischler mit diesem Problem bestens vertraut und ihm gelang 1764 die Entwicklung einer einfachen, handgetriebenen mechanischen Spinnmaschine, für die er 1770 ein Patent erhielt und für die sich der Name „Jenny" oder „Spinning-Jenny" einbürgerte. Die „Jenny" war eine Zweiphasenspinnmaschine, bei der das Rohgarn nach dem eigentlichen Spinnen erst in einem zweiten Schritt auf einer Spindel aufgewickelt wurde. Der Erfolg dieser einfachen Innovation war exorbitant. Neben der Steigerung der Garnqualität gelang mit dieser „Maschine" eine Erhöhung der Produktivität auf das sechs- bis vierundzwanzigfache, und trotz rapide fallender Garnpreise führte die überproportionale Ausdehnung des Absatzes zu enormen Gewinnen der Garnproduzenten. Frauen und Kinder konnten das einfache Gerät handhaben, so dass gering qualifiziertes, ländliches Arbeitspotential besser genutzt wurde.[439] Der ursprünglich unersättlich scheinende „Garnhunger" konnte so befriedigt werden, die Situation kehrte sich sogar um, denn es mangelte daraufhin an Webern, die das reichlich vorhandene Baumwollgarn zu Tuchen verweben konnten. Diese Situation verschärfte sich noch, als Richard Arkwright bald eine weitere Verbesserung der Spinntechnologie gelang, für die er 1769 ebenfalls ein Patent erhielt. Diese Maschine, „Waterframe" genannt, war von vornherein auf einen mechanischen Antrieb, zunächst durch ein Wasserrad, später durch eine Dampfmaschine, angewiesen und trug daher zur Entstehung einer Fabrikindustrie entscheidend bei. Im Unterschied zur „Jenny" erfolgte bei der „Waterframe" ein kontinuierlicher Spinnvorgang, d.h. das Verdrehen und Verspinnen der Fasern und das Aufwickeln der Garne erfolgte in einem Arbeitsgang. Auch die Garnqualität wurde weiter gesteigert. Dazu trug nicht zuletzt die Entwicklung der „Spinning Mule" durch Samuel Crompton zwischen 1775 und 1779 bei, die es erlaubte, auch sehr feine Garne maschinell herzustellen und in der die Technik der „Jenny" und „Waterframe" miteinander kombiniert wurde.

Auch wenn gesetzliche Vorschriften seit 1750 die Ausfuhr von Maschinen und Blaupausen – zunächst nur Maschinen der Woll- und Seidenverarbeitung, 1781 dann aber alle Maschinen – verboten, gelang es auch auf dem Kontinent, moderne Baumwollfabriken nach englischem Vorbild zu etablieren.[440] In Deutschland machte bereits 1783 Johann Gottfried Brüggel-

439 Vgl. auch Angelika Willms, Die Entwicklung der Frauenerwerbstätigkeit im Deutschen Reich, Nürnberg 1980.

440 Werner Kroker, Wege zur Verbreitung technologischer Kenntnisse zwischen England und Deutschland, Berlin 1971, S. 92f. und Ronald Clapham, Probleme der Übernahme und Verbreitung neuer Technologien im frühindustriellen Deutschland, in: Hamburger Jahrbuch für Wirtschafts- und Gesellschaftspolitik 21 (1976), S. 303–316.

mann bei Ratingen den Anfang, wo er eine moderne Baumwollspinnerei errichten ließ. Diese folgte in allen Einzelheiten dem Vorbild der Gründung von Richard Arkwright, sogar bis hin zum Namen „Cromford". Sie gilt als die erste mechanische Baumwollspinnerei Deutschlands und zeigte einen durchschlagenden ökonomischen Erfolg.[441] Eine erste Spinnmaschine war schon 1781 nach Berlin gebracht worden, wo sie in einem bestehenden Spinnereibetrieb genutzt werden konnte.[442] Ähnlich erfolgreich wurden mechanische Spinnmaschinen auch in den anderen Bereichen der Textilproduktion in Deutschland eingeführt: die erste mechanische Wollspinnerei wurde 1799 in Sachsen gegründet[443], und 1806 gelang es in Breslau erstmals, Flachs mit einer Maschine zu spinnen.[444]

In England hatten die enormen Fortschritte in der Baumwollspinnerei mittlerweile dazu geführt, dass die Produktion der Webwaren mit der Garnherstellung nicht mehr Schritt halten konnte. Ein Teil der Garnproduktion musste sogar exportiert werden und unterstützte damit ungewollt den Aufbau der ausländischen Konkurrenz. War es seit 1760 für die englischen Weber schwer gewesen, ausreichend Garne zu erhalten, so hatten sich um 1800 die Zustände so weit zugespitzt, dass die Disproportionalitäten zwischen dem Spinnen und dem Weben zu schweren Verwerfungen in der englischen Textilindustrie führten.[445] Eine Mechanisierung des Webvorganges schien dringend geboten und eine entsprechende technische Lösung war längst bekannt, hatte sich jedoch in der Breite noch nicht durchsetzen können. Fortschritte waren zwar auch beim Handweben erzielt worden, insbesondere durch die 1733 von John Kay eingeführte Verwendung eines fliegenden Schiffchens[446], doch konnte eine Mechanisierung des Webprozesses erst durch Edmund Cartwright erreicht werden. Mit Hilfe eines Zimmermanns und eines Schmiedes gelang es ihm nämlich, einen ersten mechanischen, 1785 patentierten Webstuhl zu konstruieren. Die Apparatur

441 Vgl. dazu Ursula Mildner-Flesch, Die Macht der Maschine. 200 Jahre Cromford, Ratingen 1984 und Franz Josef Gemmert, Die Entwicklung der ältesten kontinentalen Spinnerei. Eine betriebswirtschaftlich-historische Untersuchung, Leipzig 1927.

442 Wilhelm Treue, Wirtschafts- und Technikgeschichte Preußens, Berlin 1984, S. 141, 183.

443 Horst Blumberg, Die deutsche Textilindustrie in der industriellen Revolution, Berlin 1965, S. 73f.

444 Ulrich Peter Ritter, Die Rolle des Staates in den Frühstadien der Industrialisierung. Die preußische Industrieförderung in der ersten Hälfte des 19. Jahrhunderts, Berlin 1961, S. 74f.

445 Mantoux, The Industrial Revolution, S. 144–129 und Abott Payson Usher, The Textile Industry, 1750–1830, in: Melvin Kranzenberg/Caroll W. Pursell jr. (Hg.), Technology in Western Civilization, Vol. I, Oxford 1967, S. 230–245.

446 Allerdings wird die produktivitätssteigernde Wirkung dieser Erfindung überschätzt. Vgl. dazu Akos Paulinyi, John Kays Schnellade, ihre Verbreitung und Folgewirkungen. Zur Problematik „bekannter Tatsachen" in der Technikgeschichte, in: Technikgeschichte 52 (1985), S. 95–112.

war jedoch noch äußerst unpraktisch, denn es erforderte zwei erwachsene Männer, um sie zu betreiben; und selbst diese konnten die kraftraubende Arbeit am Webstuhl nur kurze Zeit ausüben.

Da Edmund Cartwright über Geld und unternehmerischen Elan verfügte, versuchte er aus seiner Erfindung auch wirtschaftlichen Nutzen zu ziehen. 1787 gründete er eine kleine Baumwollspinnerei in Doncaster, in der zwanzig mechanische Webstühle mit Tiergöpeln betrieben wurden; 1789 ersetzte er die Göpel durch eine Dampfmaschine. Obwohl das Unternehmen technisch gut ausgerüstet war, brachte es kaufmännisch keinen Erfolg, wohl auch wegen mangelnder Geschäftserfahrungen seines Betreibers. 1791 tat er sich deshalb mit einem erfahrenen Kompagnon zusammen und errichtete eine große Fabrik mit vierhundert dampfbetriebenen mechanischen Webstühlen. Nach mehrfachen Drohungen zerstörten Weber, die um ihren Lebensunterhalt fürchteten, diese Fabrik und ruinierten damit den Gründer und Erfinder. Sein Patent ging an einen Treuhänder, und er selbst wurde in zahlreiche Auseinandersetzungen mit Schuldnern und Gläubigern verwickelt.

Das Ausfuhrverbot für englische Maschinen erschwerte, aber verhinderte nicht wie bei den Spinnmaschinen, die Adaption der neuen Webtechnologie auf dem Kontinent. Bereits 1790 wurden auch in Deutschland, in Mittweida in Sachsen, die ersten fünfzig mechanischen Webstühle aufgestellt. Auch die neuen Produktionstechnologien in der Eisenindustrie folgen demselben Muster einer Technologieadaption, bei dem sich Erfolge meist eher durch kleinere Verbesserungen und Weiterentwicklungen als durch großartige Neuerungen einstellen.[447] Ganze Generationen von Erfindern hatten sich nämlich schon mit Versuchen beschäftigt, die Verhüttung des in England reichlich vorhandenen Eisenerzes mit den ebenfalls reichlich verfügbaren Steinkohlen zu bewerkstelligen, um in einem Land mit großen Erzvorkommen den drückenden Eisenmangel zu beheben.[448] Der Lösung des Problems kam Dud Dudley am nächsten, der 1619 mit entsprechenden Experimenten begann und der daraufhin ein Patent erhielt, das 1638 sogar erneuert wurde. Die zahlreichen Experimente solcher Erfinder und Tüftler haben zwar manches zur Verbesserung der Produktionsverfahren in der Eisenindustrie beigetragen, ein marktgängiges Verfahren zur Herstellung von Roheisen unter Verwendung von Steinkohlen bzw. Koks konnte jedoch noch nicht gefunden werden. Dies gelang erst Abraham Darby aus der Gegend von Wolverhampton, der sich aufgrund der reichen

447 Landes, Der entfesselte Prometheus, S. 91ff. sowie W. H. B. Court, Der technische Fortschritt in der Schwerindustrie, in: Braun u.a. (Hg.), Industrielle Revolution, S. 331–342.

448 Mantoux, The Industrial Revolution, S. 277–298 und H. R. Schubert, Extraction and Production of Metals: Iron and Steel, in: Charles Singer u.a. (Hg.), A History of Technology, Oxford 1958, S. 99–117.

Eisenerz- und Kohlevorkommen 1709 in Coalbrookdale niedergelassen hatte. Er begann mit Experimenten zum Erschmelzen von Eisenerzen, wobei er zunächst mit Holzkohle arbeitete, dann mit Rohkohle und schließlich mit Koks. Zuerst verwandte er den Koks noch in Mischungen mit Torf und Kohlenstaub, ehe er später ausschließlich Koks erfolgreich einsetzte. Einen wesentlichen Anteil an seinem Erfolg hatte der geringe Schwefelgehalt der örtlich vorgefundenen Kohlen, denn das Problem beim Erschmelzen von Roheisen war, dieses möglichst von Schwefel freizuhalten, weil es sonst brüchig wurde. Aufgrund der örtlichen Produktionsvorteile in Coalbrookdale konnte dieses Verfahren außerhalb der Region nur schwer nachvollzogen werden. Als Darby 1717 starb, waren daher die Probleme der Eisenherstellung mittels Koks noch längst nicht gelöst. Sein Sohn, der das Werk übernommen hatte, setzte die Versuche fort und nahm weitere Verbesserungen vor. Die neue Technologie fand in England dann aber schnell weite Verbreitung: von den 1788 insgesamt 77 betriebenen Hochöfen in England wurden schon 53 mit Koks und nur noch 24 mit Holzkohle befeuert.[449]

Auf dem Kontinent und in Deutschland dauerte es ein wenig länger, bis sich die moderne, häufig als „englisch" bezeichnete Eisenproduktion durchsetzen konnte. Das lag zum einen daran, dass sich die Nachfrage nach Eisenprodukten vor dem Eisenbahnzeitalter in engen Grenzen bewegte. Zum anderen konnte die überkommene Holzkohlentechnologie ebenfalls erheblichen Produktivitätszuwachs erzielen, und außerdem war der Rationalisierungsdruck von der Kostenseite, d.h. der Kosten von Holzkohle, nicht so gravierend wie in England. Immerhin wurden bereits 1765 in Sulzbach an der Saar erste, allerdings erfolglose Versuche unternommen, Roheisen mit Koks zu erschmelzen. Auf dem Festland war man erstmals 1784 auf den staatlichen Eisenwerken Le Creusot in Frankreich erfolgreich, gefolgt von der ebenfalls staatlichen Eisenhütte in Gleiwitz/Oberschlesien im Jahre 1796, nachdem entsprechende Experimente in Malapane bereits 1789 durchgeführt worden waren. Nach Westfalen kamen diese Technologien dann 1806 (Gravenhorst), ins Rheinland 1847 (Rheinböllen), ins Siegerland 1847 (Trupbach bei Siegen) und ins Ruhrgebiet 1849 (Mülheim).

Aufgrund der Fortschritte bei der Roheisenherstellung war es in England mittlerweile möglich geworden, große Mengen an Roheisen durch den Einsatz von Steinkohlen zu produzieren. Die traditionellen Frischverfahren zur Reduzierung des Kohlenstoffgehaltes boten aber nicht die Möglichkeit,

449 Irmgard Lange-Kothe, Die ersten Koks-Hochöfen in Deutschland, besonders im Rheinland und in Westfalen, in: Stahl und Eisen. Zeitschrift für das deutsche Eisenhüttenwesen 85,2 (1965), S. 1053–1061, hier: S. 1053; Rainer Fremdling, Technologischer Wandel und internationaler Handel im 18. und 19. Jahrhundert. Die Eisenindustrie in Großbritannien, Belgien, Frankreich und Deutschland, Berlin 1986, S. 31 nennt für 1785 bis 1789 sogar 72 Kokshochöfen.

alles Roheisen in schmiedbares Eisen zu verwandeln. Ähnlich wie nach der Erfindung der Spinnmaschine im Textilsektor, traten nun auch in der Eisenindustrie Disproportionalitäten auf: ein Teil des Roheisens wurde daher exportiert, während im Inland der Problemdruck zur Entwicklung eines effizienten Frischverfahrens anwuchs. Nur eine kurze Zeit des Experimentierens genügte deshalb, um tatsächlich eine erste Lösung des Problems zu generieren. [450]

Erste ermutigende Ergebnisse hatte John Roebuck bereits 1762 erzielt, wo er im Prinzip das später so bezeichnete „Puddeln" entwickelte. Weitere Experimente an anderen Orten waren weniger erfolgreich, doch Anfang der 1780er Jahre war eine Lösung gefunden. Nahezu zeitgleich wurde an zwei verschiedenen Orten ein Verfahren entwickelt, nämlich 1783 von Peter Quious und 1784 von Henry Cort, mit dem man größere Mengen von Roheisen zu sogenanntem „Stabeisen" verarbeiten konnte. Die Lösung des Problems lag darin, dass man das Schmelzgut durch die Konstruktion eines speziellen Ofens nicht mehr unmittelbar mit dem Heizmaterial, der Steinkohle, in Verbindung brachte. So konnte das Roheisen aus den Steinkohlen keinen Schwefel aufnehmen und wurde nicht brüchig. Allerdings konnte man auf diese Weise keine ausreichende Hitze erzielen, um das Schmelzgut zu verflüssigen. Es verblieb als teigige Masse, die mechanisch im Ofen zu wenden und durchzukneten war, um eine Reduktion des Kohlenstoffes über den Heizstrom zu gewährleisten. Für diesen Prozess bürgerte sich der Begriff des „puddelns" ein. Dazu war eine schwere körperliche Arbeit nötig, die auch der Kapazität dieses Frischprozesses enge Grenzen setzte.[451] Die im Puddelofen gefertigte Luppe stellte jedoch noch kein gängiges Handelsgut, sondern nur ein Vorprodukt dar. Die Luppe wurde daher in weiteren Arbeitsschritten zunächst ausgewalzt, um ihre innere Struktur zu festigen und Schlackenreste zu entfernen. Das Walzgut wurde dann in handliche Stäbe geschnitten, mit Stäben aus anderen Chargen gemischt, um Qualitätsunterschiede auszugleichen, in Paketen zusammengefasst, in Schweißöfen wiederum erhitzt und erneut ausgewalzt, um so die einzelnen Stäbe miteinander zu verbinden. Erst jetzt war ein handelsfähiges Stabeisen entstanden, das zu Schienen oder Blechen ausgewalzt oder zu anderen Eisenprodukten verarbeitet werden konnte.

Die Herstellung von schmiedbarem Eisen war also ein komplexer mehrstufiger Prozess, der keinesfalls allein durch die Erfindung des Puddelns möglich wurde. Genauso wichtig waren die Fortschritte in der Walztechnik und bei der Wärmebehandlung. Wenn auch Henry Cort möglicherweise nicht der einzige Erfinder des Puddelverfahrens und seiner nachfolgenden Arbeitsgänge war, so war er zweifellos der große Innovator. Er war ein be-

450 Paul Mantoux, The Industrial Revolution, S. 299–302.

451 Ausführlich Akos Paulinyi, Das Puddeln. Ein Kapitel aus der Geschichte des Eisens in der Industriellen Revolution, München 1987.

deutender Zulieferer für die Admiralität, kannte wichtige Leute und konnte sein Verfahren bekannt machen. Mit diesem Verfahren war es dann möglich, große Mengen von Stabeisen herzustellen und zwar in einer bemerkenswerten Qualität. Sein Patent wurde bald auch von anderen Werken übernommen, weshalb Cort zwischen 1786 und 1789 etwa 250.000 Pfund an Patentgebühren einnehmen konnte. Dennoch hatte er als Unternehmer langfristig keinen großen Geschäftserfolg. Für den Ausbau seines Eisenwerkes Fontley hatte er nämlich größere Summen von einem Angestellten der Admiralität geliehen. Als Adam Jellicoe, der Vater seines Geschäftspartners, 1789 vermutlich durch Selbstmord starb, stellte sich heraus, dass er in großem Stil Geld unterschlagen hatte. Die Admiralität trieb daraufhin alle Forderungen rigoros ein, womit auch Cort in Betrugsverdacht geriet, Rückzahlungen leisten musste, seine Rechte am Patent verlor und ruiniert war. Lediglich eine staatliche Jahresrente von 1.800 Pfund verblieb ihm als Anerkennung für die Erfindung und Verbreitung des Puddelverfahrens. Dies breitete sich in England bald flächendeckend aus, insbesondere wegen des nun fehlenden Patentschutzes.

In Deutschland fand dieses Verfahren erst in den 1820er Jahren größere Verbreitung.[452] Die ersten Versuche, alle auf staatlichen Eisenhütten in Preußen unternommen, nämlich 1816 auf der Hegermühle bei Berlin, mit zweijähriger Unterstützung zweier englischer Hüttenexperten, und 1817 auf der Rybniker Hütte in Oberschlesien sowie auf der staatlichen Eisenhütte Geislautern an der Saar, sind fehlgeschlagen. Überall fehlte es noch an technischem Wissen und Erfahrung mit dieser komplexen neuen Technologie. Der Erfolg stellte sich erst deutlich später auf den privaten Eisenhütten ein. Hier schritten vor allem die Brüder Christian und Ferdinand Remy auf dem Rasselstein bei Neuwied voran, die seit 1820 mit dem neuen Verfahren experimentierten.[453] 1824 glückte der Erfolg, und seit 1826 wurde dort ein Puddelofen regelmäßig in Betrieb gehalten. In kurzen Abständen folgten nun weitere Eisenhütten: 1825 Eberhard und Wilhelm Hoesch in Lendersdorf bei Düren in der Eifel, 1826 Friedrich Harkort in Wetter an der Ruhr, 1827 Ferdinand Remy in Alf an der Mosel, 1828 Eduard Schmidt in Nachrod bei Iserlohn, 1831 die Stummschen Eisenwerke in Neunkirchen/Saar und schließlich 1833 Krämer in St. Ingbert/Bayerische Pfalz, so dass Anfang der 1830er Jahre die neue Technologie auch in Deutschland weitgehend verbreitet war.[454]

452 Werner Bosack, Die Geschichte der Walzwerktechnik und die Entwicklung der Walzwerkindustrie im 19. Jahrhundert in Deutschland bis zur Wirtschaftskrise 1873, Diss. Hannover 1970 und Horst Wagenblaß, Der Eisenbahnbau und das Wachstum der deutschen Eisen- und Maschinenbauindustrie 1835 bis 1865, Stuttgart 1973.

453 Ausführlich dazu Ludwig Beck, Die Einführung des englischen Flammofenfrischens in Deutschland durch Heinrich Wilhelm Remy & Co. auf dem Rasselstein bei Neuwied, in: Beiträge zur Geschichte der Technik und Industrie. Jahrbuch des Vereins Deutscher Ingenieure Bd. 3, Berlin 1911, S. 86–130.

454 Vgl. dazu Rainer Fremdling, Die Ausbreitung des Puddelverfahrens und des

Eine massenhafte Produktion von Stabeisen war jedoch noch nicht die Folge, die Kapazitäten blieben im Vergleich zu den englischen Werken äußerst bescheiden.[455] Das größte deutsche Puddelwerk, das Werk Lendersdorf von Hoesch, stellte mit zehn Puddelöfen eher eine Ausnahme dar. Im gesamten deutschen Zollverein gab es 1835/36 nur ca. 38–40 betriebsfertige Puddelöfen.[456] Für Schienenlieferungen an die ersten deutschen Eisenbahnen waren diese Werke noch nicht gut genug ausgestattet; das Material für die Schienen musste noch aus England und Belgien importiert werden. Erst mit dem Ausbau des Werkes von Hoesch (1837), der Inbetriebnahme der Laurahütte in Oberschlesien als erstem vertikal integriertem Hüttenwerk in Deutschland (1838) und einigen anderen Neugründungen und Erweiterungen wurde auch in Deutschland die Schienenproduktion zum entscheidenden Zweig der expandierenden Eisenindustrie. Die Kapazität der Eisenindustrie blieb allerdings durch das noch handwerklich geprägte Puddelverfahren deutlich begrenzt, und alle Versuche zur Mechanisierung dieses Verfahrens scheiterten.[457] Als nun aber aufgrund der Fortschritte in der Eisenhüttentechnik, u.a. durch den Bau von größeren Hochöfen, mehr Roheisen verfügbar wurde und andererseits auch die Nachfrage nach Eisenprodukten weiter anstieg, erwies sich das Frischen im Puddelverfahren immer stärker als ein Hemmnis in der Eisenproduktion. Das Gussstahlverfahren, u.a. von der Firma Fried. Krupp angewandt, konnte hier keine Abhilfe schaffen, weil es der Herstellung von Qualitätseisen (d.h. „Stahl“ i.e.S.) vorbehalten blieb und ebenfalls nicht massenhaft angewandt werden konnte.

Das Problem der Eisenversorgung wurde dann in England von Henry Bessemer 1855 gelöst, der ein neuartiges, nach ihm benanntes Verfahren entwickelte. Er füllte das flüssige Roheisen in einen birnenförmigen Behälter, den Konverter, und durchblies das Roheisen mit Luft. Der Luftstrom wurde dann dazu genutzt, den Kohlenstoffgehalt des Roheisens zu reduzieren.[458] Bei diesem Verfahren wurde also kein Brennstoff zugesetzt, weil verschiedene Bestandteile des Roheisens, vor allem Silizium und Mangan, im Luftstrom verbrennen und so das Eisenbad weiter aufheizen. Man erhält

Kokshochofens in Belgien, Frankreich und Deutschland, in: Technikgeschichte 50 (1983), S. 197–212.

455 August Borsig z.B. war für die Versorgung seiner Maschinenfabrik mit Qualitätseisen noch bis in die 1850er Jahre auf englische und schottische Zulieferungen angewiesen. Vgl. dazu Ralf A. Thoma, Der Industriekomplex von A. Borsig, Berlin, unter besonderer Berücksichtigung der Entwicklung des oberschlesischen Borsigwerks von 1854 bis 1932, Dissertation Köln (voraussichtlich 2001).

456 Horst Wagenblaß, Der Eisenbahnbau, S. 14.

457 Zu diesen Versuchen vgl. Akos Paulinyi, Das Puddeln, S. 129ff.

458 Cyril Stanley Smith, Mining and Metallurgy Production 1800–1880, in: Melvin Krantzenberg und Caroll W. Pursell jr. (Hg.), Technology in Western Civilisation, Vol. I, London 1967, S. 349–367 sowie Oskar Simmersbach, Die Eisenindustrie, Leipzig 1906, S. 68–72.

also schmiedbares Eisen in flüssiger Form, das auch vergossen und dann weiterverarbeitet werden kann. Daher werden derartige Frischverfahren auch Flussstahlverfahren und ihr Endprodukt Flussstahl genannt.

In der praktischen Anwendung zeigten sich allerdings noch gravierende Probleme bei der Erzbeschaffenheit, der Länge der Blasezeiten, beim Gießen des flüssigen Eisens und bei den hohen Anlagekosten.[459] Erst weitere Verbesserungen durch Robert F. Mushet machten das Verfahren praktikabel, weshalb 1857 auf seinem Werk Ebbw Vale in Süd-Wales die ersten Bessemer-Schienen gewalzt wurden. Auch Göran Frederik Göransson führte weitere Verbesserungen durch, so dass erst am 18. Juli 1858, nahezu vier Jahre nach Erteilung des ersten Patents an Henry Bessemer, eine einwandfreie Charge Bessemer-Stahl in Garpenberg in Schweden erblasen werden konnte.

In Deutschland wurde zunächst durch die Firma Fried. Krupp in Essen eine Alleinlizenz für dieses Verfahren erworben, vermittelt durch einen Vertrauensmann des Unternehmens in London. Ein preußisches Patent erteilte man nicht auf das Verfahren, weil man glaubte, niemandem das „Blasen von Luft durch ein Eisenbad" verwehren zu können. 1862 und 1863 machten der Hörder Bergwerks- und Hüttenverein, der Bochumer Verein sowie die Königshütte in Oberschlesien ebenfalls erste Versuche mit dem neuen Verfahren. Allen vier Unternehmen kommen Verdienste hinsichtlich der innovativen Leistungen mit dem neuen Verfahren zu. Doch eine praktische Durchsetzung erfolgte erst in den 1870er Jahren als 1872 auch die Gutehoffnungshütte zum neuen Verfahren überging und 1872/73 die Rheinischen Stahlwerke in Meiderich ein erstes reines Bessemer-Stahlwerk errichteten. 1874 folgte Hoesch in Dortmund mit einem weiteren reinen Bessemer-Stahlwerk, wogegen der Aachener-Hütten-Verein 1875 den 1872 begonnenen Versuchsbetrieb mit dem neuen Verfahren wieder abbrach.

Im Jahrzehnt von 1870 bis 1880 wurden in Deutschland insgesamt zwanzig Bessemer-Stahlwerke mit zusammen 75 Konvertern errichtet. Der Höhepunkt der Bessemer-Stahlproduktion in Deutschland war 1882 erreicht, wobei die Firma Krupp über das größte Bessemer-Werk des europäischen Kontinents verfügte.[460]

Das Problem des Bessemer-Verfahrens bestand aber darin, dass eine kieselsaure Ausmauerung des Konverters erfolgte, die zwar in der Lage

459 Ulrich Troitzsch, Die Einführung des Bessemer-Verfahrens in Preußen – ein Innovationsprozeß aus den 60er Jahren des 19. Jahrhunderts, in: Frank R. Pfetsch (Hg.), Innovationsforschung als multidisziplinäre Aufgabe, Göttingen 1975, S. 209–240.

460 Gottfried Plumpe, Technischer Fortschritt, Innovation und Wachstum der deutschen Eisen- und Stahlindustrie in der zweiten Hälfte des 19. Jahrhunderts, in: Wilhelm Heinrich Schröder und Reinhard Spree (Hg.), Historische Konjunkturforschung, Stuttgart 1980, S. 160–185.

war, die basischen Eisen- und Manganoxyde zu binden, nicht jedoch die sauren, insbesondere die Phosphoroxyde. Die deutsche Eisenindustrie verwandte zunächst aber überwiegend phosphorarme Erze, während die englischen Erze phosphorreich waren. Dies galt als ein wesentlicher Wettbewerbsnachteil der deutschen Eisenindustrie[461], der erst überwunden wurde, nachdem 1878 von Sidney Gilchrist Thomas und seinem Vetter Percy Carlyle Gilchrist eine basische Ausmauerung des Konverters mit gebranntem Dolomit vorgenommen und unter Zuschlag von gebranntem Kalk eine Entphosphorisierung der Schmelze möglich wurde. Im Mai 1879 wurde bald darauf die erste einwandfreie Charge Thomas-Stahl in Middlesbrough erblasen. In Deutschland wurde dieses Verfahren im September 1879 im Hoerder Bergwerks- und Hüttenverein sowie auf den Rheinischen Stahlwerken in Ruhrort eingeführt.[462] 1880 erwarben dann auch die Rheinischen Stahlwerke die Patentrechte für das Thomas-Verfahren im Deutschen Reich. Noch im gleichen Jahr folgten weitere Hütten mit der Anlage von Thomas-Stahlwerken: de Wendel in Hayingen (Deutsch-Lothringen), Stumm in Neunkirchen/Saar, der Bochumer Verein und der Aachener-Hütten-Verein. 1882 folgte die Ilseder-Hütte in Peine und die Gutehoffnungshütte, 1884 der Phönix und 1886 Hoesch. Das Verfahren setzte sich in Deutschland sehr schnell durch, weshalb es nach verstärktem Einsatz von phosphorreichem Erz nach der Annexion Elsaß-Lothringens durch dieses günstigere Verfahren England bald einholte.[463]

Zahlreiche weitere Branchen und Unternehmen lassen sich anführen, in denen im Verlauf des 19. Jahrhunderts vergleichbare Innovationen und Produktivitätsfortschritte erzielt worden sind wie in der hier exemplarisch behandelten Textil- und Eisenindustrie. Zu nennen ist vor allem der deutsche Steinkohlenbergbau, denn hier begründete der Übergang vom Stollenbetrieb zu den Tiefbauzechen eine gänzlich neue Produktionsweise, wodurch moderne Großunternehmen entstanden. Die Erschließung der Lagerstätten, der Ausbau des Bergwerkes, Wasserhaltung, Wetterführung, Abbau und Förderung der Kohlen stellen ein derartig komplexes Betriebsgeschehen dar, dass nicht nur beachtlichen finanziellen Aufwand, sondern auch großes organisatorisches Geschick und kaufmännisches Denken erforderlich machte.[464] Ähnliches galt für das Gießereiwesen[465] und den

461 Feldenkirchen, Die Eisen- und Stahlindustrie des Ruhrgebiets, S. 31ff., der jedoch auch auf die noch lange währende Konkurrenzfähigkeit des Puddelverfahrens hinweist.

462 Herbert Dickmann, Die Einführung des Thomasverfahrens in Deutschland im Jahre 1879, in: Stahl und Eisen 74 (1954), S. 1257–1262.

463 Gottfried Plumpe, Technischer Fortschritt.

464 Vgl. dazu knapp Akos Paulinyi, Die Umwälzung der Technik in der Industriellen Revolution zwischen 1750 und 1840, in: Wolfgang König (Hg.), Propyläen Technikgeschichte, Bd. 3: Mechanisierung und Maschinisierung, Berlin 1991, S. 269–495, hier: S. 369–382.

465 Das Gießereiwesen in gemeinfaßlicher Darstellung, hg. von der Wirtschaftsgruppe

Maschinenbau verbunden mit der Entwicklung der Dampftechnologie bis hin zur Wattschen Dampfmaschine, die 1776 erstmals erfolgreich in der englischen Industrie eingesetzt wurde.[466] Die Entstehung und Entwicklung des Werkzeugmaschinenbaus erbrachte damit nicht nur für die Textilindustrie, sondern auch für den Bau der Dampfmaschine wichtige Vorleistungen.[467]

Insbesondere die Führungssektoren der sogenannten „zweiten Industriellen Revolution", die chemische[468] und elektrotechnische[469] Industrie, beruhen allerdings weitgehend auf der systematischen Anwendung und Erweiterung technischen Wissens. Beide Industriezweige haben entscheidende Impulse gerade durch deutsche Forscher erfahren. Zu erinnern sei nur an die Entdeckung des elektromagnetischen Prinzips durch Werner Siemens (1866), an die erste Farbstoffsynthese des Alizarins (1868) durch Carl Graebe und Carl Liebermann, an die Fortschritte in der Grundstoffchemie – z.B. bei der Sodaproduktion sowie der Produktion von Schwefelsäure und Chlor –, an die Begründung der Pharmaindustrie durch die Firma Hoechst mit dem Kairin (1883) und Antiphyrin (1884) und schließlich an die Erfindung der Antibiotika durch Paul Ehrlich (Salvasan) und die Firma Hoechst.

Entscheidend bleibt jedoch immer die Frage, was die Wahl der Produktionstechnologie für den unternehmerischen Erfolg bedeutete. Im Hinblick auf diese Fragestellung bleiben Technik und technologische Innovationen weiterhin ein wichtiges zu bearbeitendes Untersuchungsfeld für die Unternehmensgeschichte. Welche strategischen Entscheidungen waren im Unternehmen zu treffen, damit unternehmerischer Erfolg gewährleistet werden konnte? Über die große Bedeutung des technischen Fortschritts für den Unternehmenserfolg ist man sich weitestgehend einig, nur gibt es kein

Gießereiwesen, Düsseldorf 1941. Neuerdings Rudolf Reinhard, Strukturwandel der Eisenindustrie des Lahn-Dill-Gebietes 1840–1914. Von der Eisenerzeugung zur reinen Eisenweiterverarbeitung in Gießereien, Diss. Frankfurt a. M. 1999.

466 Frederic M. Scherer, Erfindung und Innovation bei der Entwicklung der Dampfmaschine durch Watt-Boulton, in: Braun u.a. (Hg.), Industrielle Revolution, S. 139–160.

467 Karl-Heinz Mommertz, Bohren, Drehen und Fräsen. Geschichte der Werkzeugmaschinen, München 1983.

468 Wilhelm Strube, Der historische Weg der Chemie. Von der industriellen Revolution bis zum Beginn des 20. Jahrhunderts, Leipzig 1981; Wolfhard Weber, Verkürzung von Zeit und Raum. Techniken ohne Balance zwischen 1840 und 1880, in: Wolfgang König (Hg.), Propyläen Technikgeschichte, Bd. 4, Berlin 1990, S. 11–261, hier: S. 126–132; Wolfgang König, Massenproduktion und Technikkonsum. Entwicklungslinien und Triebkräfte der Technik zwischen 1880 und 1914, in: Ebenda, S. 264–552, hier: S. 360–376 sowie Wilhelm Treue, Die Bedeutung der chemischen Wissenschaft für die chemische Industrie, in: Ders./Kurt Mauel (Hg.), Naturwissenschaft, Technik und Wirtschaft im 19. Jahrhundert, Göttingen 1976, S. 665–693.

469 C. Schulze-Haussen, Die Stellung der Elektroindustrie im Industrialisierungsprozeß, Berlin 1970 und Helmut Lindner, Strom-Erzeugung, Verteilung und Anwendung der Elektrizität, Reinbek bei Hamburg 1985.

eindeutiges Verfahren, seinen ökonomischen Erfolg eindeutig zu messen. Zahlreiche Versuche sind in der Praxis auffindbar, um die Wirkungen des technischen Fortschritts auf die Unternehmensentwicklung abzuschätzen.[470]

Alle diese Verfahren sind unsicher, zum Teil spekulativ: die Zukunft bleibt eben auch bei der Anwendung neuer Technologien ungewiss, so dass alle Entscheidungen über die Produktionstechnologie mit einem hohen Maß an Unsicherheit verbunden sind. Forschung und Entwicklung bilden gleichwohl einen wichtigen und zunehmend wichtigeren Bereich der unternehmerischen Praxis. Dennoch ist es bis in die Gegenwart nicht gelungen, ein zuverlässiges Prognoseinstrument zur Abschätzung der Zukunftsträchtigkeit technischer Neuerungen zu entwickeln. Um eine Innovation erfolgreich an den Markt zu bringen, benötigt man im Bereich der Produktinnovationen in Deutschland nach neuesten Untersuchungen immer im Durchschnitt neun Basiskonzepte, acht scheitern also.[471] Im Bereich der Verfahrensinnovationen ist es wohl nicht viel anders, auch wenn hier die Identifikation von Innovationen, die häufig aus graduellen Verbesserungen der Praxis resultieren, schwieriger erscheint. Daher reicht es kaum aus wie Schumpeter zwischen fünf Fällen von Innovationen zu unterscheiden[472] oder in ähnlich klassifikatorischer Weise wie Gerhard Mensch Basis- und Folgeinnovationen voneinander zu trennen und verschiedene Schritte der Generierung von Neuerungen daraus herzuleiten.[473] Entscheidungen über technische Neuerungen müssen in eine strategische Konzeption eingepasst sein, die den Innovationsansatz als permanenten Prozess erweitern und seine praktische Umsetzung sowie seinen ökonomischen Erfolg in die Betrachtung einbeziehen.[474]

Wie schon mehrfach betont, lassen sich die Probleme der technischen Entwicklung und die damit verbundenen strategischen Entscheidungen der Unternehmensführung über die Wahl der Produktionstechnologie zumeist

470 Gert von Kortzfleisch, Zur mikroökonomischen Problematik, S. 341–348.

471 Vgl. Rolf Berth, Woran scheitern Innovationen? Zu viele Versuche für ein marktgängiges Produkt – Best Practise – Regeln, in: FAZ 101 (03. Mai 1999), S. 33.

472 Vgl. dazu Kerstin Burmeister, Die Vorstellungen Joseph Alois Schumpeters vom dynamischen Unternehmer, in: Schinzinger (Hg.), Unternehmer und technischer Fortschritt, S. 23–31.

473 Gerhard Mensch, Das technologische Patt, S. 238 sowie ders., zur Dynamik des technischen Fortschritts, in: Zeitschrift für Betriebswirtschaft 41,1 (1971), S. 295–314, v.a. S. 297 und ders., Basisinnovationen und Verbesserungsinnovationen, in: Zeitschrift für Betriebswirtschaft 42 (1972), S. 291–297, hier: S. 292, sowie Klaus Brockhoff, Zur Dynamik des technischen Fortschritts. Bemerkungen zum gleichnamigen Aufsatz von G. Mensch, in: Zeitschrift für Betriebswirtschaft 42,1 (1972), S. 283–291.

474 Vgl. dazu Horst Albach (Hg.), Innovationsmanagement. Theorie und Praxis im Kulturvergleich (Zeitschrift für Betriebswirtschaft, Ergänzungsheft 1/1989), Wiesbaden 1989 und darin insbesondere Matthias Leder, Innovationsmanagement. Ein Überblick, S. 1–55.

nicht generell, sondern nur im Einzelfall sachgerecht erörtern. Deshalb liegt es wiederum nahe, diesen Problemkomplex durch Fallstudien genauer zu analysieren. Dazu sind aber genaue historische Untersuchungen über das Innovationsverhalten von Unternehmen unabdingbar. Auch verallgemeinernde betriebswirtschaftliche Untersuchungen über Bedeutung und Wirkung des technischen Fortschritts bedienen sich häufig historischer Beispiele[475], weshalb sich hier für die Unternehmensgeschichtsschreibung ein weites Feld eröffnet.

Technikhistoriker haben sich ebenfalls erfolgreich dieser Methode bedient, wie etwa Ulrich Troitzsch mit seiner Untersuchung über Innovationen in der Hüttenindustrie des Ruhrgebiets.[476] Er kam dabei zu dem Ergebnis, dass es insbesondere die tagtäglichen Probleme der Betriebspraxis sind, die Innovationsprozesse von unten nach oben in der Unternehmenshierarchie in Gang setzen und weniger Anregungen von oben oder gar von außerhalb des Unternehmens. Ähnlich argumentiert auch Ulrich Wengenroth in seinem Vergleich technologisch-organisatorischer Innovationen in der deutschen und britischen Stahlindustrie im zweiten Drittel des 19. Jahrhunderts.[477] Hier zeigt sich, dass nicht immer der erste Nutzer einer neuen Technologie den größten Erfolg verzeichnen konnte, sondern dass es häufig lohnend war, abzuwarten und Erfolgreiches zu kopieren.

Für den Erfolg einer solch‘ abwartenden Haltung gegenüber der neuesten Technologie gibt die Kammgarnspinnerei Merkel & Wolff in Esslingen ein schönes Beispiel.[478] Bei Gründung verfügte das Unternehmen über eine Reihe erstklassiger französischer Spinnmaschinen, während die Vorbereitung der Wolle für den Spinnprozess, das Waschen und Kämmen, noch von Hand erfolgte. Als 1835 beschlossen wurde, ausschließlich auf Kammgarnproduktion umzustellen, wurden jedoch zur Ausweitung der Kapazitäten keine modernen Spinnmaschinen, sondern weitere, von Hand betriebene angeschafft, die bis in die 1860er Jahre in Betrieb blieben. In den 1840er Jahren wurde dann das Kämmen der Wolle mechanisiert, wiederum durch französische Maschinen, auf deren Ausgestaltung und Modifikationen seitens der Firma großen Einfluss genommen wurde. Mit diesem Schritt war eine Umstellung des Antriebs auf Dampfkraft verbunden, und man entschloss sich auch hier für den Ankauf einer einfachen, unkomplizierten

475 Vgl. Mensch, Zur Dynamik.

476 Ulrich Troitzsch, Innovation, Organisation und Wissenschaft beim Aufbau von Hüttenwerken im Ruhrgebiet von 1850–1870, Dortmund 1977. Leider sind darin nur Teilergebnisse seiner niemals gänzlich publizierten Habilitationsschrift eingegangen, die umfangreiche Archivalien auswertete, worauf insbesondere auch Evelyn Kroker, Unternehmer und Technischer Fortschritt in den Quellen von Wirtschaftsarchiven, in: Schinzinger (Hg.), Unternehmer und technischer Fortschritt, S. 45–65, hier: S. 59, hinweist.

477 Wengenroth, Unternehmensstrategien und technischer Fortschritt.

478 Kollmer von Oheimb-Loup, Technischer Fortschritt.

Maschine, die nicht dem neuesten Stand der Technik entsprach. Zugleich verbesserte man die Nutzung der Wasserkraft. Erst in den 1850er Jahren passte dann das Unternehmen das – bereits fünfzehn Jahre alte – Kämmsystem dem neuesten Stand der Technik an und beschaffte eine neue Dampfmaschine. Hinsichtlich der Verbesserungen beim Spinnen blieb man jedoch immer noch zögerlich und führte erst zwanzig Jahre verspätet den in der Baumwollindustrie hochgelobten Self-Actor ein.

Ähnlich wie die vorhergehende englische Vorbildfunktion spielte am Ende des 19. Jahrhunderts die „amerikanische" Massenproduktion für die deutsche Industrie und ihre Rationalisierungsbemühungen eine große Rolle.[479] Zwar gab es auch schon in Deutschland in bestimmten Produktionsbereichen zur Mitte des 19. Jahrhunderts Fortschritte in der Großserienproduktion[480], doch zu ersten Ansätzen einer Massenproduktion kam es in Deutschland erst am Ende des Jahrhunderts im Zusammenhang mit dem Automobilbau.[481] Die deutsche Automobilindustrie und ihre Unternehmen sind in vielfältiger Weise zum Gegenstand unternehmenshistorischer Forschung geworden. Fragen der technischen Entwicklung und der Rationalisierung treten in dieser, gerade in ihrer Frühphase stark auch von persönlichen Entscheidungen tangierten Branche jedoch häufig in den Hintergrund, da insbesondere für die deutsche Entwicklung im frühen 20. Jahrhundert in der Literatur Zusammenhänge mit dem NS-System hervorgehoben werden.[482] Doch auch hier lassen ich Arbeiten finden, die sich mit den strategi-

479 Eine besondere Rolle für die verstärkte Nutzung technischer Apparaturen in den USA spielten die dort im Vergleich zu Europa höheren Löhne. Vgl. dazu H. J. Habakkuk, American and British Technology in the Nineteenth Century, Cambridge 1962. Zur Verbreitung von Fließbandarbeit in Deutschland Jürgen Bönig, Die Einführung von Fließbandarbeit in Deutschland bis 1933. Zur Geschichte einer Sozialinnovation, Münster 1993.

480 So etwa in der Lokomotivproduktion bei Borsig in Berlin, die dem Unternehmen gegenüber den englischen Anbietern um 1850 einen Kostenvorsprung von ca. 20 v.H. verschaffte. Vgl. dazu Thoma, Der Industriekomplex. Zur Ausbildung der Massenproduktion vgl. David A. Hounshell, From the American System to Mass Production 1800–1932, Baltimore 1984.

481 James P. Womack, Daniel T. Jones und Daniel Roos, The Machine that Changed the World, New York 1990. Deutsche Studien zur Automobilindustrie: Heidrun Edelmann, Vom Luxusgut zum Gebrauchsgegenstand. Die Geschichte der Verbreitung von Personenkraftwagen in Deutschland, Frankfurt a.M. 1989; Angela Zatsch, Staatsmacht und Motorisierung am Morgen des Automobilzeitalters, Konstanz 1993 und Reiner Flik, Motorisierung und Automobilindustrie in Deutschland bis 1933. Der deutsche Personenkraftwagen und die „Amerikanische Gefahr", Habil.-Schrift Eichstätt 1999.

482 Diese bleiben aber ausgeblendet, da hier nur Belege aus dem 19. Jahrhundert angeführt werden. Vielzitiertes Beispiel für die politischen Implikationen einer Unternehmensentwicklung eines Automobilwerks im 20. Jahrhundert ist das Volkswagenwerk. Vgl. dazu Paul Kluke, Hitler und das Volkswagenprojekt, in: Vierteljahrshefte für Zeitgeschichte 8 (1960), S. 341–383; Horst Handke, Zur Rolle des Volkswagen-

schen Unternehmensentscheidungen beschäftigen und die Modernisierung und Rationalisierung in einzelnen Unternehmen der deutschen Automobilindustrie vor dem Hintergrund der amerikanischen Entwicklung vom Ende des 19. Jahrhunderts an thematisieren.[483] Überhaupt bildet das Thema Rationalisierung seit dem Ende des 19. Jahrhunderts einen Schwerpunkt neuerer unternehmenshistorischer Studien über die Eisen- und Stahlindustrie[484], den Bergbau[485], die Elektroindustrie[486] und weitere Branchen[487].

In allerjüngster Zeit rücken bei Untersuchungen über die Produktionstechnologie von Industrieunternehmen auch Umweltfragen in den Gesichtskreis und es lässt sich zeigen, dass sowohl ältere Industriezweige, wie etwa Metallhütten, als auch die neuen Industrien des 19. Jahrhunderts, wie etwa die Farbenindustrie, gravierende Umweltprobleme hervorriefen.[488] Auch darüber gibt es neuerdings, z.T. weit in die Vergangenheit zurückreichende Studien, die sich auf die Technologien einzelner Unternehmen beziehen.

Ein letzter wichtiger Aspekt hinsichtlich der Produktionstechnologie im Unternehmen bezieht sich darauf, inwieweit die Wissenschaft Einfluss auf den technischen Fortschritt genommen hat. Etwa ab der Mitte der 1880er Jahre veränderten sich in Deutschland die Beziehungen zwischen Hochschule und Industrie: Ursache war das deutsche Patentgesetz aus dem Jahre 1877, das die bis dahin übliche Nachahmungspraxis sehr erschwerte. Die Fabriken waren gezwungen, neue Produkte und Verfahren selbst zu finden, wollten sie im Wettbewerb bestehen. Bis dahin war es beispielsweise im Bereich der Farbenindustrie durchaus möglich, mittels der Imitationspraxis ohne eigene Forschung beträchtliche Gewinne zu erwirtschaften.

pläne bei der faschistischen Kriegsvorbereitung, in: Jahrbuch für Wirtschaftsgeschichte 1962/1, S. 22–68; Richard J. Overy, Transportation and Rearmament in the Third Reich, in: Historical Journal 16,1 (1973), S. 389–409 sowie jüngst Hans Mommsen und Manfred Grieger, Das Volkswagenwerk und seine Arbeiter im Dritten Reich, Düsseldorf 1996.

483 Vgl. z.B. Michael Stahlmann, Die erste Revolution in der Autogeschichte. Management und Arbeitspolitik von 1900–1940, Frankfurt a.M. 1993 mit Hinweisen auf Opel, die Daimler-Motoren-Gesellschaft bzw. Daimler-Benz.

484 Hierzu insbesondere Kleinschmidt, Rationalisierung als Unternehmensstrategie.

485 Uwe Burghard, Die Mechanisierung des Ruhrbergbaus 1890–1913, München 1995.

486 Heidrun Homburg, Rationalisierung und Industriearbeit. Arbeitsmarkt – Management – Arbeiterschaft im Siemens-Konzern Berlin 1900–1939, Berlin 1991 und Dorothea Schmidt, Massenhafte Produktion? Produkte, Produktion und Beschäftigte im Stammwerk von Siemens vor 1914, Münster 1993 sowie neuere Ergebnisse industriesoziologischer Forschungen bei Daniel Bieber, Technikentwicklung und Unternehmensorganisation: Zur Rationalisierung von Innovationsprozessen in der Elektroindustrie, Frankfurt a. M. 1993.

487 Thomas von Freyberg, Industrielle Rationalisierung in der Weimarer Republik untersucht am Beispiel aus dem Maschinenbau und der Elektroindustrie, Frankfurt a.M. 1989.

488 Vgl. dazu Arne Andersen, Historische Technikfolgenabschätzung am Beispiel des Metallhüttenwesens und der Chemieindustrie 1850–1933, Stuttgart 1996.

Aber nicht nur die chemische Industrie, sondern auch andere Branchen standen unter dem Druck der Nutzung von Wissenschaft für die Weiterentwicklung der Produktionstechnologie. Die Firma Krupp richtete 1862 z.B. bereits ein Betriebslabor für Stahl- und Rohstoffanalysen ein, das anfänglich jedoch nur der Qualitätsprüfung diente. Zu Beginn der 1880er Jahre kam dort ein weiteres auf chemisch-physikalischer Grundlage hinzu. Im Jahre 1872 wurden auch in der Firma „Siemens & Halske" die bis dahin vom Gründer selbst durchgeführten technisch-physikalischen Entwicklungsarbeiten in einem Laboratorium unter Leitung eines habilitierten Universitätsprofessors institutionalisiert. Der Physik-Professor Ernst Abbe stellte für Carl Zeiß in den 1870er Jahren das optische Gewerbe auf eine neue wissenschaftliche Grundlage und gründete in den Jenaer Zeisswerken 1882 ein glastechnisches Labor. Der Münchner Professor für Maschinenbau und Unternehmensgründer Carl Linde machte sich ebenfalls 1879 selbständig und gründete ein kältetechnisches Institut.

Wichtig erscheint es auch, darauf hinzuweisen, dass die privaten Industrieunternehmen bei ihren Entscheidungen über technologische Innovationen zunehmend wissenschaftliche Unterstützung und Expertise suchten. Die chemische Industrie machte hier den Anfang und arbeitete eng mit den Hochschulen zusammen.[489] Häufig waren die Gründer von Chemieunternehmen Chemiker, wie Justus Liebig, der 1852 eine Superphosphatfabrik gründete, und seine beiden Schüler, die 1856 die chemische Fabrik „Griesheim" aufbauten.[490] Ein weiterer Schüler Liebigs, August Wilhelm von Hofmann, erzielte die erste Synthese des Anilinfarbstoffes und begründete die deutsche Teerfarbenindustrie. Ein Schüler Hofmanns wiederum, Carl Alexander von Martius, gründete 1867 die „Aktiengesellschaft für Anilinfabrikation" (agfa) in Berlin.[491] Der Chemiker August Kekule von Stradonitz entdeckte die Vierwertigkeit des Kohlenstoffs und die Ringstruktur des Benzols. Zwei seiner Schüler gingen 1869 zur „BASF", die 1865 von einem Kaufmann gegründet worden war, aber bereits 1868 Heinrich Caro verpflichtet hatte, einen Mitbegründer der Teerfarbenchemie, und darüber hinaus von Beginn an mit Kekule in Verbindung stand. Auch bei „Hoechst" zählten im Jahre 1863 Chemiker zu den Gründervätern. Eine Ausnahme stellt die Farbenfabrik Bayer dar, die von einem Kaufmann gegründet wurde.

Die Industrielaboratorien, die zwischen 1870 und 1890 errichtet wurden, entstanden in engem Kontakt mit den Naturwissenschaften und den

489 König, Massenproduktion und Technikkonsum, S. 404.

490 Frank R. Pfetsch, Zur Entwicklung der Wissenschaftspolitik in Deutschland 1750–1914, Berlin 1974, S. 157.

491 Georg Franz Willig, Die technische Revolution im 19. Jahrhundert, Tübingen 1986, S. 156–164 und Walter Wetzel, Naturwissenschaften und chemische Industrie in Deutschland, Stuttgart 1991, S. 147ff.

technischen Wissenschaften an den Hochschulen und leiteten eine zunehmende Verwissenschaftlichung der Produktionstechnik ein. Darüber hinaus veränderten die Laboratorien den Prozess der Erfindung nachhaltig: dieser wurde nun „ein geplanter, arbeitsteilig und mit hohen Investitionen betriebener Dauerprozess, der nicht nur bestimmten Zielen diente, sondern auch wegen seiner nicht vorhersehbaren verwertbaren Nebenprodukte in die Organisation der Unternehmen integriert wurde“[492] – an die Stelle des Einzelerfinders trat also Ende des 19. und Anfang des 20. Jahrhunderts sukzessive die Forschung im Kollektiv.

2. 4. Rekrutierung von Arbeitskräften

Mit der Industrialisierung veränderten sich auch die Bedingungen der Allokation gesellschaftlicher Arbeit entscheidend. Waren es bis dahin Formen „gebundener Arbeit“, die den Einsatz menschlicher Arbeitskraft zum Zwecke der Produktion im wesentlichen prägten, sei es als Sklavenarbeit, in grundherrlicher Abhängigkeit oder in zünftiger Gebundenheit, so wurde mit der Industrialisierung der freie Arbeitsmarkt zur dominierenden Form der Allokation gesellschaftlicher Arbeit. Freie Lohnarbeit hatte es zwar durchaus auch schon vorher gegeben, doch blieb diese ein Randphänomen im Wirtschaftsleben. Erst mit der Dynamisierung der westeuropäischen Wirtschaft im 18. Jahrhundert begann im Bereich der Arbeitsverhältnisse, der „Markt“ eine immer größere Rolle zu spielen, was nicht ohne Wirkung auf die Betriebsformen blieb.[493]

Im Bereich des Gewerbes lassen sich in der Zeit vor der Industrialisierung fünf derartige Formen unterscheiden: neben dem häufig als Nebenerwerb betriebenen Heimgewerbe, das Handwerk, das Verlagswesen und das Manufaktursystem sowie die Fabrik.[494] Hinsichtlich der Verteilung der gewerblichen Arbeitskräfte spielten die verschiedenen Betriebsformen eine sehr unterschiedliche Rolle. Handwerk und Verlag dominierten noch lange die Gewerbeproduktion, Manufakturen und Fabriken waren zunächst nur von untergeordneter Bedeutung.[495] Gerade aber Manufaktur und Fabrik spielten für die Herausbildung moderner, kapitalistischer Unternehmensformen eine überragende Rolle. Im Gewerbe stieß die Ausdehnung der vorindustriellen Produktion und die Ausweitung des internationalen Handels gegen Ende des 18. Jahrhunderts noch an Grenzen, die durch die

492 Kocka, Unternehmer in der deutschen Industrialisierung, S. 107.
493 Karl Polanyi, The Great Transformation. Politische und ökonomische Ursprünge von Gesellschaft und Wirtschaftssystemen, Wien 1977 (OA 1944).
494 Reininghaus, Gewerbe in der frühen Neuzeit, S. 4f.
495 Christof Dipper, Deutsche Geschichte 1648–1789, Frankfurt am Main 1991, S. 98.

überkommenen Formen der Produktionsorganisation im Handwerk und Verlag gesetzt waren. Doch ein dramatischer Wandel der Wirtschaftsstruktur deutete sich auch auf dem Kontinent bereits zu diesem Zeitpunkt an. In Preußen z.B. war die Textilindustrie zum bedeutendsten Gewerbezweig herangereift, und 90 % aller gewerblichen Lohnarbeiter waren darin tätig. Zwei Drittel aller Manufakturwaren bestanden aus Textilien, und insbesondere das Leinengewerbe mit Schwerpunkten in Westfalen und Schlesien war zum wichtigsten Produktionszweig geworden. Das Berg-, Hütten- und Metallwesen hatte in Preußen zwar ebenfalls schon ein beachtliches Niveau erreicht, blieb aber noch von untergeordneter Bedeutung. Hinzu kam eine Reihe staatlicher Manufakturbetriebe, insbesondere in der Porzellanfabrikation, sowie einige Lederwerkstätten und Zuckersiedereien, die den gewerblichen Sektor komplettierten.[496]

Es gab zwar auch in der vorindustriellen Zeit bereits einige zentralisierte Großbetriebe, z.B. Bergwerke oder staatliche Manufakturen, der eigentliche Siegeszug der Fabrik setzte aber erst ein, als aufgrund neuer Produktionstechnologien der Einsatz großer Mengen von Fixkapital nötig und eine Kontrolle des Arbeitsprozesses über monetäre Anreize im Rahmen der Lohnarbeit möglich wurde. Das Fabriksystem ermöglichte vor allem eine Disposition über die Zeit und die Löhne der Arbeiter und bedingte durch deren strikte Kontrolle eine ungeheure Effizienzsteigerung des Produktionsfaktors Arbeit. Voraussetzung hierfür war, dass die Arbeit zu einer „Ware" wurde, die aufgrund eines Marktkaufes der Unternehmer in deren Dispositionsbereich gelangte. Dies war ein langer Prozess, der im Verlauf des 19. Jahrhunderts immer weitere Bereiche der Wirtschaft ergriff und in dem z.T. erhebliche Widerstände seitens der Lohnarbeiter überwunden wurden.

Wie gelang dies, wodurch konnten die Arbeiter in die neuen Fabriken gelockt werden, wie dort gehalten, diszipliniert und qualifiziert werden? Je nach den spezifischen Verhältnissen auf dem Arbeitsmarkt lassen sich seitens der Unternehmer dazu verschiedene strategische Optionen auffinden. Die englischen Erfahrungen während der frühen Industrialisierung weisen darauf hin, dass es anfangs außerordentlich schwierig war, Fabrikarbeiter für die Arbeit in den Industriebetrieben zu rekrutieren.[497] Die frühen Fabrikarbeiter übten eine Tätigkeit dieser Art nämlich zumeist nur vorübergehend aus und bevorzugten bald wieder andere Beschäftigungen in der Landwirtschaft, dem Bauhandwerk u. ä. wegen der Monotonie und den Zwängen der Fabrikarbeit. Selbst bei einer Tätigkeit in den Fabriken

496 William O. Henderson, Die Struktur der preußischen Wirtschaft um 1786, in: Zeitschrift für die gesamte Staatswissenschaft 117 (1981), S. 292–319.

497 Sidney Pollard, Die Fabrikdisziplin in der industriellen Revolution, in: Wolfram Fischer/Georg Bajor (Hg.), Die soziale Frage. Neuere Studien zur Lage der Fabrikarbeiter in den Frühphasen der Industrialisierung, Stuttgart 1967, S. 159–185.

erschienen die Arbeiter nur sehr unregelmäßig zur Arbeit und nutzten die zahlreichen Arbeitsunterbrechungen durch Feiertage oder den „blauen Montag" zur Abwesenheit.[498] Das ging sogar so weit, dass einige Unternehmer dazu übergingen, derartige Feste selbst zu organisieren, um auf diese Weise Planbarkeit hinsichtlich des Arbeitseinsatzes zu erreichen.

Arbeiter, die in England aus den traditionellen Sektoren der Wirtschaft in die Fabrikindustrie wechselten, mussten sich dort an gänzlich andere Arbeitsbedingungen anpassen. Bis dahin waren die Menschen eher einem „natürlichen" Arbeitsrhythmus unterworfen gewesen, geprägt durch den Rhythmus der Jahreszeiten und den eigenen Biorhythmus.[499] Nun traten ihnen in Manufaktur und Fabrik neue Anforderungen entgegen, die sich durch fremdbestimmte Disziplin und eine ungewohnte Arbeitsteilung auszeichneten, die wiederum eine exakte Koordination erforderlich machte. Dieser neue Arbeitsrhythmus, losgelöst von der traditionellen Zeiteinteilung des Tages- und Jahreskreises forderte von den Menschen ungewohnte Disziplin und Pünktlichkeit und bewirkte daher bei den Betroffenen bedeutsame Widerstände gegenüber diesen Zumutungen. Es kam hinzu, dass die ersten Fabriken in England häufig wie Arbeitshäuser, also Gefängnissen ähnlich, organisiert waren; dies war der ärmeren Bevölkerung bestens bekannt.

War in der vorindustriellen Zeit noch eine aufgabenbezogene Zeiteinteilung die für eine Agrargesellschaft effektivste, so musste in der Fabrikindustrie die Arbeitszeit mit dem gesamten Produktionsprozess synchronisiert werden. Als Konsequenz mussten neue Arbeitsgewohnheiten und eine neue Zeitdisziplin bei den Arbeiten durchgesetzt und z.T. erzwungen werden.[500] Dazu bedienten sich die Fabrikherren z.T. sehr drastischer Maßnahmen: Man schloss nach Arbeitsbeginn die Fabriktore, um ein Entweichen der Arbeiter zu verhindern, außerdem waren körperliche Züchtigungen bei jugendlichen Arbeitern nicht ungewöhnlich[501] und Geldstrafen sowie Entlassungen waren ebenfalls an der Tagesordnung. Der Erfolg blieb bescheiden, weshalb der Manufakturbesitzer Josiah Wedgewood 1772 klagte: „Un-

498 Vgl. auch Jürgen Reulecke, Vom blauen Montag zum Arbeitsurlaub, in: Archiv für Sozialgeschichte XVI (1976), S. 205–248 und ähnlich Geoff Brown, Sabotage: A Study of Industrial Conflict, Nottingham 1977, S. 64ff.

499 Vgl. dazu Josef Ehmer und Gerhard Meißl, Der dressierte Mensch. Rekrutierung, Qualifizierung und Disziplinierung von Arbeitskraft, in: Walter Sauer (Hg.), Der dressierte Mensch. Geschichte und Gegenwart der industriellen Arbeitswelt, München 1984, S. 28–54.

500 Edward P. Thompson, Zeit, Arbeitsdisziplin und Industriekapitalismus, in: Rudolf Braun u.a. (Hg.), Gesellschaft in der industriellen Revolution, S. 81–112.

501 Gerade Kinder und Jugendliche waren bevorzugt Objekte der neu entstehenden „Industriepädagogik", weil sie am ehesten beeinflussbar schienen. Es entstanden zahlreiche Sonntagsschulen, Waisenhäuser u. ä. Vgl. Ehmer/Meißl, Der dressierte Mensch, S. 35.

sere Leute gingen zur Kirmes, selbst wenn sie genau wüssten, dass sie am nächsten Tag zum Teufel gehen müssten."[502]

Die Disziplin am Arbeitsplatz wurde daher mit z.T. drakonischen Maßnahmen erzwungen, so dass bisweilen sogar Gespräche miteinander verboten und Verstöße dagegen mit Entlassung geahndet wurden. Körperliche Züchtigung erfolgte gerade bei Kindern und Jugendlichen häufiger, und hohe Geldstrafen waren weit verbreitet. Ihre Höhe war derartig bemessen, dass bereits bei einfachen Vergehen ein ganzer Tagelohn verloren werden konnte.[503] Positive Sanktionen wurden hingegen nur selten eingesetzt. Nach Auskünften der Fabrikkommission von 1833 wurden auf die Frage: „Mit welchen Mitteln zwingt man die in Ihrem Betrieb beschäftigten Kinder zum Gehorsam?" folgende Antworten gegeben:

Tabelle: Anzahl der Betriebe, die unterschiedliche Mittel benutzten, um die Fabrikkinder zum Gehorsam zu zwingen (1833)*

Negativ		Positiv	
Entlassung	353	Güte	2
Drohung mit Entlassung	48	Beförderung oder höhere Löhne	9
Geldstrafen, Abzüge	101	Belohnung oder Prämie	23
Körperliche Züchtigung	**55		
Beschwerde bei den Eltern	13		
Einsperren in die Fabrik	2		
Degradierende Kleidung, Abzeichen	3		
insgesamt	575		34

* Factories Commission, Second Supplement.
** Offensichtlich zu niedrig, vgl. oben.
Quelle: Sidney Pollard, Die Fabrikdisziplin in der industriellen Revolution, in: Wolfram Fischer und Georg Bajor (Hg.), Die soziale Frage. Studien zur Lage der Fabrikarbeiter in den Frühphasen der Industrialisierung, Stuttgart 1967, S. 174.

Bei den Erwachsenen waren positive Sanktionen stärker verbreitet als bei Kindern, vorherrschend blieben finanzielle Leistungsanreize in Form von Leistungslöhnen oder Prämienzahlungen, manchmal auch symbolische Auszeichnungen und Ehrungen. Man versuchte außerdem durch außerbetriebliche Aktivitäten auf die Lebensweise der Arbeiter Einfluss zu gewinnen, z.B. durch Kampagnen und Appelle gegen Müßiggang, Alkoholismus und vulgäre Ausdrucksweisen. Die Erfolge blieben begrenzt, weshalb der Zwang der Verhältnisse vermutlich mehr zur Anpassung der Arbeiter an die Fa-

502 Sidney Pollard, Die Fabrikdisziplin, S. 163.

503 Ebenda, S. 169–172 und Ehmer/Meißl, Der dressierte Mensch, S. 38f. Allgemein dazu auch Wilfried Feldenkirchen, Kinderarbeit im 19. Jahrhundert, in: Zeitschrift für Unternehmensgeschichte 26 (1981), S. 1–41.

brikarbeit beitrug als wohlgemeinte Initiativen der Fabrikherren.[504] Das Problem der Anpassung der Arbeiter wurde in England aber auch dadurch verschärft, dass nur ein geringer Teil der Beschäftigten direkt von der Landwirtschaft in die Industrie ging. Selbst wo dieses geschah, erfolgte dieser Schritt nur zögerlich, z.T. in ständiger Fluktuation zwischen den beiden Beschäftigungsbereichen. Ein großer Teil der Landbevölkerung verfügte darüber hinaus ebenfalls über handwerkliche Erfahrungen, die den Übergang zur Fabrikarbeit erleichtern konnten. Außerdem besaß die Fabrikarbeit wegen ihrer größeren Anonymität und höheren Flexibilität gegenüber den drückenden Verhältnissen der ländlichen Armut durchaus auch positive Aspekte für die arbeitende Bevölkerung.[505]

In Deutschland war die Heranziehung von Arbeitskräften für die neue Fabrikindustrie ebenfalls keine leichte Aufgabe.[506] Die erste Generation der Fabrikarbeiter bot daher das Bild einer recht bunten Gesellschaft. „Neben wenigen tüchtigen Handwerkern waren es vielfach schlechtbezahlte Ackerknechte, Söhne verschuldeter Kötter und Arbeitslose aller Professionen."[507] Die große Mehrzahl von ihnen war „unrationalistisch und unstrebig eingestellt. Es fehlte an geeigneten, unter der Idee des Erwerbstriebes stehenden Arbeitskräften."[508] Überdies waren die meisten Arbeiter kaum vorgebildet und technisch unbeholfen. Qualifizierte und mit den neuen Produktionsmethoden vertraute Arbeitskräfte waren äußerst rar, nicht nur zu Beginn der Industrialisierung, sondern bis weit über die Jahrhundertmitte hinaus. Wo es gelang, ausgebildete Handwerker heranzuziehen, konnte man trotzdem nicht sicher sein, dass diese sich tatsächlich für die Fabrikarbeit eigneten, auch diese „Gelernten" mussten zumeist im Betrieb erneut angelernt werden.[509] Die wenigen qualifizierten Arbeitskräfte, die vorhanden waren, hütete man wie seinen Augapfel, um sie oft schließlich doch durch Agenten der Konkurrenz abgejagt zu bekommen. Die schlechte phy-

504 Sidney Pollard, Die Fabrikdisziplin in der industriellen Revolution, in: Wolfram Fischer und Georg Bajor (Hg.), Die soziale Frage. Studien zur Lage der Fabrikarbeiter in den Frühphasen der Industrialisierung, Stuttgart 1967, S. 159–185, hier: S. 174.

505 Joseph J. Lee, Labour in German Industrialization, in: Cambridge Economic History of Europe 7,1 (1978), S. 442–491.

506 Vgl. dazu Siegrist, Geschichte der Führung, Sp. 1007.

507 Carl Jantke, Der vierte Stand. Die gestaltenden Kräfte der deutschen Arbeiterbewegung im XIX. Jahrhundert, Freiburg 1955, S. 177. Ähnlich auch: August Sartorius von Waltershausen, Deutsche Wirtschaftsgeschichte 1815–1914, 2. Auflage, Jena 1923, S. 149.

508 Kurt Hinze, Die Arbeiterfrage zu Beginn des modernen Kapitalismus in Brandenburg-Preußen 1685–1806. Bibliographisch vermehrte und verbesserte 2. Auflage, Berlin 1963, S. 62.

509 Richard Ehrenberg, Krupp Studien III: Die Frühzeit der Kruppschen Arbeiterschaft, in: Archiv für exakte Wirtschaftsforschung Bd. 3, Jena 1911, S. 1–164, hier: S. 146.

sische Beschaffenheit, vor allem der aus der Hausindustrie stammenden Arbeiter, ihre Kränklichkeit und Körperschwäche, stellte die Unternehmer vor weitere Probleme. Gerade die Schwerindustrie benötigte kräftige Männer, von denen nach Krupps Worten „jeder unter jeden Arm einen Weber nimmt."

In Anbetracht dieser Arbeitsmarktsituation verlegten sich viele rheinisch-westfälische, aber auch andere Unternehmer darauf, ausländische Fabrikarbeiter, vornehmlich aus England, Belgien und Frankreich anzuwerben.[510] Die Qualität dieser ausländischen Arbeitskräfte war offenbar recht unterschiedlich. Aus der Duttonschen Stahlfabrik in Berlin wurde berichtet, dass die angelernten heimischen Arbeiter gerade nur den achten Teil von dem lieferten, was ein englischer Stahlarbeiter in der gleichen Zeit schaffte. Auch Harkort war mit den Engländern außerordentlich zufrieden. Das Gros der Ausländer hingegen gab häufig Anlass zur Klage, so wurde 1856 der „Übermut und die Völlerei der Ausländer" als eine der größten Schwierigkeiten der jungen Industrie beurteilt. Dennoch hatten die ausländischen Arbeiter eine ausgesprochen wichtige Funktion für die junge deutsche Industrie. Als qualifizierte Facharbeiter konnten sie einheimische Arbeiter anlernen und wirkten außerdem, da sie recht hohe Löhne bekamen, als direkter Arbeitsanreiz für die deutschen Arbeiter.

Die deutschen Unternehmen blieben aber insgesamt überwiegend auf heimische Arbeitskräfte angewiesen, deren Rekrutierung gerade auch in der frühen Phase der Unternehmensentwicklung ein großes Problem darstellte. In Deutschland fanden mit zunehmender Expansion der Gewerbetätigkeit mehr Arbeitskräfte, die zuvor in der ländlichen Hausindustrie beschäftigt gewesen waren, den Weg in die Industrie. Diese waren mit den industriellen Arbeitsformen bereits besser vertraut als die landwirtschaftlichen Arbeitskräfte. Insbesondere in den zentralen Manufakturen hatten sich wesentliche Elemente der Fabrikarbeit herausgebildet, und diese Erfahrungen konnten nun beim Aufbau zentralisierter Großbetriebe genutzt werden. Es zeigte sich, dass hier wie dort aus dem sich erstmals entwickelnden externen Arbeitsmarkt, leichter Fabrikarbeiter zu rekrutieren waren. Zwar

510 Hoesch beschäftigte in seinem Stahlwerk bei Düren eine Reihe englischer Arbeiter, belgische und englische Arbeiter standen im Dienst der Friedrich Wilhelms-Hütte und die Gewehrfabrik in Saarn bei Mülheim beschäftigte um 1815 fast ausschließlich belgische Arbeiter, so Gerhard Adelmann, Quellensammlung zur Geschichte der sozialen Betriebsverfassung, Bd. II: Soziale Betriebsverfassung einzelner Unternehmen der Ruhrindustrie, Bonn 1965, Quellenstück Nr. 964, S. 589. Dazu auch Rainer Fremdling, Die Rolle ausländischer Facharbeiter bei der Einführung neuer Techniken in Deutschland im 19. Jahrhundert (Textilindustrie, Maschinenbau, Schwerindustrie), in: Archiv für Sozialgeschichte 24 (1984), S. 1–45 und ders., Der Puddler – Zur Sozialgeschichte eines Industriehandwerkers, in: Ulrich Engelhardt (Hg.), Handwerker in der Industrialisierung. Lage, Kultur und Politik vom späten 18. bis ins frühe 20. Jahrhundert, Stuttgart 1984, S. 637–665.

blieben deutliche Qualifikationsunterschiede in der Nachfrage nach Arbeitskräften zwischen den verschiedenen Branchen unübersehbar, doch der allgemein sinkende Qualifikationsanspruch und die Zuwanderung von Experten mit Schlüsselqualifikationen entschärften dieses Problem. Die Anpassung an die Fabrikdisziplin blieb jedoch noch lange ein Problem, das seinen Ausdruck in einer hohen Fluktuationsrate in den Industriebetrieben fand. Durch einen Wechsel in andere Formen der Lohnarbeit oder eine zeitweilige Rückkehr der Fabrikarbeiter in ihre ländliche Umwelt gelang eine allmähliche, schrittweise Anpassung der Arbeitskräfte an die moderne Fabrikarbeit. Eine erstaunlich enge Verknüpfung von traditionellen und modernen Arbeitsformen wie auch eine Zweiteilung des Arbeitsmarktes in ein Segment moderner Fabrikarbeit und ein ebensolches mit vormodernen Arbeitsformen, z.B. im Baugewerbe, beim Straßen- und Eisenbahnbau, im Transportwesen, war die Folge.[511]

Waren erst einmal Arbeitskräfte für Industriearbeit gewonnen, so galt es, diese auch in einigermaßen stabile Beschäftigungsverhältnisse zu überführen. Aber auch das gestaltete sich außerordentlich schwierig. Nur ein kleiner Kern der Arbeitskräfte erwies sich als stabil und eine ungewöhnlich hohe Fluktuationsrate von jährlich mehr als 50 v.H. war die Folge. Die angeworbenen Arbeiter stellten sich zum großen Teil als ungeeignet für die Fabrikarbeit heraus und wurden im betrieblichen Ausleseprozess alsbald wieder ausgeschieden.[512] Sie mussten durch junge Arbeiter ersetzt werden, die im Betrieb selbst angelernt wurden. Aber die Unzufriedenheit mit den Arbeitern von Seiten des Werkes war nicht der einzige Grund für den starken Arbeiterwechsel. Einige Arbeiter verließen die Fabriken, weil ihnen die Arbeit zu schwer war, andere wegen zu geringen Lohnes oder auch aus Gründen traditional handwerklicher Wanderlust. Seit dem rapiden Anwachsen der Industrie in den 1850er Jahren spielte natürlich auch die Abwerbung von Arbeitern für neue Fabriken eine nicht zu unterschätzende Rolle. Ein besonders wichtiger Grund für den hohen Belegschaftswechsel war wohl auch, dass viele Arbeiter mit ihrem Los als Fabrikarbeiter nicht zufrieden waren und die Monotonie der Fabrikarbeit und das Eingesperrtsein als unerträglich empfanden.[513]

511 Ehmer/Meißl, Der dressierte Mensch, S. 40–47. Einen Einblick in die Heterogenität der frühen Industriegesellschaft gibt eine Übersicht der Kruppschen Arbeiterschaft aus den 1870er Jahren bei Heinz J. Scherer, Fabrikdisziplin in der Frühindustrialisierung mit besonderer Berücksichtigung der rheinisch-westfälischen Schwerindustrie, unveröff. Diplomarbeit (Soziologie), Münster 1968, S. 29.

512 Zu den Anpassungsdefiziten vgl. Peter N. Stearns, Adaption to Industrialization: German Workers as a Test Case, in: Central European History 3 (1970), S. 303–331; Klaus Tenfelde, Sozialgeschichte der Bergarbeiter an der Ruhr im 19. Jahrhundert, Bonn-Bad Godesberg 1977.

513 Zu den vielfältigen Motiven des Arbeitsplatzwechsels bereits 1912 Friedrich Syrup, Studien über den industriellen Arbeitsplatzwechsel, in: Archiv für exakte Wirtschafts-

Gerade der Untersuchung der industriellen Arbeitsverhältnisse hat sich die Sozialwissenschaft bereits früh zugewandt. Dafür stehen z.B. die Enqueten des Vereins für Socialpolitik zum Ende des 19. und zu Beginn des 20. Jahrhunderts, in denen Rekrutierung und Disziplinierung der Industriearbeiterschaft, oder in der zeitgenössischen Terminologie „Auslese und Anpassung", eine überragende Rolle spielten.[514] Auch die frühen Unternehmenshistoriker haben sich sehr bald dieser Thematik gewidmet.[515] Bis heute bildet auch die Arbeitergeschichte, die sich u.a. der betrieblichen Lebenswelt der Industriearbeiter zugewandt hat, eine wichtige Quelle für die Unternehmensgeschichte. Hier werden aus der Sicht der Arbeiter und ihrer Organisationen die konkreten Bedingungen industrieller Erwerbsarbeit thematisiert und zugleich Einblicke in die Mechanismen von Rekrutierung, Disziplinierung und Qualifikation der Arbeitskräfte in Unternehmen gewährt. Es zeigt sich dabei jedoch, dass eine pauschalisierende Vorgehensweise in die Irre führen muss, denn zu vielfältig waren konkrete Bedingungen und Formen industrieller Erwerbsarbeit in der sich entfaltenden Industrie. Jürgen Kocka unterscheidet daher in einer neueren, umfassenden Darstellung für die Zeit bis 1870 in Deutschland zwischen den Hauptbranchen und identifiziert deutlich unterschiedliche Arbeitsverhältnisse.[516]

Im preußischen Steinkohlebergbau z.B. ergaben sich erst nach dem Freizügigkeitsgesetz von 1860 deutliche Veränderungen in der Rekrutierungspraxis der nun enorm expandierenden Bergbauunternehmen.[517] Die Zuwanderung aus fernen, agrarisch bestimmten Regionen ersetzte die lokale Rekrutierung, eine hohe Fluktuationsrate wurde zum Merkmal, aber auch zum Problem der Bergbauunternehmen, obwohl diese versuchten, eine Kapazitätsanpassung an konjunkturelle Schwankungen vornehmlich über Anzahl und Dauer der gefahrenen Schichten zu bewerkstelligen. In der Eisenindustrie hingegen stellten veränderte technische Verfahren und Stand-

forschung (Thünen-Archiv) 4 (1912), S. 261–303, v.a. 266ff. Es gab also durchaus Bruchstellen im Konzept der Zwangsintegration der Arbeiter in einem nach Profitinteressen organisierten Betriebsablauf. Vgl. dazu auch Alf Lüdtke, Arbeitsbeginn, Arbeitspausen, Arbeitsende, in: Gerhard Huck (Hg.), Sozialgeschichte der Freizeit, Wuppertal 1980, S. 95–123.

514 Als herausragendes Beispiel sei genannt Marie Bernays, Auslese und Anpassung der Arbeiterschaft in der geschlossenen Großindustrie, Leipzig 1910, wo die empirischen Ergebnisse einer Untersuchung in einem Unternehmen der rheinischen Textilindustrie als Basis gelten.

515 Z.B. Richard Ehrenberg, Schwäche und Stärke neuzeitlicher Arbeitsgemeinschaften, in: Archiv für exakte Wirtschaftsforschung (Thünen-Archiv) 3 (1911), S. 401–558 mit Hinweisen auf die zeitgenössische Literatur.

516 Jürgen Kocka, Arbeitsverhältnisse und Arbeiterexistenzen. Grundlagen der Klassenbildung im 19. Jahrhundert, Bonn 1990, v.a. S. 400–458.

517 Vgl. Tenfelde, Sozialgeschichte der Bergarbeiter, v.a. S. 228–273.

ortverlagerungen neue Anforderungen an die Beschäftigten.[518] Die komplexen Produktionsabläufe machten zwar körperliche Schwerstarbeit erforderlich, stellten aber nur begrenzte Qualifikationsanforderungen.[519] Eine hohe Fluktuationsrate unter den Arbeitern war auch hier die Folge.[520] Im Gegensatz dazu waren in der Maschinenbauindustrie die Anforderungen an die Qualität der Arbeitskräfte weitaus höher, weshalb die frühen Unternehmen einiges in die betriebliche Ausbildung investieren mussten, um Fachkräfte zu mobilisieren.[521] Ein anderes Bild bot wieder die Textilindustrie, wo die Mehrheit der Beschäftigten nur über eine geringe Qualifikation verfügte und entsprechend leicht zu ersetzen war. Daher waren in den Textilbetrieben ebenfalls enorme Fluktuationsraten üblich.[522]

Diese Verhältnisse in den Industrieunternehmen der 1850er Jahre hatten sich auch am Ende des 19. und zu Beginn des 20. Jahrhunderts noch nicht wesentlich verändert. Das in der frühen Zeit beginnende Problem des „modernen Nomadentums", des häufigen Arbeitsplatzwechsels, blieb weiterhin eine zu lösende Aufgabe.[523] Dies haben auch Detailuntersuchungen immer wieder eindrucksvoll dargelegt, die mikroanalytisch die Beschäftigten einer Branche, einer engeren Region[524], einer Stadt[525] oder gar eines einzelnen Unternehmens[526] untersucht haben.

518 Aus der Perspektive von Großunternehmen Feldenkirchen, Die Eisen- und Stahlindustrie.

519 Zum Wandel der Betriebssysteme im Zuge der Veränderungen in den technologischen Verfahren vgl. ausführlich Welskopp, Arbeit und Macht im Hüttenwerk.

520 Ulrich Zumdick, Hüttenarbeiter im Ruhrgebiet. Die Belegschaft der Phönix-Hütte in Duisburg-Laar 1853–1914, Stuttgart 1990, S. 302–305.

521 So etwa in der Maschinenfabrik Esslingen. Vgl. dazu Heilwig Schomerus, Soziale Differenzierungen und Nivellierung der Fabrikarbeiterschaft Esslingens 1846–1914, in: Hans Pohl (Hg.), Forschungen zur Lage der Arbeiter im Industrialisierungsprozeß, Stuttgart 1978, S. 20–64, v.a. S. 40 und auch Hermann Schäfer, Probleme der Arbeiterfluktuation während der Industrialisierung. Das Beispiel der Maschinenfabrik André Koechlin & Cie., Mülhausen/Elsaß (1827–1874), in: Werner Conze/Ulrich Engelhardt (Hg.), Arbeiter im Industrialisierungsprozeß. Herkunft, Lage und Verhalten, Stuttgart 1979, S. 262–282 sowie Hermann-Josef Rupieper, Regionale Herkunft, Fluktuation und innerbetriebliche Mobilität der Arbeiterschaft der Maschinenfabrik Augsburg-Nürnberg (MAN) 1844–1914, in: Ebenda, S. 94–112.

522 Karl Ditt, Arbeitsverhältnisse und Betriebsverfassung in der deutschen Textilindustrie des 19. Jahrhunderts unter besonderer Berücksichtigung der Bielefelder Leinenindustrie, in: Archiv für Sozialgeschichte 21 (1981), S. 55–75 und Peter Borscheid, Textilarbeiterschaft in der Industrialisierung. Soziale Lage und Mobilität in Württemberg (19. Jahrhundert), Stuttgart 1978.

523 Wie das irrtümlich bei Gerhard A. Ritter und Klaus Tenfelde, Arbeiter im Deutschen Kaiserreich 1871–1914, Bonn 1992, S. 406, angenommen wird.

524 Peter Borscheid, Textilarbeiterschaft in der Industrialisierung und ders./Heilwig Schomerus, Mobilität und soziale Lage der württembergischen Fabrikarbeiterschaft im 18. Jahrhundert, in: Paul J. Müller, Die Analyse prozeß-produzierter Daten, Stuttgart 1977, S. 199–224, sowie Lawrence Schofer, Die Formierung der modernen Arbeiterschaft. Oberschlesien 1865–1914, Dortmund 1983.

Hier bieten sich nun der Unternehmensgeschichtsforschung zahlreiche Möglichkeiten, die stärker sozialgeschichtlich akzentuierten Ergebnisse der Arbeitergeschichtsforschung aufzugreifen und unter ökonomischen Fragestellungen zu ergänzen. Dabei gilt es nicht nur die durch die hohen Fluktuationsraten dokumentierte Unstetigkeit der industriellen Beschäftigungsverhältnisse hervorzuheben, sondern auch nach den Strategien der Unternehmen Ausschau zu halten, durch die die Probleme der Rekrutierung der Arbeitskräfte behoben oder zumindest gemildert werden konnten.[527] Von den informellen Formen der betrieblichen Arbeitskräfterekrutierung hin zu formellen Einstellungsverfahren vollzog sich ein Übergang zumeist in mehreren Schritten.

Zunächst einmal bleibt jedoch anzumerken, dass die außerordentlich hohen Fluktuationsraten von bis zu 100 Prozent jährlich, darauf zurückzuführen sind, dass im Jahresverlauf zahlreiche Arbeiter mehrmals in das gleiche Unternehmen eintraten und daher diese Form der Unstetigkeit nicht in gleichem Maße für alle Betriebsangehörigen galt; die Mehrheit der Beschäftigten war also durchgängig während des Jahres im Unternehmen tätig.[528] Die Praxis einer externen Rekrutierung ließ sich in der Aufbauphase einer Industriearbeiterschaft nicht umgehen. Auch später haben zahlreiche Unternehmen daran festgehalten, einen bemerkenswerten Anteil ihrer Beschäftigten auf dem externen Arbeitsmarkt zu rekrutieren, um in ihrer Arbeitspolitik flexibel zu bleiben.[529] Zunächst waren die Unternehmen in der Lage, ihren Arbeitskräftebedarf aus der unmittelbaren Umgebung zu decken, mit wachsender Nachfrage mussten sie jedoch auch Arbeiter aus

525 Vgl. David Crew, Bochum. Sozialgeschichte einer Industriestadt 1860–1914, Berlin 1990 (engl. 1979), S. 59–73; Hartmut Zwahr, Zur Konstituierung des Proletariats als Klasse. Strukturwandlungen des Leipziger Proletariats während der Industriellen Revolution, München 1981, S. 99–114; Gerhard Schildt, Tagelöhner, Gesellen, Arbeiter. Sozialgeschichte der vorindustriellen und industriellen Arbeiter in Braunschweig 1830–1880, Stuttgart 1986; Heinz Reif, Die verspätete Stadt. Industrialisierung, städtischer Raum und Politik in Oberhausen 1846–1929, Köln 1993.

526 Vgl. Schäfer, Probleme der Arbeiterfluktuation und Schulz, Die Arbeiter und Angestellten bei Felten & Guilleaume, S. 216–233.

527 Umfassend zur betrieblichen Rekrutierungspolitik Zumdick, Hüttenarbeiter im Ruhrgebiet, S. 291–356, der als herausragendes Beispiel für die Diskussion der Rekrutierungsmaßnahmen gelten kann. Auch verschiedene Beiträge bei Carola Sachse und Sylvie Schweizer (Hg.), Mobilität, Stabilität, Flexibilität. Arbeitsmarktstrategien von Unternehmen und Beschäftigten in Deutschland und Frankreich im 19. und 20. Jahrhundert, Bochum 1996.

528 Vgl. Schulz, Die Arbeiter und Angestellten, S. 228; Ders., Integrationsprobleme der Arbeiterschaft in der Metall-, Papier- und chemischen Industrie der Rheinprovinz 1850–1914, in: Pohl (Hg.), Forschungen zur Lage, S. 78f. und Zumdick, Hüttenarbeiter im Ruhrgebiet, S. 305.

529 Susanne Meyer, Schwerindustrielle Insel und ländliche Lebensumwelt. Georgsmarienhütte 1856–1933, Münster 1991, v.a. S. 33–41 und S. 211.

ferneren Regionen anwerben. Dabei spielten die jeweiligen Standortbedingungen eine große Rolle. Unternehmen in einem ländlichen Umland sahen sich z.B. mit anderen Problemen konfrontiert als solche in urban geprägten Regionen.[530]

Die Georgsmarienhütte, in der westfälischen Provinz gelegen, konkurrierte hinsichtlich der Rekrutierung von unterprivilegierten Arbeitskräften aus dem ländlichen Umland mit einer möglichen Auswanderung nach Amerika, die die Chance auf eine eigene bäuerliche Existenz bot. Dies machte von Anfang an die Zuwanderung von schlecht bezahlten Arbeitern aus den nahegelegenen Bergbaugebieten (Harz, Hildesheim) notwendig. Die fremden Arbeitskräfte blieben aufgrund der relativ niedrigen Löhne aber ebenfalls zumeist nur vorübergehend in der Georgsmarienhütte, was zu einer enormen Fluktuation im Unternehmen beitrug.[531] Ganz anders war die Lage in der württembergischen Provinz, wo ein Unternehmen der Metallwarenindustrie wie die Württembergische Metallwarenfabrik weitgehend auf ortsansässige Arbeitskräfte zurückgreifen konnte und daher nur eine geringe Fluktuationsrate zu verzeichnen hatte. Eine Anpassung der Beschäftigung erfolgte hier aber nicht über Einstellungen und Entlassungen, sondern v.a. über eine Variation der Arbeitszeiten. Diese Politik seitens des Unternehmens empfahl sich nicht zuletzt auch deshalb, weil man in hohem Maße auf qualifizierte Facharbeiter angewiesen war, in deren Ausbildung man einiges investiert hatte.[532] Doch auch in der württembergischen Provinz gab es hinsichtlich der Arbeitskräfte gewaltige Unterschiede. In einem ländlichen Randgebiet machte die Rekrutierung von Arbeitskräften aus dem bäuerlichen Umfeld weit größere Schwierigkeiten und erwies sich erst mittelfristig als attraktive Alternative zur Auswanderung oder zur kleinbäuerlichen Randexistenz.[533] In der württembergischen Textilindustrie stellten sich wegen der überwiegenden Beschäftigung unverheirateter weiblicher Arbeitskräfte wieder andere Probleme, doch eine enge lokale und regionale Bindung war auch hier zu verzeichnen.[534] Auch für die Chemische Fabrik Griesheim bei Frankfurt am Main gelegen bildete die Rekrutierung von Arbeitskräften das größte Problem in den ersten zwei Jahrzehnten nach ihrer Gründung.[535] Die Arbeitskräfte stammten zumeist vom Lande und fluktuierten stark. Große Schwierigkeiten ergaben sich vor

530 Zur regionalen Herkunft von Arbeitern in Maschinenfabriken vgl. Hermann-Josef Rupieper, Arbeiter und Angestellte im Zeitalter der Industrialisierung. Eine sozialgeschichtliche Studie am Beispiel der Maschinenfabrik Augsburg-Nürnberg (MAN), Frankfurt am Main 1982.

531 Meyer, Schwerindustrielle Insel und ländliche Lebenswelt, v.a. S. 33–41 und S. 211.

532 Hecht, Die Württembergische Metallwarenfabrik, S. 79f. und S. 239–241.

533 Berghoff, Zwischen Kleinstadt und Weltmarkt, S. 93–104.

534 Peter Borscheid, Textilarbeiterschaft in der Industrialisierung, S. 177–183.

535 Wagner, Innovation und Standort.

allem bei der Einstellung qualifizierten Personals. Die Chemische Fabrik Griesheim war nach ihrer Gründung kaum in der Lage, ihren Bedarf an Chemikern zu decken. Wenn solche gewonnen werden konnten, blieben sie selten länger als ein Jahr. Auch wenn man sich mit chemisch-technischen Assistenten behalf, löste sich das Problem nicht, weil diese wegen der schlechten Bezahlung nicht gehalten werden konnten. Die Geschäftsführung konnte den Zusammenhang zwischen Lohn und Leistung offenbar nur sehr schwer begreifen.[536]

Unter veränderten Bedingungen gelang es den Unternehmen insgesamt aber, im Laufe der Zeit einen qualifizierten, stabilen Kern der Arbeiterschaft herauszubilden: die Stammarbeiterschaft. Zunehmend wurde es wichtig, Betriebsstörungen auszuschließen und eine kontinuierliche Produktion sicherzustellen. Dazu war eine zuverlässige Gruppe von Kernarbeitern nötig, die durch positive und negative Sanktionen an den Betrieb gebunden wurden und in deren betriebsspezifische Qualifizierung es sich lohnte, zu investieren.[537] Diese Stammarbeiterschaft zeichnete sich durch verschiedene Merkmale aus, insbesondere durch ein höheres Alter als die übrigen Betriebsangehörigen.[538]

Ein anschauliches Beispiel für den Aufbau einer Stammbelegschaft bietet die Firma Fried. Krupp in Essen. Hier lassen sich am Ende des 19. Jahrhunderts eindeutige Strukturen interner Arbeitsmärkte aufzeigen, d.h., dass Eintritt und Aufstieg innerhalb eines Beschäftigungssegmentes durch das Unternehmen kontrolliert und Beschäftigungsschwankungen nicht über externe Arbeitsmärkte abgefedert wurden.[539] Bei Krupp lässt sich zwischen 1885 und 1905 für drei unterschiedliche Beschäftigtenkategorien, nämlich die einfachen Arbeiter, die gewöhnlichen Angestellten und die gehobenen Angestellten, die Stabilität ihrer Beschäftigungsverhältnisse untersuchen, d.h. der Umfang bestimmen, in dem die Gruppen mit dem externen Arbeitsmarkt verbunden waren.

Dieser Aufbau einer Stammbelegschaft hat in Deutschland aber nicht zur Herausbildung einer „Arbeiteraristokratie“ geführt, sondern wurde von den betroffenen Arbeitern lediglich als eine Chance der Anpassung an Arbeitsmarktchancen genutzt.[540] Der Aufbau einer Stammbelegschaft ver-

536 Ebenda.

537 Ulrich Zumdick, Hüttenarbeiter im Ruhrgebiet, S. 340–348.

538 Zu dieser Problematik vgl. auch Heinz Reif, Soziale Lage und Erfahrungen des alternden Fabrikarbeiters der Schwerindustrie des westlichen Ruhrgebiets während der Hochindustrialisierung, in: Archiv für Sozialgeschichte 22 (1982), S. 1–94, hier: S. 37ff. und 90ff.

539 Pierenkemper, Interne Arbeitsmärkte in frühen Industrieunternehmen.

540 Vgl. Jürgen Schmidt, Stammarbeiterschaft als Arbeiteraristokratie? Zwei Konzepte der Arbeiterforschung im empirischen Test, in: Zeitschrift für Unternehmensgeschichte 39 (1994), S. 1–17 unter Bezug auf Eric J. Hobsbawm, The Labouring-Aristocracy in Nineteenth-Century Britain, in: Ders., Labouring Men. Studies in the History of Labour, London 1971, S. 272–315.

weist also auf deutliche Dualisierungstendenzen im Arbeitsmarkt bereits am Ende des 19. Jahrhunderts. Doch auch bei den gewöhnlichen Arbeitern kam es zu ähnlichen Strukturierungen, wie ein Blick in die Arbeitsverhältnisse der Phönix-Hütte zeigt.[541] Legt man als Definition der Stammbelegschaft eine mindestens fünfjährige Betriebszugehörigkeit fest, so lassen sich dort ca. 10 v.H. zur Stammbelegschaft rechnen. Neben diesem stabilen Kern der Arbeiterschaft und dem extrem fluktuierenden Teil lässt sich noch eine mittlere Gruppe mit deutlich verringerter, gleichwohl vorhandener Mobilitätsbereitschaft ausmachen, die i. d. R. ein bis zwei Jahre im Betrieb verblieb. Zahlreiche Faktoren bestimmten diese Bereitschaft, wie etwa die lokale Einbindung der Arbeiter, die Karrierechancen, die Arbeitsbedingungen, das Lebensalter, der Familienstand und Wohnformen.

Auch der innerbetrieblicher Arbeitsplatzwechsel war eine übliche Erscheinung. Davon konnten natürlich nur längerfristig beschäftigte Arbeitskräfte profitieren, doch erfolgte dieser Wechsel zumeist auf horizontaler Ebene. Die innerbetrieblichen Aufstiegsmöglichkeiten für Arbeiter waren schlecht, daher benutzten viele den Austritt aus dem Unternehmen als eine Strategie des beruflichen Aufstiegs, häufig sogar mit Wiedereintritt im gleichen Unternehmen, weil dieser Weg offenbar leichter zu bewerkstelligen war als eine Karriere im Unternehmen selbst.[542] Diese Möglichkeit stand aber überwiegend den jüngeren Arbeitern offen.

Für die Kruppsche Gußstahlfabrik lassen sich für die langfristig beschäftigten Angestellten typische Karrierewege aufzeigen. Immerhin verzeichneten zwei Drittel von ihnen zwischen 1878 und 1900 einen innerbetrieblichen Aufstieg, wobei insbesondere die kaufmännischen, weniger die technischen Angestellten derartige Chancen wahrnehmen konnten. Gelegentlich gelang sogar Arbeitern der Aufstieg in Angestelltenpositionen.[543] Auch in anderen Industriebetrieben des 19. Jahrhunderts lässt sich ein beachtliches Maß innerbetrieblicher Mobilität feststellen, deren Umfang mit Dauer der Betriebszugehörigkeit und Höhe der Qualifikation der Beschäftigten offenbar deutlich anstieg.

Die verschiedenen Maßnahmen der Unternehmensführung und die Verhaltensweisen der Arbeitnehmerschaft erscheinen alles andere als willkürlich und lassen sich durchaus im Sinne einer planvollen Anpassung an die sich verändernden Bedingungen am Arbeitsmarkt und im Beschäftigungssystem interpretieren. Seitens der Unternehmensführung wurde nämlich zunehmend eine bewusste „Arbeiterpolitik“ entwickelt und betrieben, deren innerbetrieblicher Teil in den verschiedenen Arbeitsordnungen seinen Ausdruck fand. Hinzu kamen eine Reihe weiterer institutioneller Regulie-

541 Zum folgenden Ulrich Zumdick, Hüttenarbeiter im Ruhrgebiet.

542 Zu innerbetrieblichen Abstiegsprozessen ebenda sowie Reif, Soziale Lage und Erfahrungen.

543 Pierenkemper, Interne Arbeitsmärkte in frühen Industrieunternehmen, S. 12–16.

rungen innerhalb und außerhalb der Unternehmen, die die Rekrutierung und Disziplinierung der Arbeiter erleichtern sollten.[544]

Die Reichsgewerbeordnung, 1869 vom Norddeutschen Bund verabschiedet, dann als Reichsgesetz übernommen, machte die innerbetrieblichen Beziehungen zum „Gegenstand freier Übereinkunft". Damit wurden die Unternehmen in die Lage gesetzt, die innerbetrieblichen Verhältnisse in eigener Regie zu gestalten, weshalb häufig davon Gebrauch gemacht wurde, diese in Fabrikordnungen festzulegen. Der Staat hielt sich weitgehend fern: 1853 hatte Preußen zwar eine fakultative Fabrikaufsicht eingeführt, doch diese blieb weitgehend wirkungslos, und auch der 1878 eingeführten obligatorischen Reichsaufsicht erging es nicht viel anders. Dies änderte sich erst nach 1891, als mit dem Arbeitsschutzgesetz erstmals ein direkter Eingriff in Unternehmerrechte erfolgte. Die seit den 1870er Jahren zahlreich eingeführten Fabrikordnungen erwiesen sich als außerordentlich repressiv, gleichwohl in ihrer Wirkung beschränkt. Die Verpflichtung des Arbeiters zu unbedingtem Gehorsam, die fast schrankenlose Verfügung über seine Zeit, Schadensersatzdrohungen und rigorose Strafen erwiesen sich im komplexen Betriebsgeschehen als unzureichend für die Organisation des Arbeitsprozesses. Den Arbeitern blieben zahlreiche Konflikt- und Verweigerungsformen, vom Possen treiben über Alkoholkonsum und Bummeln bis hin zu Diebstahl und Sabotage, offen. Darin äußerten sich nicht nur Anpassungsprobleme an die Industriearbeit, sondern auch bewusste Widerstandshandlungen gegen die Zumutungen durch die Fabrikherren.[545] Die begrenzten Erfolge einer solchen autoritären Strategie zur Aufrechterhaltung der Arbeitsdisziplin im Betrieb veranlasste Unternehmen dazu, nach weiteren, effizienteren Möglichkeiten Ausschau zu halten. Ein solcher offenbar in zahlreichen Unternehmen praktizierter Versuch ist in der Geschichtsschreibung mit dem Begriff des „industriellen Patriarchalismus" bezeichnet worden. Es handelte sich dabei um das Bemühen, durch freiwillige Leistungen, die die Verpflichtungen des normalen, vertraglichen Arbeitsverhältnisses überstiegen, die Arbeiter an das jeweilige Unternehmen zu binden.[546] Insoweit lässt sich Patriarchalismus durchaus auch als eine angemessene und wirkungsvolle Strategie für Rekrutierungs- und Kontrollprobleme industrieller Arbeitskräfte interpretieren.[547] Diese Strategie bot

544 Lothar Machtan, Zum Innenleben deutscher Fabriken im 19. Jahrhundert. Die formelle und informelle Verfassung von Industriebetrieben anhand von Beispielen aus dem Bereich der Textil- und Maschinenbauproduktion (1869–1891), in: Archiv für Sozialgeschichte 21 (1981), S. 179–236.

545 Tenfelde, Sozialgeschichte der Bergarbeiterschaft sowie Stearns, Adaption to Industrialization.

546 Ludwig H. A. Geck, Die sozialen Arbeitsverhältnisse im Wandel der Zeit. Eine geschichtliche Einführung in die Betriebssoziologie, Berlin 1931 und Ritter/Tenfelde, Arbeiter, S. 409–422.

547 Günther Schulz, Industrial Patriarchalism in Germany, in: Erik Aerts u.a. (Hg.),

gegenüber anderen Modellen zur Ausgestaltung der industriellen Beziehungen, wie etwa dem ökonomischen Liberalismus oder dem Genossenschaftsgedanken eine Reihe konkreter ökonomischer Vorteile und kam den Vorstellungen der Unternehmer von traditionellem Handeln und christlicher Verantwortung entgegen. Patriarchalismus wurde daher schon sehr früh von einzelnen Großunternehmern aufgegriffen, für die Carl Ferdinand von Stumm-Halberg und Alfred Krupp häufig zitierte Beispiele sind.[548]

In den beiden genannten Unternehmen wurde jedoch eine Variante des Patriarchalismus vertreten, die man als Paternalismus bezeichnete und die ausgehend von der Vorstellung, dass Arbeiter unfähig zur selbständigen Verfolgung ihrer Interessen seien, einen rigorosen, manchmal despotischen Kurs verfolgten. Eine weitere, moderatere Variante, auch mit pädagogischen Implikationen, umschrieben als Protektionalismus, wurde dagegen von den Unternehmen der elektro-technischen und chemischen Industrie verfolgt.[549]

Vermutlich sind für diese Varianten eher die Qualifikationsunterschiede zwischen den Arbeitskräften der Schwerindustrie[550] (große Massen an gering qualifizierten Arbeitern) und der anderen Industrien (höher qualifizierte Facharbeiter) und weniger die politisch-weltanschaulichen Orientierungen der jeweiligen Unternehmer verantwortlich.[551] Beide Typen existierten nämlich nebeneinander und verbreiteten sich in Deutschland besonders stark nach 1870, als die zahlreichen neuen industriellen Großunter-

Liberalism and Paternalism in the 19th Century. Proceedings. Tenth International Economic History Congress, Session B-13, Leuven 1990, S. 62–70, hier: S. 65.

548 Johann Paul, Alfred Krupp und die Arbeiterbewegung, Düsseldorf 1987 und Karl Erich Born, Staat und Sozialpolitik seit Bismarcks Sturz, Wiesbaden 1957, S. 66–92. Neuerdings dazu Thomas Welskopp, Betriebliche Sozialpolitik im 19. und 20. Jahrhundert. Eine Diskussion neuer Forschungen und Konzepte und eine Branchenanalyse der deutschen und amerikanischen Eisen- und Stahlindustrie von den 1870er bis zu den 1930er Jahren, in: Archiv für Sozialgeschichte 34 (1994), S. 333–374; Martin Fiedler, Sozialpolitik in der Zwischenkriegszeit. Wege der Interpretation und Probleme der Forschung im deutsch-französischen Vergleich, in: Geschichte und Gesellschaft 22 (1996), S. 350–375 und Ralf Banken, Saararabien und Königreich Stumm. Die Saarregion als Musterland einer patriarchalischen betrieblichen Sozialpolitik, unveröff. Manuskript.

549 Zu dieser Unterscheidung vgl. Hartmut Berghoff, Unternehmenskultur und Herrschaftstechnik. Industrieller Paternalismus: Hohner von 1857 bis 1918, in: Geschichte und Gesellschaft 23 (1997), S.167–204 und allgemeiner Ritter/Tenfelde, Arbeiter im Deutschen Kaiserreich sowie Günther Schulz, Die betriebliche Lage der Arbeiter im Rheinland vom 19. bis zum beginnenden 20. Jahrhundert, in: Rheinische Vierteljahresblätter 50 (1986), S. 150–189.

550 Hier bediente man sich zudem häufig militärischer Vorbilder bei der Ausgestaltung innerbetrieblicher Beziehungen. Vgl. dazu Götz Briefs, Betriebsführung und Betriebsleben in der Industrie, Stuttgart 1934, S. 118–123.

551 Günther Schulz, Industrial Patriarchalism in Germany, S. 63, sieht das anders. Eine stärkere Betonung ökonomischer Motive auch bei Ralf Banken, Saararabien und Königreich Stumm.

nehmen nach adäquaten Formen betrieblicher Kontrolle suchten. Es entwickelte sich daraus allmählich ein konsistentes System betrieblicher Sozialpolitik, das neben dem eigentlichen Betriebszweck auch gegenüber der Sozialdemokratie als Kampfmittel diente und in dem der Betrieb gegenüber den traditionellen Institutionen, wie Familie und Kirche, als neue, sinnstiftende Alternative auftrat.

Mit dem Ausbau der staatlich initiierten Sozialversicherung geriet die betriebliche Sozialpolitik jedoch zunehmend in die Defensive, was sich in den 1920er Jahren mit dem Entstehen des modernen Wohlfahrtsstaates verstärkte. Betriebliche Sozialpolitik und industrieller Patriarchalismus rentierten sich insgesamt aber vor allem deshalb, weil in den komplexer werdenden Unternehmensorganisationen bestimmte Arbeitergruppen betriebsspezifische Qualifikationen erworben hatten, die über den externen Arbeitsmarkt nicht ohne weiteres zu rekrutieren waren, und deren Wiederherstellung Zeit und Kosten beanspruchte. Deshalb bauten verschiedene Großunternehmen schon sehr bald nach ihrer Entstehung Stammbelegschaften auf. Das war weniger in solchen Branchen der Fall, wo noch lange unqualifizierte körperliche Arbeit vorherrschte wie im Steinkohlenbergbau, wohl aber in solchen, in denen qualifizierte Arbeitskräfte besonders wichtig waren, wie im Maschinenbau und in Teilen der eisenverarbeitenden Industrien.

2. 5. Absatzstrategien

Der Absatz bildet für ein Unternehmen die letzte Stufe des Betriebsprozesses, denn damit verlassen die Produkte seinen Gestaltungsbereich und werden den Nachfragern überstellt. Das Absatzproblem stellt sich aus der Notwendigkeit der „Überbrückung des Abstandes zwischen Leistungserzeugung und potentiellen Abnehmern“[552]. Dieses Problem stellt sich für alle Betriebe in gleicher Weise, unabhängig von dem Wirtschaftssystem, in dem sie agieren. In Marktwirtschaften erhält „Absatz“ jedoch einen instrumentellen Charakter im Hinblick auf die Unternehmensziele und wird zu einer strategischen Größe: die Absatzpolitik wird relevant.

Für die Unternehmen stellen sich im Hinblick auf die Verwertung der Betriebsleistungen dabei zwei wesentliche Fragen, nämlich erstens, wie Informationen für die Produktions- und Absatzplanung zu gewinnen sind und zweitens, wie die Absatzpolitik ausgestaltet werden soll. In beiden Bereichen, in der Marktforschung wie in der Absatzpolitik, steht den Unternehmen ein weites Spektrum von Maßnahmen zur Verfügung.[553] Derartige

552 So Herbert Hax, Art. Absatz, in: Handwörterbuch der Wirtschaftswissenschaften, Bd. 1, Stuttgart 1977, S. 1–20.

553 Vgl. dazu Wöhe, Einführung in die Allgemeine Betriebswirtschaftslehre, S. 595–735 und Heribert Meffert, Marketing – Grundlagen der Absatzpolitik, Wiesbaden 1993.

Absatzprobleme stellen sich nicht erst seit dem Aufkommen der modernen Großunternehmen, doch seitdem in veränderter und verstärkter Weise, denn Massenproduktion setzt einen massenhaften Absatz voraus, der sich anders bewerkstelligen lassen muss als in den bis dahin vertrauten Formen des Handels.[554]

Die steigende Bedarfsdeckung über den Markt im Zuge der Ausweitung des Handels führte in der Tat zu produktivitätssteigernden Innovationen im Absatzbereich, weil auf diese Weise Transaktionskosten gesenkt und Informationsasymmetrien behoben bzw. vermindert werden konnten.[555] Zunächst konnte sich ein umfangreicher Wanderhandel in vielfältigen Formen entwickeln, ehe sich nach Einführung der Gewerbefreiheit und beginnender Industrieproduktion ein sesshafter Kleinhandel ausbreitete, der zu einer merklichen Beschleunigung des Warenhandels entscheidend beitrug. Bereits am Ende des 19. Jahrhunderts entstanden dann im Einzelhandel Großbetriebe in Form von Warenhäusern, Konsumgenossenschaften und Filialunternehmen, die durch die Einführung von Festpreisen, Barzahlung, Direktverkauf und Markenartikeln entscheidende innovative Impulse bekamen. Rechtliche Regelungen hinsichtlich des Markenschutzes (1874) und der Warenbezeichnungen (1894) unterstützten diese Entwicklung ebenso wie erste werbende Bemühungen.[556]

Auf der Seite der Unternehmen unterscheidet man im Rahmen der betrieblichen Absatzpolitik üblicherweise zwischen der Preispolitik und der Präferenzpolitik. Geht es im ersten Bereich ausschließlich um eine optimale Preissetzung im Hinblick auf das Absatzziel, so stehen im zweiten Bereich eine Reihe von Maßnahmen bereit, die eine Kaufentscheidung des Kunden beeinflussen und herbeiführen sollen. Dazu zählen natürlich vielfältige Werbemaßnahmen, aber auch Möglichkeiten der Produkt- und Sortimentsgestaltung, der Einräumung bestimmter Konditionen, Kundendienst und Service sowie die Gestaltung der Absatzmethoden. Der theoretischen Durchdringung dieses Problemkomplexes widmet sich die Absatztheorie, die sich mit drei Teilaspekten konfrontiert sieht.[557] Sie hat erstens den institutionellen Rahmen des Absatzgeschehens zu erfassen, zweitens das Handeln der Verbraucher unter verhaltenswissenschaftlichen Fragestellungen zu untersuchen und schließlich in entscheidungslogischen Zusammenhängen im Hinblick auf die Ziele des Unternehmens zu analysieren. Dazu

554 Ausführlich dazu Uwe Spiekermann, Basis der Konsumgesellschaft. Entstehung und Entwicklung des modernen Kleinhandels in Deutschland 1850–1914, München 1999.

555 Ulrich Pfister, Vom Kiepenkerl zu Karstadt. Einzelhandel und Konsumgesellschaft im 19. und frühen 20. Jahrhundert, in: Vierteljahrschrift für Sozial- und Wirtschaftsgeschichte 87 (2000), S. 38–66.

556 Peter Borscheid und Clemens Wischermann (Hg.), Bilderwelt des Alltags. Werbung in der Konsumgesellschaft des 19. und 20. Jahrhunderts, Stuttgart 1995.

557 Herbert Hax, Art. Absatz, S. 15.

bietet die betriebswirtschaftliche Literatur unter verschiedenen Aspekten reichlich Anknüpfungspunkte, auf die hier nicht weiter eingegangen werden kann. Gleichwohl empfiehlt es sich, auch für unternehmenshistorische Arbeiten dort Rat und Hilfe zu suchen.[558]

Auf der Basis derartiger Überlegungen lassen sich nämlich idealtypisch verschiedene Marketingstrategien herleiten, die den jeweils veränderten Produktions- und Absatzbedingungen entsprechen und die durchaus zur Charakterisierung einer historischen Abfolge dienen können.[559] Die Veränderungen in den Absatzstrategien der deutschen Unternehmen seit dem 19. Jahrhundert lassen sich drei Phasen der Entwicklung zuordnen. Heribert Meffert[560] unterscheidet demnach zwischen einer Produktorientierung, einer Verkaufsorientierung und einer Kunden- bzw. Marketingorientierung. Allerdings lässt sich in Anlehnung an Ulrich Kreutle[561] noch zwischen einer Produktionsorientierung und einer Produktorientierung unterscheiden.

Zu Beginn der Industrialisierung haben in Deutschland in den Großunternehmen nämlich andere Probleme als die der strategischen Absatzplanung dominiert, da die Unzulänglichkeiten der Produkte und der Produktion noch schwerwiegend waren. Die Mehrzahl der gewerblichen Produkte fand in traditionellen Formen auf lokalen Märkten ihren Absatz. Verleger hatten sich der Förderung des Absatzes auf den Fernmärkten gewidmet, und wo die modernen Formen des Handels noch keine Verbreitung gefunden hatten, spielte der traditionelle Händler bzw. sein Handelshaus weiterhin die zentrale Rolle bei der Vermarktung gewerblicher Produkte. Eine nahezu unerschöpfliche Nachfrage stand einem nur begrenzten Angebot an industriell gefertigten Gewerbeprodukten gegenüber. Man geht sicher nicht fehl, diese Form einer Absatz-„Strategie“, wenn man sie in dieser *ersten* Phase denn bereits als eine solche verstehen kann und will, als „Produktionsorientierung“ zu bezeichnen.[562]

Erst mit dem Übergang zur vollen Industrialisierung begann sich manches zu wandeln. Nun zeichnete sich eine Ausbreitung des sogenannten „Fabrikantenhandels“[563] ab. Entscheidend für die Versuche der Produzen-

558 Beispielhaft dazu Ulrich Kreutle, Die Marketing-Konzeption in deutschen Chemieunternehmen – Eine betriebswirtschaftliche Analyse am Beispiel der BASF Ludwigshafen, Frankfurt a. M. 1992, v.a. S. 29–64.

559 Fritz Blaich, Absatzstrategien deutscher Unternehmer im 19. und in der ersten Hälfte des 20. Jahrhunderts, in: Hans Pohl (Hg.), Absatzstrategien deutscher Unternehmer. Gestern-Heute-Morgen, Wiesbaden 1962, S. 5–46 versucht aus der Analyse von 153 Firmenfestschriften die Absatzpolitik der deutschen Unternehmen seit dem 19. Jahrhundert zu rekonstruieren.

560 Heribert Meffert, Marketing – Grundlagen der Absatzpolitik.

561 Ulrich Kreutle, Die Marketing-Konzeption in deutschen Chemieunternehmen.

562 Ebenda, S. 57.

563 Jacob van Klaveren, Die Industrielle Revolution und das Eindringen der Fabrikanten in den Handel, Dortmund 1972.

ten, den Absatz der Produkte selbst in die Hand zu bekommen, war zunächst die Absicht, die beträchtliche Handelsspanne abzuschöpfen. Denn bis dahin hatte gegolten, dass Handwerker zwar wohlhabend sein, Reichtümer jedoch nur von Kaufleuten erworben werden konnten. Zudem gab es in Deutschland kein ausgebildetes Handelssystem; ein leistungsfähiger Fachhandel stand nicht zur Verfügung, so dass industrielle Unternehmer mit ihren neuartigen Produkten auch nach neuen Absatzwegen suchen mußten. Wo eine Zusammenarbeit zwischen Produzenten und Großhändlern üblich war – letztere traf man zumeist auf Märkten und Messen –, wurde diese von den Fabrikanten allmählich abgebaut. Eine Reihe von Faktoren haben das Vordringen des Fabrikantenhandels dabei entscheidend gefördert, so etwa der Aufbau eines deutschen Eisenbahnnetzes in den 1840er Jahren, das erst die Voraussetzung für schnelle und regelmäßige Verbindungen zwischen den Herstellern und Abnehmern schuf. Dieses steht im Zusammenhang mit der Entwicklung eines inneren Marktes und den entsprechenden Kommunikationsmitteln, wie sie sich seit dem späten 18. Jahrhundert in Deutschland herauszubilden begannen.[564] Die stärkere Verbreitung des Fabrikantenhandels führte aber nicht zum Verschwinden des Groß- und Einzelhandels in Deutschland. Ganz im Gegenteil: Die enorme Ausweitung des Warenvolumens förderte die Expansion des Handelssektors und führte zu neuen und erweiterten Formen der Handelstätigkeit.[565] Was sich änderte war, dass die absatzpolitischen Entscheidungen nunmehr in verstärktem Maße durch den Produzenten und nicht mehr nahezu ausschließlich durch den Händler getroffen wurden. Händler und Großhändler wurden damit stärker zu bloßen Mittlern zwischen Produktion und Verbrauch. Eine wichtige Ausnahme bildeten jedoch weiterhin die großen Exporthandelshäuser, zumeist in den Hansestädten beheimatet, die wegen ihrer z.T., seit Jahrhunderten währenden Erfahrungen und Kontakte für den Auslandsabsatz unverzichtbar blieben.[566]

Diese Entwicklung des Fabrikantenhandels bildete die Grundlage für die *zweite* Phase der Entwicklung einer Absatz-Strategie in den deutschen Unternehmen, die Phase der „Produktorientierung". Diese Phase hatte ihre Wurzeln in den Praktiken der frühen Industrialisierung. Hier mußte der Unternehmer zunächst ein neues, möglichst hochwertiges Produkt mit entsprechend hohem Preis auf den Markt bringen und Vertrauen in die Lei-

564 Heidrun Homburg, Werbung – „eine Kunst, die gelernt sein will". Aufbrüche in eine neue Warenwelt 1750–1850, in: Jahrbuch für Wirtschaftsgeschichte, 1997/1, S. 11–52.

565 Uwe Spiekermann, Basis der Konsumgesellschaft.

566 Vgl. dazu auch Satoshi Baba, Die schlesische Leinenindustrie und die europäische Wirtschaft im 17. und 18. Jahrhundert, in: Jahrbuch für Wirtschaftsgeschichte (demnächst) mit Hinweisen über den Absatz schlesischen Leinens durch Hamburger Handelshäuser.

stungsfähigkeit sowie die Qualität des Produktes schaffen. Reklame war noch eher unüblich, wenn nicht gar verpönt. Darüber gibt es eine Reihe verstreuter, aber eindeutiger Belege, die Fritz Blaich[567] anführt, z.B. äußerte Werner Siemens 1876, dass er die Reklame durch Leistung einer Werbung durch Worte vorziehe und die Continental-Gummi-Werke Hannover wollten 1879 mit „bester" Ware eine führende Stellung unter den Gummifabriken erringen. Außerdem legte Carl Benz (1901) den Schwerpunkt nicht auf Reklame, sondern auf den Bau solider und dauerhafter Tourenwagen, ähnlich wie Heinrich Lanz und Robert Bosch v.a. die äußerste Zuverlässigkeit ihrer Produkte betonten. Die Vorstellung, dass eine hervorragende Qualität der Produkte sich quasi automatisch ihre eigene Nachfrage schaffe, prägte im 19. Jahrhundert also die Absatzstrategien zahlreicher Unternehmer. Man konzentrierte die Absatzbemühungen auf die Qualität der eigenen Produkte und versuchte, eine „Marke" am Markt zu etablieren. Dies hatte gute Gründe, denn die Märkte für zahlreiche Industrieprodukte hatten ihre Experimentierphase noch nicht hinter sich, und die einzelnen Produkte gelangten z.T. erst mühsam zur technischen Reife, so z.B. in der ersten Hälfte des 19. Jahrhunderts der Kruppsche Gussstahl und am Ende des Jahrhunderts das Automobil. Die Konkurrenz der verschiedenen Anbieter auf dem deutschen Markt war ebenfalls noch sehr begrenzt, so dass sich ein Preiswettbewerb zwischen den heterogenen Produkten kaum entwickeln konnte. Kennzeichnend für diese Situation war das Überwiegen von Käufermärkten, in denen sich Beschaffung und Produktion für die Unternehmen als weitaus problematischer erwies, als die Gestaltung des Absatzes.

Am Ende des 19. Jahrhunderts änderten sich die Absatzstrategien in Deutschland jedoch allmählich und wandelten sich in einer *dritten* Phase von der Produkt- zur „Verkaufsorientierung". Das hatte zweifellos auch damit zu tun, dass nun Massenproduktion, gerade in den neuen Leitsektoren der industriellen Entwicklung, der elektronischen und chemischen Industrie, Raum griff. Außerdem begünstigte die temporär sinkende Nachfrage nach den konjunkturellen Einbrüchen um 1873 die Tendenz zur Entstehung von Konkurrenzmärkten. Sättigungserscheinungen und wachsende Konkurrenz erzwangen nämlich verstärkte Verkaufsanstrengungen und rückten die Absatzinstrumente stärker in den Aufmerksamkeitsbereich der Unternehmen. Man ging daran, den Absatz rationeller zu gestalten. So wurde es im technischen Bereich notwendig, regionale Stützpunkte mit Werkstätten und einem Kundendienst zu etablieren. Gänzlich neue Absatzbereiche wurden somit strategisch erschlossen und bearbeitet, wie z.B. die Starkstromtechnik durch die AEG.[568] Darüber hinaus wurden neue Formen der

567 Fritz Blaich, Absatzstrategien deutscher Unternehmer, S. 13.

568 Jürgen Kocka, Siemens und der aufhaltsame Aufstieg der AEG, in: Tradition 17 (1972), S. 125–142.

Absatzfinanzierung erprobt, z.T. traten Zwischenhändler zu diesem Zwekke hinzu, oder man entwickelte vollkommen neue Formen.[569] Innerhalb der Unternehmen selbst erfolgten Absatzrationalisierungen, die teilweise die verwirrende Vielfalt der Produkte verminderten.[570] Außerdem kamen nun Auslandsmärkte verstärkt ins Blickfeld und wurden – nicht nur für die „Überschussproduktion" – äußerst erfolgreich beackert. Dies geschah zunächst durch Handelsvertretungen oder technische Büros im Ausland, später kamen erste ausländische Produktionsstätten hinzu, weil zollpolitische Maßnahmen dazu zwangen.

Zu Beginn des 20. Jahrhunderts reichten auch diese Maßnahmen nicht mehr aus, weshalb man begann, den gesamten Betriebszweck konsequent auf die Absatzchancen auszurichten. Diese neue Form der Absatzstrategie kann man als *vierte* Phase der Entwicklung, als „Marktorientierung", beschreiben.[571] Nun traten nämlich die Konkurrenzbeziehungen am Markt als entscheidende Determinanten für die Absatzbemühungen des Unternehmens in den Vordergrund, und die gesamte Führung des Unternehmens wurde immer stärker durch die Absatzmärkte geprägt.

Zu dieser Entwicklung hat ganz entscheidend die Verbreitung des Markenartikels beigetragen. Dieser ist allerdings keine Erfindung des Industriezeitalters, denn Qualitätskennzeichen wurden schon von den Zünften des Mittelalters verwandt, so benutzten bereits die frühneuzeitlichen Handelshäuser der Fugger (Dreizack) und Welser (Pentagramm) Warenzeichen. Weitere Beispiele sind das bis heute weltbekannte Markenzeichen der Firma Heuckes, der „Zwilling", das 1731 in das Zeichenbuch der Solinger Messermacher eingetragen wurde, und das Kölnisch Wasser „4711", das 1826 seine heute noch gültige Erscheinungsform erhielt. Der Durchbruch des Markenwesens erfolgte jedoch erst in der zweiten Hälfte des 19. Jahrhunderts, als im Bereich der Lebens- und Genussmittel, wie später auch in der pharmazeutischen und kosmetischen Industrie, verschiedene Massenprodukte in gebrauchsfertig abgepackten Portionen auf den Markt kamen. Beschaffenheit und äußere Ausstattung dieser Produkte wurden allein durch den Hersteller bestimmt, wodurch die Händler praktisch jeglichen Einfluss auf die Produktgestaltung verloren und zu bloßen Verteilern wurden. Als eine wesentliche Voraussetzung für diese Entwicklung kann gelten, dass über den Patentschutz hinaus, der nur für Herstellungsverfahren,

569 So z.B. das sogenannte „Unternehmergeschäft" in der Elektroindustrie. Vgl. dazu ausführlich Wilfried Feldenkirchen, Krise und Konzentration in der deutschen Elektroindustrie am Ende des 19. Jahrhunderts, in: Friedrich-Wilhelm Henning (Hg.), Krisen und Krisenbewältigung vom 19. Jahrhundert bis heute, Frankfurt a. M. 1998, S. 92–139.

570 Tobias Kampmann, Vom Werkzeughandel zum Maschinenbau. Der Aufstieg des Familienunternehmens W. Ferd. Klingenberg Söhne 1900–1950, Stuttgart 1994, zugl. Diss. Bonn 1994, weist auf Reorganisation des Absatzes hin, S. 31–38.

571 Heribert Meffert, Marketing – Grundlagen der Absatzpolitik.

nicht aber für die daraus gewonnen Produkte gilt, ein Markenschutz im Deutschen Reich eingeführt wurde. Seit 1874 garantierte das „Gesetz über den Markenschutz" zunächst den exklusiven Gebrauch von Zeichen, wie z.B. „Zwilling" oder „4711", ab 1894 wurde dieser Markenschutz auch auf Warennamen mit dem „Gesetz zum Schutz der Warenbezeichnungen" ausgeweitet.[572]

Ein klassisches Beispiel für die Absatzstrategie eines Markenartikels bildet das Waschmittel „Persil", das bereits vor seinem Erscheinen am Markt durch eine Zeitungsanzeige am 6. Juni 1907 in einer Düsseldorfer Zeitung vorgestellt wurde. Dieser Vorlauf sollte dem Produkt gegenüber den bald zu erwartenden Nachahmern einen strategischen Vorsprung sichern.[573] Weder Produktqualität noch Preis wurden hier als wesentliche absatzpolitische Instrumente angesehen, sondern vielmehr eine umfassende „nie nachlassende" Werbung. Und danach wurde auch verfahren; der Preis blieb sogar als Ausweis für Qualität relativ hoch. Die Marke wird bis heute gepflegt und selbst in Zeiten, als sie gar nicht auf dem Markt verfügbar war, z.B. während des Zweiten Weltkriegs, verhinderte Henkel, dass die damals produzierten Ersatzmittel mit dem Markennamen „Persil" in Verbindung gebracht wurden und veranstaltete Kampagnen, um an das vertraute Image zu erinnern und das Wissen um das Produkt wachzuhalten.

Wesentliche Impulse erhielten deutsche Unternehmen für ihre Absatzstrategien nach 1900 durch Aktivitäten amerikanischer Unternehmen in Deutschland. Während der Zwischenkriegszeit haben eine Reihe amerikanischer Unternehmen deutsche Fabriken aufgekauft und ihre Produkte mit amerikanischen Methoden auf den deutschen Markt gebracht, so z.B. American Tobacco, International Harvester, National Cash Register, Singer, General Motors und Ford. Besonders in der Automobilindustrie hatte dies nicht nur enorme produktionswirtschaftliche Folgen, wie Rationalisierung, u.a. Normierung und Fließfertigung, sondern auch Auswirkungen im Hinblick auf die Absatzstrategie. Der Aufbau eines den gesamten Markt umspannenden Netzes von Verkaufsstellen und von Werkstätten für Reparatur und Wartung der Automobile wurde zunehmend selbstverständlich. Dabei arbeiteten die Unternehmen mit selbständigen Händlern und Werkstätten zusammen und verzichteten im Unterschied zu den deutschen Konkurrenten auf den unmittelbaren Verkauf an den Kunden. Der Kundendienst hingegen wurde groß geschrieben, eine entsprechende Werbung unterstützte diese Maßnahmen und trug zu dem großen Erfolg der amerikanischen Unternehmen bei.[574]

572 Ausführlich dazu neuerdings Uwe Spiekermann, Basis der Konsumgesellschaft, S. 523–530.

573 1876–1976. Hundert Jahre Henkel in Düsseldorf, Düsseldorf 1976.

574 Edelmann, Vom Luxusgut zum Gebrauchsgegenstand und Reiner Flik, Motorisierung.

Die geschilderten Rahmenbedingungen fanden auch in der Absatzpolitik der einzelnen Unternehmen ihren Ausdruck, was in der neueren unternehmenshistorischen Literatur eindrucksvoll anhand einiger Fallstudien aufgezeigt wird. Ein schönes Beispiel bildet hierfür die schon erwähnte Württembergische Metallwaren Fabrik (WMF) in Geislingen/Steige.[575] Bei der Gründung des Unternehmens nach Zusammenschluss von zwei Stammfirmen im Jahre 1880 wurden zwei verschiedene Produktionsverfahren mit einer Orientierung auf jeweils unterschiedliche Marktsegmente praktiziert, nämlich eine mechanische und eine galvanische Form der Silberauftragung auf die vom Unternehmen produzierten „Luxusartikel". Zunächst erfolgte daraufhin eine Bereinigung der Produktionstechnologie unter Aufgabe des mechanischen Plaqué-Verfahrens, wobei das Unternehmen zugleich einem Markttrend in der Nachfrage nach seinen Artikeln folgte. Schon bald kamen zahlreiche Produktinnovationen hinzu und das Produktionsprogramm des Unternehmens erlebte durch zahlreiche Neuheiten eine wesentliche Erweiterung. Diese Strategie stellte auch eine Reaktion auf veränderte Absatzbedingungen dar, die eine Berücksichtigung regionaler und nationaler Besonderheiten empfehlenswert erscheinen ließ. Basis für die Absatzentscheidungen bildeten halbjährlich stattfindende sogenannte „Reiseberatungen", auf denen die Berichte der Reisenden des Unternehmens im Stil einer Marktanalyse ausgewertet wurden. Dabei fanden auch die Wettbewerbslage und die Stellung der Konkurrenten am Markt gebührende Berücksichtigung. Die Reisetätigkeit wurde somit vom Unternehmen zugleich als ein Instrument der Marktforschung eingesetzt. Unübersehbar bleibt, dass das Unternehmen von vornherein seine Produkte als Markenartikel zu positionieren suchte und daher z.B. die Belieferung von Warenhäusern strikt ablehnte. So konnte WMF eine dominierende Marktstellung erlangen und sich in Deutschland als Marktführer bis ins 20. Jahrhundert behaupten.

Der Vertrieb von WMF-Produkten wurde überwiegend über Einzelhändler abgewickelt, die jeweils mit dem Recht der lokalen Alleinvertretung ausgestattet und von acht bis zehn fest angestellten Reisenden betreut wurden. Als weitere Absatzwege nutzte man den Verkauf über Großhändler und zunehmend durch ein Netz fabrikeigener Niederlassungen – ein Direktverkauf ab Fabrik an Privatpersonen wurde nicht zugelassen. Ab den 1890er Jahren überstieg im Inland der Umsatz der Fabrikniederlassungen bereits den Umsatz durch Reisende. Etwa 20–30 v.H. der Waren wurden allerdings im Ausland abgesetzt, überwiegend in Europa. Neben Osteuropa bildeten England, Frankreich und Spanien die Hauptabsatzgebiete. Auch im Exportgeschäft bewährte sich die Gewährung des Alleinvertretungsrechtes an einheimische Händler, so dass einige Erfolge durch Reisende auch in Übersee erzielt werden konnten, insbesondere in Südamerika, während der Markteintritt in Nordamerika an den dortigen Konkurrenzverhält-

575 Hecht, Die Württembergische Metallwarenfabrik, v.a. S. 159–206.

nissen sowie an Zollproblemen scheiterte. Die Absatzförderung von WMF bediente sich durchaus moderner Methoden. So wurden zweimal jährlich die Einzelhändler mit neuen Musterbüchern und Preislisten versorgt. Hinzu kamen Fabrikbeschreibungen und Annoncen in Tageszeitungen und Exportblättern. Zusätzlich beteiligte sich das Unternehmen an nationalen und internationalen Ausstellungen und nutzte zunehmend Zeitungsbeilagen als Werbeinstrument. Insgesamt zeigte die Württembergische Metallwarenfabrik bereits an der Wende zum 20. Jahrhundert im Hinblick auf seine Absatzstrategie eine deutliche Verkaufsorientierung mit einem planvollen Einsatz verschiedener Absatzinstrumente, nachdem zuvor Elemente einer Produktorientierung genutzt worden waren.

Ein weiteres eindrucksvolles Beispiel für eine schon früh verfolgte Marketing-Strategie bildet die Firma Matth. Hohner in Trossingen.[576] Zunächst wurde der Vertrieb der Harmoniken mit Produkten anderer Hersteller, z.B. Uhren, durch Hausierer organisiert. Doch schon bald gerieten auch die USA als Absatzgebiet in den Blick, weil dorthin zahlreiche Trossinger ausgewandert waren. Ein Vertrieb lohnte sich über dortige Spielwarenhändler aber erst in größeren Mengen und barg damit ein beachtliches Risiko für das zunächst noch kleine Unternehmen. Dennoch wurde der Schritt gewagt, weshalb es sowohl mittels deutscher Exportkaufleute, wie auch durch amerikanische Importeure gelang, in den nächsten Jahrzehnten den lukrativen US-Markt zu erschließen. Auch der Direktabsatz entwickelte sich in den 1880er Jahren beachtlich, teilweise weil das Unternehmen sich neuester Werbemethoden bediente.

Andere Unternehmen durchliefen ähnliche Entwicklungen im Rahmen der Herausbildung ihrer Absatzstrategien. Für die Badische Anilin und Soda Fabrik (BASF) lässt sich nach Gründung des Unternehmens (1865) ihr erster Generaldirektor Friedrich Engelhorn zitieren, der in einer eigenen Verkaufsabteilung eine „überflüssige, nur Geld verschlingende Einrichtung“[577] sah. Der Absatz der Farbenproduktion erfolgte daher lange Zeit durch auswärtige Farbenhändler, die ihren Sitz in Stuttgart und Barmen hatten. Das Unternehmen selbst widmete sich ganz den technischen Problemen der Produktion und organisierte lediglich den Versand. Mit der Ausdehnung des Farbenmarktes wurde jedoch schon bald der fehlende Kundenkontakt als schmerzlich empfunden. Man kannte die Wünsche und Probleme der Färber im Umgang mit den Farben gar nicht und hatte daher Schwierigkeiten, neue Produkte am Markt zu platzieren. Dieser Missstand wurde behoben, als die beherrschenden Handelshäuser 1873 durch Fusion unter das Dach des Unternehmens gebracht wurden. Die Verkaufsabteilung

576 Vgl. dazu Berghoff, Zwischen Kleinstadt und Weltmarkt, v.a. S. 68–72 und 169–177.

577 Kreutle, Die Marketing-Konzeption in deutschen Chemieunternehmen, S. 101–112, hier S. 101.

verblieb jedoch zunächst in Stuttgart, doch wurden 1888 bereits ein Exportbüro und vier Unterabteilungen für die wichtigsten Produktgruppen geschaffen. Ein Jahr später wurde die Abteilung dann nach Ludwigshafen verlegt, um die Kommunikation zwischen Produktion und Vertrieb zu erleichtern. 1906 erfolgte schließlich eine grundlegende Reorganisation. Nun wurden die verschiedenen Funktionen (Spedition, Verladung, Magazin) stärker integriert und zugleich wurde die Verkaufsbuchhaltung mit der allgemeinen Buchhaltung vereint. Neben weiteren Vereinheitlichungen beim Farbenverkauf blieben für die beiden Produkte Soda und Indigo separate Verkaufsabteilungen bestehen, doch der Absatz wurde nun regional stärker gegliedert. Außerdem entstanden im Unternehmen weitere Spezialabteilungen. Zunächst war der Transport der Waren nämlich von der allgemeinen Verwaltungsabteilung mitorganisiert worden, doch als es 1873 zur Fusion mit den Stuttgarter Farbenhändlern kam, wurde mit dem Auf- und Ausbau einer eigenen Speditionsabteilung begonnen. Bereits 1871 hatte ein „Kontroll-Kontor für Farbenkontrolle“ mit der Qualitätssicherung der Produkte angefangen, bald darauf war eine Versuchsfärberei eingerichtet worden. Beide Einrichtungen wurden 1891 in der Technischen Färberei zusammengefasst. Zahlreiche weitere Serviceabteilungen folgten, so 1875 ein Offertenbüro, das Preisangebote und Muster für die Kunden bereitstellte; außerdem musste die Betreuung der Reisenden organisiert werden. 1910 wurde eine Stelle zur Beobachtung der Konkurrenz eingerichtet, die Berichte von Technikern auswertete und eine Analyse der Sekundärliteratur zur Farbenchemie vornahm. 1913 schließlich entstand eine Stelle für Zeitungswesen, die nun auch Werbung für die Produkte des Unternehmens betreiben sollte.[578]

Ganz offenbar folgte also auch die BASF in ihren Absatzbemühungen einem Weg, der oben bereits in allgemeingültiger Form skizziert worden ist. Zunächst überwogen noch eindeutig die Probleme der Produktion, weshalb dem Absatz wenig Aufmerksamkeit gewidmet wurde und man sich fremder Händler bediente. Doch bald zeigte sich, dass die Qualitätssicherung der Produktion unbedingt eine Rückkopplung zum Absatz nötig machte. Die Produkte und ihre Eigenschaften bestimmten damit die Absatzchancen. Mit der wachsenden Zahl von Farbenproduzenten, der gewaltig gesteigerten Produktion und konjunkturellen Risiken traten danach immer mehr die Maßnahmen zur Absatzförderung bei der BASF in den Vordergrund. Das Unternehmen folgte daher in seiner Absatzstrategie offenbar ebenfalls dem Trend von der Produktions- über die Produkt- zur Verkaufsorientierung.

Ganz allgemein lässt sich für die Unternehmen am Ende des 19. Jahrhunderts beobachten, dass neben dem Inlandsabsatz zunehmend das Ex-

578 Vgl. dazu Kreutle, Die Marketing-Konzeption in deutschen Chemieunternehmen.

portgeschäft wichtiger wurde. Diese Entwicklung stellt die unternehmerische Seite des Globalisierungsprozesses von Welthandel und Weltfinanzsystem im letzten Viertel des 19. Jahrhunderts dar.[579] Durch diese Expansion standen nämlich auch die einzelnen Unternehmen vor neuen Herausforderungen, so wurde z.B. durch den steigenden Auslandsabsatz die Gestaltung der betrieblichen Exportwirtschaft problematischer, was zu qualitativen und quantitativen Anpassungen führte.[580]

Bis zu diesem Zeitpunkt waren die gewerblichen Exporte aus Deutschland zumeist auf indirektem Wege über Ausfuhrhandelsunternehmen abgewickelt worden. Sogenannte „hanseatische Ausfuhrhändler“ spielten dabei eine herausragende Rolle, und die ehemaligen, schon erwähnten Fernhändler wurden im 19. Jahrhundert zu Pionieren der jungen Industrie, denn „der Exporthandel [hat] der sich erst allmählich entwickelnden Industrie die Richtung angezeigt“[581]. Kaufleute aus Bremen, Hamburg und Lübeck haben diese Formen des Exportgeschäftes dann bis weit ins 19. Jahrhundert geprägt.[582]

Bei einer Untersuchung dieser Handelshäuser wird offenbar, dass sich der Exporthandel im 19. Jahrhundert zunehmend differenzierte. Regionale Niederlassungen wurden gegründet und führten zur Spezialisierung auf bestimmte Länder und Regionen sowie auf bestimmte Funktionen, doch die Kombination von Import- und Exporthandel wurde zumeist beibehalten.[583] Erst mit ansteigendem Außenhandel und wachsender Unternehmensgröße wurde dieser indirekte Absatz durch den direkten Industrieausfuhrhandel verdrängt. Dieser nahm, wie bei WMF, BASF und Hohner zu sehen ist, am Ende des 19. Jahrhunderts einen bemerkenswerten Anteil ein. Andere Unternehmen und Branchen hatten dagegen eher begonnen, sich systematisch dem Exportgeschäft zuzuwenden und dort neue Absatzkanäle und Absatzmittler zu erschließen. Vorreiter waren hier die Verleger, die in bestimmten Branchen schon in vorindustrieller Zeit ein internationales Exportgeschäft organisierten.[584]

579 Richard Tilly, Globalisierung aus historischer Sicht und das Lernen aus der Geschichte (Kölner Vorträge zur Sozial- und Wirtschaftsgeschichte 41), Köln 1999.

580 Dazu für die Zeit nach 1871 Marianne Dessauer, Entwicklungstendenzen der betrieblichen Exportwirtschaft in Deutschland seit der Mitte des 19. Jahrhunderts unter besonderer Berücksichtigung der Exportorganisation, München 1982.

581 Ebenda.

582 Ein Beispiel für den Absatz schlesischen Leinens über Hamburg bei Baba, Die schlesische Leinenindustrie, in: Jahrbuch für Wirtschaftsgeschichte 2000/2 (im Erscheinen).

583 Vgl. als Beispiele R. Hertz, Das Hamburger Seehandelshaus J. C. Godeffroy und Sohn 1766–1879, Hamburg 1922 und Percy Ernst Schramm, Neun Generationen. 300 Jahre deutscher Kulturgeschichte im Lichte der Schicksale einer Hamburger Bürgerfamilie, 1648–1948, 2 Bde., Göttingen 1964.

584 Vgl. dazu Wilfried Reininghaus, Die Stadt Iserlohn und ihre Kaufleute (1700–1815), Dortmund 1995, v.a. S. 195–364 und ders./Jochen Hoock (Hg.), Kaufleute in Euro-

Erst die neuen industriellen Großunternehmen waren dann jedoch in der Lage, einen Direktexport seitens der Hersteller zu organisieren. Ein herausragendes, frühes Beispiel bildet hierfür die Firma Siemens. Bereits 1852 erhielt das Unternehmen einen Großauftrag aus Rußland zum Bau und zur Instandhaltung der russischen Telegrafenlinien.[585] Schon ein Jahr später wurde eine erste ausländische Niederlassung in St. Petersburg gegründet. Auch in England war man bereits aktiv und hatte 1850 eine Verkaufsagentur errichtet, die 1858 wegen des günstigen Geschäftsverlaufs in eine selbständige Zweigstelle mit eigenem Werkstattbetrieb umgewandelt wurde. Das englische Haus Siemens widmete sich dann sehr erfolgreich dem Geschäft der Verlegung transatlantischer Kabel. Das Unternehmen entwikkelte sich daher schon bald zu einem Unternehmen mit stark internationaler Prägung und wählte einen Weg, den deutsche Unternehmen anderer Branchen erst wesentlich später beschritten.[586]

Bei dieser allgemeinen Entwicklung zeigte sich, dass es nicht nur die Leistungen im Bereich von Produktionsverfahren und Produktionsentwicklung waren, die den deutschen Unternehmen den Weg zu den internationalen Märkten öffneten, sondern dass auch ihre Absatzbemühungen schon früh und entscheidend dazu beitrugen.[587] Gezielte Werbemaßnahmen spielten schon im späten 19. und frühen 20. Jahrhundert eine beachtliche Rolle, wie sich bei Hohner anschaulich belegen lässt.[588] Dort bediente man sich im Rahmen einer hausgemachten Streuwerbung zielgerichteter, vielfältiger Werbemittel, für die ein beachtlicher Teil des Umsatzes (mehr als 1 v.H.) aufgebracht wurde. Der Erfolg in Übersee war derartig groß, dass bald eine eigene Niederlassung in New York gegründet wurde.[589] Man bediente sich dabei durchaus „amerikanischer Methoden", womit man im Vergleich zu den Absatzbemühungen anderer deutscher Unternehmen innovativ war.[590]

pa. Handelshäuser und ihre Überlieferung in vor- und frühindustrieller Zeit, Dortmund 1997.

585 Wilfried Feldenkirchen, Siemens 1918–1945, München 1995, S. 53–58.

586 Vgl. dazu am Beispiel Spaniens Javier Loscertales, Deutsche Investitionen in Spanien 1870–1920, Diss. Frankfurt a. M. 2000.

587 Vgl. dazu Harm G. Schröter, Erfolgsfaktor Marketing. Der Strukturwandel von der Reklame zur Unternehmenssteuerung, in: Wilfried Feldenkirchen u.a. (Hg.), Wirtschaft, Gesellschaft, Unternehmen. Festschrift für Hans Pohl, 2 Bde., Stuttgart 1995, S. 1099–1127 mit einem Beispiel aus dem frühen 20. Jahrhundert.

588 Hartmut Berghoff, „This is an Age of Advertisement", Absatzwerbung und Unternehmenswachstum am Beispiel Hohner 1900–1914, in: Zeitschrift für Unternehmensgeschichte 40 (1995), S. 216–234.

589 Ausführlich zur modernen Absatzstrategie dieses Unternehmens Berghoff, Zwischen Kleinstadt und Weltmarkt, S. 143–184.

590 Dass es auch anders ging und amerikanische Denkweisen und Methoden nicht allein zum Erfolg führten, zeigt Dirk Schindelbeck, „Asbach Uralt" und „Soziale Marktwirtschaft". Zur Kulturgeschichte der Werbeagentur in Deutschland am Beispiel Hannes W. Brose, in: Zeitschrift für Unternehmensgeschichte 40 (1995), S. 235–252.

Unterstützend wirkten insgesamt auch Institutionen, die die Exportbemühungen der deutschen Industrie förderten. Zu erinnern ist z.B. daran, dass die Deutsche Bank ursprünglich als Auslandsbank gegründet wurde[591] und dass auch die staatliche Zollpolitik nicht unwesentlich die Bedingungen des Außenhandels mitbestimmte.

Der Erfolg im Exportgeschäft und im Absatz hängt aber nicht nur vom eigenen Bemühen und den gewählten Strategien ab, sondern auch entscheidend von den allgemeinen Marktbedingungen. Diese haben sich im Verlauf des 19. Jahrhunderts dramatisch verändert, allgemein erfolgte ein Wandel vom Verkäufer- zum Käufermarkt und entsprechend verlagerten sich die Absatzstrategien von einer Orientierung an Technologien und Produkten zu einer Orientierung an Verkaufsmaßnahmen und Märkten. Ein grundsätzlich anderer Weg zur Verbesserung der Absatzchancen besteht darin, die Marktbedingungen durch Absprachen zwischen den Anbietern zu gestalten und mittels Kartellen und Syndikaten oder ähnlichen Arrangements zu günstigeren Marktbedingungen zu gelangen. Dieser Weg wurde von zahlreichen deutschen Unternehmen und Branchen am Ende des 19. Jahrhunderts zunehmend beschritten, was im vierten Kapitel ausführlicher dargestellt wird.

2. 6 Sektorale und regionale Differenzierung

In den vorausgehenden Ausführungen über die Entwicklung der Strategien von Unternehmen und Unternehmern wurde immer wieder darauf hingewiesen, dass zahlreiche Faktoren Einfluss auf diese Entscheidungen nehmen. Im Zusammenhang mit realistischen, historischen Entscheidungssituationen stößt eine generalisierende Theorie des unternehmerischen Handelns deshalb häufig an Grenzen und macht eine differenzierende Sichtweise erforderlich. Diese Erkenntnis impliziert jedoch kein Plädoyer für einen Verzicht auf eine generalisierende Sichtweise, ganz im Gegenteil. Nach einer ersten allgemeinen Reflexion bleibt jedoch das Bedürfnis nach einer differenzierenden Sichtweise bestehen. Hierbei zeigt es sich, dass strategische Unternehmensprobleme in großen und kleinen Unternehmen verschieden auftreten und im Zeitverlauf möglicherweise ihren Stellenwert verändern. Eine Entscheidung über Umfang und Form der Differenziertheit der Betrachtung muss in der jeweiligen Problemkonstellation pragmatisch vorgenommen werden. An dieser Stelle gilt es lediglich auf zwei spezifische Dimensionen hinzuweisen, die für die Unternehmensentwicklung im 19. Jahrhundert eine besondere Bedeutung gehabt haben: auf sektorale und regionale Differenzen.

Ein wesentliches Element der wirtschaftlichen Entwicklung seit Beginn des 19. Jahrhunderts bildet der sektorale Strukturwandel von der

591 Vgl. dazu Gall u.a. (Hg.), Die Deutsche Bank, v.a. S. 18f. und 52–82.

Agrar- über die Industrie- zur Dienstleistungsgesellschaft.[592] Doch nicht nur im Rahmen der drei volkswirtschaftlichen Hauptsektoren Landwirtschaft, Gewerbe und Dienstleistungen zeigen sich – gemessen an Beschäftigten- und Wertschöpfungsanteilen – gravierende Strukturverschiebungen, sondern auch innerhalb des gewerblichen Sektors werden deutliche Unterschiede sichtbar. Es sind die verschiedenen Wirtschaftszweige und Branchen, die eine ganz unterschiedliche Entwicklung nehmen und dadurch auch die Einzelunternehmen beeinflussen. Insbesondere im Hinblick auf die Wachstumschancen eines Unternehmens sind Unterscheidungen in der Bedeutung verschiedener Sektoren angebracht. Walt W. Rostow hat in diesem Zusammenhang unterschieden zwischen Führungssektoren einerseits und den sekundären Wachstumssektoren bzw. den abhängigen Wachstumssektoren andererseits.[593] Nur die erstgenannten Führungssektoren sind es, die das Wachstum der Gesamtwirtschaft im Wesentlichen bestimmen. Sie sind der Motor der gesamtwirtschaftlichen Entwicklungsdynamik, der die übrigen Bereiche der Volkswirtschaft mit antreibt. Als wesentliche Kriterien eines solchen Führungssektors lassen sich fünf kennzeichnende Merkmale aufführen. Erstens zeigen sich technologische Neuerungen innerhalb dieses Sektors, die die Produktion auf eine gänzlich neue Basis mit enormen Produktivitätsfortschritten stellen. Zweitens erweitern große Investitionen die Kapazität des Sektors entscheidend und lassen seine Unternehmen in neue optimale Betriebsgrößen hineinwachsen. Drittens erlangt der Sektor durch dieses Wachstum hinsichtlich der Wertschöpfung und Beschäftigtenzahl ein bedeutsames Gewicht in der Gesamtwirtschaft. Vom Sektor ausgehend verbreiten sich viertens starke dynamische Impulse in die übrige Wirtschaft, sei es durch das Angebot neuer verbilligter Vorprodukte für andere Sektoren (Vorwärtskoppelung), durch die eigene Nachfrage nach Produkten anderer Sektoren (Rückwärtskoppelung) oder durch allgemeine externe Effekte (Begleiteffekte). Schließlich und fünftens tendieren die großen Investitionen des Führungssektors zum Aufbau von Überkapazitäten und erzwingen dadurch Preissenkungen seiner Produkte.

Eine an diesen sektoralen Differenzen orientierte Untersuchung des Wirtschaftswachstums im 19. Jahrhundert vermag die innere Dynamik des Industrialisierungsprozesses möglicherweise weit besser zu entschlüsseln als gesamtwirtschaftliche Analysen. Zugleich bietet sie einen Rahmen für die sektoral differenzierte Untersuchung von Unternehmen. Denn ob sich ein Unternehmen in einem Führungssektor zu behaupten hat oder lediglich in einem abhängigen oder sekundären Sektor operiert, setzt ganz andere Bedingungen für seine Entwicklung und seinen Erfolg.

592 Pierenkemper, Gewerbe und Industrie, S. 87–99.

593 Walt W. Rostow, Stadien wirtschaftlichen Wachstums. Eine Alternative zur marxistischen Entwicklungstheorie, Göttingen 1960, S. 70–76.

Empirische Untersuchungen über die deutsche Entwicklung haben die Fruchtbarkeit einer derartigen sektoralen Betrachtungsweisen eindrucksvoll unterstrichen. Günter Kirchhain unternahm z.B. auf der Basis verstreuter zeitgenössischer Angaben eine umfassende Rekonstruktion der quantitativen Entwicklung der Baumwollindustrie in Deutschland im 19. Jahrhundert und bot dabei Daten zur Entwicklung von Produktion und Faktoreneinsatzmengen. Anschließend versuchte er im Rahmen einer Führungssektoranalyse die Bedeutung dieses Sektors für die Gesamtwirtschaft abzuschätzen.[594] Dabei kam Kirchhain zu dem Schluss, dass die Baumwollindustrie in Deutschland kein Führungssektor gewesen ist. Dagegen spreche nämlich ihre untergeordnete gesamtwirtschaftliche Bedeutung und die geringe Verkopplung des Sektors mit der heimischen Wirtschaft – ganz im Unterschied zu England übrigens, wo diese beiden Faktoren anders zu beurteilen sind und wo die Baumwollindustrie, „King Cotton", eine zentrale Rolle im Wachstumsprozess gespielt hat.

Für den Steinkohlenbergbau gibt es eine ähnliche Untersuchung von Carl-Ludwig Holtfrerich, der der Frage nachging, ob es sich beim Steinkohlenbergbau in Deutschland, v.a. an der Ruhr, um einen „Führungssektor" im Zuge der deutschen Industrialisierung gehandelt habe.[595] Ihm scheinen zwar alle Merkmale eines Führungssektors beim Ruhrkohlenbergbau gegeben zu sein, dennoch zögert Holtfrerich, ihn als <u>den</u> Führungssektor der deutschen Industrialisierung zu bezeichnen. Grund dafür ist die Tatsache, dass zumindest zwei weitere, eng verbundene Sektoren im Gleichschritt mit dem Steinkohlenbergbau expandierten, nämlich die Eisenindustrie und der Eisenbahnbau.

Auch diese beiden Sektoren erlebten zur Mitte des 19. Jahrhunderts einen bemerkenswerten Aufschwung. Sie realisierten bedeutsame technologische Innovationen und erwirtschafteten damit enorme Produktivitätsgewinne, d.h. sie erzielten ein überdurchschnittliches Wachstum mit Auswirkungen auf die Gesamtwirtschaft; außerdem waren sie auf vielfältige Weise untereinander und mit anderen Sektoren verkoppelt und verschärften dadurch den Wettbewerb. Man kann also nicht von einem einzelnen Führungssektor in der deutschen Industrialisierung sprechen, sondern muss das Wirken eines „Führungssektorkomplexes" unterstellen.

Dies wird auch durch die Untersuchung des Eisenbahnsektors von Rainer Fremdling[596] bestätigt, der auf die zentrale Bedeutung der Eisenbah-

594 Günter Kirchhain, Das Wachstum der deutschen Baumwollindustrie im 19. Jahrhundert. Eine historische Modellstudie zur empirischen Wachstumsforschung, Diss. Münster 1973.

595 Carl-Ludwig Holtfrerich, Quantitative Wirtschaftsgeschichte des Ruhrkohlenbergbaus im 19. Jahrhundert. Eine Führungssektoranalyse, Dortmund 1973, S. 155–160.

596 Rainer Fremdling, Eisenbahnen und deutsches Wirtschaftswachstum 1840–1879, Dortmund 1975.

nen für das deutsche Wirtschaftswachstum zur Mitte des Jahrhunderts verweist. Die jährliche Wachstumsrate des Outputs der deutschen Eisenbahngesellschaften betrug nämlich über mehrere Jahrzehnte deutlich mehr als 10 v.H. und der Anteil der Beschäftigten und der Wertschöpfung lag zeitweilig bei 3 bis 6 v.H. der Gesamtwirtschaft. Die Produktivität dieses Verkehrssystems wuchs enorm, nicht nur wegen zentraler technologischer Innovationen, sondern auch aufgrund von Skalenerträgen und organisatorischen Vorteilen. Darüber hinaus wurde die Eisenbahn zum größten Nachfrager nach Eisen, Maschinen und Kohle und bot zugleich ein Verkehrssystem für Massentransporte (z. B für Kohle) bei dramatisch sinkenden Transportpreisen.

Die Ergebnisse der Führungssektoranalysen lassen sich durch die Untersuchung der Unternehmen dieser Branchen eindrucksvoll untermauern. Auf die Bedeutung der frühen Eisenbahnunternehmen für das Wirtschaftswachstum in Deutschland und ihre Schrittmacherfunktion ist bereits hingewiesen worden[597], und auch das Wachstum der Unternehmen der Eisen- und Stahlindustrie sowie des Steinkohlebergbaus hat schon sehr bald die besondere Aufmerksamkeit der Wissenschaft erregt.[598] Dieses Interesse ist bis heute wach geblieben und gerade die Großunternehmen der Montanindustrie werden weiterhin ein bevorzugtes Objekt der neueren Unternehmensgeschichtsschreibung darstellen.[599]

Dass die damit zwangsläufig verbundene Konzentration der Unternehmensgeschichte auf die Großunternehmen insbesondere der Schwerindustrie auch nachteilige Wirkungen haben kann, hat unlängst Paul Erker aufgezeigt.[600] Doch finden sich bereits früher Versuche, im Rahmen der Unternehmensgeschichte diese unnötige thematische Fixierung zu vermeiden.[601]

In der neueren wirtschaftshistorischen Forschung wird zunehmend kritisch vermerkt, dass sich Industrialisierung und wirtschaftliches Wachstum der Volkswirtschaften nicht global an allen Orten, sondern zumeist nur in einigen wenigen Kernregionen vollzieht, von denen dann im günstigsten

597 Ebenda.

598 Vgl. hierzu die Pionierstudien von Oskar Stillich, Nationalökonomische Forschungen auf dem Gebiet der großindustriellen Unternehmen, Bd. 1: Eisen- und Stahlindustrie, Berlin 1904, Bd. 2: Steinkohlenindustrie, Leipzig 1906.

599 Dies hat nicht zuletzt auch mit der Existenz eigener Archive bei diesen Unternehmen zu tun. Beispiele sind die ältere Arbeit von Wilhelm Treue, Die Feuer verlöschen nie. August Thyssen Hütte 1890–1926, Düsseldorf 1966; Ders./Helmut Uebbing, Die Feuer verlöschen nie. August-Thyssen-Hütte 1926–1966, Düsseldorf 1969 sowie Feldenkirchen, Die Eisen- und Stahlindustrie.

600 Erker, Aufbruch zu neuen Paradigmen.

601 Vgl. dazu Hans Mauersberg, Deutsche Industrien im Zeitgeschehen eines Jahrhunderts. Eine historische Modelluntersuchung zum Entwicklungsprozeß deutscher Unternehmen von ihren Anfängen bis zum Stand 1960, Stuttgart 1966.

Falle Entwicklungsimpulse in das Umland ausstrahlen.[602] Diese Sichtweise einer regional differenzierten ökonomischen Entwicklung stellt sich aus der Perspektive des Unternehmens als das Problem der optimalen Wahl eines Standortes dar. Traditionell war diese Standortwahl überwiegend durch die Verteilung der Ressourcen im Raum determiniert. Rohstoffe, günstige Verkehrslage, Energieversorgung, Verfügbarkeit von Arbeitskräften und Finanzdienstleistungen waren es im wesentlichen, die die Standortentscheidung bedingten oder den Wechsel des Standortes nahelegten, wie z.B. bei Hoesch die Entscheidung, aus der Eifel an die Ruhr zu wechseln.[603]

Dass der Standort einen bedeutenden Einfluss auf den Erfolg von Unternehmen hat, ist für die Agrarwirtschaft ohne weiteres einzusehen.[604] Doch schon früh untersuchte man auch die Bedeutung der Standortwahl für den Erfolg von Industriebetrieben.[605] Man strebte danach, einen möglichst umfassenden und systematischen Katalog von Standortfaktoren zusammenzustellen und die einzelnen Faktoren auf ihre Erfolgsrelevanz hin zu prüfen. Eine derartige Standorttheorie lässt sich damit als strukturelle Variante einer Unternehmensgeographie interpretieren.[606]

Die Annahme einer durch die Ausstattung mit Ressourcen vorgegebenen Raumstruktur ökonomischer Aktivität bedarf aus zweierlei Gründen der Korrektur. Erstens nämlich erweist es sich im Zuge des Wachstums der Volkswirtschaften, dass neue Branchen, Produkte und Fertigungsverfahren an die Stelle der etablierten treten und damit eine Anpassung der Raumstrukturen an die alten Gegebenheiten erforderlich machen. Dies ist z.B. ganz offensichtlich, wenn man sieht, dass die deutsche Eisenindustrie im 19. Jahrhundert ihre traditionellen Zentren in den deutschen Mittelgebirgen verließ, wo Erze, Holz und Wasserkraft die überkommenen Inputfaktoren bildeten, und in die Steinkohlenbezirke abwanderte, wo der neue Rohstoff für die modernen englischen Steinkohletechnologien reichlich zur Verfügung stand. Parallel dazu vollzog sich der Aufbau eines neuen Verkehrssystems (Kanäle und Eisenbahnen) und eine neue Raumstruktur bildete sich heraus.[607] Doch damit nicht genug der Anpassung; auch die neuen schwer-

602 Grundlegend dazu Sidney Pollard, Peaceful Conquest. The Industrialization of Europe 1760–1970, Oxford 1981.

603 Zu den Standortproblemen der Eisenindustrie an der Ruhr vgl. Feldenkirchen, Die Eisen- und Stahlindustrie, S. 57–89.

604 Dazu als Klassiker Johann Heinrich von Thünen, Der Isolierte Staat. Über die Ursachen, die den Getreidepreis bestimmen und die Wirkung der Auflagen auf den Ackerbau, Rostock 1818/19.

605 Alfred Weber, Über den Standort der Industrien, I. Teil: Reine Theorie des Standortes, Tübingen 1909. Dieses Thema hat bis heute nicht an Aktualität verloren, vgl. Horst Spitschka, Der Standort der Betriebe, München 1976.

606 Vgl. dazu Karl Christian Behrens, Allgemeine Standortbestimmungslehre, Opladen 1971.

607 Wolfgang Zorn, Gewerbe und Handel 1748–1800, S. 541–560, in: Aubin/Zorn (Hg.), Handbuch der deutschen Wirtschafts- und Sozialgeschichte, Bd. 1, S. 531–573.

industriellen Zentren an Saar, Ruhr und Oder, alle begründet auf umfangreichen Steinkohlelagerstätten, machten eine recht unterschiedliche Entwicklung durch, ebenso wie die dortigen Unternehmen.[608]

Oberschlesien hatte in der Modernisierung der Eisenindustrie aufgrund staatlicher Initiativen zu Beginn des 19. Jahrhunderts einen gewissen Entwicklungsvorsprung gewonnen. Auf den staatlichen Hütten war die Implementierung der englischen Steinkohletechnologien bereits gelungen. Die privaten Hütten zögerten dagegen noch mit diesem Schritt, weil die verfahrenstechnischen Probleme nicht gänzlich beherrscht wurden, mit den traditionellen Verfahren noch beachtliche Produktivitätsgewinne zu erzielen waren und weil die geringe Nachfrage weiterhin auf herkömmliche Weise bestens zu bedienen war.[609]

An der Saar wurde der technologische Rückstand sehr schnell wettgemacht und ein weiteres modernes Zentrum der deutschen Montanindustrie konnte sich dort ebenso etablieren wie einige Zeit später an der Ruhr. Nirgendwo erwies sich die zeitliche Verzögerung bei der Modernisierung als Nachteil gegenüber dem Vorreiter Oberschlesien. Denn die Region Oberschlesien verlor bald aufgrund zollpolitischer und verkehrswirtschaftlicher Nachteile ihre Führungsposition, und die Ruhrregion wurde zum unbestrittenen „Primus“ der deutschen Montanregionen. Dazu trugen auch Eigenarten in der Unternehmensstruktur und den Besitzverhältnissen der drei wichtigsten montanindustriellen Zentren in Deutschland bei.[610] Im Ruhrgebiet prägten nämlich Kapitalgesellschaften mit angestellten Managern weit stärker das Bild als in Oberschlesien, wo die Magnatenwirtschaften und staatlichen Unternehmen einen bedeutende Rolle spielten. Diese Besonderheiten in der sozialen Struktur der Unternehmerschaft können dazu beitragen, das unterschiedliche Entwicklungsmuster dieser beiden Regionen zu erklären. Dieser Ansatz lässt sich ebenfalls für die Unternehmensentwicklung in anderen Regionen erfolgreich anwenden.[611]

Mit der geschilderten neuen Raumstruktur der deutschen Schwerindustrie fanden die regionalen Anpassungszwänge der Unternehmen jedoch

608 Toni Pierenkemper, Strukturwandlungen im System deutscher Montanregionen. Saarregion, Oberschlesien und das Ruhrgebiet im Wachstumsprozeß, in: Josef Wysocki (Hg.), Wirtschaftliche Integration und Wandel von Raumstrukturen im 19. und 20. Jahrhundert, Berlin 1994, S. 7–37.

609 Toni Pierenkemper, Das Wachstum der oberschlesischen Eisenindustrie bis zur Mitte des 19. Jahrhunderts. Entwicklungsmodell oder Spielwiese der Bürokratie?, in: Ders. (Hg.), Industriegeschichte Oberschlesiens im 19. Jahrhundert, Wiesbaden 1992, S. 11–106. Kritisch dazu Ernst Komarek, Die Industrialisierung Oberschlesiens. Zur Entwicklung der Montanindustrie im überregionalen Vergleich, Bonn 1998, S. 213–220.

610 Toni Pierenkemper, Entrepreneurs in Heavy Industry: Upper Silesia and the Westphalian Ruhr Region 1852–1913, in: Business History Review 53 (1979), S. 65–78.

611 Toni Pierenkemper, Die schwerindustriellen Regionen Deutschlands in der Expansion. Oberschlesien, die Saar und das Ruhrgebiet im 19. Jahrhundert, in: Jahrbuch für Wirtschaftsgeschichte 1992/1, S. 37–56.

noch kein Ende. Auch den erfolgreichen Unternehmen der Ruhrindustrie stellte sich die Standortfrage immer wieder neu, so gab es verkehrswirtschaftliche Überlegungen, ob man Betriebe von Ost nach West an den Rhein verlagern sollte. Zum anderen galt es zu klären, ob man der Wanderung des Ruhrbergbaus nach Norden folgen sollte, weil dieser wegen der abfallenden Lagerstätten nach Norden und der neuen technischen Möglichkeiten der Großschachtanlagen dort immer leistungsfähigere Bergwerke errichten konnte. Damit aber nicht genug, denn gegen Ende des 19. Jahrhunderts hatten die Unternehmen der Eisenindustrie die Möglichkeit, das Ruhrgebiet teilweise zu verlassen und sich im lothringischen Minetterevier niederzulassen. Dort waren wegen des Anschlusses Lothringens an das Deutsche Reich und aufgrund neuer Eisen- und Stahlgewinnungsverfahren reiche Erzlager verfügbar geworden, die einen solchen Schritt reizvoll erschienen ließen.[612]

Es zeigt sich also am Beispiel eines einzelnen Industriezweiges, der Montanindustrie, wie komplex die Standortentscheidungen der betroffenen Unternehmen gewesen sind. Im Laufe eines Jahrhunderts hatte sich für diese Branche die Regionalstruktur mehrfach aufgrund neuer Faktoren- und Ressourcenkombinationen grundlegend geändert. Zunächst war eine Abwanderung aus den Mittelgebirgen hin zur Steinkohle erfolgt, danach ergab sich die Herausbildung eines dynamischen Systems von Montanregionen, was zu einer Veränderung der regionalen Hierarchie führte. Auch innerhalb der Montanregionen vollzogen sich Standortverlagerungen wegen der Veränderungen in den Rohstoff- und Verkehrsbedingungen und schließlich erbrachte ein „Zug zum Erz" eine teilweise Abwanderung aus den Kohleregionen.[613]

Aber auch damit waren die regionalen Anpassungszwänge in der Eisenindustrie noch längst nicht beendet, wenn man bedenkt, dass der heutige optimale Standort eines Stahlwerkes an der Küste oder gar auf hoher See, fern jeglicher Rohstoffvorkommen, anzusiedeln ist. Dies verweist uns auf einen zweiten Aspekt, der bei Standortentscheidungen zunehmend in Erwägung zu ziehen ist. Die Vorstellung einer ressourcengebundenen Raumstruktur erscheint heute zunehmend obsolet, weil Ressourcen weitgehend als mobil, d.h. nicht mehr standortgebunden anzusehen sind. Dies gilt schon länger für Kapital und Know-how, inzwischen aber auch für Energie, Arbeitskräfte und sogar Rohstoffe, so dass die Erde tatsächlich zu einem globalen Dorf geworden ist, weshalb für ein Unternehmen die Entscheidung, an welcher Ecke des Dorfes man sich niederlassen soll, keinesfalls mehr von den naturräumlichen Gegebenheiten oder den vorfindbaren Roh-

612 Feldenkirchen, Die Eisen- und Stahlindustrie, S. 84–89.

613 Dazu Markus Nievelstein, Der Zug nach der Minette. Deutsche Unternehmen in Lothringen 1871–1918, Bochum 1993.

stoffen abhängig ist. Alles lässt sich zukaufen, dies ist die betriebliche Perspektive der weltweiten „Globalisierung“[614].

Die hier für die deutsche Montanindustrie im 19. Jahrhundert dargelegten Überlegungen zur Standortwahl von Unternehmen und damit zur regionalen ökonomischen Differenzierung einer Volkswirtschaft lassen sich leicht an weiteren Beispielen erhärten. Zu denken ist dabei an die chemische Industrie, deren erste moderne Unternehmen zur Farbenherstellung in den sechziger Jahren des 19. Jahrhunderts wegen des enormen Wasserbedarfs an großen Flüssen entstanden (BASF und Bayer am Rhein; Hoechst, Casella und Griesheim am Main). Hier bietet die Geschichte der Chemischen Fabrik Griesheim, die nach Gründung am Main später eine ganz bewusste Standortwahl für eine Produktionsverlagerung in den mitteldeutschen Raum nach Bitterfeld traf, ein schönes Beispiel.[615] Für die Wahl des Standortes spielten die Energiepreise für die elektrochemischen Verfahren wie auch die Lohnhöhe eine entscheidende Rolle.

Weniger abhängig von diesen Größen waren dagegen die Maschinen- und Fahrzeugfabriken sowie die Motorenhersteller. Doch hier begrenzte die Verfügbarkeit qualifizierter Arbeitskräfte die Wahl des Standortes und begünstigte traditionelle Gewerbezentren. Auch die Nähe zu den Abnehmern, z.B. von Textilmaschinen, weniger zu den Zulieferern der Eisenindustrie spielte dabei eine Rolle.

3. Personen und Gruppen in Unternehmen

Die bisher eingenommene Perspektive aus dem Blickwinkel der Unternehmensführung, welche die Gründung, Ausgestaltung und strategische Entwicklung der Unternehmen lediglich als an allgemeinen Betriebszwecken orientierte Managementprobleme ansieht, bedarf dringend einer Erweiterung. Dabei geht es darum, die komplexen sozialen Beziehungen zwischen den verschiedenen Individuen und Gruppen innerhalb des Betriebes mit in den Blick zu nehmen, ohne jedoch zugleich die Gesamtheit der sozialen Beziehungen im Betrieb, den Betrieb als „soziales System“ zu thematisieren.[616] Letzteres ist nämlich ein viel zu weites Feld, als dass es an dieser Stelle erschöpfend behandelt werden könnte. Darüber hinaus widmet sich diesem Problemkomplex ein etablierter, besonderer Zweig der Soziologie, nämlich die Industrie- und Betriebssoziologie.

614 Vgl. hierzu im Überblick Tilly, Globalisierung aus historischer Sicht.

615 Wagner, Innovation und Standort, v.a. S. 307–336.

616 Vgl. dazu Friedrich Fürstenberg, Industriesoziologie I: Vorläufer und Frühzeit 1835–1934, Neuwied 1966, dort das Kap. 1: Problemgeschichtliche Einleitung, S. 11–27 und Wolfgang Littek, Industriearbeit und Gesellschaftsstruktur, Frankfurt a. M. 1973, S. 17–30.

Ein Verständnis vom Betrieb als einem sozialen Handlungsfeld ist – trotz aller Bemühungen – bis heute jedoch erst in Umrissen zu erkennen. Neuere Arbeiten plädieren daher dezidiert für eine Erweiterung der unternehmensgeschichtlichen Perspektive in diese Richtung und suchen nach einer sozialen Erklärung des betrieblichen Wandels. Dabei treten dann die Akteure und ihr Standort im Unternehmen in den Gesichtskreis des Interesses und vermögen Auskunft darüber zu geben, wie Arbeitskraft in Arbeit, Technologie in Technik und Konzeptionen in Organisation im Betrieb konkret umgesetzt werden.[617] Das Handeln der Betriebsangehörigen ist eben nicht allein durch objektive Zwecke determiniert, sondern folgt auf allen Ebenen der betrieblichen Hierarchie den Strategien, die ihren Interessen entsprechen.[618] Dabei stellt das Handeln von Unternehmensführung und Belegschaft im Hinblick auf den Betriebszweck, ökonomisch betrachtet, einen Tausch im Sinne von Marktrationalität dar. Sozial organisiert wird dies durch kooperatives Zusammenwirken aller Beteiligten und politisch zudem häufig vermittelt und beeinflusst durch das Handeln von Interessenorganisationen.[619]

Diese Dimensionen der sozialen Beziehungen im Betrieb sollen in einer historischen Perspektive dahingehend betrachtet werden, wie sich die wichtigsten Gruppen und ihre sozialen, ökonomischen und politischen Eigentümlichkeiten in privaten Erwerbsunternehmen im Laufe des 19. und 20. Jahrhunderts dargestellt und entwickelt haben. Man könnte diese Veränderungen in grober Skizzierung dadurch zum Ausdruck bringen, dass im 19. Jahrhundert eher ein Klassenantagonismus zwischen Kapital und Arbeit und demgemäss eher antagonistische Beziehungen das Bild im Betrieb geprägt haben, während im 20. Jahrhundert die Verhältnisse sich eher in Richtung auf moderatere Interessengegensätze bei durchaus zahlreichen gemeinsamen Interessen entwickelt haben.

Der Staat hat im Laufe dieser Entwicklung seine Stellung und seinen Einfluss auf dieses System der industriellen Beziehungen ebenfalls deutlich verändert. Aus dem konservativen Obrigkeitsstaat wurde der moderne Wohlfahrtsstaat. All dies gilt es zu bedenken, ohne dass es jedoch an dieser Stelle weiter ausgeführt werden könnte. Festzuhalten bleibt allerdings, dass ein wesentlicher Teil der Unternehmer-, Arbeiter- und Angestelltengeschichte

617 Vgl. dazu Heiner Minssen, Der soziale Prozeß betrieblichen Wandels, in: Lauschke/Welskopp (Hg.), Mikropolitik im Unternehmen, S. 16–47.

618 Michel Crozier/Erhard Friedberg, Macht und Organisation – Die Zwänge kollektiven Handelns, Königstein/Ts. 1973, S. 33–43. Dazu auch Kieser/Oechsler (Hg.), Unternehmungsführung, S. 211–271, Kap. 6: Manfred Perlitz und Frank Seger, Strategische Unternehmensführung , S. 214f. und ebenda, Kap. 3: Alfred Kieser, Ziele und Zielbildung, S. 91–121, v.a. S. 94f. mit Hinweisen auf Cyert und March.

619 Walter Müller-Jentsch, Soziologie der industriellen Beziehungen. Eine Einführung, Frankfurt a. M. 1986 und Werner Plumpe, Industrielle Beziehungen (demnächst als Band in dieser Reihe).

auch der Unternehmensgeschichte zuzurechnen ist. Dabei handelt es sich vor allem um jene Teile, die sich mit den Bedingungen der Anwendung menschlicher Arbeit im Betrieb beschäftigen. Im sozialen Handlungsfeld Unternehmen sind es vor allem vier relevante Kategorien von Personengruppen, die im folgenden genauer untersucht werden sollen: Unternehmer und Manager auf der Seite der Unternehmensleitung sowie Arbeiter und Angestellte auf der Seite der abhängig Beschäftigten.

3.1 Unternehmer und Manager

Das Zeitalter der Industrie ist auch dasjenige des „Unternehmers“. So wie sich im Zuge der Industrialisierung eine neue Wirtschaftsweise etablierte, so trat mit ihm ein neuer Sozialtypus in den Blickpunkt der Öffentlichkeit. Natürlich lassen sich auch für diesen Typus zahlreiche Vorläufer finden, von den Kaufherren des Mittelalters über die frühneuzeitlichen Bankiers Oberitaliens bis hin zu den Fabrikherren der Frühindustrialisierung.[620] Die Aufgabe des modernen Unternehmers ist allgemein das Treffen der „strategischen Entscheidungen“[621] für sein Unternehmen, wobei seit der Industrialisierung ein Hauptproblem darin besteht, eine große Anzahl von Personen mit einer beachtlichen Masse an Kapital im Rahmen einer neuartigen Technologie produktiv zu verknüpfen. Die einzelnen Aufgaben, die sich dabei stellten, waren nicht neu, denn auch die Feldherren der Antike dirigierten große Menschenmassen, die Kaufleute Venedigs waren erfahren in der profitablen Verwendung großer Kapitalsummen und die staatlichen Manufakturen Frankreichs hatten bereits erfolgreich technologische Innovationen durchgeführt.[622] Neu war allerdings, dass diese vielfältigen Aufgaben konzentriert an einer Stelle, im Industriebetrieb, auftraten und im Rahmen von Konkurrenzbedingungen und gegenüber einem zunächst wenig wohlwollend gesinnten Staat gelöst werden mussten. Hier tat sich für die Forschung ein neues großes Betätigungsfeld auf, das einen wichtigen Bestandteil der Unternehmensgeschichte – neben der sich separat entfaltenden umfassenden Unternehmergeschichte – bildete.[623]

620 Zur Begriffsgeschichte vgl. Jaeger, Art. Unternehmer.

621 Vgl. dazu Fritz Redlich und Alfred D. Chandler, Recent Developments in American Business Administration and their Conceptualization, in: Weltwirtschaftliches Archiv 86 (1961), S. 103–130.

622 Zu den vormodernen Unternehmertypen vgl. Werner Sombart, Der Bourgeois. Zur Geschichte des modernen Wirtschaftsmenschen, Reinbek 1988.

623 Fritz Redlich, Der Unternehmer. Wirtschafts- und sozialgeschichtliche Studien, Göttingen 1964, v.a. S. 153–170 und 171–188 sowie Dieter und Karin Claessen, Kapitalismus und Kultur. Entstehung und Grundlagen der bürgerlichen Gesellschaft, Düsseldorf 1973, S. 88–92.

Die privaten Unternehmer haben als soziale Gruppe in vielfältiger Weise auch das Interesse der Geschichtswissenschaften gefunden. Zahlreich sind die Untersuchungen über ihre sozialen Besonderheiten, ihren politischen Einfluss, kulturelle Aktivitäten u.v.a.m.[624] Ein weit geringeres Interesse hat dieser Sozialtypus hingegen im Bereich der Wirtschaftswissenschaften gefunden. „Die Theoretiker haben es schier fertiggebracht, diese farbenreichste Figur des zeitgenössischen Wirtschaftslebens zu übersehen", wie Fritz Redlich diesen Sachverhalt in Anlehnung an Joseph A. Schumpeter umschreibt.[625]

Als historisches Phänomen tritt der Unternehmer der Neuzeit mit dem Entstehen des modernen Unternehmens erstmals Ende des 17. bzw. Anfang des 18. Jahrhunderts hervor und wird im Hinblick auf seine Funktion als Gestalter und Risikoträger auch von den Zeitgenossen reflektiert.[626] In die moderne ökonomische Theorie geht er so allerdings nicht ein, dort werden nur Randaspekte seiner Existenz, vor allem die Begründung und Verteilung des Unternehmergewinns einbezogen[627], nicht aber seine Funktionen im Rahmen der kapitalistischen Entwicklungsdynamik.[628] All dies kann auch im Rahmen einer Unternehmensgeschichte nur am Rande eine Rolle spielen. Denn es geht vielmehr um den Unternehmer als den Leiter eines privaten Erwerbsunternehmens und die Beurteilung seines Handelns mit den Maßstäben des ökonomischen Erfolgs.[629]

Dagegen können im Rahmen einer Unternehmergeschichte auch andere Tatbestände als der ökonomische Erfolg von Unternehmern in den Blick genommen werden, wobei die Unternehmer als Personen und soziale Gruppe in das Zentrum einer wirtschaftshistorischen Perspektive gerückt werden.[630] Die unternehmenshistorische Fragestellung nach dem ökonomischen Erfolg unternehmerischen Handelns im Betrieb erscheint hier nur als eine von einer Reihe weiterer bedeutsamer Fragen, etwa die nach der Rolle des Unternehmers in den Klassenauseinandersetzungen mit dem Proletariat, nach seiner sozialen Position und Wertschätzung gegenüber anderen sozialen Gruppen in der Gesellschaft oder nach seiner Bedeutung in Bildungswesen, Kunst und Literatur. Aus dieser umfassenden Perspektive kann man dann in der Tat folgern, dass es „nur wenige Probleme der

624 Neuerdings und umfassend dazu Feldman, Hugo Stinnes.

625 Fritz Redlich, Art. Unternehmer, in: Handwörterbuch der Sozialwissenschaften, Bd. 10, Stuttgart 1959, S. 486–498, hier: S. 486.

626 Dazu und zu weiteren Ansätzen umfassend Turin, Der Begriff des Unternehmers.

627 Vgl. dazu Fritz Redlich, Art. Unternehmer, S. 491–496.

628 Dazu von einer Außenseiterperspektive Joseph Schumpeter, Theorie der wirtschaftlichen Entwicklung und ders., Der Unternehmer in der Volkswirtschaft von heute, in: Bernhard Harms (Hg.), Strukturwandlungen der deutschen Volkswirtschaft, Bd.1, Berlin 1928, S. 295–312.

629 Pierenkemper, Die westfälischen Schwerindustriellen.

630 Kocka, Unternehmer in der deutschen Industrialisierung.

Wirtschafts- und Sozialgeschichte industrialisierter Länder des 19. und 20. Jahrhunderts geben [dürfte], zu deren Lösung die historische Unternehmerforschung nicht wenigstens indirekte Beiträge zu leisten vermöchte".[631] Geht man noch weiter und überschreitet die Grenzen der Neuzeit zu Perioden früherer Zeitalter und nimmt andere als sozial- und wirtschaftsgeschichtlich relevante Sachverhalte in den Blick, so wird der Unternehmer dann leicht zu einer allgemeinen Kategorie der Geschichtswissenschaft.[632] Unzählig sind die Versuche, Unternehmer in diesem Sinne zu interpretieren, ihn als Typus seiner Zeit zu verstehen, seinen Wandel mit den Zeitentwicklungen in Beziehung zu setzen, nationale und regionale Besonderheiten aufzuzeigen und manches mehr.[633]

Für eine engere Betrachtungsweise, d.h. für eine Untersuchung der Rolle des Unternehmers im ökonomischen Wachstumsprozess, fehlt es aber an einem ausreichenden methodisch-theoretischen Zugriff, um die Vielfalt der Erscheinungen zu ordnen und in einen systematischen Zusammenhang zu bringen. Die ökonomische Theorie hilft dabei wenig, weil in den Modellen der modernen Theorie der Unternehmer keine zentrale Variable darstellt und die älteren Arbeiten eine eher verwirrende Fülle von Interpretationsangeboten enthalten.[634] Untersuchungen über die Bedeutung der Unternehmer in der Industrialisierung[635] leiden deshalb häufig darunter, dass sie sich auf exemplarische Einzelfälle ohne systematische Evidenz beschränken müssen. Repräsentative Studien, die auch sektorale und regionale Besonderheiten mit in die Betrachtung einbeziehen, sind daher eher selten.[636]

Der gesamtwirtschaftliche Wachstumsbeitrag von Unternehmen bildet aber *den* Kern des ökonomischen Handelns von Unternehmern, der für die moderne Unternehmensgeschichte relevant ist. Nicht ihre soziale Herkunft, ihre politischen Orientierungen und ihre kulturellen Eigenarten, so wichtig und interessant diese Eigentümlichkeiten auch sein mögen, machen den

631 Ebenda, S. 5.

632 Fritz Redlich, Der Unternehmer, Göttingen 1975.

633 Beispiele sind Wolfgang Zorn, Typen und Entwicklungskräfte deutschen Unternehmertums im 19. Jahrhundert, in: Vierteljahrschrift für Sozial- und Wirtschaftsgeschichte 44 (1957), S. 57–77 und Walter Däbritz, Der deutsche Unternehmer in seiner landschaftlichen Begrenztheit, in: Deutsche Zeitschrift für Wirtschaftskunde 1 (1936), S. 255–267.

634 Turin, Der Begriff des Unternehmers und Hans-Oskar Zieschlag, Wandlungen des Unternehmerbegriffs in der Wirtschaftstheorie, Diss. Köln 1936.

635 Vgl. dazu Theodor Pütz, Das Bild des Unternehmers in der Nationalökonomie, Jena 1935; Heinz Sauermann, Die Gestalt des Unternehmers, Berlin 1937 und Peter Kilby (Hg.), Entrepreneurship and Economic Development, New York 1971.

636 Pierenkemper, Entrepreneurs in Heavy Industry; Hans-Jürgen Teuteberg, Westfälische Textilunternehmer in der Industrialisierung. Sozialer Status und betriebliches Verhalten im 19. Jahrhundert, Dortmund 1980; Dirk Schumann, Bayerns Unternehmer in Gesellschaft und Staat 1834–1914, Göttingen 1992.

Unternehmer zum „Unternehmer". Er ist Unternehmer, weil er ein Unternehmen mehr oder weniger erfolgreich führt und darum geht es zunächst einmal in der modernen Unternehmensgeschichte. Unternehmer als Träger der strategischen Entscheidungen über den Fortbestand, die Entwicklung und das Wachstum des Unternehmens treten hier in das Blickfeld – und nicht die vielfältigen sonstigen Aspekte.

Dass die deutschen Unternehmer entscheidend zum wirtschaftlichen Aufstieg der deutschen Regionen im 19. Jahrhundert beigetragen haben und bis in die Gegenwart daran mitwirken, das erreichte Entwicklungsniveau zu erhalten, scheint trivial und evident zu sein. Dass diese Erkenntnis jedoch durchaus nicht selbstverständlich ist, wird daraus ersichtlich, dass im 19. Jahrhundert sehr unterschiedliche unternehmerische Erfolge zu beobachten sind und manches unternehmerische Handeln durchaus auch als Misserfolg zu interpretieren ist. Dies gilt sowohl auf der individuellen wie nationalen Ebene. Das Zurückbleiben Englands gegenüber den enormen Fortschritten Deutschlands am Ende des 19. Jahrhunderts ist z.B. in der Literatur ausführlich auch unter dem Gesichtspunkt des Versagens der britischen Unternehmer gegenüber ihren deutschen Konkurrenten diskutiert worden.[637] Ebenso lässt sich auch individuelles Versagen zahlreicher Unternehmer bei den Zusammenbrüchen ihrer Unternehmen aufzeigen, wofür es – damals wie heute – umfangreiches Anschauungsmaterial gibt.[638] Jedenfalls reicht es m. E. nicht aus, wie in vielen glorifizierenden älteren Arbeiten üblich, auf die angeblich „bekannte Tatsache" zu verweisen, dass die deutsche Industrialisierung „einigen Unternehmerpersönlichkeiten zu verdanken" sei[639], da dieser Zusammenhang noch nicht eindeutig geklärt ist. Versuche, den Beitrag der Unternehmer zum „Erfolg" ihres Unternehmens und damit indirekt auch zum wirtschaftlichen Erfolg einer Branche oder einer Nation genauer zu analysieren, sind nämlich äußerst selten. Hier fehlt es an einem passen-

637 Landes, Der entfesselte Prometheus, S. 313–315; Donald N. McCloskey, Economic Maturity and Entrepreneurial Decline. British Iron and Steel 1870–1913, Cambridge 1973, S. 1–11. Zum Vergleich britischer und deutscher Unternehmer auch Hartmut Berghoff, Englische Unternehmer 1870–1914. Eine Kollektivbiographie führender Wirtschaftsbürger in Birmingham, Bristol und Manchester, Göttingen 1991 sowie ders./Roland Möller, Unternehmer in Deutschland und England 1870–1914, in: Historische Zeitschrift 256 (1993), S. 353–386 und dies., Tired Pioneers and Dynamic Newcomers? A Comparative Essay on English and German Entrepreneurial History, in: Economic History Review 47 (1994), S. 262–287. Zum weniger entwickelten deutsch-französischen Vergleich vgl. Patrick Fridenson, Herrschaft im Wirtschaftsunternehmen. Deutschland und Frankreich 1880–1914, in: Jürgen Kocka (Hg.), Bürgertum im 19. Jahrhundert. Deutschland im europäischen Vergleich, Bd. 2, München 1988, S. 65–91.

638 Gerhard Hahn, Ursachen von Unternehmensmißerfolgen, Köln 1958.

639 Hans Hammacher, Tradition und Persönlichkeit in den ersten Unternehmertraditionen der Eisen- und Kohleindustrie des Ruhrgebietes, Diss. Köln 1954, S. 32.

den Modell unternehmerischen Handelns, an dem sich solche Untersuchungen orientieren könnten. Gleichwohl sind immer wieder Versuche unternommen worden, die innovative Ansätze enthalten und möglicherweise langfristig den Blick auf das zentrale Anliegen der Unternehmensgeschichte schärfen können, nämlich die Erfolgsbedingungen unternehmerischen Handelns zu identifizieren, zu quantifizieren und zu analysieren.

Für das Musikalien-Unternehmen Hohner hat dies unlängst Hartmut Berghoff[640] in einer eindrucksvollen Einzelstudie unternommen. Die hier vor allem interessierenden sozialen Beziehungen im Betrieb wurden demnach durch den „ursprünglichen Paternalismus" des Unternehmensgründer günstig beeinflusst.[641] Die Expansion des Unternehmens beruhte aber hauptsächlich auf seinen Exporterfolgen durch neue Marketing-Strategien, die im US-Markt durch einen der beiden Söhne des Gründers, Hans Hohner, forciert wurden. Hinzu kamen auf dem deutschen Markt ab 1906 erste Übernahmen kleiner heimischer Konkurrenten, die zu einer gewissen Marktbereinigung führten. Die beiden Brüder Hohner, die aus kleinbürgerlich-ländlichen Verhältnissen stammten und in zweiter Generation gemeinsam die Geschäfte leiteten, mussten sich an ihre neue großbürgerliche Situation anpassen und erfuhren in vielfältigen Situationen Statusinkonsistenzen. Dies galt auch für den Betrieb, in dem sie weiterhin das Modell des traditionellen Paternalismus pflegten. Bei den Arbeitern des Unternehmens, die sich ebenfalls mehr und mehr aus dem ländlichen Umfeld lösten, zeigten sich diese Statusinkongruenzen z.B. auch in strukturellen Mobilisierungsbarrieren gegenüber der Arbeiterbewegung. Das Wachstum des Unternehmens durchdrang schnell auch die Region, da ein Filialsystem auf immer weitere Orte ausgedehnt wurde. Dies unterstützte eine Tendenz zur Mehrberuflichkeit der Arbeiterschaft im ländlichen Raum.

Nach dem Ende des Ersten Weltkrieges gelang ein rascher Wiedereintritt des zuvor von seinen Exportmärkten abgeschnittenen Unternehmens in den US-Markt. Dabei war die Inflation, die wegen des überproportional gesunkenen Außenwertes der Mark zunächst Wechselkursvorteile bot, hilfreich, bis die Hyperinflation 1923 zum Kontrollverlust des Marktführers und zum Zusammenbruch des Marktes führte. Eine danach von Hohner forcierte kooperative Strategie der Absprachen mit den Konkurrenten scheiterte, was für das Unternehmen aber nicht verhängnisvoll war, weil eine Wiederbelebung des Exports in die USA durch ein modernes Marketing gelang. Hier war das Unternehmen innovativ und entwickelte früh eigenständige Elemente des modernen Marketings. Trotz des Einbruchs in der Weltwirtschaftskrise wurde diese Strategie fortgeführt und die Marketing-Aktivitäten wurden sogar noch verstärkt. Der Niedergang des Unternehmens nach einem kurzen Boom in der Nachkriegszeit lässt sich dann vor

640 Berghoff, Zwischen Kleinstadt und Weltmarkt.
641 Vgl. dazu Berghoff, Unternehmenskultur und Herrschaftstechnik.

allem auf fehlende Produktinnovationen zurückführen und veranschaulicht deutlich, dass unternehmerische Erfolge der Vergangenheit keine Garantie für die Zukunft geben und das Überleben von Unternehmen auf Dauer sichern können.

Ein anderer, oben schon erwähnter Versuch, die Erfolgsrelevanz unternehmerischen Handelns einer empirischen Überprüfung zu unterziehen, wurde auf Branchenebene für die Schwerindustrie des Ruhrgebietes unternommen.[642] Dabei wurde nicht ein einzelnes Unternehmen untersucht, sondern alle Unternehmen einer Branche in einer relativ eng abgegrenzten Region, um über den Einzelfall hinaus zu einem verallgemeinerungsfähigen Muster erfolgreichen unternehmerischen Handelns zu gelangen. In einem ersten Schritt wurden „Überleben", Wachstum und Rentabilität der Unternehmen als Erfolgsmaßstäbe operational bestimmt. Danach wurden sämtliche 154 Unternehmen und die in ihnen tätigen Führungskräfte jeweils einer von zwei Gruppen zugewiesen, die erfolgreiche und weniger erfolgreiche Unternehmen bzw. Unternehmer repräsentierten. In einer abschließenden Analyse wurde mit Hilfe eines einfachen statistischen Verfahrens versucht, erfolgsrelevante Strategien der untersuchten Unternehmen mit sozialen Merkmalen ihrer Führungskräfte in Beziehung zu setzen, um zu signifikanten Aussagen über den Einfluss bestimmten Unternehmerhandelns auf den Erfolg von Unternehmen zu kommen. Es zeigte sich, dass es vor allem „technologische Kompetenz", „Wissen", ausgedrückt in formaler Qualifikation, sowie „Bodenständigkeit", als Ausdruck der Einbindung in lokale Netzwerke, waren, die in bezeichnender Weise zum Erfolg der Unternehmen beigetragen haben.

Diese generalisierende Sichtweise, die massenstatistische Verfahren benutzt und demgemäss auf detailliertere Analysen unternehmerischen Entscheidungshandelns verzichten muss, hat allerdings ihre Schwächen. Sie knüpft zwar an die wichtige Erkenntnis an, dass unternehmerisches Handeln nicht umfassend, d.h. im Sinne von Aussagen über *den* Unternehmer oder auch den *deutschen* Unternehmer schlechthin, beurteilt werden kann, sondern immer auch die spezifischen Handlungsbedingungen des jeweiligen *Unternehmens* und der *Branche* mit reflektieren muss. Die skizzierte Analyse der generellen Erfolgsstrategie einer Branche über einen langen Zeitraum, auch wenn sich diese lediglich auf Aspekte von Technologie und Absatzmarkt beschränkt und somit etwa die wichtigen Bereiche der Arbeitsbeziehungen und der Beschaffungsmärkte ausdrücklich ausklammert, bleibt noch zu allgemein, um zu einem wirklich fundierten Urteil über den Beitrag der Unternehmer zum Erfolg eines Unternehmens zu kommen. Dies scheint nur durch detaillierte Fallstudien, wie die Arbeit von Berghoff zeigt, möglich zu sein, die wiederum mit dem Problem der mangelnden

642 Pierenkemper, Die westfälischen Schwerindustriellen, v.a. S. 134–168.

Generalisierbarkeit konfrontiert sind: Denn was für einen Fall gilt, muss notwendigerweise nicht für alle Fälle zutreffen.

Am Beispiel der deutschen und britischen Stahlindustrie wurde von Ulrich Wengenroth der Versuch unternommen, diesem Dilemma zu entgehen.[643] Die Untersuchung beschränkt sich auf die Identifikation unternehmerischer Erfolgsstrategien im eng definierten Bereich der Stahlherstellung und bewertet die technologischen Anpassungen in Großbritannien und Deutschland im Hinblick auf die jeweiligen Marktbedingungen. Wengenroth kommt dabei zu dem Schluss, dass es in beiden Ländern unterschiedliche Erfolgsstrategien gegeben hat, denen sowohl in Großbritannien als auch in Deutschland einige Unternehmen besser, andere weniger gut entsprochen haben.

In der frühen Phase der eindeutigen britischen Überlegenheit versuchten die deutschen Werke durch verstärkte Rationalisierungsbemühungen ihre Wettbewerbsnachteile zu verringern und hatten damit auch Erfolg. Verschiedene Unternehmer äußerten sich am Ende dieses Anpassungsprozesses eindeutig hinsichtlich ihrer relativen Konkurrenzsituation. So äußerte z.B. Direktor Josef Massenez vom Hörder Verein: *„Im Auslande, speziell in England sind die Einrichtungen ebenfalls vortrefflich. Man arbeitet allerdings in vielen dortigen Werken nicht so gut wie bei uns.“*[644] Ein Vertreter des Phönix äußerte sich im gleichen Zusammenhang noch dezidierter:

„Was die Fabrikationsmethode anbetrifft, so stehen die maschinellen Einrichtungen der englischen Werke auf der Höhe der Zeit. Was Ordnung und accurates Arbeiten anbetrifft, so sind die rheinisch-westfälischen Werke überlegen. Wenn die Engländer mit derselben Accuratesse arbeiten würden als wir, würden sie uns noch viel gefährlicher sein.“[645]

Auf diese Weise konnten nach Wengenroth die deutschen Unternehmen dazu beitragen, den Vorsprung der britischen Eisenindustrie entscheidend zu verringern. Der Frage, *warum* letztendlich bestimmte deutsche oder britische Unternehmen erfolgreicher als ihre Konkurrenten waren, wo also die Ursachen für erfolgreiche unternehmerische Anpassungsstrategien und damit für unternehmerischen „Erfolg“ gelegen haben, wird hier jedoch nicht weiter nachgegangen.[646] Die Untersuchung zeigt aber einen Weg auf, die komplexen Erfolgsbedingungen unternehmerischen Handelns, begrenzt

643 Wengenroth, Unternehmensstrategien und technischer Fortschritt.

644 Protokolle über die Vernehmung der Sachverständigen durch die Eisen-Enquête-Kommission, Berlin 1878, S. 409.

645 Bundesarchiv R 13 I, Nr. 171: Materialien für Enquête-Fragebogen. Englands Eisenindustrie (Herr Dir. Thielen), zitiert nach Wengenroth, Unternehmensstrategien, S. 118, FN 139.

646 Weitere Aspekte werden z.B. aufgegriffen bei Terry R. Gourvish, A British Business Elite: The Chief Executive Managers of the Railway Industry 1850–1923, in: Business History Review 47 (1973), S. 289–316.

auf wenige Handlungsparameter, nämlich Technologie und Marktorganisation, im internationalen Vergleich detailliert zu analysieren. Voreiligen, verallgemeinernden Vermutungen über die „Leistung“ oder das „Versagen“ der Unternehmerschaft wird damit ein Riegel vorgeschoben. Auf dieser Ebene lassen sich auch neue Einsichten hinsichtlich der Kontroverse um die relative Leistungsfähigkeit der britischen Stahlindustrie am Ende des 19. Jahrhunderts gewinnen und es lässt sich eine Bewertung der Positionen der wichtigsten Antipoden in dieser Debatte vornehmen.[647]

Für einen Vergleich der relativen Leistungsfähigkeit der gesamten Unternehmerschaft in beiden Ländern wären jedoch zahlreiche ähnliche Arbeiten nötig, die in gleicher Weise andere Sektoren und Branchen und zusätzliche unternehmerische Handlungsparameter wie z.B. Arbeitsbeziehungen, Kapitalmobilisierung etc. mit in die Analyse einbeziehen. Dies ist insbesondere auch im internationalen Vergleich ein sehr mühseliges Geschäft. Einige Ansätze bei einem Vergleich zwischen Deutschland und Großbritannien sind vorfindbar. Diese lassen aber leider die detaillierte Analyse unternehmerischen Handelns auf der Ebene des einzelnen Unternehmens außer acht und müssten daher weiter ausgebaut werden.[648] Es zeigt sich aber insgesamt in diesen Arbeiten, wie schwierig es ist, den spezifischen Beitrag der Unternehmer zum „Erfolg“ eines Unternehmens, einer Branche oder gar einer ganzen Volkswirtschaft zu bestimmen. Gleichwohl neigen unternehmenshistorische Arbeiten dazu, diesen unbesehen *den* Unternehmern zuzuschreiben. Im Vorausgehenden ist dabei undifferenziert von „Unternehmern“ als den Leitern der Unternehmen gesprochen worden, ohne dabei in Rechnung zu stellen, dass eine derartige Sozialkategorie natürlich keine homogene Gruppe beschreibt, sondern dass diese in sich wiederum stark gegliedert ist und bemerkenswerten Veränderungen unterliegt.[649] Diesen und einigen weiteren Fragestellungen wendet sich die Unternehmerforschung und Unternehmergeschichte zu, die bereits als ein besonderer Zweig der Soziologie und Sozialgeschichte kurz erwähnt wurde. Ihre Ergebnisse tragen unmittelbar nur wenig zu einer im engeren Sinne ökonomisch verstandenen Unternehmergeschichte bei und können daher an dieser Stelle nicht aufgegriffen werden. Einem Aspekt gilt es jedoch hier nachzugehen: der Trennung von Eigentum und Kontrolle im modernen Unternehmen und der Entstehung des modernen Managers.[650]

647 Vgl. dazu Ulrich Wengenroth, Unternehmensstrategien, S. 270–297.

648 Werner Berg, Wirtschaft und Gesellschaft in Deutschland und Großbritannien im Übergang zum „Organisierten Kapitalismus“. Unternehmer, Angestellte, Arbeiter und Staat im Steinkohlenbergbau des Ruhrgebietes und von Südwales 1850–1914, Berlin 1984.

649 Vgl. dazu Gregor Winkelmeyer, Wandlungen des Unternehmertyps, in: Beiträge zur Wirtschaftsforschung. Festgabe für Walter Däbritz, Essen 1952, S. 302–310.

650 Vgl. dazu Kocka, Management und Angestellte im Unternehmen, S. 162–201; Edgar Salin, Art. Manager, in: Handwörterbuch der Staatswissenschaften, Bd. 7, Stuttgart 1961, S. 107–113.

Mit dem Aufkommen und der massenhaften Verbreitung der Aktiengesellschaften in Deutschland im 19. Jahrhundert kam es im Rahmen des Ausbaus und der Auffächerung der Unternehmensorganisation zu einer Trennung von Eigentum und Kontrolle in den modernen Industriebetrieben.[651] Diese historische Entwicklung wurde von der Forschung bereits in den 1930er Jahren zum Anlass genommen, die Problematik der Eigentumsrechte in den modernen Großunternehmen in systematischer Weise neu zu durchdringen. In der klassischen Arbeit von Berle und Means[652] wird festgestellt, dass der zu beobachtende Trend in der Entwicklung der industriellen Großunternehmen darauf hinauslaufe, dass „Corporations" sich herauszubilden begännen, die nicht mehr als genuin privatwirtschaftliche Unternehmen, sondern vielmehr als halb-öffentliche Institutionen anzusehen seien. Damit entstehe ein neues Wirtschaftssystem, das sich vom Kapitalismus des 19. Jahrhunderts deutlich unterscheide und das sich durch eine zentral koordinierte Fabrikorganisation auszeichne, indem in den Fabriken als Kapitalgesellschaften der Reichtum der individuellen Eigentümer unter eine zentrale Kontrolle gebracht werde. Arbeiter wie Eigentümer seien von dieser zentralen Kontrolle weitgehend ausgeschlossen und die Trennung von Eigentum und Kontrolle begründe den quasi-öffentlichen Charakter dieser neuen „Corporations".

Im Unternehmen stellt sich laut Berle die Trennung von Eigentum und Kontrolle dergestalt dar, dass die Eigentümer keinen direkten Einfluss mehr auf den physischen Einsatz der produktiven Faktoren im Unternehmen hätten, sondern diesen nur noch indirekt durch Umdispositionen ihrer Finanzmittel und den Einfluss im Rahmen der rechtlichen Möglichkeiten der Unternehmensverfassung kontrollierten. Die Produktionsmittel selbst und ihr Einsatz im Unternehmen würden also von angestellten Managern kontrolliert.[653]

Begonnen hatte diese Entwicklung der Konzentration ökonomischer Macht nach Auffassung der beiden Autoren bereits vor der Verbreitung der Aktiengesellschaften im 19. Jahrhundert. Als Beispiele für einen früheren Beginn dienen ihnen die Handelskompanien der Frühen Neuzeit. Zwei wichtige allgemeine Tendenzen lassen sich für die moderne Gesellschaft aus dieser Entwicklung ableiten, nämlich einmal eine Tendenz zu einer immer stärkeren Konzentration gesellschaftlichen Reichtums und zum anderen die Tendenz, dass die Kontrolle über den stärker konzentrierten

651 Ralf Dahrendorf, Soziale Klassen und Klassenkonflikt in der industriellen Gesellschaft, Stuttgart 1957, S. 41–44.

652 Adolf A. Berle und Gardiner C. Means, The Modern Corporation on Private Property, New York 1950 (1. Aufl. 1932).

653 Adolf A. Berle, Die kapitalistische Revolution des 20. Jahrhunderts, Meisenheim 1958 (OA 1954); Ders., Macht ohne Eigentum, Meisenheim 1967 (OA 1959) als populärwissenschaftliche Darstellung und Ausweitung des Ansatzes in deutscher Sprache.

Reichtum bei immer weniger Personen liegt. Für die USA ermitteln Berle und Means in ihrer Untersuchung für die 200 größten Unternehmen, dass sich bereits in den 1930er Jahren 44 v.H. aller Großunternehmen und 58 v.H. des Vermögens der Großunternehmen unter der Kontrolle von Managern befand. Zählt man die öffentlichen Unternehmen, die ebenfalls durch beauftragte Beamte u.ä. kontrolliert wurden, dazu, so erhöhen sich die genannten Anteile sogar auf 65 bzw. 80 v.H.

Die Frage danach, wer diese Kontrolle über die Unternehmen nun tatsächlich ausübt und wie es mit der gesellschaftlichen „Macht" der Kontrolleure bestellt ist, führt uns zu den Managern als einer neuen, einflussreichen Sozialgruppe in Unternehmen und Gesellschaft. Die faktische Kontrolle der modernen Großunternehmen und damit des zentralen Bereichs der Industrie, ja der gesamten Wirtschaft fällt nämlich diesen Managern zu. Dieser Sachverhalt ist schon früh in den USA von James Burnham thematisiert worden.[654]

Burnham sieht die Entwicklung zu einer Übernahme der wirtschaftlichen Kontrolle durch angestellte Manager durchaus als eine soziale Revolution an, deren Wirkung nicht auf eine Veränderung der Eigentumsverhältnisse begrenzt bleibe.[655] Ein umfassender Wandel gesellschaftlicher und kultureller Institutionen mit einem kompletten Wechsel der Führungselite schließe sich daran an. Ein neuer Gesellschaftstyp entstehe: die kapitalistische Gesellschaft entwickele sich zu einer „manageriellen" Gesellschaft. Mit dieser Auffassung steht Burnham durchaus nicht allein, sondern aus verschiedenen politischen Lagern ertönt der gleiche Klang.[656] Das „Regime der Manager" begrenzt sich dennoch nicht auf kapitalistische Industriegesellschaften, sondern es findet sich unter anderer Bezeichnung als Herrschaft der „wissenschaftlich-technischen Intelligenz" auch in den sozialistischen Staaten.[657]

Die Kontrolle über die Produktionsmittel werde aber durchaus nicht ohne Widerstände von den Managern erworben. In diesem „Machtkampf" geht es laut Burnham um mehr als um die Kontrolle der Wirtschaft. Es geht auch um die Kontrollausübung der Manager über Staat und Gesellschaft. Als historische Ausformungen derartiger Systeme von Managerherrschaft führt James Burnham an: den Leninismus/Stalinismus in der Sowjetunion,

654 James Burnham, Das Regime der Manager, Stuttgart 1948 (engl.: The Managerial Revolution, New York 1941).

655 S keptisch dazu Gregor Winkelmeyer, Wandlungen des Unternehmertyps, S. 307f.

656 André Gorz, Zur Strategie der Arbeiterbewegung im Neokapitalismus, Frankfurt a. M. 1967, S. 150–154; John Kenneth Galbraith, Die moderne Industriegesellschaft, München 1970 (engl.: The New Industrial State, New York 1968), S. 61, 71.

657 Viktor G. Afanasév, Wissenschaftliche Leitung der Gesellschaft, Berlin (Ost) 1969; Milovan Djilas, Die neue Klasse. Eine Analyse des kommunistischen Systems, München 1957; David Granik, Der rote Manager, Düsseldorf 1960.

den Faschismus/die Naziherrschaft in Deutschland und den New Deal/die Technokratie der USA.

Konsequenterweise hat sich auch die historische Forschung in den USA der Durchsetzung des „managerial enterprise“, des Managerunternehmens, zugewandt. Richtungsweisend waren dabei die Arbeiten von Chandler, der zunächst die amerikanischen Verhältnisse untersuchte und diese dann in einen international vergleichenden Zusammenhang stellte.[658] Er verweist zusammen mit Hermann Daems auf den Wandel der Unternehmensstruktur im Zuge der historischen Entwicklung von „family-“ – über das „entrepreneurial-“ – zum „managerial-enterprise“.[659]

Wenden wir uns nun den Personen zu, die als Manager die Führungspositionen in den Großunternehmen einnehmen und damit an Macht und Einfluss in Staat und Gesellschaft gewinnen. Zunächst einmal ist es ein Problem, den quantitativen Umfang dieser Personengruppe zu bestimmen. Wen soll man zu den Managern zählen, handelt es sich bei ihnen nur um die allerhöchste Führungsebene oder gehören auch Techniker, Buchhalter und Ingenieure zu ihnen? Die Scheidelinie zwischen dem Management und den übrigen Beschäftigten wird in verschiedenen Ländern durchaus unterschiedlich gezogen. In den Niederlanden, Österreich, Italien, der Schweiz und in Großbritannien ist die Gruppe sehr eng definiert und demgemäss umfassen die Manager nur eine sehr kleine Gruppe. Die „cadre“ sind in Frankreich und Belgien hingegen sehr weit definiert, ähnlich ist es mit dem Führungspersonal in Schweden und anderen Ländern. In den USA hat sich eine Unterscheidung in lower, middle, upper und top management herausgebildet. Die Grenze zu den Führungskräften ist dort sicher zwischen middle und upper management zu ziehen.[660] In diesem Sinne definierte auch Burnham als „Manager diejenigen, die meistens schon heute die faktische Leitung der technischen Seite des Produktionsprozesses in Händen haben“.[661] Neben diesen Managern, die den eigentlichen Produktionsprozess in Händen haben, finden sich nach Burnham in Unternehmen noch Geschäftsführer (Abteilungsleiter etc.), Finanzkapitalisten (Bankiers etc.) und schließlich Großaktionäre, die zwar auch mit den Geschäftszwecken verbunden sind, jedoch nicht der Gruppe der Manager zuzurechnen sind.

In Deutschland erfolgte dieser Wandel in der Struktur der industriellen Großunternehmen hin zu Manager-Unternehmen zwischen den 1880er und

658 Chandler, Strategy and Structure; Ders., The Visible Hand; Ders./Daems, Introduction.

659 Chandler/Daems, Introduction, in: Dies. (Hg.), Managerial Hierarchies, S. 1–8.

660 Werner Sturzenhecker, Der leitende Angestellte in Theorie und Praxis, Diss. Münster 1965. Neuerdings zu den Unterschieden zwischen Großbritannien und Deutschland vgl. Peter Walgenbach/Alfred Kieser, Mittlere Manager in Deutschland und Großbritannien, in: Georg Schreyögg/Jörg Sydow (Hg.), Managementforschung. 5 Empirische Studien, Berlin 1995, S. 259–309.

661 Burnham, Das Regime der Manager, S. 101.

1930er Jahren, und er war eng verbunden mit der Durchsetzung der Aktiengesellschaft als Rechtsform.[662] Sowohl die Zahl als auch das Kapital und die Anzahl der Beschäftigten von Aktiengesellschaften stiegen nach 1880 in Deutschland gewaltig an. Auch die Zusammensetzung der Unternehmerschaft änderte sich entsprechend: Die Bedeutung der Eigentümer ging stark zurück, und der Anteil der Manager (Direktoren und Aufsichtsräte) an der unternehmerischen Elite nahm deutlich zu. Die Managerunternehmen zeigten überdies ein überproportionales Wachstum, so dass schließlich dieser Unternehmertypus in den Großunternehmen vorherrschte.[663]

Hatten die aufgezeigten Entwicklungen zur Folge, dass sich die wirtschaftlichen Führungsgruppen auswechselten und dass sowohl die Erscheinung als auch die Wirkung der modernen Unternehmer sich gänzlich veränderte? Dagegen spricht, dass sich eine beachtliche Kontinuität in der Rekrutierung und im Handeln der Unternehmerschaft zeigt, wobei der Typus Eigentümer-Unternehmer oder Manager-Unternehmer eher eine untergeordnete Rolle spielte. Dies gilt in besonderem Maße für die deutschen Unternehmen im 20. Jahrhundert, deren Selbstrekrutierungsrate zu verschiedenen Zeitpunkten gemessen an den anderen Berufsgruppen außerordentlich hoch war. Eine Reihe von Studien über die Unternehmer in der Bundesrepublik bestätigen die historische Kontinuität einer relativ gehobenen sozialen Herkunft[664] ihrer Mitglieder und veranschaulichen einige Eigentümlichkeiten deutscher Manager.[665]

662 Vgl. dazu Wilfried Feldenkirchen, The Role and Function of Middle Management, in: Keiichiro Nakadava und Tsunehiko Yui (Hg.), Organization and Management 1900–1930, Tokyo 1983, S. 113–129, mit Blick auf das mittlere Management der späteren Zeit. Hinweise auf die frühere Entwicklung in Deutschland und auf die höheren Ränge des Managements bei Jürgen Kocka, Legitimationsprobleme und -strategien der Unternehmer und Manager im 19. und frühen 20. Jahrhundert, in: Hans Pohl (Hg.), Legitimation des Managements im Wandel, Wiesbaden 1983, S. 7–21.

663 Richard Tilly, The Growth of Large-scale Enterprises in Germany since the Middle of the Nineteenth Century, in: Daems/van der Wee (Hg.), The Rise of Managerial Capitalism, S. 145–169; Jürgen Kocka, The Rise of the Modern Industrial Enterprise in Germany, in: Alfred D. Chandler/Herman Daems (Hg.), Vom Kleingewerbe zur Großindustrie, Berlin 1975, S. 203–226; Kocka/Siegrist, Die hundert größten deutschen Industrieunternehmen; Siegrist, Deutsche Großunternehmen (1980); Kaelble, The Rise of the Managerial Enterprise, S. 71–97.

664 Wolfgang Zapf, Die deutschen Manager. Sozialprofil und Karriereweg, in: Ders. (Hg.), Beiträge zur Analyse der deutschen Oberschicht, München 1965, S. 136–160.

665 Toni Pierenkemper, Deutsche Unternehmer im 19. Jahrhundert als Elite, in: Rainer Hudemann und Georges-Henri Soutou (Hg.), Eliten in Deutschland und Frankreich im 19. Jahrhundert. Strukturen und Beziehungen, Bd. 1, München 1994, S. 119–153; Wolfgang Zapf, Wandlungen der deutschen Elite. Ein Zirkulationsmodell deutscher Führungsgruppen 1919–1962, München 1966, v.a. S. 44, 47; Friedrich Fürstenberg, Die Sozialstruktur der Bundesrepublik Deutschland. Ein soziologischer Überblick, Opladen 1972, S. 124–126.

In Deutschland ist durch das Inkrafttreten des Betriebsverfassungsgesetzes (1972) das Problem Manager-Unternehmer-Differenzen mit dem Problem der leitenden Angestellten verwoben worden. Angestellte in Führungspositionen werden demnach in Großunternehmen durch ein besonderes Organ, den Sprecherausschuss, vertreten und stehen damit außerhalb der durch die Gewerkschaften repräsentierten Arbeitnehmervertretungen. Dies betrifft in den Großunternehmen etwa gut 2 v.H. des Personals bzw. 6 v.H. der Angestelltenschaft.[666] Die Regelung knüpft insgesamt an Vorstellungen an, die sich seit dem späten 19. Jahrhundert in Deutschland verfestigt haben und zu einer „Sonderstellung" von Angestellten gegenüber den Arbeitern geführt haben.[667] Ein Teil der mittleren Führungsebenen in den Großunternehmen war sich daher genauestens bewusst, dass ihre betrieblichen Funktionen eher der Unternehmensführung als der ausführenden Arbeit zuzuschreiben waren, weshalb diese Gruppe einen Sonderstatus im Betrieb beanspruchte.[668] Als soziale Gruppe sind die leitenden Angestellten im Betrieb weit weniger hervorgetreten als die etwas anders zu verstehenden „Manager", die eher die Unternehmensspitze repräsentieren.[669] Die Diskussion um die leitenden Angestellten in Deutschland ist daher als Auseinandersetzung über die soziale Betriebsverfassung und die gesetzliche Festlegung von Mitwirkungsrechten der Arbeitnehmer im Mitbestimmungsgesetz und im Betriebsverfassungsgesetz zu sehen, eine Kontroverse, die mittlerweile beigelegt wurde.

3.2 Arbeiter und Angestellte

Neben der bereits weiter oben dargelegten Problematik des strategischen Einsatzes von Arbeitskraft im betrieblichen Produktionsprozess, bei dem vor allem die ökonomisch relevanten Fragen der Rekrutierung, Disziplinierung und Qualifizierung der Arbeitskräfte im Betrieb im Vordergrund stehen, impliziert diese Beschäftigtengruppe natürlich auch eine wesentliche soziale Dimension. Arbeiter bilden eine wichtige soziale Gruppe in Betrieb und Gesellschaft. Der gesellschaftlichen Konstituierung der Arbeiterschaft haben sich mittlerweile zahlreiche Untersuchungen gewidmet, der betrieblichen weitaus weniger. Wolfram Fischer[670] war einer der ersten, der

666 Eberhard Witte und Rolf Bronner, Die leitenden Angestellten. Eine empirische Untersuchung, 2 Bde., München 1974, S. 46.

667 Toni Pierenkemper, Über die „Erfindung" der Angestellten, unveröff. Manuskript, Köln 1999.

668 Vgl. dazu Heinz Hartmann u.a., Leitende Angestellte. Selbstverständnis und kollektive Forderungen, Neuwied 1973 und auch Ernst Korff, Leiten und Führen. Profil und Funktionen der leitenden Angestellten, Heidelberg 1967.

669 Für Deutschland dazu z.B. Helge Pross und Karl W. Boetticher, Manager des Kapitalismus, Frankfurt a. M. 1971.

670 Wolfram Fischer, Innerbetrieblicher und sozialer Status der frühen Fabrikarbeiter,

sich dieses Themas annahm und dies einerseits auf die frühe Entwicklung des ausgehenden 18. Jahrhunderts ausdehnte und andererseits nur die Fabrikarbeiterschaft im engeren Sinne, d.h. Arbeiter in zentralisierten Großbetrieben, in den Blick nahm.

Dabei wurde offenbar, dass entgegen einer weitverbreiteten Vorstellung, die Arbeiter seien in der frühen Phase relativ unqualifiziert und eine homogene Gruppe gewesen, innerhalb dieser Beschäftigtengruppe ein bemerkenswertes Maß innerer Differenzierung zu finden ist. Diese Differenzierung stützte sich nach Fischer: Erstens auf den unterschiedlichen rechtlichen Status der verschiedenen Arbeiter, sei er betrieblich, zünftig, wie bei vielen Handwerkern, oder stadtbürgerlich durch das spezifische Bürgerrecht bedingt. Zweitens auf die uneinheitliche soziale Herkunft der Fabrikarbeiter, die zudem in verschiedenen Industriezweigen unterschiedlich gehäuft auftraten. Drittens auf die Arbeitsfunktionen, die wohl einen der wichtigsten Faktoren der innerbetrieblichen Differenzierung darstellen. Dies lässt sich an den verschiedenen Funktionsbezeichnungen innerhalb der Fabriken relativ gut exemplifizieren. So finden sich 1809 in der Maschinenfabrik von Georg Bodmer in St. Blasien unter lediglich 32 Arbeitern bereits 10 verschiedene Arbeiterkategorien, und in der Kruppschen Gußstahlfabrik waren 1907 genau 239 verschiedene Arbeiter- und Angestelltenbezeichnungen gebräuchlich. Alle diese Funktionskategorien geben Auskunft über eine gestufte Herrschafts- und Kommandoordnung im Industriebetrieb, eine Betriebshierarchie, die auch in einer entsprechenden Lohn- und Prestigeskala ihren Ausdruck findet. Viertens und letztens finden sich also Hinweise auf eine innerbetriebliche Differenzierung der Arbeiterschaft in den betrieblichen Lohnskalen. Als Beispiele hierfür können gelten, dass in der staatlichen Porzellanmanufaktur in Meißen es 1755 eine Streuung der Löhne etwa im Verhältnis 1:8 gab, ebenso in einer ebenfalls staatlichen Wollmanufaktur in Berlin 1887 und in der Rollendruckerei Pflugbeil in Chemnitz sogar im Extremfall eine von 1:12, wobei auffällig ist, dass gerade die unteren und oberen Lohnkategorien besonders stark besetzt waren und die mittleren eher schwach. Diese Beispiele für einen „spread“, eine Streuung der Lohneinkommen, lassen sich weiter ergänzen und auch auf die eigentlichen Fabrikbetriebe, die in der frühen Phase zumeist als mechanische Spinnereien auftraten, ausweiten. Hier finden sich für die Mitte des Jahrhunderts (1848) Werte zwischen 1:8 und 1:11. Aus den Lohnbüchern der Kruppschen Gußstahlfabrik lässt sich für 1844 dagegen ein geringerer Wert von 1:5 ermitteln.[671]

Alle diese Belege weisen darauf hin, dass schon das frühindustrielle Unternehmen über eine äußerst heterogene Arbeiterschaft verfügte, deren

in: Ders., Wirtschaft und Geschichte im Zeitalter der Industrialisierung, Göttingen 1972, S. 258–284.

671 Ebenda.

Arbeitswelt sich als ausgesprochen differenziert darstellte. Grundlage für die Formierung einer industriellen Arbeiterschaft war, dass um 1800 die Mehrheit der Bevölkerung in Stadt und Land den arbeitssuchenden Unterschichten zuzurechnen war.[672] Auf dem Lande zählten dazu die bäuerlichen Schichten, die nicht über ausreichendes Land zur Sicherung ihrer Existenz verfügten und daher durch Gelegenheitsarbeiten, Landhandwerk oder heimgewerbliche Nebenbeschäftigung ihre Nahrungsgrundlage sichern mussten, sowie zahlreiche landlose Gruppen. Auch in den Städten stand einer schmalen Oberschicht und einer etwas breiteren Mittelschicht die Mehrheit der Stadtbevölkerung als heterogene Unterschicht gegenüber. Zu dieser Unterschicht zählten vor allem die Handwerksgesellen, das häusliche Gesinde, die Tagelöhner und die nicht unbeträchtliche Anzahl der städtischen Armen. Freie Lohnarbeit war noch wenig vertreten und von einer einheitlichen Arbeiterschaft oder gar Arbeiterklasse im engeren Sinne konnte noch keinesfalls gesprochen werden.

Das Wachstum dieser heterogenen und unstetigen Unterschichten ist bereits seit dem 17. Jahrhundert zu beobachten.[673] Aus diesem Reservoir entstand dann die moderne Fabrikarbeiterschaft, deren Umfang zunächst noch recht bescheiden blieb. In Leipzig belief sich deren Zahl für 1846/49 auf ca. 9–10.000 Personen[674], in ganz Deutschland um 1800 etwa auf 100.000, bis 1860 erreichte die Industriearbeiterschaft den Stand von etwa 600.000 Personen.[675]

Von Beginn an hatte es sich als schwierig für zentralisierte Großbetriebe erwiesen, in ausreichendem Maße Arbeitskräfte zu finden. Dies galt für die Manufakturen des 17. und 18. Jahrhunderts ebenso wie für die frühen Industriebetriebe im 19. Jahrhundert. Fabrikarbeit erschien den Handwerkern, Heim- und Landarbeitern zunächst nur als letzter Ausweg in der Not. Die erste Generation bot daher auch im Hinblick auf ihre beruflich-soziale Herkunft das Bild einer recht bunten Gesellschaft. „Neben wenigen tüchtigen Handwerkern waren es vielfach schlechtbezahlte Ackerknechte, Söhne verschuldeter Kötter und Arbeitslose aller Professionen“[676], die den Weg in die Fabrik fanden. Es bestand auch in Deutschland ein eklatanter Mangel an geeigneten Arbeitskräften für die aufstrebende Industrie.[677] Die Anwer-

672 Jürgen Kocka, Lohnarbeit und Klassenbildung. Arbeiter und Arbeiterbewegung in Deutschland 1800–1875, Berlin 1983; Ders., Weder Stand noch Klasse. Unterschichten um 1800, Bonn 1990.

673 Wolfram Fischer, Soziale Unterschichten im Zeitalter der Industrialisierung, in: Ders., Wirtschaft und Gesellschaft im Zeitalter der Industrialisierung, Göttingen 1972, S. 242–257.

674 Zwahr, Zur Konstituierung des Proletariats als Klasse, S. 36.

675 Jürgen Kuczynski, Darstellung der Lage der Arbeiter in Deutschland 1789 bis 1849, Berlin (Ost) 1961, S. 222.

676 Jantke, Der vierte Stand, S. 177.

677 Hinze, Die Arbeiterfrage, S. 62.

bung ausländischer Fabrikarbeiter, vornehmlich aus England, Belgien und Frankreich, bot hier ebenfalls keinen Ausweg, weil diese zumeist teuer und äußerst unzuverlässig waren.[678]

Einen Einblick in die Heterogenität der beruflich-sozialen Zusammensetzung der frühen Fabrikarbeiterschaft gibt eine klassische Studie von 1912 über Arbeiterfamilien bei Krupp. Fast die Hälfte aller Arbeiter der ersten Generation in diesem Unternehmen stammten aus der Landwirtschaft, 22 v.H. waren zuvor Landarbeiter, 18 v.H. kleinere Landwirte gewesen; gelernte Arbeiter waren lediglich 25 v.H., an- und ungelernte 11 v.H., Handwerker 17 v.H. und der Rest von 7 v.H. waren zuvor als kleine Geschäftsleute, Unterbeamte o.ä. tätig gewesen.[679] Die Heranbildung und Erhaltung einer qualifizierten Arbeiterschaft war, wie bereits dargelegt, für die frühindustriellen Unternehmer eines der schwierigsten Probleme, das sie zu lösen hatten. Dieser Lösung stand die Unerfahrenheit und Heterogenität der Arbeiterschaft entgegen. Fallstudien vermögen dies eindrucksvoll zu bestätigen. In der Maschinenfabrik Esslingen z.B. stammten die frühen Fabrikarbeiter aus sehr unterschiedlichen Berufsfeldern[680], weshalb sie nach Eintritt in die Firma für zwei Jahre als Tagelöhner eingestuft wurden, was in etwa gleichbedeutend mit einer Anlernzeit war.[681]

Dass die geschilderte Anpassung an die Fabrikarbeit ein allgemeiner Prozess war, belegen zahlreiche weitere Fallstudien über Unternehmen anderer Regionen und Industriebranchen.[682] Regionale und lokale Studien über die Arbeiterschaft bestätigen ebenso die enorme beruflich-soziale Heterogenität der frühen Fabrikarbeiterschaft.[683] Dabei ist festzuhalten, dass die Fabrikarbeiter gegenüber den übrigen lohnabhängigen Beschäftigtengruppen (Heimarbeiter, Landarbeiter, Gesinde und Handwerksgesellen) nur eine Minderheit ausmachten. Doch diese Gruppe vollzog den radikalsten Bruch mit den vertrauten Arbeitsformen. Sie arbeiteten außerhalb des Hauses in zentralisierten Fabriken und mussten sich dort einer ungewohnt

678 Adelmann, Quellensammlung, Bd. II, S. 589.

679 Richard Ehrenberg und Hugo Racine, Kruppsche Arbeiterfamilien. Entwicklungen und Entwicklungsfaktoren von drei Generationen deutscher Arbeiter, Jena 1912, S. 385f.

680 Schomerus, Soziale Differenzierungen, S. 20–64 und umfassend dies., Die Arbeiter der Maschinenfabrik Esslingen. Forschungen zur Lage der Arbeiterschaft im 19. Jahrhundert, Stuttgart 1967.

681 Schomerus, Soziale Differenzierungen, S. 39.

682 Schulz, Integrationsprobleme und ders., Die Arbeiter und Angestellten sowie Ulla Riemer-Schäfer, Sozialstatistik und Sozialstruktur der Arbeiterschaft der chemischen Industrie und im Maschinenbau des Rhein-Main-Gebiets 1870–1914 sowie Jochen Krengel, Die Arbeiter der Berliner Bekleidungsindustrie. Versuch einer sozialstatistischen Analyse (1870–1914), beide in: Pohl (Hg.), Forschungen zur Lage, S. 107–117 (Riemer-Schäfer) und S. 118–131 (Krengel).

683 Vgl. Zwahr, Zur Konstituierung des Proletariats, S. 35f. und Schildt, Tagelöhner, S. 338–360.

strengen Disziplin und Kontrolle unterwerfen.[684] Die wachsende Industriearbeiterschaft speiste sich dabei vor allem aus Bauern und Tagelöhnern, die vom Land in die Stadt kamen, aus Gesellen und Lehrlingen niedergehender Handwerke, aus selbständigen Handwerksmeistern, die ihre Existenz verloren hatten und aus dem wachsenden Arbeitsreservoir der Frauen und Kinder, die nun in die Fabrikarbeit einbezogen wurden.

Dass diese heterogenen Gruppen, wenn überhaupt nur sehr allmählich zu einer Arbeiterklasse, zum Proletariat oder wie auch immer Zeitgenossen diese Großgruppe bezeichnet haben mögen, zusammengewachsen sind, wurde in der neueren Forschung mehrfach betont. Jürgen Kocka hat deutlich die verschiedenen Fraktionen der Arbeiterschaft hervorgehoben und deren unterschiedliche Traditionen sowie Entwicklungsverläufe bis in das letzte Drittel des 19. Jahrhunderts betont. Selbst für die Gruppe der Fabrikarbeiter lassen sich nach Kocka und Wolfgang Ruppert vielfältige Differenzierungen aufzeigen, die im Laufe der Zeit keineswegs verschwanden, sondern sich z.T. sogar noch verstärkten bzw. neu herausbildeten.[685] Dies gilt auch, wenn man den zeitlichen Untersuchungsrahmen bis in die Gegenwart fortsetzt.[686] Außerdem ist festzuhalten, dass sich bei den Arbeitergruppen in den verschiedenen Industriezweigen ganz unterschiedliche Eigenarten und Strukturen herausbildeten.

Die Hüttenarbeiter der Eisen- und Stahlindustrie haben wesentlich das Bild der Industrialisierung geprägt. Hier waren die Arbeitsverrichtungen derartig vielfältig und unterlagen wegen des intensiven technologischen Wandels im 19. Jahrhundert dauernden Veränderungen, dass sich zahlreiche neue Berufe bzw. Berufstätigkeiten ergaben, die z.T. schnell auch wieder an Bedeutung verloren.[687] Ein häufig zitiertes Beispiel ist der Beruf des „Puddlers".[688] Die Hüttenarbeiter wurden jedoch weiterhin zu Anpassungen an veränderte Arbeitsorganisationen gezwungen, weil sich die Eisentechnologien bis ins 20. Jahrhundert permanent veränderten.[689] Die Anpassung an diese Veränderungen im Einzelunternehmen ließ jedoch auch beachtliche Gestaltungsspielräume offen, da die Technologie die Arbeitsorganisation nicht eindeutig determiniert, was aktuelle Forschungen

684 Dazu umfassend Kocka, Arbeitsverhältnisse und Arbeiterexistenzen.

685 Ebenda und Wolfgang Ruppert, Die Arbeiter. Lebensformen, Alltag und Kultur von der Frühindustrialisierung bis zum „Wirtschaftswunder", München 1986, v.a. S. 22–43 und S. 93–103.

686 Ritter/Tenfelde, Arbeiter im Deutschen Kaiserreich, v.a. S. 298–353 und Klaus Tenfelde (Hg.), Arbeiter im 20. Jahrhundert, Stuttgart 1991, mit verschiedenen Beiträgen auf den S. 653–771.

687 Kocka, Arbeitsverhältnisse und Arbeiterexistenzen, S. 419–425.

688 Dazu Fremdling, Der Puddler und ders., Die Rolle ausländischer Facharbeiter.

689 Dazu auch Ulrich Zumdick, Hüttenarbeiter im Ruhrgebiet. Die Belegschaft der Phönix-Hütte in Duisburg-Laar 1853–1914, Stuttgart 1990 und Welskopp, Arbeit und Macht.

über Rationalisierungen zeigen.[690] Historische Fallbeispiele vermögen diese Unterschiede in der Arbeitssituation zwischen verschiedenen Betriebsbereichen eindrucksvoll zu untermauern und damit einen Einblick in die komplexen Qualifikationsstrukturen geben. Im Hochofenwerk des Hörder Vereins zeigte sich 1859, dass etwa 80 v.H. aller Arbeiter überwiegend zu Transport- und Hilfsarbeiten herangezogen und lediglich 12 v.H. als qualifizierte Produktionsarbeiter (z.B. Schmelzer) sowie 8 v.H. als Maschinisten und Hilfspersonal eingesetzt wurden. Beim Bochumer Verein waren diese Relationen im Hochofenwerk 1877 ganz ähnlich (76:10:14). Ganz anders die Relationen im Stahlwerk des Hörder Vereins im Jahre 1859: 60 v.H. aller Arbeiter waren dort als hochqualifizierte Puddler eingesetzt, weitere 20 v.H. ebenfalls als qualifizierte Arbeiter tätig (Luppenhämmer, Luppenwalze, Kontroll- und Maschinenbetrieb) und lediglich 20 v.H. waren Hilfs- und Transportarbeiter. Ähnlich waren die Verhältnisse in der Gutehoffnungshütte 1884 (58:17:25).[691] Die Arbeiten am Hochofen und im Stahlwerk unterschieden sich hinsichtlich der Arbeitsorganisation also deutlich voneinander und Hüttenarbeiter waren hier wie dort mit verschiedenen Anforderungen konfrontiert.

Spezifische Eigenarten lassen sich auch für die Arbeiter in den Maschinenbauunternehmen konstatieren. Die Herkunft der qualifizierten Maschinenbauarbeiter war zumeist durch die handwerklichen Milieus bestimmt, da sie überwiegend eine Handwerkslehre absolviert hatten. Zunehmend bildeten die größeren Unternehmen aber auch selbst Lehrlinge aus und trugen damit zum Aufbau einer Stammbelegschaft bei, nicht zuletzt auch deshalb, weil sie die jungen Leute häufig aus den Familien der Beschäftigten rekrutierten. Die betrieblichen Funktionen, die Qualifikationen und auch die Löhne blieben innerhalb der einzelnen Unternehmen allerdings äußerst vielgestaltig. Frauen gab es unter den Arbeitskräften allerdings kaum, höchstens gelegentlich als Hilfskräfte.[692]

Ganz anders wiederum in den Textilfabriken, wo eine große Zahl von Frauen und zunächst auch zahlreiche Kinder Beschäftigung fanden. Dies lag vor allem daran, dass die qualifikatorischen Anforderungen an die Industriearbeit in dieser Branche eher gering waren.[693] Dies gilt insbesondere für den Bereich der schnell expandierenden Spinnerei und hier wieder-

690 Als „locus classicus" Werner Fricke, Arbeitsorganisation und Qualifikation. Ein industriesoziologischer Beitrag zur Humanisierung der Arbeit, Bonn 1975 und die Erläuterungen zu diesem Ansatz bei Toni Pierenkemper, Allokationsbedingungen im Arbeitsmarkt, Opladen 1982, S. 58–63.

691 Welskopp, Arbeit und Macht im Hüttenwerk, S. 93, 101, 284.

692 Schomerus, Die Arbeiter der Maschinenfabrik Esslingen; Rupieper, Arbeiter und Angestellte (1982).

693 Hermann von Laer, Industrialisierung und Qualität der Arbeit. Eine bildungsökonomische Untersuchung für das 19. Jahrhundert, New York 1977; Borscheid, Textilarbeiterschaft.

um besonders für den Baumwollsektor. Dort gab es zur Jahrhundertmitte bereits Unternehmen mit 600 bis 800 Beschäftigten, die im dritten Jahrhundertviertel vor allem im Rheinland bis auf Betriebsgrößen von 1.000 bis 2.000 Personen anwuchsen. 1874 beschäftigte auch die Ravensberger Spinnerei in Bielefeld bereits 1.700 Personen. Vielfältige Hilfstätigkeiten waren in den Textilfabriken erforderlich, bei der Vor- und Nachbehandlung der Materialien ebenso wie bei der Beaufsichtigung der mechanisierten Produktionsprozesse des Spinnens und Webens. Eine kurze Anlernzeit reichte häufig dazu aus, diese Verrichtungen zu übernehmen, weshalb sich eine relativ homogene, flexibel einsetzbare unqualifizierte Fabrikarbeiterschaft in der Textilindustrie ausbildete.

Besonders intensiv wurden in der deutschen Geschichtsschreibung die Bergarbeiter untersucht, die zu Beginn der Industrialisierung als eigenständige Berufsgruppe bereits auf eine lange Tradition zurückblicken konnten. Hier gab es schon in vorindustrieller Zeit feste Regelwerke, die auch Arbeitsordnungen und Bestimmungen über Arbeitsorganisation enthielten, die im Zuge der Expansion obsolet wurden und durch kapitalistisch orientierte, neue unternehmerische Praktiken abgelöst wurden.[694] Forschungen im engeren Bereiche der Arbeitergeschichte, in denen es nicht lediglich um ihre Einbindung in den Industriebetrieb geht, sondern ihre komplexe Lebenswelt in ökonomischer, sozialer, politischer und kultureller Hinsicht zum Thema gemacht wird, sind auch zu dieser Branche Legion.[695] Darauf kann an dieser Stelle nicht eingegangen werden, da es eine ausführliche Spezialliteratur über Industriearbeiter[696] und über die Einkommensverhältnisse, die Arbeitszeiten, Fluktuation, Soziallage u.ä. gibt.

Wichtig erscheint mir aber, abschließend darauf hinzuweisen, dass eine wissenschaftliche Beschäftigung mit der Industriearbeiterschaft nicht erst ein Ergebnis der jüngeren Forschung ist, sondern dass derartige Aktivitäten bereits im 19. und frühen 20. Jahrhundert zu beobachten waren.[697] Hervorzuheben ist hier insbesondere die „Erhebung des Vereins für Socialpolitik über Auslese und Anpassung (Berufswahlen und Berufsschicksal) der Ar-

694 Vgl. für den Saarbergbau Klaus-Michael Mallmann/Horst Steffens, Lohn der Mühen. Geschichte der Bergarbeiter an der Saar, München 1989, S. 29–34 und für den Ruhrbergbau Tenfelde, Sozialgeschichte der Bergarbeiterschaft.

695 Vgl. z.B. Josef Mooser, Arbeiterleben in Deutschland 1900–1970. Klassenlage, Kultur und Politik, Frankfurt a. M. 1984.

696 Hermann Schäfer, Die Industriearbeiter. Lage und Lebenslauf im Bezugsfeld von Beruf und Betrieb, in: Hans Pohl (Hg.), Sozialgeschichtliche Probleme in der Zeit der Hochindustrialisierung, Paderborn 1979, S. 143–216.

697 Vgl. die älteren Arbeiten von Victor Böhmert, Untersuchungen und Bericht über die Lage der Fabrikarbeiter, Zürich 1868; Thomas C. Banfield, Industry of the Rhine, Series II, Manufactures, London 1848 und Alphons Thun, Die Industrie am Niederrhein und ihre Arbeiter, Erster Teil: Die linksrheinische Textilindustrie, Zweiter Teil: Die Industrie des bergischen Landes, Leipzig 1879.

beiterschaft der geschlossenen Großindustrie", die zur Jahrhundertwende neue Maßstäbe gesetzt hat. Diese ging auf eine Initiative von Alfred Weber im Jahre 1907 zurück, die dazu führte, dass Karl Bücher den Auftrag erhielt, einen entsprechenden Plan zu entwickeln, der dann auf den Tagungen des Vereins 1908 in Eisenach und Berlin diskutiert wurde.[698] Unterdessen hatte auch Max Weber eine Studie verfasst[699], die die Initiative des Vereins förderte und in der er bemerkenswerte methodische Reflexionen über die in Aussicht genommenen Untersuchungen vorstellte. Er betonte darin vor allem die sozialpolitisch absolut neutrale, rein wissenschaftliche Zielsetzung, wohl auch im Bewusstsein der Vorbehalte, auf die eine Untersuchung der betrieblichen Verhältnisse der Arbeiterschaft zur damaligen Zeit stoßen musste.[700] Deutlich wurde auch, dass das eigentliche Objekt der Untersuchung der industrielle Großbetrieb und seine Arbeiter sein sollte. Organisation, Absatz, Finanzierung und Technologie des Unternehmens seien als „Vorfragen"[701] zwar ebenfalls wichtig, doch träten diese gegenüber den zentralen Fragen nach der Rekrutierung (Auslese) der Arbeiter und der Adaption (Anpassung) an die Industriearbeit deutlich zurück. Darüber hinaus beschäftigte sich Max Weber auf der Basis des damaligen Wissens auch mit Fragen der physisch-psychischen Disposition der Arbeiter.[702] Er warnte dabei vor allzu raschen Schlussfolgerungen und beklagte den noch wenig entwickelten Stand des Wissens um die Bedeutung ererbter Anlagen und erworbener Fähigkeiten. Im letzten Teil der Ausführungen (III)[703] ging er dann näher auf praktische Verfahrensweisen ein, die sich am gedruckten Arbeitsplan dieser Untersuchung orientierten.[704] Wichtig erscheinen dabei die Hinweise, dass den „Herren Mitarbeitern" – von Frauen war dabei niemals die Rede – unterschiedliche Möglichkeiten des Zuganges zu den gewünschten Informationen offen standen und diese in möglichst geschickter Kombination gewählt werden sollten. Dazu zählte die Dokumentenanalyse aus den Betriebsunterlagen, die Befragung der Arbei-

698 Vorwort von Heinrich Herkner, Gustav Schmoller und Alfred Weber, in: Marie Bernays, Auslese und Anpassung der Arbeiterschaft der geschlossenen Großindustrie. Dargestellt an den Verhältnissen der „Gladbacher Spinnerei und Weberei" AG zu München-Gladbach im Rheinland, Leipzig 1910, S. 7–15.

699 Max Weber, Methodologische Einleitung für die Erhebung des Vereins für Socialpolitik über Auslese und Anpassung (Berufswahlen und Berufsschicksal) der Arbeiterschaft in der geschlossenen Großindustrie (1908), in: Ders., Gesammelte Aufsätze zur Soziologie und Sozialpolitik, Tübingen 1924, S. 1–60.

700 Weber, Gesammelte Aufsätze zur Soziologie und Sozialpolitik, S. 2f. und S. 47.

701 Ebenda, S. 5f.

702 Ebenda, Teil III der Ausführungen, S. 16–37.

703 Ebenda, S. 37–60.

704 Dieser Arbeitsplan mit Fragebogen und Zusatzfragebogen findet sich abgedruckt bei Bernays, Auslese und Anpassung, S. 8–14, er wurde wesentlich von den drei verantwortlichen Initiatoren der Untersuchung, Herkner, Schmoller und Alfred Weber, konzipiert.

ter, die teilnehmende Beobachtung und eine Fragebogenerhebung durch die Arbeiterorganisationen.[705] Diese Hinweise wie auch inhaltliche Erläuterungen zum Gegenstand der Untersuchung gingen weit über das hinaus, was im knappen „Arbeitsplan" der Initiatorengruppe erläutert worden war.

Inhaltlich umgesetzt wurde diese Initiative von den verschiedenen Bearbeitern nur in sehr unvollkommenem Maße. Die gelungenste Untersuchung stellt zweifellos diejenige von Marie Bernays[706] über die „Gladbacher Spinnerei und Weberei" dar, von einer Frau verfasst, deren Mitarbeit nach Diktion Max Webers wohl gar nicht erwartet worden war. Bernays nutzte das methodische Instrumentarium am intensivsten und ging zunächst selbst als Arbeiterin in den Betrieb, ehe sie mit der Erhebung durch Dokumentenanalyse und Befragung begann. Ihr umfangreiches Buch spiegelt sehr deutlich die Absichten der Untersuchung wider und legt in dieser Fallstudie eines industriellen Großbetriebes die Arbeitsverhältnisse offen, soweit dies mit den methodischen Verfahren und zugänglichen Informationen der Zeit möglich war. Neben der Monographie hat sie noch einen zweiten Teil ihrer Untersuchung publiziert, in dem sie den Einfluss der betrieblichen Arbeiterpolitik auf die Rentabilität zu klären versuchte.[707]

Die anderen Studien, die im Rahmen dieser Forschungen des Vereins für Socialpolitik angefertigt wurden, fallen demgegenüber deutlich ab. Teilweise handelt es sich um begrenzte Fallstudien zu einigen Unternehmen[708], teils um die Darstellung der Arbeitsverhältnisse in gewissen Branchen, bisweilen regional eng begrenzt, aber auch überregional angelegt[709], manchmal auch um eine spezifische Gruppe von Fabrikarbeitern bzw. – arbeiterinnen.[710] Der Qualität der Studie von Bernays am nächsten kommt wohl noch Friedrich Syrup mit seiner Untersuchung über die Arbeiter eines oberschlesischen Feinwalzwerkes.[711]

Ein anderer bemerkenswerter, früher Versuch zur Erforschung der betrieblichen Situation der Industriearbeiterschaft ist aus dem Bereich der privaten Unternehmen selbst zu vermelden. Offenbar im Zusammenhang

705 Max Weber, Methodologische Einleitung, S. 48–51.

706 Bernays, Auslese und Anpassung, womit eine mehrbändige Publikationsreihe des Vereins für Socialpolitik zu diesem Thema eröffnet wurde, das die Nummern 133, 134, 135 (in vier Teilen) und 153 der Schriften des Vereins für Socialpolitik umfasste.

707 Marie Bernays, Untersuchungen über die Schwankungen der Arbeitsintensität während der Arbeitswoche und während des Arbeitstages. Ein Beitrag zur Psychophysik der Textilarbeit, Schriften des Vereins für Socialpolitik 135,3 (1912), S. 189–383.

708 Es handelt sich dabei um eine Kabelfabrik, ein Elektrounternehmen, eine Wollhutfabrik, eine Motorenfabrik und eine Steinzeugwarenfabrik.

709 Nämlich im Buchdruckergewerbe, in der Berliner Feinmechanik, im Berliner Maschinenbau, der Offenbacher Lederwarenarbeiter und der Erfurter Schuharbeiterschaft.

710 Rosa Kempf, Das Leben der jungen Fabrikmädchen in München, Leipzig 1911.

711 Friedrich Syrup, Die soziale Lage der seßhaften Arbeiterschaft eines oberschlesischen Walzwerkes, in: Schriften des Vereins für Socialpolitik 153 (1915), S. 131–218.

mit der Gründung eines Firmenarchivs hat die Firma Krupp bereits zu Beginn des 20. Jahrhunderts entsprechende Studien nicht nur zugelassen, sondern sogar gefördert. Dieser Initiative verdanken wir einige „Klassiker" der Arbeiterforschung. Hier hat sich insbesondere Richard Ehrenberg hervorgetan, der bereits 1909 eine Dokumentation und Analyse der Einkommensentwicklung der Kruppschen Arbeiter seit 1856 vorgelegt hat.[712] Darin ging er ebenso auf Entwicklungen des Arbeitsmarktes und deren Konsequenzen für die Löhne ein wie auf die Haushaltseinkommen und ihre Verwendung. Eine Ausweitung des zeitlichen Untersuchungsrahmens[713] und eine Ausdehnung der Fragestellungen über die Lohnentwicklung hinaus, bestimmte das weitere Schaffen Ehrenbergs. Gemeinsam mit Hugo Racine verfasste er eine Studie, in der das Berufsschicksal von drei Generationen von Krupp-Arbeitern nachgezeichnet wurde. Diese Studie nahm zweifellos auch Anregungen der Untersuchungen des Vereins für Socialpolitik mit auf, denn neben Fragebogenerhebungen und direkten Befragungen kam hier die Dokumentenanalyse zum Tragen.[714]

Mit diesen frühen Forschungen war eine Tradition begründet, die in der Industrie- und Betriebssoziologie bis heute reiche Früchte getragen hat und deren Ergebnisse für unternehmenshistorische Untersuchungen immer wieder nutzbringend verwendet werden können.[715] Neuere Arbeiten aus der Unternehmensgeschichtsschreibung nehmen sich dieses Themas immer wieder an, wie zahlreiche Beispiele, die bereits angeführt wurden, veranschaulichen.

Insbesondere in Deutschland hat sich innerhalb der abhängig Beschäftigten in den industriellen Großbetrieben seit etwa 1880 eine Gruppe herausgebildet, die nicht nur aufgrund ihrer betrieblichen, sondern auch wegen ihrer sozialen Position eine „Sonderstellung" beanspruchte: die Angestellten. Dieser Anspruch hat gerade in der deutschsprachigen Literatur immer wieder zu Auseinandersetzungen über ihren betrieblichen sozialen Status geführt.[716] Überblickt man die zahllosen Beiträge, die sich in verschieden-

712 Richard Ehrenberg, Krupp Studien I u. II, in: Thünen-Archiv 2, Jena 1909, S. 203–227.

713 Richard Ehrenberg, Krupp Studien III. Die Frühzeit der Kruppschen Arbeiterschaft, in: Thünen-Archiv 3, Jena 1911.

714 Richard Ehrenberg und Hugo Racine, Krupp'sche Arbeiterfamilien. Entwicklungen und Entwicklungsfaktoren von drei Generationen deutscher Arbeiter, Jena 1912, S. 18.

715 Der „locus classicus" hier Heinrich Popitz u.a., Technik und Industriearbeit. Soziologische Untersuchungen in der Hüttenindustrie, Tübingen 1957 und ders., Das Gesellschaftsbild des Arbeiters, Tübingen 1957. Daran anknüpfend Horst Kern und Michael Schumann, Industriearbeit und Arbeiterbewußtsein, 2 Bde., Frankfurt a. M. 1970.

716 Günther Hartfiel, Angestellte und Angestelltengewerkschaften in Deutschland, Berlin 1961; Hans Paul Bahrdt, Industriebürokratie. Versuch einer Soziologie des indu-

ster Weise mit der Angestelltenschaft befassen, so drängt sich der Eindruck einer außerordentlichen Spannweite der Problemstellung sowie einer verwirrenden Vielfalt der wissenschaftlichen Ansätze und Vorgehensweisen auf.[717] Diese Heterogenität der Angestelltenforschung ist neben den unterschiedlichen Forschungsinteressen der beteiligten Wissenschaftler ganz sicher auch eine Folge der Unbestimmtheit des Angestelltenbegriffs. Alle Versuche, Angestellte eindeutig zu definieren, müssen bislang als gescheitert angesehen werden.[718] Die Definition der Angestellten stellt deshalb ein sozialwissenschaftliches Problem ersten Ranges dar.[719]

Die vielfältigen Definitionsversuche über die Angestellten bleiben aber nicht nur unbefriedigend und unvollkommen, weil mit diesem Sammelbegriff eine große Vielzahl recht unterschiedlicher Berufsgruppen zusammengefasst wird, sondern auch deshalb, weil sie auf sehr unterschiedlichen Ebenen und mit verschiedenen Absichten vorgenommen wurden. Diese reichen von Versuchen, den wandelnden Begriff der Angestellten im allgemeinen Sprachgebrauch nachzuzeichnen bis hin zur abstrakten sozialwissenschaftlichen Definitionssuche. Zahlreiche Arbeiten konstatieren deshalb kurz das Faktum, dass eine logisch einwandfreie Definition der Angestellten bislang nicht gelungen ist und wenden sich dann dem historischen Phänomen zu.

Bereits im Titel von Karl Büchers „Arbeiterfrage im Kaufmannsstande“[720] von 1883, eine der ersten zeitgenössischen Arbeiten, die sich mit dieser neuen Beschäftigtengruppe befasste, wird deutlich, dass die Probleme der Angestellten denen der Arbeiter vergleichbar scheinen. Auch sie waren durch den „Überschuß an größtenteils ungenügend ausgebildetem kaufmännischem Hilfspersonal und der daraus entspringenden dauernden Stellungslosigkeit vieler junger Kaufleute“ in einen deutliche, durch den Arbeitnehmerstatus bedingte Abhängigkeit vom Arbeitsmarkt geraten. Andererseits wird aber durch die Verwendung des Begriffs „Kaufmannsstand“ darauf hingewiesen, dass das eigentliche berufliche Vorbild nicht der Arbeitnehmer, sondern der Selbständige, der traditionell ständische Kaufmann war.

strialisierten Bürobetriebes und seiner Angestellten, Stuttgart 1972 (OA 1958); Ulf Kadritzke, Angestellte – Die geduldigen Arbeiter. Zur Soziologie und sozialen Bewegung der Angestellten, Frankfurt a. M. 1975.

717 Umfassend dazu neuerdings Günther Schulz, Die Angestellten seit dem 19. Jahrhundert, München 2000 (EDG-Bd. 54).

718 Eberhard Fehrmann und Ulrike Metzner, Angestellte in der sozialwissenschaftlichen Diskussion. Ein Literaturbericht, Köln 1977; Toni Pierenkemper, Zum Begriff der Angestellten. Einige Überlegungen zu einer bedeutsamen Kategorie sozialhistorischer Forschung in Deutschland, in: Scripta Mercaturae 20 (1986), S. 77–92.

719 Fritz Croner, Soziologie der Angestellten, Köln 1962; Pierenkemper, Über die „Erfindung“.

720 Karl Bücher, Die Arbeiterfrage im Kaufmannsstande, Berlin 1883.

Rechtlich zeichnete sich eine gewisse Sonderstellung für die Industrieangestellten bereits in der Preußischen Gewerbeordnung (1845) bzw. der des Norddeutschen Bundes (1869) ab, von deren Geltungsbereich Werkmeister ausdrücklich ausgenommen waren, ohne jedoch zu definieren, wodurch sich diese und andere Industrieangestellte auszeichnen.[721] Erst 1891 kam es zu einer gesetzlichen Neuregelung unter Einbeziehung aller Techniker im Industriebetrieb. Endgültig geklärt wurde die Rechtsstellung der Angestellten mit dem Angestelltenversicherungsgesetz von 1911, ohne jedoch das Definitionsproblem zu lösen.

Hinsichtlich der Funktion und Bedeutung der Angestellten in den modernen Industrieunternehmen lässt sich festhalten, dass diese neue betriebliche Funktionen zu übernehmen hatten, durch die sie sich von den gewöhnlichen Arbeitern deutlich unterschieden.[722] Mit dem Aufkommen industrieller Unternehmen seit Mitte des 19. Jahrhunderts wurde die Notwendigkeit offenbar, die betrieblichen Produktions- und Verwertungsvorgänge schriftlich und rechnerisch zu erfassen. Dies führte dazu, dass auf der einen Seite Buchhalter die Rentabilitätsrechnung für das eingesetzte Kapital übernahmen, auf der anderen Seite technische Angestellte für Spezialaufgaben in der Produktion zur Verfügung standen. Der Unternehmer selbst wurde dadurch von Experten in seiner komplexen Aufgabe unterstützt und entlastet. Schon recht früh zeigte sich damit also eine Aufspaltung der Industrieangestellten in kaufmännisches und technisches Personal, die für die folgenden Dekaden ihre Gültigkeit behielt.[723] Beide Untergruppen verdanken ihre Entstehung den gleichen Ursachen, nämlich der Durchsetzung komplizierterer Verfahren in der industriellen Produktion und der zunehmenden Organisation in industriellen Großbetrieben. Diese Entwicklung schuf zahlreiche neue Aufgaben im Industriebetrieb, insbesondere die technische Vorbereitung und Überwachung der Produktion sowie eine exakte Kostenrechnung, die den industriellen Angestellten vielfältige Beschäftigungsmöglichkeiten boten. Gleichwohl zeigten sich für die industriellen Angestellten eine Reihe von Besonderheiten, die sie von der Arbeiterschaft deutlich abhoben. Hierzu zählen in erster Linie der überwiegende Bezug

721 Jürgen Kocka, Art. Angestellter, in: Otto Brunner u.a. (Hg.), Geschichtliche Grundbegriffe, Bd. 1, Stuttgart 1972, S. 110–128, v.a. S. 121.

722 Jürgen Kocka, Industrielle Angestelltenschaft in frühindustrieller Zeit – Status, Funktion, Begriff – in: Otto Büsch (Hg.), Untersuchungen zur Geschichte der frühen Industrialisierung vornehmlich im Wirtschaftsraum Berlin/Brandenburg, Berlin 1971, S. 315–367; Ders., Management und Angestellte im Unternehmen; Ders., Die Angestellten in der deutschen Geschichte 1850–1980. Vom Privatbeamten zum angestellten Arbeitnehmer, Göttingen 1981.

723 Kocka, Unternehmensverwaltung und Angestelltenschaft, S. 94ff.; Manfred Dittrich, Die Entstehung der Angestelltenschaft in Deutschland, Stuttgart 1929; Erich Carl Raßbach, Betrachtungen zur wirtschaftlichen Lage der technischen Privatangestellten in Deutschland, Karlsruhe 1916.

von Jahresgehalt, das in monatlichen Raten postnumerando ausgezahlt wurde, im Gegensatz zum Lohn der Arbeiter. Auch im ökonomischen und sozialen Status ließen sich die Industrieangestellten deutlich von den Arbeitern abgrenzen. Sie hatten eine kürzere und weniger stark kontrollierte Arbeitszeit, Recht auf Urlaub, erhielten Unterstützung bei Krankheit und Kur, außerdem Wohngelder, Vorschüsse und Prämien und erfreuten sich insgesamt einer höheren Arbeitsplatzsicherheit. Häufig wurde der Unterschied zu den Arbeitern auch noch durch die Einführung einer betrieblichen Pensionskasse für Angestellte unterstrichen.[724]

Obwohl die industriellen Angestellten eine von der Arbeiterschaft deutlich abgehobene betriebliche Stellung hatten, waren sie innerhalb ihrer Gruppe nicht weniger differenziert. Schon die Gehaltshöhe zwischen den verschiedenen Gruppen der Industrieangestellten zeigte eine starke Streuung, die zwischen einem Zeichner und Prokuristen durchaus das Verhältnis 1:10 erreichen konnte. Die unteren Einkommen der Angestellten im Industriebetrieb konnten sich durchaus mit den Löhnen der gelernten Arbeiter überlappen. Dies lag auch daran, dass zahlreiche industrielle Angestellte in der frühen Phase der Industrialisierung aus der Arbeiterschaft aufgestiegen waren. Diese Aufstiegsmöglichkeiten haben sich im weiteren Verlauf der Industrialisierung jedoch deutlich verschlechtert. Nach 1860 war ein Aufstieg in höhere Angestelltenpositionen praktisch ausgeschlossen. Die Gruppe der Industrieangestellten war also in sich stark gegliedert, was sich insbesondere in der Stellung innerhalb der betrieblichen Hierarchie und in der beruflichen Tätigkeit zeigt.[725]

Über Umfang und Verschiebungen in der Zahl der Angestellten am Ende des 19. Jahrhunderts liegen verschiedene, z.T. deutlich voneinander abweichende Schätzungen vor. Die Uneinheitlichkeit der quantitativen Informationen hat damit zu tun, dass in den zeitgenössischen Statistiken eine genaue Vorstellung darüber, welche Berufsgruppen zu den Angestellten zu zählen waren, ebenfalls nicht existierte. Dies spiegelt sich auch in den vorliegenden Schätzungen wider. Man kann jedoch auf der Basis der Berufszählungen folgende grobe Richtpunkte setzen: 1882 gab es im Deutschen Reich zwischen 500.000 und 800.000 Personen, die man Angestelltenberufen zurechnen kann und deren Zahl sich bis 1895 – also in nur gut einem Jahrzehnt – auf etwa 2,5 Millionen, somit um ein Mehrfaches, erhöht

724 Toni Pierenkemper, Arbeitsmarkt und Angestellte im Deutschen Kaiserreich 1880–1913, Stuttgart 1987, S. 153–156; Günther Schulz, Die industriellen Angestellten. Zum Wandel einer sozialen Gruppe im Industrialisierungsprozeß, in: Pohl (Hg.), Sozialgeschichtliche Probleme, S. 217–266, v.a. S. 231ff.

725 Kocka, Unternehmensverwaltung und Angestelltenschaft; Schomerus, Die Arbeiter der Maschinenfabrik Esslingen; Rupieper, Arbeiter und Angestellte, S. 38, 44; Schulz, Die Arbeiter und Angestellten; Lars Ulrich Scholl, Ingenieure in der Frühindustrialisierung, Göttingen 1978.

hatte und schließlich 1907 knapp 3,5 Millionen betrug.[726] Lässt man den Bereich des öffentlichen Sektors außer Betracht, so reduzieren sich die genannten Zahlen auf 200.000 (1882), 1,5 Millionen (1895) und knapp 2 Millionen (1907), womit der Umfang und das Wachstum der Angestellten im privaten Sektor weitaus geringer ausfällt. Doch auch in diesem Sektor waren es vor allem die Angestellten des Handels und nicht die der Industrie, die für das enorme Wachstum verantwortlich zeichneten.

Es fällt auf, dass Frauen erst nach der Jahrhundertwende als Angestellte im gewerblichen Bereich Beschäftigungsmöglichkeiten fanden, dort zumeist als Hilfskräfte im Büro. Männer dominierten ganz eindeutig die Angestelltentätigkeiten in den Industriebetrieben, wobei zunächst Aufsichtsfunktionen über gewerbliche Arbeiter (Meister) im Vordergrund standen und später verwaltende und technische Positionen hinzu kamen. Die Einkommen der verschiedenen Angestelltengruppen im Industriebetrieb waren dabei sehr unterschiedlich: Frauen verdienten weniger als Männer und Techniker mehr als Büroangestellte.[727] Deutliche Unterschiede zwischen den Gruppen zeigten sich auch in der Schul- und Fachausbildung. Bei einer Erhebung verschiedener Angestelltenverbände unter ihren Mitgliedern zeigte sich zu Beginn des 20. Jahrhunderts, dass die Industrieangestellten seltener als die Angestellten des Handels nur Volksschulbildung besaßen und weitaus häufiger über eine höhere Bildung verfügten. Sie waren also insgesamt besser vorgebildet. Darüber hinaus unterzogen sie sich stärker einer technischen Fachausbildung, während es die Handlungsgehilfen zumeist beim Besuch einer Fortbildungsschule, vergleichbar unserer heutigen Berufsschule, bewenden ließen.

Unter den Industrieangestellten haben Techniker nach der Jahrhundertwende eine überragende Rolle gespielt, weshalb ihnen bis in die unmittelbare Gegenwart besondere Aufmerksamkeit gewidmet worden ist.[728] Eine Reihe von Gründen, die in sehr engem Zusammenhang mit der industriellen Produktionsweise stehen, haben ganz wesentlich zum Entstehen und zur Expansion dieses Berufsstandes beigetragen. Dazu zählt sicherlich, dass

726 Pierenkemper, Arbeitsmarkt und Angestellte im Deutschen Kaiserreich, S. 28–39.

727 Ebenda. Außerdem Gert Hortleder, Ingenieure in der Industriegesellschaft. Zur Soziologie der Technik und der naturwissenschaftlich-technischen Intelligenz im öffentlichen Dienst und in der Industrie, Frankfurt a. M. 1973; Ders., Das Gesellschaftsbild des Ingenieurs. Zum politischen Verhalten der Technischen Intelligenz in Deutschland, Frankfurt a. M. 1970; Ludwig Brinkmann, Der Ingenieur, Frankfurt a. M. 1908; Guido Kammerer/Burkart Lutz/Christoph Nuber, Ingenieure im Produktionsprozeß. Zum Einfluss von Angebot und Bedarf auf Arbeitsteilung und Arbeitseinsatz am Beispiel des Maschinenbaus, Frankfurt a. M. 1973; Horst Kern und Michael Schumann, Das Ende der Arbeitsteilung? Rationalisierung in der industriellen Produktion: Bestandsaufnahme, Trendbestimmung, München 1985.

728 Gert Hortleder, Ingenieure in der Industriegesellschaft.

die Naturwissenschaften zunehmend in die Produktion Eingang fanden und die Unternehmer damit auf die Hilfe technischer Experten angewiesen waren. Diese Techniker bildeten dabei eine Gruppe fachlich gebildeter, abhängig beschäftigter Personen, die hauptsächlich in Produktion, Konstruktion und Entwicklung tätig waren.[729] Sie unterschieden sich deutlich von den Technikern im frühen 19. Jahrhundert, die häufig handwerklich geschult und selbständig waren. In abhängiger Stellung gab es Techniker seit den 1830er Jahren, also mit den Anfängen der Industrialisierung. Von „Technikern" i.e.S. kann man jedoch erst nach dem Entstehen der technischen Mittelschulen sprechen. Dort erwarben sie nämlich ihr technisches Wissen, das sie in die Lage versetzte, die neu geschaffenen Positionen im industriellen Großbetrieb auszufüllen. Allerdings leistete auch die Industrie selbst einen beachtlichen Beitrag zur Qualifizierung ihres technischen Personals.[730]

Die Mittelschultechniker verdrängten im Industriebetrieb vor allem die traditionellen Meister aus ihrer betrieblichen Sonderstellung. Die Werkmeister, die bis dahin eine Mittlerstellung zwischen der Unternehmensleitung und der Belegschaft eingenommen hatten, verloren eine Reihe von Vorgesetztenfunktionen, und ihre technische Kompetenz wurde durch die formale Ausbildung der Techniker in Frage gestellt. Die Techniker nahmen dann in den deutschen Industrieunternehmen eine bedeutende Stellung ein und waren sich dessen zumeist auch bewusst. Sie erhielten deshalb auch ein vergleichsweise hohes Gehalt, genossen ein großes Maß an Arbeitsplatzsicherheit und arbeiteten unter relativ günstigen Arbeitsbedingungen. Allerdings hatten sie sich z.T. recht rigiden Arbeitsverträgen zu unterwerfen, die hinsichtlich Konkurrenzklausel und Erfinderschutz häufig sehr ungünstig für die Techniker gestaltet waren. Mit der Ausdifferenzierung der Organisation im Industriebetrieb wurden nach der Jahrhundertwende auch die Techniker zunehmend „den restriktiven Bedingungen eines sich differenzierenden und bürokratisch gestalteten Arbeitssystems ausgesetzt".[731]

Bis in die 1880er Jahre waren die Arbeitsmarktverhältnisse der Techniker insgesamt aber zufriedenstellend. Das Angebot war knapp und der Zugang in diesen Markt durch den Ausbildungsgang (praktische Lehre und anschließender Besuch einer Fachschule) geregelt. Erst die Expansion der

729 Hermann von Laer, Der Arbeitsmarkt für Techniker in Deutschland. Von der Industriellen Revolution bis zum 1. Weltkrieg, in: Toni Pierenkemper und Richard Tilly (Hg.), Historische Arbeitsmarktforschung, Göttingen 1982, S. 152–175.

730 Gerhard Adelmann, Die berufliche Ausbildung und Weiterbildung in der deutschen Wirtschaft 1871–1918, in: Hans Pohl (Hg.), Berufliche Aus- und Weiterbildung der deutschen Wirtschaft seit dem 19. Jahrhundert, Stuttgart 1979, S. 9–52.

731 Mario König/Hannes Siegrist, Kaufleute und Techniker – Qualifikation, Arbeitserfahrungen, Bewußtsein, Organisation 1870–1920, in: Arbeitsalltag und Betriebsleben. Zur Geschichte der industriellen Arbeits- und Lebensverhältnisse in der Schweiz, Dießenhofen 1981.

Großunternehmen führte zu einem gesteigerten Bedarf und zog zahlreiche neue Bewerber in diesen Beruf. Dies hatte ein kräftiges Wachstum bezüglich der Zahl der technischen Angestellten, insbesondere nach der Jahrhundertwende, und eine Konzentration auf bestimmte Branchen zur Folge.[732] Diese Entwicklung führte zu einer veränderten Situation der Techniker auf dem Arbeitsmarkt etwa zur Jahrhundertwende. Es zeigte sich dann ein Überangebot an Technikern, das sich in hoher Arbeitslosigkeit und verschlechterten Einkommensverhältnissen äußerte. Die Hoffnung auf Selbständigkeit war außerdem gänzlich geschwunden.

Einen Einblick in die ökonomische und soziale Lage der deutschen Techniker nach der Jahrhundertwende vermitteln eine Reihe von Erhebungen, die von den Verbänden der Techniker unter ihren Mitgliedern angestellt wurden. Bereits 1903 führte der Deutsche Techniker-Verband eine erste entsprechende Untersuchung durch[733], worauf bald weitere folgten.[734] Auch hier zeigt sich, dass die um 1900 entstandene Gruppe der Techniker schon früh ein eigenständiges Profil entwickeln konnte.

Die Techniker mit ihrem Fachwissen bedrohten – wie bereits erwähnt – vor allem die besondere Stellung der Meister im Industriebetrieb. Diese hatten das Bild der entstehenden Industrieunternehmen von Beginn an entscheidend geprägt. Bei Krupp z.B. wurden Meister vor 1870 gelegentlich sogar als Betriebsführer eingesetzt und erfuhren so einen bemerkenswerten betrieblichen Aufstieg.[735] Auch bei Felten & Guilleaume konnten Arbeiter, die als Jugendliche in das Unternehmen eingetreten waren, nach Jahrzehnten der Bewährung zum Meister aufsteigen.[736] Bei Siemens war es bis ca. 1870 noch üblich, leitende Angestellte auch aus diesem Teil der Mitarbeiterschaft zu rekrutieren.[737] Die Meister vertraten in einer universellen Rolle quasi den Unternehmer in der Binnenordnung des Betriebes.[738] Durch die Techniker wurden sie nun allmählich aus ihrer zentralen Position

732 Reinhard Stockmann u.a., Konzentration und Reorganisation von Unternehmen und Betrieben. Empirische Analyse zur Entwicklung der nicht-landwirtschaftlichen Arbeitsstätten und Unternehmen in Deutschland 1875–1970, in: Max Haller/Walter Müller (Hg.), Beschäftigungssystem im gesellschaftlichen Wandel, Frankfurt a. M. 1983, S. 97–177, hier: S. 129ff.

733 Die Erwerbsverhältnisse der Mitglieder des Deutschen Techniker-Verbandes, in: Deutsche Techniker-Zeitung 21 (1904), S. 572–578.

734 Reinhold Jaeckel, Statistik über die Lage der technischen Privatbeamten in Groß-Berlin, Jena 1908. Erste Ergebnisse abgedruckt im Reichs-Arbeitsblatt 5 (1907), Nr. 8, S. 747–751 und Nr. 10, S. 929–931; Adolf Günther, Die deutschen Techniker, ihre Lebens-, Ausbildungs- und Arbeitsverhältnisse, 2 Bde., Leipzig 1912.

735 Scholl, Ingenieure in der Frühindustrialisierung, S. 338.

736 Schulz, Die Arbeiter und Angestellten, S. 310.

737 Kocka, Unternehmensverwaltung und Angestelltenschaft, S. 103.

738 Wolfgang Hromadka, Das Recht der leitenden Angestellten, München 1979, S. 24.

im Betrieb verdrängt und zu abhängigen Quasi-Vorarbeitern degradiert.[739] Diese Entwicklung wurde von den Betroffenen durchaus krisenhaft erfahren und ging daher auch in die Literatur als „Werkmeisterkrise" ein.[740]

Unter den technischen Angestellten bildeten sich im Zuge der Entwicklung aber auch eine Reihe spezialisierterer Berufe heraus. Dies waren z.B. die Zeichner, ein ebenfalls recht junger Beruf, der erst in den 1860er Jahren entstanden war und über den 1907 bereits erste Untersuchungsergebnisse vorlagen.[741] Daneben gab es Steiger, technische Grubenbeamte, deren Zahl in Preußen 1909 immerhin schon 21.309 betrug. Diese wurden z.T. aus strebsamen Bergleuten rekrutiert und erfuhren neben hoher Beschäftigungssicherheit eine gute Entlohnung. In anderen Branchen kam es zu ähnlichen Entwicklungen, z.B. bei den Chemikern, die seit 1860 verstärkt in die Industrie eingedrungen waren und dort den Rang eines hochspezialisierten Experten erlangten.[742]

Die Expansion und Ausdifferenzierung der Angestelltenberufe in den Industriebetrieben setzte sich nach der Jahrhundertwende weiter fort. Der Anteil der Angestellten gegenüber den Arbeitern wuchs beständig weiter an, so dass sowohl technische wie kaufmännische Angestellte, auch in leitenden Positionen beachtlich an Umfang gewannen. Die interne Differenzierung der industriellen Angestellten kann anhand zahlreicher unternehmenshistorischer Fallstudien eindrucksvoll nachgezeichnet werden.[743] Das Unternehmen Krupp z.B. verfügte bereits in den 1870er Jahren über eine ausdifferenzierte Unternehmensorganisation, in der 954 „Beamte" (1878) ihren Platz fanden.[744] Es zeigte sich dort außerdem früh eine Aufspaltung der Angestelltenschaft in Leitungspersonal, technische, kaufmännische und Dienstleistungsangestellte, die sich im Hinblick auf Stellung im Betrieb, Lohnhöhe, Entlohnungsverfahren und Funktion deutlich voneinander unterschieden.

Für das Elektrounternehmen Siemens lassen sich oberhalb der gewöhnlichen Angestellten („Beamte") zwei Gruppen finden: die Tantiemen erhaltenden Prokuristen der Geschäftsleitung einerseits und die ihnen untergeordneten „Beteiligten" (zumeist Abteilungsleiter, Werkstattvorsteher und Bürochef) andererseits.[745] Unterhalb dieser Angestellten gab es ebenfalls

739 Hermann Krueger, Die wirtschaftliche und soziale Lage der Privatangestellten, Jena 1910, S. 145–211.
740 Bahrdt, Industriebürokratie, S. 28–35.
741 Krueger, Die wirtschaftliche und soziale Lage der Privatangestellten, S. 284–300.
742 Lothar Burchardt, Professionalisierung oder Berufskonstruktion? Das Beispiel des Chemikers im Wilhelminischen Deutschland, in: Geschichte und Gesellschaft 6 (1980), S. 326–348; Ders., Die Ausbildung des Chemikers im Kaiserreich, in: Zeitschrift für Unternehmensgeschichte 23 (1978), S. 31–53.
743 Pierenkemper, Arbeitsmarkt und Angestellte, S. 153–184.
744 Vgl. Keßler, Zur Geschichte des Managements bei Krupp, v.a. S. 55–88.
745 Kocka, Unternehmensverwaltung und Angestelltenschaft, S. 254ff. und S. 305ff.

eine Beschäftigtengruppe, die sog. „Diätare", die nicht fest angestellt waren, sondern eher als „Beamten-Anwärter" zu gelten hatten. Zudem gab es unter den unteren „Beamten" noch einige wenige, die lediglich im Wochenlohn standen und damit kaum von den Arbeitern zu unterscheiden waren.

Auch im rheinischen Kabelwerk Felten & Guilleaume existierte eine ähnlich strukturierte Angestelltenschaft. Neben den eigentlichen „Privatbeamten", die in bestimmte Berufsgruppen mit unterschiedlichem hierarchischem Status zu untergliedern sind, gab es auch dort zahlreiche untere Angestelltenkategorien, deren Rang sich dem der Arbeiter annäherte.[746] Eine ähnliche Unterscheidung lässt sich bei den Maschinenfabriken Augsburg-Nürnberg (MAN)[747], bei der Maschinenfabrik Esslingen[748] und im schweizerischen Unternehmen Georg Fischer AG finden[749].

Insgesamt zeigt sich, dass die Angestellten ebenso wie die Industriearbeiter eine heterogene Gruppe im Unternehmen darstellen, die differenzierter anhand von Fallstudien betrachtet werden sollte.

4. Unternehmerische Interessen und Marktregulierungen

Unternehmen treten in der Realität selten als rational wohlgeordnete und ausschließlich an ökonomischen Effizienzkriterien orientierte Gebilde auf, wie uns ein großer Teil der ökonomischen Theorie mit ihren restriktiv formulierten Modellen glauben machen will. Vielmehr sind sie häufig auch Orte des Interessenkampfes und der Konfliktauseinandersetzung nach innen wie nach außen.[750] Nach innen stellt der Betrieb ein Macht- und Kooperationssystem dar, in das die zuvor behandelten Gruppen der Betriebsangehörigen, d.h. Arbeiter, Angestellte, Manager und Unternehmer, in vielfältiger Weise eingebunden sind und in dem sie ihre Interessen strategisch durchzusetzen suchen. Nach außen gilt dieses in analoger Weise: hier muss sich das Unternehmen im Wettbewerb auf Märkten behaupten und durchsetzen.[751]

Unternehmen müssen auf Märkten reagieren, lernen sich anzupassen und ihre strategischen Orientierungen gemäß den veränderten Marktbedingungen immer wieder neu bestimmen. Es ist also der Wettbewerb auf Märkten, der wesentlich die Außenbeziehungen der privatkapitalistischen

746 Schulz, Die Arbeiter und Angestellten, S. 127ff., S. 173ff., S. 293.
747 Rupieper, Arbeiter und Angestellte, S. 36ff., S. 47ff.
748 Schomerus, Die Arbeiter der Maschinenfabrik Esslingen, S. 178.
749 Siegrist, Vom Familienbetrieb zum Managerunternehmen.
750 Lauschke/Welskopp (Hg.), Mikropolitik im Unternehmen.
751 Vgl. Pierenkemper, Gewerbe und Industrie, S. 45–48.

Unternehmen bestimmt, und diesen Bedingungen muss man sich stellen und erfolgreich anpassen, will man die Weiterexistenz und das Wachstum des Unternehmens sicherstellen. Dabei sind die Bedingungen für die einzelnen Unternehmen nach Standort, Branche, Entwicklungsstand u.ä. verschieden und wandeln sich mit dem technischen Fortschritt, der Marktentwicklung, den wirtschaftspolitischen Rahmenbedingungen u.ä. immerfort, so dass die Bestimmung erfolgversprechender Strategien ein permanenter Prozess bleibt.[752]

Aber nicht nur die Reaktionen auf eine gegebene Wettbewerbssituation, sondern auch der Versuch, Umfang und Intensität des Wettbewerbs selbst zu gestalten, bildet eine denkbare Strategie für ein Unternehmen. Von den sich dabei bietenden Möglichkeiten ist bereits frühzeitig und in wechselnden Formen Gebrauch gemacht worden. Dies ist bereits von den Zeitgenossen wahrgenommen und zum Thema ihrer sozialökonomisch orientierten Reflexionen gemacht worden.[753] Die sogenannten „Frühsozialisten", wie Charles Fourier, Simone de Sismondi und Louis Le Blanc, haben beizeiten darauf hingewiesen, und Karl Marx hat diese Entwicklung mit den Begriffen Akkumulation, Konzentration und Zentralisation des Kapitals zum Kern seiner Analyse gemacht. Später ist dann auch Werner Sombart[754] ausführlich darauf eingegangen. Er sah den Konzentrationsprozess in der Industrie durch folgende drei Entwicklungen gekennzeichnet: Erstens durch eine stetige und rasche Vergrößerung der einzelnen Industriebetriebe, zweitens durch die Kombination von Betriebseinheiten im Unternehmen und drittens durch die Vereinigung von einzelnen Unternehmen in neue, größere Einheiten. Bei Sombart wird aber deutlich, dass die hier angesprochenen Probleme eine säuberliche Trennung zwischen dem internen Unternehmenswachstum und dem externen Wachstum durch Konzentration unmöglich machen. Wachstum und Konzentration lassen sich nämlich nicht immer eindeutig voneinander trennen und gehen häufig ineinander über.[755]

Weitergehende Versuche zur Marktregulierung durch Absprachen zwischen den Unternehmen, d.h. durch Kartellbildung, gehören ebenfalls in diesen Kontext. Konzentration und Kartellierung sind zwar nicht gleichzusetzen, sie stehen aber dennoch in einem engen Zusammenhang. Beide Maßnahmen zielen auf eine Verbesserung der Marktsituation der Unterneh-

752 Dazu Michael Porter, Wettbewerbsstrategie: Methoden zur Analyse von Branchen und Konkurrenten, Frankfurt a. M. 1992 und Wengenroth, Unternehmensstrategien.

753 Karlheinz Rieker, Die Konzentrationsentwicklung der gewerblichen Wirtschaft, in: Tradition 5 (1960), S. 116–131, hier: S. 116.

754 Werner Sombart, Die deutsche Volkswirtschaft im 19. Jahrhundert und im Anfang des 20. Jahrhunderts, Stuttgart 1914, S. 308–315.

755 Karl Hax, Betriebswirtschaftliche Probleme der Konzentration, in: Die Konzentration in der Wirtschaft (Schriften des Vereins für Socialpolitik N. F. Bd. 22), Berlin 1961, S. 61–98.

men, bei ihrer Unterscheidung kommt es jedoch gelegentlich zu Missverständnissen. Hans Pohl z.B. sieht in der Kartellbildung – neben Konzern- und Trustbildung – nur eine weitere Form der Konzentration. Konzentration wird von ihm also als Oberbegriff verstanden, was aus einer gesamtwirtschaftlichen Perspektive im Hinblick auf die Marktmacht von Unternehmen auch gerechtfertigt erscheint.[756] In diesem Sinne tragen nämlich alle genannten Maßnahmen zu einer Steigerung der Marktmacht von Unternehmen bei, und wenn man diese Veränderung der gesamtwirtschaftlichen Marktstruktur als „Konzentration" bezeichnen will, dann bilden Konzern-, Kartell- und Trustbildung nur unterschiedliche Formen dieses Prozesses.

Aus der Perspektive des Einzelunternehmers dagegen – und um diese geht es hier – stehen die strategischen Möglichkeiten der Unternehmungen zur Stabilisierung ihrer Absatzverhältnisse im Vordergrund. Um die Konkurrenz zwischen den Wettbewerbern zu reduzieren, bieten sich Konzentration in verschiedenen Formen (Konzern, Trust) unter Aufgabe der rechtlichen Selbständigkeit oder Kartellbildung unter Beibehaltung derselben als Alternativen an. Daher werden aus der Sicht des Einzelunternehmens im Folgenden Konzentration und Kartellierung als alternative strategische Optionen zur Durchsetzung von Interessen auf den Absatzmärkten diskutiert.

In jedem Falle sind beide Prozesse eng miteinander verknüpft und verlaufen historisch betrachtet z.T. parallel. Konzernbildung unterstützt Kartellierung und Kartellbildung fördert Zusammenschlüsse und Fusionen zwischen Unternehmen auf vielfältige Weise.[757] Dies gilt nicht nur für die deutsche, sondern auch für die internationale Entwicklung.[758]

4.1 Konzentration

Neben einer Konzentration des Reichtums einer Gesellschaft (Vermögenskonzentration) wird für die modernen Industriegesellschaften immer wie-

756 Hans Pohl, Einleitung, in: Ders. (Hg.), Kartelle und Kartellgesetzgebung in Praxis und Rechtsprechung vom 19. Jahrhundert bis zur Gegenwart, Stuttgart 1985, S. 11–14, hier: S. 12.

757 Erich Maschke, Grundzüge der deutschen Kartellgeschichte bis 1914, Dortmund 1964, S. 30–32. Vgl. dazu auch Hans Pohl, Introduction, in: Ders. (Ed.), Competition and Cooperation of Enterprises on National and International Markets, Stuttgart 1997, S. 7–11.

758 Vgl. Karl Brandt, Konzentration und wirtschaftliches Wachstum, in: Helmut Arndt (Hg.), Die Konzentration in der Wirtschaft, Bd. 1, Berlin 1971, S. 253–300, hier: S. 292f. mit Hinweisen auf Peter E. Hart/Sigbert J. Prais, The Analysis of Business Concentration, in: Journal of the Royal Statistical Society 119 (1956), S. 150–181 für England sowie Norman R. Collins/Lee E. Preston, The Size Structure of the Largest Industrial Firms 1908–1958, in: American Economic Review 51,2 (1961), S. 986–1011 für die USA. Dazu auch Hans Pohl (Hg.), The Concentration Process in the Entrepreneurial Economy since the late 19th Century, Stuttgart 1988.

der auch eine zunehmende funktionale Konzentration (Unternehmenskonzentration) behauptet.[759] Das Betriebs- bzw. Produktivitätsvermögen stellt zwar nur einen Bruchteil des Gesamtvermögens Deutschlands dar, ist aber gleichwohl von strategischer Bedeutung für die Wirtschaft, weil dessen Besitz die Möglichkeit zu wirtschaftlich relevanten Entscheidungen einräumt.[760] So allgemein verbreitet die Auffassung von einer wachsenden Konzentration in der Wirtschaft ist, so schwierig ist es jedoch, diesen schillernden Begriff genauer einzugrenzen.[761] Konzentration zeigt sich auf verschiedenen Ebenen und in unterschiedlichen Formen, im Betrieb nämlich, an der Arbeitsstätte im Rahmen von Rationalisierungsmaßnahmen unmittelbar am Arbeitsplatz, darüber hinaus im Einzelunternehmen als Möglichkeit der Reorganisation von Unternehmen.

Dennoch gibt es Versuche, dieses komplexe Phänomen eindeutig zu definieren, wie z.B. von Rudolf Gunzert: „Konzentration bezeichnet einen Prozess im Zeitablauf, der sich als Wachstum eines Leistungsanteils der oberen Betriebs- und Unternehmensgrößenklassen gegenüber kleineren Größenklassen manifestiert“.[762]

Für das einzelne Unternehmen stellt sich die Frage der Konzentration jedoch im wesentlichen als Problem der optimalen Betriebsgröße dar.[763] In diesem Zusammenhang wird behauptet, der Großbetrieb habe gegenüber den Klein- und Mittelbetrieben entscheidende Vorteile. Diese lägen vor allem im Produktionsbereich, wo Kostendegression, Massenproduktion, Verbundwirtschaft, Spezialisierung und Mindestgrößen gravierende technische Vorteile schaffen. Im Beschaffungsbereich, wo Einkaufsmacht und Mengenrabatte ebenfalls Kostenvorteile bewirken, und im Absatzbereich sei es ähnlich, weil Programmbreite und Produktgestaltung hier Präferenzen schaffen und allein die schiere Marktgröße bereits Chancen auf Dispo-

759 Jörg Huffschmid, Die Politik des Kapitals. Konzentration und Wirtschaftspolitik in der Bundesrepublik, Frankfurt a. M. 1970, S. 36–46.

760 Toni Pierenkemper, Einkommens- und Vermögensverteilung, in: Ambrosius u.a. (Hg.), Moderne Wirtschaftsgeschichte, S. 265–287, hier: S. 271–278.

761 Umfassend zur Gesamtproblematik Helmut Arndt (Hg.), Die Konzentration in der Wirtschaft. On Economic Concentration, 2 Bde., Berlin 1971 und Hans Heinrich Barnikel (Hg.), Probleme der wirtschaftlichen Konzentration, Darmstadt 1975.

762 So Rudolf Gunzert, Was ist Konzentration?, in: Wirtschaftssoziologische Studien 1 (1960), S. 65, zitiert bei Hans Pohl, Die Entwicklung der Kartelle in Deutschland und die Diskussionen im Verein für Socialpolitik, in: Helmut Coing und Walter Wilhelm (Hg.), Wissenschaft und Kodifikation des Privatrechts im 19. Jahrhundert, Bd. 4, Frankfurt a. M. 1979, S. 206–235, FN 2 und auch bei Maschke, Grundzüge der deutschen Kartellgeschichte, S. 5, aber auch Theodor Wessels, Art. Unternehmenszusammenschlüsse II: Wirtschaftliche Problematik, in: Handwörterbuch der Sozialwissenschaften, Bd. 10, Stuttgart 1959, S. 552–565, hier: S. 560–563.

763 Karl Hax, Betriebswirtschaftliche Probleme, S. 74–93 und Koch, Art. Betriebsgröße sowie Erich Gutenberg, Art. Betriebsgröße, in: Handwörterbuch der Betriebswirtschaft, Bd. 1, Stuttgart 1956, Sp. 800–806.

sitionsspielräume erweitert und vergrößert. Auch im Finanzbereich zeigen sich Größenvorteile, die die Kapitalkosten geringer, Investitionschancen größer und interne Finanzierungsmöglichkeiten wahrscheinlicher werden lassen. Sogar im Verwaltungsbereich sind Vorteile von Großunternehmen denkbar.[764] Dort kann Informationsbeschaffung, Planung und Kontrolle besser organisiert werden, doch stoßen Großunternehmen mit bürokratischen Strukturen häufig auch an Grenzen der Flexibilität.

Die möglichen Vorteile von Großunternehmen werden in der Literatur häufig auch als Ursachen für die beobachtbaren Konzentrationsprozesse angeführt.[765] Neben den technologischen Ursachen sind es vor allem Marktstrategien, die als Anlass für Konzentrationsprozesse gelten sollen. Dabei geht es zumeist um Strategien zur Erhöhung des Marktanteils (horizontale Konzentration), damit man auf die Preisgestaltung, auf den Beschaffungs- und Absatzmärkten Einfluss gewinnt sowie um Integration vor- und nachgelagerter Produktionsbereiche (vertikale Konzentration), um Liefersicherheit und Kostenvorteile zu erlangen. Außerdem handelt es sich um Strategien zur Risikostreuung durch neue, fremde Produktionslinien (diagonale Konzentration), die der langfristigen Existenzsicherung dienen sollen. Neben den unbestreitbaren Vorteilen, die mit größeren Unternehmenseinheiten verbunden sein können, gibt es jedoch strukturelle Bedingungen, die kleinen und mittleren Unternehmen Raum zur wirtschaftlichen Expansion lassen, so etwa in kleinen, zersplitterten Märkten oder im Bereich der persönlichen Dienstleistungen. So kann zwischen Groß- und Kleinunternehmen häufig eher ein komplementäres als ein konkurrierendes Verhältnis bestehen – man denke dabei nur an die zahlreichen Zulieferer der Großunternehmen.

Bereits im späten 19. Jahrhundert zeigte sich in der deutschen Wirtschaft aber eine Tendenz zur Verminderung der absoluten Zahl der Betriebe im produzierenden Gewerbe. Dies galt vor allem für die „alten" Gewerbezweige, während bei den „jungen" Gewerbezweigen die Zahl der Betriebe eher anstieg.[766] 1875 finden sich im Rahmen der Betriebszählung im Deutschen Reich 2,33 Millionen „Betriebe" (als technische Einheiten); die Zahl reduzierte sich bis 1907 auf 2,25 Millionen, d.h. um 3,6 v.H. Allerdings muss zu diesen Zahlen gesagt werden, dass die Reichsstatistik hier nur „Betriebe" als technische Einheiten anführt, die durchaus zum gleichen Unternehmen gehören können. Ähnliches gilt für die „örtlichen Einheiten", die ab 1907 als „Betriebe" angeführt werden. Eine Verdrängung der kleinen

764 Ausführlich dazu Karl Hax, Unternehmungswachstum und Unternehmungskonzentration.

765 Hans Otto Lenel, Art. Konzentration, in: Handwörterbuch der Wirtschaftswissenschaften, Bd. 4, Stuttgart 1978, S. 540–565.

766 Rieker, Die Konzentrationsentwicklung der gewerblichen Wirtschaft, S. 120, 128.

Unternehmen durch die großen lässt sich anhand dieser Daten jedoch nicht feststellen. Zwar wuchsen die größeren Unternehmen auf der einen Seite, während v.a. die unwirtschaftlichen Kleinstunternehmen auf der anderen Seite abnahmen, doch entstanden immer wieder neue, zunächst kleinere

Verteilung der Beschäftigten in Industrie und Handwerk nach Betriebsgrößenklassen

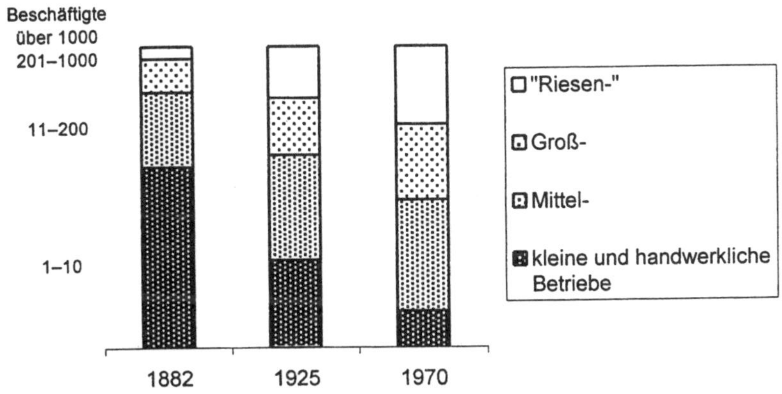

Quelle: Wolfgang Ruppert (Hg.), Die Arbeiter. Lebensformen, Alltag und Kultur von der Frühindustrialisierung bis zum „Wirtschaftswunder", Beck Verlag, München 1986, S. 99.

Verteilung der Beschäftigten in den Fabriken nach Größenklassen

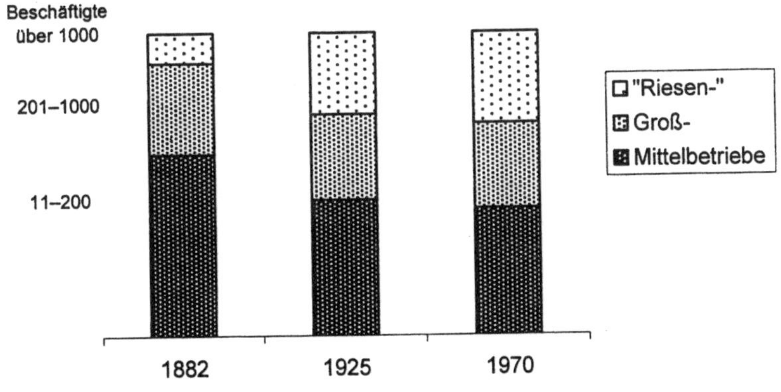

Quelle: Wolfgang Ruppert (Hg.), Die Arbeiter. Lebensformen, Alltag und Kultur von der Frühindustrialisierung bis zum „Wirtschaftswunder", Beck Verlag, München 1986, S. 100.

Betriebe. Die behauptete Unternehmenskonzentration in Deutschland ist deshalb kaum anhand der Daten der Betriebszählung zu dokumentieren. Man muss also auf einzelne, herausragende Beispiele verweisen oder die Konzentration der Beschäftigten auf die Betriebsgrößenklassen als Hilfsmaßstab heranziehen.

Blickt man auf die Verteilung der Beschäftigten in Deutschland, so zeigt sich zwischen 1882 und 1970 ein deutlicher Rückgang in den Kleinbetrieben und beim Handwerk, während die Bedeutung der Riesenbetriebe mit mehr als eintausend Beschäftigten entsprechend zugenommen hat. Bei den Groß- und Mittelbetrieben war die Zunahme der Beschäftigten weit weniger dramatisch. Beschränkt man die Betrachtung allein auf Industriebetriebe, so zeigt sich die Dominanz der Riesenbetriebe noch in stärkerem Maße. Groß- und Mittelbetriebe stellen nämlich nur gut die Hälfte der Arbeitsplätze in den Fabriken, und die Kleinbetriebe fehlen hier völlig.[767] Auf der Basis der Daten der Berufszählungen in Deutschland seit 1882 lässt sich die Konzentration der Beschäftigten in den Großunternehmen von Industrie und Handwerk in einem Schaubild grafisch darstellen. Der Anteil dieser Beschäftigten betrug 1882 weniger als die Hälfte und stieg dann kontinuierlich auf zwei Drittel an.[768]

Betrachtet man die Konzentrationsvorgänge im zeitlichen Ablauf, so zeigt sich, dass in der ersten Phase der Konzentration der deutschen Industrie, die etwa bis in die 1870er Jahre reicht, nur einige frühe Großunternehmen Tendenzen zur Konzernbildung zeigen. Darüber hinaus zielen regionale Absprachen zwischen kleineren Unternehmen eher auf eine Konkurrenzreduzierung. Als Beispiel lässt sich die Gutehoffnungshütte in Oberhausen anführen, die schon sehr früh 1808 als Zusammenschluss von drei kleineren Eisenhütten entstanden ist. Ebenso findet man bereits 1836 Absprachen zwischen Bergwerksgesellschaften und die Gründung einer „Grubenvereinigung“ im Wurmrevier. Erst in der zweiten Phase der Konzentration seit den 1880er Jahren setzt sich in der deutschen Industrie der Konzentrationsprozess in breiter Front durch.[769] Dabei zeigt sich insgesamt, dass immer mehr Beschäftigte in den großen Unternehmen tätig waren und entsprechend weniger in den kleinen. Im Rahmen der gewerblichen Wirtschaft insgesamt wie auch im engeren Bereich der Fachbetriebe kam es zu einer Dominanz von Großbetrieben, die zwar schon am Ende des 19.

767 Ruppert, Die Arbeiter, S. 99f.

768 Karl Brandt, Konzentration und wirtschaftliches Wachstum, in: Helmut Arndt (Hg.), Die Konzentration in der Wirtschaft, Bd. 1, Berlin 1971, S. 253–300, hier: S. 292f.

769 Hans Pohl, Die Konzentration der deutschen Wirtschaft vom ausgehenden 19. Jahrhundert bis 1945, in: Ders. (Hg.), Die Konzentration der deutschen Wirtschaft seit dem 19. Jahrhundert, Wiesbaden 1978, S. 4–44 und Wolfram Fischer, Bergbau, Industrie und Handwerk 1914–1970, in: Aubin/Zorn (Hg.), Handbuch der deutschen Wirtschafts- und Sozialgeschichte, Bd. 2, S. 796–844.

Beschäftigtenanteile der größten Betriebe in ausgewählten Industriezweigen im Deutschen Reich 1907/1925/1939 (jeweiliger Gebietsstand)

Industriezweige	Jahr	Betriebe insg. 1000	Beschäftigungsanteil in den... größten Betrieben 10	20	30	50
Berbau	1907	5,16	2,25	5,60	7,00	11,50
	1925	2,94	8,75	15,25	19,25	26,55
	1939	1,54	7,75	11,00	14,00	20,50
Eisenschaffende Industrie	1907	0,65	10,75	21,50	32,25	45,00
	1925	1,66	20,55	32,70	39,25	49,75
	1939	2,02	--	37,50	40,75	47,50
Eisen- u. Stahlwarenindustrie	1907	35,57	2,10	4,37	5,35	7,50
	1925	26,41	6,10	9,00	11,00	15,10
	1939	19,07	5,00	7,50	10,00	14,75
Maschinen- u. Apparatebau	1907	13,12	3,00	5,75	8,70	14,30
	1925	16,05	7,00	11,30	13,70	18,25
	1939	16,44	--	--	16,75	19,75
Fahrzeugindustrie	1907	56,21	6,10	12,37	18,80	25,50
	1925	20,50	16,00	25,25	29,80	37,75
	1939	35,70	--	21,60	24,50	30,50
Elektroindustrie	1907	6,52	--	32,50	40,00	45,90
	1925	21,93	--	31,10	37,10	43,50
	1939	28,41	--	26,75	29,75	35,75
Feinmechanik – Optik	1907	22,20	10,75	16,25	19,75	26,75
	1925	24,51	14,00	20,30	24,00	27,95
	1939	25,69	16,75	25,00	33,40	37,25
Chemische Industrie	1907	11,13	--	19,00	22,90	29,75
	1925	8,63	21,50	28,00	32,10	38,00
	1939	9,68	24,50	28,75	33,13	42,00
Glasindustrie	1907	3,56	11,30	19,10	24,00	31,00
	1925	3,59	10,60	17,10	23,50	30,75
	1939	4,51	15,25	19,75	24,00	32,75
Zementindustrie	1907	0,46	14,00	23,35	29,90	42,50
	1925	0,12	29,00	42,75	56,30	76,80
	1939	1,48	10,25	16,50	23,00	35,75
Papiererzeugung	1907	1,58	8,25	13,00	16,00	36,75
	1925	1,15	13,00	20,75	26,50	32,50
	1939	0,82	--	21,50	25,00	15,75
Leder- u. Linoleumindustrie	1907	54,04	8,50	11,75	13,75	15,75
	1925	33,63	10,00	13,40	15,25	18,75
	1939	32,18	8,25	10,35	12,50	16,75
Textilindustrie	1907	161,21	--	--	--	5,50
	1925	122,99	2,50	4,70	5,75	8,00
	1939	142,68	1,50	2,80	4,25	7,00

Quelle: Wolfram Fischer, Bergbau, Industrie und Handwerk 1914-1970, in: Wolgang Zorn und Hermann Aubin (Hg.), Handbuch der deutschen Wirtschafts- und Sozialgeschichte, Bd. 2, Ernst Klett Verlag, Stuttgart 1976, S. 809

Jahrhunderts angelegt war, aber erst im Laufe des 20. Jahrhunderts ganz offensichtlich wurde. Betrachtet man die einzelnen Industriezweige, so wird deutlich, dass diese in sehr unterschiedlichem Maße vom Konzentrationsprozess betroffen waren. Nimmt man einen Konzentrationsindex zum Maßstab, z.B. den Anteil der Beschäftigten der zehn größten Unternehmen an den Gesamtbeschäftigten einer Branche, so ergibt sich für 1907 eine klare Rangfolge (s. Schaubild S. 221).

Es führte die Zementindustrie mit 14,0 v.H. der Beschäftigten bei den zehn größten Unternehmen, gefolgt von der Glasindustrie (11,3 v.H.), der Eisenindustrie (10,75 v.H.) und der Branche Feinmechanik/Optik (10,75 v.H.). Diese Rangfolge verschob sich bis 1925 zwar, aber insgesamt erwies sich die Konzentration der deutschen Wirtschaft als einigermaßen stabil. Auch hinsichtlich der Anteile an der Gesamtproduktion der verschiedenen Branchen ergaben sich bemerkenswerte Eigenarten, die mit den bereits erwähnten Sachverhalten in Übereinstimmung stehen.[770]

Ob diese Konzentration innerhalb der deutschen Industrie tatsächlich das erwünschte Ergebnis, nämlich eine fühlbare Konkurrenzreduktion, erzielte, ist umstritten. Produktivitätsfortschritte durch Rationalisierung wurden zwar zweifellos erreicht, nur bleibt es fraglich, ob sie den Konzentrationsmaßnahmen oder dem Wirken des technischen Fortschritts zuzurechnen sind. Ähnliches gilt auch für die Marktstruktur, denn ein Abbau von Überkapazitäten, z.B. im Steinkohlebergbau, gelang nur begrenzt, z.T. wegen der gleichzeitig stattfindenden Kartellbestrebungen. Deshalb ist es nicht wahrscheinlich, dass eine Kontrolle der Preise an den Märkten allein durch Konzentration zu bewerkstelligen ist. Ein Urteil über einen optimalen Konzentrationsgrad der Wirtschaft zu fällen, erscheint daher als außerordentlich schwierig, weil eine Konzentration der Unternehmen im Hinblick auf Wohlstand, Wachstum, Verteilung und Machtstruktur einer Volkswirtschaft recht unterschiedliche und z.T. gegenläufige Wirkungen zeigen kann, die eine eindeutige Bewertung des jeweiligen Konzentrationsgrades unmöglich machen.[771]

Betrachtet man den Ruhrbergbau nach 1870 als Fallbeispiel, so zeigt sich, dass mit dem Ende des Gründerbooms 1873 für die meisten Unternehmen das Problem unzulänglicher Markterlöse immer drückender wurde.[772] Alle Unternehmen versuchten, die sinkenden Erlöse aufgrund der fallenden Preise durch Absatzerhöhungen auszugleichen. Dieses Verhalten verschärfte

770 Hans Pohl, Die Konzentration, S. 10.

771 Knut Borchardt, Zur Problematik eines optimalen Konzentrationsgrades, in: Jahrbücher für Nationalökonomie und Statistik 176 (1964), S. 129–140.

772 Pierenkemper, Die westfälischen Schwerindustriellen, S. 114–117. Für die Eisenindustrie im Hinblick auf den Aufbau „gemischter Konzerne“ vgl. Feldenkirchen, Die Eisen- und Stahlindustrie, S. 128–149.

indes das Problem, da zusätzliche Verkäufe nur mit Preiszugeständnissen zu realisieren waren. Eine Stillegung von Anlagen erfolgte aber nur in geringem Maße. Eine Konzentration unter den Bergbauunternehmen war insgesamt nur insoweit sinnvoll, wie der zugewonnene Marktanteil rentabel zu nutzen war. Dies versuchte nun eine größere Zahl von Unternehmen, bei denen in der ersten Übernahmewelle der 1880er Jahre der Grundstein für die späteren großen Bergbauunternehmen gelegt wurde. Eine erste Form der horizontalen Konzentration im Steinkohlebergbau an der Ruhr stellte dabei die Konsolidierung von Einzelfeldern eines einzelnen Unternehmens zu Großschachtanlagen dar.

Die Vorteile dieser Strategie lagen sicher in der Rationalisierung der Produktion, boten aber zugleich auch Chancen im Absatzbereich. Derartige Konsolidationen erfolgten schon kurz nach der Jahrhundertmitte und bald gingen einige größere Unternehmen dazu über, Konkurrenten zu übernehmen, um die angespannten Absatzverhältnisse zu entspannen. Zahlreiche Unternehmungen verloren so ihre Eigenständigkeit, im östlichen Teil des westfälischen Ruhrgebietes zwischen 1873 und 1892 insgesamt 24 Bergbauunternehmen. Dies ist bei knapp einhundert dort existierenden Bergbauunternehmen ein bemerkenswert hoher Anteil.

Untersucht man den Verlust der Selbständigkeit dieser 24 Unternehmen genauer, so stellt sich heraus, dass 16 von anderen Unternehmen übernommen wurden (4 weitere gingen in Liquidation/Konkurs und 4 fusionierten); die meisten (11) der sechzehn übernommenen Zechenunternehmen wurden dabei von nur drei Gesellschaften geschluckt, nämlich der Harpener Bergbau AG (5), der Gelsenkirchener Bergwerks AG (3) und dem Bochumer Verein (3).

Greift man die Gelsenkirchener Bergwerks AG heraus, so zeigt sich, dass deren Entwicklung die unterschiedlichen Phasen dieses Konzentrationsprozesses exemplarisch verdeutlicht. In einer ersten Phase von der Mutung und Verleihung der Abbaurechte bis zur Gründung der AG zeichnet sich das Unternehmen durch ein bemerkenswertes internes Wachstum und eine Vereinheitlichung des Felderbesitzes aus. In den 1880er Jahren folgen zahlreiche Anschlüsse und Übernahmen benachbarter, aber auch entfernterer Gruben und Bergwerke. Im Jahre 1906 wird mit der Übernahme zweier Hüttenwerke der zukunftsweisende Schritt zu einem integrierten „gemischten Werk" vollzogen.[773] Das folgende Schaubild der Angliederungen der Gelsenkirchener Bergwerks AG vermag diesen Expansionsprozess zu veranschaulichen und gleichzeitig Einblick in die innere Struktur des Konzentrationsprozesses in der deutschen Montanindustrie zu geben.

Es lässt sich also zeigen, dass bereits vor 1890 im westfälischen Ruhrgebiet eine bedeutende Konzentrationsbewegung im Gange war. Etwa ein Drittel der gesamten Kohleproduktion dieser Region war von diesen Kon-

773 Pierenkemper, Die westfälischen Schwerindustriellen.

Angliederung der Gelsenkirchener Bergwerks AG bis 1906

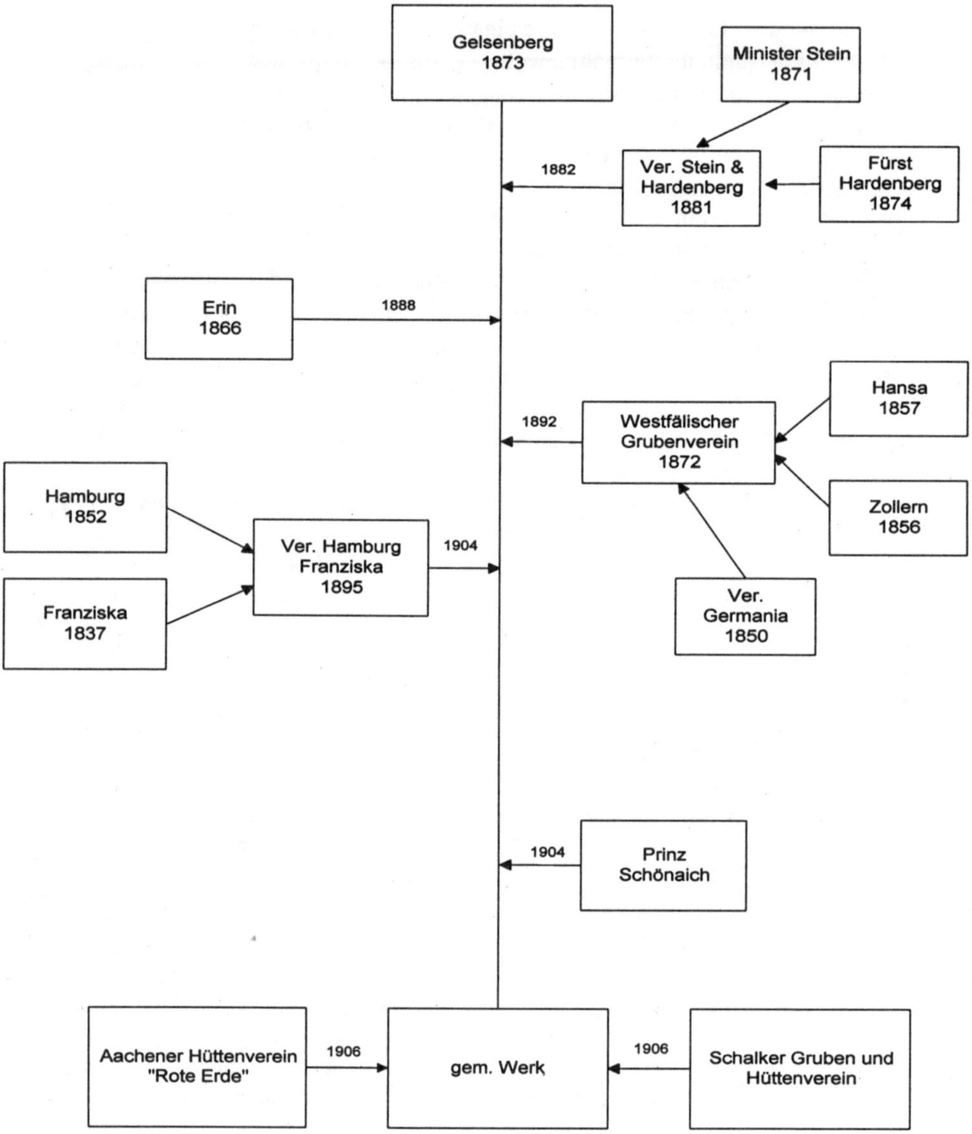

Quelle: Toni Pierenkemper, Die westfälischen Schwerindustriellen 1852–1913. Soziale Struktur und unternehmerischer Erfolg, Vandenhoeck & Ruprecht, Göttingen 1979, S. 127.

zentrationsmaßnahmen betroffen und wurde der Kontrolle der weiterhin wachsenden Großunternehmen unterstellt. Dieser Prozess war aber noch nicht beendet, sondern setzte sich in der Aufschwungperiode nach 1893 weiter fort. Die Zahl der selbständigen Bergbauunternehmen reduzierte sich im westfälischen Ruhrgebiet zwischen 1893 und 1913 von 72 auf 25, wobei nur eines in diesem Zeitraum in Konkurs ging, während die übrigen übernommen wurden. Nun traten auch die Unternehmen der Eisen- und Stahlindustrie als Käufer auf, die im Rahmen einer Strategie der vertikalen Konzentration begannen, Bergwerksunternehmen aufzukaufen und zu „gemischten" Werken der Montanindustrie heranzuwachsen. Von den 42 durch Übernahmen betroffenen Bergbauunternehmen wurden mehr als die Hälfte (22) von gemischten Werken und der Rest (20) von den großen Bergwerksunternehmen aufgenommen. Damit vollzog sich zwar eine deutliche Konzentration im Ruhrbergbau, in deren Zuge immer mehr Großschachtanlagen und große Bergbauunternehmen entstanden, wie die Entwicklung der Gelsenkirchener Bergwerksgesellschaft belegt. Doch bedeutete dies noch nicht unbedingt eine stärkere Branchenkonzentration, weil zahlreiche Großunternehmen gleichzeitig an diesem Prozess beteiligt waren.

Ähnlich wie bei den Bergbauunternehmen läßt sich auch bei den Unternehmen der Eisen- und Stahlindustrie des Ruhrgebiets eine zunehmende Konzentration beobachten. Allerdings zeigt dieser Prozess einige Eigentümlichkeiten: er setzte erst später, nach der Jahrhundertwende ein und wurde z.T. überlagert durch den Ausbau der Unternehmen der Eisen- und Stahlindustrie zu gemischten Konzernen, wie es am Beispiel der Gelsenkirchener Bergwerks AG, d.h. allerdings anhand eines Bergbauunternehmens, bereits geschildert wurde.

Den Anfang machten bei diesem Prozess die Gutehoffnungshütte und der Hörder Verein sowie der Phönix, der 1852 sogleich als gemischtes Werk gegründet wurde. Krupp und der Bochumer Verein folgten durch die Angliederung von Steinkohlezechen diesem Trend bereits in den 1860er Jahren. Triebfeder für diese Entwicklung waren die Kostenvorteile, die die „gemischten" Unternehmen gegenüber den „reinen" Werken hinsichtlich des gesicherten und verbilligten Kohlenbezuges aus den eigenen Zechen hatten. Ähnliches galt für den Erzbezug. Der Besitz eigener Erzfelder war füe die Hüttenbetriebe des Ruhrgebiets bereits zur Mitte des 19. Jahrhunderts selbstverständlich, und die eigenen Erzgruben lagen dabei nicht nur im Ruhrrevier, sondern auch in den älteren deutschen Eisenregionen wie dem Siegerland, dem Westerwald und dem Lahn-Dill-Gebiet. Später kamen Erzgruben im europäischen Ausland hinzu, was sich auch bei den Kalk- und Dolomitgruben vollzog.

Im Bereich der Zusammenarbeit zwischen den Stahlwerken und den Hochofenwerken kam es schon früh zu Fusionen und Übernahmen. So war z.B. die Dortmunder Union 1872 durch einen Zusammenschluß mehrerer

Betriebe entstanden, und auch der Bochumer Verein übernahm ein bislang selbständiges Hochofenwerk. Weitere Unternehmen wurden als gemischte Werke gegründet (Hoesch, Rheinische Stahlwerke), während andere Stahlwerke eigene Hüttenwerke neu errichteten. Soweit erscheint der Konzentrationsprozeß in der Eisen- und Stahlindustrie des Ruhrgebiets eng verwoben in Form einer internen Expansion der einzelnen Unternehmen und der Übernahme von bislang selbständigen Unternehmen. Erst die daraus erwachsenen Überkapazitäten wiesen am Ende des Jahrhunderts in Richtung einer verstärkten Konzentration auch dieser Branche.[774]

An der Wende zum 20. Jahrhundert setzte sich damit – wie auch in verschiedenen anderen Branchen der deutschen Wirtschaft – eine Tendenz durch, die in den USA bereits weite Verbreitung gefunden hatte: die Trustbildung. Hier machte die deutsche chemische Industrie, v.a. die Teerfarbenindustrie, den Anfang. Diese setzte sich zu Beginn des 20. Jahrhunderts aus acht größeren Unternehmen zusammen, die etwa 90 v.H. der deutschen und damit über 50 v.H. der weltweiten Teerfarbenproduktion repräsentierten.[775] Zwischen den Unternehmen herrschte dabei ein starker Wettbewerb, sowohl auf den Absatzmärkten als auch im Bereich der Produktionstechnologien und Produktlinien. Deshalb wurden schon früh Vorschläge zur Zusammenarbeit zwischen den wenigen Unternehmen formuliert, wobei der Hauptinitiator dieser Versuche, Carl Duisberg, ganz explizit Bezug auf amerikanische Vorbilder nahm, die er während eines Amerikaaufenthaltes 1903 kennengelernt hatte.

1904 wurde aber von der Farbenfabrik Hoechst und der Firma Casella & Co. eine erste Interessengemeinschaft gegründet, die 1907 um das Unternehmen Kalle & Co. ergänzt wurde. Erst 1905 schufen auf der anderen Seite Bayer, BASF und die Agfa eine weitergehende Interessengemeinschaft, die auf eine Dauer von fünfzig Jahren angelegt war.[776] Die deutsche

774 Zur Eisen- und Stahlindustrie ausführlich Wilfried Feldenkirchen, Die Eisen- und Stahliundustrie, S. 128–149 und 175. Erfolgreicher blieb in dieser Hinsicht die deutsche elektrotechnische Industrie, in der nach der Jahrhundertwende nur zwei Unternehmen, Siemens und AEG, in Deutschland den Ton angaben und diese sich mit zwei amerikanischen Unternehmen, General Electric und Westinghouse, praktisch den Weltmarkt teilten. Vgl. dazu Wilfried Feldenkirchen, Competition and Cooperation in German Electrical Industry in Home and World Market, in: Pohl (Ed.), Competition, S. 13–34.

775 Wilfried Feldenkirchen, Big Business in Interwar Germany: Organizational Innovation at Vereinigte Stahlwerke, IG-Farben and Siemens, in: Business History Review 61 (1987), S. 417–451.

776 Gottfried Plumpe, Die IG Farbenindustrie AG. Wirtschaft, Technik und Politik 1904–1945, Berlin 1990; Ders., The Political Framework of Structural Modernization: The IG Farbenindustrie AG, 1904–1945, in: William Robert Lee (Hg.), German Industry and German Industrialization, London 1991, S. 220–264; Peter Hayes, Industry and Ideology. IG Farben in the Nazi-Era, Cambridge 1987.

chemische Industrie wurde durch diese Zusammenarbeit, die sich auf Verwaltung, Verkauf, Produktion und Forschung bezog, deutlich in ihrer internationalen Marktposition gestärkt. Die Erfahrungen des Ersten Weltkrieges und die Schwierigkeiten der Nachkriegszeit führten dazu, dass 1925 schließlich eine einheitliche IG Farbenindustrie AG geschaffen wurde, unter Einschluss aller größeren deutschen Chemieunternehmen. Dazu gehörten die drei großen Hersteller von Farben, Pharmazeutika und Fotoartikeln, nämlich Bayer, Hoechst und BASF, sowie vier kleinere, gleichwohl noch als Großunternehmen zu bezeichnende Firmen, nämlich Agfa, Casella, Griesheim und Weiler-ter Meer.[777]

Die IG repräsentierte mit einem Grundkapital von 1,1 Milliarden RM 1926 eines der größten Unternehmen der Welt. Daher war es nicht leicht, dieses gigantische Unternehmen zu führen, zumal die beigetretenen Firmen z.T. unter eigenem Namen weiter produzierten. Aus diesem Grunde wurde ein großer gemeinsamer Vorstand unter Einschluss aller bisherigen Vorstandsmitglieder tätig und ein eigener Exekutivrat mit elf Mitgliedern musste zur effektiven Geschäftsführung bestellt werden. Die IG Farbenindustrie AG verfügte über mehr als fünfzig Produktionsstandorte, die in vier überwiegend nach regionalen Gesichtspunkten gegliederten Gruppen zusammengefasst waren. Darüber hinaus war jeder Betrieb einem von drei verschiedenen Produktionsbereichen zugeordnet. Inwieweit diese Organisation als effizient zu bezeichnen ist, bleibt bis heute ein umstrittener Gegenstand der Forschung. Eine Kennzeichnung dieser Organisationsform als „dezentrale Zentralisierung“ erscheint jedenfalls als ein Euphemismus.[778]

Die deutsche Eisen- und Stahlindustrie befand sich ähnlich wie die chemische Industrie nach dem Ersten Weltkrieg in einer äußerst schwierigen Situation und reagierte darauf ebenso mit weiteren Versuchen der Trustbildung.[779] 1925 fanden sich die Repräsentanten zahlreicher Großunternehmen der Eisen- und Stahlindustrie zusammen, um die Ideen Albert Völglers zu einem „Stahlbund“ in die Tat umzusetzen.[780] Vorgesehen war zunächst eine horizontale Verknüpfung aller Stahlproduzenten und eine Zusammenlegung der Ressourcen der Unternehmen, wobei die Autonomie

777 Wolfram Fischer, Dezentralisierung oder Zentralisation – kollektive oder autoritäre Führung? Die Auseinandersetzung um die Leitungsstruktur bei der Entstehung des IG-Farben Konzerns, in: Horn/Kocka (Hg.), Recht und Entwicklung, S. 476–488.

778 Ebenda.

779 Zu den vorausgehenden Versuchen einer einzelwirtschaftlichen Lösung im Hinblick auf die vertikale Konzentration im Sinne einer Trustbildung vgl. die gemeinsamen Aktivitäten des Stinnes Konzerns, der Gelsenkirchener Bergwerks AG und des Siemens-Konzerns. Dazu Gerald D. Feldman, Hugo Stinnes, S. 662–665.

780 Ausführlich dazu Alfred Reckendrees, Das „Stahltrust“-Projekt. Die Gründung der Vereinigte Stahlwerke A.G. und ihre Unternehmensentwicklung 1926–1933/34, München 2000, S. 149–275.

der Einzelunternehmen beibehalten werden sollte. Schließlich bildeten aber nach langwierigen Verhandlungen im Jahre 1926 zwölf Unternehmen die „Vereinigte Stahlwerke AG". Diese wurde mit einem Aktienkapital von 800 Millionen RM und 173.000 Beschäftigten bei ihrer Gründung nach US Steel das zweitgrößte Unternehmen der Eisen- und Stahlindustrie weltweit.[781] Weitere Erwerbungen und Anschlüsse anderer Unternehmen kamen später noch hinzu, aber den nächsten Jahren folgte eine bemerkenswerte Rationalisierung innerhalb des Unternehmens. Zwischen 1925 und 1933 reduzierte sich z.B. die Zahl der Hochofenbetriebe nämlich von 23 auf 9, der Siemens-Martin-Stahlwerke von 20 auf 8, der Grobwalzwerke von 17 auf 10 und der Röhrenwerke von 8 auf 3. Die strategische Orientierung des Trusts bestand darin, die Produktion auf die jeweils produktivsten Anlagen zu konzentrieren und zugleich das gesamte Produktionsprogramm weiter auszudehnen, zu diversifizieren. Anfang der 30er Jahre begann man dann die Verwaltungsstruktur der Vereinigten Stahlwerke zu dezentralisieren, worin man dem amerikanischen Vorbild folgte.

Neben diesen beiden großen „Trusts", die sich in Deutschland dem amerikanischen Beispiel entsprechend herausgebildet hatten, entwickelten sich andere Formen von Unternehmensstrukturen und Zusammenschlüssen, z.B. zahlreiche multinationale Unternehmen.[782] Im Zusammenhang mit verstärkten Auslandsinvestitionen der deutschen Unternehmen am Ende des 19. Jahrhunderts gingen zahlreiche Unternehmen nämlich dazu über, im Ausland selbständige Tochterunternehmen zu errichten oder sich dort bestehende Unternehmen anzugliedern.[783] Britische Unternehmen hatten diesen Schritt schon eher vollzogen und waren ebenso wie ihre amerikanischen Konkurrenten am Ende des 19. Jahrhunderts stärker multinational orientiert als die Unternehmen des europäischen Kontinents.[784] Es liegen eine Reihe von älteren Arbeiten über die deutschen Auslandsinvestitionen vor[785], die jedoch nicht systematisch zwischen den Wertpapieranlagen im

781 Feldenkirchen, Big Business, S. 420–428.

782 Harm G. Schröter, Continuity and Change: German Multinationals since 1850, in: Ders./Geoffrey Jones (Hg.), The Rise of Multinationals in Continental Europe, Aldershot 1993, S. 28–48; Mira Wilkins, The History of European Multinationals: A New Look, in: Journal of European Economic History 15 (1986), S. 483–510.

783 Antje Hagen, Deutsche Direktinvestitionen in Großbritannien 1871–1918, Stuttgart 1997; Karl Christian Schaefer, Deutsche Portfolioinvestitionen im Ausland 1870–1914. Banken, Kapitalmärkte und Wertpapierhandel im Zeitalter des Imperialismus, Münster 1995.

784 Lawrence G. Franko, The European Multinationals. A Renewed Challenge to American and British Business, New York 1976.

785 Vgl. Hans David, Das deutsche Auslandskapital und seine Wiederherstellung nach dem Krieg, in: Weltwirtschaftliches Archiv 14 (1919), S. 31–70 und S. 275–300; Friedrich Lenz, Wesen und Struktur des deutschen Kapitalexports vor 1914, Weltwirtschaftliches Archiv 18 (1922), S. 42–54.

Ausland und den unternehmerischen Direktinvestitionen unterscheiden. Die Motive für Auslandsanlagen von Industrieunternehmen sind zwar vielfältig, doch stand die Sicherung des Zugangs zu den internationalen Märkten im Vordergrund, der im Zuge des wachsenden Protektionismus am Ende des 19. Jahrhunderts zunehmend gefährdet schien.[786] Hinzu traten Motive, die den Bezug von Roh- und Grundstoffen und den Zugang zu fortschrittlichen Technologien betrafen. Rechtliche Regelungen zeigten hierbei nur eine begrenzte Wirkung, wie sich an der englischen Patentgesetzgebung veranschaulichen lässt.[787]

Vorläufer der multinationalen Unternehmen finden sich in der europäischen Wirtschaftsgeschichte schon früh, etwa bei den mittelalterlichen Bankiers und Handelshäusern, die ebenso international ausgerichtet waren wie die frühneuzeitlichen Handelskompanien, die den Handel mit den Kolonien zu monopolisieren suchten.[788] Obwohl eine eindeutige Definition bis heute nicht gelungen ist, eine zufriedenstellende theoretische Erklärung des Entstehens und der Entwicklung nicht zur Verfügung steht und auch die Konsequenzen und Wirkungen der Multis auf die heimische Wirtschaft und die internationalen Wirtschaftsbeziehungen umstritten bleiben, hat sich eine reichhaltige Literatur zum Thema entfaltet. In der deutschen Forschung haben dabei zunächst vor allem die Aktivitäten deutscher Unternehmer in Rußland im Vordergrund gestanden.[789] Aber auch andere Weltregionen und deren Möglichkeiten für deutsche Direktinvestitionen traten bald hinzu.[790]

786 Dazu auch Karl Erich Born, Art. Multinationale Unternehmen, III: Geschichte, in: Handwörterbuch der Wirtschaftswissenschaften, Bd. 8, Stuttgart 1980, S. 103–107.

787 Antje Hagen, Patents Legislation and German FDI in the British Chemical Industry before 1914, in: Business History Review 71 (1997), S. 351–380.

788 Peter Hertner/Geoffrey Jones, Multinationals: Theory and History, in: Dies. (Hg.), Multinationals: Theory and History, Aldershot 1986, S. 1–18.

789 Walther Kirchner, Die deutsche Industrie und die Industrialisierung Rußlands, St. Katharinen 1986; Ders., Russian Tariffs and Foreign Industries before 1914. The German Entrepreneur's Perspective, in: Journal of Economic History 41 (1981), S. 361–379; Ders., Russian Entrepreneurship and the „Russification" of Foreign Enterprise, in: Zeitschrift für Unternehmensgeschichte 26 (1981), S. 79–103; Fritz Blaich, Produktions- und Absatzbedingungen für deutsche Unternehmer in Rußland 1897–1915. Das Beispiel der Zellstoffabrik Waldhof, in: Jürgen Schneider (Hg.), Wirtschaftskräfte und Wirtschaftswege. Festschrift für Hermann Kellenbenz, Bd. 3, Stuttgart 1978, S. 549–559.

790 Z.B. Gerhart Jacob-Wendler, Deutsche Elektroindustrie in Lateinamerika. Siemens und AEG (1880–1914), Stuttgart 1982; Thomas R. Kabisch, Deutsches Kapital in den USA. Von der Reichsgründung bis zur Sequestrierung (1917) und Freigabe, Stuttgart 1982; Peter Hertner, Das Auslandskapital in der italienischen Wirtschaft 1883–1914, in: Hermann Kellenbenz (Hg.), Weltwirtschaftliche und währungspolitische Probleme seit dem Ausgang des Mittelalters, Stuttgart 1981, S. 93–121; Peter Hertner, Il capitale tedesco in Italia dall' Unità alla Prima Guerra Mondiale. Banche miste e sviluppo economico italiano, Bologna 1984; Hagen, Deutsche Direktinvestitionen; Loscertales, Deutsche Investitionen in Spanien.

Als eines der ersten deutschen Unternehmen hatte die Firma Siemens den Schritt ins Ausland gewagt und Produktionsunternehmen 1855 in Rußland und 1858 in England gegründet.[791] Diesem Beispiel folgten später eine Reihe weiterer Unternehmen, neben der Elektroindustrie auch aus der Chemischen Industrie und dem Bankwesen. Dies war allerdings erst nach 1870 in bemerkenswertem Umfang der Fall. Die Farbenfabriken Bayer gründeten z.B. 1876 in Moskau und 1882 in Frankreich ein Zweigwerk, nachdem sie bereits 1865 in den USA eine Beteiligung erworben hatten. Umgekehrt entstanden auch in Deutschland Niederlassungen ausländischer Unternehmen, wie 1895 die „Singer Manufacturing Company", eine Nähmaschinenfabrik in Hamburg, oder eine Sodafabrik des belgische Fabrikanten Solvay in Bernburg.[792] Krupp entwickelte dagegen eine Zusammenarbeit mit den Skodawerken in Pilsen.[793]

Der Gesamtumfang der deutschen Direktinvestitionen vor 1914 ist nur sehr schwer zu bemessen, denn es gibt weder eine Statistik, die die Einzelaktivitäten der Unternehmen zusammenführt, noch lassen sich aus der Außenwirtschaftsstatistik verlässliche Zahlen über den Kapitalexport gewinnen. Man ist also auf nachträgliche Zusammenstellungen und Schätzungen angewiesen. Danach ist für das Deutsche Reich der Umfang von ca. 30 Milliarden Mark (1914) als realistische Richtgröße anzunehmen, wobei der kleinere Teil, nämlich etwa ein Drittel, in Direktinvestitionen, der größere Teil in Finanzinvestitionen angelegt gewesen sein dürfte.[794] Der Betrag an Direktinvestitionen im Umfang von ca. 10 Milliarden Mark entsprach zu diesem Zeitpunkt etwa einem Zehntel aller in der ganzen Welt getätigten Direktinvestitionen.[795] Immerhin wurde Deutschland damit nach England und Frankreich zum drittgrößten Kapitalexporteur der Welt. Auch der Umfang der einzelnen Direktinvestitionen muss beachtlich gewesen sein. Allein die deutsche chemische Industrie verfügte im Jahr 1913 über 153 produzierende Einheiten im Ausland. Außerdem existierten bis 1880 in dieser Branche lediglich sieben, bis 1890 nur 20 und bis 1900 auch nur 33

791 Wilfried Feldenkirchen, Werner von Siemens. Erfinder und internationaler Unternehmer, München 1992, S. 60–82 und für die spätere Zeit ders., Siemens 1918–1945, München 1995, S. 53–58 und 233–244. Dazu auch Georg Siemens, Geschichte des Hauses Siemens, 3 Bde., München 1947–1952.

792 Born, Art. Multinationale Unternehmen, III: Geschichte, S. 104.

793 Zur wechselvollen Zusammenarbeit zwischen diesen beiden Unternehmen vgl. Zdenek Jindra, Konkurrenz und Zusammenarbeit in den Geschäftsbeziehungen der Firma Fried. Krupp/Essen und Skodawerke/Pilsen zwischen 1890–1913, in: Pohl (Ed.), Competition and Cooperation, S. 73–86.

794 Karl Helfferich, Deutschlands Volkswohlstand 1888–1913, Berlin 1913, S. 112 kommt nur zu einem Schätzbetrag von 20 Milliarden Mark, während Lenz, Wesen und Struktur, S. 42–54, ca. 31 Milliarden Mark als realistisch annimmt.

795 Geoffrey Jones, British Multinational Enterprise and British Business History since the Nineteenth Century, in: Zeitschrift für Unternehmensgeschichte 38 (1993), S. 234–260, hier: S. 234.

ausländische Produktionseinheiten: Der Boom der Gründungen ist also erst im letzten Jahrzehnt vor dem Ersten Weltkrieg zu verzeichnen gewesen.[796]

Nach dem Ersten Weltkrieg verlagerte sich das „movens" der internationalen Ökonomie eindeutig in die USA, weshalb die amerikanischen Unternehmen in zahlreichen Märkten die Oberhand gewannen. Dies führte dazu, dass es vor allem amerikanische Großunternehmen und Konzerne waren, die als Multis auf den internationalen Märkten operierten.[797] Man denke nur an die internationale Expansion der amerikanischen Autokonzerne (Ford, General Motors), an die „United Fruit Company", an die Mineralölindustrie (Esso, Aramco), aber auch an Unternehmen wie Westinghouse, General Electric, International Harvester u.v.a.m.[798]

Bei den Untersuchungen über die multinationalen Unternehmen hat sich insgesamt herausgestellt, dass die jeweiligen nationalen Rahmenbedingungen deren Verhalten entscheidend mitbestimmt haben und zu typischen nationalen Strategien der Multis geführt haben. Mira Wilkins hat daher z.B. auf die Besonderheiten der amerikanischen, weltweit operierenden Unternehmen hingewiesen.[799] Deren Strategien waren nämlich geprägt von den Bedingungen eines weitaus größeren, geschlossenen Binnenmarktes als in Europa, von der Heterogenität sozialer und kultureller Verhältnisse, von der Tatsache, dass die USA als Nettokapitalimporteur auf den internationalen Finanzmärkten tätig war und von der geographischen Isolation gegenüber der Konkurrenz sowie einer staatlichen Wirtschaftspolitik, die sich strikt gegen Wettbewerbsbeschränkungen und Monopole richtete.

Die Untersuchungen über die deutschen Multis sind noch nicht soweit gediehen, als dass man daraus nationale Eigenheiten der deutschen Direktinvestitionen herleiten könnte.[800] Man bleibt daher auf die Untersuchung

796 Harm G. Schröter, Die Auslandsinvestitionen der chemischen Industrie 1870 bis 1930, in: Zeitschrift für Unternehmensgeschichte 35 (1990), S. 1–22, hier: S. 4.

797 Mira Wilkins, The Maturing of Multinational Enterprise: American Business Abroad between 1914 and 1970, Cambridge/Mass. 1974; Born, Art. Multinationale Unternehmen, III, S. 104f.; Mira Wilkins (Hg.), The Growth of Multinationals, Aldershot 1991.

798 Für die deutsche Entwicklung nach 1914 vgl. Schröter, Continuity and Change und Fritz Blaich, Amerikanische Firmen in Deutschland 1890–1918: US-Direktinvestitionen im deutschen Maschinenbau, Wiesbaden 1984, mit zahlreichen Beispielen aus vielerlei Branchen.

799 Mira Wilkins, The Emergence of Multinational Enterprise, Cambridge/Mass. 1970; Dies., The Maturing; Dies., European and American Multinationals 1870–1914: Comparisons and Contrasts, in: Business History 30 (1988), S. 8–45 und insbesondere dies., The History of European Multinationals, S. 489–492 sowie zu Europa im Überblick Franko, The European Multinationals; Ders., The Origins of Multinational Manufacturing by Continental European Firms, in: Business History Review 48 (1974), S. 277–302. Für die Probleme sog. „Europäischer Gesellschaften" vgl. Alec Cairncross u.a., Wirtschaftspolitik für Europa. Wege nach vorn, München 1974, S. 128f.

800 Peter Hertner, Fallstudien zu deutschen multinationalen Unternehmen vor dem Er-

der Auslandsaktivitäten einzelner Großunternehmen angewiesen, von denen Bosch, Mannesmann, Siemens, AEG und die Firmen der Großchemie herausragende Beispiele in der Zeit vor dem Ersten Weltkrieg liefern. Aber auch einigen „kleineren" Unternehmen gelang schon früh der Schritt ins internationale Geschäft.[801]

Es wäre verfehlt, anzunehmen, dass die Durchdringung der Volkswirtschaft mit international operierenden Unternehmen vor allem auf die großen Staaten und deren Großunternehmen begrenzt gewesen sei. Diese These ist nämlich unlängst von Harm G. Schröter eindrucksvoll widerlegt worden.[802] Für etwa sechzig multinationale Unternehmen aus Belgien, Dänemark, den Niederlanden, der Schweiz und Schweden untersuchte er die Direktinvestitionen, ihr Zustandekommen und ihren Wachstumspfad. Hier zeigte sich, dass für die Multis in den „kleinen" Staaten im Rahmen ihrer Expansionsstrategie der risikobehaftete Schritt über die Landesgrenzen weit früher nötig wurde als bei Unternehmen, die in einem größeren Binnenmarkt operierten.

Für das Verständnis des strategischen Handelns in modernen Großunternehmen insgesamt eröffnet die Untersuchung der Multis zahlreiche weiterführende Einsichten.[803] Denn hieran wird nicht nur die Bedeutung der unterschiedlichen nationalen Rahmenbedingungen deutlich, sondern auch die Rolle internationaler Banken und des Finanzmarktes rückt in eine angemessene Perspektive. Wichtig erscheint dabei, dass die Spezifika von Direktinvestitionen gegenüber den übrigen Finanztransaktionen gewürdigt werden, denn so erscheint auch die Bedeutung internationaler Kartelle, staatlicher Außenwirtschaftspolitik und spezifischer Branchenentwicklungen in einem neuen Licht.

Der Siegeszug der amerikanischen Multis hatte auch politische und wirtschaftliche Auswirkungen auf die betroffenen Volkswirtschaften. Eine Diskussion um Macht und Verhaltensweisen multinationaler Unternehmen konnte daher nicht ausbleiben.[804] Es wurden Stimmen laut, die diese Entwicklung als eine Gefahr für Europa diagnostizierten.[805] Welche Bedeu-

sten Weltkrieg, in: Horn/Kocka (Hg.), Recht und Entwicklung, S. 388–419; Ders., German Multinational Enterprise before 1914: Some Case Studies, in: Ders./Jones (Hg.), Multinationals: Theory and History, S. 113–134.

801 Vgl. z.B. für die Continental Gummi Werke: Erker, Wachsen im Wettbewerb, S. 13–24.

802 Harm G. Schröter, Aufstieg der Kleinen. Multinationale Unternehmen aus fünf kleinen Staaten vor 1914, Berlin 1993.

803 Mira Wilkins, Modern European Economic History and the Multinationals, in: Journal of European Economic History 6 (1977), S. 575–595.

804 Raymond Vernon, Sovereignty at Bay: The Multinational Spread of US Enterprises, Harmondsworth 1973; Frohmund Grünärml, Multinationale Unternehmen und staatliche Wirtschaftspolitik, Göttingen 1975.

805 Jean-Jacques Servau-Schreiber, Die amerikanische Herausforderung, Hamburg 1968.

tung eine zunehmende Konzentration in der Wirtschaft daher für die Gesellschaft und ihr politisches System haben mag, wurde schon sehr früh von den Zeitgenossen untersucht, was seitdem von der Wissenschaft immer wieder aufgegriffen wurde. Dies hat zu wechselnden und z.T. konfligierenden Theorieangeboten geführt, mit denen die sozialökonomischen Verhältnisse v.a. des späten Kaiserreiches und der folgenden Epochen in Deutschland gedeutet worden sind. Hier wären als geläufigste Konzepte und Schlagwörter der „organisierte Kapitalismus“[806], der „staatsmonopolistische Kapitalismus“[807] und das „Monopolkapital“[808] zu nennen.

4.2 Kartellierung

Kartellbildung und Konzentration sind im Prinzip unterschiedliche Prozesse, gleichwohl sind beide eng miteinander verknüpft.[809] In ihrer Struktur weisen sie allerdings grundlegende Unterschiede auf, da bei einer Konzentration – im Unterschied zur Kartellierung – Unternehmen ihre selbständige Existenz verlieren. Hingegen ist das Ziel in beiden Fällen gleichartig, denn es geht um Marktbeherrschung, um Marktmacht.[810] Derartige Bemühungen sind jedoch keine Erfindung der Neuzeit, sondern seit der Antike permanent zu beobachten. Die Vorläufer moderner Kartelle finden sich in vielfältigen Formen, wozu die mittelalterlichen Handwerkerzünfte ebenso zählen wie die Händlerkartelle der frühen Neuzeit (z.B. das Kupferhandelssyndikat der Augsburger Kaufleute in Venedig 1498).[811] In ihrer modernen Form sind Kartelle dagegen als freiwillige Zusammenschlüsse weitgehend selbständig bleibender Unternehmen zum Zwecke gleichartigen Verhaltens am Markt anzusehen.[812] Sie richten sich also gegen die freie Konkurrenz und zielen auf eine Einschränkung des Wettbewerbs am Markt.

„*Kartelle sind vertragliche Vereinbarungen zwischen rechtlich selbständig bleibenden Unternehmen, die dem Ziel dienen und/oder die Wirkung haben, den Wettbewerb auf den jeweils relevanten Märkten durch Beschränkung der Handlungsfreiheit der Beteiligten zu verringern und*

806 Heinrich August Winkler (Hg.), Organisierter Kapitalismus, Göttingen 1974.
807 Rolf Ebbinghausen (Hg.), Zur Marx-Rezeption in der Theorie des staatsmonopolistischen Kapitalismus, Frankfurt a. M. 1974.
808 Paul A. Baran/Paul M. Sweezy, Monopoly Capital. An Essay on the American Economic and Social Order, Harmondsworth 1968.
809 Hans Pohl, Introduction, in: Ders. (Ed.), Competition and Cooperation, S. 7–11, v.a. S. 8.
810 Vgl. Maschke, Grundzüge der deutschen Kartellgeschichte.
811 Pohl, Die Konzentration, S. 5. Weitere Beispiele bei Hans-Heinrich Barnikel, Kartelle in Deutschland. Entwicklung, theoretische Ansätze und rechtliche Regelungen, in: Ders. (Hg.), Theorie und Praxis der Kartelle, Darmstadt 1972, S. 1–64.
812 Pohl, Die Entwicklung der Kartelle, S. 206, ebenso Maschke, Grundzüge.

dadurch ihre Ertragslage zu verbessern", so der Versuch einer eindeutigen Definition dieses äußerst vielfältigen Phänomens von Egon Tuchtfeld.[813]

Solche Kartellierungsversuche konnten erst Raum greifen, als freier Wettbewerb sich auf den Märkten zu etablieren begann, was zu Beginn der Neuzeit, also im 17. und 18. Jahrhundert, der Fall war.[814] Der Begriff des „Kartells" wurde hingegen erst am Ende des 19. Jahrhunderts durch eine aktuelle Studie[815] in die Literatur eingebracht. Bis dahin bediente man sich zur Beschreibung der Unternehmenskooperation zumeist der Begriffe „Koalition" oder „Konvention". Diese Begriffe bestimmten daher noch 1879 die erste sogenannte „Kartelldebatte" im deutschen Reichstag.[816]

Die historischen Ursprünge der modernen Kartelle in Deutschland waren kleine, lokal begrenzte Absprachen in sogenannten „Fabrikantenvereinen", verstärkt seit den 1830er Jahren. Vorläufer gab es vereinzelt sogar schon im 18. Jahrhundert[817], so entstand bereits 1744 eine erste kartellähnliche Vereinbarung zwischen den Drahtziehern in der Grafschaft Mark, um auf diese Weise den Altenaer Eisenstapel zu kontrollieren. Diese frühen Traditionen des 18. Jahrhunderts wurden dann im zweiten Drittel des 19. Jahrhunderts wieder aufgegriffen und dienten z.T. als Vorbild für neue Vereinigungen. Allerdings traten weitere Elemente und Formen hinzu, was sicherlich mit zwei allgemeinen Entwicklungen der Zeit zu tun hatte, nämlich einmal mit der allgemeinen Durchsetzung liberaler, marktwirtschaftlicher Austauschformen und zum zweiten mit einer umfassenden „Assoziationsbewegung" im Rahmen der entstehenden bürgerlichen Gesellschaft. Selbsthilfe durch Assoziation wurde zum Motto der Zeit und trug wesentlich zur Gründung zahlreicher Gewerbe- und Fabrikantenvereine bei. Die ersten Gründungen dieser Art, die man nur zögerlich den modernen Kartellen gleichstellen kann, waren dann auch entsprechend organisiert: in lockeren Formen, in Klubs o.ä., fand man sich freiwillig, in liberaler Solidarität auf lokaler und regionaler Basis zusammen, um mit den ungewohnten Problemen marktwirtschaftlicher Austauschprozesse in vertrauten Formen besser zurecht zu kommen.[818]

813 Egon Tuchtfeldt, Art. Kartelle, in: Handwörterbuch der Wirtschaftswissenschaften Bd. 4, Stuttgart 1978, S. 445–463, hier: S. 447.

814 Vgl. dazu Ernst Heuss, Art. Wettbewerb, in: Handwörterbuch der Wirtschaftswissenschaften Bd. 8, Stuttgart 1980, S. 679–697, v.a. S. 690f.

815 Friedrich Kleinwächter, Die Kartelle. Ein Beitrag zur Organisation der Volkswirtschaft, Innsbruck 1883.

816 Fritz Blaich, Kartell- und Monopolpolitik im kaiserlichen Deutschland. Das Problem der Marktmacht im deutschen Reichstag zwischen 1879 und 1914, Düsseldorf 1973.

817 Von noch früheren Zusammenschlüssen berichtet Strieder, Studien zur Geschichte, S. 173, von denen das Alaunkartell von 1470 sicherlich eines der frühesten war.

818 Pohl, Die Entwicklung der Kartelle, S. 208f.

Als frühes Beispiel dieser Art von Vereinigungen wäre hier die „Versammlung Nassauischer Hüttenbesitzer“ zu nennen, die sich mit der Absicht, über Preisabsprachen als Mittel der Erlösstabilisierung zu diskutieren, 1844 zusammenfand und schließlich 1851 einen entsprechenden Verkaufsverein ins Leben rief.[819] Außerdem versuchte der „Verein der Sensenfabrikanten der Ennepestraße“ (gegründet 1846) ebenfalls als Kartell, den Absatz der Fabrikanten gegenüber den dominierenden Hausiererhändlern aus dem oberen Sauerland zu organisieren.[820] Andere Branchen folgten diesen frühen Vorbildern. So schlossen sich die maßgebenden westdeutschen Schwefelsäurefabriken 1854 zu einer „Schwefelsäure-Konvention“ und 1856 zu einer „Soda-Konvention“ zusammen, wogegen das Kölner „Weißblechkontor“, ein Syndikat, 1862 seine Tätigkeit aufnahm.[821]

Insbesondere in der Gründerkrise und den folgenden Jahren gab es kaum eine deutsche Branche, in der nicht ähnliche Versuche, zumeist mit dem erklärten Ziel, die Preise und Erlöse zu stabilisieren, unternommen wurden.[822] Über den Erfolg dieser Maßnahmen wird bis heute gestritten, denn eine langfristige Stabilisierung der Absatzpreise gelang nur selten, weil häufig wesentliche Bedingungen erfolgreicher Kartellbildung nicht gegeben waren, nämlich homogene Produkte, vergleichbare Produktionsbedingungen, die Abwesenheit von Außenseitern, der Schutz vor ausländischer Konkurrenz und über die engen ökonomischen Interessen hinausweisende, gemeinsame strategische Ziele.

Lediglich im Bereich der deutschen Montanindustrie gelang am Ende des 19. Jahrhunderts unter dem Schutz protektionistischer Eisenzölle eine relativ erfolgreiche Kartellierung. Diese setzte bereits 1876 mit der Gründung der Schienengemeinschaft ein.[823] Diese Gemeinschaft stellte ein erstes Kartell der deutschen Stahlwerke dar und umfasste etwa 2/3 der Produktion. Es gelang dadurch, den Inlandsabsatz auf einem relativ hohen Preisniveau bei fortbestehenden Überkapazitäten zu stabilisieren. Zur Absicherung einer derartigen Konstellation war zusätzlich ein Schutzzoll nach außen dringend geboten, quasi als ein „Exportventil“ für die Überkapazitäten.[824]

Nach innen wurde mit der Gründung des Stahlwerkverbandes 1904 das Kartellgefüge in der Eisen- und Stahlindustrie gestrafft, außerdem entstanden mit der Räder- und Schwellengemeinschaft, der Drahtkonvention und

819 Maschke, Grundzüge der deutschen Kartellgeschichte bis 1914, S. 8f.

820 Ludwig Beutin, Geschichte der südwestfälischen Handelskammer zu Hagen und ihrer Wirtschaftslandschaft, Hagen 1956, S. 15f.

821 Fritz Blaich, Absatzstrategien, S. 30f.

822 Maschke, Grundzüge der deutschen Kartellgeschichte.

823 Ulrich Wengenroth, Krisen in der deutschen Stahlindustrie im Kaiserreich und in der Zwischenkriegszeit, in: Henning (Hg.), Krisen und Krisenbewältigung, S. 49–67.

824 Vgl. dazu auch Bernd Weisbrod, Schwerindustrie in der Weimarer Republik. Interessenpolitik zwischen Stabilisierung und Krise, Wuppertal 1978, S. 112.

dem Grobblechverband weitere Kartelle für die verschiedenen Produktgruppen. Ähnlich erfolgreich bei der Kartellierung waren der Steinkohlenbergbau mit dem Rheinisch-Westfälischen Kohlensyndikat und die Eisenhütten mit dem Roheisenverband. Einige weitere Branchen mit ähnlichen Bedingungen, wie etwa die Kaliindustrie, waren ebenfalls recht erfolgreich in der Kartellbildung, doch determinierten umkämpfte Märkte weiterhin die Absatzpolitik der meisten deutschen Unternehmen. Die Kartellierung von großen Teilen der Grundstoffindustrie war für die nicht-kartellierten Unternehmen sogar nachteilig, weil sie mit höheren Kosten für Vorprodukte konfrontiert waren.

Hier soll nun aber kurz darauf eingegangen werden, ob diese Kartellpolitik betriebswirtschaftlich vorteilhaft war. Eine positive Wirkung wird in der Forschung neuerdings angezweifelt, denn die beteiligten Unternehmen waren in ihrer Flexibilität eingeschränkt, was sich langfristig verhängnisvoll auswirken konnte.[825] Zudem bedeutet eine Übereinkunft zwischen Unternehmen über Absatzpreise und -quoten ja noch nicht, dass zwischen ihnen keine Konkurrenz mehr herrscht. Diese verändert sich nur in ihrer Form und verlagert sich auf andere Gebiete. Die deutschen Montankonzerne konkurrierten während der Syndizierung nämlich in Bezug auf die Gestehungskosten miteinander. Wenn die Preise keine Variable im Geschäftsleben darstellen, bleiben noch die Kosten und deren Verminderung, um dem Ziel der Gewinnsteigerung zu dienen. Diese Strategie wurde auch von zahlreichen Unternehmen gewählt und schlug sich in den umfangreichen Rationalisierungsbemühungen dieser Zeit nieder, die die Überkapazitäten aber keineswegs verminderten. Alle Bemühungen um Kartellbildungen innerhalb von Branchen waren aber letztendlich auf eine Reduzierung der Konkurrenz und eine Einschränkung der Gewerbefreiheit gerichtet.[826]

Die damit entstehenden neuartigen Formen der Marktregulierung lassen sich mit ihren historischen Vorläufern, die noch kaum mit den Bedingungen einer umfassenden, freien Konkurrenz konfrontiert waren, nur schwer vergleichen. Die modernen Kartelle entstanden eng verkoppelt mit der großindustriellen Massenproduktion und parallel zu den Bemühungen zur internationalen Konkurrenzreduzierung mittels Schutzzöllen. Es zeigte sich

825 Wengenroth, Krisen in der deutschen Stahlindustrie, sieht diesen Weg als verhängnisvoll an und wird in der langen Sicht bestätigt durch Werner Plumpe, Krisen in der Stahlindustrie der Bundesrepublik Deutschland, in: Friedrich-Wilhelm Henning (Hg.), Krisen und Krisenbewältigung, Frankfurt a. M. 1998, S. 70–91.

826 Allgemein dazu vgl. Robert Liefmann, Kartelle und Trusts und die Weiterentwicklung der volkswirtschaftlichen Organisation, Stuttgart 1972; Ludwig Pohle, Die Entwicklung des deutschen Wirtschaftslebens im 19. Jahrhundert, Leipzig 1908; Archibald J. Wolfe, Commercial Organizations in Germany, Department of Commerce, Special Agents Services, No. 78, Washington 1912; Siegfried Tschierschky, Die Unternehmer-Organisationen in Deutschland, Berlin 1908.

jedoch bald, dass nicht alle Branchen gleichermaßen die Voraussetzungen für eine effektive Kartellbildung boten. Diese sind: eine relativ geringe Zahl der betroffenen Unternehmen, homogene Produkte und ein hohes Maß an Konjunkturreagibilität.[827] Eine Zusammenstellung der verstreuten Angaben in der Literatur über die Zahl der Kartelle in Deutschland am Ende des 19. Jahrhunderts und im frühen 20. Jahrhundert gibt einen Eindruck von der Entwicklung der sogenannten „Kartellbewegung“.

Anzahl der Kartelle in der Industrie in Deutschland 1865–1925

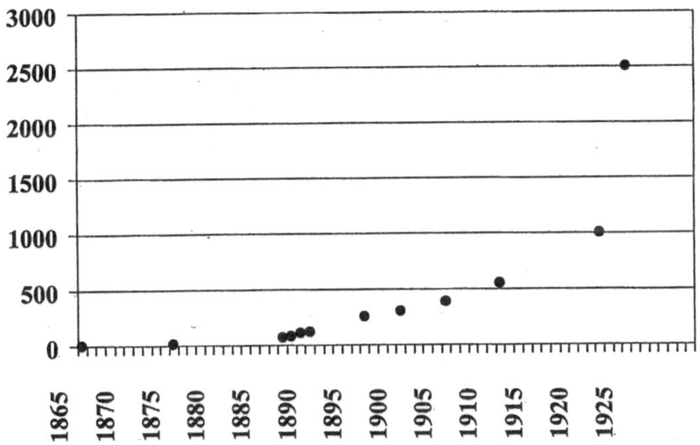

Schätzung der Anzahl der Industriekartelle in Deutschland

Jahr	Zahl	nach:	Jahr	Zahl	nach:
1865	4	Sombart	1900	300	Zentralverband dtsch. Ind.
1875	8	Sombart	1905	385	Amtl. Enquête
1887	70	Philippovich	1911	500 }	Tschierschky
1888	75	Philippovich		600 }	
1889	106	Philippovich	1922	1000	Liefmann
1890	117	Sombart	1925	1500	Metzner
1896	143	Bücher	1925	2500	Deutsche Regierung
1896	250	Sombart	1930	2100	Wagenführ

Quelle: Hans-Heinrich Barnikel, Theorie und Praxis der Kartelle, Darmstadt 1972, S. 13.

827 Helga Nussbaum, Unternehmer gegen Monopole. Über Struktur und Aktion antimonopolistischer bürgerlicher Gruppen zu Beginn des 20. Jahrhunderts, Berlin (Ost) 1966; Volker Hentschel, Wirtschaft und Wirtschaftspolitik im Wilhelminischen Deutschland, Stuttgart 1978, S. 102.

Bis in die achtziger Jahre hinein blieben Kartelle offenbar die Ausnahme, erst danach stieg ihre Zahl sprunghaft an und erreichte mit ca. 300 Kartellen Ende der neunziger Jahre einen ersten Höhepunkt. Bis zum Ersten Weltkrieg änderte sich daran nicht sehr viel. Doch im Krieg wuchs diese Zahl wiederum stark, um in der krisengeschüttelten Nachkriegszeit in ungeahnte Höhen zu klettern.[828] Diese Entwicklung wäre nicht möglich gewesen, wenn es nicht einen wirtschaftspolitisch-rechtlichen Rahmen gegeben hätte, der Kartellbildung eher förderte als behinderte.[829] Die Erörterung der Kartellfrage im Reichstag 1902 und die Kartell-Enquête bildeten in Deutschland den Höhepunkt einer Diskussion, die mit der Arbeit Kleinwächters (1883) eingesetzt hatte. Führende Staatswissenschaftler wie Lujo Brentano und Gustav Schmoller waren daran beteiligt und stimmten in der Forderung nach einer rechtlichen Regelung des Kartellwesens überein.[830] Für die Gesetzeslage war auch die Entscheidung des Reichsgerichts von 1897 verantwortlich, das der Frage nach der Vereinbarkeit von Kartellabsprachen mit der Gewerbefreiheit nachgegangen war und keinen Widerspruch feststellen konnte.[831]

Zu einer gesetzlichen Regelung kam es hingegen erst 1923 als mit einer Verordnung der Reichsregierung gegen den Missbrauch wirtschaftlicher Macht, die Auswüchse des Kartellwesens bekämpft werden sollten, ohne dass Kartelle als solches jedoch verboten worden wären.[832] Einschneidendere gesetzliche Maßnahmen gegen Kartelle wurden erst vom NS-Regime ergriffen, so 1933 ein Gesetz zur Errichtung von Zwangskontrollen. Eingriffe in die Preisstellungsmöglichkeiten erfolgten u.a. durch die Preisstoppverordnung 1936, und 1943 wurden Kartelle schließlich ganz verboten.[833] Das Gesetz gegen Wettbewerbsbeschränkungen von 1957 bildet dann einen Wendepunkt in der staatlichen Kartellpolitik, wobei über den Erfolg des Gesetzes gestritten werden kann.[834] Allerdings bietet die konfliktreiche Entstehungsgeschichte dieses Gesetzes zugleich auch ein Bei-

828 Barnikel, Kartelle in Deutschland, S. 1–64; Horst Wagenführ, Kartelle in Deutschland, Nürnberg 1931, S. 13.

829 In den USA waren seit dem Sherman-Act von 1890 Kartelle grundsätzlich ver-boten, vgl. dazu Pohl, Introduction, in: Ders. (Ed.), Competition and Cooperation, S. 9.

830 Vgl. dazu Barnikel, Kartelle, S. 31–38; Tuchtfeldt, Art. Kartelle und Heuß, Art. Wettbewerb.

831 Franz Böhm, Das Reichsgericht und die Kartelle. Eine wirtschaftsverfassungsrechtliche Kritik an dem Urteil des R. G. vom 4. Februar 1897, RGB 38/155, in: Ordo. Jahrbuch für die Ordnung von Wirtschaft und Gesellschaft, Bd. 1 (1948), S. 197–213, hier: S. 212, mit der lapidaren Folgerung: „Deutschland ist das klassische Land der Kartelle geworden“, nicht zuletzt wegen der R. G. –Entscheidung.

832 Heinrich Friedländer, Das Kartellaufsichtsgesetz (VO gegen Mißbrauch wirtschaftlicher Machtstellungen vom 02. Nov. 1923), Berlin 1924.

833 Barnikel, Kartelle in Deutschland, S. 44.

834 Eberhard Günther, Das neue Kartellgesetz und seine Auswirkungen auf die Unternehmen, in: Wirtschaft und Wettbewerb 7 (1957), S. 677–695.

spiel für die Auseinandersetzung widerstreitender Interessen bei der Ausgestaltung der politischen Grundordnung der Bundesrepublik.[835]

Umfassende Versuche zu einer Kartellbildung hatte es in Deutschland am Ende des 19. Jahrhunderts zunächst in der Grundstoffindustrie gegeben. Hier schienen einerseits die dramatischen Preiseinbrüche und die enormen Überkapazitäten besonders stark ausgeprägt, andererseits bot die Branche auch günstige Voraussetzungen für eine Kartellbildung; nämlich ein homogenes Angebot, d.h. die Produktion der betroffenen Unternehmen umfasste Gütergruppen, die auf eng begrenzten Märkten angeboten wurden, z.B. Kohle, Eisen, Kali, Zement u.ä. und darüber hinaus eine oligopolistische Marktstruktur, d.h. die Zahl der Unternehmen, die in einem Kartell zusammengefasst werden sollten, war relativ begrenzt und überschaubar, so dass Absprachen leichter möglich wurden.[836] Es kam danach in einem ersten Schritt zur Bildung von Krisenkartellen zur Verhinderung von „ruinösem Wettbewerb“, vor allem im Bereich der Grundstoffproduktion, so dass den Zeitgenossen Kartelle berechtigterweise als „Kinder der Not“ erschienen.[837]

Dies äußerte sich zunächst in der Gründung zahlreicher Preiskartelle, um dem unmittelbar erlebten Preisverfall während der „großen Deflation“ nach 1873 Einhalt zu gebieten. Es entstanden u.a. 1868 das Salinenkartell, 1876 das Kalikartell und 1882 das Kartell der Zementfabriken.[838] Gerade auch in der Chemischen Industrie fanden sich im Bereich der Grundchemikalien ebenfalls schon früh derartige Versuche. 1877 gab es bereits eine erste Konvention elsaß-lothringischer Sodafabriken, die 1884 in der Ätznatron-Konvention eine überregionale Ausdehnung erfuhr. 1886 kam dann trotz Widerstandes der dominierenden Solvay-Werke ein Syndikat zusammen, dem die süddeutschen Werke nach langen Auseinandersetzungen über die Quoten allerdings erst 1892 beitraten. Ein umfassender und langfristiger Erfolg wollte sich dennoch nicht einstellen, ebenso wenig wie bei der „United Alkali“ 1890 in Großbritannien.[839] Doch sehr bald änderte sich die Motivation für einen Kartellzusammenschluss als sich herausstellte, dass ohne eine Kontingentierung der Produktion eine Preisstabilisierung allein über Preisabsprachen nur schwer zu erreichen war. Zudem zeigten sich die Vorteile von effektiven Preisabsprachen in der Erzielung von Monopolgewinnen, die ebenfalls dazu beitrugen, neben Preiskartellen bald auch Pro-

835 Vgl. Huffschmid, Die Politik des Kapitals, S. 143–153.

836 Ulrich Wengenroth, Die Entwicklung der Kartellbewegung bis 1914, in: Pohl (Hg.), Kartelle und Kartellgesetzgebung, S. 15–24 und Wessels, Art. Unternehmenszusammenschlüsse, S. 553.

837 Kleinwächter, Die Kartelle, S. 126.

838 Maschke, Grundzüge der deutschen Kartellgeschichte bis 1914, S. 18–21.

839 Vgl. dazu Wagner, Innovation und Standort, S. 56f. und Karl-Erich Born, Internationale Kartellierung einer neuen Industrie: Die Aluminium-Association 1901–1915, Stuttgart 1994.

duktionskartelle anzustreben. Und die Schwierigkeiten innerhalb dieser Kartellform trugen schließlich dazu bei, Verkaufskartelle, sogenannte Syndikate, zu schaffen. Diese ganze Entwicklung zu einer immer intensiveren Kartellierung der Wirtschaft am Ende des 19. Jahrhunderts wäre freilich ohne die helfende Hand des Staates kaum denkbar gewesen.[840]

An erster Stelle ist dabei die staatliche Zollpolitik zu nennen, die in Deutschland seit 1879 eine Wende zum Schutzzoll offenbar werden lässt. Insbesondere die wiedereingeführten Eisenzölle bildeten eine Abwehr gegenüber ausländischer Konkurrenz und schufen damit die Voraussetzung zur Kartellierung der deutschen Schwerindustrie. Die Rechtsprechung des Reichsgerichts, die Kartellabsprachen als legal und verbindlich ansah, unterstützte diesen Prozess ebenso wie die Industriepolitik der Großbanken[841] sowie das Aufkommen der Arbeiterbewegung, welche von den Unternehmen ebenfalls als neue Bedrohung wahrgenommen wurde, gegen die man sich durch Zusammenschlüsse wehren müsse. Eine zweite Phase in der deutschen Kartellbewegung setzte dann zur Mitte der 1890er Jahre ein. Nun wuchs ihre Zahl auch in solchen Wirtschaftsbereichen, z.B. in der Textilindustrie, die wegen der Heterogenität der Produktion und Vielzahl der Anbieter weitaus ungünstigere strukturelle Bedingungen zur Kartellbildung hatten als die Grundstoffindustrie. Es wundert daher nicht, dass zahlreiche dieser Versuche erfolglos blieben und die entsprechenden Kartelle rasch wieder aufgelöst wurden. Auch erwiesen sich die konjunkturellen Ausschläge nach 1894 als weniger stark, eher als kurzfristige Unterbrechungen eines langanhaltenden Aufschwungs, so dass das Argument der Verhinderung eines „ruinösen Wettbewerbs" an Plausibilität verlor.

Am Vorabend des Ersten Weltkrieges hatte die deutsche Industrie dennoch einen beachtlichen Kartellierungsgrad erreicht.[842] 1907 unterlagen etwa 25 v.H. der Gesamtproduktion Kartellabsprachen, in Branchen führte die Papierindustrie mit 90 v.H. vor dem Steinkohlebergbau mit 74 v.H. und der Roheisenindustrie mit ca. 50 v.H. Es folgten die Zementindustrie mit 48 v.H. und die Glasindustrie mit einer kartellierten Gesamtproduktion von 36 v.H. Die Kartell-Enquête von 1905 nennt 385 Kartelle, wobei die Ziegelindustrie mit 132 die höchste Zahl aufweist, gefolgt von der Eisenindustrie mit 62 und der Chemischen Industrie mit 46 Kartellen.[843]

Konzentrations- und Kartellierungsprozesse finden entscheidend auf sektoraler Ebene statt, sie sind branchen- bzw. industriespezifisch. Wie bei der Konzentration so zeigen sich auch bei der Kartellierung in den einzel-

840 Wengenroth, Die Entwicklung der Kartellbewegung, S. 18f.; Zu den Kartellformen vgl. auch Tuchtfeld, Art. Kartelle.

841 Zur Rolle der Banken Pohl, Introduction, in: Ders. (Ed.), Competition and Cooperation, S. 10.

842 Pohl, Die Konzentration, S. 10.

843 Maschke, Grundzüge der deutschen Kartellgeschichte bis 1914, S. 29.

Die Kartellierung und Konzernbildung in einzelnen Zweigen der deutschen Industrie 1905–1937

Industriezweig	Umfang der Kartellierung Anzahl der (bekannten) Kartelle				Kartellanteil am Bruttoproduktionswert			% Anteil des in Konzernbesitz befindlichen Aktienkapitals
	1905	**1910**	**1925**	**1930**	**1907**	**1925/ 1928**	**1935/ 1937**	**1935**
Bergbau	19	16	51	62	74	83	95	64
Industrie d. Steine u. Erden	27	40	40	60	•	•	•	•
Eisen- und Stahlerzeugung	62	68	73	108	•	•	•	77
Metallhütten- u. Halbwerkzeuge	11	20	17	37	10	31	80	50
Chemische Industrie	32	48	127	200	•	70	75	45
Papiererzeugung und -verarbeitung	6	20	107	66	89	70	85	27
Maschinen- u. Apparatebau	1	–	195	115	2	15	25	46
Fahrzeug- und Schiffbau	1	–	9	15	7	11	15	63
Elektroindustrie	2	3			9	14	20	53
Feinmechanisch-optische Industrie	1	3	56	63	5	12	15	48
Eisen- und Stahlwarenindustrie	–	–	234	167	20	30	75	30
Metallwarenindustrie	•	•	78	36	–	15	20	•
Glasindustrie	10	16	20	40	36	66	100	56
Lederindustrie	7	18	46	38	5	5	10	41
Holz- und Schnitzstoffindustrie	6	20	44	67	•	•	•	26
Textilindustrie	31	53	201	267	•	10	15	38
Bekleidungsgewerbe	–	–	71	•	•	•	•	22
Nahrungsmittelindustrie	17	42	170	130	•	•	•	32
Aufgeführte Gewerbezweige insgesamt	233	367	1539	1471	ca. 25		ca. 50	

Quelle: Wolfram Fischer, Bergbau, Industrie und Handwerk 1914–1970, in: Wolfgang Zorn und Hermann Aubin, Handbuch der deutschen Wirtschafts- und Sozialgeschichte, Bd. 2, Ernst Klett Verlag, Stuttgart 1976, S. 811.

nen Wirtschaftsbranchen sehr unterschiedliche Verhältnisse. Zudem stehen beide Prozesse in einem sich gegenseitig bedingenden Verhältnis; denn einerseits wird Konzentration, insbesondere auf horizontaler Ebene zwischen Unternehmen der gleichen Branche durch effektive Kartellabsprachen eher gebremst und andererseits bildet ein hoher Konzentrationsgrad gute Voraussetzungen für die Schaffung effektiver Kartelle. Der Zusammenhang zwischen beiden Möglichkeiten der Konkurrenzreduktion ist also nicht eindeutig und das Ergebnis hängt vom Zusammenwirken zahlreicher

Faktoren ab, weshalb es sich empfiehlt, einen genaueren Blick auf die Verhältnisse einiger wichtiger Sektoren der deutschen Volkswirtschaft im späten 19. Jahrhundert zu werfen.[844] Entscheidend für den Erfolg jeglicher Kartellbildung ist die effektive Kontrolle des Güterangebots mit dem die betroffenen Unternehmen in Konkurrenz untereinander stehen. Je umfassender die Erfassung des Gesamtangebotes ist, um so höher die Chancen für ein effektives Kartell, weil Außenseiter die Kartellabsprachen dann weniger unterlaufen können. Kartelle haben jedoch z.T. recht unterschiedliche Ansatzpunkte zur Erreichung des gemeinsamen Ziels. Daher gibt es sie in vielfältigen Formen als Preiskartelle, Konditionenkartelle usw. Die Effektivität solcher Kartelle ist deshalb immer nur im Hinblick auf die Realisierung des kartellierten Bereichs zu bewerten.

Rainer Fremdling und Jochen Krengel[845] haben z.B. die Tarifgestaltung im Eisenbahnsektor untersucht, der ja im 19. Jahrhundert zunächst auch wesentlich durch einen intensiven Wettbewerb zwischen privaten Eisenbahnunternehmen und einzelnen Staatsbahnen geprägt war. 1846 wurde hier bereits ein erster Versuch unternommen, zu einer Vereinheitlichung bei der Tarifgestaltung der einzelnen Unternehmen zu gelangen, zunächst jedoch vergeblich. Der „Verein deutscher Eisenbahnverwaltungen" vermochte nicht zu einer einheitlichen Preisgestaltung voranzuschreiten, vielmehr bildeten sich eine Reihe regionaler Tarifkartelle, die gleichwohl auch dort mit dem vorherrschenden „Tarifwirrwarr" nicht aufräumen konnten. Dies mag zu suboptimalen Umleitungen von Verkehrsströmen geführt haben, doch war zwischen 1840 und 1880 insgesamt als Folge des intensiven Wettbewerbs untereinander eine Tarifreduktion von 74 v.H. zu beobachten. Nach der Verstaatlichung des überwiegenden Teils des Streckennetzes in Preußen ergab sich dann zwischen 1880 und 1913 lediglich noch eine Tarifreduzierung um 18 v.H. Die zweifellos auch nach 1880 weiterhin erzielten Produktivitätssteigerungen im Eisenbahnsektor wurden damit weit weniger stark als unter den Konkurrenzbedingungen zuvor an die Nachfrager nach Verkehrsleistungen weitergegeben; sie dienten vielmehr in Form abgeführter Überschüsse der Finanzierung des preußischen Staatshaushaltes. Man kann aus diesen Ergebnissen schlussfolgern, dass die Einrichtung eines Staatsmonopols im Eisenbahnwesen eher einen negativen Einfluss auf die Tarifentwicklung gehabt hat und die Wirtschaft mit höheren Transportkosten belegt hat als dies bei freiem Wettbewerb zwischen privaten Eisenbahngesellschaften der Fall gewesen wäre.

Das am häufigsten zitierte Beispiel einer effektiven Kartellierung bietet zweifellos die deutsche Steinkohlenindustrie.[846] Die Gründung des Rhei-

844 Vgl. dazu Pohl, Die Konzentration, S. 11–13.

845 Rainer Fremdling und Jochen Krengel, Kartelle und ihre volks- bzw. einzelwirtschaftliche Bedeutung bis 1914, in: Pohl (Hg.), Kartelle und Kartellgesetzgebung, S. 28–37.

846 Vgl. dazu Pierenkemper, Die westfälischen Schwerindustriellen, S. 116–121; Hans

nisch-Westfälischen Kohlensyndikats am 9. Februar 1893 hatte eine lange Vorgeschichte. Erste Versuche, im Ruhrbergbau ein Kartell zu errichten, lassen sich bis in das Jahr 1873 zurückverfolgen. Der Einbruch beim Absatz und der Preisverfall im Rahmen der sogenannten „Gründerkrise" legte den Gedanken nahe, zwischen den Zechen eine Absprache über den Umfang der Förderung zu treffen. Ein erster derartiger Versuch wurde 1877 durch den Verein für die bergbaulichen Interessen im Oberbergamtsbezirk Dortmund unternommen. Eine Förderkonvention sollte dabei eine schrittweise jährliche Verminderung der Förderung 1878 um 10 v.H. und 1880 um 5 v.H. bei den einzelnen Unternehmen bewirken. Tatsächlich hielt sich kaum eine der beteiligten Zeche an diese Absprache und die Förderung stieg weiter an, obgleich sie eigentlich hätte eingeschränkt werden sollen. Dies lag zum einen daran, dass nicht alle Bergbauunternehmen der Konvention beigetreten waren und daher zahlreiche Außenseiter sich nicht an die Absprache gebunden fühlten, andererseits aber auch die Kartellmitglieder selbst bei günstiger Absatzlage lieber eine geringe Konventionalstrafe in Kauf nahmen, als auf zusätzliche Absatzerlöse zu verzichten.

Deshalb bemühte man sich bald, wegen der offensichtlichen Unmöglichkeit zu einer Absprache über Födereinschränkungen zu kommen, Preiskonventionen herbeizuführen, um wenigstens die Preise vor einem weiteren Absinken zu sichern. Dazu wurden sogenannte „Kohlenklubs" ins Leben gerufen, die dann auch eine gewisse Zeit existiert haben, so der Dortmunder Kohlenklub von 1885 bis 1887 und der Kohlenklub in Essen von 1880 bis 1887. Doch zu einer wirksamen Preisstabilisierung ist es damit nicht gekommen. Da auch die Versuche, die Förderung und die Absatzpreise zu regulieren, gescheitert schienen, machten die betroffenen Unternehmen bald darauf den Versuch, den Kohlenverkauf gemeinsam zu organisieren und so zu einer Stabilisierung der Preise zu gelangen. Man schuf sogenannte „Verkaufsvereine", z.B. 1878 die Gaskohlenvereinigung, 1882 die Gasflammenkohlenvereinigung und 1891 den Gelsenkirchener Zechenklub, der nun auch den Verkauf von Magerkohlen mit einschloss, um zumindest für bestimmte Produkte eine gemeinsame Absatzform und Preisstabilisierung zu finden. Doch da die Hälfte aller Bergbauunternehmen auch diesen Verkaufsvereinen fern blieb, musste auch diese Initiative scheitern.

Die Bemühungen um eine Absatzstabilisierung im Ruhrkohlenbergbau ließen jedoch nicht nach und insbesondere die überproportional expandierenden großen Bergwerksunternehmen suchten untereinander Kontakt, um

Gideon Heymann, Die gemischten Werke im deutschen Großeisengewerbe. Ein Beitrag zur Frage der Konzentration in der Industrie, Stuttgart 1904, S. 109–119 sowie Verein für die Bergbaulichen Interessen im Oberbergamtsbezirk Dortmund (Hg.), Die Entwicklung des niederrheinisch-westfälischen Steinkohlebergbaus in der 2. Hälfte des 19. Jahrhunderts, Bd. XI, Berlin 1904.

zu einer festeren Gestaltung der Kartellverhältnisse im Ruhrbergbau zu gelangen. Diese gründeten 1892 eine Zechengemeinschaft, die jedoch bald wieder aufgelöst wurde. Immerhin hatten die mehr als ein Jahrzehnt währenden schmerzhaften Erfahrungen mit den erfolglosen Kartellierungsversuchen klar gemacht, dass nur eine einheitliche und umfassende Organisation des Kohlenabsatzes eine Möglichkeit zur effektiven Stabilisierung der Absatzpreise bieten würde. Deshalb wurde nun die Gründung einer einheitlichen Verkaufsorganisation für alle Zechen des Ruhrgebietes in Form einer gemeinsamen Aktiengesellschaft ins Auge gefasst. Dieses gelang 1893 und damit eine effektive Kartellbildung im Hinblick auf Produktionsmengen und Absatzpreise. Im Rheinisch-Westfälischen Kohlensyndikat wurde jedem Mitglied im Syndikatsvertrag eine gewisse Fördermenge zugewiesen. Ein Verkauf war ausschließlich über das Syndikat möglich und nur gegen einen zuvor bestimmten Verrechnungspreis, der dem Unternehmen eingeräumt wurde.

Natürlich hat dieses Syndikat nicht konfliktfrei gearbeitet. Insbesondere bei der Festlegung der Förderquoten wie auch bei der Behandlung des Selbstverbrauchs bei sogenannten „Hüttenzechen", d.h. von Zechen, die mit Eisen- und Stahlwerken im Verbund arbeiteten, gab es immer wieder Auseinandersetzungen. Doch insgesamt hat das Kartell effektiv gearbeitet: Die konjunkturelle Preisentwicklung glättete sich umgehend und die Erlössituation der Unternehmen besserte sich. Ein Blick auf die Entwicklung der Preise für Steinkohle im Ruhrbergbau zeigt zwischen 1860 und 1892 bemerkenswerte Ausschläge und ab 1893 eine Stabilisierung auf einem ansteigenden Trend. Diese Entwicklung lässt sich durchaus mit dem Bemühen um Kartellabsprachen im Ruhrgebiet in Zusammenhang bringen und damit als Erfolg des 1893 gegründeten Kohlesyndikats interpretieren.[847] Wie diese Entwicklung gesamtwirtschaftlich zu beurteilen ist, steht auf einem ganz anderen Blatt, denn tendenziell hatten die deutschen Weiterverarbeiter deshalb mit höheren Energiekosten zu rechnen.[848]

Ähnlich wie im Steinkohlenbergbau hat es auch in der deutschen Eisenindustrie nach 1873 verstärkt Versuche gegeben, zu einer effektiven Kartellierung der Branche zu gelangen. Im Bereich der Roheisenproduktion entstanden daher bereits in den 1870er Jahren die ersten größeren regionalen Kartelle.[849] 1896 kam es dann zu einer engeren Verflechtung der regionalen Übereinkommen und der Gründung des Rheinisch-Westfälischen Rohei-

847 Holtfrerich, Quantitative Wirtschaftsgeschichte des Ruhrkohlenbergbaus, S. 22–24.

848 Vgl. auch Fritz Blaich, Der Einfluss der Kartellierung der deutschen Grundstoffindustrie auf den Konjunkturablauf zwischen 1900 und 1914, in: Scripta Mercaturae 10,1 (1976), S. 5–22.

849 Fremdling/Krengel, Kartelle, S. 33–36; Arthur Klotzbach, Der Roheisenverband. Ein geschichtlicher Rückblick auf die Zusammenschlußbestrebungen in der deutschen Hochofenindustrie, Düsseldorf 1926, S. 118–120.

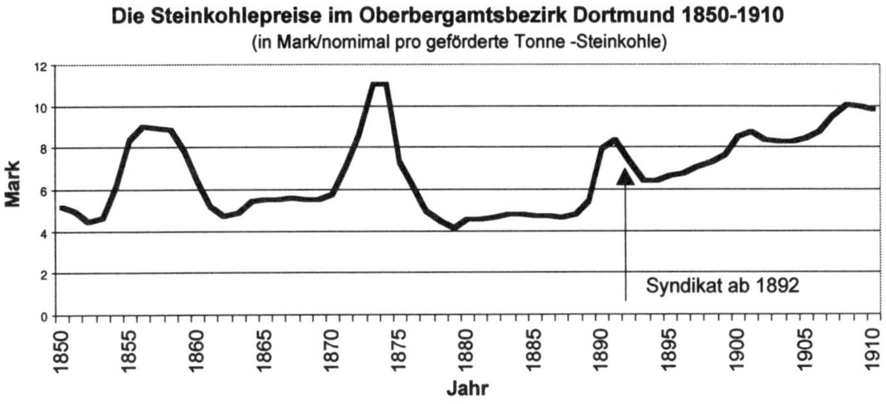

Quelle. Holtfrerich, Quantitative Wirtschaftsgeschichte des Ruhrkohlenbergbaus, S. 22–24.

sensyndikats, das sich jedoch nicht als sehr effektiv erwies, so dass dann 1911 schließlich der Roheisenverband als GmbH ähnlich wie das Kohlensyndikat geschaffen wurde. Allerdings blieb der Erfolg der Kartellbildung im Roheisensektor für die beteiligten Unternehmen geringer als er sich bei der Steinkohle gezeigt hatte. Dies lag einmal an den antagonistischen Interessen bei den verschiedenen Unternehmen der eisenschaffenden Industrie, vor allem am Gegensatz zwischen den reinen Hochofenwerken und den gemischten Werken. Bei guter Konjunktur neigten die gemischten Werke dazu, ihre Roheisenproduktion selbst zu verbrauchen und nicht mit einem Angebot an den Markt zu treten, bei schlechter Konjunktur hingegen traten diese z.T. als zusätzliches Angebot auf den Markt und verschlechterten die Lage der reinen Hochofenwerke dramatisch. Diese gegenläufigen Interessen zwischen einzelnen Unternehmen machten die Kartellorganisation brüchig. Hinzu kam, dass trotz flankierender Eisenzölle die internationale Konkurrenz nicht gänzlich ausgeschaltet werden konnte und eine technische Substitutionskonkurrenz durch die Verwendung von Schrott anstelle von Roheisen in der Stahlgewinnung latent vorhanden blieb. Deshalb war das Roheisenkartell weit weniger effektiv als das Steinkohlenkartell und seine in der Literatur behaupteten wettbewerbsfeindlichen und innovationshemmenden Wirkungen müssen deutlich relativiert werden.

In der folgenden Stufe der Eisenindustrie, bei der Stahlgewinnung, aber auch beim Walzen und in der Weiterverarbeitung stellen sich die Dinge noch komplizierter als am Roheisenmarkt dar. Zahlreich waren die verschiedenen Versuche einer Kartellbildung und dabei spielte die Zollfrage eine noch wichtigere Rolle.[850] Für die Importkonkurrenz gegenüber den

850 Dazu Steven B. Webb, Tariffs, Cartels, Technology and Growth in the German Steel Industry 1879 to 1914, in: Journal of Economic History 40 (1980), S. 309–330;

deutschen Herstellern waren die Zölle und Transportkosten entscheidend. Die Kartellierung der Branche und der Zollschutz bewirkten zwar eine bemerkenswerte Preisstabilisierung auf den unteren Stufen der Produktionsleiter der Eisenindustrie, führten aber zugleich auch zu einer Diskriminierung der Weiterverarbeiter in Deutschland. Aus dieser Konstellation ergab sich eine Tendenz zur vertikalen Integration der Unternehmen, der mit einer stärkeren Nutzung des technischen Fortschritts und einer entsprechenden Produktivitätssteigerung einherging. Die deutsche Eisen- und Stahlindustrie zog daraus entscheidende Vorteile zumal auf dem Weltmarkt die kartellierten Produkte zu Dumpingpreisen abgesetzt werden konnten. Die übrigen Sektoren der weiterverarbeitenden Industrie und die Konsumenten von Eisenwaren in Deutschland mussten jedoch die Zeche in Form höherer Preise zahlen.

Die Gründung des Stahlwerksverbands zielte darauf, auch die heterogene Produktion der eisenverarbeitenden Industrie endlich in einem Kartell zusammenzufassen, nachdem alle vorausgehenden Versuche weitgehend gescheitert waren.[851] Einige wenige derartige Verbände, z.B. der Halbzeugverband, der Trägerverband, die Schienengemeinschaft und der Schwellenverband hatten Erfolge aufzuweisen.[852] 1904 wurde deshalb der Stahlwerksverband als Aktiengesellschaft mit Sitz in Düsseldorf gegründet.[853] Man machte den Versuch, die heterogenen Produkte der Stahl- und Walzwerke in zwei Gruppen, A für schwere Walzwerkprodukte wie Träger und Schienen, B für die leichteren Walzwerkprodukte, zusammenzufassen und für diese zu einer gemeinsamen Preis- und Absatzpolitik zu gelangen. Die Produkte der Gruppe A sollten ausschließlich durch den Verband und in dessen eigenem Namen, die der Gruppe B durch die einzelnen Unternehmen im Rahmen von Kontingentsvereinbarungen vertrieben werden. Die Verkaufspreise wurden vierteljährlich durch den Verband bestimmt. Auch gab es Regulierungen für den Selbstverbrauch und die Übertragung von Quoten zwischen den Werken. Zum Problem dieser Vereinbarungen wurden die reinen Walzwerke, die nun zu Konkurrenten ihrer Lieferanten, den gemischten Werken, geworden waren und damit in eine unhaltbare Lage gerieten. 1912, bei Verlängerung der Vereinbarungen, wurden die Produkte B daher nicht mehr kontingentiert, doch diese wie alle übrigen Regelungen

Ders., Tariff Protection for the Iron Industry, Cotton Textiles and Agriculture in Germany 1879–1914, in: Jahrbücher für Nationalökonomie und Statistik 192 (1977/78), S. 336–357, mit einem Verzeichnis der wichtigsten Eisenkartelle.

851 Zu diesen Versuchen vgl. Veit Holzschuher, Soziale und ökonomische Hintergründe der Kartellbewegung, Diss. Erlangen-Nürnberg 1963, S. 71ff.

852 Feldenkirchen, Die Eisen- und Stahlindustrie, S. 120–122; Julius Kollmann, Der deutsche Stahlwerksverband. Eine wirtschaftliche Studie auf Grund eigener Wahrnehmungen, Berlin 1905, S. 7.

853 August Zöllner, Eisenindustrie und Stahlwerksverband, Leipzig 1907, S. 77.

erwiesen sich auf diesem umkämpften Markt als nur sehr kurzlebig.[854] Überhaupt haben sich mit Ausnahme des Kohlesyndikats die Montankartelle als ebenso wenig effektiv und langlebig erwiesen wie zahlreiche andere Kartelle aus den übrigen Branchen.

Auch in der Chemischen Industrie gelang eine effektive Kartellierung allenfalls für wenige Produkte und Produktgruppen und auch dort nur kurzfristig.[855] Den Höhepunkt der Kartellierung erlebte diese Branche in der Zwischenkriegszeit als es zeitweilig gelang, Kartellgewinne auf Kosten der Verbraucher zu realisieren. Der Preis der dafür zu zahlen war, ist in der Minderung des technischen Fortschritts, der Verlängerung des Überlebens weniger produktiver Firmen und in der wachsenden Bedeutung der Großunternehmen zu sehen.

Insgesamt bedeutete also auch in der Chemieindustrie – wie auf dem Eisenbahnsektor, der Steinkohlenindustrie und der Eisenindustrie – die Kartellierung keinen langfristigen Erfolg.

854 Vgl. auch Ernst Jüngst, Festschrift zur Feier des fünfzigjährigen Bestehens des Vereins für die bergbaulichen Interessen im Oberbergamtsbezirk Dortmund in Essen 1858–1908, Essen 1908.

855 Harm G. Schröter, Fields of Competition and Cooperation: Cartel Structures in International Chemical Industry, in: Pohl (Ed.), Competition and Cooperation, S. 35–56, v.a. S. 36.

III.
Wissenschaftliche und praktische Konsequenzen

Die Betrachtung von Unternehmen als Systeme zur Gewinnerzielung, wie sie in den vorausgehenden Darlegungen vorgeherrscht hat, bedarf, wie sich an einigen Stellen bereits gezeigt hat, dringend einer eingehenden Reflexion und möglicherweise auch einer Erweiterung. Es geht nicht an, nur die strategischen Optionen innerhalb und außerhalb des Betriebes zur Erreichung des Betriebszieles zum Gegenstand der Erörterungen zu machen, sondern darüber hinaus gilt es auch, die Behandlung der Unternehmen innerhalb der Wissenschaft zu thematisieren und die Konsequenzen ihres Wirkens in Gesellschaft und Politik zu betrachten. Diesen beiden Sachverhalten wollen wir uns abschließend in aller gebotenen Kürze zuwenden. Dabei wird zunächst deutlich, dass auch innerhalb der Wissenschaft durchaus kein eindeutiger Begriff unseres Gegenstandes zu finden ist, weshalb sich dort unterschiedliche und zum Teil konkurrierende Theorien über das Funktionieren von Unternehmen auffinden lassen. Ähnliches gilt, wenn man die Wirkung der Unternehmen auf die Staats- und Gesellschaftsordnung betrachtet.

5. Theorie und Politik der Unternehmung

5.1 Zur Theorie der Unternehmung: neoklassische, verhaltenswissenschaftliche, systemtheoretische und betriebswirtschaftliche Ansätze

Die neoklassische Theorie bietet bei der Suche nach einer angemessenen theoretischen Fundierung der modernen Unternehmensgeschichte nur wenig Hilfe. Die sogenannte „Theorie der Unternehmung“, wie sie in zahlreichen Lehrbüchern der Mikroökonomie auftaucht[856], stellt nichts anderes als die Anwendung des neoklassischen Gleichgewichtsmodells auf die Produktion dar, mit dem nicht unerwarteten Ergebnis, dass bei funktionierenden Märkten eine besondere Institution namens „Unternehmen“ eigentlich überflüssig sei.[857] Bei dieser Institution handelt es sich in dieser Sichtweise

856 Jochen Schumann, Grundzüge der mikroökonomischen Theorie, Berlin 1992, S. 133–209.

857 Dieter Schneider, Unternehmer und Unternehmung in der heutigen Wirtschaftstheorie und der deutschsprachigen Nationalökonomie der Spätklassik, in: Harald Scherf

lediglich um einen „set“ von Produktionsmitteln, der gemäß den Präferenzen der Haushalte über Preise gesteuert eingesetzt wird.[858] „Unternehmen als *Organisationen* sind ... überflüssig“ und laut Dieter Schneider bestimmen demnach außerdem allein Märkte mit ihrer behaupteten Tendenz zum Gleichgewicht das Geschehen. Die „Existenz und Eigenschaften von Unternehmungen werden im Marktgleichgewicht gerade nicht augenfällig“, sie werden hier als theoretisches Problem also ausgeklammert.[859]

Für strategisches Handeln der Unternehmen und ihrer Leiter bleibt in dieser Sicht kein Raum und die unternehmensinternen Determinanten werden weitgehend aus der Betrachtung ausgeblendet.[860] Auf dieser Basis lässt sich keine eigenständige historische Beschäftigung mit dem Unternehmen begründen, weshalb ein Wissenschaftszweig, der sich empirisch diesem Gegenstand widmen wollte, wie die Betriebswirtschaftslehre, gut daran tat, früh nach einem alternativen Paradigma zur neoklassischen Sicht des Unternehmens Ausschau zu halten. Hier ist insbesondere Erich Gutenberg zu nennen, der sich bereits 1928 in seiner Habilitationsschrift dieser Frage annahm.[861] „Die Unternehmung entsteht durch bewussten schöpferischen Akt des Menschen, der die Dinge, die wir wirtschaftlich als Güter bezeichnen, bindet und bewegt“, so der Ausgangspunkt seiner Überlegungen. Daraus entwickelte Gutenberg die Vorstellung, dass diese schöpferischen Aktivitäten im Unternehmen in die drei Bereiche Beschaffung (Produktion), Absatz und Finanzierung zu untergliedern seien und Anpassungen an Situationsveränderungen in quantitativer, qualitativer und zeitlicher Hinsicht erforderlich machten. Die gestaltenden Unternehmensaktivitäten zielen somit auf ein betriebswirtschaftliches Gleichgewicht, das mit dem Marktgleichgewicht der Neoklassik lediglich den Namen gemein hat. Diese Konzeption wurde von ihm in seinem dreibändigen Werk über die Grundlagen der Betriebswirtschaftslehre weiter ausgebaut.[862]

(Hg.), Studien zur Entwicklung der ökonomischen Theorie V, Berlin 1986, S. 29–79, hier: S. 32, spricht sogar von einer Irreführung des Lesers, wenn die Gleichgewichts-Mikroökonomie als „Theorie der Unternehmung“ bezeichnet wird.

858 Vgl. dazu Hans-Joachim Stademann, Ökonomische Vernunft. Wirtschaftswissenschaftliche Erfahrung und Wirtschaftspolitik in der Geschichte, v.a. Kap. 17: Die neoklassische Theorie der Unternehmung, Tübingen 1987, S. 176–189.

859 Zitate: Dieter Schneider, Unternehmer und Unternehmung, S. 33f. und ausführlich ders., Allgemeine Betriebswirtschaftslehre, München 1987.

860 Dazu Wolfram Braun, Markt und Produktion: zur neoricardianischen Kritik und betriebswirtschaftlichen Begründung der Theorie der Unternehmung, in: Günther Schanz (Hg.), Betriebswirtschaftslehre und Nationalökonomie. Wissenschaftstheoretische Standortbestimmung und Perspektiven, Wiesbaden 1984, S. 247–265.

861 Erich Gutenberg, Die Unternehmung als Gegenstand betriebswirtschaftlicher Theorie, Berlin 1929.

862 Erich Gutenberg, Grundlagen der Betriebswirtschaftslehre, Bd.1: Die Produktion, Berlin 1951, Bd. 2: Der Absatz, Berlin 1955, Bd. 3: Die Finanzen, Berlin 1955. Zu weiterführenden Gedanken hinsichtlich der Gestaltungsfähigkeit von Unternehmen

Es war damit aber nicht gelungen, eine betriebswirtschaftliche Theorie so zu konzipieren, dass die von Erich Schneider seinerzeit emphatisch beschworene Einheit der modernen Wirtschaftstheorie gewahrt werden konnte.[863] Demgemäss finden sich auch nur wenig zukunftsweisende, manchmal eher frustrierende Versuche der Anwendung der neoklassischen Mikroökonomie auf die Unternehmensgeschichte.[864] Als bestes Ergebnis lassen sich dabei noch Taxonomien anführen, die es erlauben, unternehmenshistorische Phänomene in einer gewissen Systematik zu diskutieren, ähnlich wie das hier im Hauptteil versucht wurde.[865]

Immerhin findet sich unter Hintanstellung der Widersprüche zum neoklassischen Paradigma der ökonomischen Theorie eine Reihe von Versuchen, eine betriebswirtschaftliche Theorie auf einer alternativen Basis zu begründen, seien deren Bausteine verhaltenswissenschaftlich, organisations- oder auch systemtheoretisch geprägt.[866] Der organisationstheoretisch orientierten Ansatz von Chandler ist schon ausführlich gewürdigt worden. Es finden sich aber auch noch eine Reihe weiterer Arbeiten, z.B. mit verhaltenswissenschaftlicher Orientierung, die nicht die abstrakten Gebäude der ökonomischen Theorie als Ausgangspunkt wählen, sondern konkrete Äußerungen des Handelns in Unternehmen zum Gegenstand haben. Deshalb gilt es von den blutleeren Definitionen der neoklassischen Theorie den Blick zu wenden auf empirische Studien über das praktische Handeln von Unternehmen und Unternehmern. Zwei Aspekte bzw. Fragestellungen stehen dabei im Vordergrund, einmal die Frage nach dem Funktionieren von Unternehmen im Wirtschaftssystem, auf welche Weise und mit welchen Absichten Unternehmen also funktionieren. Zum anderen die Frage nach den ökonomischen und sozialen Wirkungen von Unternehmen, insbesondere, was sie zur wirtschaftlichen Entwicklung und zum Wachstum beitragen. Diesen beiden Fragen gilt es, sich nun zuzuwenden.

vgl. Horst Albach, The Nature of the Firm: A Production-Theoretical Viewpoint, in: Zeitschrift für die gesamte Staatswissenschaft 137 (1981), S. 717–722.

863 Erich Schneider, Einführung in die Wirtschaftstheorie, Tübingen 1947, S. 3 und zum Themenkomplex insgesamt Wolfram Braun, Ökonomie, Geschichte und Betriebswirtschaftslehre. Studien zur klassischen Ökonomie und politischen Theorie der Unternehmung, Bern 1982, v.a. Kap. A und I.

864 Vgl. zu diesen Versuchen Francis E. Hyde, Economic Theory and Business History, in: Business History 5 (1962), S. 1–10.

865 Steve R. H. Jones, Transaction Costs and the Theory of the Firm. The Scope and Limitations of the New Institutional Approach, in: Business History 39 (1997), S. 9–25, v.a. S. 9.

866 Wolfram Braun, Markt und Produktion, S. 248; Fritz Machlup, Theories of the Firm. Marginalist, Behavioural, Managerial, in: American Economic Review 57,1 (1967), S. 1–33; Dieter Schneider, Managementfehler durch mangelndes Geschichtsbewußtsein in der Betriebswirtschaftslehre, in: Zeitschrift für Unternehmensgeschichte 29 (1984), S. 114–130, hier: S. 126f., spricht in diesem Sinne vom Wandel der Theorie der Unternehmung von einer Produktionsorientierung über eine verhaltenswissenschaftlich geprägte Entscheidungsorientierung zu einer institutionalistischen Marktorientierung.

Insbesondere in den 1960er Jahren entstanden eine Reihe wichtiger Beiträge zur Ergänzung der Standardmodelle der Betriebswirtschaft, die die Basis für eine neue „Theorie“ der Unternehmung bilden. Als erstes ist dabei der Ansatz von Cyert und March zu nennen, die sich vor allem gegen die Annahme einer eindeutigen und unveränderlichen Zielfunktion von Unternehmen wandten.[867] Sie postulierten demgegenüber, dass Unternehmen *nicht* über ein klares und eindeutiges Unternehmensziel verfügen, sondern das dieses Ziel erst ein Ergebnis des Aushandelns von Ansprüchen verschiedener Parteien im Unternehmen sei. Es zeige sich in der Realität, dass in Unternehmen verschiedene Koalitionen mit divergierenden Ansprüchen denkbar seien, von denen sich eine vorläufig durchsetze und dass solche Koalitionen wandelbar blieben und sich entsprechend auch die Ziele von Unternehmen verändern könnten. Natürlich ist die Formulierung von Unternehmenszielen nicht beliebig, sondern diese sind in marktwirtschaftlich verfassten Gesellschaften durch grundlegende Zwänge eng begrenzt. Dennoch sind nach Meinung der Autoren unterschiedliche Akzentuierungen zwischen fünf grundlegenden Zielen möglich, nämlich erstens den Zielen der Produktion, die stetig und hoch sein soll, zweitens der Zielsetzung der Lagerhaltung, die Bestandssicherung und Kontinuität bieten muss, drittens dem Ziel des Verkaufs, der letztendlich das Überleben sichert. Darüber hinaus gilt es, viertens Marktanteile zu verteidigen, d.h., die Stellung und Behauptung des Unternehmens am Markt zu sichern. Schließlich muss fünftens ein Gewinn erwirtschaftet werden, der für die Kreditwürdigkeit des Unternehmens ausschlaggebend ist. Zwischen diesen fünf Zielen ist innerhalb des Unternehmens eine Abwägung nötig, wobei die Entscheidungsfindung auf unsicheren Erwartungen beruht. Im Prozess des Entscheidungshandelns im Unternehmen müssen neben diesen Unsicherheiten bezüglich der Erwartungen zugleich die Unternehmensziele im Auge behalten werden, was sich in einem Schaubild schematisiert wie folgt beschreiben lässt (s. Schaubild S. 252).

Die Entscheidungsfindung verläuft hier idealtypisch in vier Schritten (rational concepts). In einem ersten Schritt erfolgt die Konfliktbewältigung. Geht man davon aus, dass Ziele im Unternehmen nicht von allen Mitgliedern gemeinsam vertreten werden, so gilt es, sich zunächst auf einen Kompromiss, auf eine Koalition verschiedener Interessen, zu einigen. Dann muss im nächsten Schritt Unsicherheit vermindert werden, denn die vielfältigen Unsicherheiten, unter denen Entscheidungen im Unternehmen erfolgen, müssen möglichst weitgehend ausgeschaltet werden. Daran schließt sich in einem dritten Schritt die problemorientierte Suche nach Lösungen an: für alle auftretenden Probleme müssen mögliche Lösungen gefunden werden. Viertens schließlich können auch Organisationen lernen, Erfahrungen aus der Anpassung an veränderte Bedingungen praktisch umzusetzen.

867 Cyert/March, A Behavioural Theory of the Firm, S. 43, 115–123.

Das Konzept von Cyert und March

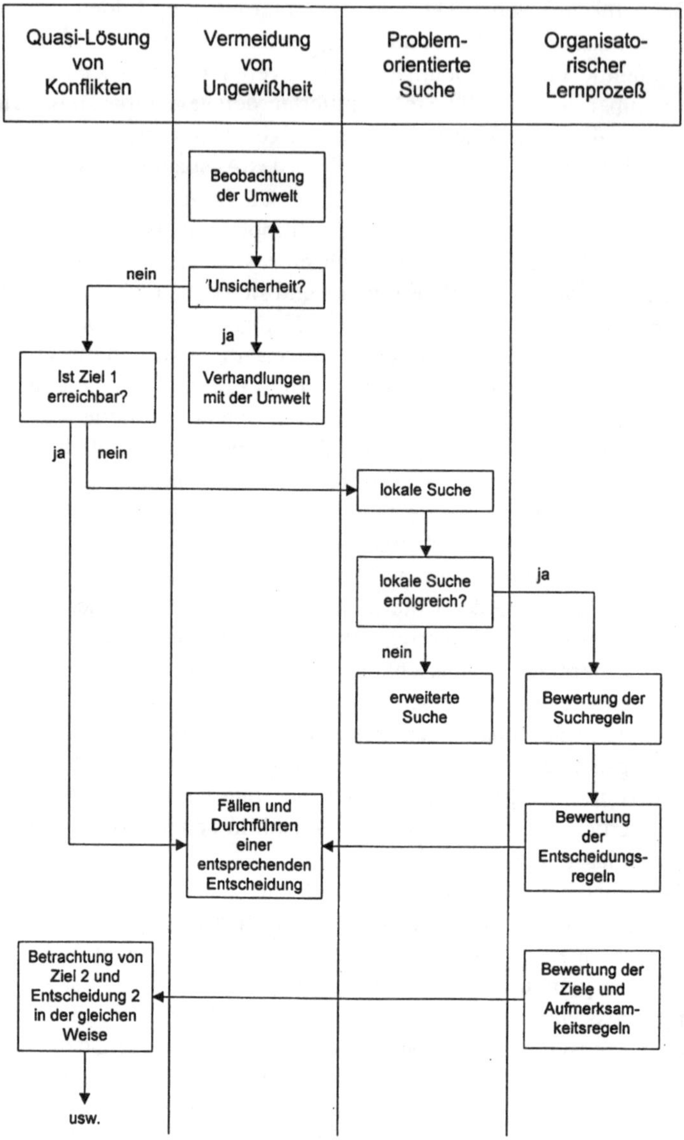

Quelle: Alfred Kieser und Walter A. Oechsler (Hg.), Unternehmungspolitik, Schaeffer-Poeschel Verlag, Stuttgart 1999, S. 96, nach: G. Bamberg und A. G. Cranenberg, Betriebswirtschaftliche Entscheidungslehre, München 1994, S. 9.

In ähnlicher Weise wie Cyert und March hat sich auch Herbert A. Simon geäußert.[868] Er wandte sich ebenfalls mit einer Vielzahl von Einwänden dagegen, ausschließlich die Gewinnmaximierung als das ultimative Ziel des Handelns in Unternehmen anzusehen. Häufig bestehe nämlich Unklarheit darüber, ob der Gewinn kurz- oder langfristig maximiert werden solle. Unternehmer bezögen aus ihrer Tätigkeit außerdem „psychisches Einkommen", das monetär kaum zu gewichten sei und strebten oft nicht nach maximalen, sondern nach zufriedenstellenden Ergebnissen. Bei den Kapitalgesellschaften hingegen verfolgten Manager in vielen Fällen andere Ziele als die Eigentümer, außerdem stelle die absolute Gewinnmaximierung unter Konkurrenzbedingungen wegen möglicher Reaktionen der Konkurrenten ein viel zu hohes Risiko dar.

Diese Einwände, die gegen die Unterstellung einer unbeschränkten Gewinnmaximierungsstrategie als Zielfunktion formuliert wurden, werden durch eine große Zahl empirischer Belege gestützt. So werden in der betrieblichen Praxis die Preise zunächst nicht nach Maximierungskalkülen bestimmt, sondern in der Regel durch einen Gewinnaufschlag auf die Kosten, außerdem orientieren sich Investitionen eher an Gewinnerwartungen und nicht an der Höhe des Zinsniveaus. Dies alles sind Verhaltensweisen, die dem simplen Gewinnmaximierungskalkül widersprechen, was auch in die deutsche Betriebswirtschaftslehre Eingang gefunden hat.[869]

Bei den deutschen Ansätzen zu diesem Thema spielen darüber hinaus Versuche eine Rolle, die formale Entscheidungstheorie für die Unternehmensentscheidungen zu nutzen.[870] In diesem Sinne hat man getestet, ob entscheidungslogische Ansätze zum Verständnis des Geschehens im Unternehmen beitragen können. Es wurde dabei jedoch deutlich, dass die Ansätze der Entscheidungslogik präskriptiv formuliert sind, d.h. sie gehen der Frage nach, wie man in einer gegebenen Situation entscheiden sollte, sie interessieren sich weder für die Konsequenzen einer Entscheidung noch dafür, wie sich Menschen in Entscheidungssituationen tatsächlich verhalten.[871] Mit einer derartig formulierten formalen Entscheidungslogik ist unternehmerisches Handeln in der Praxis wohl kaum zu entschlüsseln, weshalb es nicht überrascht, dass derartige Ansätze in der Theorie der Unternehmung nur eine untergeordnete Rolle spielen.

868 Simon, Theories of Decision-Making, S. 9–11; Ders., Administrative Behavior. A Study of Decision-Making Processes, in: Administrative Organization, New York 1957; Ders., Models of Man: Social and Rational. Mathematical Essays on Rational Human Behavior in a Social Setting, New York 1957.

869 Edmund Heinen, Zum Wissenschaftsprogramm der entscheidungsorientierten Betriebswirtschaftslehre, in: Zeitschrift für Betriebswirtschaft 39 (1969), S. 207–220.

870 Wilhelm Krelle, Präferenz- und Entscheidungstheorie, Tübingen 1969.

871 Ebenda. Vgl. auch Franz Ferschl, Nutzen- und Entscheidungstheorie. Einführung in die Logik der Entscheidungen, Opladen 1975 und Werner Kirsch, Entscheidungsprozesse, 3 Bde., Wiesbaden 1970–1971.

Ähnliches gilt auch für systemtheoretische Ansätze, von denen der sogenannte „Betriebsansatz" im Rahmen der deutschen Industrie- und Betriebssoziologie eine gewisse Rolle spielt, der im Bereich der Betriebswirtschaftslehre aber weitgehend folgenlos blieb.[872] Bei diesem Ansatz geht es um eine Analyse betrieblicher bzw. unternehmerischer Strategien im historischen Kontext. Determinanten von betrieblichen Strategien sind demnach vor allem die Marktbedingungen, d.h. die Konkurrenz der Einzelkapitale, die der betrieblichen Autonomie und den daraus abgeleiteten Strategien Grenzen setzten.[873] Für ein zukunftsweisendes Konzept erscheint dieser Ansatz aber zu begrenzt und zu eng an grundlegende Paradigmen klassischen ökonomischen Denkens angelehnt zu sein, v.a. an die Zielfunktion der Gewinnmaximierung.

Neben diesen verhaltenswissenschaftlichen, entscheidungslogischen und systemtheoretischen Versuchen der „Rekonstruktion der Betriebswirtschaftslehre als Theorie der Unternehmung"[874] finden sich weitere Ansätze, den traditionell produktionsorientierten Standpunkt der Betriebswirtschaftslehre[875] zu überwinden. Dabei wird zunehmend weniger ein gegebener Datenkranz für das unternehmerische Handeln angenommen, womit die Gestaltung der Bedingungen dieses Handelns durch das Unternehmen selbst in das Blickfeld gerät. In einem grundlegenden Aufsatz ist Ronald Coase bereits im Jahre 1937[876] der Frage nachgegangen, wann es günstiger ist, ökonomische Aktivitäten hierarchisch innerhalb eines Unternehmens zu organisieren oder wann man diese besser über den Markt abwickelt. Damit wurde auch ein wesentlicher Beitrag zur Wiederbelebung einer Wissenschaftsrichtung, der sogenannten „Institutionenökonomik", geleistet, deren ältere Vorläufer in Vergessenheit geraten waren. Diese Schule untersucht nun die Ursachen und Entwicklungsmöglichkeiten gesellschaftlicher Institutionen, damit auch der Unternehmen.[877] In diesem Sinne werden Unternehmen als Gemeinschaft von Ressourceneignern verstanden und sie wer-

872 Altmann/Bechtle, Betriebliche Herrschaftsstruktur; Bechtle, Betrieb als Strategie. Eine Diskussion dieses Ansatzes und ähnlicher Konzepte im Rahmen der Unternehmensgeschichte bei Minssen, Der soziale Prozeß des betrieblichen Wandels, S. 16ff.

873 Vgl. kritisch dazu auch Pierenkemper, Allokationsbedingungen am Arbeitsmarkt, S. 64–69.

874 Schneider, Managementfehler durch mangelndes Geschichtsbewußtsein, S. 114–130.

875 Albach, The Nature of the Firm, S. 717–722.

876 Coase, The Nature of the Firm; Ders., The Problem of Social Cost, in: Journal of Law and Economics 3 (1960), S. 1–44.

877 Oliver E. Williamson, Die ökonomischen Institutionen des Kapitalismus. Unternehmen, Märkte, Kooperationen, Tübingen 1990; Rudolf Richter/Eirik Furubotn, Institutionen ökonomisch analysiert, Tübingen 1994; Horst Feldmann, Eine institutionalistische Revolution? Zur dogmenhistorischen Bedeutung der modernen Institutionsökonomik, Berlin 1995.

den deshalb gebildet, weil die Vorteile der Ressourcenallokation über hierarchisch strukturierte Unternehmen größer erscheinen als eine Allokation über Märkte: man verspricht sich dadurch Kooperationsgewinne.

Markt und Unternehmen werden hier als alternative Formen der Koordination ökonomischer Aktivitäten angesehen und die Wahl für den einen oder den anderen Mechanismus hängt davon ab, bei welchem die Transaktionskosten geringer sind, d.h. welcher ökonomisch effizienter ist.[878] Hier, im Bereich der institutionellen Wirtschaftstheorie, bieten sich in der Tat Anknüpfungspunkte für eine Theorie der Unternehmung als Institution und als Organisation.[879] Sie knüpft dabei an frühe Ansätze der amerikanischen Institutionalisten, die den Begriff der Transaktionen als Schaffung und Übertragung von Verfügungsrechten in die Literatur eingebracht haben, an.[880] Bereits John R. Commons kannte den Begriff des „going concern" als Umschreibung des unternehmerischen Geschäftsbetriebs und sah diesen durch verschiedene Transaktionen bestimmt. Er unterschied dabei Übertragungen von Eigentum (bargaining transactions), Anordnungen an rechtlich nachgeordnete Personen (managerial transactions) und Bestimmungen durch übergeordnete Instanzen, z.B. den Staat (rationing transactions) und entwickelte so ein Kategoriesystem zur Analyse des Handelns im Unternehmen.

Coase argumentiert nun in seinem bahnbrechenden Aufsatz, dass Märkte nicht kostenlos funktionieren, eine Vorstellung, die den neoklassischen Marktgleichgewichtsmodellen völlig fremd ist. Mit dem Gebrauch des Preismechanismus sind demgegenüber Sach- und Informationskosten verbunden, außerdem ist das Aushandeln und der Abschluss von Verträgen ebenfalls nicht kostenlos. Langfristige Vereinbarungen machen Sicherungskosten gegen Unsicherheit nötig, zusätzlich belegt der Staat das Markthandeln mit Kosten, so dass die „market costs" als „Transaktionskosten" sich auf einen beachtlichen Betrag belaufen können. Demgegenüber gibt es natürlich auch Kosten der unternehmerischen Koordination im Unternehmen außerhalb von Märkten. Man hat mit abnehmenden Grenzerträgen und steigenden Faktorpreisen zu rechnen, Fehlentscheidungen führen zu ineffizienten Faktorkombinationen u.ä., so dass ebenfalls mit beachtlichen „Organisationskosten" zu rechnen ist. Die möglichen Transaktionskosten am Markt werden den möglichen Organisationskosten gegenüber gestellt und

878 Eva Bössmann, Warum gibt es Unternehmen? Der Erklärungsansatz von Ronald H. Coase, in: Zeitschrift für die gesamte Staatswissenschaft 137 (1981), S. 667–674.

879 Dieter Schneider, Unternehmer, S. 55–64.

880 John R. Commons, Institutional Economics, New York 1934, S. 58–68, möglicherweise mit Rückgriff auf frühere deutsche Überlegungen, z.B. Karl Heinrich Rau, Über den Nutzen, gegenwärtigen Zustand und die neueste Literatur der Nationalökonomie, in: Archiv der politischen Ökonomie und Polizeiwissenschaft 1 (1835), S. 1–42. Vgl. Dieter Schneider, Unternehmer, S. 56.

erst dann wird entschieden, welche der alternativen Formen der Koordination ökonomischer Aktivitäten gewählt wird.[881]

Dieser bemerkenswerte Ansatz von Coase blieb lange Zeit in der ökonomischen Theoriebildung wenig beachtet.[882] Erst die moderne Institutionenökonomik rückte diesen wieder in das Zentrum des wissenschaftlichen Interesses. Unternehmen werden nunmehr als Institutionen betrachtet, die sich im genannten Sinne der Koordination ökonomischer Aktivitäten widmen und bilden. Sie bilden insoweit ein hervorragendes Beispiel für eine effiziente Form der Organisation von Transaktionen.[883] Allerdings werden auch die Grenzen des Ansatzes für die Analyse des Handelns in Unternehmen sichtbar, denn die Höhe der Transaktionskosten ist rechnerisch schwer zu bemessen, kostensparende Innovationen sind nicht vorhersehbar und verändern stetig die Kalkulationsbasis. Schließlich sollte man auch das Potential der Unternehmung selbst zur strategischen Gestaltung der Transaktionen nicht unterschätzen.

Neben diesen eher forschungspraktischen Einwänden gibt es aber auch methodologische Unklarheiten im institutionenökonomischen Paradigma. Es bleibt nämlich weiterhin umstritten, ob Transaktionen die eigentlichen Basiseinheiten der ökonomischen Analyse darstellen,[884] oder ob es, wie in der Tradition des methodologischen Individualismus weiterhin gültig, die Individuen sind, die als analytische Grundeinheit der Wirtschaftswissenschaften zu gelten haben.[885] Manches bleibt also noch zu klären, trotzdem haben insbesondere die frühen Arbeiten von Commons (1934) und Coase (1937) die Grundlage für eine realitätsnähere Theorie des Unternehmens geliefert: Das tatsächliche Handeln im Unternehmen trat in den Vordergrund und eröffnete Möglichkeiten einer empirisch gesättigten Analyse von Führungs- und Organisationsstrukturen in Unternehmen.

Die Neue Institutionenökonomik hat nun in vielfältigen Formen und Ansätzen bereits im Bereich der ökonomischen Theorie ihre Anwendung gefunden[886], die natürlich nicht alle und in vollem Umfang für die Betriebs-

881 Eine schöne Übersicht über diese Problematik bei Berghoff, Transaktionskosten und darüber hinaus mit Blick auf die Vorläufer dieses Ansatzes Felix Butschek, Wirtschaftsgeschichte und Neue Institutionenökonomie, in: Schremmer (Hg.), Wirtschafts- und Sozialgeschichte, S. 89–100.

882 Eine Ausnahme bildet allenfalls George J. Stigler, The Division of Labor is limited by the Extent of the Market, in: Journal of Political Economy 59 (1951), S. 185–193 und H. B. Malgren, Information, Expectations and the Theory of the Firm, in: Quarterly Journal of Economics 75 (1961), S. 399–421.

883 Steve R. H. Jones, Transaction Costs and the Theory of the Firm, S. 11

884 So schon John R. Commons, Institutional Economics, S. 6 und daran anschließend zahlreiche Autoren, vgl. Steve R. H. Jones, Transaction Costs, S. 11.

885 So Rudolf Richter, Neue Institutionenökonomik. Ideen und Möglichkeiten, in: Gerold Krause-Junk (Hg.), Steuersystem der Zukunft, Berlin 1998, S. 323–355, hier: S. 326.

886 Im Überblick dazu Rudolf Richter, Neue Institutionenökonomik.

wirtschaftslehre oder gar die Unternehmensgeschichte relevant sind. Wichtige Grundgedanken dieser Ansätze lassen sich aber ohne Zweifel sinnvoll auch in historische Untersuchungen integrieren. Eine solche Möglichkeit bietet sich z.B. hinsichtlich der Tatsache, dass Unternehmer nicht zugleich Leiter und Eigentümer eines Unternehmens bzw. der Produktivitätsmittel sein müssen. Worum es geht, sind „Verfügungsrechte", nicht Eigentumsrechte, die sogenannten „property rights".[887] Unternehmer als „Leiter" verfügen in diesem Sinne über das Recht auf Abschluss von Verträgen, über das Recht auf Nutzung der Ressourcen u.a. in Form des Direktionsrechtes über Arbeitskräfte, u.U. auch über das Recht auf Residualgewinn und das Recht auf Veräußerung dieser Rechte.[888] Eine derartige Theorie der Verfügungsrechte hat neuerdings auch Eingang in die Betriebswirtschaftslehre gefunden.[889] Hier wird versucht, die Kosten eines spezifischen Arrangements von Verfügungsrechten zu bestimmen und mit alternativen Arrangements dieser Rechte zu vergleichen. In diesen Ansätzen wird deutlich, dass die Prozesse des Güteraustausches nicht nur vom Umfang des Angebots und der Nachfrage bestimmt werden, sondern dass z.B. auch die Rechtsordnung den Tauschwert von Gütern entscheidend mitbestimmen kann.[890].

Derartige Verfügungsrechte können direkt durch den Eigentümer oder auch durch dessen Beauftragte ausgeübt werden. Wählt man eine Beauftragung, so entsteht ein Kontrollproblem zwischen den Eigentümern und den beauftragten Managern, zwischen den Prinzipalen und den Agenten (principal-agent), wie das in den Begriffen der Prinzipal-Agent-Theorie ausgedrückt wird.[891] Diese Theorie behandelt generell die Logik von Situationen,

887 Michael Hutterer, Die Gestaltung der Property Rights als Mittel gesellschaftlicher Allokation, Göttingen 1979; Knut Borchardt, Der „Property Rights-Ansatz" in der Wirtschaftsgeschichte – Zeichen für eine systematische Neuorientierung des Faches?, in: Jürgen Kocka (Hg.), Theorien in der Praxis des Historikers, Geschichte und Gesellschaft Sonderheft 3 (1977), S. 140–156.

888 Rudolf Richter, Institutionen ökonomisch analysiert, S. 33f. Klassisch dazu auch Armen A. Alchian und Harold Demsetz, Production, Information Cost and Economic Organization, in: American Economic Review 62,2 (1972), S. 777–795.

889 Hans-Christian Riekhoff, Unternehmensverfassung und Theorie der Verfügungsrechte: methodische Probleme, theoretische Perspektiven und exemplarische Falltudien, Wiesbaden 1984, zugl. Diss. Göttingen 1983; Arnold Picot, Der Beitrag der Theorie der Verfügungsrechte zur ökonomischen Analyse von Unternehmungsverfassungen, in: Kurt Bohr u.a. (Hg.), Unternehmungsverfassung als Problem der Betriebswirtschaftslehre, Berlin 1981, S. 153–197.

890 Eirik G. Furubotn/Svetozar Pejovich (Hg.), The Economics of Property Rights, Cambridge/Mass. 1974, S. 1ff.

891 Ekkehard Wenger/Eva Terberger, Die Beziehung zwischen Agent und Prinzipal als Baustein einer ökonomischen Theorie der Organisation, in: Wirtschaftswissenschaftliches Studium 17 (1988), S. 506–514; Michael C. Jensen/William H. Meckling, Theory of the Firm: Managerial Behaviour, Agency Costs and Ownership Structure, in: Journal of Financial Economics 3 (1976), S. 305–360.

in denen ein Wirtschaftssubjekt (Prinzipal) ein anderes beauftragt für ihn zu handeln (Agent). Die Beziehung zwischen beiden wird als Vertragsverhältnis interpretiert, in dem das Problem der Kontrolle virulent ist. Es geht darum, den Agent, der möglicherweise eine ganz andere Zielfunktion als sein Prinzipal hat, dazu zu bringen, dennoch im Sinne seines Auftraggebers zu handeln. Dieses Problem stellt sich auch innerhalb der Unternehmen selbst, wo die Unternehmensführung (Prinzipal) auf das zielkonforme Verhalten der Mitarbeiter (Agenten) angewiesen ist. Die Mitarbeiter verfügen in der Regel aber über bessere Kenntnisse der betreffenden Sachverhalte (asymmetrische Information) und vermögen daher versteckte, nicht systemkonforme Handlungen zu vollziehen (hidden action) oder dem Prinzipal wichtige Informationen vorzuenthalten (hidden information).[892] Um dieses unerwünschte Verhalten zu unterbinden und um das mögliche Informationsdefizit auszugleichen, ist die Unternehmensführung u.U. gehalten, ein äußerst kostspieliges Kontrollsystem zu etablieren.

Die institutionelle Theorie beschäftigt sich auch damit, warum es zu einem derartig opportunistischen Verhalten der Mitarbeiter kommt und was man dagegen tun kann.[893] Als eine Möglichkeit des Gegensteuerns der Unternehmensleitung erweist sich die Bildung von Vertrauen zwischen den Angehörigen eines Unternehmens. Der Aufbau einer „Corporate identity" kann daher von ganz entscheidender ökonomischer Relevanz für ein Unternehmen sein. Ganz so wie die Verbreitung und Sicherung einer Geschäftsmoral insgesamt für das Funktionieren einer marktwirtschaftlichen Ordnung überhaupt eine Grundvoraussetzung darstellt.[894] Denn umgekehrt lässt sich zeigen, wie hinderlich die Abwesenheit einer „Vertrauenskultur" für die wirtschaftliche Entwicklung gewesen ist.[895]

Douglass North kommt das Verdienst zu, in seiner Theorie des institutionellen Wandels, die Bedeutung von Institutionen für die Industrialisierung und das Wirtschaftswachstum hervorgehoben zu haben.[896] Diese Per-

892 Kenneth J. Arrow, The Economics of Agency, in: John W. Pratt/Richard J. Zeckhauser (Hg.), Principals and Agents: The Structure of Business, Boston/Mass. 1985, S. 37–51.

893 Utz Krüsselberg, Theorie der Unternehmung und Institutionenökonomik. Die Theorie der Unternehmung im Spannungsfeld zwischen neuer Institutionenökonomik, ordnungstheoretischem Institutionalismus und Marktprozeßtheorie, Heidelberg 1992.

894 Richard Tilly, Unternehmermoral und –verhalten im 19. Jahrhundert. Indizien deutscher Bürgerlichkeit, in: Jürgen Kocka (Hg.), Bürgertum im 19. Jahrhundert. Deutschland im europäischen Vergleich, Bd. 2, München 1988, S. 35–64.

895 Jacob van Klaveren, Die historische Erscheinung der Korruption, in ihrem Zusammenhang mit der Staats- und Gesellschaftsstruktur betrachtet, in: Vierteljahrschrift für Sozial- und Wirtschaftsgeschichte 44 (1957), S. 289–324, fortgesetzt 45 (1958) und 46 (1959).

896 Clemens Wischermann, Institutionenökonomische Theorien und die Erklärung der Wirtschaftsentwicklung Europas in der Neuzeit, in: Olaf Mörke und Michael North (Hg.), Die Entstehung des modernen Europa 1600–1900, Köln 1998, S. 81–92.

spektive unterscheidet sich deutlich von der Zielsetzung der Neuen Institutionenökonomik, die lediglich das Wirken bestehender ökonomischer Institutionen untersucht, nicht aber die Entstehung und den Wandel von Institutionen thematisiert.[897] North geht davon aus, dass nicht die „Industrielle Revolution", sondern vielmehr eine, dieser vorausgehende „Institutionelle Revolution" für die Entstehung des modernen Europas entscheidend war. Dabei hätten sich neben zahlreichen formgebundenen Beschränkungen des Handelns (Verträge, Gesetze u.ä.) auch zahlreiche formlose Beschränkungen (Normen und Werte, Verhaltensregeln, Sitten, Gebräuche, Konventionen etc.) herausgebildet, die für das Funktionieren unseres Wirtschaftssystems konstitutiv geworden sind. „Damit eine Marktwirtschaft entstehen und erhalten bleiben kann, ist eine Vertrauenskultur erforderlich, welche die Transaktionskosten hinreichend niedrig hält".[898] Dieser Ansatz evozierte auch einen neuen analytischen Rahmen für die Untersuchung der Unternehmensentwicklung, denn nunmehr ging es eben auch darum, festzustellen, unter welchen Verhaltensannahmen Unternehmen effizient arbeiten können.[899]

„Vertrauen ist der Anfang von allem", so ein Werbespruch der Deutschen Bank. Dies gilt aber nicht nur für das Investitionskalkül eines einzelnen Unternehmens, sondern weit darüber hinaus auch für die Beziehungen in jedem Unternehmen und sogar in der gesamten Volks- ja Weltwirtschaft. Ohne Vertrauen werden die Kontrollkosten ökonomischer Transaktionen sehr schnell derartig hoch, dass sie deren erwarteten Nutzen übersteigen und daher unterbleiben. Dazu bieten die Verhältnisse in zahlreichen Reform- und Entwicklungsländern gegenwärtig reichlich Anschauung. Eine weitere Variante der modernen Unternehmensgeschichte im Sinne einer erweiterten Theorie der Unternehmung knüpft genau an diesen Sachverhalt an. Die Genese und Aufrechterhaltung einer spezifischen „Kultur" des Unternehmens vermag möglicherweise ebenfalls zur Lösung des Informations- und Kontrollproblems beizutragen.[900] Auch dieses Unternehmens-

897 Wie das bei Douglass C. North, Structure and Change in Economic History, New York 1981 (dt. Theorie des institutionellen Wandels. Eine neue Sicht der Wirtschaftsgeschichte, Tübingen 1988) und ders., Institutions, Institutional Change and Economic Performance, Cambridge 1990 (dt. Institutionen, institutioneller Wandel und Wirtschaftsleistung, Tübingen 1992) unternommen wird.

898 Holger Bonus, Institution und Langsamkeit, Münster 1994, S. 10; Ders., Nationalökonomie auf neuen Wegen, in: Wilhelm Jäger (Hg.), Neue Wege der Nationalökonomie, Münster 1994, S. 14–48.

899 Nicholas, The New Business History, v.a. S. 143. Inwieweit die moderne Kulturgeschichte hier Beiträge zu leisten vermag, wage ich im Gegensatz zu Clemens Wischermann, Vom Gedächtnis und den Institutionen, anzuzweifeln, weil die Wirkungen des kulturellen Wandels auf die Institutionen der Wirtschaft allenfalls in einer sehr langen Frist angenommen werden können und daher die meisten ökonomischen Fragestellungen als irrelevant anzusehen sind.

900 Christian Drepper, Unternehmenskultur. Selbstbeobachtung und Selbstbeschreibung

konzept kann wiederum auf gesamtwirtschaftliche und gesamtgesellschaftliche Bezüge zurückgreifen, denn Douglass North sieht in der Schaffung von Vertrauen durch die formlosen Beschränkungen einer Gesellschaft, die weitaus wichtigere Funktion gegenüber den formgebundenen Regelungen. Hierin ist die wesentliche ökonomische Rolle von Kultur und Geschichte zu finden.[901]

Unternehmenskultur ist demnach auch als ein zentrales Mittel zur Führung und Steuerung von Unternehmen zu begreifen und verschiedene unternehmenshistorische Beispiele veranschaulichen die Tragfähigkeit dieses Konzeptes.[902] Managementtechniken und unternehmerischer Erfolg sind deshalb immer auch in ihrem historischen Kontext zu beobachten, wobei es sich erweist, dass die Entwicklungschancen von Unternehmen in hohem Maße pfadabhängig und keinesfalls beliebig gestaltbar sind. Derartig komplexe Systeme sind jedoch nur sehr schwer zu kontrollieren und zu steuern. Dies impliziert u.U. auch ein Umdenken bei den etablierten Führungsmethoden der Praxis und einen Abschied von den Vorstellungen einer autonomen Gestaltung der Unternehmensentwicklung.

Eine derartige Sicht ist allerdings nicht gänzlich neu, denn schon früher wurde neben der Systemsteuerung auch der Motivation, der „Kulturentwicklung", im Unternehmen gebührende Aufmerksamkeit zuteil. Doch nunmehr rückt das „kulturelle Management" als bewusstes Führungsinstrument in das Zentrum des Interesses.[903] Die praktischen Umsetzungen derartiger Überlegungen orientieren sich zumeist an Konzepten der „corporate identity" und verstehen in diesem Sinne Unternehmen als kollektive Deutungsgemeinschaften ausgestattet mit einem kollektiven Gedächtnis. Hier zeigen sich wieder Anknüpfungspunkte an neuere Fragen der allgemeinen Geschichte.[904] Unternehmenskultur lediglich als Managementmethode betrachtet, unterstreicht in jedem Fall einmal mehr die Bedeutung und Beein-

im Kommunikationssystem, Frankfurt a. M. 1992; Erich Ogilvie, Die Kulturperspektive von Unternehmungen. Eine Analyse aus wirtschaftspsychologischer Sicht, Frankfurt a.M. 1992; Theo Bungarten, Die Unternehmenskultur aus semiotischer und kompetenztheoretischer Sicht. Zur materiellen und „geistigen" Repräsentationsebene der Unternehmenskultur, in: Ders. (Hg.), Unternehmenskultur als Herausforderung für Gesellschaft und Unternehmen, Torstedt 1994, S. 9–50.

901 Douglass C. North, Institutionen, S. 44 unter Bezug auf Robert Boyd und Peter J. Richerson, Culture and the Evolutionary Process, Chicago 1985, S. 2.

902 Vgl. dazu Berghoff, Unternehmenskultur und Herrschaftstechnik.

903 Herbert Matis, Unternehmenskultur und Geschichte, in: Feldenkirchen u.a. (Hg.), Wirtschaft, Gesellschaft und Unternehmen, Bd. 2, S. 1028–1053. Vgl. auch Edmund Heinen und Peter Dill, Unternehmenskultur aus betriebswirtschaftlicher Sicht, in: Zeitschrift für Betriebswirtschaft 56 (1986), S. 202–218.

904 Vgl. Maurice Halbwachs, Das kollektive Gedächtnis, Stuttgart 1967 (frz. 1950); Jacques Le Goff, Geschichte und Gedächtnis, Frankfurt a.M. 1992 (frz. 1986) und Patrik H. Hutton, History as an Art of Memory, Hannover 1993. Auf diesen Zusammenhang geht insbesondere auch Clemens Wischermann, Vom Gedächtnis, S. 24–27, ein.

flussung eines derartigen „gemeinsamen Fundus' an Werten, Normen, und Einstellungen" unter den Angehörigen eines Unternehmens[905], daher wurde dieses Konzept auch für die Unternehmensgeschichte empfohlen.[906]

Insgesamt ergibt sich die Möglichkeit, in empirischen Studien die ökonomische Relevanz von Unternehmenskulturen nachzuweisen und die Diskussion von der Ebene der Spekulation auf die der Empirie zurückzuverlagern. „Kultur" erscheint dabei als ein System kollektiver Sinndeutung, das in der Lage ist, den Mitarbeitern als von der Unternehmensleitung „Geführten" über Symbole und Ideen „Sinn" zu vermitteln und sie zu gewünschtem Verhalten zu veranlassen. „Kultur" wird damit sozusagen zu einer weiteren produktiven Ressource des Unternehmens, zur Produktivkraft.[907] Sie wird von der Unternehmensleitung bewusst implementiert und finalisiert, als Teil der Managementtechnik genutzt. Doch greift eine derartige Sichtweise von Unternehmenskultur häufig zu kurz. Denn erstens entstehen Unternehmenskulturen nicht voraussetzungslos und sind daher nicht durch das Management beliebig manipulierbar und zweitens verändern und wandeln sich Unternehmenskulturen permanent und zeigen Rückkopplungen auf die Managementtechniken.

Eine Reduzierung des Kulturbegriffs auf seine Funktion im Hinblick auf die effiziente Ausgestaltung gesellschaftlicher Institutionen (North) oder gar als Managementtechnik bleibt demnach unvollständig, gleichwohl im Rahmen der Unternehmensgeschichte möglicherweise hilfreich und nützlich. Für die Sinngebung von Wahlhandlungen sind alternative kulturelle Konfigurationen neben der in unserem Kulturkreis verbreiteten ökonomischen Rationalität denkbar, da in Raum und Zeit ganz andere, z.B. affektgesteuerte oder kontemplative Kulturen, zu finden sind.[908] Subjektive Sinngebung muss also als sozialer Prozess verstanden werden mit durchaus unentschiedenen und sich verwandelndem Ergebnis[909], weshalb sie keinesfalls endgültig als „okzidentaler Rationalismus" festgeschrieben ist.[910] Allerdings fragt es sich, wie relevant ein derartig weiter Kulturbegriff für die

905 Alfons Beat Schnyder, Die programmatische Veränderung einer Unternehmenskultur, in: Bungarten (Hg.), Unternehmenskultur als Herausforderung, S. 87–103, hier: S. 100.

906 Vgl. Georg Schreyögg, Unternehmenskultur. Zur Unternehmenskulturdiskussion in der Betriebswirtschaftslehre und einigen Querverbindungen zur Unternehmensgeschichtsschreibung, in: Jahrbuch für Wirtschaftsgeschichte 1993/2, S. 21–35; Petzina/Plumpe, Unternehmensethik – Unternehmenskultur, S. 9–19.

907 Christian Dregger, Unternehmenskultur, S. 179f.

908 Clemens Wischermann, Institutionenökonomische Theorien.

909 Dazu bereits Peter L. Berger und Thomas Luckmann, Die gesellschaftliche Konstruktion der Wirklichkeit. Eine Theorie der Wissenssoziologie, Frankfurt a. M. 1980, S. 56–72.

910 Max Weber, Vorbemerkung, Gesammelte Aufsätze zur Religionssoziologie I, Tübingen 1988.

Analyse ökonomischen Handelns ist, denn für das Tagesgeschäft ist in unserem Kulturkreis die Existenz des „okzidentalen Rationalismus" durchaus als gegeben anzunehmen. Langfristige Veränderungen kultureller Muster und Sinngebung mögen durchaus gegeben sein, doch ist ein derartiger Wandel nur für sehr langfristige ökonomische Wandlungsprozesse bedeutsam, kaum jedoch für kurz- oder mittelfristig angelegte ökonomische Entscheidungskalküle.

Diese, vielleicht ein wenig weit ausholenden Bemerkungen über die Möglichkeiten der theoretischen Durchdringung des komplexen Phänomens „Unternehmung" gingen bislang davon aus, dass sich dieses als reales Phänomen, alternativ zur Organisation ökonomischer Aktivitäten über Märkte, eindeutig bestimmen lässt. Aber auch diese dichotomische Sichtweise von „Markt versus Hierarchie (Unternehmen)" ist in letzter Zeit hinterfragt worden. Schon früh ist nämlich darauf hingewiesen worden, dass durchaus ein ganzes Spektrum von Kooperationsformen zwischen diesen beiden Extremen liegen kann.[911] Der große Zwischenbereich zwischen diesen Extremen spielt de facto eine bemerkenswerte Rolle denn *„market principles penetre into the firm's resource and allocation and organisation principles creep into the market allocation"*.[912]

Netzwerke bestimmen also zunehmend das unternehmerische Handeln, und die Grenzen von isolierten Unternehmen werden daher weit überschreiten, wobei diese Netzwerke eher kooperativ als kompetitiv angelegt sind. Handlungen auch im Sinne der Transaktionen der Neuen Institutionenökonomik sind eben immer *relationale* Aktionen, eingebunden in einen sozialen Kontext und nicht ausschließlich auf atomisierte Individuen bezogen.

Die von Oliver E. Williamson behauptete Dichotomie von Markt und Hierarchie[913] ist daher falsch, wie die zunehmende Bedeutung von Nicht-Markt-Arrangements in der Praxis zeigt. Diese finden sich in vielfältigen Formen, wie z.B. in dem vorindustriellen Verlagssystem, in Subkontrakten, Franchising, joint-ventures, profit-centers, Kartellabsprachen und vielem anderen mehr.[914] Eine Fülle von Kooperationsformen ist also in der Realität auch auf Märkten auffindbar[915], aber andererseits ist die moderne Unter-

911 Eva Bössmann, Warum gibt es Unternehmen?, S. 672; George B. Richardson, The Organisation of Industry, in: Economic Journal 82,2 (1972), S. 883–896.

912 Ken-ichi Imai und Hiroyuki Itami, Interpenetration of Organization and Market, in: International Journal of Industrial Organization 2 (1984), S. 285–310, hier: S. 285.

913 Oliver E. Williamson, Markets and Hierarchies. Analysis and Antitrust Implications, New York 1975.

914 Gernot Grabher, Rediscovering the Social Economics of Interfirm Relations, in: Ders. (Hg.), The Embedded Firm. On the Socioeconomics of Industrial Networks, London 1993, S. 1–31.

915 Steven N. S. Cheung, The Contractual Nature of the Firm, in: Journal of Law and Economics 26 (1983), S. 1–21.

nehmung als exakt definierte isolierte Organisation mittlerweile kaum mehr zu fassen. Insofern erscheinen „Netzwerke" in der Tat als eine hilfreiche Kategorie, die es erlaubt, die eigentümliche Mischung zwischen den Elementen von „Markt" und „Hierarchie" im modernen Wirtschaftsleben zu beschreiben. Ob allerdings in der Theorie gänzlich auf eine Trennung von Innen- und Außenbeziehungen von Unternehmen verzichtet werden kann, bleibt fraglich, da zumindest juristisch hier deutliche Unterschiede bestehen.[916]

Die Analyse von Netzwerken im Rahmen der ökonomischen Theorie provoziert einige Reflexionen hinsichtlich der methodologischen Grundorientierung dieser neuen Sichtweise, auf die hier nur kurz verwiesen werden kann. Die institutionenökonomische Erweiterung im Sinne der Transaktionskostentheorie bleibt insgesamt weiterhin dem methodologischen Individualismus verhaftet. Ein individueller Akteur handelt in Märkten wie in Hierarchien. Diesem „undersocialized concept" des menschlichen Handelns wird im „embeddedness approach"[917] eine Sichtweise entgegengestellt, in der soziale Einflussfaktoren als kontextbezogene Variablen in das Entscheidungskalkül einbezogen werden. Das Ergebnis individuellen Handelns wird damit entscheidend durch die soziale Einbindung des Akteurs determiniert. Dies stellt in der Tat einen gravierenden Schritt dar, der den Rahmen der bisherigen Theoriebildung im Bereich der modernen Ökonomie sprengt.

Netzwerke zeichnen sich in diesem Sinne durch vier Eigenschaften aus.[918] Erstens bestimmt *Reziprozität* anstelle von Äquivalenz die Austauschbeziehungen in den Netzwerken. Es erfolgt also kein unmittelbarer Ausgleich jeder einzelnen Transaktion wie beim Markttausch, kein unmittelbares „quid pro quo", sondern über einen längeren Zeitraum werden gegenseitige Verpflichtungen und gegenseitiges Vertrauen aufgebaut. Zweitens tritt damit an die Stelle der Autonomie der Tauschpartner eine gewisse *Abhängigkeit* in den Austauschbeziehungen. Eine freiwillige Einbindung bestimmt die Situation, begrenzt den Opportunismus und stabilisiert so das Netzwerk. Die vorfindbare *Lockerheit* der Verbindung lässt den Parteien drittens jedoch eine gewisse Unabhängigkeit, schafft günstige Bedingungen für interaktives Lernen und Innovationen und reduziert das Risiko kumulativer Fehlentscheidungen. Dennoch begründet letztlich viertens die Freiwilligkeit der Beziehungen keine Symmetrie und auch *Macht* stellt ein funktionales Element in Netzwerken dar, denn auch zwischen seinen Partnern stellt sich notwendig keine Harmonie der Interessen ein: neue Verfahren, neue Partner u.ä. begründen durchaus auch hier Konflikte.

916 Vgl. dazu Dieter Schneider, Unternehmer, S. 66f.
917 Vgl. dazu Mark Granovetter, Economic Action and Social Structure: the Problem of Embeddedness, in: American Journal of Sociology 91,1 (1985/86), S. 481–510.
918 Gernot Grabher, Rediscovering, S. 8–10.

Strategische Allianzen zwischen Unternehmen und vertikale Disaggregation, d.h. Verselbständigung, im Unternehmen stellen heute häufig zu beobachtende Formen der Bildung von Netzwerken, die anstelle von Märkte und Hierarchien treten, dar. Erste empirische Untersuchungen erweisen die Tragfähigkeit dieses institutionenökonomischen Ansatzes.[919] Insbesondere wird das Interesse wieder auf regionale Netzwerke gerichtet, denen sich Alfred Marshall[920] bereits vor Jahrzehnten zugewandt hatte. Lokale Besonderheiten sind demnach auch für Netzwerke wichtig, was gegenwärtig von Anbietern von Dienstleistungen ebenfalls wieder neu entdeckt wird.[921]

5.2 Zur Politik der Unternehmung: Wirtschaftsordnung und Interessen

Das Verhältnis zwischen Politik und Wirtschaft ist nicht nur vielfältig und problematisch, sondern es macht außerordentlich große Schwierigkeiten, dieses nachvollziehbar und sachgerecht zu diskutieren. Für unsere Fragestellung geht es innerhalb dieser komplexen Beziehungen dabei vor allem um zwei Sachverhalte, die sich in zwei Fragen kleiden lassen: Erstens, inwieweit ist der Erfolg unternehmerischen Handelns und damit die Existenz und die Weiterentwicklung der Unternehmen von den politischen Rahmenbedingungen abhängig? Zweitens, welche Möglichkeiten haben Unternehmer auf die Gestaltung dieser Rahmenbedingungen Einfluss zu nehmen und möglicherweise sogar darüber hinaus Einflussmöglichkeiten auf die Gestaltung der Gesellschaft zu gewinnen?

Diese beiden Aspekte des Verhältnisses zwischen der Wirtschaft und ihren Unternehmen einerseits und der Politik und ihren Instanzen andererseits sind es, die abschließend einer knappen Reflexion bedürfen, um die Relevanz unseres Untersuchungsobjektes über den engen Bereich der Wirtschaft hinaus für die Gesamtgesellschaft nicht nur zu veranschaulichen, sondern auch in ihrem Problemgehalt offenbar werden zu lassen. Unternehmensgeschichte ist nämlich mehr als nur eine Historiographie dieser sozialen Institution, sondern verweist auf allgemeinere Bezüge.[922] Gemeinhin

919 Vgl. Joel M. Podolny u.a., Networks, Knowledge and Niches: Competition in the Worldwide Semiconductor Industry 1984–1991, in: American Journal of Sociology 102,1 (1996/97), S. 659–689 sowie Dianne Hutchinson/Stephen Nicolas, Theory and Business History: New Approaches to Institutional Change, in: Journal of European Economic History 17 (1988), S. 411–425, hier: S. 414ff.

920 Alfred Marshall, Industry and Trade, London 1927 (OA 1919), S. 196.

921 Vgl. die interessante Studie von Heinz Schrumpf, Regionale Kreditinstitute und Wirtschaftsentwicklung, Stuttgart 1998, S. 13f.

922 Allerdings, dies ist noch einmal nachdrücklich hervorzuheben, können diese weitergehenden Bezüge erst sachgerecht diskutiert werden, nachdem die unternehmensinternen Bedingungen hinreichend erfasst und gewürdigt wurden. Vgl. dazu Pierenkemper, Was kann eine moderne Unternehmensgeschichte leisten?

sind diese Aspekte mit den Begriffen der „Macht" der Wirtschaft und dem „Erfolg" eines Wirtschaftssystems verbunden und bedürfen daher aus dieser eher unspezifischen Einbindung einer klareren Umschreibung.

Dass jede komplexere Form der Wirtschaftstätigkeit einer gewissen Ordnung bedarf, erscheint unmittelbar einleuchtend und gerade die zuvor erwähnten neueren Ansätze im Bereich der Institutionenökonomik haben deutlich darauf hingewiesen, dass die Stabilisierung von Verhaltenserwartungen für das Funktionieren einer arbeitsteiligen Ökonomie von ausschlaggebender Bedeutung ist. Dies wird auch bei der Betrachtung vergangener Wirtschaftsordnungen sichtbar, die seit der Frühen Neuzeit entscheidend das Verhältnis von Ökonomie und Politik determinierten. Derartige, bewusst gestaltete Ordnungen lassen sich spätestens seit dem Merkantilismus des 17. Jahrhunderts beobachten. Die Abstimmung zwischen den praktischen Bedürfnissen der Wirtschaftstätigkeit und den Interessen sowie Zielen der Potentaten und Staaten hat darüber hinaus auch zum Entstehen der Wirtschaftswissenschaften entscheidend beigetragen.[923]

Da das Verhältnis zwischen Staat und Wirtschaft gestaltbar ist und im historischen Prozess deutliche Veränderungen zeigt, ist die Frage nach der rechten Ordnung der Wirtschaft eine permanente und höchst relevante.[924] Im Merkantilismus war der Staat gegenüber der Privatinitiative eher das dominierende Element und übernahm umfassende und wichtige Aufgaben für Bevölkerung, Landeskultur, Produktion, Handel und Verkehr. Häufig war er direkt und unmittelbar an Wirtschaftsunternehmen beteiligt und der Staat als „gute Polizey" war Ziel und Ausdruck der neu entstehenden Kameralwissenschaften.[925] Mit der Expansion eines liberal-kapitalistischen Wirtschaftssystems während der Industrialisierung zog sich der Staat immer mehr aus vielen Bereichen der Wirtschaft zurück. Er setzte und garantierte Regeln, die private Initiativen auf der Basis von Privateigentum und Vertragsfreiheit schufen. Zugleich erfolgte eine Besinnung auf die soziale Verantwortung des Staates, was ein neues, weites Feld staatlicher Aufgaben schuf. Diese moderne Staatsauffassung unterscheidet sich deutlich von den traditionellen Vorstellungen, die dem „Staat" wesentlich weiter reichende eigene Zwecke zugestanden und ihn nicht lediglich als Lieferanten des Rahmenwerks einer individualistisch geprägten Wirtschaftsgesellschaft ansahen.

Hier liegt das ökonomische Ordnungsproblem, zu dessen Lösung staatliches Handeln vonnöten ist, um darin die Koordination von Einzelplänen

923 Vgl. ausführlich zu diesen Fragestellungen den 3. Band von Gerold Ambrosius in dieser Reihe (Anm. 926).

924 Als eine erste Annäherung an diesen Problemkomplex vgl. Gerold Ambrosius, Staat und Wirtschaft im 20. Jahrhundert, München 1990.

925 Adolf Wagner, Art. Der Staat II: Staat in nationalökonomischer Hinsicht, in: Handwörterbuch der Staatswissenschaften, Bd. VII, Jena 1911, S. 727–739.

in einer arbeitsteiligen Volkswirtschaft zu gewährleisten. Mit steigendem Grad der Arbeitsteilung einer Volkswirtschaft wird dieses Ordnungsproblem immer bedeutsamer.[926] Zwei Grundformen derartiger Koordination sind denkbar, im Rahmen einer Verkehrswirtschaft durch eine Koordination über Märkte oder im Rahmen einer zentralgeleiteten Wirtschaft über zentrale Verwaltung.[927] Natürlich treten derartige Ordnungen in der Realität nicht in reiner Form auf, denn für die Gestaltung der Wirtschaftsordnung stellen gerade die Abgrenzung des privaten vom öffentlichen Sektor sowie die Bestimmung des Umfangs marktwirtschaftlicher und planerischer Elemente ein gravierendes Problem dar. Im privaten Sektor spielen in marktwirtschaftlichen Systemen die privaten Unternehmen die entscheidende Rolle und dabei ist die Eigentumsordnung einer Gesellschaft von außerordentlicher Wichtigkeit.[928] Denn die Eigentumsordnung definiert die Rechte über die Gründung und die Leitung von Unternehmen.

Als erste Voraussetzung dafür gilt das Recht der freien Güterdisposition. Auf der Basis von Verträgen vermag damit der Unternehmer den Einsatz der Faktoren zu disponieren, was die Verfügung über materielle Ressourcen ebenso wie über immaterielle, wie z.B. Patente, Markennamen u. ä., bedingt. Nicht immer führt eine Disposition auf der Basis privatkapitalistischer Eigentumsrechte jedoch zu einer optimalen Lösung, weshalb Fälle denkbar sind, in denen eine Delegation von Entscheidungsbefugnis zum Staat hin durchaus zweckmäßig erscheint,[929] so dass wiederum das Problem der Abgrenzung zwischen der öffentlichen und der privaten Wirtschaft zutage tritt.

Blickt man auf die Entwicklung der Wirtschaftsordnung in Deutschland, so lassen sich eng verknüpft mit den Zäsuren der politischen Geschichte auch verschiedene Ordnungsregime voneinander unterscheiden. Vor dem Ersten Weltkrieg hat sich nach Überwindung der entwicklungshemmenden vormodernen Relikte der Wirtschaftsordnung nach der Jahrhundertwende eine relativ liberale Wirtschaftsordnung etablieren können. Davon haben die privaten Unternehmen entscheidend profitieren können, daher standen ihrer Expansion immer geringere Schranken entgegen. Mit Beginn des Ersten Weltkrieges veränderte sich die Situation grundlegend.[930]

926 Vgl. dazu umfassend Gerold Ambrosius, Staat und Wirtschaftsordnung. Eine Einführung in Theorie und Geschichte, Stuttgart 2000 als 3. Bd. dieser Reihe.

927 Egon Tuchtfeldt, Art. Wirtschaftssysteme, in: Handwörterbuch der Wirtschaftswissenschaften, Bd. 9, Stuttgart 1982, S. 326–353; Walter Eucken, Die Grundlagen der Nationalökonomie, Berlin 1950, S. 78–126.

928 Helmut Leipold, Eigentum und technischer Fortschritt. Eine dogmenhistorische und systemvergleichende Studie, Köln 1983, S. 103–106, 108ff.

929 Rainer Waterkamp, Interventionsstaat und Planung. Raumordnung, Regional- und Strukturpolitik, Köln 1973, S. 11.

930 Ambrosius, Staat und Wirtschaft (1990); Christoph Buchheim, Einführung in die Wirtschaftsgeschichte, München 1997.

Die Zwänge des Krieges schufen die Notwendigkeit zu Eingriffen in die liberale Wirtschaftsordnung. Rohstoffe wurden zwangsbewirtschaftet, der Arbeitsmarkt weitgehend außer Kraft gesetzt, der private Verbrauch rationiert und das Finanzsystem gänzlich in den Dienst der Kriegsfinanzierung gestellt, um nur die wichtigsten Maßnahmen zu nennen.

Diese schwerwiegenden Eingriffe in die Wirtschaftsordnung konnten auch in der Zwischenkriegszeit nicht rückgängig gemacht werden und belasteten die Wirtschaft der Weimarer Republik als schwere Hypothek. Hinzu traten Staatsinterventionen aufgrund neuer Zwangslagen: der sozialpolitischen Forderungen der Arbeiterschaft, der Reparationsverpflichtungen, der außenwirtschaftlichen Verwerfungen und schließlich eines unerwartet schweren konjunkturellen Einbruchs.[931] Unter diesen Belastungen brach nicht nur das Wirtschaftssystem der Zwischenkriegszeit zusammen, sondern der gesamte Staat geriet in die Krise, weshalb eine radikale Lösung gesucht wurde.[932]

Das NS-Regime brach mit zahlreichen liberalen Traditionen und schuf eine gänzlich neue Wirtschaftsordnung, die gelegentlich als Neomerkantilismus bezeichnet wird.[933] Die Wirtschaft wurde von Anfang an den politischen Zielen untergeordnet und die Wirtschaftsordnung entsprechend umgestaltet. Inwieweit im Rahmen dieser „Neuen Ordnung" noch Raum für freies unternehmerisches Gestalten blieb, ist außerordentlich schwierig zu bestimmen und wird erst gegenwärtig anhand zahlreicher Fallstudien intensiver untersucht.[934]

Das Ende des Zweiten Weltkrieges und der Untergang des Deutschen Reiches machte eine gänzliche Neuordnung der wirtschaftlichen Rahmenbedingungen in Deutschland nötig. Der Westen Deutschlands folgte dabei einem völlig anderen Modell als der Osten, denn im Westen orientierte man sich am privatkapitalistischen Vorbild einer Verkehrsgesellschaft und schuf nach der Währungs- und Wirtschaftsreform von 1948 eine „Soziale Marktwirtschaft". Diese Wirtschaftsordnung zeichnete sich dadurch aus, dass sie die persönliche Freiheit des einzelnen, wachsenden Wohlstand und soziale Sicherheit als wirtschaftspolitische Ziele deklarierte und mit den ordnungs-

931 Vgl. dazu Knut Borchardt, Zwangslagen und Handlungsspielräume in der großen Weltwirtschaftskrise der frühen dreißiger Jahre. Zur Revision des überlieferten Geschichtsbildes, in: Ders. (Hg.), Wachstum, Krisen, Handlungsspielräume der Wirtschaftspolitik. Studien zur Wirtschaftsgeschichte des 19. und 20. Jahrhunderts, Göttingen 1982, S. 165–182.

932 Ders., Wirtschaftliche Ursachen des Scheiterns der Weimarer Republik, in: Ders. (Hg.), Wachstum, Krisen, Handlungsspielräume, S. 183–205.

933 Herbert Giersch, Allgemeine Wirtschaftspolitik. Grundlagen, Wiesbaden 1961, S. 168–181.

934 Lothar Gall und Manfred Pohl (Hg.), Unternehmen im Nationalsozialismus, München 1998; Erker/Pierenkemper (Hg.), Deutsche Unternehmer zwischen Kriegswirtschaft und Wiederaufbau.

politischen Vorgaben eines auf Eigeninitiative beruhenden marktwirtschaftlichen Leistungswettbewerbes anstrebte.[935] Wettbewerbsförderung, Kartellkontrolle, soziale Umverteilung und Appelle an die ökonomische Einsicht sollten diese Politik flankieren. Der Osten, die bald gegründete DDR, folgte einer anderen, an der sowjetischen Zentralverwaltungswirtschaft orientierten ordnungspolitischen Konzeption und scheiterte damit. Der Vergleich zwischen der Bundesrepublik und der DDR vermag den engen Zusammenhang zwischen ökonomischer Leistungsfähigkeit und Wirtschaftsordnung zu veranschaulichen. In diesem Realexperiment zeigte sich die weitaus höhere ökonomische Leistungsfähigkeit einer auf der Dispositionsfreiheit von privaten Unternehmen aufbauenden Marktwirtschaft gegenüber einer Zentralverwaltungswirtschaft.[936]

Doch der augenscheinliche ökonomische Erfolg einer privatkapitalistischen, liberalen Wirtschaftsordnung sagt noch nichts darüber aus, ob dieser Erfolg möglicherweise mit einem inakzeptablen Zuwachs an „Macht" der privaten Unternehmen erkauft worden ist. Wie steht es also mit dem zweiten eingangs erwähnten Aspekt des Verhältnisses Staat und Wirtschaft, mit dem Einfluss der wirtschaftlichen Protagonisten auf den Staat?

Schon bald nach der Etablierung von industriellen Großunternehmen gab es kritischen Stellungnahmen über ihr Wirken. Insbesondere auch ihre zunehmende „Macht", sei es im lokalen Arbeitsmarkt oder in der nationalen Politik, geriet in das Blickfeld der Kritiker. Damit wurde deutlich, dass das moderne Unternehmen nicht nur einen Faktor in der Ökonomie eines Landes darstellt, sondern auch in seinem politischen System. Diesem Aspekt, der politischen Wirkung von Unternehmen, gilt es sich nun, ebenfalls kurz zuzuwenden.

Die Marxsche Analyse der kapitalistischen Entwicklung bildet für die Auseinandersetzung über die gesellschaftliche Funktion der industriellen Großunternehmen implizit oder explizit den Ausgangspunkt, denn Marx hatte schon früh auf die Konsequenzen von Konzentration und Zentralisation des Kapitals für das politische System hingewiesen. Wachsende Ausbeutung, zunehmende Krisenanfälligkeit und schließlich der gänzliche Zusammenbruch des kapitalistischen Systems schienen ihm die unvermeidbaren Folgen einer ungebremsten Expansion der Unternehmen zu sein.

Eine weiterführende Arbeit, die dem Zusammenhang zwischen Wachstum der Unternehmen und politischem System früh Aufmerksamkeit zuwandte, war Rudolf Hilferdings „Finanzkapital"[937], in dem er die „Entwicklungstendenzen des gegenwärtigen Kapitalismus" darzulegen gedachte. Dabei spielten Großunternehmen und deren Struktur- und Expansions-

935 Hans G. Schachtschabel, Wirtschaftspolitische Konzeptionen, Stuttgart 1970, S. 89–99.

936 Christoph Buchheim, Einführung, S. 108–110.

937 Rudolf Hilferding, Das Finanzkapital, Frankfurt am Main 1973 (OA 1910).

bedingungen ebenfalls eine entscheidende Rolle. Hilferding schien es unausweichlich zu sein, dass es im Zuge des Wachstums der industriellen Großunternehmen und aufgrund deren begrenzter Möglichkeiten zur Innenfinanzierung zu einer wachsenden Abhängigkeit von den Banken käme – bis hin zu einer Verschmelzung von Unternehmen und Banken im „Finanzkapital“. Die daraus resultierende Ausschaltung der Konkurrenz zwischen den nationalen Monopolen eröffne und erzwinge zugleich eine Expansion der Industrie in internationale Märkte, womit der Grundstein zum Imperialismus gelegt sei.[938] Hier stehen also die Großunternehmen als dynamische Elemente der Wirtschaftsordnung gänzlich im Zentrum der Entwicklung. Ihr Wachstum stößt an Grenzen, wo es um die Behauptung gegenüber der Marktkonkurrenz und die Finanzierung aus eigener Kraft geht. Daher treten ihnen die Banken hilfreich zur Seite, gewinnen Einfluss auf die Geschäftspolitik und lenken den Konkurrenzdruck ins Ausland ab.

In der einen oder anderen Form sind derartige Überlegungen bis in die Gegenwart immer wieder aufgegriffen worden und haben zu einer kritischen Analyse über die Rolle von Großunternehmen Anlass gegeben. Aus der Fülle der Beispiele derartiger Arbeiten seien nur einige wenige herausgegriffen.

Paul Baran und Paul Sweezy[939] haben am Beispiel der US-amerikanischen Wirtschaft argumentiert, dass die typische Produktionseinheit der Gegenwart nicht mehr ein kleines Unternehmen mit einem homogenen Produktionsprogramm und geringem Marktanteil ist, sondern dass Großunternehmen mit hohen Marktanteilen und einer Vielfalt von Produkten das Bild der Wirtschaft prägen. Die so entstandene „Giant Corporation“ weist demnach bestimmte Eigenschaften auf, aus denen ein gegenüber den vorhergehenden Zeiten gänzlich verändertes strategisches Verhalten der Großunternehmen resultiert. Die Kontrolle im Unternehmen ist nämlich den Eigentümern weitgehend entglitten und wird von Managern ausgeübt. Diese rekrutieren ihren Nachwuchs zumeist selber und erreichen dadurch eine Unabhängigkeit, die es ihnen erlaubt, die Finanzmittel des Unternehmens weitgehend nach eigenem Gutdünken zu verwenden.

Zwar bleibt hinsichtlich der Logik der Gewinnerzielung das strategische Handeln der Unternehmen unverändert, doch die Manager verfolgen durchaus auch eigene Ziele. Insbesondere suchen sie den Umfang der Ausschüttungen zu begrenzen und damit das interne Wachstum des Unternehmens zu fördern. Damit befinden sie sich durchaus in Übereinstimmung

938 Zur jüngsten Auseinandersetzung mit Hilferding vgl. Wellhöner, Großbanken und Großindustrie, S. 25–52 und Harald Wixfort, Banken und Schwerindustrie in der Weimarer Republik, Köln 1995, S. 16–23. Biographische Informationen bei Heinz-Gerhard Haupt, Rudolf Hilferding, in: Hans-Ulrich Wehler (Hg.), Deutsche Historiker, Bd. VIII, Göttingen 1982, S. 56–77.

939 Siehe Baran/Sweezy, Monopoly Capital.

mit den Interessen der Großaktionäre, weniger hingegen mit denen der Kleinaktionäre. Gewinne werden für Manager zunehmend zu einem Mittel, die finanzielle Unabhängigkeit des Unternehmens und damit auch ihre eigene zu sichern; sie stellen nicht mehr das letzte Ziel unternehmerischen Handelns dar. Manager als korporative Kapitalisten ersetzen somit zunehmend den individuellen Kapitalisten früherer Jahre.[940] Die Akkumulation als Kern des kapitalistischen Entwicklungsprozesses bleibt jedoch beherrschend, Unternehmen wachsen weiter, sogar noch stärker und mit höherer Rationalität in einem weiteren Zeithorizont. Dieses Wachstum generiert jedoch neue Probleme, weil ein steigender „economic surplus“ immer wieder profitabel angelegt werden muss. In einer tendenziellen Überproduktion sehen daher Baran und Sweezy, ganz konsequent der Marxschen Tradition folgend, das Hauptproblem der gegenwärtigen Ökonomie und ihrer Großunternehmen. Da die Kosten wegen der steigenden Produktivität eher sinken, die Preise aber nach unten unflexibel sind, stelle sich gesamtwirtschaftlich eine Tendenz zu einem steigenden Überschuss ein, der auf irgendeine Weise absorbiert werden muss, um den Zusammenbruch des auf Expansion aufgelegten kapitalistischen Systems zu verhindern. Da beiden Autoren dieses durch wachsenden Konsum, wegen der steigenden Sparneigung, und durch wachsende Investitionen, wegen des Kapazitätseffektes für die zukünftige Produktion, nicht möglich erscheint, bleibt nur der Ausweg über die gesellschaftliche Verschwendung, z.B. in Form von „sales effort“, d.h. Staatsverbrauch, Rüstungsproduktion o. ä. In jedem Falle bleibt aber das Problem der Stabilität des gesamtwirtschaftlichen Expansionsprozesses bestehen, was durch das Wachstum der industriellen Großunternehmen nur noch verschärft wird.

John Kenneth Galbraith[941] geht in seinen Beobachtungen ebenfalls davon aus, dass Großunternehmen zunehmend die Wirtschaft dominieren und in die Lage gesetzt werden, Märkte nach ihren Bedürfnissen zu gestalten. Dies ist Teil eines umfassenden Wandlungsprozesses von Wirtschaft und Gesellschaft, dessen Ergebnis die Entstehung eines „Industriesystems“ ist. Die Planung und die Nutzung neuer Technologien sind die wesentlichen Elemente dieses neuen Systems, worin Großunternehmen eine entscheidende Rolle spielen. Wichtig sind dabei auch Veränderungen in der internen Struktur der industriellen Großbetriebe.[942] Dort sind es Gruppenentscheidungen, die sich gegenüber den Entscheidungen der Individuen als überlegen erwiesen haben, weil so weitaus mehr und besser überprüfte Informa-

940 Vgl. Burnham, Das Regime der Manager. Zu den ideologischen Wurzeln dieser neben Arbeitern und „Kapitalisten“ dritten Kraft Johannes Alasco, Intellectual Capitalism. A Study of Changing Ownership and Control in Modern Industrial Societies, New York 1950.

941 Galbraith, Die moderne Industriegesellschaft.

942 Vgl. ebenda, S. 76ff.

tionen diesen Entscheidungen zugrunde gelegt werden können. Natürlich sind nicht alle Gruppen im Unternehmen an diesen Entscheidungen in gleicher Weise beteiligt. Insbesondere diejenigen, die an der Beschaffung und Bewertung von Informationen beteiligt sind, haben dabei Einfluss. Dies sind aber nicht die Top-Manager, sondern zahlreiche Experten, Planer, Techniker und andere Spezialisten, die die Entscheidungen vorbereiten. Galbraith nennt diese Gruppen „Technostruktur" eines Unternehmens. Dies wirft ein anderes Licht auf die Manager als in den Annahmen von Baran und Sweezy, da die Manager Entscheidungen nicht aufgrund eigener Interessen und Machtfülle, sondern auf der Basis vorgefertigter und selektiver Informationen treffen. Entscheidend für die Qualität der strategischen Entscheidungen im Unternehmen ist nach Galbraith also die Formung von Gruppen und die Formulierung von Aufgaben für die „Technostruktur" des Unternehmens. Die „Macht" des Managements erscheint hier wesentlich eingeschränkter als das manche marxistisch orientierte Wissenschaftler glauben mögen.

Auf die zunehmende Bedeutung von Großunternehmen in Deutschland seit der Mitte des 19. Jahrhunderts ist schon ausführlich hingewiesen worden, ebenso auf deren wachsende „Macht" im Zusammenhang mit Kartellierung und Konzentration. Neben diesen unmittelbaren Möglichkeiten der Einflussnahme durch Kartellierung und Konzentration gibt es aber noch eine Vielzahl weiterer Einflussmöglichkeiten auf die Bedingungen unternehmerischen Handelns, wie sie durch die Wirtschaftsordnung den Unternehmen von außen vorgegeben werden. Hier tritt die Vielfalt der unternehmerischen Interessenvertretungen in das Blickfeld der Unternehmensgeschichte. Deren Entstehung und Ausgestaltung im Deutschland des 19. Jahrhunderts gilt es abschließend darzustellen.

Zweifellos stellen die ökonomischen Interessenorganisationen im 19. Jahrhundert in Deutschland einen, wenn nicht den zentralen Bereich des intermediären Systems dieser Gesellschaft dar. Dies um so mehr, da ein ausdifferenzierter intermediärer Bereich erst das Kennzeichen einer modernen, relativ offenen Gesellschaft bildet, als welche die Gesellschaft des Deutschen Kaiserreiches wohl kaum zu bezeichnen ist. Es bleibt aber einschränkend festzuhalten, dass ökonomische Interessen nur von einem begrenzten Teil der Interessenorganisationen verfolgt werden, die neben den politischen Parteien und den Massenmedien dieses intermediäre System bilden, das zwischen der Lebenswelt des einzelnen und seiner privaten Sphäre einerseits und dem Bereich der politisch administrativen Entscheidungen andererseits vermittelt.[943]

In Deutschland begann mit der Gründung des Kaiserreichs eine organisatorische Formierung und überregionale Zentralisierung der wirtschafts- und sozialpolitischen Interessenverbände. Die Herausbildung entsprechen-

943 Rosenberg, Große Depression und Bismarckzeit.

der neuer sozialer Gruppen mit unterschiedlichen ökonomischen, sozialen und politischen Interessen hatte zwar eher eingesetzt und auch schon vereinzelt zu Verbandsgründungen geführt. Organisierte Interessen wurden aber erst im Gefolge der Industrialisierung in zunehmendem Maße zum Ausdruck der politisch-ökonomischen Strukturverhältnisse einer Gesellschaft.[944] Die Interessengruppe stellte dabei eine Gruppierung dar, die sich der Wahrnehmung oder dem Schutz besonderer Belange bestimmter sozialer Gruppen zuwandte, im Unterschied zur politischen Partei, die eher Belange der Allgemeinheit vertrat.

Den Interessengruppen kam in der Gesellschaft des Deutschen Kaiserreichs eine besondere Bedeutung zu, insbesondere in ihrem Einwirken auf die Parteien und auf die staatliche Politik. Die Verbände umfassten Organisationen, die z.T. auch quer zu den politischen Parteien standen und auf verschiedene Weise auf diese Einfluss zu nehmen trachteten. Dies gelang den Verbänden häufig auch, ohne jedoch die politische Dominanz der Parteien zu überwinden. Ihre Interessen konzentrierten sich vielmehr stärker auf bestimmte soziale Gruppen in der Gesellschaft bei entsprechender Betonung der ökonomischen Komponente gegenüber der politischen.[945]

Der „Einbau der Verbände in den Staat“[946] und das Zusammenwirken mit der Staatsmacht blieb nicht nur auf die Zusammenarbeit der Interessenverbände mit den Parteien beschränkt. Daneben stand den Verbänden der Weg über die Beeinflussung der öffentlichen Meinung und über den direkten Druck auf die Staatsverwaltung offen. Es standen also für den Versuch, das Handeln des Staates im Sinne der Interessenverbände zu beeinflussen, eine Reihe verschiedener Möglichkeiten zur Verfügung. Außerdem gab es auch die Situation, dass die Staatsverwaltung von sich aus die Verbände zur Mitarbeit heranzog, um deren Sachverstand und Organisation zu nutzen. Interessenorganisation und Staat stimmten sich so häufig auf dem Hintergrund gemeinsamer Zieldimensionen miteinander ab.

Allerdings besteht in der historischen Betrachtung auch die Gefahr, dass die Stellung der Interessenverbände im politischen Prozess des Deutschen Kaiserreiches überbewertet wird. Für das Kaiserreich ist insgesamt anzunehmen, dass die Verbände die Legitimation der Parteien und des

944 Gerhard Schulz, Über Entstehung und Formen von Interessengruppen in Deutschland seit Beginn der Industrialisierung, in: Politische Vierteljahresschrift 2 (1961), S. 124–54; Thomas Nipperdey, Interessenverbände und Parteien in Deutschland vor dem Ersten Weltkrieg, in: Politische Vierteljahresschrift 2 (1961), S. 262–80.

945 Fritz Blaich, Staat und Verbände in Deutschland zwischen 1887 und 1945, Wiesbaden 1979; Wolfram Fischer, Staatsverwaltung und Interessenverbände in Deutschland 1871–1914, in: Heinz Josef Varain (Hg.), Interessenverbände in Deutschland, Köln 1973; Geoff Eley, Zum Problem der Verbände im Kaiserreich, in: Sozialwissenschaftliche Informationen für Unterricht und Studium 11 (1982), S. 22–28.

946 Hans-Ulrich Wehler, Das deutsche Kaiserreich 1871–1918, Göttingen 1973, S. 90.

Parlamentes nicht in Frage stellten. Darüber hinaus ist die Einflussnahme der Interessenverbände neben dem Umfang der Verbandsmacht auch zu differenzieren nach der Art der Verbände und ihren Einfluss-Sphären sowie nach den staatlichen Ebenen, auf denen sie versuchten, Einfluss zu gewinnen. Hinsichtlich dieser Unterschiede zeigt sich im Kaiserreich ein buntes Kaleidoskop verschiedener Interessenverbände. Verschiedene zeitgenössische Übersichten vermitteln einen Eindruck von der bemerkenswerten Vielfalt dieser Verbände.[947]

Ein ganzer Kranz wirtschaftlicher Interessenverbände hatte sich schon im 19. Jahrhundert herausgebildet. Dabei lassen sich drei Typen von Wirtschaftsverbänden auffinden, die hinsichtlich ihrer Entstehungsursachen, ihrer Ziele und ihrer organisatorischen Entwicklung deutlich voneinander zu unterscheiden sind. Es handelt sich dabei um

1.) Handelskammern, später Industrie- und Handelskammern, die als öffentlich-rechtliche Selbstverwaltungsorganisationen mit Zwangsmitgliedschaft für alle Unternehmen des Kammerbezirks organisiert waren.
2.) Freie Wirtschaftsverbände, die der ausschließlichen Vertretung der besonderen Interessen ihrer Mitglieder dienten.
3.) Marktverbände, die unmittelbar auf eine Gestaltung der Marktbedingungen gerichtet waren, sei es als Arbeitgeberverbände auf dem Arbeitsmarkt oder als die schon erwähnten Kartelle auf dem Absatzmarkt.

Obwohl die Grenzen zwischen diesen drei Typen fließend waren und auch bleiben, so lassen sie sich doch, sowohl hinsichtlich des historischen Zeitpunktes ihrer Entstehung, als auch hinsichtlich ihrer Ziele, deutlich differenzieren.[948]

Insgesamt kann man drei Stufen unterscheiden, in denen sich in Deutschland ein System von unternehmerischen Interessenverbänden herausgebildet hat, beginnend mit der Organisation der Interessen des Handels, folgend

947 Verzeichnis der im Deutschen Reiche bestehenden Vereine gewerblicher Unternehmer zur Wahrung ihrer wirtschaftlichen Interessen. Zusammengestellt im Reichsamt des Inneren, Berlin 1903; Volkswirtschaftliches Handbuch. Ein Führer durch alle Gebiete des neuzeitlichen Organisationswesens zur Vertretung wirtschaftlicher und verwandter allgemeiner Interessen, Berlin 1909; Handbuch wirtschaftlicher Verbände und Vereine des Deutschen Reiches. Enthaltend eine Zusammenstellung fast aller deutschen wirtschaftlichen Verbände und Vereine mit genauen Angaben über Vorstand, Geschäftsstelle und Geschäftsführung, Mitgliederstand, Zweck, Ortsgruppen, Untervereine, Entwicklungsgeschichte usw., Berlin 1919; Handbuch wirtschaftlicher Verbände und Vereine des Deutschen Reiches. Sowie der Industrie- und Handelskammern, Handwerks- und Landwirtschaftskammern und sonstiger wirtschaftlicher Interessenvertretungen und Zweckorganisationen, Berlin 1928.

948 Toni Pierenkemper, Trade Associations in Germany in the Late Nineteenth and Early Twentieth Century, in: Hiroaki Yamazaki und Matao Miyamoto (Hg.), Trade Associations in Business History, Tokyo 1988, S. 233–261.

mit den Interessen der Produzenten und schließlich am Ende des Jahrhunderts endend mit der Organisation der Unternehmer als Arbeitsmarktpartei.

Die Organisation der Interessen der freien Unternehmer begann bereits zu Beginn des 19. Jahrhunderts. In einem ersten Schritt erfolgte zunächst eine Organisation der Händlerinteressen in kaufmännischen Korporationen und Handelskammern, die ab Mitte des Jahrhunderts ein einheitliches Gesicht erhielten und zentral zusammengefasst wurden. Entstanden waren die Handelskammern aus den „Commerzkollegien" des 17. Jahrhunderts, die zunächst in Frankreich zur Unterstützung des Staates in Fragen des Handels und Gewerbes gegründet worden waren. Diese wurden dort bald in Handelskammern mit Zwangsmitgliedschaft und Beitragspflicht umgewandelt und kamen im Zuge der napoleonischen Eroberungen nach Deutschland. Vor allem Preußen übernahm dann nach 1830 diese Praxis und gründete zahlreiche Handelskammern. In Preußen existierte jedoch noch eine weitere Wurzel des Handelskammerwesens, die „Kaufmännischen Korporationen", die sich seit den 1820er Jahren in den alten preußischen Provinzen als freiwillige Organisationen gebildet hatten und die durch königliches Statut die Rechte der Selbstverwaltung und eigener Rechtpersönlichkeit verliehen bekommen hatten. Diese blieben zunächst noch neben den überall neu gegründeten Handelskammern bestehen und gingen später darin auf.[949]

Die anderen deutschen Bundesstaaten folgten sehr bald dem deutschen Beispiel, so Bayern (1843), Württemberg (1854) und Sachsen (1860), wenn sie nicht wie Baden (1820) bereits unmittelbar aus französischen Anstößen die alten Handelsinnungen und Zünfte in Handelskammern überführt hatten. 1861 wurde der „Deutsche Handelstag" als zentrales Forum und Spitzenorganisation dieser Handelskammern gegründet. Dieser sollte als Organ des gesamten deutschen Handels- und Fabrikantenstandes die allgemeinen kommerziellen Interessen vertreten. Allerdings war eine solche Formulierung der allgemeinen Interessen wegen der Vielfalt sektoraler und regionaler Sonderinteressen in diesem Gremium äußerst schwierig. Deshalb ließ sich hier ein einheitlicher Standpunkt, z.B. hinsichtlich der Schutzzollfrage, nicht formulieren, allenfalls später in der Auseinandersetzung mit den Ansprüchen der Landwirtschaft.

Die Entfaltung von Unternehmerverbänden der Produzentenorganisationen stellte die zweite Phase der Verbandsbildung in Deutschland dar. Bei der Gründung des Deutschen Reiches bestanden bereits eine Reihe solcher Verbände, und es bildeten sich dann schnell zahlreiche neue, die mit z.T. recht unterschiedlichen Interessen an die Öffentlichkeit traten.

949 Dieter Schäfer, Der Deutsche Handelstag als bürgerlicher Beitrag zur deutschen Politik, in: Varain (Hg.), Interessenverbände, S. 120–138; Wolfram Fischer, Unternehmerschaft, Selbstverwaltung und Staat. Die Handelskammern in der deutschen Wirtschafts- und Staatsverfassung des 19. Jahrhunderts, Berlin 1964; Fritz Heréus, Die deutschen Handelskammern als Glied der Verwaltung. Ihre Geschichte, ihr Wesen und ihre Zukunft, Leipzig 1922.

Im Sinne der oben angeführten Dreiteilung wirtschaftlicher Interessenverbände muss hier noch kurz auf den dritten und letzten Typus eingegangen werden. Dabei handelte es sich um Marktverbände, d.h. um unternehmerische Verbände, die sich vornehmlich den Arbeitsmarkt- und Absatzinteressen der Unternehmer widmeten und die gegen Ende des 19. Jahrhunderts als Reaktion auf das Erstarken der Gewerkschaften und die Verschlechterung der Absatzbedingungen der deutschen Industrie entstanden und somit eine dritte Phase der Interessenorganisation der Unternehmer einleiteten. Kartelle als derartige Absatzorganisationen wurden bereits behandelt, Arbeitgeberverbände können aus Beschränkungsgründen nicht eingehender behandelt werden.

Die genannten freien Vereinigungen von Produzenten sind zweifellos Errungenschaften des 19. Jahrhunderts, eng verbunden mit der Entstehung der industriellen Großunternehmen. Die Vereinigungen der alten Zeit waren aus ganz anderen Problemzusammenhängen entstanden und hatten sich ganz anders entwickelt. Bereits in den ersten Jahrzehnten des 19. Jahrhunderts waren einige erste neuartige Fachvereine (z.B. 1820 der „Norddeutsche Apothekerverein" und 1825 der „Börsenverein deutscher Buchhändler") gegründet worden, deren Wirken jedoch äußerst begrenzt blieb. Die 1840er Jahre brachten zwar noch keine dauernde Vereinsbildung dieses neuen Typs, aber erste Ansätze zur Organisation verschiedener Industriezweige, z.B. 1841 der Zuckerindustrie. Diese Ansätze griffen in den 1850er Jahren auf weitere Industriezweige über (Hüttenindustrie, Spiritusfabrikanten) und führten in den 1860er Jahren zu den ersten dauerhaften Verbandsgründungen. In diesem Jahrzehnt wurde erstmals auch die Schwerindustrie, die sich noch in einer stürmischen Aufbauphase befand, von der Verbandsbildung erfasst. Es bildeten sich mit dem „Verein für die bergbaulichen Interessen im Oberbergamtsbezirk Dortmund" (1858), kurz auch Bergbau-Verein genannt[950], dem „Verein deutscher Eisenhüttenleute" (1860) und dem „Oberschlesischen Berg- und Hüttenmännischen Verein" (1861) nun jene Kristallisationspunkte heraus, um die sich in der Folgezeit die machtvollen Interessenverbände der deutschen Schwerindustrie gruppierten.[951] In den 1870er Jahren vollendete sich nämlich der Zusammenschluss der Schwerindustrie in Branchen- und Regionalverbänden und die Zentralisierung in einer Spitzenorganisation. Wichtige Schritte auf dem Wege dorthin waren die Gründung des „Vereins deutscher Eisen- und Stahlindustrieller"

950 Vgl. die oben genannte Festschrift von Jüngst (1908).

951 Friedrich Schomerus, Die freien Interessenverbände in Handel und Industrie und ihr Einfluss auf Gesetzgebung und Verwaltung, in: Jahrbücher für Gesetzgebung und Volkswirtschaft im Deutschen Reich 25 (1901), S. 57–138; Dirk Stegmann, Art. Unternehmerverbände, in: Handwörterbuch der Wirtschaftswissenschaften, Bd. 8, Stuttgart 1980, S. 155–171; Ders., Die Erben Bismarcks. Parteien und Verbände in der Spätphase des Wilhelminischen Deutschland. Sammlungspolitik 1897–1918, Köln 1970.

(VDES) im Jahre 1873, des „Vereins zur Wahrung der gemeinsamen wirtschaftlichen Interessen in Rheinland und Westfalen" (1871), kurz Langnam-Verein genannt, und schließlich des „Centralverband Deutscher Industrieller" (CDI) im Jahre 1876. Daneben lassen sich bereits erste Verbandsgründungen in Industriezweigen der Fertigindustrie finden, so 1877 die Gründung des „Vereins zur Wahrung der Interessen der Chemischen Industrie Deutschlands". Damit waren in der Entwicklung der Produzentenverbände in Deutschland die Grundstrukturen bestimmt, die in den folgenden Jahrzehnten nicht mehr verändert, sondern nur noch ergänzt wurden. So durch einige Verbandsgründungen im Bereich der Fertigindustrie (1889 „Verein deutscher Maschinenbauanstalten", 1902 „Verein zur Wahrung der gemeinsamen Wirtschaftsinteressen der deutschen Elektrotechnik") und auf der Ebene der Spitzenorganisationen (1895 „Bund der Industriellen", BdI, 1909 „Hansa-Bund"). Zahlreiche weitere Verbände ließen sich aufführen. Ihre Zahl wird zur Jahrhundertwende auf ca. 500 beziffert. Die bereits genannten stellen zweifellos den Kern des Systems unternehmerischer Interessenvertretung im Deutschen Kaiserreich dar.

Die Ursachen für eine Gründung war dabei jeweils recht unterschiedlich, z.B. wurde der VDES als unmittelbare Folge der schweren Krise der Eisen- und Stahlindustrie gegründet[952], der Langnam-Verein dagegen aus aktuellem Anlass am 30. März 1871.[953] Der CDI entstand im Zusammenhang mit der Agitation um die Wiedereinführung der Eisenzölle auf Initiative des Reichstagsabgeordneten von Kardorff, der mit seiner Streitschrift „Wider den Strom!" zur handelspolitischen Umkehr vom Freihandel zum Schutzzoll aufrief.[954] Nach Gründung des Verbandes am 14. Dezember 1875 in Berlin bildete die Handelspolitik den Hauptgegenstand der Verbandsarbeit. Mit der Wiedereinführung der Eisenzölle 1879 war das Hauptziel des CDI, die Einführung eines Schutzzolls auf Eisen und Eisenprodukte, erreicht, wonach sich eine Ausweitung und Verlagerung des Verbandes hin zu einer allgemeinen industriellen Interessenvertretung vollzog.[955] Der BdI wurde in einer gewissen Gegnerschaft zum CDI 1895 gegründet, weil der CDI überwiegend die Interessen der Großindustrie vertrat und die abweichenden Interessen der Klein- und Mittelbetriebe in der Leicht- und Fertigindustrie dort keine ausreichende Berücksichtigung fanden. Ziel die-

952 Clemens Klein, Geschichte des Vereins Deutscher Eisen- und Stahlindustrieller 1874–1934, Bundesarchiv Koblenz R 13 I/12 (unveröffentlichtes Manuskript); Hermann Edwin Krueger, Die freien Interessenvertretungen von Industrie, Handel und Gewerbe in Deutschland, Berlin 1908.

953 Josef Winschuh, Der Verein mit dem langen Namen. Geschichte eines Wirtschaftsverbandes, Berlin 1932.

954 Wilhelm von Kardorff, Wider den Strom!, Berlin 1875.

955 Henry Axel Bueck, Der Centralverband Deutscher Industrieller, 3 Bde., Berlin 1901; Hartmut Kaelble, Industrielle Interessenpolitik in der Wilhelminischen Gesellschaft. Centralverband Deutscher Industrieller 1895–1914, Berlin 1967.

ses Verbandes war es u.a., diesen Interessen durch die „Herstellung einer industriellen Massenbasis neben nationaler Arbeiterschaft und Bauern“ zu dienen, wie das der Bund der Landwirte erfolgreich vorexerziert hatte.[956] Der „Hansa-Bund für Gewerbe, Handel und Industrie“ stellt im Vergleich zu CDI und BdI einen anderen, neuen Typ des Integrationsverbandes dar. Hier wurde nämlich versucht, eine möglichst umfassende bürgerliche Interessenorganisation zu schaffen, die nicht nur Handel, Gewerbe und Industrie und ihre Verbände, sondern auch den gewerblichen Mittelstand (Handwerker, Selbständige, Einzelhändler) und bestimmte Gruppen der abhängig Beschäftigten (Angestellte) als Einzelmitglieder umfassen sollte. Der Hansa-Bund war demnach eher ein „Mittelding“ zwischen politischer Partei und wirtschaftlicher Organisation, die eine Massenbasis anstrebte.[957] Seine Gründung am 12. Juni 1909 ist in unmittelbarem Zusammenhang mit der Reichsfinanzreform zu sehen. Diese hatte unter maßgeblichem konservativen Einfluss zu einer Benachteiligung der gewerblichen Kreise gegenüber der Landwirtschaft geführt. Deshalb richtete sich die Gründung des Hansa-Bundes zuvorderst auch gegen die Landwirtschaft und den einflussreichen „Bund der Landwirte“ (BdL).[958]

Die bislang behandelten Verbände und ihre interessenpolitische Orientierung wurden sehr stark durch die Montanindustrie geprägt. Die Versuche von BdI und Hansa-Bund, auch anderen wirtschaftspolitischen Orientierungen Ausdruck zu verleihen, waren nur von begrenztem Erfolg. Das Konglomerat der schwerindustriellen Interessen scharte sich um den CDI und den diesem eng verbundenen Verbänden, insbesondere den Bergbau-Verein, den Langnam-Verein und den Verein deutscher Eisen- und Stahlindustrieller. Diesem Komplex stellten sich zunehmend die Interessen der übrigen Industriezweige entgegen, die mit dem Bund der Industriellen, später unterstützt durch den Hansa-Bund, versuchten, ihren Wünschen und Bedürfnissen Ausdruck zu verleihen. Die wichtigsten Verbände der verarbeitenden Industrie, auf die sich diese Initiativen stützen konnten, kamen dabei aus den Bereichen des Maschinenbaus, der Elektrotechnik und der Chemie.

Der „Verein Deutscher Maschinenbau-Anstalten“ (VDMA) stand allerdings ebenfalls dem CDI nahe, wo er Mitglied war. Er organisierte vor allem den Großmaschinenbau mit Schwerpunkt im rheinisch-westfälischen

956 Hans-Peter Ullmann, Der Bund der Industriellen. Organisation, Einfluß und Politik klein- und mittelbetrieblicher Industrieller im Deutschen Kaiserreich 1895–1914, Göttingen 1976.

957 Siegfried Mielke, Der Hansa-Bund für Gewerbe, Handel und Industrie 1909–1914. Der gescheiterte Versuch einer antifeudalen Sammlungspolitik, Göttingen 1976; Jakob Riesser, Der Hansa-Bund, Jena 1912.

958 Hans Jürgen Puhle, Agrarische Interessenpolitik und preußischer Konservativismus im Deutschen Reich, Hannover 1976.

Industriegebiet, da er bereits im Jahre 1889 als Organisation der rheinisch-westfälischen Maschinenfabrikanten gegründet und dann 1892 in allgemeiner Form reorganisiert worden war.[959] Eine wirtschaftliche Interessenvertretung der Elektrotechnik entstand erst 1902 mit dem „Verein zur Wahrung gemeinsamer Wirtschaftsinteressen der deutschen Elektrotechnik". Anlass zu seiner Gründung war der Mangel an ausreichender Beteiligung dieser Industrie an den Vorbereitungen der Handelsverträge von 1902.[960] Weitaus eher als Maschinenbau und Elektrotechnik hatte sich die Chemieindustrie in ihrem zentralen Interessenverband zusammengefunden.[961] Wegen der beachtlichen Exportquote der chemischen Industrie rückte dabei schon sehr bald die Handelspolitik in das Zentrum der Verbandsaktivitäten. Die Interessen der chemischen Industrie lassen sich als mäßiger Zollschutz unter gerechter Abwägung der industriellen und agrarischen Interessen umschreiben und befanden sich insoweit in Übereinstimmung mit den Zielen der Reichsregierung. Es gelang der chemischen Industrie deshalb auch in den Handelsverträgen von 1891 und bei deren Erneuerung 1902, ihre Interessen nahezu durchzusetzen. 1882 war der Verband auch dem CDI beigetreten, in der Hoffnung hier Unterstützung für die eigenen Bestrebungen zu finden. Diese Hoffnung wurde jedoch enttäuscht, so dass der Verein 1889 wieder austrat und sich später eng an den BdI anlehnte, an dessen Zustandekommen der Verein beteiligt war.

Hinsichtlich der unterschiedlichen wirtschaftspolitischen Interessen und Motive lässt sich die Verbandspolitik der industriellen Unternehmen in Deutschland im 19. Jahrhundert offenbar in mehrere, deutlich voneinander zu unterscheidende Phasen einteilen.

In der ersten Phase der Verbandsbildung der 1860er und 1870er Jahre standen die Probleme der Verkehrspolitik im Vordergrund. Die deutsche Industrie, insbesondere der Steinkohlebergbau und die Eisen- und Stahlindustrie des Ruhrgebietes, befanden sich in einer stürmischen Aufschwungphase. Zahlreiche neue Unternehmen entstanden, die Produktion schwoll gewaltig an und der Absatz stieß an die Grenzen der Kapazität des Transportsystems. Der Ausbau des deutschen Eisenbahnsystems war zuvor aber eher den traditionellen Handelsrouten gefolgt, hatte erst spät das Ruhrgebiet erreicht und dort längst nicht zu einem umfassenden Transportsystem geführt, ebenso bedurfte das Kanalsystem einer Ergänzung. Die frühen

959 Der deutsche Maschinenbau (unveröffentlichtes Manuskript), Archiv des Verbandes Deutscher Maschinen- und Anlagebau e.V. (VDMA), Frankfurt a.M.

960 Max Frese, Annalen zur Geschichte des Zentralverbandes der deutschen Elektrotechnischen Industrie und der Wirtschaftsgruppe Elektroindustrie (unveröffentlicht), vorhanden in der Bücherei des Zentralverbandes der Elektrotechnischen Industrie e. V., Frankfurt a. M.

961 Claus Ungewitter, Ausgewählte Kapitel aus der chemisch-industriellen Wirtschaftspolitik 1877–1927, Berlin 1927.

Verbandsgründungen des Bergbau- und des Langnam-Vereins, lassen sich deshalb vor allem auf die Unzufriedenheit der Schwerindustrie mit den unzureichenden Transportkapazitäten zurückführen. Demgemäss richteten sich auch die ersten und wichtigsten Aktivitäten dieser Verbände auf die Verkehrspolitik.

Nach dem Umschlag der Konjunktur Mitte der 1870er Jahre traten jedoch gänzlich andere wirtschaftspolitische Probleme in den Vordergrund. Jetzt ging es nicht mehr darum, eine expandierende Nachfrage möglichst rasch und umfassend zu befriedigen, sondern mangelnde Nachfrage und Absatzchancen prägten nun das Bild. Für die betroffenen Industrien stellte sich in einer zweiten Phase nun das Problem der Absatzstabilisierung, das nach innen durch Konzentration und Kartellierung zu lösen gesucht wurde, das aber auch außenwirtschaftlich abzusichern blieb.[962] Damit traten die Fragen der Handelspolitik in das Zentrum der interessenpolitischen Auseinandersetzung, d.h. die Frage nach einer Umorientierung der Zollpolitik. Auch hier waren wiederum die Unternehmen der westdeutschen Schwerindustrie in erster Linie betroffen, allenfalls noch die süddeutschen Textilindustriellen. In kurzer Folge wurden nun die beiden wichtigen, schwerindustriell dominierten Verbände, der VDES und als Spitzenverband der CDI, gegründet. Damit war schon sehr frühzeitig das Konglomerat der schwerindustriellen Interessenvertretung als Regional-, Branchen- und Spitzenverband komplett, das noch ohne wesentliche Konkurrenz seitens anderer industrieller Interessen zur Tat schreiten konnte.

Gegenstand der Aktivitäten dieser Verbände in den 1870er Jahren waren vor allem Aktivitäten zur Wiedereinführung der Eisenzölle, die 1879 von Erfolg gekrönt wurden. Auch beteiligte sich insbesondere der CDI in den 1880er Jahren am Ausbau des staatlichen Sozialsystems, z.B. der Einführung einer Sozialversicherung. Erste Versuche der effektiven Verbandsbildung außerhalb der Schwerindustrie, z.B. in der chemischen Industrie, blieben noch folgenlos.

Erst in den 1890er Jahren, mit zunehmender Bedeutung der verarbeitenden Industrie in Deutschland, versuchten nun in einer dritten Phase der Verbandsbildung auch die anderen Branchen dem erfolgreichen Beispiel der Schwerindustrie zu folgen und zu einem effizienten Verbandswesen zu kommen. Das betraf neben der Chemieindustrie auch den Maschinenbau, der allerdings wegen seiner engen Bindung zu den Eisen- und Stahlproduzenten in großen Teilen im Dunstkreis der Schwerindustrie verblieb, und erst relativ spät die elektrotechnische Industrie.

Die Bemühungen, ein verbandsmäßiges Gegengewicht zur Schwerindustrie zu schaffen, mündeten in die Gründung des BdI (1895), der, wie der CDI als Spitzenverband organisiert, den Interessen der Fertigindustrie stär-

962 Vgl. Blaich, Absatzstrategien deutscher Unternehmer, in: Pohl (Hg.), Absatzstrategien.

ker Ausdruck verleihen wollte. Zwischen beiden Gruppierungen kam es deshalb ab den 1890er Jahren auch zu Rivalitäten und sachlichen Kontroversen. So ging es etwa um die Handelspolitik, insbesondere die Ausgestaltung der Handelsverträge von 1891 und 1902. Zwar wurde ein völliger Freihandel von keiner Seite mehr gefordert, die Höhe des Zolls und sein Geltungsbereich boten jedoch weiterhin genügend Konfliktstoff. Mit den großen Streiks trat ab 1889 auch die „Arbeiterfrage" stärker in den Mittelpunkt der verbandspolitischen Auseinandersetzungen. Die Schwerindustrie und ihre Verbände hatten sich dabei auf eine harte Konfrontationsstrategie festgelegt, während die Fertigindustrien u.a. wegen der qualitativ anders strukturierten Arbeiterschaft eine moderatere Linie verfolgten.

Insgesamt lässt sich das System der Produzentenverbände im Deutschen Kaiserreich in vier Punkten kurz charakterisieren. Die schwerindustriellen Verbände konnten ihre dominierende Stellung erstens darauf zurückführen, dass sie ihre Interessen bereits in einer sehr frühen Phase der Entwicklung eines Verbändesystems gleichsam „konkurrenzlos" organisieren konnten und zweitens

Unternehmen umfassten, deren Zahl relativ gering, deren Größe jedoch bedeutend war, so dass eine Erfassung der gesamten Branche relativ leicht zu bewerkstelligen war. Außerdem repräsentierten sie drittens meist eine Branche mit relativ homogenen Produkten, die ein hohes Maß der Übereinstimmung der wichtigsten Interessen gewährleistete, und viertens hatten sie regional einen eng umrissenen Schwerpunkt, der die Kommunikation erleichterte und der seinen Ausdruck in einer beachtlichen Homogenität der Unternehmerschaft fand.

Demgegenüber blieben alle folgenden Versuche der Organisation industrieller Interessen im Nachteil. Sogar die schwerindustriellen Interessen Oberschlesiens, der Saar oder nach 1871 Lothringen-Luxemburgs hatten gegenüber dem Rhein-Ruhr-Komplex Schwierigkeiten bei der Interessenartikulation. Um wie viel mehr Schwierigkeiten gab es dann für die Fertigindustrie, die regional verstreut mit sehr heterogenen Produkten und zahlreichen kleinen und mittleren Unternehmen erst in den 1890er Jahren begann, ihre wirtschaftlichen Interessen gegen den schwerindustriellen Komplex zu organisieren und zu artikulieren.[963]

963 Ausführlicher zur skizzierten Entwicklung der industriellen Verbände Hans-Peter Ullmann, Interessenverbände in Deutschland, Frankfurt a. M. 1988.

IV. Resümee

Wenn nun die vorausgegangenen Ausführungen dazu beitragen können, die eingangs geforderte Reflexion über eine sachgerechte Unternehmensgeschichtsschreibung vorwärts zu bringen, so ist ihr Zweck in vollem Maße erreicht. Es sollte bei der hier versuchten Standortbestimmung einer modernen Unternehmensgeschichte deutlich geworden sein, dass diese Disziplin in ihrer gegenwärtigen Form noch nicht über ein eindeutiges Paradigma, d.h. weder über einen eindeutig gesicherten Stand des Wissens, noch über eine unstrittige Methode zur Generierung neuen Wissens verfügt. Dennoch beginnt die Arbeit nicht voraussetzungslos, sondern nimmt eine eigenständige Perspektive gegenüber den Unternehmen ein, wobei an zahlreiche, z.T. etwas verschüttete, z.T. diskreditierte Traditionen angeknüpft wird. Dazu zählt gewiß die amerikanische Business History, die sich schon früh – eingebunden in eine besondere akademische Struktur – der Erforschung des privaten, kapitalistischen Unternehmens angenommen hat. Diese Form der Analyse des Geschäftslebens zeigt deutliche Unterschiede zu der nahezu ebenso alten, allerdings anders gelagerten Beschäftigung mit der privaten Unternehmertätigkeit in Deutschland. Hier bildeten Firma und Unternehmerpersönlichkeit die Fixpunkte für die Arbeiten im Bereich der Firmengeschichte und Unternehmerbiographie.

Diese Anfänge der modernen Unternehmensgeschichtsschreibung in Deutschland und den USA an der Wende zum 20. Jahrhundert sind in den folgenden Jahrzehnten in verschiedener Hinsicht weiterentwickelt worden, unterlagen aber verschiedenen, auch politisch bedingten Veränderungen. Im Hinblick auf die ökonomischen Krisen und Katastrophen in der ersten Hälfte des 20. Jahrhunderts verwundert es daher nicht, dass die private Geschäftstätigkeit gegenüber anderen Fragestellungen insgesamt in den Hintergrund trat. Fragen der Stabilität der wirtschaftlichen Entwicklung, der Konjunktur, der internationalen Finanzkrisen, der Ordnung der Wirtschaft und ähnlichem dominierten die Fachdiskussion und die private Unternehmertätigkeit stand demgegenüber eher im Schatten. Dies änderte sich zur Mitte des Jahrhunderts, als im Nachkriegsboom auch die einzelwirtschaftlichen Bedingungen von Wachstum und Prosperität erneut in das Blickfeld von Öffentlichkeit und Wissenschaft traten.

In Deutschland versuchte man im Rahmen der unternehmenshistorischen Forschung zunächst an die deutschen Traditionen anzuknüpfen, doch schon bald, auch wegen eines verstärkten transatlantischen Wissenschaftsaustauschs, wurde man sich der anders gelagerten Ansätze der amerikanischen Business History bewußt und versuchte sie produktiv in deutsche Projekte einzubeziehen – mit zunächst eher mäßigem Erfolg. Demgegenüber stellte die Betriebsgeschichtsschreibung der DDR, die sich parallel zur Unternehmensgeschichte der BRD seit den 1960er Jahren entfaltete, eine bewußte Herausforderung dar. Dieser trat man in der BRD mit einer Unternehmensgeschichtsschreibung entgegen, die weitaus stärker Elemente der traditionellen deutschen Firmengeschichtsschreibung und Unternehmerbiographie als die zukunftsträchtigeren Ansätze der Business History aufnahm. Diese fielen z.B. in England und Skandinavien im gleichen Zeitraum auf wesentlich fruchtbareren Boden. Erst in jüngster Zeit ist es auch hierzulande zu zahlreichen wissenschaftlichen Initiativen gekommen, die die deutsche Unternehmensgeschichtsschreibung an internationale Standards anzupassen suchen.

Dazu sollte auch das hier vorgeschlagene Konzept des strategischen Handelns im Unternehmen beitragen können, was in der hier vorgelegten Einführung in Methoden und Ergebnisse der modernen Unternehmensgeschichte exemplifiziert wurde. Zunächst geriet dabei das Problem der Unternehmensgründung und –organisation in den Gesichtskreis. Wichtige Etappen im 19. Jahrhundert bilden hier die frühen Eisenbahnunternehmen, die Möglichkeit der Gründung von Aktiengesellschaften und neue Organisationsprinzipien. Auch über die finanzielle Konsolidierung und die Finanzierung weiteren Wachstums bieten deutsche Unternehmen im 19. Jahrhundert umfangreiches Anschauungsmaterial.

Großunternehmen, die diese Probleme erfolgreich bewältigt haben, treten am Ende des Jahrhunderts besonders hervor. Doch nicht nur diese, sondern auch die kleineren Privatunternehmen sind mit der Wahl und permanenten Anpassung der Produktionstechnologie konfrontiert. Hier zeigt sich, dass bei der Analyse des technischen Fortschritts die einzelwirtschaftliche Betrachtung besonders angemessen ist, denn technologische Neuerungen zeigen ihre Wirkung niemals gesamtwirtschaftlich, sondern individuell an einzelnen Aggregaten, in Unternehmen, bestenfalls noch in Branchen. Dies ließ sich insbesondere bei den modernen „englischen“ Technologien des 19. Jahrhunderts und ihrer Verbreitung in Deutschland demonstrieren.

Vielfältig waren auch die Probleme, die mit der Verbreitung von Lohnarbeit einher gingen. Für das einzelne Unternehmen betraf dies v.a. die Fragen der Rekrutierung, Disziplinierung und Qualifizierung ihrer Arbeitskräfte. Die frühindustrielle Arbeiterschaft bildete ein buntes Gemisch aus vielfältigen Personengruppen, weshalb ihre Formierung zu einer branchenspezifisch ausgeprägten Fabrikarbeiterschaft die Unternehmen vor große Aufgaben stellte.

Ähnlich war es mit dem Absatz der Produkte. Zunächst schienen sie sich wie von selbst zu verkaufen, doch mit zunehmender Massenproduktion wurde es nötig, auch einen Massenabsatz zu organisieren, zudem unter wachsender Konkurrenz einer zunehmenden Zahl von Anbietern. Alle diese Probleme galten in mehr oder weniger einheitlicher Weise für alle modernen Unternehmen. Dennoch zeigten sich branchenbedingte Abweichungen und Besonderheiten wie auch regionale, standortgebundene Spezifika, die strategisches Handeln in Unternehmen zusätzlich determinierten.

Wenn man Unternehmen nicht nur als ein rationales, ausschließlich zweckorientiertes Gebilde betrachtet, muss man auch Individuen und Gruppen im Unternehmen in den Analysezusammenhang einbeziehen. Insbesondere die Soziologie und die Sozialgeschichte haben dazu wertvolle Forschungsergebnisse erarbeitet. Unternehmer und Manager, Angestellte und Arbeiter sind mit ihren unterschiedlichen Vorstellungen und Handlungsweisen also zu berücksichtigen, da man davon ausgehen muss, dass diese nicht ohne Bedeutung für die Betriebszwecke sind. Auch hier eröffnet sich ein weites Spektrum von Differenzierungen und Konzeptualisierungen, die in sachgerechter Weise in die Unternehmensgeschichte einbezogen werden müssen.

Doch nicht nur die Bedingungen des strategischen Handelns im Unternehmen sind im Hinblick auf ihre Rationalisierung zu untersuchen, da sich diese Bedingungen auch durch unternehmerisches Handeln selbst verändern lassen. Zu denken ist dabei vor allem an Maßnahmen zur Gestaltung der Wettbewerbsbedingungen im Sinne der Interessen einzelner Unternehmen. Konzentration, Konzern- und Monopolbildung u.ä. bilden dabei eine Strategie, für die sich v.a. in Deutschland im späten 19. Jahrhundert zahlreiche Beispiele finden. Darüber hinaus gibt es ebenfalls viele Beispiele für eine zweite Form der Konkurrenzreduktion, nämlich die Absprachen in Kartellen und Syndikaten. Dass diese Maßnahmen möglicherweise nicht so erfolgreich waren, wie von den beteiligten Unternehmen gewünscht, ist kein Grund, sie von einer Betrachtung auszuschließen.

Die Ergebnisse der unternehmenshistorischen Forschung, die hier für das 19. Jahrhundert dargestellt wurden, weisen jedoch in jedem Fall über den engen Bereich der Disziplin hinaus. Theoretisch müssen sie einen Weg suchen, an Kategorien, Konzepte und Ergebnisse der Nachbardisziplinen anzuknüpfen. Hier sind Brückenschläge zu den Wirtschafts- und Sozialwissenschaften wie auch zu den Geschichtswissenschaften unverzichtbar. Eine „Theorie der Unternehmung“ zu entwickeln, ist nämlich eher ein universelles Projekt, als das Problem einer einzelnen Fachwissenschaft wie der Betriebswirtschaftslehre. Dies gilt neben der Theorie der Unternehmung auch für ihre Praxis, denn in allen Bereichen der Gesellschaft wird das Wirken unternehmerischen Handelns offenbar. Das Leben aller Menschen wird durch diese zentrale Institution unserer Wirtschafts- und Gesellschaftsordnung unmittelbar tangiert. Daher gehören auch Reflexionen über diesen Zusammenhang zum Gegenstandsbereich der modernen Unternehmensgeschichte.

Insgesamt umfaßt Unternehmensgeschichte also viel mehr als nur die Entwicklung unternehmerischen Handelns. Weil Unternehmen über ihren engeren Bereich hinaus in vielfältiger Weise in die Gesellschaft hinein wirken, können und müssen die weiteren Belange von Politik, Sozialem und Kultur in die Betrachtung einbezogen werden. Das strategische Handeln im Unternehmen mit dem Ziel, einen möglichst guten Unternehmenserfolg zu realisieren, bildet dennoch zweifellos den Kern der modernen Unternehmensgeschichte. Ihren ökonomischen Funktionen gilt deshalb meines Erachtens Priorität, weshalb ich eine stärkere Erforschung dieser Funktionen der ökonomischen Institution „Unternehmen“ für dringend geboten halte.

Bibliographie

Adelmann, Gerhard, Die berufliche Ausbildung und Weiterbildung in der deutschen Wirtschaft 1871–1918, in: Hans Pohl (Hg.), Berufliche Aus- und Weiterbildung in der deutschen Wirtschaft seit dem 19. Jahrhundert, Stuttgart 1979, S. 9–52

Ders., Quellensammlung zur Geschichte der sozialen Betriebsverfassung, Bd. II: Soziale Betriebsverfassung einzelner Unternehmen der Ruhrindustrie, Bonn 1965

Afanasév, Victor G., Wissenschaftliche Leitung der Gesellschaft, Berlin (Ost) 1969

Alasco, Johannes, Intellectual Capitalism. A Study of Changing Ownership and Control in Modern Industrial Societies, New York 1950

Albach, Horst (Hg.), Innovationsmanagement. Theorie und Praxis im Kulturvergleich (Zeitschrift für Betriebswirtschaft, Ergänzungsheft 1/1989), Wiesbaden 1989

Ders., Betriebswirtschaftliche Probleme der Unternehmensgründung, in: IFM-Materialien Nr. 14 (Institut für Mittelstandsforschung), Bonn 1984

Ders., The Nature of the Firm: A Production-Theoretical Viewpoint, in: Zeitschrift für die gesamte Staatswissenschaft 137 (1981), S. 717–722

Ders., Zur Theorie des wachsenden Unternehmens, in: Wilhelm Krelle (Hg.), Theorien des einzelwirtschaftlichen und gesamtwirtschaftlichen Wachstums, Berlin 1965, S. 9–97

Albrecht, Ulrike, Überlegungen zu einem regionalen Wirtschaftsarchiv, unveröff. Manuskript zur Tagung „Keine Angst vor Archivgesetzen – Archivrecht in der Praxis", 25./26.3.1994

Dies., Jahrestreffen des Arbeitskreises „Regionale Wirtschaftsarchive" in München, in: Archiv und Wirtschaft 1993/1, S. 116–118

Alchian, Armen A./Demsetz, Harold, Production, Information Cost and Economic Organisation, in: American Economic Review 62,2 (1972), S. 777–795

Allgemeine Deutsche Biographie (ADB), hg. durch die Historische Kommission bei der Königlichen (Bayr.) Akademie der Wissenschaft, 56 Bde.

Alteslander, Peter, Konflikt und Kooperation im Industriebetrieb, Köln 1959

Altmann, Norbert/Bechtle, Günter, Betriebliche Herrschaftsstruktur und industrielle Gesellschaft. Ein Ansatz zur Analyse, München 1971

Ambrosius, Gerold, Staat und Wirtschaftsordnung. Eine Einführung in Theorie und Geschichte, Stuttgart 2000

Ders. u.a. (Hg.), Moderne Wirtschaftsgeschichte. Eine Einführung für Historiker und Ökonomen, München 1996

Ders., Staat und Wirtschaft im 20. Jahrhundert, München 1990

Andersen, Arne, Historische Technikfolgenabschätzung am Beispiel des Metallhüttenwesens und der Chemieindustrie 1850–1933, Stuttgart 1996

Arndt, Helmut (Hg.), Die Konzentration in der Wirtschaft. On Economic Concentration, 2 Bde., Berlin 1971

Arnst, Paul, August Thyssen und sein Werk, Leipzig 1925

Arrow, Kenneth J., The Economics of Agency, in: John W. Pratt/Richard J. Zeckhauser (Hg.), Principals and Agents: The Structure of Business, Boston/Mass. 1985, S. 37–51

Aubin, Hermann/Zorn, Wolfgang (Hg.), Handbuch der deutschen Wirtschafts- und Sozialgeschichte, Bd. 1, Stuttgart 1971, Bd. 2, Stuttgart 1976

Ders., Verzeichnis der Fest- und Denkschriften von Unternehmungen und Organisationen im Hamburger Weltwirtschaftsarchiv, Hamburg 1961

Baba, Satoshi, Die schlesische Leinenindustrie, in: Jahrbuch für Wirtschaftsgeschichte 2000/2 (im Erscheinen)

Bahrdt, Hans-Paul, Industriebürokratie. Versuch einer Soziologie des industrialisierten Bürobetriebes und seiner Angestellten, Stuttgart 1972 (OA 1958)

Banfield, Thomas C., Industry of thc Rhine, Series II, Manufactures, London 1848

Banken, Ralf, Die Finanzierung der Rhein-Weser und Köln-Mindener Eisenbahngesellschaft 1836–1844, in: Peter Ellerbrock/Marina Schuster (Hg.), 150 Jahre Köln-Mindener Eisenbahn, Essen 1997, S. 154–160

Ders., Saararabien und Königreich Stumm. Die Saarregion als Musterland einer patriarchalischen betrieblichen Sozialpolitik, unveröff. Manuskript Köln 2000

Baran, Paul A./Sweezy, Paul M., Monopoly Capital. An Essay on the American Economic and Social Order, Harmondsworth 1968

Barnikel, Hans-Heinrich (Hg.), Probleme der wirtschaftlichen Konzentration, Darmstadt 1975

Ders., Kartelle in Deutschland. Entwicklung, theoretische Ansätze und rechtliche Regelungen, in: Ders. (Hg.), Theorie und Praxis der Kartelle, Darmstadt 1972, S. 1–64

Baudis, Dieter, Geschichte und Hintergrund der „Tradition“, in: Jahrbuch für Wirtschaftsgeschichte 1960/1, S. 189–202

Bea, Franz Xaver/Haas, Jürgen, Strategisches Management, Stuttgart 1995

Beau, Horst, Das Leistungswissen des frühindustriellen Unternehmertums in Rheinland und Westfalen, Köln 1959

Bechtle, Günter, Betrieb als Strategie. Theoretische Vorarbeiten zu einem industriesoziologischen Konzept, Frankfurt a.M. 1980

Beck, Ludwig, Die Einführung des englischen Flammofenfrischens in Deutschland durch Heinrich Wilhelm Remy & Co. auf dem Rasselstein bei Neuwied, in: Beiträge zur Geschichte der Technik und Industrie 3, Berlin 1911, S. 86–130

Behrens, Karl Christian, Allgemeine Standortbestimmungslehre, Opladen 1971

Berg, Werner, Die Teilung der Leitung. Ursprünge industriellen Managements in den landwirtschaftlichen Gutsbetrieben Europas, Göttingen 1999

Ders., Wirtschaft und Gesellschaft in Deutschland und Großbritannien im Übergang zum „Organisierten Kapitalismus“. Unternehmer, Angestellte, Arbeiter und Staat im Steinkohlenbergbau des Ruhrgebietes und von Südwales 1850–1914, Berlin 1984

Berger, Peter L./Luckmann, Thomas, Die gesellschaftliche Konstruktion der Wirklichkeit. Eine Theorie der Wissenssoziologie, Frankfurt am Main 1980, S. 56–72

Berghahn, Volker, Unternehmer und Politik in der Bundesrepublik Deutschland, Frankfurt a. M. 1985

Berghoff, Hartmut, Transaktionskosten: Generalschlüssel zum Verständnis langfristiger Unternehmensentwicklung? Zum Verhältnis von Neuer Institutionenökonomie und moderner Unternehmensgeschichte, in: Jahrbuch für Wirtschaftsgeschichte 1999/2, S. 159–176

Ders., Unternehmenskultur und Herrschaftstechnik. Industrieller Paternalismus: Hohner von 1857 bis 1918, in: Geschichte und Gesellschaft 23 (1997), S. 167–204

Ders., Zwischen Kleinstadt und Weltmarkt. Hohner und die Harmonika 1857–1961. Unternehmensgeschichte als Gesellschaftsgeschichte, Paderborn 1997

Ders., „This is an Age of Advertisement“, Absatzwerbung und Unternehmenswachstum am Beispiel Hohner 1900–1914, in: Zeitschrift für Unternehmensgeschichte 1995/4, S. 216–234

Ders., Englische Unternehmer 1870–1914. Eine Kollektivbiographie führender Wirtschaftsbürger in Birmingham, Bristol und Manchester, Göttingen 1991

Dies., Tired Pioneers and Dynamic Newcomers? A Comparative Essay on English and German Entrepreneurial History, in: Economic History Review 47 (1994), S. 262–287

Ders./Roland Möller, Unternehmer in Deutschland und England 1870–1914, in: Historische Zeitschrift 256 (1993), S. 353–386

Berle, Adolf A., Macht ohne Eigentum, Meisenheim 1967 (OA 1959)

Ders., Die kapitalistische Revolution des 20. Jahrhunderts, Meisenheim 1958 (OA 1954)

Ders./Means, Gardiner C., The Modern Corporation on Private Property, New York 1950 (1. Aufl. 1932)

Bernays, Marie, Untersuchungen über die Schwankungen der Arbeitsintensität während der Arbeitswoche und des Arbeitstages. Ein Beitrag zur Psychophysik der Textilarbeit, Schriften des Vereins für Socialpolitik, Bd. 135, Dritter Teil, Leipzig 1912, S. 189–383

Dies., Auslese und Anpassung der Arbeiterschaft in der geschlossenen Großindustrie, Leipzig 1910

Berth, Rolf, Woran scheitern Innovationen? Zu viele Versuche für ein marktgängiges Produkt – Best Practise-Regeln, in: FAZ, 3. Mai 1999, Nr. 101, S. 33

Beutin, Ludwig, Geschichte der südwestfälischen Handelskammer zu Hagen und ihrer Wirtschaftslandschaft, Hagen 1956

Ders., Was erwartet die Wissenschaft von der Firmengeschichte, in: Tradition. Zeitschrift für Firmengeschichte und Unternehmerbiographie 1 (1956), S. 62–69

Bieber, Daniel, Technikentwicklung und Unternehmensorganisation: Zur Rationalisierung von Innovationsprozessen in der Elektroindustrie, Frankfurt a.M. 1993

Bieringen, Johann Alberti, Historische Beschreibung des sehr alten und löblichen Manßfeldischen Berg-Werks aus dem Jahre 1734, Leipzig 1734

Biographisches Jahrbuch und Deutscher Nekrolog, hg. von A. Bettelheim, 20 Bde., Berlin 1895–1917

Blaich, Fritz, Amerikanische Firmen in Deutschland 1890–1918: US-Direktinvestitionen im deutschen Maschinenbau, Wiesbaden 1984

Ders., Staat und Verbände in Deutschland zwischen 1887 und 1945, Wiesbaden 1979

Ders., Produktions- und Absatzbedingungen für deutsche Unternehmer in Rußland 1897–1915. Das Beispiel der Zellstoffabrik Waldhof, in: Jürgen Schneider (Hg.), Wirtschaftskräfte und Wirtschaftswege. Festschrift für Hermann Kellenbenz, Bd. 3, Stuttgart 1978, S. 549–559

Ders., Der Einfluß der Kartellierung der deutschen Grundstoffindustrie auf den Konjunkturverlauf zwischen 1900 und 1914, in: Scripta Mercaturae 10 (1976), S. 5–22

Ders., Kartell- und Monopolpolitik im kaiserlichen Deutschland. Das Problem der Marktmacht im deutschen Reichstag zwischen 1879 und 1914, Düsseldorf 1973

Ders., Absatzstrategien deutscher Unternehmer im 19. und in der ersten Hälfte des 20. Jahrhunderts, in: Hans Pohl (Hg.), Absatzstrategien deutscher Unternehmer. Gestern-Heute-Morgen, Wiesbaden 1962, S. 5–46

Blumberg, Horst, Die deutsche Textilindustrie in der industriellen Revolution, Berlin 1965

Ders., Die Finanzierung der Gründungen und Erweiterungen von Industriebetrieben in Form der Aktiengesellschaften während der fünfziger Jahre des neunzehnten Jahrhunderts in Deutschland, am Beispiel der preußischen Verhältnisse erläutert, in: Hans Mottek u.a. (Hg.), Studien zur Geschichte der industriellen Revolution in Deutschland, Berlin (Ost) 1960, S. 165–208

Böhm, Franz, Das Reichsgericht und die Kartelle. Eine wirtschaftsverfassungsrechtliche Kritik an dem Urteil des R. G. vom 4. Februar 1897, RGZ 38/155, in: Ordo. Jahrbuch für die Ordnung von Wirtschaft und Gesellschaft 1 (1948), S. 197–213

Böhmert, Victor, Untersuchungen und Bericht über die Lage der Fabrikarbeiter, Zürich 1868
Boelcke, Willi A. (Hg.), Wege zum Erfolg. Südwestdeutsche Unternehmerfamilien, Leinfelden-Echterdingen 1996
Bönig, Jürgen, Die Einführung von Fließbandarbeit in Deutschland bis 1933. Zur Geschichte einer Sozialinnovation, Münster 1993
Bösselmann, Kurt, Die Entwicklung des deutschen Aktienwesens im 19. Jahrhundert, Berlin 1939
Bössmann, Eva, Warum gibt es Unternehmen? Der Erklärungsansatz von Ronald H. Coase, in: Zeitschrift für die gesamte Staatswissenschaft 137 (1981), S. 667–674
Boetticher, Karl W./Pross, Helge, Manager des Kapitalismus, Frankfurt a. M. 1971
Bongartz, Wolfram, Unternehmensleitung und Kostenkontrolle in der rheinischen Montanindustrie vor 1914. Dargestellt am Beispiel der Firmen Krupp und Gutehoffnungshütte, in: Zeitschrift für Unternehmensgeschichte, Teil I 1984/1, S. 33–55, Teil II 1984/2, S. 73–113
Bonus, Holger, Institution und Langsamkeit, Münster 1994
Ders., Nationalökonomie auf neuen Wegen, in: Wilhelm Jäger (Hg.), Neue Wege der Nationalökonomie, Münster 1994, S. 14–48
Borchardt, Knut, Wirtschaftliche Ursachen des Scheiterns der Weimarer Republik, in: Ders. (Hg.), Wachstum, Krisen, Handlungsspielräume der Wirtschaftspolitik. Studien zur Wirtschaftsgeschichte des 19. und 20. Jahrhunderts, Göttingen 1982, S. 183–205
Ders., Zwangslagen und Handlungsspielräume in der großen Weltwirtschaftskrise der frühen dreißiger Jahre. Zur Revision des überlieferten Geschichtsbildes, in: Ders. (Hg.), Wachstum, Krisen, Handlungsspielräume der Wirtschaftspolitik. Studien zur Wirtschaftsgeschichte des 19. und 20. Jahrhunderts, Göttingen 1982, S. 165–182
Ders., Der „Property Rights-Ansatz" in der Wirtschaftsgeschichte – Zeichen für eine systematische Neuorientierung des Faches?, in: Jürgen Kocka (Hg.), Theorien in der Praxis des Historikers, Geschichte und Gesellschaft Sonderheft 3, Göttingen 1977, S. 140–156
Ders., Zur Problematik eines optimalen Konzentrationsgrades, in: Jahrbücher für Nationalökonomie und Statistik 176 (1964), S. 129–140
Bourdieu, Pierre, Ökonomisches Kapital, kulturelles Kapital, soziales Kapital, in: Reinhard Kreckel (Hg.), Soziale Ungleichheit, Göttingen 1983, S. 183–198
Born, Karl-Erich, Internationale Kartellierung einer neuen Industrie: Die Aluminium-Association 1901–1915, Stuttgart 1994
Ders., Art. Multinationale Unternehmen, III: Geschichte, in: Handwörterbuch der Wirtschaftswissenschaften, Bd. 8, Stuttgart 1980, S. 103–107
Ders., Geld und Banken im 19. und 20. Jahrhundert, Stuttgart 1977
Ders., Staat und Sozialpolitik seit Bismarcks Sturz, Wiesbaden 1957
Borscheid, Peter/Wischermann, Clemens (Hg.), Bilderwelt des Alltags. Werbung in der Konsumgesellschaft des 19. und 20. Jahrhunderts, Stuttgart 1995
Ders., Textilarbeiterschaft in der Industrialisierung. Soziale Lage und Mobilität in Württemberg, Stuttgart 1978
Ders./Schomerus, Heilwig, Mobilität und soziale Lage der württembergischen Fabrikarbeiterschaft im 18. Jahrhundert, in: Paul J. Müller (Hg.), Die Analyse prozeß-produzierter Daten, Stuttgart 1977, S. 199–224
Bosack, Werner, Die Geschichte der Walzwerktechnik und die Entwicklung der Walzwerkindustrie im 19. Jahrhundert in Deutschland bis zur Wirtschaftskrise 1873, Diss. Hannover 1970
Bosetzky, Horst u.a., Soziologie. Eine Einführung für Angehörige des öffentlichen Dien-

stes, Herford 1973
Bourcart, J. J., Die Grundzüge der Industrieverwaltung. Ein praktischer Leitfaden, Zürich 1874
Boyd, Robert/Richerson, Peter J., Culture and the Evolutionary Process, Chicago 1985
Brändle, Richard, Unternehmenswachstum. Betriebswirtschaftliche Wachstumsplanung und Konzentration, Wiesbaden 1970
Ders., Unternehmenswachstum. Zur Dogmengeschichte und Methodologie der Theorie des Unternehmenswachstums, Diss. München 1966
Brandt, Karl, Konzentration und wirtschaftliches Wachstum in: Helmut Arndt (Hg.), Die Konzentration in der Wirtschaft, Bd. 1, Berlin 1971, S. 253–300
Braun, Rudolf u.a. (Hg.), Industrielle Revolution. Wirtschaftliche Aspekte, Köln 1982
Ders. u.a. (Hg.), Gesellschaft in der Industriellen Revolution, Köln 1973
Braun, Wolfram, Markt und Produktion: zur neoricardianischen Kritik und betriebswirtschaftlichen Begründung der Theorie der Unternehmung, in: Günther Schanz (Hg.), Betriebswirtschaftslehre und Nationalökonomie. Wissenschaftstheoretische Standortbestimmung und Perspektiven, Wiesbaden 1984, S. 247–265
Ders., Ökonomie, Geschichte und Betriebswirtschaftslehre. Studien zur klassischen Ökonomie und politischen Theorie der Unternehmung, Bern 1982
Brehmer, Christian, Diagnose: Konkursgefahr – Therapie? Eine empirische Untersuchung der Industrie- und Handelskammer zu Münster, Münster 1982
Breuke, Karl/Eichelpasch, Alexander, Lage und Perspektiven der Unternehmen in Ostdeutschland. Ergebnisse einer Umfrage, Berlin 1997
Briefs, Götz, Betriebsführung und Betriebsleben in der Industrie, Stuttgart 1934
Ders., Art. Betriebssoziologie, in: Alfred Vierkandt (Hg.), Handwörterbuch der Soziologie, Stuttgart 1959 (OA 1931), S. 31–52
Briggs, Asa, Essays in Bibliography and Criticism. XXXV. Business History, in: Economic History Review 9 (1957), S. 486–498
Brinkmann, Ludwig, Der Ingenieur, Frankfurt a. M. 1908
Brockhoff, Klaus, Zur Dynamik des technischen Fortschritts. Bemerkungen zum gleichnamigen Aufsatz von G. Mensch, in: Zeitschrift für Betriebswirtschaft 42,1 (1972), S. 283–291
Brockstedt, Jürgen, Family Enterprise and the Rise of Large-Scale Enterprise in Germany (1871–1914) – Ownership and Management, in: Akio Okochi/Shigeaki Yasuoka (Hg.), Family Business in the Era of Industrial Growth. Its Ownership and Management, Tokyo 1984, S. 237–267
Bronner, Rolf/Witte, Eberhard, Die leitenden Angestellten. Eine empirische Untersuchung, 2 Bde., München 1974
Brown, Geoff, Sabotage: A Study of Industrial Conflict, Nottingham 1977
Brüderl, Josef u.a., Der Erfolg neugegründeter Betriebe. Eine empirische Studie zu den Chancen und Risiken von Unternehmensgründungen, Berlin 1996
Brüninghaus, Beate, Gesellschaft für Unternehmensgeschichte – Geschichte ihrer Gründung, in: Zeitschrift für Unternehmensgeschichte 31 (1986), S. 1–4
Bueck, Henry Axel, Der Centralverband Deutscher Industrieller, 3 Bde., Berlin 1901
Burchardt, Lothar, Professionalisierung oder Berufskonstruktion? Das Beispiel des Chemikers im Wilhelminischen Deutschland, in: Geschichte und Gesellschaft 6 (1980), S. 326–348
Ders., Die Ausbildung des Chemikers im Kaiserreich, in: Zeitschrift für Unternehmensgeschichte 23 (1978), S. 31–53
Buchheim, Christoph, Einführung in die Wirtschaftsgeschichte, München 1997
Ders., Deutsche Gewerbeexporte nach England in der zweiten Hälfte des 19. Jahrhunderts, Ostfildern o.J.

Bücher, Karl, Das Gesetz der Massenproduktion, in: Zeitschrift für die gesamte Staatswissenschaft 66 (1910), S. 429–444
Ders., Art. Gewerbe, in: Wörterbuch der Volkswirtschaft, 2 Bde., Jena 1898, S. 850–864
Ders., Die Arbeiterfrage im Kaufmannsstande, Berlin 1883
Bungarten, Theo, Die Unternehmenskultur aus semiotischer und kompetenztheoretischer Sicht. Zur materiellen und „geistigen" Repräsentationsebene der Unternehmenskultur, in: Ders. (Hg.), Unternehmenskultur als Herausforderung für Gesellschaft und Unternehmen, Torstedt 1994, S. 9–50
Burghard, Uwe, Die Mechanisierung des Ruhrbergbaus 1890–1913, München 1995
Burnham, James, Das Regime der Manager, Stuttgart 1948 (engl.: The Managerial Revolution, New York 1941)
Butschek, Felix, Wirtschaftsgeschichte und Neue Institutionenökonomie, in: Eckart Schremmer (Hg.), Wirtschafts- und Sozialgeschichte. Gegenstand und Methode, Stuttgart 1998, S. 89–100
Cairncross, Alec u.a., Wirtschaftspolitik für Europa. Wege nach vorn, München 1974
Chandler, Alfred D., Scale and Scope. The Dynamics of Industrial Capitalism, Cambridge/Mass. 1990
Ders./Daems, Hermann (Hg.), Managerial Hierarchies. Comparative Perspectives on the Rise of the Modern Industrial Enterprise, Cambridge/Mass. 1980
Ders., The Visible Hand. The Managerial Revolution in American Business, Cambridge/Mass. 1977
Ders., The Railroads. Pioneers in Modern Corporate Management, in: Business History Review 39 (1965), S. 16–40
Ders., The Railroads. The Nations First Big Business, New York 1965
Ders., Strategy and Structure. Chapters in the History of American Industrial Enterprise, Cambridge/Mass. 1962
Ders./Redlich, Fritz, Recent Developments in American Business Administration and their Conceptualization, in: Weltwirtschaftliches Archiv, Bd. 96, Kiel 1961
Cheung, Steven N. S., The Contractual Nature of the Firm, in: Journal of Law and Economics 26 (1983), S. 1–21
Claessen, Dieter und Karin, Kapitalismus und Kultur. Entstehung und Grundlagen der bürgerlichen Gesellschaft, Düsseldorf 1973
Clapham, Ronald, Probleme der Übernahme und Verbreitung neuer Technologien im frühindustriellen Deutschland, in: Hamburger Jahrbuch für Wirtschafts- und Gesellschaftspolitik 21 (1976), S. 303–316
Coase, Ronald H., The Problem of Social Cost, in: Journal of Law and Economics 3 (1960), S. 1–44
Ders., The Nature of the Firm, in: Economica N. S. 4 (1937), S. 386–405
Cochran, Thomas C., Railroad Leaders 1845–1890. The Business Mind in Action, Cambridge/Mass. 1953
Cole, Arthur H., Economic History in the United States: Formative Years of a Discipline, in: Journal of Economic History XXVII (1968/4), S. 556–589
Ders., What is Business History?, in: Business History 2 (1962), S. 98–106
Ders., An Approach to the Study of Entrepreneurship. A Tribute to Edwin F. Gay, in: Journal of Economic History VI (1946), Suppl., S. 1–15
Coleman, Donald, The Uses and Abuses of Business History, in: Business History 29 (1987), S. 141–156
Collins, Norman R./Preston, Lee E., The Size Structure of the Largest Industrial Firms 1908–1958, in: American Economic Review 51,2 (1961), S. 986–1011
Commons, John R., Institutional Economics, New York 1934
Corsten, Hermann/Walb, Ernst (Hg.), Hundert Jahre Deutscher Wirtschaft in Fest- und

Denkschriften: eine Bibliographie (Kölner Bibliographische Arbeiten), Köln 1937
Coym, Peter, Unternehmensfinanzierung im frühen 19. Jahrhundert – dargestellt am Beispiel der Rheinprovinz und Westfalens, Diss. Hamburg 1971
Crew, David, Bochum. Sozialgeschichte einer Industriestadt 1860–1914, Berlin 1990 (engl. 1979)
Croner, Fritz, Soziologie der Angestellten, Köln 1962
Crozier, Michel/Friedberg, Erhard, Macht und Organisation – Die Zwänge kollektiven Handelns, Königstein/Ts. 1973
Cyert, Richard M./March, James G., A Behavioral Theory of the Firm, Englewood Cliffs 1963 (dt.: Eine verhaltenswissenschaftliche Theorie der Unternehmung, Stuttgart 1995)
Däbritz, Walter, Der deutsche Unternehmer in seiner landschaftlichen Bedingtheit, in: Deutsche Zeitschrift für Wirtschaftskunde 1 (1936), S. 255–267
Ders., Der Bochumer Verein für Bergbau und Gußstahlfabriken. Neun Jahrzehnte seiner Geschichte im Rahmen der Wirtschaft des Ruhrbezirks, Düsseldorf 1934
Ders., Entstehung und Aufbau des rheinisch-westfälischen Industriebezirks, in: Conrad Matschoß (Hg.), Beiträge zur Geschichte der Technik und Industrie, Jahrbuch des Vereins deutscher Ingenieure, Bd. 1, Berlin 1925, S. 13–107
Daems, Herman/van der Wee, Herman, The Rise of Managerial Capitalism, Leuven 1974
Dahrendorf, Ralf, Soziale Klassen und Klassenkonflikt in der industriellen Gesellschaft, Stuttgart 1957
Daniels, Lorna M., Studies in Enterprise. A Selected Biography of American and Canadian Companies and Biographies of Businessmen, Boston 1957
Dascher, Ottfried, 50 Jahre Westfälisches Wirtschaftsarchiv in Dortmund – Bilanz und Perspektiven, in: Heimatpflege. Rundschreiben des Westfälischen Heimatbundes 1992/2, S. 1–7
Ders./Christian Kleinschmidt (Hg.), Die Eisen- und Stahlindustrie im Dortmunder Raum, Dortmund 1992, S. 305–320
David, Hans, Das deutsche Auslandskapital und seine Wiederherstellung nach dem Krieg, in: Weltwirtschaftliches Archiv 14 (1919/I), S. 31–70 und S. 275–300
Dessauer, Marianne, Entwicklungstendenzen der betrieblichen Exportwirtschaft in Deutschland seit der Mitte des 19. Jahrhunderts unter besonderer Berücksichtigung der Exportorganisation, München 1982
Deutsches Biographisches Jahrbuch, hg. vom Verband der Deutschen Akademien Berlin und Leipzig 1925 u. 1928; 2 Überleitungsbände für 1916 und 1917, Berlin und Leipzig 1918 u. 1920, dazu die Bde. III-XI, Berlin und Leipzig 1927–1932
Dickmann, Herbert, Die Einführung des Thomasverfahrens in Deutschland im Jahre 1879, in: Stahl und Eisen 74 (1954), S. 1257–1262
Dietrich, Yorck, Die Mannesmannröhren-Werke 1888 bis 1920. Organisation und Unternehmensführung unter der Gründerfamilie, Bankiers und Managern, Stuttgart 1991
Dipper, Christof, Deutsche Geschichte 1648–1789, Frankfurt a. M. 1991
Ditt, Karl, Arbeitsverhältnisse und Betriebsverfassung in der deutschen Textilindustrie des 19. Jahrhunderts unter besonderer Berücksichtigung der Bielefelder Leinenindustrie in: Archiv für Sozialgeschichte 21 (1981), S. 55–75
Dittrich, Manfred, Die Entstehung der Angestelltenschaft in Deutschland, Stuttgart 1929
Djilas, Milovan, Die neue Klasse. Eine Analyse des kommunistischen Systems, München 1957
Dobias, Peter, Das jugoslawische Wirtschaftssystem. Entwicklung und Wirtschaftsweise, Tübingen 1969
Dornseifer, Bernd, Zur Bürokratisierung deutscher Unternehmen im späten 19. und frühen 20. Jahrhundert, in: Jahrbuch für Wirtschaftsgeschichte 1993/1, S. 69–91

Drepper, Christian, Unternehmenskultur. Selbstbeobachtung und Selbstbeschreibung im Kommunikationssystem, Frankfurt a. M. 1992
Ebbinghausen, Rolf (Hg.), Zur Marx-Rezeption in der Theorie des staatsmonopolistischen Kapitalismus, Frankfurt a. M. 1974
Edelmann, Heidrun, Vom Luxusgut zum Gebrauchsgegenstand. Die Geschichte der Verbreitung von Personenkraftwagen in Deutschland, Frankfurt a. M. 1989
Ehmer, Josef/Meißl, Gerhard, Der dressierte Mensch. Rekrutierung, Qualifizierung und Disziplinierung von Arbeitskraft, in: Walter Sauer (Hg.), Der dressierte Mensch. Geschichte und Gegenwart der industriellen Arbeitswelt, München 1984, S. 28–54
Ehrenberg, Richard/Racine, Hugo, Krupp'sche Arbeiterfamilien. Entwicklungen und Entwicklungsfaktoren von drei Generationen deutscher Arbeiter, Jena 1912
Ders., Schwäche und Stärke neuzeitlicher Arbeitsgemeinschaften, in: Archiv für exakte Wirtschaftsforschung (Thünen-Archiv) 3, Jena 1911, S. 401–558
Ders., Krupp Studien III: Die Frühzeit der Kruppschen Arbeiterschaft, in: Archiv für exakte Wirtschaftsforschung (Thünen Archiv) 3, Jena 1911, S. 1–164
Ders., Krupp Studien I und II, in: Archiv für exakte Wirtschaftsforschung (Thünen-Archiv) 2, Jena 1909, S. 203–227
Eichholtz, Dietrich, Bewegungen unter den preußischen Eisenbahnarbeitern im Vormärz, in: Beiträge zur deutschen Wirtschafts- und Sozialgeschichte des 18. und 19. Jahrhunderts, Berlin (Ost) 1962, S. 251–287
Ders., Junker und Bourgeoisie vor 1848 in der preußischen Eisenbahngeschichte, Berlin 1962
Eisenführ, Franz/Weber, Martin, Rationales Entscheiden, Berlin 1994
Eley, Geoff, Zum Problem der Verbände im Kaiserreich, in: Sozialwissenschaftliche Informationen für Unterricht und Studium 11 (1982), S. 22–28
Emminghaus, Arwed, Allgemeine Gewerkslehre, Berlin 1868
Erker, Paul/Pierenkemper, Toni (Hg.), Deutsche Unternehmer zwischen Kriegswirtschaft und Wiederaufbau. Studien zur Erfahrungsbildung von Industrie-Eliten, München 1999
Erker, Paul, Aufbruch zu neuen Paradigmen. Unternehmensgeschichte zwischen sozialgeschichtlicher und betriebswirtschaftlicher Erweiterung, in: Archiv für Sozialgeschichte 37 (1997), S. 321–365
Ders., Wachsen im Wettbewerb. Eine Zeitgeschichte der Continental Aktiengesellschaft (1971–1996), Düsseldorf 1996
Erlei, Mathias u.a., Neue Institutionenökonomik, Stuttgart 1999
Etzioni, Amitai, Soziologie der Organisation, München 1967
Eucken, Walter, Die Grundlagen der Nationalökonomie, Berlin 1950
Eyll, Klara van: Gustav von Mevissen 1815–1899, in: Gunter Quarg (Hg.), Gustav von Mevissen (1815–1899) und seine Bibliothek, Ausstellungskatalog Köln 1999, S. 9–45
Dies./Brüninghaus, Beate/Grube-Bannasch, Sibylle/Köhne-Lindenlaub, Renate/Reichling, Karl A./Reuß, Hans-Jürgen/Toussaint, Angela/Wessel, Horst A., Deutsche Wirtschaftsarchive, hrsg. im Auftrag der Gesellschaft für Unternehmensgeschichte e. V., 3 Bde., Bd. 1: Nachweis historischer Quellen in Unternehmen, Kammern und Verbänden der Bundesrepublik Deutschland, 2. Auflage, Stuttgart 1987, Bd. 2: Kreditwirtschaft. Im Auftrag des Instituts für bankhistorische Forschung und der Gesellschaft für Unternehmensgeschichte. Bearb. von Monika Pohle, Dagmar Golly-Junk, 2. Auflage, Stuttgart 1988, Bd. 3: Bestände von Unternehmen, Unternehmern, Kammern und Verbänden der Wirtschaft in öffentlichen Archiven der Bundesrepublik Deutschland. Bearb. von Ulrike Duda, Stuttgart 1991
Dies., 25 Jahre Vereinigung deutscher Wirtschaftsarchivare. Bilanz – Standort – Perspek-

tiven, in: Wirtschaft und Gesellschaft 9 (1983), S. 85–96
Dies., Voraussetzungen und Entwicklungslinien von Wirtschaftsarchiven bis zum Zweiten Weltkrieg, Köln 1969
Falk, Waltraud, Wie weiter in der Betriebsgeschichte?, Vortrag vom April 1990, unveröffentlichtes Manuskript
Fayol, Henry, Administration Industrielle et Générale, Paris 1916 (dt.: Allgemeine und industrielle Verwaltung, Berlin 1929)
Fehrmann, Eberhard/Metzner, Ulrike, Angestellte in der sozialwissenschaftlichen Diskussion. Ein Literaturbericht, Köln 1977
Feinstein, Charles/Pollard, Sidney (Hg.), Studies in the Capital Formation in the United Kingdom 1750–1920, Oxford 1988
Feldenkirchen, Wilfried, Siemens 1918–1945, München 1995
Ders., Werner von Siemens. Erfinder und internationaler Unternehmer, München 1992
Ders., Das Jahrbuch für Wirtschaftsgeschichte, in: Vierteljahrschrift für Sozial- und Wirtschaftsgeschichte 78 (1991), S. 532–548
Ders., Big Business in Interwar Germany: Organizational Innovation at Vereinigte Stahlwerke, IG-Farben, and Siemens, in: Business History Review 61 (1987), S. 417–451
Ders., The Role and Function of Middle Management, in: Keiichiro Nakadava/Tsunehiko Yui (Hg.), Organization and Management 1900–1930, Tokyo 1983, S. 113–129
Ders., Die Eisen- und Stahlindustrie des Ruhrgebiets 1879–1914. Wachstum, Finanzierung und Struktur ihrer Großunternehmen, Wiesbaden 1982
Ders., Kölner Banken und die Entwicklung des Ruhrgebiets, in: Zeitschrift für Unternehmensgeschichte 27 (1982), S. 81–106
Ders., Kinderarbeit im 19. Jahrhundert, in: Zeitschrift für Unternehmensgeschichte 26 (1981), S. 1–41
Ders., Die wirtschaftliche Rivalität zwischen Deutschland und England im 19. Jahrhundert, in: Zeitschrift für Unternehmensgeschichte 25 (1980), S. 77–107
Feldman, Gerald D., Hugo Stinnes. Biographie eines Industriellen 1870–1924, München 1998
Feldmann, Horst, Eine institutionalistische Revolution? Zur dogmenhistorischen Bedeutung der modernen Institutionenökonomik, Berlin 1995
Ferschl, Franz, Nutzen- und Entscheidungstheorie. Einführung in die Logik der Entscheidungen, Opladen 1975
Fiedler, Martin, Sozialpolitik in der Zwischenkriegszeit. Wege der Interpretation und Probleme der Forschung im deutsch-französischen Vergleich, in: Geschichte und Gesellschaft 22 (1996), S. 350–375
Fischer, Wolfram, Wirtschaft und Gesellschaft im Zeitalter der Industrialisierung. Aufsätze – Studien – Vorträge, Göttingen 1972
Ders., Unternehmerschaft, Selbstverwaltung und Staat. Die Handelskammern in der deutschen Wirtschafts- und Staatsverfassung des 19. Jahrhunderts, Berlin 1964
Ders., Some Recent Developments of Business History in Germany, Austria and Switzerland, in: Business History Review 37 (1963), S. 416–436
Flik, Reiner, Motorisierung und Automobilindustrie in Deutschland bis 1933. Der deutsche Personenkraftwagen und die „Amerikanische Gefahr", Habil.-Schrift Eichstätt 1999
Fluri, Edgar/Ulrich, Peter, Management. Eine konzentrierte Einführung, Stuttgart 1995
Forberger, Rudolf, Zur Auseinandersetzung über das Problem des Übergangs von der Manufaktur zur Fabrik, in: Beiträge zur deutschen Wirtschafts- und Sozialgeschichte des 18. und 19. Jahrhunderts, Berlin 1962, S. 171–188
Ders., Die Manufaktur in Sachsen vom Ende des 16. bis zum Anfang des 19. Jahrhunderts, Berlin 1958

Franko, Lawrence G., The European Multinationals. A Renewed Change to American and British Business, New York 1976

Ders., The origins of multinational manufacturing by continental European firms, in: Business History Review 48 (1974), S. 277–302

Frese, Erich, Organisationstheorie. Historische Entwicklung – Ansätze – Perspektiven, Wiesbaden 1992

Ders. (Hg.), Handwörterbuch der Organisation, Stuttgart 1992

Fremdling, Rainer, Industrial Revolution and Scientific Progress, in: Jahrbuch für Wirtschaftsgeschichte 1997/2, S. 147–168

Ders., Technologischer Wandel und internationaler Handel im 18. und 19. Jahrhundert. Die Eisenindustrie in Großbritannien, Belgien, Frankreich und Deutschland, Berlin 1986

Ders., Die Rolle ausländischer Facharbeiter bei der Einführung neuer Techniken in Deutschland im 19. Jahrhundert (Textilindustrie, Maschinenbau, Schwerindustrie), in: Archiv für Sozialgeschichte 24 (1984), S. 1–45

Ders., Der Puddler – Zur Sozialgeschichte eines Industriehandwerkers, in: Ulrich Engelhardt (Hg.), Handwerker in der Industrialisierung. Lage, Kultur und Politik vom späten 18. bis ins frühe 20. Jahrhundert, Stuttgart 1984, S. 637–665

Ders., Die Ausbreitung des Puddelverfahrens und des Kokshochofens in Belgien, Frankreich und Deutschland, in: Technikgeschichte 50 (1983), S. 197–212

Ders., Eisenbahnen und deutsches Wirtschaftswachstum 1840–1879, Dortmund 1975

Freudenberger, Hermann, Die Struktur der frühindustriellen Fabrik im Umriß (mit besonderer Berücksichtigung Böhmens), in: Wolfram Fischer (Hg.), Wirtschafts- und sozialgeschichtliche Probleme der frühen Industrialisierung, Berlin 1968, S. 413–433

Freyberg, Thomas von, Industrielle Rationalisierung in der Weimarer Republik untersucht an Beispielen aus dem Maschinenbau und der Elektroindustrie, Frankfurt a. M. 1989

Fricke, Werner, Arbeitsorganisation und Qualifikation. Ein industriesoziologischer Beitrag zur Humanisierung der Arbeit, Bonn 1975

Friedenson, Patrick, Herrschaft im Wirtschaftsunternehmen. Deutschland und Frankreich 1880–1914, in: Jürgen Kocka (Hg.), Bürgertum im 19. Jahrhundert. Deutschland im europäischen Vergleich, Bd. 2, München 1988, S. 65–91

Friedländer, Heinrich, Das Kartellaufsichtsgesetz (VO gegen Mißbrauch wirtschaftlicher Machtstellungen vom 02. Nov. 1923), Berlin 1924

Fürst, Reinmar, Insolvenzen in betriebswirtschaftlicher Schau, Stuttgart 1962

Fürstenberg, Friedrich, Die Sozialstruktur der Bundesrepublik Deutschland. Ein soziologischer Überblick, Opladen 1972

Ders., Industriesoziologie I: Vorläufer und Frühzeit 1835–1934, Neuwied 1966

Furubotn, Eirik G./Pejovich, Svetozar (Hg.), The Economics of Property Rights, Cambridge/Mass. 1974

Galbraith, John Kenneth, Die moderne Industriegesellschaft, München 1970 (engl.: The New Industrial State, New York 1968)

Gall, Lothar/Pohl, Manfred (Hg.), Die Eisenbahn in Deutschland, München 1999

Dies. (Hg.), Unternehmen im Nationalsozialismus, München 1998

Gall, Lothar, A Man for all Seasons? Hermann Josef Abs im Dritten Reich, in: Zeitschrift für Unternehmensgeschichte 43 (1998), S. 123–175

Ders. u.a., Die Deutsche Bank 1870–1995, Frankfurt a. M. 1995

Gasser, Christian, Die Organisation amerikanischer Konzerne, in: Zeitschrift für handelswissenschaftliche Forschung NF 5 (1953), S. 183–196

Geck, Ludwig H. A., Die sozialen Arbeitsverhältnisse im Wandel der Zeit. Eine ge-

schichtliche Einführung in die Betriebssoziologie, Berlin 1931
Gemmert, Franz Josef, Die Entwicklung der ältesten kontinentalen Spinnerei. Eine betriebswirtschaftlich-historische Untersuchung, Leipzig 1927
Gerschenkron, Alexander, Economic Backwardness in Historical Perspective, Cambridge/Mass. 1962
Giersch, Herbert, Allgemeine Wirtschaftspolitik, Grundlagen: Die Wirtschaftswissenschaften, Wiesbaden 1961
Glagau, Otto, Der Börsen- und Gründungsschwindel in Deutschland, Leipzig 1877
Gömmel, Rainer, Entstehung und Entwicklung der Effektenbörsen im 19. Jahrhundert bis 1914, in: Hans Pohl (Hg.), Deutsche Börsengeschichte, Frankfurt a. M. 1992, S. 133–207
Gösche, Axel, Insolvenzen und wirtschaftlicher Wandel. Eine wirtschaftsgeschichtliche Analyse der Konkurse und Vergleiche im Siegerland 1951–1980, Stuttgart 1985
Gorki, Maxim, Die Geschichte der Fabriken und Werke, in: Prawda, 7. Sept. 1931
Gorz, André, Zur Strategie der Arbeiterbewegung im Neokapitalismus, Frankfurt a. M. 1967
Gourvish, Terry R., A British Business Elite: The Chief Executive Managers of the Railway Industry 1850–1923, in: Business History Review 47 (1973), S. 289–316
Grabher, Gernot, Rediscovering the social economics of interfirm relations, in: Ders. (Hg.), The embedded firm. On the socioeconomics of industrial networks, London 1993, S. 1–31
Granik, David, Der rote Manager, Düsseldorf 1960
Granovetter, Mark, Economic Action and Social Structure: the Problem of Embeddedness, in: American Journal of Sociology 91,1 (1985/86), S. 481–510
Gras, Norman Scott Brien, Business and Capitalism. An Introduction to Business History, Cambridge/Mass. 1939
Ders./Larson, Henrietta M., Casebook in American Business History, Cambridge/Mass. 1939
Ders., Why Study Business History, in: Canadian Journal of Economics and Political Science 4,2–3 (1938), S. 320–340
Ders., Unternehmertum und Unternehmergeschichte, in: Zeitschrift für die gesamte Staatswissenschaft 84 (1928), S. 544–563
Grochla, Erwin, Art. Organisation, in: Handwörterbuch der Wirtschaftswissenschaften, Bd. 6, Stuttgart 1981, S. 1–15
Ders., Einführung in die Organisationstheorie, Stuttgart 1978
Grünärml, Frohmund, Multinationale Unternehmen und staatliche Wirtschaftspolitik, Göttingen 1975
Gülich-Bielenberg, Hanna, Richard Ehrenberg, in: Handwörterbuch der Sozialwissenschaften, Bd. 3, Stuttgart 1961, S. 32f.
Günther, Adolf, Die deutschen Techniker, ihre Lebens-, Ausbildungs- und Arbeitsverhältnisse, 2 Bde., Leipzig 1912
Günther, Eberhard, Das neue Kartellgesetz und seine Auswirkungen auf die Unternehmen, in: Wirtschaft und Wettbewerb 7 (1957), S. 677–695
Gunzert, Rudolf, Was ist Konzentration?, (Wirtschaftssoziologische Studien 1), Frankfurt a.M. 1960
Gutenberg, Erich, Art. Betriebsgröße, in: Handwörterbuch der Betriebswirtschaft, Bd. 1, Stuttgart 1956, Sp. 800–806
Ders., Grundlagen der Betriebswirtschaftslehre, 3 Bde., Berlin 1951–1955
Ders., Zur Frage des Wachstums und der Entwicklung von Unternehmungen, in: Fritz Henzel (Hg.), Leistungswirtschaft. Festschrift für Fritz Schmidt zum 60. Geburtstag gewidmet von seinen Schülern, Berlin 1942, S. 148–158

Ders., Die Unternehmung als Gegenstand betriebswirtschaftlicher Theorie, Berlin 1929
Habakkuk, H. J., American and British Technology in the Nineteenth Century, Cambridge 1962
Hagen, Antje, Deutsche Direktinvestitionen in Großbritannien 1871–1918, Stuttgart 1999, zugl. Diss. Jena 1997
Dies., Patents Legislation and German FDI in the British Chemical Industry before 1914, in: Business History Review 71 (1997), S. 351–380
Hahn, Gerhard, Ursachen von Unternehmensmißerfolgen, Köln 1958
Halbwachs, Maurice, Das kollektive Gedächtnis, Stuttgart 1967 (frz. 1950)
Hamburger Stiftung für Sozialgeschichte des 20. Jahrhunderts (Hg.), Das Daimler-Benz-Buch. Ein Rüstungskonzern im „Tausendjährigen Reich", Nördlingen 1987
Hammacher, Hans, Tradition und Persönlichkeit in den ersten Unternehmertraditionen der Eisen- und Kohleindustrie des Ruhrgebietes, Diss. Köln 1954
Handbuch wirtschaftlicher Verbände und Vereine des Deutschen Reiches. Enthaltend eine Zusammenstellung fast aller deutschen wirtschaftlichen Verbände und Vereine mit genauen Angaben über Vorstand, Geschäftsstelle und Geschäftsführung, Mitgliederstand, Zweck, Ortsgruppen, Untervereine, Entwicklungsgeschichte usw., Berlin 1919
Handbuch wirtschaftlicher Verbände und Vereine des Deutschen Reiches. Sowie der Industrie- und Handelskammern, Handwerks- und Landwirtschaftskammern und sonstiger wirtschaftlicher Interessenvertretungen und Zweckorganisationen, Berlin 1928
Handke, Horst, Zur Rolle der Volkswagenpläne bei der faschistischen Kriegsvorbereitung, in: Jahrbuch für Wirtschaftsgeschichte 1962/1, S. 22–68
Hanf, Reinhardt, Mangelnde methodische Konzepte der Betriebs- und Firmengeschichte?, in: Zeitschrift für Unternehmensgeschichte 22 (1977), S. 145–182
Hanitsch, Jutta, Zwischen Wissenschaft und Quellensicherung. Das Wirtschaftsarchiv Baden-Württemberg zieht Bilanz, in: Der Archivar 37 (1984), S. 488–492
Harris Corporation, Founding Dates of 1994 Fortune 500 US Companies, in: Business History Review 70 (1996), S. 69–90
Harnhoff, Dietmar (Hg.), Unternehmensgründungen – Empirische Analysen für die alten und neuen Bundesländer, Baden-Baden 1997
Hart, Peter E./Prais, Sigbert J., The Analysis of Business Concentration, in: Journal of the Royal Statistical Society 119 (1956), S. 150–181
Hartfiel, Günther, Angestellte und Angestelltengewerkschaften in Deutschland, Berlin 1961
Hartmann, Heinz u.a., Leitende Angestellte. Selbstverständnis und kollektive Forderungen, Neuwied 1973
Hassinger, Herbert, Forschungen über Firmen und Unternehmen in Österreich, in: Tradition. Zeitschrift für Firmengeschichte und Unternehmerbiographie 2 (1957), S. 172–192
Hatzfeld, Lutz, Zum Anfang der deutschen Firmengeschichtsschreibung, in: Tradition. Zeitschrift für Firmengeschichte und Unternehmerbiographie 7 (1962), S. 209–211
Haupt, Heinz-Gerhard, Rudolf Hilferding, in: Hans-Ulrich Wehler (Hg.), Deutsche Historiker VIII, Göttingen 1982, S. 56–77
Hausen, Karin/Rürup, Reinhard (Hg.), Moderne Technikgeschichte, Köln 1975
Haushofer, Max, Der Industriebetrieb. Ein Handbuch, Stuttgart 1874
Hax, Herbert, Unternehmung und Wirtschaftsordnung, in: Otmar Issing (Hg.), Zukunftsprobleme der Sozialen Marktwirtschaft (Schriften des Vereins für Socialpolitik N.F. Bd. 116), Berlin 1981, S. 421–448
Ders., Art. Absatz, in: Handwörterbuch der Wirtschaftswissenschaften, Bd. 1, Stuttgart

1977, S. 1–20
Hax, Karl, Industrielle Entwicklung, gesamtwirtschaftliches Wachstum und Unternehmenswachstum, in: Zeitschrift für betriebswirtschaftliche Forschung N.F. 16 (1964), S. 202–209
Ders., Unternehmungswachstum und Unternehmungskonzentration in der Industrie, in: Zeitschrift für handelswissenschaftliche Forschung N.F. 13 (1961), S. 1–26
Ders., Betriebswirtschaftliche Probleme der Konzentration, in: Die Konzentration in der Wirtschaft (Schriften des Vereins für Socialpolitik N. F. Bd. 22), Berlin 1961, S. 61–98
Hayes, Peter, Industry and Ideology. IG Farben in the Nazi-Era, Cambridge 1987
Hecht, Volker, Die Württembergische Metallwarenfabrik Geislingen/Steige 1853–1945. Geschäftspolitik und Unternehmensentwicklung, St. Katharinen 1995
Heinen, Edmund/Dill, Peter, Unternehmenskultur aus betriebswirtschaftlicher Sicht, in: Zeitschrift für Betriebswirtschaft 56 (1986), S. 202–218
Ders., Zum Wissenschaftsprogramm der entscheidungsorientierten Betriebswirtschaftslehre, in: Zeitschrift für Betriebswirtschaft 39 (1969), S. 207–220
Ders., Betriebswirtschaftslehre heute. Die Bedeutung der Entscheidungstheorie für Forschung und Praxis, München 1966
Helfferich, Karl, Georg von Siemens: Ein Lebensbild aus Deutschlands großer Zeit, 3 Bde., Berlin 1921–1923
Ders., Deutschlands Volkswohlstand 1888–1913, Berlin 1913
Hellwerth, Edith/Mühlfriedel, Wolfgang, Zeiss 1846–1905. Vom Atelier für Mechanik zum führenden Unternehmen des optischen Gerätebaus, Köln 1996
Helmstädter, Ernst, Der Kapitalkoeffizient. Eine kapitaltheoretische Untersuchung, Stuttgart 1969, S. 79–84
Henderson, William O., Die Struktur der preußischen Wirtschaft um 1786, in: Zeitschrift für die gesamte Staatswissenschaft 117 (1961), S. 292–319
Henning, Friedrich-Wilhelm (Hg.), Krisen und Krisenbewältigung vom 19. Jahrhundert bis heute, Frankfurt a. M. 1998
Hentschel, Volker, Wirtschaft und Wirtschaftspolitik im Wilhelminischen Deutschland, Stuttgart 1978
Heréus, Fritz, Die deutschen Handelskammern als Glied der Verwaltung. Ihre Geschichte, ihr Wesen und ihre Zukunft, Leipzig 1922
Hertner, Peter/Jones, Geoffrey, Multinationals: Theory and History, Aldershot 1986
Hertner, Peter, Il capitale tedesco in Italia dall'Unità alla Prima Guerra Mondiale. Banche miste e sviluppo economico italiano, Bologna 1984
Ders., Das Auslandskapital in der italienischen Wirtschaft, 1883–1914, in: Hermann Kellenbenz (Hg.), Weltwirtschaftliche und währungspolitische Probleme seit dem Ausgang des Mittelalters, Stuttgart 1981, S. 93–121
Hertz, R., Das Hamburger Seehandelshaus J. C. Godeffroy und Sohn 1766–1879, Hamburg 1922
Herzog, Bodo, 40 Jahre (1937–1977) Historisches Archiv der Gutehoffnungshütte Aktienverein (GHH-FN), in: Zeitschrift für Unternehmensgeschichte 35 (1990), S. 28–44
Hesse, Horst, Der geschichtliche Informations- und Quellenwert deutscher Firmenfestschriften, unveröff. Manuskript
Heuss, Ernst, Art. Wettbewerb, in: Handwörterbuch der Wirtschaftswissenschaften, Bd. 8, Stuttgart 1980, S. 679–697
Heuss, Theodor, Robert Bosch, Leben und Leistung, Stuttgart 1946
Heymann, Hans Gideon, Die gemischten Werke im deutschen Großeisengewerbe. Ein Beitrag zur Frage der Konzentration in der Industrie, Stuttgart 1904
Hicke, Ernst, Zur Geschichte des deutschen Handels mit Ostafrika, Hamburg 1939

Hidy, Muriel und Ralph, Henrietta M. Larson. An Appreciation, in: Business History Review 36 (1962), S. 3–10

Hildebrandt, Reinhard, Die „Georg Fuggerschen Erben“ 1655–1660, Berlin 1966

Hilferding, Rudolf, Das Finanzkapital, Frankfurt a. M. 1973 (1910)

Hilger, Susanne, Sozialpolitik und Organisation. Formen betrieblicher Sozialpolitik in der rheinisch-westfälischen Eisen- und Stahlindustrie seit der Mitte des 19. Jahrhunderts bis 1933, Stuttgart 1996

Hinze, Kurt, Die Arbeiterfrage zu Beginn des modernen Kapitalismus in Brandenburg-Preußen 1685–1806, 2. Aufl. Berlin 1963

Hobsbawm, Eric J., The Labouring-Aristocracy in Nineteenth-century Britain, in: Ders. (Hg.), Labouring Men. Studies in the History of Labour, London 1971, S. 272–315

Hoffmann, Walther G., Das Wachstum der deutschen Wirtschaft seit der Mitte des 19. Jahrhunderts, Berlin 1965

Holtfrerich, Carl-Ludwig, Quantitative Wirtschaftsgeschichte des Ruhrkohlenbergbaus im 19. Jahrhundert. Eine Führungssektorenanalyse, Dortmund 1973

Holzmann, Gustav, Strukturtypen von österreichischen Unternehmensgeschichten, in: Tradition 17 (1972), S. 183–192

Holzschuher, Veit, Soziale und ökonomische Hintergründe der Kartellbewegung, Diss. Erlangen-Nürnberg 1963

Homburg, Heidrun, Werbung – „eine Kunst, die gelernt sein will“. Aufbrüche in eine neue Warenwelt 1750–1850, in: Jahrbuch für Wirtschaftsgeschichte 1997/1, S. 11–52

Dies., Rationalisierung und Industriearbeit, Arbeitsmarkt – Management –Arbeiterschaft im Siemens-Konzern Berlin 1900–1939, Berlin 1991

Dies., Anfänge des Taylorsystems in Deutschland vor dem Ersten Weltkrieg. Eine Problemskizze unter besonderer Berücksichtigung der Arbeitskämpfe bei Bosch, in: Geschichte und Gesellschaft 4 (1978), S. 170–194

Hoock, Jochen/Reininghaus, Wilfried (Hg.), Kaufleute in Europa. Handelshäuser und ihre Überlieferung in vor- und frühindustrieller Zeit, Dortmund 1997

Horn, Norbert/Kocka, Jürgen (Hg.), Recht und Entwicklung der Großunternehmen im 19. und frühen 20. Jahrhundert, Göttingen 1979

Hortleder, Gert, Ingenieure in der Industriegesellschaft. Zur Soziologie der Technik und der naturwissenschaftlich-technischen Intelligenz im öffentlichen Dienst und in der Industrie, Frankfurt a. M. 1973

Ders., Das Gesellschaftsbild des Ingenieurs. Zum politischen Verhalten der Technischen Intelligenz in Deutschland, Frankfurt a. M. 1970

Hounshell, David A., From the American System to Mass Production 1800–1932, Baltimore 1984

Hromadka, Wolfgang, Das Recht der leitenden Angestellten, München 1979

Hüchtermann, Marion, Museen der Wirtschaft, Köln 1991

Huffschmid, Jörg, Die Politik des Kapitals. Konzentration und Wirtschaftspolitik in der Bundesrepublik, Frankfurt a. M. 1970

Hudson, Pat, The Genesis of Industrial Capital. A Study of the West Riding Wool Textile Industry c. 1750–1850, Cambridge 1986

Hutchins, John G. B., Recent Contributions to Business History, in: Journal of Economic History XIX (1959), S.103–121

Ders., Business History, Entrepreneurial History and Business Administration, in: Journal of Economic History XVIII (1958), S. 453–468

Hutchinson, Dianne/Nicolas, Stephen, Theory and Business History: New Approaches to Institutional Change, in: Journal of European Economic History 17 (1988), S. 411–425

Hutterer, Michael, Die Gestaltung der Property Rights als Mittel gesellschaftlicher Allokation, Göttingen 1979

Hutton, Patrik H., History as an Art of Memory, Hannover 1993

Hyde, Francis E., Economic Theory and Business History, in: Business History 5 (1962), S. 1–10

Imai, Ken-ichi/Itami Hiroyuki, Interpenetration of Organization and Market, in: International Journal of Industrial Organization 2 (1984), S. 285–310

Jacob-Wendler, Gerhart, Deutsche Elektroindustrie in Lateinamerika. Siemens und AEG (1880–1914), Stuttgart 1982

Jaeckel, Reinhold, Statistik über die Lage der technischen Privatbeamten in Groß-Berlin, Jena 1908.

Jaeger, Hans, Unternehmensgeschichte in Deutschland seit 1945. Schwerpunkte – Tendenzen – Ergebnisse, in: Geschichte und Gesellschaft 18 (1992), S. 107–132

Ders., Art. Unternehmer, in: Otto Brunner u.a. (Hg.), Geschichtliche Grundbegriffe. Historisches Lexikon zur politisch-sozialen Sprache in Deutschland, Bd. 6, Stuttgart 1990, S. 707–732

Ders., Business History: Die wichtigsten Zeitschriften, in: Geschichte und Gesellschaft 6 (1980), S. 456–463

Ders., Business History in Germany. A Survey of Recent Developments, in: Business History Review 48 (1974), S. 28–48

Ders., Gegenwart und Zukunft der historischen Unternehmensforschung, in: Tradition. Zeitschrift für Firmengeschichte und Unternehmerbiographie 17 (1972), S. 107–124

Jahn, Georg, Die Entstehung der Fabrik (II), in: Schmollers Jahrbuch 69 (1949), S. 65–100

Jantke, Carl, Der vierte Stand. Die gestaltenden Kräfte der deutschen Arbeiterbewegung im XIX. Jahrhundert, Freiburg 1955

Jelich, Franz Josef, Betriebsgeschichte von unten. Ansatz zur Demokratisierung betrieblicher Kulturarbeit, in: Die Mitbestimmung 33 (1987), S. 570–573

Jensen, Michael C./Meckling, William H., Theory of the Firm: Managerial Behaviour, Agency Costs and Ownership Structure, in: Journal of Financial Economics 3 (1976), S. 305–360

Jokisch, Rodrigo/Lindner, Helmut, Technologischer Wandel in Gesamtdarstellungen. Probleme einer Strukturierung für die Frühindustrialisierung, in: Kölner Zeitschrift für Soziologie und Sozialpsychologie 31 (1979), S. 672–688

Jones, Daniel T./Roos, Daniel/Womack James P., The Machine that Changed the World, New York 1990

Jones, Geoffrey, British Multinational Enterprise and British Business History since the Nineteenth Century, in: Zeitschrift für Unternehmensgeschichte 38 (1993), S. 234–260

Jones, Steve R. H., Transaction Costs and the Theory of the Firm. The Scope and Limitations of the New Institutional Approach, in: Business History 39,4 (1997), S. 9–25

Jüngst, Ernst, Festschrift zur Feier des fünfzigjährigen Bestehens des Vereins für die bergbaulichen Interessen im Oberbergamtsbezirk Dortmund in Essen 1858–1908, Essen 1908

Kabisch, Thomas R., Deutsches Kapital in den USA. Von der Reichsgründung bis zur Sequestrierung (1917) und Freigabe, Stuttgart 1982

Kadritzke, Ulf, Angestellte – Die geduldigen Arbeiter. Zur Soziologie und sozialen Bewegung der Angestellten, Frankfurt a. M. 1975

Kaelble, Hartmut, The Rise of the Managerial Enterprise in Germany c. 1870 to c. 1930, in: Kesaji Kobayashi/Hidemasa Morikawa (Hg.), Development of Managerial

Enterprise. The International Conference on Business History 12, Tokyo 1986, S. 71–97
Ders., Industrielle Interessenpolitik in der Wilhelminischen Gesellschaft. Centralverband Deutscher Industrieller 1895–1914, Berlin 1967
Kahle, Egbert, Die Organisation der Saline Lüneburg vom Mittelalter bis ins 19. Jahrhundert, in: Zeitschrift für Unternehmensgeschichte 32 (1987), S. 1–22
Kalecki, Michael, The Principle of Increasing Risk, in: Economica 4 (1937), S. 440–447
Kammerer, Guido/Lutz, Burkart/Nuber, Christoph, Ingenieure im Produktionsprozeß. Zum Einfluß von Angebot und Bedarf auf Arbeitsteilung und Arbeitseinsatz am Beispiel des Maschinenbaus, Frankfurt a. M. 1973
Kampmann, Tobias, Vom Werkzeughandel zum Maschinenbau. Der Aufstieg des Familienunternehmens W. Ferd. Klingenberg Söhne, 1900–1950, Stuttgart 1994, zugl. Diss. Bonn 1994
Kardorff, Wilhelm von, Wider den Strom!, Berlin 1875
Kaufer, Johannes, Von der Glasmanufaktur zum Industrieunternehmen. Die Deutsche Spiegelglas AG (1830–1955), Stuttgart 1997
Keiser, Horst, Betriebswirtschaftliche Analyse von Insolvenzen mittelständischer Einzelhandlungen, Köln 1965
Kempf, Rosa, Das Leben der jungen Fabrikmädchen in München, Leipzig 1911
Kenessey, Valentin, Langfristige Wachstumsfaktoren und das unternehmerische Wachstum, in: Industrielle Organisation 32 (1963), S. 105–110
Kellen, Tony: Friedrich Grillo. Lebensbild eines Großindustriellen aus der Gründerzeit, Essen 1913
Kellenbenz, Hermann, Sephardim an der unteren Elbe, Wiesbaden 1958
Ders., Unternehmerkräfte im Hamburger Portugal- und Spanienhandel 1590–1625, Hamburg 1954
Kerkhof, Stefanie van de, Rüstungsindustrie und Kriegswirtschaft. Vom Nutzen und Nachteil wirtschaftshistorischer Methoden für die Militärgeschichte, in: Thomas Kühne/Benjamin Ziemann (Hg.), Was ist Militärgeschichte?, Paderborn 2000, S. 175–194
Dies., Der „Military-Industrial Complex" in den Vereinigten Staaten von Amerika, in: Jahrbuch für Wirtschaftsgeschichte 1999/1, S. 103–134
Kermann, Joachim, Die Manufakturen im Rheinland 1750–1833, Bonn 1972
Kern, Horst/Schumann, Michael, Das Ende der Arbeitsteilung? Rationalisierung in der industriellen Produktion: Bestandsaufnahme, Trendbestimmung, München 1985
Dies., Industriearbeit und Arbeiterbewußtsein, 2 Bde., Frankfurt a. M. 1970
Keßler, Uwe, Zur Geschichte des Managements bei Krupp. Von den Unternehmensanfängen bis zur Auflösung der Fried. Krupp AG (1811–1943), Stuttgart 1995
Kieser, Alfred/Oechsler, Walter A. (Hg.), Unternehmungspolitik, Stuttgart 1999
Kiesewetter, Hubert, Industrielle Revolution in Deutschland 1815–1914, Frankfurt a. M. 1989
Kilby, Peter (Hg.), Entrepreneurship and Economic Development, New York 1971
Kirchhain, Günter, Das Wachstum der deutschen Baumwollindustrie im 19. Jahrhundert, Diss. Münster 1973
Kirchner, Walther, Die deutsche Industrie und die Industrialisierung Rußlands, St. Katharinen 1986
Ders., Russian Entrepreneurship and the „Russification" of Foreign Enterprise, in: Zeitschrift für Unternehmensgeschichte 26 (1981), S. 79–103
Ders., Russian Tariffs and Foreign Industries before 1914. The German Entrepreneur's Perspective, in: Journal of Economic History 41 (1981), S. 361–379
Kirsch, Werner, Entscheidungsprozesse, 3 Bde., Wiesbaden 1970–1971

Klarmann, Norbert G., Die Institutionalisierung der unternehmensgeschichtlichen Forschung durch die Gesellschaft für Unternehmensgeschichte, in: Bankhistorisches Archiv. Zeitschrift für Bankengeschichte 3 (1977), S. 71–74

Klaveren, Jacob van, Die historische Erscheinung der Korruption in ihrem Zusammenhang mit der Staats- und Gesellschaftsstruktur betrachtet, in: Vierteljahrschrift für Sozial- und Wirtschaftsgeschichte 44 (1957), S. 289–324 fortgesetzt in 45 (1958), S. 433–468 und S. 469–504 sowie in 46 (1959), S. 204–231

Ders., Die Industrielle Revolution und das Eindringen der Fabrikanten in den Handel, Dortmund 1972

Klein, Ernst, Zur Frage der Industriefinanzierung im frühen 19. Jahrhundert, in: Hermann Kellenbenz (Hg.), Öffentliche Finanzen und privates Kapital im späten Mittelalter und in der ersten Hälfte des 19. Jahrhunderts, Stuttgart 1971, S. 118–128

Kleinknecht, Alfred, Are there Schumpetarian Waves of Innovation?, in: Cambridge Journal of Economics 14 (1990), S. 81–92

Kleinschmidt, Christian, Rationalisierung als Unternehmensstrategie. Die Eisen- und Stahlindustrie des Ruhrgebiets zwischen Jahrhundertwende und Weltwirtschaftskrise, Essen 1993

Ders./Welskopp, Thomas, Zu viel „Scale", zu wenig „Scope". Eine Auseinandersetzung mit Alfred D. Chandlers Analyse der deutschen Eisen- und Stahlindustrie in der Zwischenkriegszeit, in: Jahrbuch für Wirtschaftsgeschichte 1993/2, S. 251–297

Kleinwächter, Friedrich, Die Kartelle. Ein Beitrag zur Organisation der Volkswirtschaft, Innsbruck 1883

Klotzbach, Arthur, Der Roheisenverband. Ein geschichtlicher Rückblick auf die Zusammenschlußbestrebungen in der deutschen Hochofenindustrie, Düsseldorf 1926

Kluke, Paul, Hitler und das Volkswagenprojekt, in: Vierteljahrshefte für Zeitgeschichte 8 (1960), S. 341–383

Koch, Helmut, Art. Betriebsgröße, in: Handwörterbuch der Sozialwissenschaften, Bd. 2, Stuttgart 1959, S. 82–92

Kocka, Jürgen, Management in der Industrialisierung. Die Entstehung und Entwicklung des klassischen Musters, in: Zeitschrift für Unternehmensgeschichte 44 (1999), S. 135–149

Ders., Bodenverluste und Chancen der Wirtschaftsgeschichte, in: Vierteljahrschrift für Sozial- und Wirtschaftsgeschichte 82,4 (1995), S. 501–504

Ders., Arbeitsverhältnisse und Arbeiterexistenzen. Grundlagen der Klassenbildung im 19. Jahrhundert, Bonn 1990

Ders., Weder Stand noch Klasse. Unterschichten um 1800, Bonn 1990

Ders., Eisenbahnverwaltungen in der industriellen Revolution. Deutsch-amerikanische Vergleiche, in: Hermann Kellenbenz/Hans Pohl (Hg.), Historia Socialis et Economicae. Festschrift für Wolfgang Zorn zum 65. Geburtstag, Stuttgart 1987, S. 259–277

Ders., Legitimationsprobleme und –strategien der Unternehmer und Manager im 19. und frühen 20. Jahrhundert, in: Hans Pohl (Hg.), Legitimation des Managements im Wandel, Wiesbaden 1983, S. 7–21

Ders., Lohnarbeit und Klassenbildung. Arbeiter und Arbeiterbewegung in Deutschland 1800–1875, Berlin 1983

Ders., Capitalism and Bureaucracy in German Industrialization before 1914, in: Economic History Review 34 (1981), S. 453–468

Ders., Die Angestellten in der deutschen Geschichte 1850–1980. Vom Privatbeamten zum angestellten Arbeitnehmer, Göttingen 1981

Ders., Großunternehmer und der Aufstieg des Managerkapitalismus im späten 19. und frühen 20. Jahrhundert: Deutschland im internationalen Vergleich, in: Historische

Zeitschrift 232 (1981), S. 39–60
Ders., Familie, Unternehmer und Kapitalismus. An Beispielen aus der frühen deutschen Industrialisierung, in: Zeitschrift für Unternehmensgeschichte 24 (1979), S. 99–135
Ders., The Rise of the Modern Industrial Enterprise in Germany, in: Alfred D. Chandler/ Herman Daems (Hg.), Vom Kleingewerbe zur Großindustrie, Berlin 1975, S. 203–226
Ders., Unternehmer in der deutschen Industrialisierung, Göttingen 1975
Ders., Art. Angestellter, in: Otto Brunner u.a. (Hg.), Geschichtliche Grundbegriffe, Lexikon zur politisch-sozialen Sprache in Deutschland, Bd. 1, Stuttgart 1972, S. 110–128
Ders., Siemens und der aufhaltsame Aufstieg der AEG, in: Tradition 17 (1972), S. 125–142
Ders., Industrielle Angestelltenschaft in frühindustrieller Zeit – Status, Funktion, Begriff, in: Otto Büsch (Hg.), Untersuchungen zur Geschichte der frühen Industrialisierung vornehmlich im Wirtschaftsraum Berlin/Brandenburg, Berlin 1971, S. 315–367
Ders., Industrielles Management. Konzeptionen und Modelle in Deutschland vor 1914, in: Vierteljahrschrift für Sozial- und Wirtschaftsgeschichte 56 (1969), S. 332–372
Ders., Unternehmensverwaltung und Angestelltenschaft am Beispiel Siemens 1847–1914. Zum Verhältnis von Kapitalismus und Bürokratie in der deutschen Industrialisierung, Stuttgart 1969
Köcher, Renate, Unterschätzte Funktionen der Familie, in: Aus Politik und Zeitgeschichte 1988, Nr. 13, S. 24–43
König, Mario/Siegrist, Hannes, Kaufleute und Techniker – Qualifikation, Arbeitserfahrungen, Bewußtsein, Organisation 1870–1920, in: Schweizer Sozialarchiv (Hg.), Arbeitsalltag und Betriebsleben. Zur Geschichte der industriellen Arbeits- und Lebensverhältnisse in der Schweiz, Dießenhofen 1981
König, Wolfgang, Massenproduktion und Technikkonsum. Entwicklungslinien und Triebkräfte der Technik zwischen 1880 und 1914, in: Ders. (Hg.), Propyläen Technikgeschichte, Bd. 4, Berlin 1990, S. 264–552
Kolb, G., Geschichte der Königlichen Porcellanmanufactur zu Berlin, Berlin 1863
Kolbeck, Rosemarie, Art. Unternehmen I: Unternehmen und Betrieb, in: Handwörterbuch der Wirtschaftswissenschaften, Bd. 8, Stuttgart 1980, S. 65–71
Kollmann, Julius, Der deutsche Stahlwerksverband. Eine wirtschaftliche Studie auf Grund eigener Wahrnehmungen, Berlin 1905
Kollmer von Oheimb-Loup, Gert, Zollverein und Innovationen. Die Reaktion württembergischer Textilindustrieller auf den Deutschen Zollverein 1834–1874, St. Katharinen 1996
Ders., Die Finanzierung von Institutionen in der württembergischen Textilindustrie 1830–1914, in: Hansjoachim Henning u.a. (Hg.), Wirtschafts- und sozialgeschichtliche Forschungen und Probleme (Karl Erich Born zur Vollendung des 65. Lebensjahres), St. Katharinen 1987, S. 85–118
Ders., Das Wirtschaftsarchiv Baden-Württemberg, in: ABI-Technik 5 (1985), S. 70f.
Komarek, Ernst, Die Industrialisierung Oberschlesiens. Zur Entwicklung der Montanindustrie im überregionalen Vergleich, Bonn 1998
Kondratieff, Nikolaj D., Die Preisdynamik der industriellen und landwirtschaftlichen Waren (Zum Problem der relativen Dynamik der Konjunktur), in: Archiv für Sozialwissenschaft und Sozialpolitik N.F. 60 (1928), S. 1–85
Ders., Die langen Wellen der Konjunktur in: Archiv für Sozialwissenschaft und Sozialpolitik N.F. 56 (1926), S. 573–609
Korff, Ernst, Leiten und Führen. Profil und Funktionen der leitenden Angestellten, Heidelberg 1967

Ders., Dr. Bethel Henry Strousberg. Biographische Karakteristik, Berlin 1870
Kortzfleisch, Gert von, Zur mikroökonomischen Problematik des technischen Fortschritts, in: Ders. (Hg.), Die Betriebswirtschaftslehre der zweiten industriellen Evolution. Festgabe für Theodor Beste zum 75. Geburtstag, Berlin 1969, S. 323–349
Kosiol, Erich, Die Unternehmung als wirtschaftliches Aktionszentrum, Reinbek 1966
Krelle, Wilhelm, Präferenz- und Entscheidungstheorie, Tübingen 1969
Krengel, Jochen, Die Arbeiter der Berliner Bekleidungsindustrie. Versuch einer sozialstatistischen Analyse (1870–1914), in: Hans Pohl (Hg.), Forschungen zur Lage der Arbeiter im Industrialisierungsprozeß, Stuttgart 1978, S. 118–131
Kreutle, Ulrich, Die Marketing-Konzeption in deutschen Chemieunternehmen – Eine betriebswirtschaftliche Analyse am Beispiel der BASF Ludwigshafen, Frankfurt a. M. 1992
Kroker, Evelyn/Schwärzel, Renate, Archive der Wirtschaft. Zur aktuellen Situation des Wirtschaftsarchivwesens in der Bundesrepublik Deutschland, in: Scrinium. Zeitschrift des Verbandes österreichischer Archivare 47 (1993), S. 347–357
Kroker, Evelyn, Das Bergbau-Archiv und seine Bestände, Bochum 1977
Kroker, Werner, Wege zur Verbreitung technologischer Kenntnisse zwischen England und Deutschland, Berlin 1971
Krooss, Herman E., Economic History and the New Business History, in: Journal of Economic History XVIII (1958), S. 467–485
Krueger, Hermann Edwin, Die wirtschaftliche und soziale Lage der Privatangestellten, Jena 1910
Ders., Die freien Interessenvertretungen von Industrie, Handel und Gewerbe in Deutschland, Berlin 1908
Krüger, Horst, Zur Geschichte der Manufakturen und Manufakturarbeiter in Preußen, Berlin 1958
Krüsselberg, Utz, Theorie der Unternehmung und Institutionenökonomik. Die Theorie der Unternehmung im Spannungsfeld zwischen neuer Institutionenökonomik, ordnungstheoretischem Institutionalismus und Marktprozeßtheorie, Heidelberg 1992
Kuczynski, Jürgen, Darstellung der Lage der Arbeiter in Deutschland 1789 bis 1849, Berlin (Ost) 1961
Kuhn, Thomas S., Die Struktur wissenschaftlicher Revolutionen, dt. Frankfurt a. M. 1967
Kumpmann, Karl, Die Entstehung der Rheinischen Eisenbahn-Gesellschaft 1830–1848, Essen 1910
Kuske, Bruno, Wirtschaftsgeschichte an Handelshochschulen, in: Zeitschrift für die gesamte Staatswissenschaft 69 (1913), S. 267–285
Laer, Hermann von, Der Arbeitsmarkt für Techniker in Deutschland. Von der Industriellen Revolution bis zum 1. Weltkrieg, in: Toni Pierenkemper/Richard Tilly (Hg.), Historische Arbeitsmarktforschung, Göttingen 1982, S. 152–175
Ders., Industrialisierung und Qualität der Arbeit. Eine bildungsökonomische Untersuchung für das 19. Jahrhundert, New York 1977
Landes, David S., Der entfesselte Prometheus. Technologischer Wandel und industrielle Entwicklung in Westeuropa von 1750 bis zur Gegenwart, Köln 1973 (engl. OA 1969)
Lange-Kothe, Irmgard, Die ersten Koks-Hochöfen in Deutschland, besonders im Rheinland und in Westfalen, in: Stahl und Eisen 85,2 (1965), S. 1053–1061
Larson, Henrietta M., Guide to Business History, Cambridge/Mass. 1948
Lauschke, Karl/Welskopp, Thomas (Hg.), Mikropolitik im Unternehmen. Arbeitsbeziehungen und Machtstrukturen in industriellen Großbetrieben des 20. Jahrhunderts, Essen 1994
Lee, Joseph J., Labour in German Industrialization, in: Cambridge Economic History of

Europe 7,1 (1978), S. 442–491
Leffson, Ulrich, Die Grundsätze ordnungsmäßiger Buchführung, Düsseldorf 1987
Le Goff, Jacques, Geschichte und Gedächtnis, Frankfurt a. M. 1992 (frz. 1986)
Leipold, Helmut, Eigentum und technischer Fortschritt. Eine dogmenhistorische und systemvergleichende Studie, Köln 1983
Lenel, Hans Otto, Art. Konzentration, in: Handwörterbuch der Wirtschaftswissenschaften, Bd. 4, Stuttgart 1978, S. 540–565
Lenz, Friedrich, Wesen und Struktur des deutschen Kapitalexports vor 1914, in: Weltwirtschaftliches Archiv 18 (1922), S. 42–54
Liefmann, Robert, Kartelle und Trusts und die Weiterentwicklung der volkswirtschaftlichen Organisation, Stuttgart 1972
Lindenlaub, Dieter, What can the Businessman Learn from History, especially from Business History?, in: German Yearbook on Business History 1984, Berlin 1985, S. 25–53
Ders., Was können Wirtschaftswissenschaft und Wirtschaftsarchive füreinander tun?, in: Archiv und Wirtschaft 16 (1984), S. 92–98
Ders., Unternehmensgeschichte, in: Zeitschrift für Betriebswirtschaft 53,1 (1983), S. 91–123
Ders., Art. Firmengeschichte, in: Handwörterbuch der Wirtschaftswissenschaften, Bd. 3, Stuttgart 1981, S. 293–302
Ders., Firmengeschichte und Sozialpolitik. Zur Wissenschaftsgeschichte der Nationalökonomie in Deutschland vor dem Ersten Weltkrieg, in: Karl-Heinz Mangold (Hg.), Wissenschaft, Wirtschaft und Technik. Studien zur Geschichte, München 1969, S. 272–285
Lindenlaub, Jürgen/Köhne-Lindenlaub, Renate, Unternehmensfinanzierung bei Krupp 1811–1848. Ein Beitrag zur Kapital- und Vermögensentwicklung, in: Beiträge zur Geschichte von Staat und Stift Essen 102 (1988), S. 83–164
Lindner, Helmut, Strom-Erzeugung, Verteilung und Anwendung der Elektrizität, Reinbek 1985
List, Friedrich, Das nationale System der Politischen Ökonomie, Stuttgart 1841
Littek, Wolfgang, Industriearbeit und Gesellschaftsstruktur, Frankfurt a.M. 1973
Loscertales, Javier, Deutsche Investitionen in Spanien, 1870–1920, Diss. Frankfurt a.M. 2000
Lüdtke, Alf, Arbeitsbeginn, Arbeitspausen, Arbeitsende, in: Gerhard Huck (Hg.), Sozialgeschichte der Freizeit, Wuppertal 1980, S. 95–123
Machlup, Fritz, Theories of the Firm. Marginalist, Behavioural, Managerial, in: American Economic Review 57,1 (1967), S. 1–33
Machtan, Lothar, Zum Innenleben deutscher Fabriken im 19. Jahrhundert. Die formelle und informelle Verfassung von Industriebetrieben, anhand von Beispielen aus dem Bereich der Textil- und Maschinenbauproduktion (1869–1891), in: Archiv für Sozialgeschichte XXI (1981), S. 179–236
Malgren, H. B., Information, Expectations and the Theory of the Firm, in: Quarterly Journal of Economics 75 (1961), S. 399–421
Mallmann, Klaus-Michael/Steffens, Horst, Lohn der Mühen. Geschichte der Bergarbeiter an der Saar, München 1989
Mantoux, Paul, The Industrial Revolution in the Eighteenth Century. An Outline of the Beginning of the Modern Factory System in England, London 1961
Marris, Richard L., The Economic Theory of „Managerial“ Capitalism, London 1964
Marshall, Alfred, Industry and Trade, London 1927 (OA 1919)
Martin, Paul C., Die Entstehung des preußischen Aktiengesetzes von 1843, in: Vierteljahrschrift für Sozial- und Wirtschaftsgeschichte 56 (1969), S. 499–542

Maschke, Erich, Grundzüge der deutschen Kartellgeschichte bis 1914, Dortmund 1964
Matis, Herbert (Hg.), Historische Betriebsanalyse und Unternehmer. Festschrift für Alois Mosser, Wien 1997
Ders., Unternehmenskultur und Geschichte, in: Wilfried Feldenkirchen u.a. (Hg.), Wirtschaft, Gesellschaft und Unternehmen. Festschrift für Hans Pohl zum 60. Geburtstag, Bd. 2, Stuttgart 1995, S. 1028–1053
Ders., Das Industriesystem. Wirtschaftswachstum und sozialer Wandel im 19. Jahrhundert, Wien 1988
Matschoß, Conrad (Hg.), Beiträge zur Geschichte der Technik und Industrie 2 (Jahrbuch des Vereins Deutscher Ingenieure), Berlin 1910
Mauersberg, Hans, Deutsche Industrien im Zeitgeschehen eines Jahrhunderts. Eine historische Modelluntersuchung zum Entwicklungsprozeß deutscher Unternehmen von ihren Anfängen bis zum Stand 1960, Stuttgart 1966
Mayo, Elton, Probleme industrieller Arbeitsbedingungen, Frankfurt a.M. 1949
Mayntz, Renate, Soziologie der Organisation, Stuttgart 1978
Dies./Ziegler, Rolf, Soziologie der Organisation, in: René König (Hg.), Handbuch der empirischen Sozialforschung, Bd. 2, Stuttgart 1969
McCloskey, Donald N., Economic Maturity and Entrepreneurial Decline. British Iron and Steel 1870–1913, Cambridge 1973
Ders./Sandberg, Lars G., From Damnation to Redemption: Judgements on the Late Victorian Entrepreneur, in: Explorations in Economic History 9 (1971/72), S. 89–108
Meffert, Heribert, Marketing – Grundlagen der Absatzpolitik, Wiesbaden 1993
Mellerowicz, Konrad, Unternehmenspolitik, Bd. 1 (3. Aufl.), Freiburg 1976
Mender, Jürgen H., Technologische Entwicklung und Arbeitsprozeß. Zur realen Substitution der Arbeit unter das Kapital, Frankfurt a. M. 1975
Menger, Carl, Untersuchungen über die Methode der Sozialwissenschaften und politischen Ökonomie insbesondere, Leipzig 1883
Mensch, Gerhard, Das technologische Patt. Innovationen überwinden die Depression, Frankfurt a.M. 1975
Ders., Basisinnovationen und Verbesserungsinnovationen, in: Zeitschrift für Betriebswirtschaft 42 (1972), S. 291–297
Ders., Zur Dynamik des technischen Fortschritts, in: Zeitschrift für Betriebswirtschaft 41,1 (1971), S. 295–314
Metz, Rainer, Probleme der statistischen Analyse langer historischer Zeitreihen, in: Vierteljahrschrift für Sozial- und Wirtschaftsgeschichte 80 (1993), S. 457–486
Meyer, Susanne, Schwerindustrielle Insel und ländliche Lebensumwelt. Georgsmarienhütte 1856–1933, Münster 1991
Mielke, Siegfried, Der Hansa-Bund für Gewerbe, Handel und Industrie 1909–1914. Der gescheiterte Versuch einer antifeudalen Sammlungspolitik, Göttingen 1976
Mildner-Flesch, Ursula, Die Macht der Maschine. 200 Jahre Cromford, Ratingen 1984
Möllenberg, Walter, Die Eroberung des Weltmarktes durch das Mansfeldische Kupfer, Gotha 1911
Moll, Ewald, Statistik der Aktiengesellschaften, in: Handwörterbuch der Staatswissenschaften, Bd. 1, Jena 1923, S. 141–160
Mommertz, Karl H., Bohren, Drehen, Fräsen. Geschichte der Werkzeugmaschinen, München 1983
Mommsen, Hans/Grieger, Manfred, Das Volkswagenwerk und seine Arbeiter im Dritten Reich, Düsseldorf 1996
Mommsen, Hans, Wer führt die Archive? Gedächtnisverlust im Ruhrgebiet, in: Die Zeit, 8. Juli 1994

Mooser, Josef, Arbeiterleben in Deutschland 1900–1970. Klassenlage, Kultur und Politik, Frankfurt a. M. 1984

Moser, Eva, IHK-Wirtschaftsarchiv für München und Oberbayern. Ein Werkstattbericht, in: Archiv und Wirtschaft 20 (1987), S. 115–116

Mosser, Alois, Die Industrieaktiengesellschaften in Österreich 1880–1913. Versuch einer historischen Bilanz- und Betriebsanalyse, Wien 1980

Mottek, Hans u.a. (Hg.), Studien zur Geschichte der Industriellen Revolution in Deutschland, Berlin 1960

Müllensiefen, Peter Eberhard, Ein deutsches Bürgerleben vor 100 Jahren, Berlin 1931

Müller, Margrit (Hg.), Structure and Strategy of Small and Medium Size Enterprises since the Industrial Revolution, Stuttgart 1994

Dies., Organisationsformen und wirtschaftliche Entwicklung, Bern 1991

Müller-Jentsch, Walter, Soziologie der industriellen Beziehungen. Eine Einführung, Frankfurt a.M. 1986

Musson, A. E. (Hg.), Wissenschaft, Technik und Wirtschaftswachstum im 19. Jahrhundert, Frankfurt a. M. 1977

Nathusius, Elisabeth von, Johann Gottlob Nathusius. Ein Pionier der deutschen Industrie, Stuttgart/Berlin 1915

Neue Deutsche Biographie (NDB), hg. von der Historischen Kommission bei der Bayerischen Akademie der Wissenschaften, Berlin 1953ff.

Nicholas, Stephen, The New Business History: Theory, Quantification and Institutional Change, in: Graeme Donald Snooks (Hg.), Historical Analysis in Economics, London 1993, S. 143–157

Nieberding, Anne/Wischermann, Clemens, Unternehmensgeschichte im institutionellen Paradigma, in: Zeitschrift für Unternehmensgeschichte 43 (1998), S. 35–48

Niebuhr, Marcus, Geschichte der Königlichen Bank in Berlin von der Gründung derselben bis zum Ende des Jahres 1845, Berlin 1848

Nieschlag, Robert, Zum Problem der Betriebsgröße, in: Beiträge zur Wirtschaftsforschung. Festgabe für Walther Däbritz, Essen 1952, S. 311–326

Nievelstein, Markus, Der Zug nach der Minette. Deutsche Unternehmen in Lothringen 1871–1918, Bochum 1993

Nipperdey, Thomas, Interessenverbände und Parteien in Deutschland vor dem Ersten Weltkrieg, in: Politische Vierteljahresschrift 2 (1961), S. 262–80

North, Douglass C., Institutions, Institutional Change and Economic Performance, Cambridge 1990 (dt.: Institutionen, institutioneller Wandel und Wirtschaftsleistung, Tübingen 1992)

Ders., Structure and Change in Economic History, New York 1981 (dt.: Theorie des institutionellen Wandels. Eine neue Sicht der Wirtschaftsgeschichte, Tübingen 1988)

Nussbaum, Helga, Unternehmer gegen Monopole. Über Struktur und Aktion antimonopolistischer bürgerlicher Gruppen zu Beginn des 20. Jahrhunderts, Berlin (Ost) 1966

Obermann, Karl, Die Rolle der ersten deutschen Aktienbanken in den Jahren 1848 bis 1856, in: Jahrbuch für Wirtschaftsgeschichte 1960/2, S. 47–75

Ogilvie, Erich, Die Kulturperspektive von Unternehmungen. Eine Analyse aus wirtschaftspsychologischer Sicht, Frankfurt a.M. 1992

o.V., Dinnendahl, ein Beitrag zur Geschichte der Industrie im Ruhrthale (Artikelserie), in: Essener Zeitung Nr. 1–5, 1863

Overy, Richard J., Transportation and Rearmament in the Third Reich, in: Historical Journal 16,1 (1973), S. 389–409

Paul, Johann, Alfred Krupp und die Arbeiterbewegung, Düsseldorf 1987

Paulinyi, Akos, Die Umwälzung der Technik in der Industriellen Revolution zwischen

1750 und 1840, in: Wolfram König (Hg.) Propyläen Technikgeschichte, Bd. 3: Mechanisierung und Maschinisierung, Berlin 1991, S. 269–495
Ders., Das Puddeln. Ein Kapitel aus der Geschichte des Eisens in der Industriellen Revolution, München 1987
Ders., John Kays Schnellade, ihre Verbreitung und Folgewirkungen. Zur Problematik anerkannter Tatsachen in der Technikgeschichte, in: Technikgeschichte 52 (1985), S. 95–112
Payne, Peter Lester, British Entrepreneurship in the Nineteenth Century, London 1988
Ders., Entrepreneurship in the Nineteenth Century, London 1974
Ders., The Emergence of the Large-Scale Company in Great Britain 1870–1914, in: Economic History Review 20 (1967), S. 519–542
Penrose, Edith T., The Theory of the Growth of the Firm Twenty-five Years after, Stockholm 1985
Dies., The Theory of Growth of the Firm, Oxford 1963
Petzina, Dietmar/Plumpe, Werner, Unternehmensethik – Unternehmenskultur: Herausforderungen für die Unternehmensgeschichtsschreibung?, in: Jahrbuch für Wirtschaftsgeschichte 1993/2, S. 9–19
Pfetsch, Frank R., Zur Entwicklung der Wissenschaftspolitik in Deutschland 1750–1914, Berlin 1974
Pfliegensdörfer, Dieter, Neue Wege in der historischen Unternehmerforschung. Ein Projektbericht, in: 1999. Zeitschrift für Sozialgeschichte des 20. und 21. Jahrhunderts 3 (1988), S. 56–78
Pfister, Ulrich, Vom Kiepenkerl zu Karstadt. Einzelhandel und Konsumgesellschaft im 19. und frühen 20. Jahrhundert, in: Vierteljahrschrift für Sozial- und Wirtschaftsgeschichte 87 (2000), S. 38–66
Picot, Arnold, Der Beitrag der Theorie der Verfügungsrechte zur ökonomischen Analyse von Unternehmungsverfassungen, in: Kurt Bohr u.a. (Hg.), Unternehmungsverfassung als Problem der Betriebswirtschaftslehre, Berlin 1981, S. 153–197
Pierenkemper, Toni, Business History in Deutschland. Zur Ortsbestimmung einer Disziplin, in: Alice Teichova u.a. (Hg.), Business History. Wissenschaftliche Entwicklungstrends und Studien aus Zentraleuropa, Wien 1999, S. 33–51
Ders., Über die „Erfindung“ des Angestellten, unveröffentlichtes Manuskript Köln 1999
Ders., Was kann eine moderne Unternehmensgeschichte leisten? Und was sollte sie tunlichst vermeiden, in: Zeitschrift für Unternehmensgeschichte 44 (1999), S. 15–31
Ders., Wirtschaftsgeschichte, in: Hans-Jürgen Goertz (Hg.), Grundriß Geschichte, Reinbek 1998, S. 362–378
Ders., 125 Jahre Deutsche Wirtschafts- und Finanzgeschichte. Die Deutsche Bank 1870–1975, in: Historische Zeitschrift 263 (1996), S. 395–404
Ders., Josef Neckermann (1912–1992) – Anmerkungen zur Autobiographie, in: Jahrbuch für Wirtschaftsgeschichte 1996/2, S. 235–245
Ders., Gebunden an zwei Kulturen. Zum Standort der modernen Wirtschaftsgeschichte im Spektrum der Wissenschaften, in: Jahrbuch für Wirtschaftsgeschichte 1995/2, S. 163–176
Ders., Gewerbe und Industrie im 19. und 20. Jahrhundert, München 1994
Ders., Strukturwandlungen im System deutscher Montanregionen. Saarregion, Oberschlesien und das Ruhrgebiet im Wachstumsprozeß, in: Josef Wysocki (Hg.), Wirtschaftliche Integration und Wandel von Raumstrukturen im 19. und 20. Jahrhundert, Berlin 1994, S. 7–37
Ders., Deutsche Unternehmer im 19. Jahrhundert als Elite, in: Rainer Hudemann/Georges-Henri Soutou (Hg.), Eliten in Deutschland und Frankreich im 19. Jahrhundert. Strukturen und Beziehungen, Bd. 1, München 1994, S. 119–153

Ders., Die schwerindustriellen Regionen Deutschlands in der Expansion. Oberschlesien, die Saar und das Ruhrgebiet im 19. Jahrhundert, in: Jahrbuch für Wirtschaftsgeschichte 1992/1, S. 37–56

Ders., Das Wachstum der oberschlesischen Eisenindustrie bis zur Mitte des 19. Jahrhunderts. Entwicklungsmodell oder Spielwiese der Bürokratie?, in: Ders. (Hg.), Industriegeschichte Oberschlesiens im 19. Jahrhundert, Wiesbaden 1992, S. 77–106

Ders., Zur Finanzierung von industriellen Unternehmensgründungen im 19. Jahrhundert – mit einigen Bemerkungen über die Bedeutung der Familie, in: Dietmar Petzina (Hg.), Zur Geschichte der Unternehmensfinanzierung, Berlin 1990, S. 69–97

Ders., Trade Associations in Germany in the Late Nineteenth and Early Twentieth Century, in: Hiroaki Yamazaki/Matao Miyamoto (Hg.), Trade Associations in Business History, Tokyo 1988, S. 233–261

Ders./Tilly, Richard, Die Geschichte der Drahtweberei. Dargestellt am Beispiel der Firma Haver & Boecker, Oelde, aus Anlaß des einhundertjährigen Bestehens 1878–1987, Stuttgart 1987

Ders., Arbeitsmarkt und Angestellte im Deutschen Kaiserreich 1880–1913, Stuttgart 1987

Ders., Zum Begriff der Angestellten. Einige Überlegungen zu einer bedeutsamen Kategorie sozialhistorischer Forschung in Deutschland, in: Scripta Mercaturae 20 (1986), S. 77–92

Ders., Allokationsbedingungen am Arbeitsmarkt, Opladen 1982

Ders., Interne Arbeitsmärkte in frühen Industrieunternehmen – Das Beispiel Krupp, in: Soziale Welt. Zeitschrift für sozialwissenschaftliche Forschung und Praxis 32 (1981), S. 3–18

Ders., Entrepreneurs in Heavy Industry: Upper Silesia and the Westphalian Ruhr Region 1852–1913, in: Business History Review 53 (1979), S. 65–78

Ders., Die westfälischen Schwerindustriellen 1852–1913. Soziale Struktur und unternehmerischer Erfolg, Göttingen 1979

Ders., Die Zusammensetzung des Führungspersonals und die Lösung unternehmerischer Probleme in frühen Eisenbahngesellschaften, in: Tradition. Zeitschrift für Firmengeschichte und Unternehmerbiographie 21 (1976), S. 37–49

Andreas Platthaus, Wo ist mein Platz? Die Unternehmensgeschichte soll neu begründet werden, in: Frankfurter Allgemeine Zeitung vom 14.07.1999

Plumpe, Gottfried, The Political Framework of Structural Modernisation: The IG Farbenindustrie AG, 1904–1945, in: William Robert Lee (Hg.), German Industry and German Industrialization, London 1991, S. 220–264

Ders., Die IG Farbenindustrie AG. Wirtschaft, Technik und Politik 1904–1945, Berlin 1990

Ders., Technischer Fortschritt, Innovation und Wachstum der deutschen Eisen- und Stahlindustrie in der zweiten Hälfte des 19. Jahrhunderts, in: Wilhelm Heinrich Schröder/Reinhard Spree (Hg.), Historische Konjunkturforschung, Stuttgart 1980, S. 160–185

Plumpe, Werner, Das Unternehmen als soziale Organisation – Thesen zu einer erneuerten historischen Unternehmensforschung, in: Akkumulation. Informationen des Arbeitskreises für kritische Unternehmens- und Industriegeschichte 11 (1999), S. 1–7

Ders./Kleinschmidt, Christian (Hg.), Unternehmen zwischen Markt und Macht. Aspekte deutscher Unternehmens- und Industriegeschichte im 20. Jahrhundert, Essen 1992

Pölnitz, Götz Freiherr von, Die Fugger, Frankfurt a. M. 1970

Ders., Jakob Fugger, 2 Bde., Tübingen 1949/51

Ders., Anton Fugger, 4 Bde., Tübingen 1958–71

Podolny Joel M. u.a., Networks, Knowledge and Niches: Competition in the Worldwide Semiconductor Industry 1984–1991, in: American Journal of Sociology 102,1 (1996/

97), S. 659–689
Pohl, Hans (Hg.), Competition and Cooperation of Enterprises on National and International Markets, Stuttgart 1997
Ders., Betrachtungen zum wissenschaftlichen Standort von Wirtschafts- und Unternehmensgeschichte, in: Vierteljahrschrift für Sozial- und Wirtschaftsgeschichte 78 (1991), S. 326–343
Ders. (Hg.), The Concentration Process in the Entrepreneurial Economy since the late 19th Century, Stuttgart 1988
Ders., Ein Jahrzehnt Gesellschaft für Unternehmensgeschichte, in: Zeitschrift für Unternehmensgeschichte 31 (1986), S. 5–30
Ders. (Hg.), Kartelle und Kartellgesetzgebung in Praxis und Rechtsprechung vom 19. Jahrhundert bis zur Gegenwart, Stuttgart 1985
Ders., Forms and Phases of Industrial Finance up to the Second World War, in: German Yearbook on Business History 1984, S. 75–94
Ders., Organization and Management. German Family Big Enterprises, in: Keiichiro Nakadava /Tsunehiko Yui (Hg.), Organization and Management 1900–1930, Tokyo 1983, S. 77–95
Ders., Zur Geschichte von Organisation und Leitung deutscher Großunternehmen seit dem 19. Jahrhundert, in: Zeitschrift für Unternehmensgeschichte 26 (1981), S. 143–178
Ders., Die Entwicklung der Kartelle in Deutschland und die Diskussionen im Verein für Socialpolitik, in: Helmut Coing/Walter Wilhelm (Hg.), Wissenschaft und Kodifikation des Privatrechts im 19. Jahrhundert, Bd. 4, Frankfurt a. M. 1979, S. 206–235
Ders. (Hg.), Die Konzentration der deutschen Wirtschaft seit dem 19. Jahrhundert, Wiesbaden 1978
Ders., Unternehmensgeschichte in der Bundesrepublik Deutschland – Stand der Forschung und Forschungsaufgaben für die Zukunft, in: Zeitschrift für Unternehmensgeschichte 22 (1977), S. 26–41
Pohl, Manfred, Zwischen Weihrauch und Wissenschaft? Zum Standort der modernen Unternehmensgeschichte. Eine Replik auf Toni Pierenkemper, in: Zeitschrift für Unternehmensgeschichte 44 (1999), S. 150–163
Ders., Unternehmen und Geschichte, Mainz 1992
Ders., Die Konzentration im deutschen Bankwesen (1848–1980), Frankfurt a.M. 1982
Pohle, Ludwig, Die Entwicklung des deutschen Wirtschaftslebens im 19. Jahrhundert, Leipzig 1908
Polanyi, Karl, The Great Transformation. Politische und ökonomische Ursprünge von Gesellschaft und Wirtschaftssystemen, Wien 1977 (OA 1944)
Pollard, Sidney, Peaceful Conquest. The Industrialization of Europe 1760–1970, Oxford 1981
Ders., Die Fabrikdisziplin in der industriellen Revolution, in: Wolfram Fischer/Georg Bajor (Hg.), Die soziale Frage. Neuere Studien zur Lage der Fabrikarbeiter in den Frühphasen der Industrialisierung, Stuttgart 1967, S. 159–185
Ders., The Genesis of Modern Management. A Study of the Industrial Revolution in Great Britain, London 1965
Ders., Fixed Capital in the Industrial Revolution, in: Journal of Economic History 24 (1964), S. 299–314
Popitz, Heinrich u.a., Das Gesellschaftsbild des Arbeiters, Tübingen 1957
Dies., Technik und Industriearbeit. Soziologische Untersuchungen in der Hüttenindustrie, Tübingen 1957
Porter, Michael, Wettbewerbsstrategie: Methoden zur Analyse von Branchen und Konkurrenten, Frankfurt a.M. 1992

Postan, Michael M.: N. S. B. Gras, A memoir, in: Economic History Review 9 (1957), S. 485

Ders., Recent Trends in the Accumulation of Capital, in: Economic History Review 6 (1935/36), S. 1–12

Prinzing, Marlis, Der Streik bei Bosch im Jahre 1913. Ein Beitrag zur Geschichte der Rationalisierung und Arbeiterbewegung, Stuttgart 1989

Pütz, Theodor, Das Bild des Unternehmers in der Nationalökonomie, Jena 1935

Puhle, Hans Jürgen, Agrarische Interessenpolitik und preußischer Konservativismus im Deutschen Reich, Hannover 1976

Radant, Hans, Probleme der Betriebsgeschichte der DDR, in: Jahrbuch für Wirtschaftsgeschichte 1986/3, S. 205–216

Ders., Art. Betriebsgeschichte, in: Handbuch der Wirtschaftsgeschichte, Bd. 1, Berlin (Ost) 1981, S. 153–55

Ders., Betriebsgeschichte schreiben – aber wie?, Sonderdruck des überarbeiteten Artikels Ratschläge für die Arbeit der Betriebsgeschichtskommission, in: Jahrbuch für Wirtschaftsgeschichte 1973/2, S. 225–286

Ders., Bibliographie selbständiger Schriften zur Geschichte der Fabriken und Werke, die nach 1945 im Gebiet der Deutschen Demokratischen Republik erschienen sind, in: Jahrbuch für Wirtschaftsgeschichte 1960/1, S. 353–363

Ders., Der Stand der Geschichte der Fabriken und Werke in der Deutschen Demokratischen Republik, in: Jahrbuch für Wirtschaftsgeschichte 1960/2, S. 153–199

Ders., Werke Walter Ulbrichts – Quelle für die Betriebsgeschichtsschreibung. Betriebe, Firmen und Konzerne, die in Walter Ulbricht, Zur Geschichte der deutschen Arbeiterbewegung, genannt wurden, in: Jahrbuch für Wirtschaftsgeschichte 1968/2, S. 277–293

Radkau, Joachim, Technik in Deutschland. Vom 18. Jahrhundert bis zur Gegenwart, Frankfurt a.M. 1989

Rasch, Manfred, Das Archiv der Thyssen AG und seine Bestände, in: Archiv und Wirtschaft 29 (1996), S. 2–13

Ders., Die Eisen- und Stahlindustrie des Ruhrgebiets zwischen Stalingrad und Währungsreform: Quellenlage in Unternehmensarchiven und Forschungsstand, in: Archiv und Wirtschaft 29 (1996), S. 69–86

Raßbach, Erich Carl, Betrachtungen zur wirtschaftlichen Lage der technischen Privatangestellten in Deutschland, Karlsruhe 1916

Rau, Karl Heinrich, Über den Nutzen, gegenwärtigen Zustand und die neueste Literatur der Nationalökonomie, in: Archiv der politischen Ökonomie und Polizeiwissenschaft 1 (1835), S. 1–42

Reckendrees, Alfred, Das „Stahltrust"-Projekt : die Gründung der Vereinigte Stahlwerke AG und ihre Unternehmensentwicklung 1926 – 1933/34, München 2000

Ders., Die Vereinigte Stahlwerke AG 1926–1933 und „das glänzende Beispiel Amerika", in: Zeitschrift für Unternehmensgeschichte 1996/2, S. 159–186

Redl, Eugen, Elemente der Organisation und Administration industrieller Unternehmungen, Leipzig 1900

Redlich, Fritz, Autobiographic's as Sources for Social History. A Research Program, in: Vierteljahrschrift für Sozial- und Wirtschaftsgeschichte 62 (1975), S. 380–390

Ders., Der Unternehmer, Göttingen 1975

Ders., Anfänge und Entwicklung der Firmengeschichte und Unternehmerbiographie. Das deutsche Geschäftsleben in der Geschichtsschreibung, Würzburg 1974

Ders., Geschichte des Geschäftslebens: Probleme und Aufgaben, in: Firmengeschichte, Unternehmerbiographie, historische Betriebsanalysen, Wien 1971

Ders., The German Military Enterpriser and his Work Force. A Study in European

Economic and Social History, 2 Bde., Wiesbaden 1965
Ders., Der Unternehmer. Wirtschafts- und sozialgeschichtliche Studien, Göttingen 1964
Ders., Approaches to Business History, in: Business History Review 36 (1962), S. 61–86
Ders./Chandler, Alfred D., Recent Developments in American Business Administration and their Conceptualization, in: Weltwirtschaftliches Archiv 86 (1961), S. 103–130
Ders., Art. Unternehmens- und Unternehmergeschichte, in: Handwörterbuch der Sozialwissenschaften, Bd. 10, Stuttgart 1959, S. 532–549
Ders., Art. Unternehmer, in: Handwörterbuch der Sozialwissenschaften, Bd. 10, Stuttgart 1959, S. 486–498
Ders., American Business History, in: Vierteljahrschrift für Sozial- und Wirtschaftsgeschichte 38 (1949), S. 247–259
Reichshandbuch der deutschen Gesellschaft. Das Handbuch der Persönlichkeiten in Wort und Bild, 2 Bde., Berlin 1931
Reif, Heinz, Die verspätete Stadt. Industrialisierung, städtischer Raum und Politik in Oberhausen 1846–1929, Köln 1993
Ders., Soziale Lage und Erfahrungen des alternden Fabrikarbeiters der Schwerindustrie des westlichen Ruhrgebiets während der Hochindustrialisierung, in: Archiv für Sozialgeschichte 22 (1982), S. 1–94
Reinhard, Rudolf, Strukturwandel der Eisenindustrie des Lahn-Dill-Gebietes 1840–1914. Von der Eisenerzeugung zur reinen Eisenweiterverarbeitung in Gießereien, Diss. Frankfurt a. M. 1999
Reininghaus, Wilfried, Die Stadt Iserlohn und ihre Kaufleute (1700–1815), Dortmund 1995
Ders., Gewerbe in der frühen Neuzeit, München 1990
Reske, Winfried, Insolvenzursachen mittelständischer Betriebe. Eine empirische Analyse (Schriften zur Mittelstandsforschung Nr. 70), Göttingen 1976
Rettig, Rudi, Das Investitions- und Finanzierungsverhalten deutscher Großunternehmen 1880–1911, Diss. Münster 1978
Reulecke, Jürgen, Vom blauen Montag zum Arbeitsurlaub, in: Archiv für Sozialgeschichte XVI (1976), S. 205–248
Reuter, Ortulf, Die Manufaktur im Fränkischen Raum, Stuttgart 1961
Richardson, George B., The Organisation of Industry, in: Economic Journal 82,2 (1972), S. 883–896
Richter, Rudolf, Neue Institutionenökonomik. Ideen und Möglichkeiten, in: Gerold Krause-Junk (Hg.), Steuersystem der Zukunft, Berlin 1998, S. 323–355
Ders./Furubotn, Eirik, Institutionen ökonomisch analysiert. Zur jüngeren Entwicklung auf dem Gebiet der Wirtschaftstheorie, Tübingen 1994
Richterning, Helmut, Firmen- und wirtschaftsgeschichtliche Quellen in Staatsarchiven, Dortmund 1957
Rieker, Karlheinz, Die Konzentrationsentwicklung der gewerblichen Wirtschaft, in: Tradition 5 (1960), S. 116–131
Riekhof, Hans-Christian, Unternehmensverfassung und Theorie der Verfügungsrechte: methodische Probleme, theoretische Perspektiven und exemplarische Fallstudien, Wiesbaden 1984, zugl. Diss. Göttingen 1983
Riemer-Schäfer, Ulla, Sozialstatistik und Sozialstruktur der Arbeiterschaft der chemischen Industrie und im Maschinenbau des Rhein-Main-Gebiets 1870–1914, in: Hans Pohl (Hg.), Forschungen zur Lage der Arbeiter im Industrialisierungsprozeß, Stuttgart 1978, S. 107–117
Riesser, Jakob, Der Hansa-Bund, Jena 1912
Rinklin, Theo Hansjörg, Die vergleichsfähige und konkursreife Unternehmung. Versuch einer Typologie notleidender Unternehmungen, Stuttgart 1960

Ritter, Gerhard A./Tenfelde, Klaus, Arbeiter im Deutschen Kaiserreich 1871–1914, Bonn 1992

Ritter, Ulrich Peter, Die Rolle des Staates in den Frühstadien der Industrialisierung. Die preußische Industrieförderung in der ersten Hälfte des 19. Jahrhunderts, Berlin 1961

Roesky, Eduard, Die Verwaltung und Leitung von Fabriken, speziell von Maschinenfabriken unter Berücksichtigung des gegenwärtigen Standes der deutschen Industrie, Leipzig 1878

Roethlisberger, Fritz Jules, Betriebsführung und Arbeitsmoral, Köln/Opladen 1954

Roos, Eberhard, Das Verhältnis der Banken zur rheinisch-westfälischen Schwerindustrie von Beginn des 19. Jahrhunderts bis 1875, Diss. Köln 1953

Rosenberg, Hans, Große Depression und Bismarckzeit. Wirtschaftsablauf, Gesellschaft und Politik in Mitteleuropa, Berlin 1967

Rosenberg, Nathan, Technological Progress and Economic Growth, in: Ders./Lennart Jörberg (Hg.), Technical Change, Employment and Investment, Lund 1982, S. 7–27

Rostow, Walt W., Stadien wirtschaftlichen Wachstums. Eine Alternative zur marxistischen Entwicklungstheorie, Göttingen 1960

Rule, John, The Vital Century. England´s Developing Economy 1714–1815, London 1992

Rupieper, Hermann-Josef, Arbeiter und Angestellte im Zeitalter der Industrialisierung. Eine sozialgeschichtliche Studie am Beispiel der Maschinenfabrik Augsburg-Nürnberg (MAN) 1837–1914, Frankfurt a.M. 1982

Ders., Regionale Herkunft, Fluktuation und innerbetriebliche Mobilität der Arbeiterschaft der Maschinenfabrik Augsburg-Nürnberg (MAN) 1844–1914, in: Werner Conze/Ulrich Engelhardt (Hg.), Arbeiter im Industrialisierungsprozeß. Herkunft, Lage und Verhalten, Stuttgart 1979, S. 94–112

Ruppert, Wolfgang, Die Arbeiter. Lebensformen, Alltag und Kultur von der Frühindustrialisierung bis zum „Wirtschaftswunder", München 1986

Sachse, Carola/Schweizer, Sylvie (Hg.), Mobilität, Stabilität, Flexibilität. Arbeitsmarktstrategien von Unternehmen und Beschäftigten in Deutschland und Frankreich im 19. und 20. Jahrhundert, Bochum 1996

Sachse, Wieland, Familienunternehmen in Wirtschaft und Gesellschaft bis zur Mitte des 20. Jahrhunderts. Ein historischer Überblick, in: Zeitschrift für Unternehmensgeschichte 36 (1991), S. 9–25

Salin, Edgar, Art. Manager, in: Handwörterbuch der Staatswissenschaften, Bd. 7, Stuttgart 1961, S. 107–113

Sandig, Curt, Die Führung des Betriebes: Betriebswirtschaftspolitik, 2. Aufl.: Betriebswirtschaftspolitik, Stuttgart 1966

Sauermann, Heinz, Die Gestalt des Unternehmers, Berlin 1937

Saul, Samuel Berrick, The Myth of the Great Depression 1873–1896, London 1969

Scale and Scope. A Review Colloquium, in: Business History Review 64 (1990), S. 691–735

Schabalin, B. I., Wissenschaftliche Probleme der Erforschung des sowjetischen Betriebes (Geschichte der Fabriken und Werke), in: Jahrbuch für Wirtschaftsgeschichte 1963/4, S. 152–172

Schachtschabel, Hans G., Wirtschaftspolitische Konzeptionen, Stuttgart 1970

Schäfer, Hermann, Probleme der Arbeiterfluktuation während der Industrialisierung. Das Beispiel der Maschinenfabrik André Koecklin u. Cie Mülhausen/Elsaß, in: Werner Conze/Ulrich Engelhardt (Hg.), Arbeiter im Industrialisierungsprozeß. Herkunft, Lage und Verhalten (Industrielle Welt 28), Stuttgart 1979, S. 262–282

Ders., Die Industriearbeiter. Lage und Lebenslauf im Bezugsfeld von Beruf und Betrieb, in: Hans Pohl (Hg.), Sozialgeschichtliche Probleme in der Zeit der Hoch-

industrialisierung, Paderborn 1979, S. 143–216
Schaefer, Karl Christian, Deutsche Portfolioinvestitionen im Ausland 1870–1914. Banken, Kapitalmärkte und Wertpapierhandel im Zeitalter des Imperialismus, Münster 1995
Schaumann, Ralf, Technik und technischer Fortschritt im Industrialisierungsprozeß, dargestellt am Beispiel der Papier-, Zucker- und chemischen Industrie des nördlichen Rheinlandes (Rheinisches Archiv, Bd. 101), Bonn 1977
Scherer, Heinz J., Fabrikdisziplin in der Frühindustrialisierung mit besonderer Berücksichtigung der rheinisch-westfälischen Schwerindustrie, unveröffentlichte Diplomarbeit (Soziologie), Münster 1968
Schick, Ernst, Handbuch des deutschen Staatspapier- und Actienhandels, Leipzig 1849
Schierenbeck, Henner, Grundzüge der Betriebswirtschaftslehre, München 1998
Schildt, Gerhard, Tagelöhner, Gesellen, Arbeiter. Sozialgeschichte der vorindustriellen und industriellen Arbeiter in Braunschweig 1830–1880, Stuttgart 1986
Schindelbeck, Dirk, „Asbach Uralt" und „Soziale Marktwirtschaft". Zur Kulturgeschichte der Werbeagentur in Deutschland am Beispiel Hannes W. Brose, in: Zeitschrift für Unternehmensgeschichte 40 (1995), S. 235–252
Schinzinger, Francesca (Hg.), Unternehmer und technischer Fortschritt, München 1996
Schmidt, Dorothea, Massenhafte Produktion? Produkte, Produktion und Beschäftigte im Stammwerk von Siemens vor 1914, Münster 1993
Schmidt, Fritz, Differentialrente oder Leistungsprämie, in: Zeitschrift für Betriebswirtschaft 17 (1940), S. 89–102
Schmidt, Jürgen, Stammarbeiterschaft als Arbeiteraristokratie? Zwei Konzepte der Arbeiterforschung im empirischen Test, in: Zeitschrift für Unternehmensgeschichte 39 (1994), S. 1–17
Schmitz, Christopher J., The Growth of Big Business in the United States and Western Europe 1850–1939, Cambridge 1985
Schmoller, Gustav, Wechselnde Theorien und feststehende Wahrheiten (Rektoratsrede 1897)
Ders., Die geschichtliche Entwicklung der Unternehmung III-V. Handel, Handwerk und Hausindustrie, in: Schmollers Jahrbuch 14/4 (1890), S. 1035–1076
Ders., Zur Geschichte der deutschen Kleingewerbe im 19. Jahrhundert, Halle 1870
Schneider, Dieter, Allgemeine Betriebswirtschaftslehre, München 1987
Ders., Managementfehler durch mangelndes Geschichtsbewußtsein in der Betriebswirtschaftslehre, in: Zeitschrift für Unternehmensgeschichte 29 (1984), S. 114–130
Ders., Unternehmer und Unternehmung in der heutigen Wirtschaftstheorie und der deutschsprachigen Nationalökonomie der Spätklassik, in: Harald Scherf (Hg.), Studien zur Entwicklung der ökonomischen Theorie V, Berlin 1986, S. 29–79
Schneider, Erich, Einführung in die Wirtschaftstheorie, Tübingen 1947
Schnyder, Alfons Beat, Die programmatische Veränderung einer Unternehmenskultur, in: Theo Bungarten (Hg.), Unternehmenskultur als Herausforderung für Gesellschaft und Unternehmen, Torstedt 1994, S. 87–103
Schofer, Lawrence, Die Formierung der modernen Arbeiterschaft. Oberschlesien 1865–1914, Dortmund 1983
Scholl, Ulrich Lars, Ingenieure in der Frühindustrialisierung, Göttingen 1978
Schomerus, Friedrich, Die freien Interessenverbände in Handel und Industrie und ihr Einfluss auf Gesetzgebung und Verwaltung, in: Jahrbücher für Gesetzgebung und Volkswirtschaft im Deutschen Reich 25 (1901), S. 57–138
Schomerus, Heilwig, Die Arbeiter der Maschinenfabrik Esslingen. Forschungen zur Lage der Arbeiterschaft im 19. Jahrhundert, Stuttgart 1967
Dies., Soziale Differenzierungen und Nivellierung der Fabrikarbeiterschaft Esslingens

1846–1914, in: Hans Pohl (Hg.), Forschungen zur Lage der Arbeiter im Industrialisierungsprozeß, Stuttgart 1978, S. 20–64

Schramm, Percy Ernst, Neun Generationen. 300 Jahre deutscher Kulturgeschichte im Lichte der Schicksale einer Hamburger Bürgerfamilie (1648–1948), 2 Bde., Göttingen 1964

Schreiber, J. F., Die Preussischen Eisenbahnen und ihr Verhältnis zum Staat 1834–1874, Berlin 1875

Schreiner, Klaus, Zur Erforschung und Popularisierung der Geschichte der sozialistischen Landwirtschaftsbetriebe, in: Jahrbuch für Wirtschaftsgeschichte 1964/4, S. 297–303

Schreyögg, Georg, Unternehmenskultur. Zur Unternehmenskulturdiskussion in der Betriebswirtschaftslehre und einigen Querverbindungen zur Unternehmensgeschichtsschreibung, in: Jahrbuch für Wirtschaftsgeschichte 1993/2, S. 21–35

Ders., Unternehmensstrategie. Grundfragen einer Theorie strategischer Unternehmensführung, Berlin/New York 1984

Schröder, Ernst, Das Krupp-Archiv – Geschichte und Gegenwart, in: Der Archivar 13 (1960), S. 305–318

Schröter, Harm G., Business History in German Speaking States at the End of the Century – Achievements and Gaps, Preliminary Paper, International Colloquien and Business History, Mailand 1998

Ders., Erfolgsfaktor Marketing. Der Strukturwandel von der Reklame zur Unternehmenssteuerung, in: Wilfried Feldenkirchen u.a. (Hg.), Wirtschaft, Gesellschaft, Unternehmen. Festschrift für Hans Pohl, 2 Bde., Stuttgart 1995, S. 1099–1127

Ders., Aufstieg der Kleinen. Multinationale Unternehmen aus fünf kleinen Staaten vor 1914, Berlin 1993

Ders., Continuity and Change: German Multinationals since 1850, in: Ders./Geoffrey Jones (Hg.), The Rise of Multinationals in Continental Europe, Aldershot 1993, S. 28–48

Ders., Die Auslandsinvestitionen der chemischen Industrie 1870 bis 1930, in: Zeitschrift für Unternehmensgeschichte 35 (1990), S. 1–22

Schrumpf, Heinz, Regionale Kreditinstitute und Wirtschaftsentwicklung, Stuttgart 1998

Schubert, H. R., Extraction and Production of Metals: Iron and Steel, in: Charles Singer u.a. (Hg.), A History of Technology, Oxford 1958, S. 99–117

Schulz, Gerhard, Über Entstehung und Formen von Interessengruppen in Deutschland seit Beginn der Industrialisierung, in: Politische Vierteljahresschrift 2 (1961), S. 124–54

Schulz, Günther, Die Angestellten seit dem 19. Jahrhundert, München 2000

Ders., Industrial Patriarchalism in Germany, in: Erik Aerts u.a. (Hg.), Liberalism and Paternalism in the 19th Century. Proceedings. Tenth International Economic History Congress, Session B-13, Leuven 1990, S. 62–70

Ders., Die betriebliche Lage der Arbeiter im Rheinland vom 19. bis zum beginnenden 20. Jahrhundert, in: Rheinische Vierteljahresblätter 50 (1986), S. 150–189

Ders., Die Arbeiter und Angestellten bei Felten & Guilleaume. Sozialgeschichtliche Untersuchung eines Kölner Industrieunternehmens im 19. und beginnenden 20. Jahrhundert, Wiesbaden 1979

Ders., Die industriellen Angestellten. Zum Wandel einer sozialen Gruppe im Industrialisierungsprozeß, in: Hans Pohl (Hg.), Sozialgeschichtliche Probleme in der Zeit der Hochindustrialisierung (1870–1914), Paderborn 1979, S. 217–266

Ders., Integrationsprobleme der Arbeiterschaft in der Metall-, Papier- und chemischen Industrie der Rheinprovinz 1850–1914, in: Hans Pohl (Hg.), Forschungen zur Lage der Arbeiter im Industrialisierungsprozeß, Stuttgart 1978, S. 63–106

Schulze-Haussen, C., Die Stellung der Elektroindustrie im Industrialisierungsprozeß, Berlin 1970
Schumann, Dirk, Bayerns Unternehmer in Gesellschaft und Staat, 1834–1914, Göttingen 1992
Schumann, Jochen, Grundzüge der mikroökonomischen Theorie, Berlin 1992
Schumpeter, Joseph A., Der Unternehmer in der Volkswirtschaft von heute, in: Bernhard Harms (Hg.), Strukturwandlungen der deutschen Volkswirtschaft, Bd.1, Berlin 1928
Ders., Theorie der wirtschaftlichen Entwicklung. Eine Untersuchung über Unternehmergewinn, Kapital, Kredit und Konjunkturzyklus, Berlin 1964 (OA 1912)
Schwarz, Horst, Organisationsprobleme expandierender Unternehmungen unter besonderer Berücksichtigung der Leitungsorganisation, in: Gegenwartsfragen der Unternehmensführung. Festschrift zum 65. Geburtstag von Wilhelm Hasenack, Berlin 1966, S. 251–273
Servau-Schreiber, Jean-Jacques, Die amerikanische Herausforderung, Hamburg 1968
Siegfried, Klaus-Jörg, Rüstungsproduktion und Zwangsarbeit im Volkswagenwerk 1939–1945, Frankfurt a.M. 1986
Siegrist, Hannes, Geschichte der Führung – Industrialisierung, in: Alfred Kieser (Hg.), Handwörterbuch der Führung, Stuttgart 1987, Sp. 1005–1014
Ders., Vom Familienbetrieb zum Managerunternehmen. Angestellte und industrielle Organisation am Beispiel der Georg Fischer AG in Schaffhausen 1797–1930, Göttingen 1981
Ders., Deutsche Großunternehmen vom späten 19. Jahrhundert bis zur Weimarer Republik. Integration, Diversifikation und Organisation bei den hundert größten Industrieunternehmen (1887–1927) in international vergleichbarer Perspektive, in: Geschichte und Gesellschaft 6 (1980), S. 60–102
Siemens, Georg, Geschichte des Hauses Siemens, 3 Bde., München 1947–1952
Simmersbach, Oskar, Die Eisenindustrie, Leipzig 1906
Simon, Herbert A., Theories of Decision-Making in Economics and Behavioral Science, in: Surveys of Economic Theory, Vol. III, London 1968, S. 1–28
Ders., Administrative Behavior. A Study of Decision-Making-Processes in Administrative Organizations, New York 1957
Ders., Models of Man. Social and Rational Mathematical Essays on Rational Human Behavior in Social Settings, New York 1957
Ders., A Behavioral Model of Rational Choice, in: Quarterly Journal of Economics 69 (1955), S. 99–118
Slawinger, Gerhard, Die Manufaktur in Kurbayern, Stuttgart 1966
Smith, Cyril Stanley, Mining and Metallurgy Production 1800–1880, in: Melvin Krantzenberg/Caroll W. Pursell jr. (Hg.), Technology in Western Civilization, Vol. I, London 1967, S. 349–367
Smith, Merrit Roe, Military Arsenals and Industry before World War I, in: Cooling, B. F. (Hg.), War, Business and Society, London 1977, S. 24–42
Sombart, Werner, Der moderne Kapitalismus, Bd. II: Das europäische Wirtschaftsleben im Zeitalter des Frühkapitalismus, 1. Halbbd., München 1987 (OA 1916)
Ders., Die deutsche Volkswirtschaft im 19. Jahrhundert und im Anfang des 20. Jahrhunderts, Stuttgart 1914
Ders., Der Bourgeois. Zur Geschichte des modernen Wirtschaftsmenschen, Reinbek 1988
Spiekermann, Uwe, Basis der Konsumgesellschaft. Entstehung und Entwicklung des modernen Kleinhandels in Deutschland 1850–1914, München 1999
Spitschka, Horst, Der Standort der Betriebe, München 1976
Spree, Reinhard, Lange Wellen und wirtschaftliche Entwicklung in der Neuzeit. Historische Befunde, Erklärungen und Untersuchungsmethoden (Historical Social Research.

Historische Sozialforschung, Beiheft Nr. 4), Köln 1991
Ders., Die Wachstumszyklen der deutschen Wirtschaft von 1840 bis 1880, Berlin 1977
Stademann, Hans-Joachim, Ökonomische Vernunft. Wirtschaftswissenschaftliche Erfahrung und Wirtschaftspolitik in der Geschichte, Tübingen 1987
Staehle, Wolfgang H., Management. Eine verhaltenswissenschaftliche Perspektive, München 1991
Stahlmann, Michael, Die erste Revolution in der Automobilgeschichte: Management und Arbeiterpolitik von 1900–1940, Frankfurt a.M. 1993
Starbuck, William H., Organizational Growth and Development, in: James G. March (Hg.), Handbook of Organization, Chicago 1965, S. 451–533
Stearns, Peter N., Adaption to Industrialization. German Workers as a Test-Case, in: Central European History 3 (1970), S. 303–331
Stegmann, Dirk, Art. Unternehmerverbände, in: Handwörterbuch der Wirtschaftswissenschaften, Bd. 8, Stuttgart 1980, S. 155–171
Ders., Die Erben Bismarcks. Parteien und Verbände in der Spätphase des Wilhelminischen Deutschland. Sammlungspolitik 1897–1918, Köln 1970
Steinkamp, Mirja, Die Eisenhütte Gittelde: 1700–1787. Eine betriebswirtschaftliche Untersuchung, Stuttgart 1997
Stenglein, Frank, Krupp. Höhen und Tiefen eines Industrieunternehmens, München 1998
Stillich, Oskar, Nationalökonomische Forschungen auf dem Gebiet der großindustriellen Unternehmen, Bd. 1: Eisen- und Stahlindustrie, Berlin 1904, Bd. 2: Steinkohlenindustrie, Leipzig 1906
Ders., Die Lage der weiblichen Dienstboten in Berlin, Berlin 1902
Stigler, George J., The Division of Labour is limited by the Extent of the Market, in: Journal of Political Economy 59 (1951), S. 185–193
Stockmann, Reinhard u.a., Konzentration und Reorganisation von Unternehmen und Betrieben. Empirische Analyse zur Entwicklung der nicht-landwirtschaftlichen Arbeitsstätten und Unternehmen in Deutschland 1875–1970, in: Max Haller/Walter Müller (Hg.), Beschäftigungssystem im gesellschaftlichen Wandel, Frankfurt a.M. 1983, S. 97–177
Stremmel, Ralf, Zur Schriftgutüberlieferung von Vereinigte Stahlwerke AG und Bergbau- und Industriewerke GmbH, in: Ders./Manfred Rasch, Findbuch zu den Beständen Vereinigte Stahlwerke AG und Bergbau- und Industriewerke GmbH, 2 Bde., Duisburg 1996
Strieder, Jakob, Studien zur Geschichte kapitalistischer Organisationsformen, München 1925
Strube, Wilhelm, Der historische Weg der Chemie. Von der industriellen Revolution bis zum Beginn des 20. Jahrhunderts, Leipzig 1981
Sturzenhecker, Werner, Der leitende Angestellte in Theorie und Praxis, Diss. Münster 1965
Syrup, Friedrich, Die soziale Lage der seßhaften Arbeiterschaft eines oberschlesischen Walzwerkes, in: Schriften des Vereins für Socialpolitik 153 (1915), S. 131–218
Ders., Studien über den industriellen Arbeitsplatzwechsel, in: Archiv für exakte Wirtschaftsforschung (Thünen-Archiv) 4 (1912), S. 261–303
Taylor, Frederick Winslow, Principles of Scientific Management, New York 1911 (dt. Die Grundsätze wissenschaftlicher Betriebsführung, München 1913)
Teichmann, Gabriele, Unternehmensgeschichten. Versuch einer Bestandsaufnahme und Typologie, in: Archiv und Wirtschaft 28 (1995), S. 159–171
Tenfelde, Klaus (Hg.), Arbeiter im 20. Jahrhundert, Stuttgart 1991
Ders., Sozialgeschichte der Bergarbeiterschaft an der Ruhr im 19. Jahrhundert, Bonn/Bad Godesberg 1977

Teuteberg, Hans-Jürgen, Westfälische Textilunternehmer in der Industrialisierung. Sozialer Status und betriebliches Verhalten im 19. Jahrhundert, Dortmund 1980
Thieme, Horst, Statistische Materialien zur Konzessionierung von Aktiengesellschaften bis 1867, in: Jahrbuch für Wirtschaftsgeschichte 1960/2, S. 285–300
Thoma, Ralf A., Der Industriekomplex von A. Borsig, Berlin, Diss. Köln 2001
Thünen, Johann Heinrich von, Der Isolierte Staat. Über die Ursachen, die den Getreidepreis bestimmen und die Wirkung der Auflagen auf den Ackerbau, Rostock 1818/19
Thun, Alphons, Die Industrie am Niederrhein und ihre Arbeiter. 1. Die linksrheinische Textilindustrie, 2. Die Industrie des bergischen Landes, Leipzig 1879
Tilly, Richard H., Globalisierung aus historischer Sicht und das Lernen aus der Geschichte (Kölner Vorträge zur Sozial- und Wirtschaftsgeschichte 41), Köln 1999
Ders., Großunternehmen: Schlüssel zur Wirtschafts- und Sozialgeschichte der Industrieländer?, in: Geschichte und Gesellschaft 19 (1993), S. 530–548
Ders., Vom Zollverein zum Industriestaat. Die wirtschaftliche Entwicklung Deutschlands 1834 bis 1914, München 1990
Ders., Unternehmermoral und –verhalten im 19. Jahrhundert. Indizien deutscher Bürgerlichkeit, in: Jürgen Kocka (Hg.), Bürgertum im 19. Jahrhundert. Deutschland im europäischen Vergleich, Bd. 2, München 1988, S. 35–64
Ders., Einleitung. Probleme, Methoden und Möglichkeiten einer quantitativ vergleichenden Unternehmensgeschichte, in: Ders. (Hg.), Beiträge zur quantitativ vergleichenden Unternehmensgeschichte, Stuttgart 1985, S. 9–25
Ders., Rezension: Wilfried Feldenkirchen, Die Eisen- und Stahlindustrie des Ruhrgebietes, 1879–1914, Wiesbaden 1982, in: Geschichte und Gesellschaft 11 (1985), S. 112–119
Ders., Mergers, External Growth and Finance in the Development of Large-Scale Enterprise in Germany 1880–1913, in: Journal of Economic History 42 (1982), S. 629–658
Ders., Das Wachstum der Großunternehmen in Deutschland seit der Mitte des 19. Jahrhunderts, in: Ders. (Hg.), Kapital, Staat und sozialer Protest in der deutschen Industrialisierung, Göttingen 1980, S. 95–113
Ders., Externes Wachstum industrieller Großunternehmen 1880–1913, in: Ders. (Hg.), Kapital, Staat und sozialer Protest in der deutschen Industrialisierung, Göttingen 1980, S. 126–139
Ders., Das Wachstum industrieller Großunternehmen in Deutschland 1880–1911, in: Hermann Kellenbenz (Hg.), Wirtschaftswachstum, Energie und Verkehr vom Mittelalter bis ins 19. Jahrhundert, Stuttgart 1978, S. 153–182
Treue, Wilhelm, Wirtschafts- und Technikgeschichte Preußens, Berlin 1984
Ders. (Hg.), Deutsche Technikgeschichte. Vorträge vom 31. Historikertag am 24. September 1976 in Mannheim, Göttingen 1977
Ders., Die Bedeutung der chemischen Wissenschaft für die chemische Industrie, in: Ders./Kurt Mauel (Hg.), Naturwissenschaft, Technik und Wirtschaft im 19. Jahrhundert, Göttingen 1976, S. 665–693
Ders./Uebbing, Helmut, Die Feuer verlöschen nie. August Thyssen-Hütte 1926–1966, Düsseldorf 1969
Ders., Die Feuer verlöschen nie. August Thyssen Hütte 1890–1926, Düsseldorf 1966
Ders., Eine Zeitschrift für Firmengeschichte und Unternehmerbiographie, in: Tradition. Zeitschrift für Firmengeschichte und Unternehmerbiographie 1 (1956), S. 1–12
Ders., Die Bedeutung der Firmengeschichte für die Wirtschafts- und für die Allgemeine Geschichte, in: Vierteljahrschrift für Sozial- und Wirtschaftsgeschichte 41 (1954), S. 42–65
Ders., Firmengeschichte, in: Historische Zeitschrift 172 (1951), S. 535–546
Troitzsch, Ulrich/Wohlauf, Gabriele (Hg.), Technikgeschichte. Historische Beiträge und

neuere Ansätze, Frankfurt a.M. 1980
Ders., Innovation, Organisation und Wissenschaft beim Aufbau von Hüttenwerken im Ruhrgebiet von 1850–1870, Dortmund 1977
Ders., Die Einführung des Bessemer-Verfahrens in Preußen – ein Innovationsprozeß aus den 60er Jahren des 19. Jahrhunderts, in: Frank R. Pfetsch (Hg.), Innovationsforschung als multidisziplinäre Aufgabe, Göttingen 1975, S. 209–240
Tschierschky, Siegfried, Die Unternehmer-Organisationen in Deutschland, Berlin 1908
Tuchtfeldt, Egon, Art. Wirtschaftssysteme, in: Handwörterbuch der Wirtschaftswissenschaften, Bd. 9, Stuttgart 1982, S. 326–353
Ders, Art. Kartelle, in: Handwörterbuch der Wirtschaftswissenschaften, Bd. 4, Stuttgart 1978, S. 445–463
Turin, Guido, Der Begriff des Unternehmers, Zürich 1947
Ullmann, Hans-Peter, Interessenverbände in Deutschland, Frankfurt a.M. 1988
Ders., Der Bund der Industriellen. Organisation, Einfluß und Politik klein- und mittelbetrieblicher Industrieller im Deutschen Kaiserreich 1895–1914, Göttingen 1976
Ulrich, Peter/Fluri, Edgar, Management. Eine konzentrierte Einführung, Stuttgart 1995
Ulrich, Hans, Unternehmungspolitik, Bern 1990
Ungewitter, Claus, Ausgewählte Kapitel aus der chemisch-industriellen Wirtschaftspolitik 1877–1927, Berlin 1927
Ure, Andrew, The Philosophy of Manufactures. An Exposition of the Scientific, Moral, and Commercial Economy of the Factory System of Great Britain, London 1835
Usher, Abott Payson, The Textile Industry 1750–1830, in: Melvin Kranzenberg/Caroll W. Pursell jr. (Hg.), Technology in Western Civilization, Vol. I, Oxford 1967, S. 230–245
Varain, Heinz-Josef (Hg.), Interessenverbände in Deutschland, Köln 1973
Veblen, Thorstein, Imperial Germany and the Industrial Revolution, Michigan 1966 (OA 1915)
Verein für die Bergbaulichen Interessen im Oberbergamtsbezirk Dortmund (Hg.), Die Entwicklung des niederrheinisch-westfälischen Steinkohlebergbaus in der 2. Hälfte des 19. Jahrhunderts, Bd. XI, Berlin 1904
Vernon, Raymond, Sovereignty at Bay: The multinational Spread of US Enterprises, Harmondsworth 1973
Verzeichnis der im Deutschen Reiche bestehenden Vereine gewerblicher Unternehmer zur Wahrung ihrer wirtschaftlichen Interessen. Zusammengestellt im Reichsamt des Inneren, Berlin 1903
Volkswirtschaftliches Handbuch. Ein Führer durch alle Gebiete des neuzeitlichen Organisationswesens zur Vertretung wirtschaftlicher und verwandter allgemeiner Interessen, Berlin 1909
Vollmer, Bernhard, Wirtschafts- und Betriebsarchive, in: Der Archivar 6 (1953), S. 181–194
Wachler, Ludwig, Geschichte des ersten Jahrhunderts der Königlichen Eisenhütten-Werke in Malapane vom Jahre 1755–1855, Glogau 1856
Wächter, Eberhard, Zur Erforschung der Fabriken und Werke durch Angehörige sozialistischer Produktionsbetriebe, in: Jahrbuch für Wirtschaftsgeschichte 1963/3, S. 136–153
Ders., Einige Bemerkungen zur besonderen Stellung der Betriebsgeschichtsschreibung innerhalb der Heimatgeschichtsschreibung und ihre Traditionen in Deutschland, in: Jahrbuch für Wirtschaftsgeschichte 1960/2, S. 201–220
Wagenblaß, Horst, Der Eisenbahnbau und das Wachstum der deutschen Eisen- und Maschinenbauindustrie 1835 bis 1865, Stuttgart 1973
Wagenführ, Horst, Kartelle in Deutschland, Nürnberg 1931

Wagner, Adolf, Art. Der Staat II: Staat in nationalökonomischer Hinsicht, in: Handwörterbuch der Staatswissenschaften, Bd. VII, Jena 1911, S. 727–739
Wagner, Dieter, Innovation und Standort. Geschichte und Unternehmensstrategien der Chemischen Fabrik Griesheim, 1856–1925, Diss. Frankfurt a.M. 1999
Walgenbach, Peter/Kieser, Alfred, Mittlere Manager in Deutschland und Großbritannien, in: Georg Schreyögg/Jörg Sydow (Hg.), Managementforschung. 5 empirische Studien, Berlin 1995, S. 259–309
Wallbaum, Uwe, Die Rübenzuckerindustrie in Hannover, Zur Entstehung und Entwicklung eines landwirtschaftlich gebundenen Industriezweigs von den Anfängen bis zum Beginn des Ersten Weltkriegs, Stuttgart 1998
Waltershausen, August Sartorius von, Deutsche Wirtschaftsgeschichte 1815–1914, 2. Auflage, Jena 1923
Waterkamp, Rainer, Interventionsstaat und Planung. Raumordnung, Regional- und Strukturpolitik, Köln 1973
Webb, Steven B., Tariffs, Cartels, Technology and Growth in the German Steel Industry 1879 to 1914, in: Journal of Economic History 40 (1980), S. 309–330
Ders., Tariff Protection for the Iron Industry, Cotton Textiles and Agriculture in Germany 1879–1914, in: Jahrbücher für Nationalökonomie und Statistik 192 (1977/78), S. 336–357
Weber, Alfred, Über den Standort der Industrien, I. Teil: Reine Theorie des Standortes, Tübingen 1909
Weber, Max, Gesammelte Aufsätze zur Religionssoziologie I, Tübingen 1988
Ders., Wirtschaft und Gesellschaft, 2 Bde., Köln 1964
Ders., Gesammelte Aufsätze zur Soziologie und Sozialpolitik, Tübingen 1924
Ders., Gesammelte politische Schriften, OA Tübingen 1921, 4. Aufl. 1980, 5. Aufl. 1988
Ders., Methodologische Einleitung für die Erhebung des Vereins für Socialpolitik über Auslese und Anpassung (Berufswahlen und Berufsschicksal) der Arbeiterschaft in der geschlossenen Großindustrie (1908), in: Ders., Gesammelte Aufsätze zur Soziologie und Sozialpolitik, Tübingen 1924, S. 1–60
Ders., Gesammelte Aufsätze zur Wissenschaftslehre, Tübingen 1922
Ders., Der Sinn der „Wertfreiheit" der soziologischen und ökonomischen Wissenschaften, in: Logos 7 (1917/18), S. 40–88
Ders., Die Objektivität sozialwissenschaftlicher und sozialpolitischer Erkenntnisse, in: Archiv für Sozialwissenschaft und Sozialpolitik 19 (1904), S. 22–87
Weber, Wolfhard, Verkürzung von Zeit und Raum. Techniken ohne Balance zwischen 1840 und 1880, in: Wolfgang König (Hg.), Propyläen Technikgeschichte, Bd. 4, Berlin 1990, S. 11–261
Wehler, Hans-Ulrich, Deutsche Gesellschaftsgeschichte, 3 Bde, München 1987–1995, Bd. 1: 1700–1815. Vom Feudalismus des Alten Reiches bis zur Defensiven Modernisierung der Reformära, München 1987
Ders., Das deutsche Kaiserreich, 1871–1918, Göttingen 1973
Weiher, Siegfried von, Das Werner-von-Siemens-Institut, in: Mitteilungen des Vereins für die Geschichte Berlins 1977, S. 341–348
Weisbrod, Bernd, Schwerindustrie in der Weimarer Republik. Interessenpolitik zwischen Stabilisierung und Krise, Wuppertal 1978
Wellhöner, Volker, Großbanken und Großindustrie im Kaiserreich, Göttingen 1989
Welskopp, Thomas, Der Betrieb als soziales Handlungsfeld. Neuere Forschungsansätze in der Industrie- und Arbeitergeschichte, in: Geschichte und Gesellschaft 22 (1996), S. 118–142
Ders., Betriebliche Sozialpolitik im 19. und 20. Jahrhundert. Eine Diskussion neuer Forschungen und Konzepte und eine Branchenanalyse der deutschen und amerikani-

schen Eisen- und Stahlindustrie von den 1870er bis zu den 1930er Jahren, in: Archiv für Sozialgeschichte 34 (1994), S. 333–374

Ders., Arbeit und Macht im Hüttenwerk. Arbeits- und industrielle Beziehungen in der deutschen und amerikanischen Eisen- und Stahlindustrie von den 1860er bis zu den 1930er Jahren, Bonn 1994

Wendt, Herbert, Jubiläumsschriften im Genossenschaftswesen – Aufgaben und Bedeutung, in: Zeitschrift für das gesamte Genossenschaftswesen 46 (1996), S. 36–49

Wengenroth, Ulrich, Unternehmensstrategien in Deutschland, England und Frankreich vor dem Ersten Weltkrieg, in: Ottfried Dascher/Christian Kleinschmidt (Hg.), Die Eisen- und Stahlindustrie im Dortmunder Raum, Dortmund 1992, S. 305–320

Ders., Unternehmensstrategie und technischer Fortschritt. Die deutsche und britische Stahlindustrie 1865–1895, Göttingen 1986

Wenger, Ekkehard/Terberger, Eva, Die Beziehung zwischen Agent und Prinzipal als Baustein einer ökonomischen Theorie der Organisation, in: Wirtschaftswissenschaftliches Studium 17 (1988), S. 506–514

Wenzel, Georg, Deutsche Wirtschaftsführer. Lebensgänge deutscher Wirtschaftspersönlichkeiten, Hamburg 1929

Werner, Gustav, Die Papierfabrik zum Bruderhaus und ihre Eröffnung, Reutlingen 1851

Wessel, Horst A., Kontinuität im Wandel. 100 Jahre Mannesmann 1890–1990, Gütersloh 1990

Ders., Bibliographie zur Unternehmensgeschichte und Unternehmerbiographie, in: Zeitschrift für Unternehmensgeschichte 22 (1977), S. 71–80

Wessels, Theodor, Art. Unternehmenszusammenschlüsse II: Wirtschaftliche Problematik, in: Handwörterbuch der Sozialwissenschaften, Bd. 10, Stuttgart 1959, S. 552–565

Wetzel, Walter, Naturwissenschaften und chemische Industrie in Deutschland, Stuttgart 1991

Wicht, Wolfgang E., Glanzstoff. Zur Geschichte der Chemiefaser, eines Unternehmens und seiner Arbeiterschaft, Neustadt/Aisch 1992

Wiedenfeld, Kurt, Deutsche Eisenbahngestalter: Aus Staatsverwaltung und Wirtschaftsleben im 19. Jahrhundert (1815–1914), Berlin 1940

Wilkins, Mira (Hg.), The Growth of Multinationals, Aldershot 1991

Dies., European and American Multinationals 1870–1914: Comparisons and Contrasts, in: Business History 30 (1988), S. 8–45

Dies., The History of European Multinationals: A New Look, in: Journal of European Economic History 15 (1986), S. 483–510

Dies., Modern European Economic History and the Multinationals, in: Journal of European Economic History 6 (1977), S. 575–595

Dies., The Maturing of Multinational Enterprise: American Business Abroad between 1914 and 1970, Cambridge/Mass. 1974

Dies., The Emergence of Multinational Enterprise, Cambridge/Mass. 1970

Williamson, Harold F., Business History and Economic History, in: Journal of Economic History XXVI (1966/4), S. 407–417

Williamson, Oliver E., The Evolving Science of Organization, in: Journal of Institutional and Theoretical Economics 149 (1993), S. 36–63

Ders., Die ökonomischen Institutionen des Kapitalismus. Unternehmen, Märkte, Kooperationen, Tübingen 1990

Ders., Markets and Hierarchies. Analysis and Antitrust Implications, New York 1975

Willig, Georg Franz, Die technische Revolution im 19. Jahrhundert, Tübingen 1986

Willms, Angelika, Die Entwicklung der Frauenerwerbstätigkeit im Deutschen Reich, Nürnberg 1980

Winkler, Heinrich August (Hg.), Organisierter Kapitalismus, Göttingen 1974
Winkel, Harald, Wirtschaftsarchive und die Vereinigung deutscher Wirtschaftsarchivare in ihrer Bedeutung für die Wirtschafts- und Unternehmensgeschichte, in: Archiv und Wirtschaft 18 (1985), S. 43–45
Ders., Kapitalquellen und Kapitalverwendung am Vorabend des industriellen Aufschwungs in Deutschland, in: Schmollers Jahrbuch für Wirtschafts- und Sozialwissenschaften 90 (1970), S. 275–301
Winkelmeyer, Gregor, Wandlungen des Unternehmertyps, in: Beiträge zur Wirtschaftsforschung. Festgabe für Walter Däbritz, Essen 1952, S. 302–310
Winschuh, Josef, Der Verein mit dem langen Namen. Geschichte eines Wirtschaftsverbandes, Berlin 1932
Wischermann, Clemens, Institutionenökonomische Theorien und die Erklärung der Wirtschaftsentwicklung Europas in der Neuzeit, in: Olaf Mörke/Michael North (Hg.), Die Entstehung des modernen Europa 1600–1900, Köln 1998, S. 81–92
Ders., Vom Gedächtnis und den Institutionen. Ein Plädoyer für die Einheit von Kultur und Wirtschaft, in: Eckart Schremmer (Hg.), Wirtschafts- und Sozialgeschichte. Gegenstand und Methode, Stuttgart 1998, S. 21–33
Ders., Preußischer Staat und westfälische Unternehmer zwischen Spätmerkantilismus und Liberalismus, Köln 1992, zugl. Habil. Münster 1990
Wixfort, Harald, Banken und Schwerindustrie in der Weimarer Republik, Köln 1995
Wöhe, Günter, Bilanzierung und Bilanzpolitik, 8. Aufl. München 1992
Ders., Einführung in die Allgemeine Betriebswirtschaftslehre, München 19. Aufl. 1996
Woldt, R., Der industrielle Großbetrieb. Eine Einführung in die Organisation moderner Fabrikbetriebe, Stuttgart 1911
Wolf, Mechthild, Im Zeichen von Sonne und Mond. Von der Frankfurter Münzscheiderei zum Weltunternehmen DEGUSSA AG, Frankfurt a.M. 1993
Wolfe, Archibald J., Commercial Organizations in Germany, Department of Commerce, Special Agents Services, No. 78, Washington 1912
Zahn, Erich, Das Wachstum industrieller Unternehmen, Wiesbaden 1971
Zapf, Wolfgang, Wandlungen der deutschen Elite. Ein Zirkulationsmodell deutscher Führungsgruppen 1919–1962, München 1966
Ders., Die deutschen Manager. Sozialprofil und Karriereweg, in: Ders. (Hg.), Beiträge zur Analyse der deutschen Oberschicht, München 1965, S. 136–160
Zatsch, Angela, Staatsmacht und Motorisierung am Morgen des Automobilzeitalters, Konstanz 1993
Ziegler, Dieter, Eisenbahnbau und Kapitalmarktentwicklung in England im 19. Jahrhundert. Ein Sonderfall?, in: Manfred Köhler/Keith Ulrich (Hg.), Banken, Konjunktur und Politik. Zur Geschichte deutscher Banken im 19. und 20. Jahrhundert, Koblenz 1995, S. 24–41
Zipfel, Ernst, Über Archivpflege der Wirtschaft, in: Carl Brinkmann (Hg.), Zur Wirtschaftsgeschichte der deutschen Unternehmung, Berlin 1942, S. 27–39
Zieschlag, Hans-Oskar, Wandlungen des Unternehmerbegriffs in der Wirtschaftstheorie, Diss. Köln 1936
Zöllner, August, Eisenindustrie und Stahlwerksverband, Leipzig 1907
Zorn, Wolfgang, Typen und Entwicklungskräfte deutschen Unternehmertums im 19. Jahrhundert, in: Vierteljahrschrift für Sozial- und Wirtschaftsgeschichte 44 (1957), S. 57–77
Ders., Wert und Bedeutung der Neuen Deutschen Biographie für die unternehmerische Sippen- und Familiengeschichte, in: Tradition 2 (1957), S. 157–171
Zumdick, Ulrich, Hüttenarbeiter im Ruhrgebiet. Die Belegschaft der Phönix-Hütte in Duisburg-Laar 1853–1914, Stuttgart 1990

Zunkel, Friedrich, Der Rheinisch-Westfälische Unternehmer 1834–1879. Ein Beitrag zur Geschichte des deutschen Bürgertums im 19. Jahrhundert, Köln 1962

Zwahr, Hartmut, Zur Konstituierung des Proletariats als Klasse. Strukturuntersuchung über das Leipziger Proletariat während der industriellen Revolution, in: Georg Iggers (Hg.), Ein anderer historischer Blick. Beispiele ostdeutscher Sozialgeschichte, Frankfurt a.M. 1991, S. 41–55

Sachregister